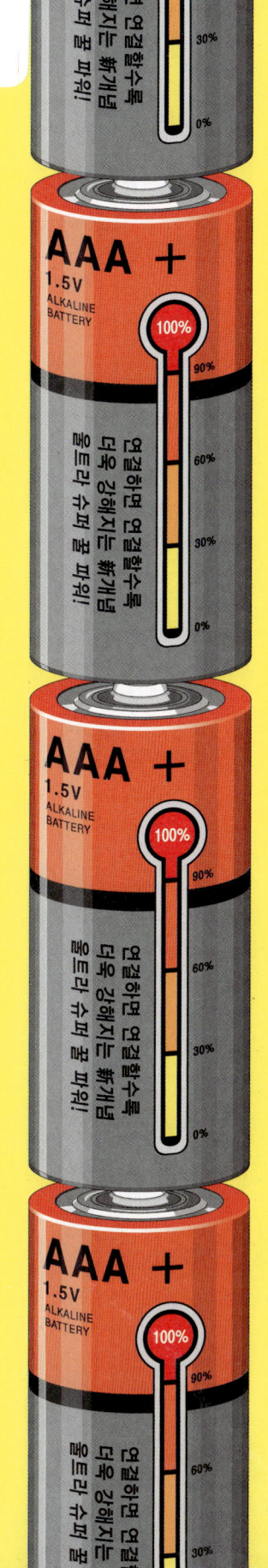

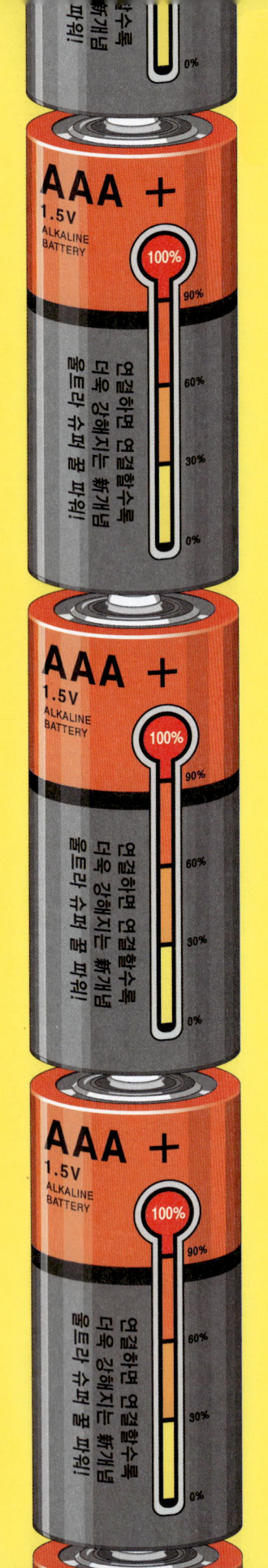

초등수학사전

빠르고 정확하게 개념을 연결한다!
134개 질문과 개념으로 초등수학 6년 완전 정복!

개념 연결 초등 수학사전

AAA +
1.5V
ALKALINE BATTERY

100%
90%
60%
30%
0%

연결하면 연결할수록 더욱 강해지는 新개념 볼트와 쥬피를 꽉 채워!

전국수학교사모임 초등수학사전팀 지음
최수일 김남준 신동호 유대현 박현미 강진호

김석 그림

책머리에

수학 공부에도 사전이 필요할까요?

우리나라의 수학과 교육과정은 단계형입니다. 학생들은 마치 계단을 오르듯 한 단계씩 수학을 배워 나갑니다. 이러한 교육 방법은 여러 장점이 있지만 개념을 이해하지 못하거나 결손이 생기면 그 공백을 메우기가 어렵다는 단점도 있습니다.

수학 문제 속에 들어 있는 여러 가지 개념에 대한 뜻을 모르면 수학 문제를 해결하는 것이 불가능합니다. 그런데 이때 모르는 개념이 무엇인지 스스로 찾아내어 혼자 복습하고자 한다면 여기에 필요한 자료를 아이가 어떻게 얻을 수 있을까요? 그 내용이 이전에 배운 부분이고, 관련 자료가 이미 없애 버린 과거의 교과서에 있다면, 혹은 자신의 문제점이 무엇인지 알아냈지만 그 해결책을 어디서 찾아야 할지 모르겠다면 어떻게 해야 할까요?

아이들은 영어를 공부할 때 사전을 활용합니다. 영어사전에 나와 있는 단어 및 관용어를 이용하면 영어로 되어 있는 문장의 뜻을 어느 정도 파악할 수 있습니다. 그런데 수학은 한글로 되어 있지만 무슨 뜻인지 파악할 수 없는 경우가 더러 있습니다. 개념을 모르기 때문인데, 이럴 때는 교과서나 참고서를 뒤적여 봐도 문제를 해결하는 것이 쉽지 않습니다. 이때 수학사전이 있다면 어떨까요?

문제만 많이 풀면 수학을 잘할 수 있다는 편견이 점차 사라지는 추세입니다. 수학 공부에 있어서도 새로운 인식 변화가 필요한 시점이지요. 바로 지금이 수학사전이 필요한 때입니다. 사실 수학사전을 가장 많은 찾는 사람은 수학을 가르치는 선생님들입니다. 수학 공부를 가장 많이 하는 사람이 선생님들이기 때문입니다. 프로 운동선수가 레슨을 많이 받는 것과 마찬가지입니다. 수학 선생님들은 근본 개념의 중요성을 이미 알고 있기 때문에 사전을 자주 찾아보면서 개념을 더욱 굳건히 합니다.

선생님이 아이들을 가르치기 위해 수학사전을 보는 것처럼 부모는 아이가 수학 개념을 정

초등수학, 좋은 사전 하나면 충분합니다!

확히 이해했는지 판단하거나 개념을 형성해 가는 과정에 문제가 생겼을 때 도와주기 위해 수학사전을 활용하는 습관을 들일 필요가 있습니다. 또한 아이가 스스로 공부할 때 수학사전을 활용하면 기억나지 않는 과거의 수학 개념을 찾아볼 수 있어 새로 배우게 되는 개념과 이전에 배운 개념을 연결해 가며 공부할 수 있습니다. 새로운 수학 개념은 항상 과거에 배운 개념과 연결되어 있기 때문에 둘 사이의 연결성을 파악하는 것이 중요합니다.

초등학교 수학은 중·고등학교에 가서도 중요할까요?

고등학생쯤 되면 초등학교나 중학교에서 배운 수학을 무시하는 경향이 있습니다. 수학 문제의 난이도로 치자면 초등학교나 중학교 수학은 고등학교 수학에 견줄 바가 아닙니다. 그러나 기초가 없다면 실력이 튼튼할 리 만무합니다. 초등학교와 중학교 수학 공부를 소홀히 했다면 고등학교 수학을 열심히 한다 해도 생각만큼의 성적을 받기가 어렵습니다. 초등학교 수학 학습을 소홀히 한 중학생도 마찬가지입니다. 다만, 요즘과 같이 유형별 문제집이 유행하고 특정 교재와 수능시험이 연계되는 경우라면 문제의 유형을 무작정 암기하여 일정 정도의 점수를 딸 수 있습니다. 하지만 이런 공부 방법으로 수능시험에서 1, 2등급을 받기는 어렵습니다. 수능시험의 문제는 초등학교에서 배운 수학 개념이 몸에 배었다는 전제하에 출제되기 때문입니다. 아이에게 다각형이 뭐냐고 물었을 때 "각이 여러 개 있는 도형이요." 하는 대답으로는 부족합니다. 최소한 다각형의 대각선 개수와 이를 세는 방법 정도까지는 얘기할 수 있어야 합니다.

고등학생들이 어려워하는 개념 중 미분이 있습니다. 미분의 정의는 분수 꼴로 되어 있습니다. 분수라고 하는 것은 두 수 사이의 비와 연결되고, 미분은 어떤 곡선의 순간적인 변화율, 즉 세로와 가로의 비율입니다. 초등수학의 비율 개념은 중학교의 닮음이나 삼각비의 개념과 직결되고 이것은 다시 고등학교의 미분으로 연결됩니다. 따라서 초등수학에서 배운 비율 개념을 정확하게 이해하지 못하면 미분을 제대로 학습하기 어렵습니다. 또, 고등학교 수학에 나오는 '경우의 수' 역시 초등학교 1, 2학년에서 배운 합의 법칙과 곱의 법칙에서 연결되는 개념입니다.

결국, 초등수학의 개념을 소홀히 하면 중·고등학교 수학을 정복할 수 없습니다. 수학에서 개념을 익히는 것은 매우 중요한 과정이며 특히 초등수학 개념은 중·고등학교 수학의 바탕이 되므로 초등 개념이 부실한 중학생은 수학사전을 통해 부족한 개념을 보완해야 합니다. 그렇다고 1쪽부터 차근차근 공부할 필요는 없습니다. 잘 모르는 개념이 나왔을 때 관련 내용을 찾아보는 것만으로 충분합니다. 고등학생이라면 중학교 수학의 개념을 정리해 놓은 수학사전과 중학교 교과서로 복습합니다.

학습 결손과 잦은 실수를 개선하는 방법은?

수학 개념에 결손이 있는 아이들이 많이 있습니다. 수학 문제를 풀 때 실수가 잦은 아이들도 많고요. 이러한 결손과 실수를 개선하는 방법이 있을까요? 물론 있습니다. 최고의 방법은 예방입니다. 예방책은 한마디로 반복과 복습입니다. 예습만으로는 전체 개념을 이해하기가 쉽지 않습니다. 따라서 수업 시간에 배운 내용을 반드시 복습하는 습관이 중요합니다.

또한, 수학 문제를 풀기 전에는 문제와 관련된 수학 개념을 충분히 이해해야 하는데, 그러기 위해서는 당장 배운 대로만 이해하고 넘어가면 안 됩니다. 새로 배운 개념을 분리된 지식으로 머물게 하면 충분히 이해하기가 어렵습니다. 이전에 배운 개념과 연결해야 합니다. 이때 수학사전을 이용하면 이전 개념을 확인하고 새로운 개념과 연결성을 확보하기가 한층 쉬워집니다.

이 책에서 다루어지는 질문들은?

이 책의 각 주제는 총 134개의 질문으로 시작됩니다. 이 질문들은 이 책의 저자들이 10년 이상 초등교육 현장에서 가르친 경험과 여러 기관 및 각종 수학 체험 행사에서 실시한 수학 클리닉 상담 내용, 그리고 전국수학교사모임 초등교육팀에서의 연구 활동을 바탕으로 아이들이 가장 빈번하게 묻는 대표성 있는 수학 개념들을 엄선한 것입니다. 동시에 많은 선생님들의 수업 현장을 직접 관찰하면서 컨설팅하고, 많은 학부모에게 수학 대중 강연을 하는 과정에서 아이들과 학부모들이 목말라했던 부분을 채워 주는 과정의 고민을 모두 담은 것이기도 합니다. 실제 동료 교사, 다양한 학년의 자녀를 둔 학부모 100여 명의 의견도 반영하였습니다.

이를 새로 바뀐 교육과정이 반영된 초등 교과서에 맞춰 학년별로 나누고, 각 학년 내에서는 수와 연산, 도형, 측정, 규칙성, 자료와 가능성 등 영역별로 정리하였습니다. 따라서 초등수학의 개념이나 내용 중 빠진 부분은 없으며, 여기 있는 134개의 질문이면 초등학생이 할 수 있는 질문, 초등수학 개념 중에서 고민해야 할 질문을 모두 다룬 것으로 볼 수 있습니다. 나아가 〈아이는 왜?〉에서 아이들이 왜 이런 질문을 하는지 분석해 두었습니다. 아이들이 궁금증을 갖는 지점이 어디인지, 의문점을 갖는 이유가 무엇인지를 제공하여 부모가 아이의 상태를 더 정확히 판단하고, 아이가 문제를 해결하는 데 도움을 줄 수 있는 실마리를 제공하고자 하였습니다.

이 책은 누가 보나요?

이 책의 독자 1순위는 초등학생 자녀를 둔 학부모입니다. 아이에게 수학 개념을 직접 가르칠 수는 없어도 아이가 수학 개념을 어려워하거나 수학과 관련된 질문을 해 올 때 어느 부분에서 막혔는지, 왜 저런 질문을 하는지를 이 책을 통해 알 수 있고, 책에 제시된 처방으로 아이가 문제를 해결하도록 도울 수 있습니다. 책을 활용하는 가장 손쉬운 방법은 아이에게 읽어 주기만 하는 것입니다. 모든 내용은 아이가 들어서 이해할 수 있도록 쉽게 씌어 있습니다.

아이가 궁금한 부분을 직접 찾아 읽고 확인할 수도 있습니다. 점차 아이 스스로 수학사전을 이용하는 습관을 갖게 하는 것이 중요합니다. 따라서 이 책은 스스로 수학 공부를 하길 원하는 초등학생에게도 적합합니다. 부모를 위한 책이기는 하지만 부모가 모든 것을 도와줄 수는 없습니다. 부모의 도움 없이 스스로 찾는 습관을 들이기만 하면 이 책의 주인은 아이가 될 수 있습니다. 초등 저학년에게는 아직 부모의 도움이 필요하지만, 고학년이 되면 자기 주도적인 공부 습관을 형성할 필요가 있습니다.

수학을 가르치는 초등학교 교사 역시 이 책의 독자입니다. 초등학교 교사들은 여러 과목을 가르치기 때문에 한 과목에 집중하기가 어렵습니다. 따라서 수학을 개념적으로 가르치는 것이 부담스럽고 어려운 경우가 있습니다. 이 책은 부모가 아이를 도울 수 있게 한다는 목적으로 집필되었지만, 학교에서 아이들을 가르치는 일 역시 같은 일이기 때문에 초등 교사도 이 책의 도움을 받을 수 있습니다.

앞서 얘기했듯이 중학생과 고등학생도 이 책의 훌륭한 독자가 될 수 있습니다. 수학 학습에서 복습의 중요성은 거듭 강조해도 지나치지 않습니다. 중·고등학교의 수학 개념은 초등 수학에서 시작되었고, 따라서 수학의 기초가 초등에 있다는 것을 생각하면 중·고등학교의 모든 수학 개념은 초등수학과 연결되어야 합니다. 연결성을 확보할 때마다 이 사전을 통해 부족한 부분을 복습해 나가면 연결성을 더욱 든든히 이어 갈 수 있습니다.

마지막으로 초등 수학을 이해하기 원하는 중·고등학교 수학 교사에게 이 책을 권합니다. 중·고등학교 수학 개념의 기초는 모두 초등학교 수학에 있습니다. 하지만 중·고등학교 수학 교사가 초등수학을 접한 것은 대부분 수십 년 전의 일입니다. 따라서 초등수학에 대한 이해가 부족한 면이 있고, 중·고등학교 관점에서 초등수학을 보려는 오류를 범하기도 합니다. 그렇지만 초등학교 수학을 이해하기 위해 12권이나 되는 수학 교과서를 모두 들여다보는 것은 쉽지 않은 일입니다. 교과서는 수학을 5개 영역으로 쪼개고, 그것을 다시 학기별로 나눠 수록하고 있기 때문에 교과서에서 특정 개념을 찾는 것은 쉬운 일이 아닙니다. 그러므로 초등학교 수학 전체를 5개의 영역으로 나눠 학기 순으로 정리한 『매우잘함 초등수학사전』을 활용하면 초등수학의 전체 흐름 및 초등학교 수학 개념과 중·고등학교 수학 개념의 연결성을 볼 수 있습니다. 초등수학을 한눈에 이해하고 중·고등학교 수학과의 연계성을 유지하는 데 도움이 될 것입니다.

우리 아이가 살아가는 20년 후의 미래는 지식 기반의 융·복합 사회를 넘어 개인 스스로 가치를 창조해 나가는 시대가 될 것입니다. 이 시대에 수학은 개인의 창의성과 혁신적 사고를 지탱하는 중요한 도구가 됩니다. 수학은 참고서의 문제를 푸는 것 이상으로 우리에게 중요한 가치를 제공합니다. 아이가 한 문제를 잘 푸는 것에 일희일비할 것이 아니라 아이가 어떻게 수학적 개념을 형성하고 창의적 아이디어를 구성하는지 관심을 가질 때입니다.

2011년 초 전국수학교사모임 내에서 수학사전 편찬에 뜻을 같이한 이래 4년여 동안 휴일과 방학을 반납하고 수많은 연구와 회의, 수정 과정을 묵묵히 따라와 준 초등수학사전팀 선생님들과 미리 읽어 보시고 세세한 부분까지 조언해 주신 학부모, 선생님들께 감사의 인사를 드립니다.

2015년 8월
초등수학사전팀을 대표하여
최수일 씀

개정4판에 부쳐

2015년 8월, 기존에 없던 희한한 사전이 나왔습니다. 초등학생이 궁금해하는 질문과 개념에 자세한 해설을 곁들여 초등수학 6년의 모든 개념을 정리한 『개념연결 초등수학사전』이었습니다. 이 책은 출간되자마자 학부모님의 열화와 같은 성원과 호응을 얻으며 이 분야 최고의 베스트셀러가 되었습니다. 이 책에 대한 지지는 문제 풀이 위주의 수학 학습과 사교육에 의존하던 기존 수학 교육에 생긴 작지만 의미 있는 균열과도 같다고 필자들은 생각합니다. 우리 사회는 인공지능 기술 발전에 따른 디지털 전환, 감염병 대유행 및 기후·생태 환경의 변화, 인구 구조 변화 등으로 불확실성이 증가하고 있습니다. 사회의 복잡성과 다양성이 확대되고 사회적 문제를 해결하기 위한 협력의 필요성이 증가함에 따라 상호 존중과 공동체 의식은 더욱 중요해지고 있습니다. 수학 학습에서도 문제를 풀어 답을 내는 능력보다 수학적 사고력을 갖추고 개념 학습을 실천해야 한다는 인식이 점차 늘고 있습니다.

"한국 학생들은 학교와 학원에서 하루 15시간씩 미래에 필요하지 않은 지식을 위해 시간을 낭비한다."

앨빈 토플러(Alvin Toffler)의 이러한 지적은 여전히 유효합니다. 우리 미래를 책임질 아이들이 평생을 살아갈 수 있는 역량을 학교가 키워 주어야 합니다.

2024년부터 초등 1, 2학년에 적용되어 점차 확장되는 2022 개정 교육과정은 수학 교과 역량으로 다음 다섯 가지를 제시합니다.

[문제 해결]　[추론]　[의사소통]　[연결]　[정보처리]

개념의 연결성을
더욱 강화하였습니다!

이를 고려하여 이번 개정4판에서는 다음의 변화를 시도했습니다.

① 2022 개정 교육과정은 2024년에는 1, 2학년에, 2025년에는 3, 4학년에, 그리고 2026년에는 5, 6학년에 적용됩니다. 이번 개정4판은 최신 교육과정에 따라 수정·보완된 결과물입니다. 늘 그랬듯이 교육과정 개정으로 수학 개념이 바뀌는 일은 없습니다. 새로운 교육과정에 맞추어 몇 가지 개념의 학습 순서와 용어를 수정했습니다.

② 초등수학부터 고교수학까지 12년간의 수학 개념을 연결한 〈초·중·고 수학 개념연결지도〉를 2022 개정 교육과정에 맞추어 전면 수정했습니다. 수학 교과 역량의 하나인 연결성이 강화되면 학습의 전체 분량이 압축되는 효과가 있고, 여러 개념이 연결되는 데서 지적인 희열을 맛보면 수학을 공부하고 싶은 내적 동기가 유발됩니다.

③ 〈꼬리에 꼬리를 무는 개념〉을 대폭 수정했습니다. 이전에 중단원 또는 대단원 중심으로 개념을 연결했다면 이번 개정4판에서는 소주제 위주로 개념을 연결했습니다. 개념과 개념 사이의 연결을 보다 촘촘히 함으로써 미시적인 개념연결을 보여 주고자 했습니다. 물론 단원이나 학년을 넘어선 거시적인 연결은 그대로 유지됩니다.

2024년 1월
초등수학사전팀을 대표하여
최수일 씀

차례

- 책머리에 • 4
- 개정4판에 부쳐 • 10
- 개념연결 초등수학사전 사용설명서 • 20

1학년 수학사전

수와 연산

9까지의 수	수를 세는 방법이 여러 가지인가요? • 30
9까지의 수	'8'을 왜 어떤 때는 '팔'이라 읽고, 어떤 때는 '여덟'이라 읽어요? • 34
덧셈과 뺄셈	가르기와 모으기를 왜 배워요? • 38
덧셈과 뺄셈	문제에 '모두'가 있으면 모든 수를 더하면 되지 않아요? • 42
덧셈과 뺄셈	5 – 3 = 3 아닌가요? • 46
덧셈과 뺄셈	덧셈식을 뺄셈식으로 어떻게 만들어요? • 50
100까지의 수	'사십육'은 '406'이라고 쓰면 되죠? • 54
100까지의 수	대충 봐도 어느 쪽이 더 많은지 알 수 있는데, 왜 꼭 세어 봐야 해요? • 58

변화와 관계

| 규칙 찾기 | 반복되는 규칙을 찾으라는데, 뭐가 반복되는지 모르겠어요. • 62 |
| 규칙 찾기 | 규칙 찾기 중에서 다음 색을 칠하라는 문제를 못 풀겠어요. • 66 |

도형과 측정

여러 가지 모양	모양이 🧱, 🥫, 🟡 뿐인가요? • 70
여러 가지 모양	□, △, ○ 모양이 사각형, 삼각형, 원인 걸 다 아는데, 왜 교과서에는 그렇게 나오지 않나요? • 74
비교하기	'큰 건물', '높은 건물', 어떤 말이 맞아요? • 78
시계 보기	시침과 분침이 헷갈려요. • 82
시계 보기	1시 30분을 자꾸 1시 6분이라고 읽게 돼요. • 86

2학년 수학사전

수와 연산

세 자리 수	427(사이칠)에서 4가 어떻게 400이에요? • 96
덧셈과 뺄셈	9 − 5 + 4를 계산하는데, 덧셈을 먼저 계산하고 뺄셈을 했어요. • 100
덧셈과 뺄셈	계산 문제가 가로로 나오면 헷갈려요. • 104
덧셈과 뺄셈	덧셈에서 받아올림한 수를 어디에 쓰는 건지 모르겠어요. • 108
덧셈과 뺄셈	문제를 풀어 답을 구했는데 왜 자꾸 다른 방법으로도 풀어 보라고 해요? • 112
덧셈과 뺄셈	왜 답 쓰는 칸이 식 중간에 있어요? • 116
네 자리 수	큰 숫자가 있는 쪽이 더 큰 수 아닌가요? • 120
곱셈구구	구구단이 곱셈인 건가요? • 124

변화와 관계

규칙 찾기	수가 작아지는 것도 규칙이에요? • 128
규칙 찾기	수 배열표의 규칙을 설명하지 못하겠어요. • 132
규칙 찾기	복잡한 무늬가 이어지는 포장지에 무슨 규칙이 있어요? • 136
규칙 찾기	뒤집거나 돌리면 다른 모양 아닌가요? • 140
규칙 찾기	같은 설명을 듣고 쌓았는데 왜 모양이 다르죠? • 144

도형과 측정

여러 가지 도형	△, 이런 모양도 삼각형이에요? •	148
길이 재기	자가 있는데 왜 손이나 발로 길이를 재는 방법을 배우나요? •	152
길이 재기	10cm, 10씨엠 이렇게 읽으면 되죠? •	156
길이 재기	1m 20cm가 어떻게 120cm예요? •	160
시각과 시간	바늘이 있는 시계를 꼭 읽을 줄 알아야 해요? •	164
시각과 시간	지금 시간이 몇 시예요? •	168
시각과 시간	새벽 1시는 오전이에요, 오후예요? •	172
시각과 시간	2월은 왜 마지막 날짜가 같지 않아요? •	176

자료와 가능성

분류하기	분류하기는 어떻게 해요? •	180
분류하기	분류하기에서 분류 기준을 찾지 못하겠어요. •	184

3학년 수학사전

수와 연산

덧셈과 뺄셈	받아내림을 2번이나 하면 헷갈려요. •	194
나눗셈	'8 − 2 − 2 − 2 − 2 = 0'이 어떻게 '8 ÷ 2 = 4'예요? •	198
나눗셈	나눗셈 상황을 그림으로 표현하지 못하겠어요. •	202
나눗셈	더 이상 나눌 수가 없어요! •	206
분수와 소수	2개 중 하나(1)이면 $\frac{1}{2}$인 거죠? •	210
분수와 소수	$\frac{1}{3}$과 $\frac{1}{4}$ 중에서 분모가 더 큰 $\frac{1}{4}$이 더 큰 수 아니에요? •	214
분수와 소수	소수는 어떤 수예요? •	218
분수	6의 $\frac{1}{3}$은 얼마예요? •	222
분수	가분수가 가짜 분수이면, 분수가 아니라는 말인가요? •	226

도형과 측정

평면도형	곧게 그으면 모두 직선 아닌가요?	• 230
평면도형	각 ㄱㄴㄷ, 각 ㄷㄴㄱ, 각 ㄴㄱㄷ이 다 같은 거죠?	• 234
평면도형	기울어진 도형에서는 직각을 찾지 못하겠어요.	• 238
평면도형	직각이 있는 사각형은 모두 직사각형이죠?	• 242
원	삼각형, 사각형은 자를 대고 그리는데, 원은 어떻게 그려요?	• 246
원	원에는 지름이 1개 아닌가요?	• 250
길이와 시간	키는 140인데 신발은 210이라는 게 말이 되나요?	• 254
길이와 시간	km와 mm는 어떤 관계인지 궁금해요.	• 258
길이와 시간	2km 200m − 1km 800m를 어떻게 계산하나요?	• 262
들이와 무게	1000g이 1kg보다 더 무거운 것 아닌가요?	• 266
들이와 무게	들이가 정확히 무엇인가요?	• 270
들이와 무게	3L 600mL + 5L 700mL는 어떻게 계산해요?	• 274

자료와 가능성

자료의 정리	그림그래프에는 꼭 그림을 그려 넣어야 해요?	• 278

4학년 수학사전

수와 연산

큰 수	24는 이십사, 204는 이십사… 어, 뭐가 잘못된 거예요?	• 288
큰 수	83268010236003167은 어떻게 읽어요?	• 292
큰 수	1,000이나 10,000에는 쉼표가 찍혀 있어요. 꼭 찍어야 하나요?	• 296
큰 수	숫자가 크면 큰 수 아닌가요?	• 300
곱셈과 나눗셈	400 × 500을 계산하려면 4와 5를 곱하고 0을 4개 붙이면 되죠?	• 304
곱셈과 나눗셈	수가 커지니까 곱셈을 하다가 자꾸 헷갈려요.	• 308

곱셈과 나눗셈	나눗셈인데 왜 뺄셈을 해요? • 312
분수의 덧셈과 뺄셈	분수의 덧셈에서 왜 분자만 더하고 분모는 더하지 않아요? • 316
분수의 덧셈과 뺄셈	대분수를 가분수로 고치지 않고 대분수끼리 그대로 더할 수는 없나요? • 320
분수의 덧셈과 뺄셈	문제를 2가지 방법으로 풀라고 할 때가 있어요. 답을 구할 수 있는데 왜 꼭 2가지 방법으로 풀어야 해요? • 324
소수의 덧셈과 뺄셈	소수의 덧셈에서 소수점을 어디에 찍는지 잘 모르겠어요. • 328
소수의 덧셈과 뺄셈	1.5 − 0.7을 계산하는데 0.1의 개수는 왜 구해요? • 332
소수의 덧셈과 뺄셈	소수의 세로셈도 자연수의 세로셈처럼 끝자리를 맞추면 되죠? • 336

변화와 관계

규칙 찾기	문제에서 다음에 올 그림을 그릴 수는 있는데 수로 나타내는 건 어려워요. • 340

도형과 측정

각도	각도기로 잴 때마다 각이 달라요. • 344
각도	내가 잰 각도는 45°인데 알고보니 135°라고요? • 348
각도	각도의 덧셈과 뺄셈은 어떻게 해요? • 352
각도	예각, 직각, 둔각을 모르겠어요 • 356
각도	두 각이 예각인데 왜 둔각삼각형이라고 해요? • 360
평면도형의 이동	도형을 뒤집으라는데, 뒤집으니까 아무것도 없어요. • 364
삼각형	이등변삼각형은 두 변의 길이가 같은 삼각형인데, 어떻게 두 각의 크기도 같아요? • 368
사각형	직각, 수직, 수선이 뭐가 달라요? • 372
사각형	같은 평행선에서 평행선 사이의 거리를 쟀는데 잴 때마다 다른 값이 나와요. • 376
사각형	평행사변형이 어떻게 사다리꼴이에요? • 380
사각형	정사각형이 마름모예요? • 384
다각형	정다각형을 쓰면 평면을 빈틈없이 덮을 수 있을 것 같아요. • 388

자료와 가능성

막대그래프	표로 나타내도 충분한데 막대그래프를 왜 그려요? • 392
막대그래프	막대그래프의 가로와 세로에는 무엇을 어떻게 나타내요? • 396
꺾은선그래프	꺾은선그래프를 보고 미래를 예측할 수 있어요? • 400
꺾은선그래프	특별히 꺾은선그래프로 나타내야 하는 내용이 있어요? • 404

| 꺾은선그래프 | ≈(물결선)은 왜 있어요? • 408

5학년 수학사전

수와 연산

| 자연수의 혼합계산 | 8 − 10 ÷ 5를 계산하라고? 문제가 이상한데? • 418
| 자연수의 혼합계산 | 곱셈과 나눗셈을 먼저 계산한다고 했으니 곱셈부터 계산하면 되죠? • 422
| 약수와 배수 | 5는 5의 배수예요? • 426
| 약수와 배수 | 약수는 나누어떨어지게 하는 수인데, 왜 곱하기를 해서 구하나요? • 430
| 약수와 배수 | 최대공약수가 최소공배수보다 큰 수죠? • 434
| 약분과 통분 | 분수의 분모와 분자에 0을 곱하면… $\frac{0}{0}$이에요? • 438
| 약분과 통분 | 기약분수로 나타내는 방법을 모르겠어요. • 442
| 약분과 통분 | 분모끼리 곱하면 통분이 되는 거죠? • 446
| 약분과 통분 | $\frac{3}{5}$과 $\frac{1}{2}$ 중 큰 수를 어떻게 알아요? • 450
| 분수의 덧셈과 뺄셈 | 분모가 다르면 덧셈을 어떻게 해요? • 454

변화와 관계

| 규칙과 대응 | 그림을 보고 문제는 풀겠는데 그걸 식으로 나타내는 것이 어려워요. • 458

도형과 측정

| 합동과 대칭 | 뒤집어서 포개어지는 것도 합동이에요? • 462
| 합동과 대칭 | 세 각의 크기만 알면 누구나 똑같은 삼각형을 그릴 수 있지 않나요? • 466
| 합동과 대칭 | 선대칭도형이 뭐예요? • 470
| 합동과 대칭 | 대칭인 도형에는 대칭축이 있는 게 당연하죠! • 474
| 직육면체 | 직육면체와 정육면체는 뭐가 달라요? • 478
| 직육면체 | 전개도는 다른데 같은 직육면체가 된다고요? • 482
| 직육면체 | 겨냥도 그리는 것이 어려워요. • 486

다각형의 둘레와 넓이	삼각형의 둘레를 구하라는데, 둘레가 뭐예요? • 490
다각형의 둘레와 넓이	어떤 것이 더 넓어요? • 494
다각형의 둘레와 넓이	높이가 기울어져 있는데 어떻게 넓이를 구해요? • 498
다각형의 둘레와 넓이	삼각형은 그 종류가 여러 가지인데, 어떻게 모든 삼각형의 넓이를 (밑변) × (높이) ÷ 2로 구해요? • 502
다각형의 둘레와 넓이	마름모도 평행사변형이니까 마름모 넓이는 평행사변형 넓이를 구하는 방법과 같죠? • 506
다각형의 둘레와 넓이	사다리꼴의 넓이 구하는 것은 왜 이렇게 복잡해요? • 510

자료와 가능성

| 평균과 가능성 | 평균을 구할 때 주어진 자료들 중 가운데 값을 고르면 안 돼요? • 514 |
| 평균과 가능성 | '가능성'에서는 뭘 배워요? • 518 |

6학년 수학사전

수와 연산

분수의 나눗셈	$\frac{6}{7} \div \frac{2}{7}$가 어떻게 6 ÷ 2가 돼요? 분모는 어떡하고요? • 528
분수의 나눗셈	나눗셈을 왜 곱셈으로 고쳐 풀어요? • 532
소수의 나눗셈	소수의 나눗셈을 할 때 소수점은 왜 옮겨요? • 536
소수의 나눗셈	소수의 나눗셈에서 소수점을 옮겨 계산할 때 나머지의 소수점은 왜 안 옮겨요? • 540

변화와 관계

| 비와 비율 | 1 : 2와 2 : 4가 같나요? • 544 |
| 비례식과 비례배분 | 설탕과 물을 1 : 3으로 섞을 때 설탕이 50g이면 물은 얼마만큼 넣어요? • 548 |

도형과 측정

| 각기둥과 각뿔 | 밑면은 밑에 있는 면이겠네요? • 552 |

각기둥과 각뿔	각뿔의 높이를 재려고 하는데, 옆면의 모서리 길이를 재면 되죠? • 556
공간과 입체	쌓기나무의 개수를 쉽게 세는 방법은 없나요? • 560
공간과 입체	쌓기나무가 쌓여 있는 모양을 어떻게 나타내나요? • 564
원기둥, 원뿔, 구	원기둥과 원뿔이 헷갈려요. • 568
직육면체의 부피와 겉넓이	상자를 포장하는 데 포장지가 얼마나 필요한지 어떻게 계산해요? • 572
직육면체의 부피와 겉넓이	직육면체의 부피는 어떻게 구하나요? • 576
원의 넓이	원주와 원주율은 뭐가 달라요? • 580
원의 넓이	원은 가로, 세로가 없는데 넓이를 어떻게 구해요? • 584

자료와 가능성

여러 가지 그래프	표에 나타난 수량을 띠그래프에 어떻게 나타내요? • 588
여러 가지 그래프	원그래프에 눈금을 어떻게 그려요? • 592

- 2022 개정 초등 수학과 교육과정 일람표 • 596
- 초 · 중 · 고 수학 개념연결 지도 • 600
- 주제별 찾아보기 • 602

초등수학사전 사용설명서

내비게이션

새로 바뀐 교과서의 단원 요소를 명시했습니다. 복습이 필요할 때 이 부분을 보고 찾을 수 있습니다.

학년과 영역

해당 학년과 교육과정의 영역명을 명시하였습니다. 학습할 때 관련 영역을 쉽게 찾을 수 있습니다.

주제어

학습 내용입니다. 학습 내용은 곧 학습 주제가 됩니다. 개념의 흐름과 연결 관계를 파악할 때 좋은 지침이 될 수 있습니다.

대표 질문

학년별, 영역별로 초등학생들이 수학에서 가장 어려워하는 질문 134개를 모았습니다. 아이들은 수학 공부를 하면서 질문을 하게 됩니다. 아이들의 공부 방식이란 대부분 문제를 푸는 것으로 이루어지기 때문에 문제를 푸는 상황에서 바로 나올 수 있는 구체적인 질문으로 만들어보았습니다. 따라서 질문에 나오는 수치에는 차이가 있을 수 있지만 질문의 내용은 마찬가지일 것입니다.

아이는 왜?

아이들의 모든 질문에는 이유가 있습니다. 이유는 명시적이고 표면적이기도 하지만 잘 드러나지 않는 내면의 문제이기도 합니다. 따라서 아이의 질문에 대해 부모님은 그 이면을 읽어보아야 합니다. 질문한 이유까지 생각해보아야 아이가 질문을 해결하도록 도울 수 있습니다. 하지만 이는 쉽지 않은 부분입니다.

'아이는 왜?'는 아이가 왜 이런 질문을 하는지에 대해 부모님의 이해를 돕기 위해 만든 코너입니다. 단순한 계산 실수로 인한 질문이라면 간단히 해결되겠지만 모르는 개념의 뿌리가 깊으면 해결 방안 역시 근본적이어야 할 것입니다.

30초 해결사

'30초 해결사'는 대표 질문에 대한 답입니다. 이 부분을 먼저 읽고 '그것이 알고 싶다'를 보면 아이가 해당 개념을 이해하도록 천천히 지도하는 데 도움이 됩니다. 이 책을 아이가 보는 경우, 이 부분의 내용만으로도 궁금한 점이 해결된다면 질문의 해결 방안이 자세히 담겨 있는 '그것이 알고 싶다'를 건너뛰어도 괜찮습니다.

사전은 처음부터 쭉 공부하거나 문제를 푸는 책이 아닙니다. 아이가 어려워하는 내용이 있으면 손쉽게 찾아 적절한 처방을 내릴 수 있는 책입니다. 수학사전을 유용하게 활용하기 위해서 사용설명서를 꼭 읽어보시기 바랍니다.

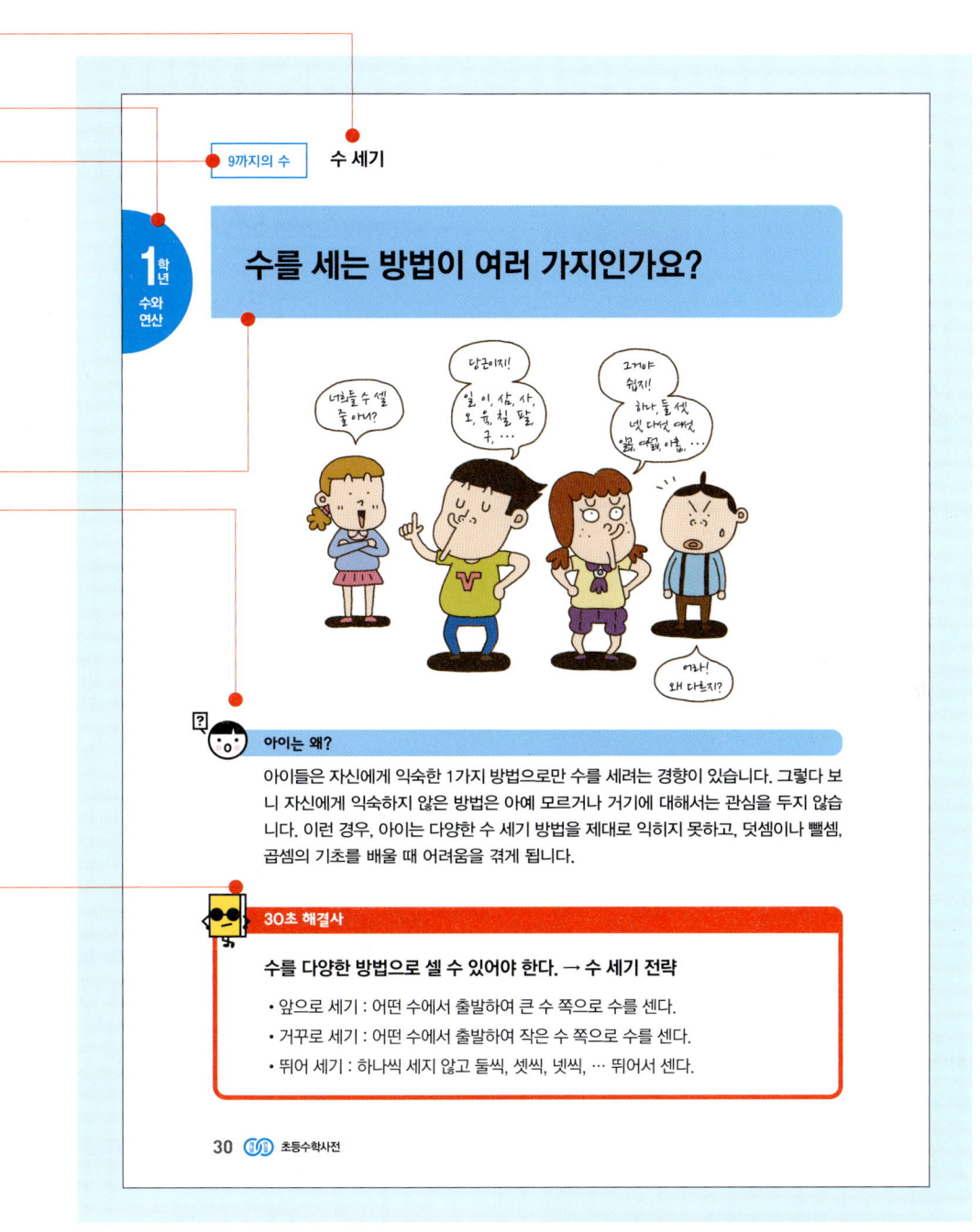

9까지의 수   수 세기

1학년 수와 연산

수를 세는 방법이 여러 가지인가요?

아이는 왜?

아이들은 자신에게 익숙한 1가지 방법으로만 수를 세려는 경향이 있습니다. 그렇다 보니 자신에게 익숙하지 않은 방법은 아예 모르거나 거기에 대해서는 관심을 두지 않습니다. 이런 경우, 아이는 다양한 수 세기 방법을 제대로 익히지 못하고, 덧셈이나 뺄셈, 곱셈의 기초를 배울 때 어려움을 겪게 됩니다.

30초 해결사

수를 다양한 방법으로 셀 수 있어야 한다. → 수 세기 전략

- 앞으로 세기 : 어떤 수에서 출발하여 큰 수 쪽으로 수를 센다.
- 거꾸로 세기 : 어떤 수에서 출발하여 작은 수 쪽으로 수를 센다.
- 뛰어 세기 : 하나씩 세지 않고 둘씩, 셋씩, 넷씩, … 뛰어서 센다.

그것이 알고 싶다

아이들이 초등학교 입학 후 처음 배우는 수학 지식은 '수와 숫자' 그리고 '수 세기'입니다. 처음에는 사물과 수를 하나씩 연결 짓는 일대일대응을 통해 수를 이해하게 됩니다.

사물	🍊	🍊🍊	🍊🍊🍊	🍊🍊🍊🍊	🍊🍊🍊🍊🍊
	하나	둘	셋	넷	다섯
수	1	2	3	4	5
	(일)	(이)	(삼)	(사)	(오)

그러다 점차 수에 대해 추상적 개념을 갖게 되고, 수 세기를 통해 수의 순서와 크기 비교에 대한 지식을 터득하게 됩니다. 이때 다양한 방법으로 수를 세어 보는 경험을 하면 덧셈과 뺄셈에 대한 비형식적 지식을 형성하는 데 도움이 됩니다. 예를 들어 수직선에서 1, 2, 3, 4, 5, 6, 7과 같이 앞으로 세기(큰 수 쪽으로 수를 세는 방법)를 하였다면 7, 6, 5, 4, 3, 2, 1과 같이 거꾸로 세기(작은 수 쪽으로 수를 세는 방법)도 함께 경험해 봅니다.

비형식적 지식
학생들이 교육과정, 즉 교과서 순서에 따라 수학을 배우기 전에 생활 속에서 터득한 지식을 비형식적 지식이라고 한다. 아이들의 수학 지식은 외부에서 주입되는 것이 아니라 비형식적 지식을 통해 스스로 구성된다.

앞으로 세기(1, 2, 3, 4, 5, 6, 7……)
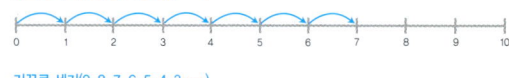

거꾸로 세기(9, 8, 7, 6, 5, 4, 3……)
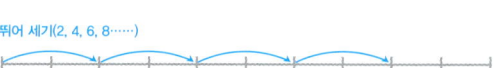

뛰어 세기(2, 4, 6, 8……)

그것이 알고 싶다

기초가 부족한 아이에게 처음부터 차근차근 알려 주기 위한 자세한 설명입니다. 아이와 이 부분을 같이 읽는 것만으로도 충분할 만큼 해당 내용을 자세히 설명해두었습니다.

'30초 해결사'로 이해가 부족했다면 이 코너를 천천히 읽으면서 해당 개념을 이해해 나갑니다. 아이가 이 부분을 스스로 읽으면서 자신의 속도에 맞게 이해하도록 유도하면 좋습니다.

 한 발짝 더!

앞에서 언급한 앞으로 세기와 거꾸로 세기는 덧셈과 뺄셈의 기초가 됩니다. 손가락셈이나 일대일대응을 통한 덧셈도 마찬가지입니다.

예를 들어 3 + 4를 계산하는 경우, 먼저 손가락 3개를 펴고 이후 손가락 4개를 펴면서 '하나, 둘, 셋, 넷'을 더합니다. 그럼 펴진 손가락이 7개임을 알고 '3 + 4 = 7'을 학습합니다. 또 장난감 3개를 놓고 여기에 하나씩 더 놓으면 '넷, 다섯, 여섯, 일곱'이 됨을 통해 '3 + 4 = 7'을 학습하기도 합니다.

 덧셈, 뺄셈 전략
덧셈이나 뺄셈을 손가락이나 구체물로 해결하는 것은 구체적인 조작 활동이다. 아이들은 구체적인 조작 활동과 3 + 4 = 7, 7 - 4 = 3과 같은 수식을 연결시키지 못하는 경우가 많다. 수식의 추상성 때문이다. 이런 경우 구체적인 조작 활동과 이를 수식으로 연결하는 과정을 반복하는 것이 필요하다.

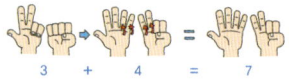

뺄셈도 마찬가지입니다. 7 - 4를 계산하는 경우, 손가락을 7개 편 상태에서 이후 하나씩 접으며 '하나, 둘, 셋, 넷'을 뺍니다. 그럼 아직 펴져 있는 손가락이 3개임을 알고 '7 - 4 = 3'을 학습합니다. 또 구체물을 이용하여 7개의 물건을 수로 '7'이라 나타내고 '칠' 또는 '일곱'이라 읽은 후, 물건을 하나씩 4개 뺍니다. 그럼 남아 있는 물건이 3개이므로 '7 - 4 = 3'이 됩니다. 이때 아이들은 7에서 4를 빼면 3이 남는다는 것과 함께 3과 4의 합이 7임을 눈으로, 그리고 말로 확인하게 됩니다.

한 발짝 더!

질문에 대한 해결은 '그것이 알고 싶다'로 충분합니다. 하지만 심화된 내용을 더 공부할 수 있다면 개념을 확실히 하는 데 도움이 될 것입니다.

모든 공부는 필요할 때, 다른 개념과 연결할 수 있을 때 하는 것이 효과적입니다. '그것이 알고 싶다'를 보기 전이라면 다소 심화된 개념이라 느껴지겠지만, '그것이 알고 싶다'를 이해한 후라면 보다 심화된 내용을 통해 큰 성취를 이룰 수 있습니다. 그래서 다소 어려운 내용이지만 관련성을 고려하여 이곳에서 소개하였습니다.

아이마다 수준이 다를 수 있으니 스트레스가 되지 않는 범위에서 활용할 것을 권합니다. 아이가 부담을 느낀다면 건너뛰어도 됩니다.

덧셈, 뺄셈 전략

덧셈이나 뺄셈을 손가락이나 구체물로 해결하는 것은 구체적인 조작 활동이다. 아이들은 구체적인 조작 활동과 3＋4＝7, 7－4＝3과 같은 수식을 연결시키지 못하는 경우가 많다. 수식의 추상성 때문이다. 이런 경우 구체적인 조작 활동과 이를 수식으로 연결하는 과정을 반복하는 것이 필요하다.

덤

본문 내용이나 설명 중에 보충 설명을 필요로 하는 전문용어나 수학 개념을 설명하고, 아이들이나 부모님이 알면 도움이 될 만한 수학적인 사고를 여기에서 설명하였습니다. 읽지 않고 건너뛰어도 됩니다.

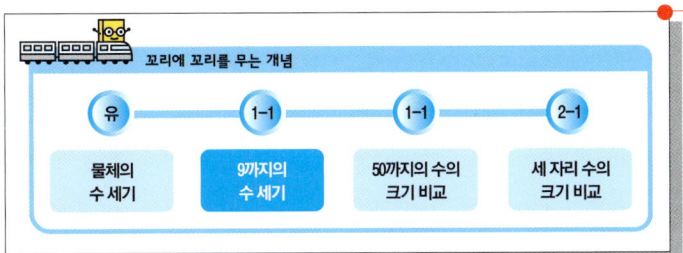

꼬리에 꼬리를 무는 개념

수학 개념은 전 학년에 걸쳐 모두 연결되어 있습니다. 그래서 새로운 개념을 배울 때 이전에 배운 관련 개념에서 출발하면 복습 효과를 누리면서 새로운 개념에 대한 친근감을 키울 수 있습니다. 그리고 중·고등학교 수학과의 연결 관계를 보여줌으로써 예습의 효과도 노렸습니다. 중·고등학교에 갔을 때는 반대로 초등학교 개념을 기억하며 복습하면 수학에 대한 어려움을 많이 줄일 수 있을 것입니다.

무엇이든 물어보세요

대표 질문과 관련되어 인터넷에 올라온 많은 질문 중에서 도움이 될 만한 질문 2~3개를 골라 답변을 달아보았습니다. 동시에 다소 어려운 내용의 질문도 실었습니다. 질문이 어려우면 답변 또한 어려울 것입니다. 아이들이 직접 읽으면서 궁금증을 해결할 것을 추천합니다. 아이들이 이 부분을 읽는다면 문제를 푸는 효과도 노릴 수 있습니다.

1학년에 나오는 수학 용어와 기호

수와 연산
- ★ **수** 수・숫자・묶음・낱개・짝수・홀수
- ★ **수의 크기 비교** 〉・〈・1 작은 수・1 큰 수
- ★ **덧셈과 뺄셈** 모으기・가르기・덧셈・뺄셈・덧셈구구・뺄셈구구・덧셈기호(+)・뺄셈기호(−)・등호(=)

변화와 관계
- ★ **규칙찾기** 규칙・무늬・수 배열표

도형과 측정
- ★ **입체도형** 🟫・🥫・🟡
- ★ **평면도형** □・△・○
- ★ **비교하기** 길이・높이・무게・넓이・담을 수 있는 양(들이)
- ★ **시계 보기** 시각・시・분・약・긴바늘・짧은바늘

1학년 수학사전

1학년 수학은 쉽고 재미있습니다. 굳이 공부하려 하지 않아도 놀이처럼 익힐 수 있는 것이 1학년 수학입니다. 하지만 부모님들이 조급하게 생각하면 아이들이 스스로 생각할 기회를 잃게 됩니다. 같은 연령의 아이라도 학습에 대한 개인차는 매우 크고, 이때 빠르고 느림은 크게 중요하지 않습니다. 빨리 습득한다고 공부 잘하는 것도 아니고, 배우는 게 느리다고 다른 아이들보다 떨어지는 것도 아닙니다. 이 시기 아이들에게는 새로운 것에 호기심을 갖고 이를 자신의 수준에서 재해석하는 경험이 필요합니다.

1학년의 자기 주도 학습 5계명

❶ 알고 있는 것을 말로 설명해 보는 경험이 중요합니다.
　　엄마, 아빠, 친구에게 알고 있는 내용을 설명해 봅니다.
❷ 배운 내용이 쉽다고 생각되어도 충분한 복습은 필수입니다.
❸ 덧셈이나 뺄셈은 여러 가지 방법으로 풀어 봅니다.
❹ 여러 가지 도형을 많이 만져 보고 관찰해 봅니다.
❺ 모르는 것을 친구에게 물어보고, 반대로 친구가 물어볼 때 친절하게 도와줍니다.
　　친구와 함께하면 수학 공부가 더욱 재미있습니다.

1학년은 무엇을 배우나요?

1학년 1학기

단원 및 영역	주제	공부할 내용
수와 연산	• 수 개념 이해하기 • 수를 세고 읽고 쓰기 • 수의 계열 이해하기 • 수의 크기 비교하기 • 덧셈과 뺄셈의 의미 이해하기 • 모으기와 가르기 • 덧셈과 뺄셈의 계산 원리 이해하기	1. 사물의 수를 9까지 센다. 2. 1부터 9까지의 수의 개념을 이해하고, 숫자 1~9로 나타내고 읽고 쓴다. 3. 1부터 9까지의 수의 개념을 이해하고, 순서를 수로 나타낸다. 4. 어떤 수보다 1 큰 수와 1 작은 수를 이해한다. 5. 수 0의 개념을 이해하고 숫자 0으로 나타내고 읽고 쓴다. 6. 9까지의 수의 범위에서 두 수의 크기를 비교한다. 7. 9 이하의 수의 범위에서 모으기와 가르기를 한다. 8. 상황에 적합한 덧셈 이야기와 뺄셈 이야기를 만들어 본다. 9. 상황에 맞는 덧셈식과 뺄셈식을 쓰고 읽는다. 10. 두 수의 합이 9 이하인 덧셈을 여러 가지 방법으로 한다. 11. 한 자리 수의 뺄셈을 여러 가지 방법으로 한다. 12. 0을 더하거나 뺀다. 13. 10의 의미를 알고 쓰고 읽는다. 14. 10부터 50까지의 수를 세어 10개씩 묶음과 낱개로 나타내고 쓰고 읽는다. 15. 10부터 19까지의 수를 모으기와 가르기를 한다. 16. 50까지 수의 순서를 알아본다. 17. 50까지 수의 크기를 비교한다.

초등학교 수학은 수와 연산, 변화와 관계, 도형과 측정, 자료와 가능성의 네 가지 영역으로 구성되어 있습니다. 그중 1학년에서 다루고 있는 내용을 영역별로 살펴보면 표와 같습니다. 표에서 제시한 주제에 따른 공부할 내용은 학생들이 수업을 통해 배우고 익히는 내용입니다.

1학년 1학기		
단원 및 영역	주제	공부할 내용
도형과 측정	• 입체도형 이해하기 • 직육면체, 원기둥, 구의 모양 찾기 • 여러 가지 모양 만들기 • 양 비교하기 • 비교하는 말 사용하기	1. 일상생활에서 ▰, ▮, ◯ 모양을 찾는다. 2. 모양의 물건을 같은 모양끼리 분류한다. 3. 모양을 일부만 보거나 설명을 듣고 ▰, ▮, ◯ 모양을 알아본다. 4. 주어진 ▰, ▮, ◯ 모양을 이용하여 여러 가지 모양을 만든다. 5. 둘 또는 세 가지 대상의 길이, 무게, 넓이, 들이를 직관적으로 또는 직접 비교한다. 6. 구체물의 길이, 무게, 넓이, 들이를 비교하여 각각 '길다, 짧다', '무겁다, 가볍다', '넓다, 좁다', '많다, 적다' 등을 구별하여 말로 표현한다. 7. 비교하고자 하는 대상을 다양한 측면에서 관찰하여 공통적인 양적 속성을 발견하고 이를 말로 표현한다.

1학년 2학기

단원 및 영역	주제	공부할 내용
수와 연산	• 수 개념 이해하기 • 수를 세고 읽고 쓰기 • 자릿값과 위치적 기수법 이해하기 • 수의 계열 이해하기 • 수의 크기 비교하기 • 덧셈과 뺄셈의 의미 이해하기 • 덧셈과 뺄셈의 계산 원리 이해하기 • 두 자리 수 범위의 덧셈과 뺄셈하기	1. 10개씩 묶음과 낱개로 수를 세어 99까지의 수를 알고 쓰고 읽는다. 2. 99개까지 물건의 수를 센다. 3. 99보다 1 큰 수가 100이라는 것을 알고 쓰고 읽는다. 4. 100까지 수의 순서를 알아본다. 5. 100까지의 수 중에서 수의 크기를 비교한다. 6. 짝수와 홀수를 직관적으로 이해하고, 짝수와 홀수를 구분한다. 7. 받아올림이 없는 (몇십몇)+(몇), (몇십)+(몇십), (몇십몇)+(몇십몇)의 원리를 이해하고 계산을 한다. 8. 받아내림이 없는 (몇십몇)-(몇), (몇십)-(몇십), (몇십몇)-(몇십몇)의 원리를 이해하고 계산을 한다. 9. 한 자리 수인 세 수의 덧셈을 한다. 10. 한 자리 수인 세 수의 뺄셈을 한다. 11. 이어 세기를 통해 두 수를 바꾸어 더하고 그 결과를 비교한다. 12. 10이 되는 더하기를 한다. 13. 10에서 빼기를 한다. 14. 합이 10이 되는 두 수를 이용하여 세 수의 덧셈을 한다. 15. 10을 이용한 모으기와 가르기를 한다. 16. 덧셈 상황을 인식하고 여러 가지 방법으로 (몇)+(몇)=(십몇)의 계산을 한다. 17. (몇)+(몇)=(십몇)을 표로 만들고 이를 이용하여 덧셈을 한다. 18. 뺄셈 상황을 인식하고 여러 가지 방법으로 (십몇)-(몇)=(몇)을 계산한다. 19. (십몇)-(몇)=(몇)을 표로 만들고 이를 이용하여 뺄셈을 한다.

	1학년 2학기	
단원 및 영역	주제	공부할 내용
변화와 관계	• 시각 읽기 • 규칙 추론과 표현하기	1. 시계를 보고 몇 시, 몇 시 30분을 말한다. 2. 몇 시, 몇 시 30분을 모형 시계로 나타낸다. 3. 물체, 무늬, 수 배열에서 규칙을 찾아 여러 가지 방법으로 나타낸다. 4. 자신이 정한 규칙에 따라 물체, 무늬, 수 등을 배열한다.
도형과 측정	• 입체도형 이해하기 • 삼각형, 사각형, 원 모양 찾기	1. 일상생활이나 교실 상황에서 □, △, ○ 모양을 찾아본다. 2. 여러 가지 물건의 일부분으로서 □, △, ○ 모양을 이해한다. 3. 물건이나 모양 조각을 같은 모양끼리 분류한다. 4. 본뜨기, 찍기, 자르기 등을 통해서 □, △, ○ 모양을 만들어 본다. 5. □, △, ○ 모양을 이용하여 여러 가지 모양을 만들어 본다.

| 9까지의 수 | **수 세기** |

1학년 수와 연산

수를 세는 방법이 여러 가지인가요?

 **아이는 왜?**

아이들은 자신에게 익숙한 1가지 방법으로만 수를 세려는 경향이 있습니다. 그렇다 보니 자신에게 익숙하지 않은 방법은 아예 모르거나 거기에 대해서는 관심을 두지 않습니다. 이런 경우, 아이는 다양한 수 세기 방법을 제대로 익히지 못하고, 덧셈이나 뺄셈, 곱셈의 기초를 배울 때 어려움을 겪게 됩니다.

 **30초 해결사**

수를 다양한 방법으로 셀 수 있어야 한다. → 수 세기 전략

- 앞으로 세기 : 어떤 수에서 출발하여 큰 수 쪽으로 수를 센다.
- 거꾸로 세기 : 어떤 수에서 출발하여 작은 수 쪽으로 수를 센다.
- 뛰어 세기 : 하나씩 세지 않고 둘씩, 셋씩, 넷씩, … 뛰어서 센다.

 **그것이 알고 싶다**

아이들이 초등학교 입학 후 처음 배우는 수학 지식은 '수와 숫자' 그리고 '수 세기'입니다. 처음에는 사물과 수를 하나씩 연결 짓는 일대일대응을 통해 수를 이해하게 됩니다.

사물	🍅	🍅🍅	🍅🍅🍅	🍅🍅🍅🍅	🍅🍅🍅🍅🍅
수	하나	둘	셋	넷	다섯
	1	2	3	4	5
	일	이	삼	사	오

그러다 점차 수에 대해 추상적 개념을 갖게 되고, 수 세기를 통해 수의 순서와 크기 비교에 대한 지식을 터득하게 됩니다. 이때 다양한 방법으로 수를 세어 보는 경험을 하면 덧셈과 뺄셈에 대한 비형식적 지식을 형성하는 데 도움이 됩니다. 예를 들어 수직선에서 1, 2, 3, 4, 5, 6, 7과 같이 앞으로 세기(큰 수 쪽으로 수를 세는 방법)를 하였다면 7, 6, 5, 4, 3, 2, 1과 같이 거꾸로 세기(작은 수 쪽으로 수를 세는 방법)도 함께 경험해 봅니다.

비형식적 지식

학생들이 교육과정, 즉 교과서 순서에 따라 수학을 배우기 전에 생활 속에서 터득한 지식을 비형식적 지식이라고 한다. 아이들의 수학 지식은 외부에서 주입되는 것이 아니라 비형식적 지식을 통해 스스로 구성된다.

앞으로 세기(1, 2, 3, 4, 5, 6, 7……)

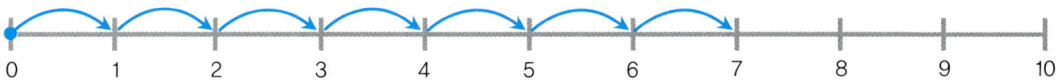

거꾸로 세기(9, 8, 7, 6, 5, 4, 3……)

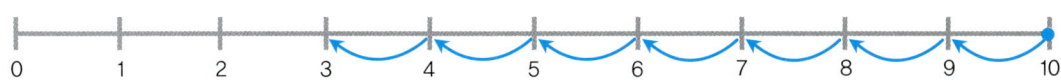

뛰어 세기(2, 4, 6, 8……)

한 발짝 더!

앞에서 언급한 앞으로 세기와 거꾸로 세기는 덧셈과 뺄셈의 기초가 됩니다. 손가락셈이나 일대일대응을 통한 덧셈도 마찬가지입니다.

예를 들어 3 + 4를 계산하는 경우, 먼저 손가락 3개를 펴고 이후 하나씩 더 펴면서 '하나, 둘, 셋, 넷'을 더합니다. 그럼 펴진 손가락이 7개임을 알고 '3 + 4 = 7'을 학습합니다. 또 장난감 3개를 놓고 여기에 하나씩 더 놓으면 '넷, 다섯, 여섯, 일곱'이 됨을 통해 '3 + 4 = 7'을 학습하기도 합니다.

덧셈, 뺄셈 전략

덧셈이나 뺄셈을 손가락이나 구체물로 해결하는 것은 구체적인 조작 활동이다. 아이들은 구체적인 조작 활동과 3 + 4 = 7, 7 - 4 = 3과 같은 수식을 연결시키지 못하는 경우가 많다. 수식의 추상성 때문이다. 이런 경우 구체적인 조작 활동과 이를 수식으로 연결하는 과정을 반복하는 것이 필요하다.

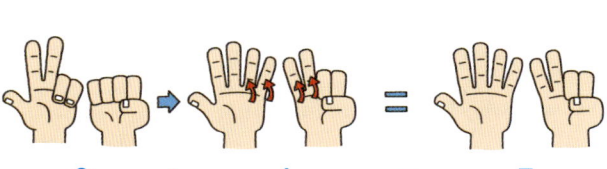

3 + 4 = 7

뺄셈도 마찬가지입니다. 7 - 4를 계산하는 경우, 손가락을 7개 편 상태에서 이후 하나씩 접으며 '하나, 둘, 셋, 넷'을 뺍니다. 그럼 아직 펴져 있는 손가락이 3개임을 알고 '7 - 4 = 3'을 학습합니다. 또 구체물을 이용하여 7개의 물건을 수로 '7'이라 나타내고 '칠' 또는 '일곱'이라 읽은 후, 물건을 하나씩 4개 뺍니다. 그럼 남아 있는 물건이 3개이므로 '7 - 4 = 3'이 됩니다.

이때 아이들은 7에서 4를 빼면 3이 남는다는 것과 함께 3과 4의 합이 7임을 눈으로, 그리고 말로 확인하게 됩니다.

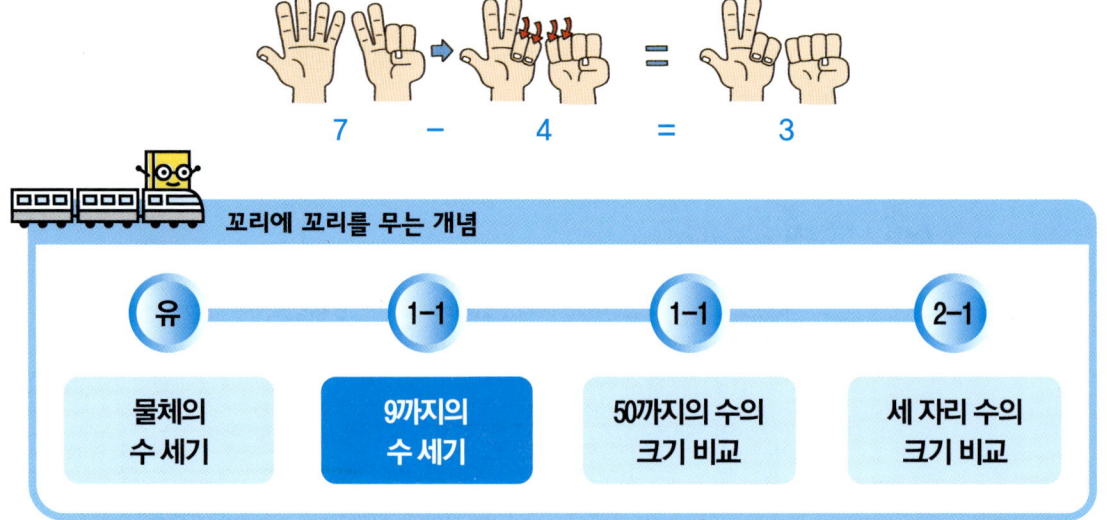

7 - 4 = 3

꼬리에 꼬리를 무는 개념

유	1-1	1-1	2-1
물체의 수 세기	9까지의 수 세기	50까지의 수의 크기 비교	세 자리 수의 크기 비교

무엇이든 물어보세요

아이가 숫자를 거꾸로 씁니다. '2'를 'S'와 같이 쓰는 것이지요. 어떻게 지도해야 할까요?

이는 일시적인 현상입니다. 일반적으로 교과서에 숫자를 쓰는 활동이 부족하기 때문인데, 조금만 연습하면 쉽게 고쳐집니다. 아이들이 주로 거꾸로 쓰는 숫자는 2, 5, 6, 9입니다. 자세히 보면 서로 비슷한 모양이어서 혼동하기 쉽습니다. 이런 경우에는 필순에 맞춰 쓰는 연습을 반복하도록 지도해 주세요.

0 1 2 3 4 5 6 7 8 9

"연필이 8자루 필요한데 지금 수일이는 연필을 3자루 가지고 있습니다. 몇 자루가 더 있어야 8자루가 될까요?"
이러한 문제를 풀 때 아이가 손가락을 이용하여 계산합니다. 다른 방법은 없는지 궁금합니다.

손가락을 이용하는 것은 문제를 해결하는 방법 중 하나가 됩니다. 이 문제에서는 3에서 시작하여 '3, (쉬고), 4, 5, 6, 7, 8'이라고 세어 나가는데, '4'에서부터 손가락을 하나씩 꼽으면 '8'에서 답을 구할 수 있게 됩니다.

다른 방법으로는 연필과 같은 구체물을 이용하는 것입니다. 연필 8자루를 앞에 놓고 이 중 3자루를 빼낸 후 남아 있는 연필의 개수를 세면 됩니다.

이 밖에 반구체물인 바둑돌을 이용하여 바둑돌 8개에서 3개를 덜어내는 방법도 있습니다.

| 9까지의 수 | 수의 종류 |

'8'을 왜 어떤 때는 '팔'이라 읽고, 어떤 때는 '여덟'이라 읽어요?

아이는 왜?

아이들이 수를 처음 배울 때는 수의 여러 가지 의미를 구분하지 못해 수가 단지 물건이 몇 개인지, 사람이 몇 명인지 세는 것이라고 생각하는 경우가 있습니다. 이는 수의 다양한 의미를 경험해 보지 못했기 때문입니다.

30초 해결사

수는 상황에 따라 읽는 방법이 다르다.
- 연필이 5(다섯)자루 있다. → 기수(물건의 개수나 양을 나타낼 때 쓰는 수)
- 나는 5(다섯)째이다. → 순서수(순서를 나타낼 때 쓰는 수)
- 나의 등 번호는 5(오)번이다. → 이름수(사물을 구분할 때 쓰는 수)
- 강아지의 몸무게는 5(오)kg이다. → 측정수(길이, 무게 등을 잰 양을 나타내는 수)

그것이 알고 싶다

물건의 개수나 양을 나타낼 때 쓰는 수를 기수라고 합니다. 사과와 연필 등 구체물로 개수나 양을 표현하는 활동을 통해 기수의 개념을 형성할 수 있습니다. 기수의 개념은 아래 경우처럼 🍎🍎🍎🍎와 ✏️✏️✏️✏️이 '4'라는 수에 대응하는 개념입니다.

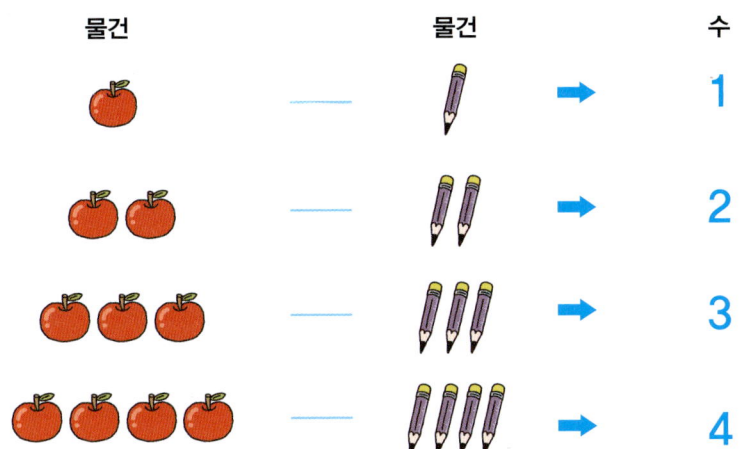

기수는 여러 가지 대상을 세고 분류하는 데 사용됩니다.

"우리 반 학생은 모두 21명이야."
"내 필통 속 연필은 5자루야."

한편 측정값을 나타낼 때 사용하는 수는 측정수입니다. 길이, 넓이, 부피, 무게, 시간 등을 말하는 수는 물건이나 사람을 세는 수가 아니라 측정값(연속량)으로 사용되는 수입니다.
또 순서수는 상대적인 위치나 물건의 순서와 같이 '위치'를 나타내는 데 사용하는 수입니다. 첫째, 둘째, 셋째 등의 순서수는 순서의 의미를 나타냅니다.
이름수(명명수)는 양의 의미 없이 물건을 구별하기 위해 사용하는 수입니다. 출석 번호, 반을 나타내는 수는 양을 나타내는 것이 아니라 사람이나 물건의 이름을 대신합니다.

기수	순서수	이름수	측정수
바나나가 5개 있다.	민우는 왼쪽 두 번째에 서 있다.	내 등번호는 3번이다.	내 몸무게는 23kg이다.

한 발짝 더!

'첫째'와 '첫째 번'은 구별해서 써야 합니다. 첫째는 첫째, 둘째, 셋째와 같이 순서를 나타내고, 첫째 번은 첫째 번, 둘째 번 등과 같이 횟수를 나타냅니다. 예를 들면 다음과 같습니다.

"우리에게 중요한 것은 첫째는 생명, 둘째는 자유입니다."
"우리는 첫째 번 경기에서는 졌지만 둘째 번 경기에서는 이겼습니다."

또한 수를 표기할 때 우리는 고유어(하나, 둘, 셋, …)와 한자어(일, 이, 삼, …)를 이용합니다. 이때 어른들은 일곱 살, 여덟 살, 아홉 살 또는 7(칠)세, 8(팔)세, 9(구)세 등으로 수를 때에 맞게 사용하는 것이 가능하지만 아이들에게는 이러한 구분이 낯설고 어려울 수 있습니다.

국어 문법에서는 고유어와 함께 쓰일 때에는 고유어 수를 쓰고, 한자어와 함께 쓰일 때에는 한자어 수를 씁니다. 즉 나이를 나타내는 '세(世)'는 한자어이므로 1(일)세, 2(이)세 등으로 쓰고, 고유어인 '살'과 같이 쓸 때에는 한 살, 두 살 등으로 쓰는 것입니다.

그러나 예외적으로 '개'나 '명'처럼 자주 쓰는 한자어는 고유어 수와 잘 어울립니다. 그래서 일 개, 이 개라 하지 않고 1(한) 개, 2(두) 개라고 합니다.

이런 설명을 들어도 아이들은 아직 헷갈려 하고 어려워하게 마련입니다. 아이가 잘못 사용할 때마다 고쳐 주다 보면 어느새 익숙해질 것입니다.

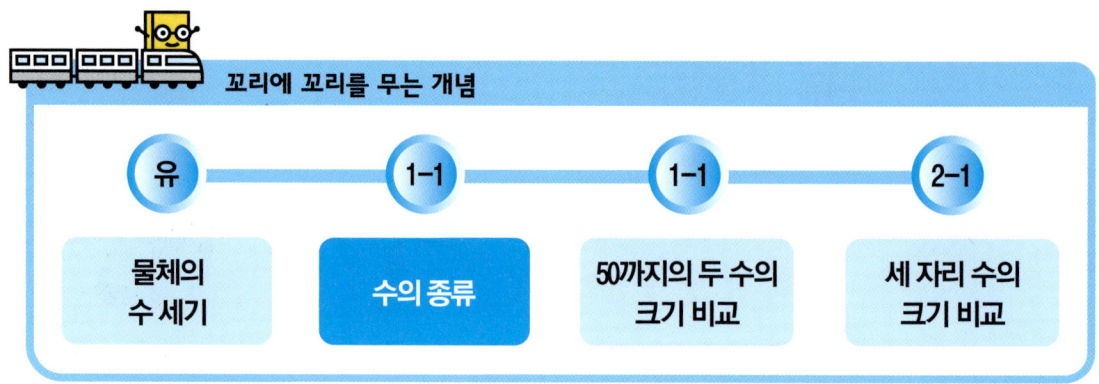

무엇이든 물어보세요

첫째, 둘째, 셋째와 같이 순서를 나타내는 수는 어떻게 지도하나요?

순서를 나타내는 수를 '서수' 또는 순서수라고 합니다. 아이들에게는 명칭을 지도할 것이 아니라 구체물과의 대응 관계를 통하여 순서를 나타내는 수라는 것을 알려 주세요. 예를 들어 장난감을 크기순으로 놓고 크기가 큰 순서대로 첫째, 둘째, 셋째와 같이 읽어 보거나 달리기 시합에서 골인 지점에 들어온 순서대로 첫째, 둘째, 셋째와 같이 읽어 보는 것입니다. 순서가 있는 경우와 순서가 없는 경우를 비교하여 설명하면 이해하기가 더욱 쉬울 것입니다.

첫째 번과 첫 번째 중 어느 것이 맞는 말인가요?

실생활에서는 '첫째 번'과 '첫 번째'를 혼용하는 경우가 많은데, 순서와 횟수가 동시에 포함되어 있는 개념에서는 구분 짓지 않고 사용합니다. 현행 교과서에는 첫째 번, 둘째 번과 같은 표기법으로 제시되어 있습니다.

| 덧셈과 뺄셈 | **가르기와 모으기** |

가르기와 모으기를 왜 배워요?

1학년 수와 연산

 **아이는 왜?**

아이들은 덧셈과 뺄셈을 학습하기 전에 가르기와 모으기를 공부합니다. 그런데 덧셈과 뺄셈을 미리 학습하고 입학한 아이들의 경우 가르기와 모으기를 왜 공부하는지 이해하지 못합니다.

 **30초 해결사**

가르기와 모으기는 구체물로 학습한 후, 수로 표현해 본다.

가르기	모으기
하나의 수를 다른 두 수로 갈라 보는 것 7 / 3 4 7 = 3 + 4	두 수를 하나의 수로 모아 보는 것 5 4 / 9 5 + 4 = 9

그것이 알고 싶다

 가르기와 모으기는 덧셈과 뺄셈을 학습하는 데 있어 다양한 경험을 제공해 주는 활동입니다. 가르기와 모으기 활동을 통해 아이들은 덧셈이나 뺄셈 상황을 다양한 방법으로 해석하는 경험을 하게 됩니다. 교과서에서는 가르기와 모으기를 삽화나 사진으로 처음 접하게 됩니다.

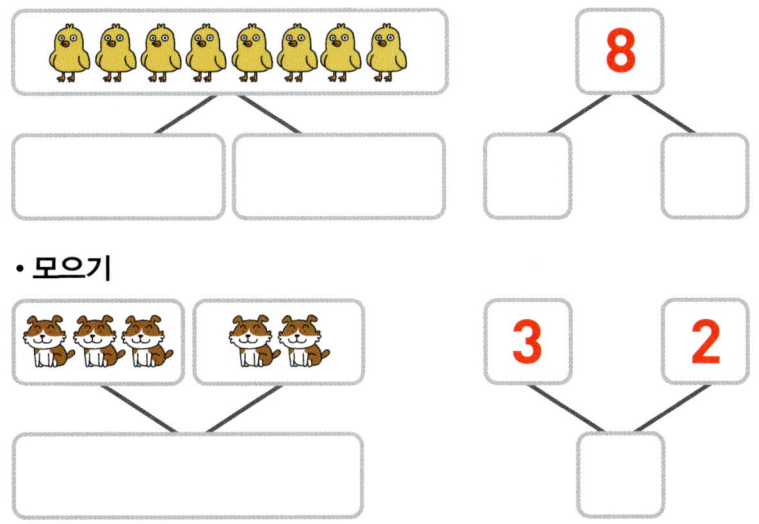

 교과서에는 그림으로 제시되어 있지만 실제로는 반드시 구체물로 활동해 봐야 합니다. 예를 들어 위 (가르기) 문제의 경우, 병아리 8마리를 블록 8개로 표현해 보고, 아이가 8개의 블록을 3개와 5개로 가르기했다면, 수 8을 3과 5로 가르기하도록 지도합니다.

구체물
바둑돌, 블록, 장난감과 같이 일정한 모양을 갖춘 물건을 구체물이라고 한다.

 모으기는 1가지 상황이지만 가르기에는 여러 가지 경우가 있을 수 있습니다. 여러 상황을 찾아 간단한 그림으로 표현함으로써 연관 관계를 찾아봅니다.

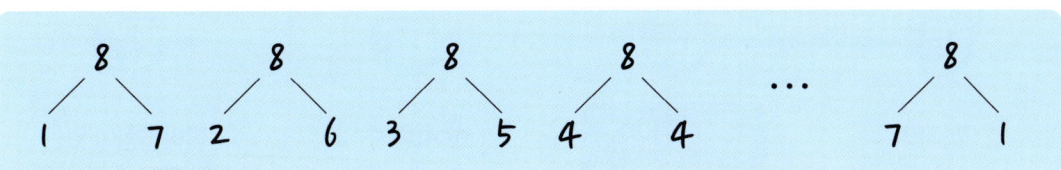

한 발짝 더!

병아리 8마리를 8이라는 수와 대응시킨 후 가르기와 모으기 하여 8이라는 수를 만들 수 있는 다양한 답을 찾아봅니다. 보통 4와 4로 가르기하고, 하나의 답을 찾았다며 이내 다음 문제로 넘어가는데, 이렇게 하면 아이들이 해야 할 많은 경험 중 일부분만을 경험하는 셈이 됩니다. 그러므로 다른 방법을 생각해 보도록 지도할 필요가 있습니다. 하나의 문제를 다양한 방법으로 사고하고 해결하는 습관은 수학을 학습해 나가는 데 큰 힘이 됩니다.

8을 가르기하는 방법은 다음과 같습니다.

'1과 7' '2와 6' '3과 5' '4와 4' '5와 3' '6과 2' '7과 1'

다양한 방법으로 가르기를 해 보고, 나아가 세 수로도 가르기해 봅니다. 세 수 가르기와 모으기를 통한 경험은 세 수의 덧셈과 뺄셈의 기초가 되고, 수 감각을 형성하는 데도 도움이 됩니다. 아이가 세 수로 가르기를 어려워한다면 구체물을 이용합니다. 이후 구체물을 이용하지 않고도 능숙하게 가르기와 모으기를 하는 정도가 되면 가르기와 모으기 하는 상황을 식으로 나타내어 봅니다.

구체물	가르기와 모으기	수와 식
🐤 🐤 🐤 🐤 🐤 🐤 🐤 🐤	1 1 6	1 + 1 + 6 = 8
🐤 🐤 🐤 🐤 🐤 🐤 🐤 🐤	2 1 5	2 + 1 + 5 = 8
🐤 🐤 🐤 🐤 🐤 🐤 🐤 🐤	2 2 4	2 + 2 + 4 = 8
🐤 🐤 🐤 🐤 🐤 🐤 🐤 🐤	3 3 2	3 + 3 + 2 = 8
…	…	…

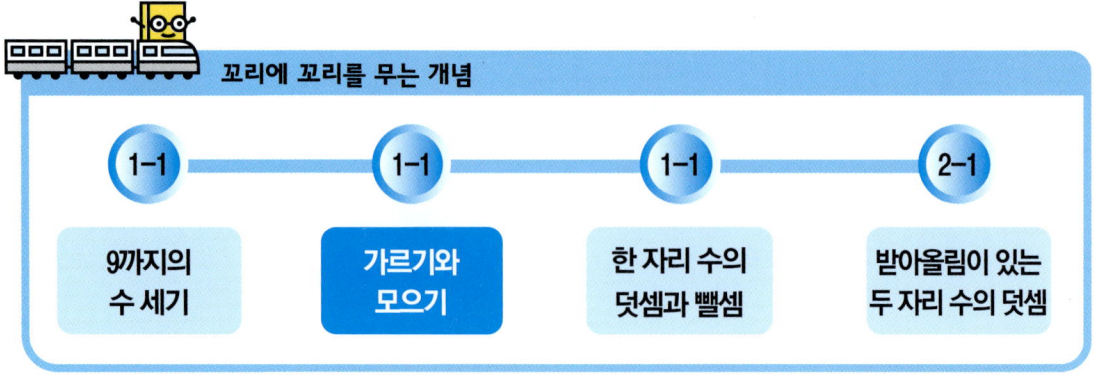

꼬리에 꼬리를 무는 개념

1-1 9까지의 수 세기 — 1-1 가르기와 모으기 — 1-1 한 자리 수의 덧셈과 뺄셈 — 2-1 받아올림이 있는 두 자리 수의 덧셈

무엇이든 물어보세요

가르기와 모으기의 차이는 무엇인가요?

가르기는 하나의 수를 둘로 나누는 것이고, 모으기는 두 수를 하나의 수로 모으는 활동입니다. 가르기와 모으기는 수의 분해와 합성으로, 덧셈과 뺄셈을 익히기 위한 기초적인 활동입니다. 따라서 아이들이 가르기와 모으기를 충분히 경험할 수 있도록 하는 것이 중요합니다. 가르기와 모으기는 덧셈과 뺄셈처럼 상대적 개념입니다. 예를 들어 7을 3과 4로 가르기하였다면, 3과 4를 모으기하여 7이 되는 것을 알 수 있습니다. 식으로 나타내면, 가르기는 7 = 3 + 4이고 모으기는 3 + 4 = 7입니다.

가르기와 모으기 활동만으로 덧셈과 뺄셈의 개념을 알 수 있나요?
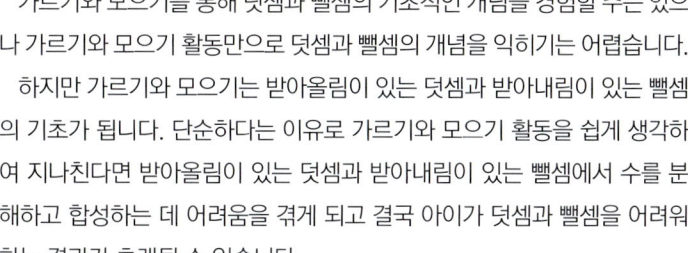

가르기와 모으기를 통해 덧셈과 뺄셈의 기초적인 개념을 경험할 수는 있으나 가르기와 모으기 활동만으로 덧셈과 뺄셈의 개념을 익히기는 어렵습니다. 하지만 가르기와 모으기는 받아올림이 있는 덧셈과 받아내림이 있는 뺄셈의 기초가 됩니다. 단순하다는 이유로 가르기와 모으기 활동을 쉽게 생각하여 지나친다면 받아올림이 있는 덧셈과 받아내림이 있는 뺄셈에서 수를 분해하고 합성하는 데 어려움을 겪게 되고 결국 아이가 덧셈과 뺄셈을 어려워하는 결과가 초래될 수 있습니다.

따라서 바둑돌과 같은 구체물을 통한 가르기와 모으기 활동을 충분히 한 후, 이를 기호와 연결하여 덧셈식이나 뺄셈식으로 나타내어 보도록 지도해 주세요. 이러한 경험은 두 자리 수 이상의 덧셈과 뺄셈에서 아이가 유연한 사고를 할 수 있도록 도와줍니다.

| 덧셈과 뺄셈 | **덧셈의 기초**

문제에 '모두'가 있으면 모든 수를 더하면 되지 않아요?

아이는 왜?

많은 아이들이 문제에 '모두'란 낱말이 있으면 이를 덧셈 상황으로 이해하여 문제에 나오는 모든 수를 더하면 된다고 생각합니다. 이는 문장에 대한 이해가 부족한 상황에서 잘못된 방법으로 많은 문제를 해결해 온 탓입니다.

30초 해결사

수학 문장제 접근법

1. 독서가 제일 중요하다. 꼭 수학에 관계된 것일 필요는 없다.
   폭넓은 독서를 통해 어휘력이 풍부해지면 문장에 대한 이해력이 상승한다.
2. 문장의 중요한 정보를 수식으로 나타내는 연습을 한다.

그것이 알고 싶다

아이들은 수학을 처음 접하면서 수 세기를 먼저 배우고 이를 통해 덧셈의 개념을 익힙니다. 그러다 수 세기에는 등장하지 않는 수식이 등장하면 많은 아이들이 수학을 딱딱한 과목으로 여기기 시작합니다. 이런 아이들에게는 덧셈을 기호로 가르치기보다 수 세기를 통해 자연스럽게 접하도록 하는 것이 좋습니다.

아이들은 수 세기 과정에서 자신이 이용할 수 있는 전략을 다양하게 사용합니다. 대상을 보며 하나씩 수를 세기도 하고, 손가락을 이용하기도 하며, 머릿속으로 구체물을 그리면서 수와 짝을 짓기도 할 것입니다. 아이들은 이를 점차 머릿속으로 추상화시켜 나갈 필요가 있습니다. 그러기 위해서는 수 세기를 통해 덧셈의 개념을 형성할 수 있는 활동을 다양하게 경험해 보아야 합니다.

또한 덧셈 상황을 알게 되었다고 해서 이를 바로 수식으로 나타낼 수 있는 것은 아니므로 더해지는 상황을 기호로 약속하고, 약속된 기호를 사용하여 표현해 보는 활동도 경험해 봐야 할 것입니다.

구체물과 반구체물

구체물은 실제 사물을 말한다. 사과는 구체물이다. 이 구체물의 속성을 단순하게 표현한 것이 반구체물이다. 사과 5개를 바둑돌 5개로 나타냈다면 이때 바둑돌이 반구체물이다.

한 발짝 더!

덧셈에는 다음과 같이 2가지 상황이 있습니다.

- **첨가상황 : 처음 주어진 양에 둘째 번 양이 더해지는 상황**

"5자루의 연필이 있습니다. 친구가 3자루의 연필을 더 주었습니다. 연필은 모두 몇 자루입니까?"

- **합병상황 : 2개의 양을 더하는 상황**

"오른쪽 주머니에 사탕이 3개, 왼쪽 주머니에 사탕이 5개 있습니다. 사탕은 모두 몇 개입니까?"

아이들은 위 2가지 상황을 모두 다양하게 경험해 보아야 합니다.

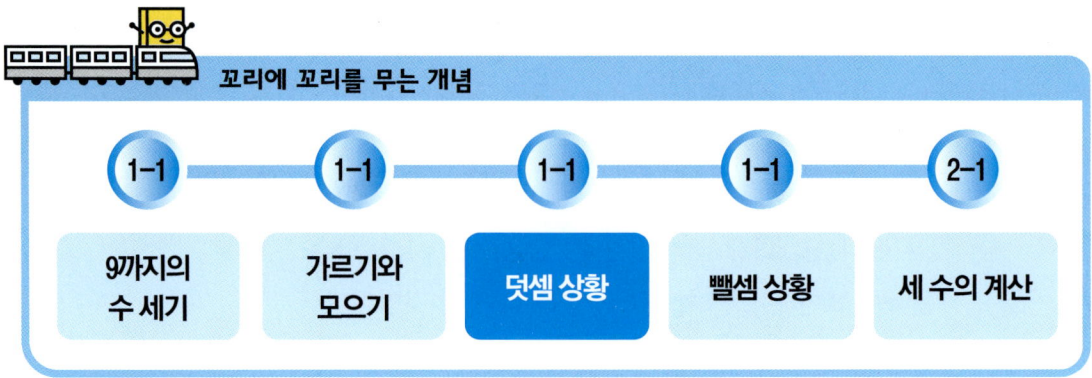

무엇이든 물어보세요

 생활 속에서 덧셈 상황을 연습해 보게 할 수 있을까요?

초등학교 저학년의 경우, 아이와 함께 동화책을 읽는 시간이 아직 많을 것입니다. 동화책에 나오는 상황을 그림으로 표현해 보는 과정을 통해 자연스럽게 덧셈 상황을 경험하는 기회를 가질 수 있습니다. 예를 들어 《백설 공주와 일곱 난쟁이》를 읽고 난 후, 한 집에 사는 백설 공주와 7명의 난쟁이를 그림으로 그려 보고, 1 + 7 = 8과 같은 식을 세워 보는 것입니다. 이러한 활동은 수학에 친근하게 다가갈 수 있는 좋은 계기가 됩니다.

 **문제해결력이 부족한 아이인데 연산 훈련을 하면 나아질까요?**

초등 1~2학년의 문장제는 일상생활에서 스토리텔링에 이르기까지 다양한 상황과 관련되어 있습니다. 대부분의 초등 저학년 학생들은 연산에 어느 정도 자신감을 보이지만 연산에 익숙한 아이들도 문제에서 어떤 연산을 해야 하는지에 대해서는 어려움을 겪습니다. 즉 문제해결력이 부족한 아이에게 연산 훈련을 시킨다고 해서 문제해결력이 향상되지는 않습니다.

평소 이야기책을 많이 읽어 문장에서 상황과 맥락을 찾아내는 연습이 이루어지도록 지도해 주세요. 또한 문장제를 풀 때 답을 내는 것보다 어떻게 그 답이 나왔는지를 설명하게 하는 것이 좋습니다. 이렇게 하다 보면 문장의 맥락을 찾으려 노력할 것이고, 점차 실수가 줄어들게 됩니다.

| 덧셈과 뺄셈 | **뺄셈의 기초** |

5 − 3 = 3 아닌가요?

 **아이는 왜?**

수 세기가 아직 완성되지 않은 상태에서 덧셈과 뺄셈을 접하는 경우가 있습니다. 5 − 3 = 3이라고 답한 것은 연산에 대한 이해가 충분하지 못한 상태에서 수식을 암기했기 때문입니다.

 30초 해결사

뺄셈에 익숙하지 않다면 구체물로 표현하고 식으로 나타내는 경험을 반복한다.

구체물	수와 식
🍎🍎 🍎🍎🍎	5 − 3

그것이 알고 싶다

구체물을 활용하여 5 - 3을 알아보겠습니다.

① **구체물을 세어 첫째 번 양을 나타낸다.**

② **문제에서 제시된 양을 제거한다.**

③ **구체물을 모두 세어 답을 얻는다.**

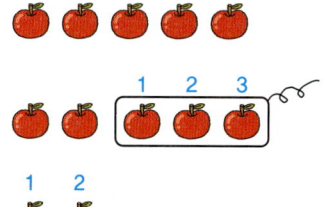

아이들은 이 과정에서 자신이 이용할 수 있는 전략을 다양하게 사용합니다. 구체물을 놓고 빼야 하는 양을 제거한 후 남은 양을 세거나 손가락 5개를 접은 후 손가락 3개를 펴, 접혀 있는 손가락 개수를 다시 세는 등 자신이 이용할 수 있는 전략을 사용하여 뺄셈의 개념을 익히게 됩니다. 이때 이러한 전략을 점차 머릿속으로 추상화시켜 나갈 필요가 있습니다.

그러기 위해서는 수 세기를 통해 뺄셈의 개념을 형성할 수 있는 활동을 다양하게 경험해 보아야 합니다. 수식을 성급하게 도입하면 아이들이 수학을 싫어하게 되는 계기가 됩니다.

또한 아이들이 뺄셈 상황을 알게 되었다고 해서 이를 바로 수식으로 나타낼 수 있는 것은 아닙니다. 빼는 상황을 기호로 약속하고, 약속된 기호를 사용하여 이를 표현해 보는 활동도 경험해 보도록 지도합니다.

 **한 발짝 더!**

뺄셈에는 다음과 같이 2가지 상황이 있습니다.

• **남아 있는 양 구하기(구잔) : 처음 주어진 양에서 문제에 주어진 양을 빼는 상황**
"연필 8자루가 있습니다. 이 중 연필 3자루를 동생에게 주었습니다. 남은 연필은 몇 자루입니까?"

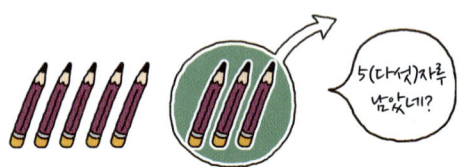

• **두 양의 차 구하기(구차) : 2개의 양을 비교하는 상황**
"나는 연필 8자루를 가지고 있고, 동생은 연필 3자루를 가지고 있습니다. 나는 동생보다 연필 몇 자루를 더 가지고 있습니까?"

아이들은 위 2가지 상황을 모두 다양하게 경험해 보아야 합니다.

꼬리에 꼬리를 무는 개념

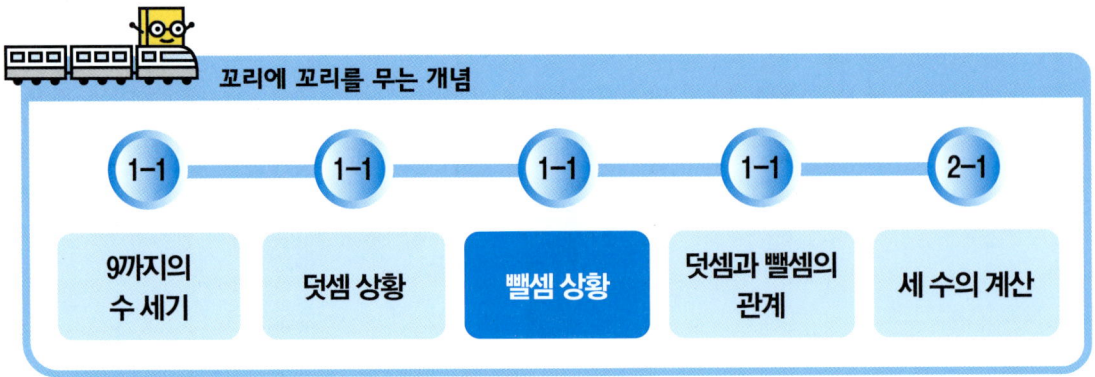

무엇이든 물어보세요

 구잔과 구차는 어떻게 다른가요?

구잔과 구차는 상황적 의미가 다릅니다. 구잔은 남아 있는 양을 구하는 상황이고, 구차는 두 양을 비교하는 상황이라고 생각하면 쉽게 이해할 수 있습니다.

교과서에서는 다음과 같이 제시하고 있습니다.

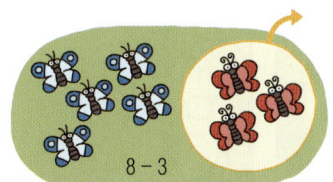 

구잔   구차

 **일상생활에서 어떤 경우에 뺄셈을 하게 되나요?**

아이들은 다양한 상황에서 뺄셈 경험을 하게 됩니다.

첫째, 결과를 알지 못하는 경우입니다. 구슬 8개를 가지고 있다가 그중 5개를 친구에게 주었을 경우, 남은 구슬이 몇 개인지를 구하는 문제가 이에 해당됩니다.

둘째, 변화한 양을 알지 못하는 경우입니다. 처음에 구슬을 8개 가지고 있다가 그중 몇 개를 친구에게 주었더니 5개가 남았을 경우, 친구에게 준 구슬이 몇 개인지를 구하는 문제가 이에 해당됩니다.

셋째, 처음의 양을 알지 못하는 경우입니다. 친구에게 구슬 3개를 주었더니 나에게 5개가 남았을 경우, 처음 갖고 있던 구슬이 몇 개인지를 구하는 문제가 이에 해당됩니다.

| 덧셈과 뺄셈 | 덧셈과 뺄셈의 관계 |

덧셈식을 뺄셈식으로 어떻게 만들어요?

 **아이는 왜?**

초등학교 저학년 아이들은 직관적으로 사고합니다. 아직 눈에 보이는 대로 판단하고 생각하는 단계이지요. 따라서 구체물 4개와 3개가 있으면 4 + 3이라는 개념을 먼저 떠올리는 게 당연합니다.

 30초 해결사

구체물을 가지고 덧셈과 뺄셈의 관계를 생각해 본다.

- 덧셈식 : 4 + 3 = 7
- 뺄셈식 : 7 − 3 = 4, 7 − 4 = 3

그것이 알고 싶다

아이들은 덧셈과 뺄셈을 배우기 전에 가르기와 모으기를 배웁니다. 가르기와 모으기는 덧셈과 뺄셈의 기초가 됩니다. 가르기와 모으기를 수식으로 표현하면 덧셈과 뺄셈이 됩니다.

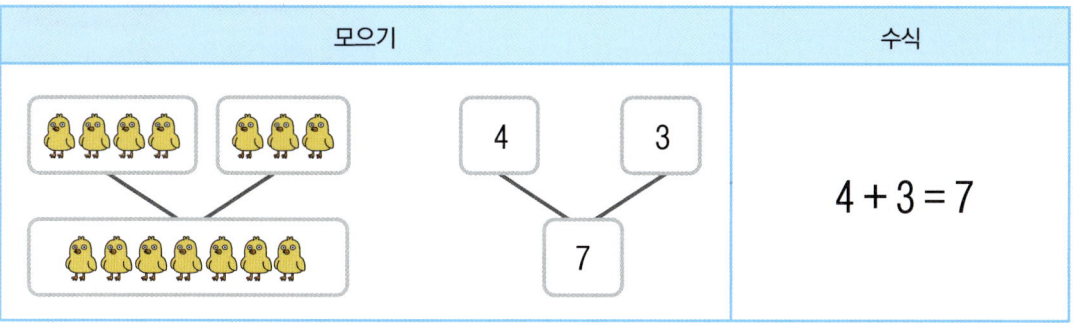

모으기	수식
	$4 + 3 = 7$

아이들은 가르기와 모으기는 쉽게 생각하면서 덧셈과 뺄셈은 어렵게 생각합니다. 특히 덧셈과 뺄셈의 관계를 학습할 때 하나의 그림에서 다양한 식을 만들어 내는 활동을 어려워합니다. 이는 덧셈과 뺄셈에 대한 개념을 명확히 하지 않은 상태에서 수식 표현을 학습한 탓입니다. 덧셈과 뺄셈을 상황으로 충분히 인식하여 개념을 형성한 후에 수식을 접하게 되면, 다양한 상황에서 응용력을 발휘할 수 있게 됩니다.

덧셈과 뺄셈의 관계를 어려워하는 아이들에게는 반구체물을 활용하여 상황으로 학습하게 하면 효과적입니다. 예를 들어 연결큐브를 가지고 다음과 같은 활동을 할 수 있습니다.

• **준비물 : 연결모형**

1. 자신이 원하는 만큼 연결모형을 연결한다.	7개
2. 자신이 원하는 부분에서 둘로 나눈다.	4개, 3개
3. 식으로 표현한다.	$4 + 3$
4. 두 부분 중 한 부분을 가리고, 가려진 부분의 연결모형 개수를 구하는 식을 만든다.	$7 - 4 = 3$
5. 이번에는 다른 한 부분을 가리고, 가려진 부분의 연결모형 개수를 구하는 식을 만든다.	$7 - 3 = 4$

한 발짝 더!

앞에서 연결모형으로 가르기와 모으기를 해 보았습니다. 이러한 활동을 통해 아이들은 덧셈과 뺄셈의 관계를 나름의 방법으로 해석하고 경험하게 됩니다. 따라서 같은 하나의 상황으로 나타낼 수 있는 식이 여러 가지임을 알고, 다양한 식으로 표현해 보는 활동이 필요합니다.

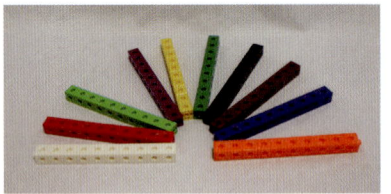

연결모형

예를 들어 "연결모형 7개로 만들 수 있는 식을 써 보시오."와 같은 활동을 통해 아이들은 다음과 같이 다양한 식을 만들어 낼 수 있어야 합니다.

▫ ▫▫▫▫▫▫	1 + 6 = 7	7 − 1 = 6	7 − 6 = 1
▫▫ ▫▫▫▫▫	2 + 5 = 7	7 − 2 = 5	7 − 5 = 2
▫▫▫ ▫▫▫▫	3 + 4 = 7	7 − 3 = 4	7 − 4 = 3
▫▫▫▫ ▫▫▫	4 + 3 = 7	7 − 4 = 3	7 − 3 = 4
▫▫▫▫▫ ▫▫	5 + 2 = 7	7 − 5 = 2	7 − 2 = 5
▫▫▫▫▫▫ ▫	6 + 1 = 7	7 − 6 = 1	7 − 1 = 6

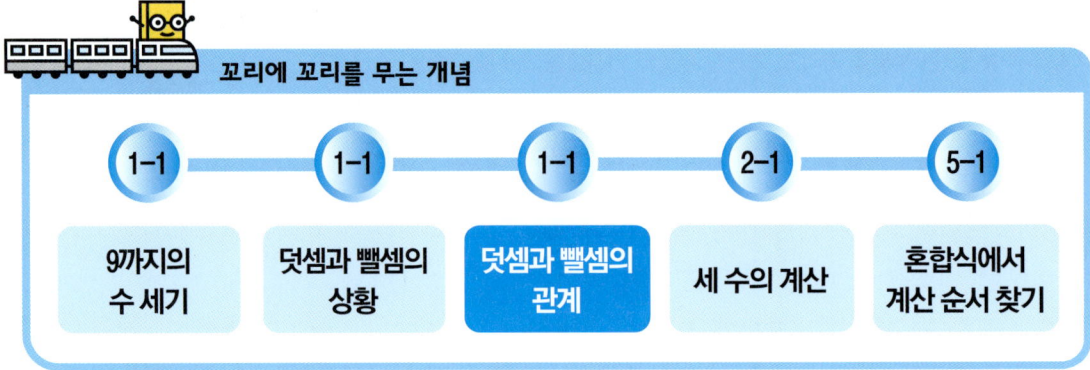

무엇이든 물어보세요

 4 + 3과 3 + 4는 같은가요?

4 + 3 = 7, 3 + 4 = 7로 두 식은 같습니다. 하지만 상황적으로 학습한다면 두 식은 서로 다른 의미를 나타내기도 합니다. 예를 들어, 파란 사과 4개와 빨간 사과 3개를 더하는 것과 파란 사과 3개와 빨간 사과 4개를 더하는 것은 서로 다른 상황입니다.

 '3 + 4 = ☐ + 2'와 같은 문제에서 아이가 ☐에 7을 써넣습니다.

등호(=)의 개념을 알지 못하는 경우입니다. 아이들은 대부분 4 + 5 = ☐ 와 같은 문제에 익숙하기 때문에 등호 다음에는 '답'을 써야 한다고 생각합니다. 그리하여

3 + 4 = ☐ + 2라는 문제에서
3 + 4 = 7 + 2 = 9라고 흔히 씁니다.

그러나 등호는 좌변과 우변이 같음을 나타내는 부호입니다.
즉, 3 + 4 = ☐ + 2에서
왼쪽이 3 + 4 = 7이므로
오른쪽은 ☐ + 2 = 7이어야 합니다.
따라서 ☐ = 5입니다.
아이에게 등호의 의미를 다시 한 번 명확하게 알려주어야 하겠습니다.

또한 등호를 읽을 때 '~는'으로 읽기보다 "~와 같다."라고 읽는 습관을 들이도록 도와주는 것이 좋습니다.

| 100까지의 수 | **수 읽기의 오류** |

1학년 수와 연산

'사십육'은 '406'이라고 쓰면 되죠?

아이는 왜?

아이들은 1학년 1학기에 '50까지의 수'를 배우고, 2학기에는 '100까지의 수'를 학습하게 됩니다. 아직 아이들의 사고 수준으로는 자릿값을 이해하기가 어렵습니다. 이때 섣부른 접근으로 아이에게 자릿값을 가르치면 아이가 오히려 이해하지 못하는 경우가 발생하기도 합니다.

30초 해결사

10씩 묶어 세기(몇십 몇)

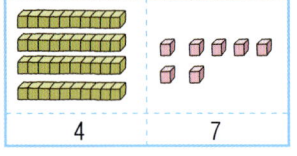

10개씩 4묶음, 낱개 7개이므로
47이라 쓰고, 사십칠 또는 마흔일곱이라 읽는다.

그것이 알고 싶다

　100까지는 10씩 묶어 세는 활동을 통하여 수를 이해하고 학습하도록 도와주어야 하는데, 먼저 묶여 있지 않은 구체물을 어떻게 셀지 고민하는 과정이 필요합니다. 어떤 아이들은 처음부터 10씩 묶는 것을 부담스러워합니다. 또한 왜 묶어야 하는지 모르고 묶는 것은 좋지 못한 방법입니다.

　수를 세는 데 있어 어떻게 하는 것이 좀 더 쉬운 방법일지 생각해 보고, 처음에는 2나 5씩 묶어 보다가 결국 10씩 묶어 세는 것이 좋은 방법임을 알고 10씩 묶어 보는 활동을 통해 수를 세는 과정이 필요한 것입니다.

　다음은 위 그림에서 인형이 모두 몇 개인지를 알아보는 과정입니다.

① 묶어 세기

　각자 자신이 편한 방법으로 2씩, 5씩, 10씩 묶어 세기 해 보고, 그 결과를 서로 비교해 봅니다. 얼마나 정확히, 그리고 편리하게 셀 수 있는지 말해 봅니다.

② 구체물로 나타내기

　자신이 묶은 방법으로 빨대와 같은 구체물을 수로 나타냅니다. 10씩 묶으면 아래 그림과 같습니다. 보통 이 단계에서 10씩 묶어 세는 것이 편리하다는 것을 알게 됩니다.

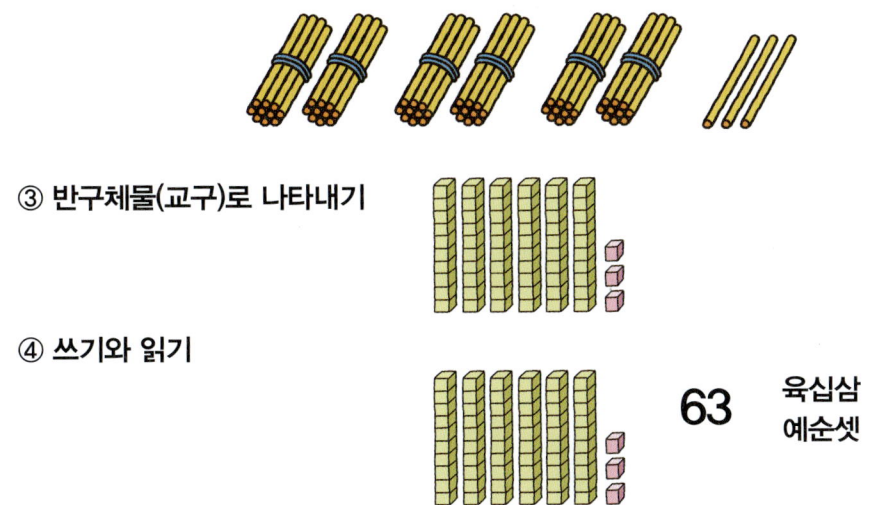

③ 반구체물(교구)로 나타내기

④ 쓰기와 읽기

63　육십삼
　　예순셋

한 발짝 더!

　1학년 학생들이 어려워하는 것 중 하나가 수 읽기입니다. 그래서 어른들의 나이를 이야기할 때 "우리 할머니는 여든일곱 살이야."라고 말하기도 하지만 "우리 할머니는 팔십칠 살이야."라고 말하기도 합니다. 어른들은 어느 경우에 팔십칠이고 어느 경우에 여든일곱인지를 경험상 알지만 아이들은 큰 수를 사용해 본 경험이 드물어 어떻게 읽어야 할지 결정하지 못합니다. 이때는 '팔십칠 살'이 아니라 '여든일곱 살'이라 말한다고 알려주는 수밖에 없습니다. 마찬가지로 보통 물건의 개수를 나타낼 때는 하나, 둘, 셋, …, '열일곱 개'와 같이 표현하고, 번호를 나타낼 때는 '삼십칠 번'이라고 함을 알려줍니다.

　이처럼 수 읽기는 경험을 통해 자연스럽게 익히는 것이 좋습니다.

　국어 문법에서는 고유어와 함께 쓰일 때에는 고유어 수를 쓰고, 한자어와 함께 쓰일 때에는 한자어 수를 씁니다. 즉 나이를 나타내는 '세(世)'는 한자어이므로 1(일)세, 2(이)세 등으로 쓰고, 고유어인 '살'과 같이 쓸 때에는 한 살, 두 살 등으로 쓰는 것입니다.

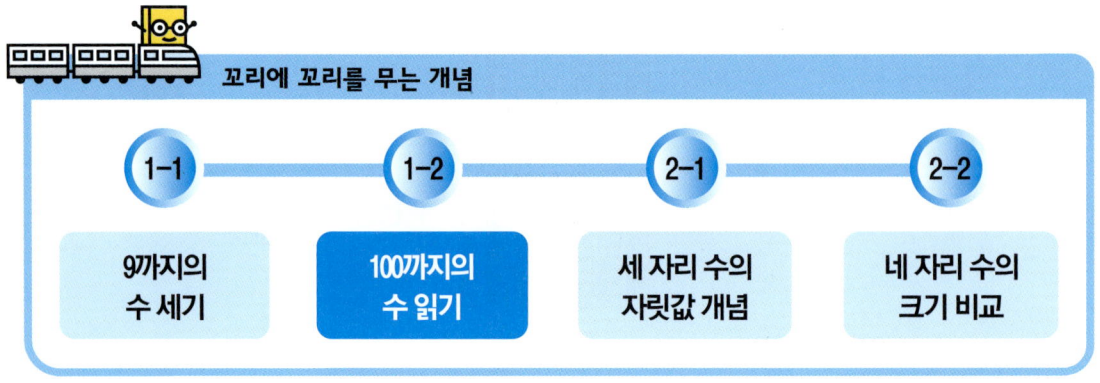

무엇이든 물어보세요

 사십오(45)를 405라고 씁니다. 어떻게 지도하나요?

이러한 오류를 보이는 이유는 크게 2가지입니다. 아이가 수 세기를 하지 않고 수를 학습했거나 아이에게 자릿값 개념이 형성되어 있지 않기 때문입니다. 이런 아이들은 큰 수를 학습하기보다 상대적으로 작은 수인 11과 12, 13 등을 학습하면서 수를 표현하는 경험을 가져야 합니다. 예를 들어 11개를 세면서 1, 2, 3, …, 10 다음의 11을 어떻게 표현하고 읽는지 학습하는 것입니다. 11의 표현 방법을 아이와 충분히 논의 후 약속하고, 약속을 바탕으로 12, 13, 14 등을 표현하는 활동을 통해 오류를 수정하도록 합니다.

 자릿값을 가르쳐 주면 아이가 몇십 몇을 이해하기 쉬울까요?

1학년 때까지는 자릿값의 개념을 가르치지 않습니다. 대신 여러 활동을 통해 암묵적으로 경험하면서 자연스럽게 터득하도록 합니다. 수 세기에서 아이들은 하나씩 낱개로 세기도 하고 10씩 묶어서 세기도 합니다. 이때 '10의 묶음'이 하나, 둘, 셋, …인 것과 낱개가 하나, 둘, 셋, …인 것이 서로 다르다는 점을 인식하게 됩니다. 이처럼 아이들은 수를 세는 활동을 통해 10의 묶음이 3개이면 30이라는 것을 자연스럽게 익히게 되고, 이러한 경험은 2학년에서 자릿값 개념을 배울 때 도움이 됩니다.

| 100까지의 수 | **두 수의 크기 비교** |

1학년 수와 연산

대충 봐도 어느 쪽이 더 많은지 알 수 있는데, 왜 꼭 세어 봐야 해요?

 **아이는 왜?**

아이들은 수 세기를 배웠으나 아직 수의 크기를 어림하는 수 감각이 미흡합니다. 이 경우 아이들은 수의 크기를 비교할 때 비교하려는 대상의 개수를 일일이 세지 않고 외형적인 크기(부피)로 개수가 많고 적음을 판단하려 합니다.

30초 해결사

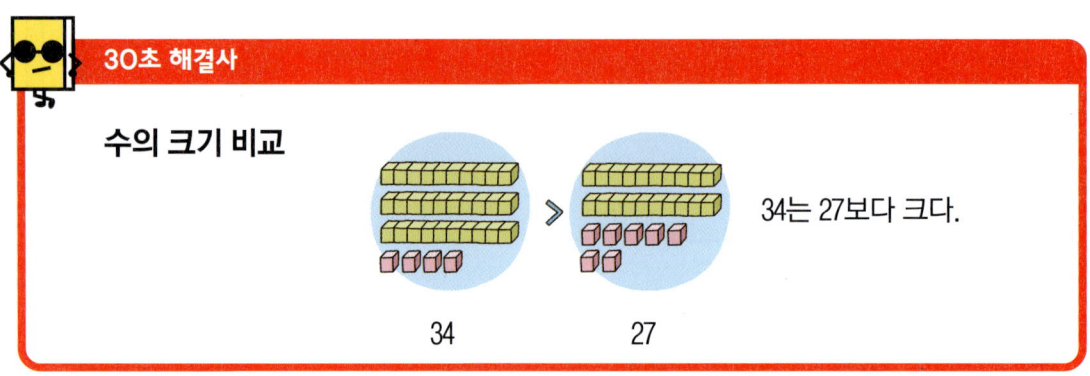

그것이 알고 싶다

두 양을 비교할 때 물건을 세어 묶음으로 나타내면 편리합니다. 또한 이후 묶음으로 표현된 그림을 보고 비교 전략을 만들어 내게 됩니다.

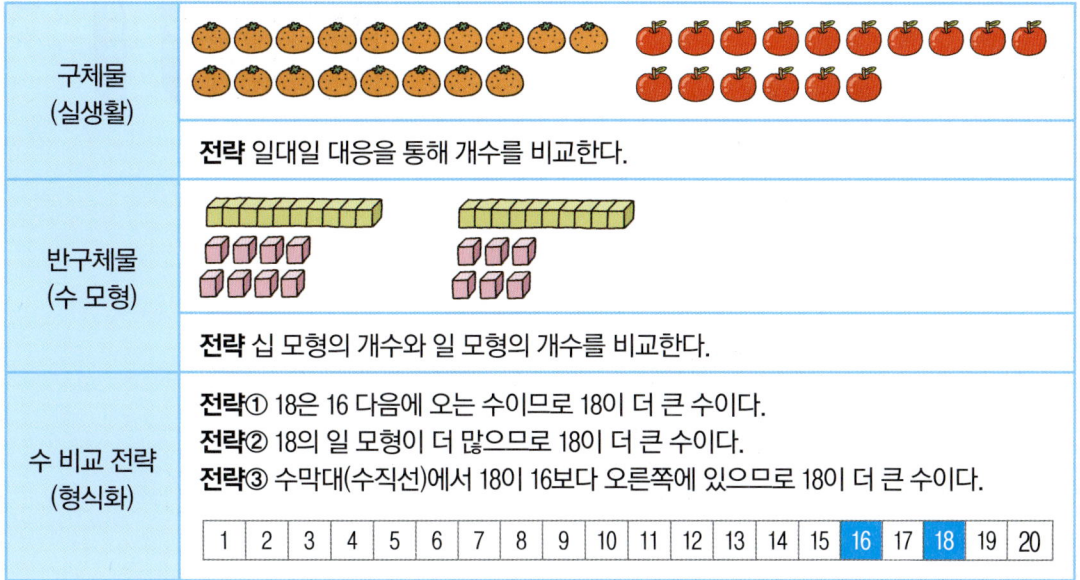

아이들은 먼저 구체물을 1:1로 대응시키며 크기를 비교합니다. 그러다 반구체물에서는 십 모형과 일 모형의 개수를 이용하여 수의 크기를 비교하지요. 즉, 십 모형의 개수가 같으면 일 모형의 개수를 비교하고, 십 모형의 개수가 다르면 십 모형만으로 수의 크기를 비교하는 것입니다. 이는 나중에 자릿값을 이용하여 수를 비교하는 방법의 기초가 됩니다.

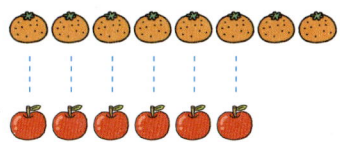

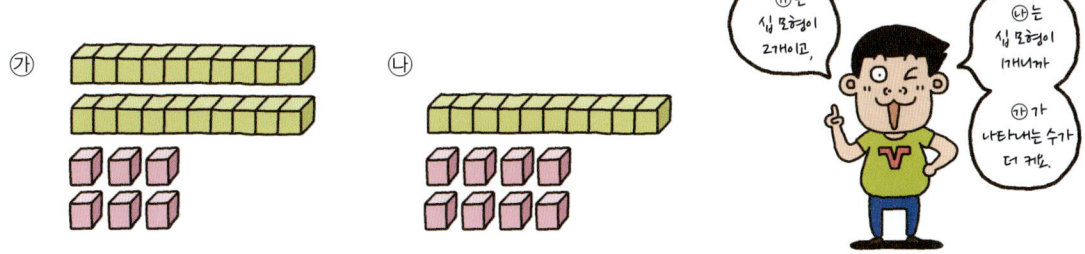

이후 아이들은 수를 보면서 수의 크기를 비교하게 됩니다. 이때 수직선, 수막대 등을 이용하면 비교하기 쉽습니다.

한 발짝 더!

세 자리 수 이하의 수의 크기를 비교할 때 보통 수 모형을 이용합니다. 수 모형은 백 모형, 십 모형, 일 모형으로 구성됩니다.

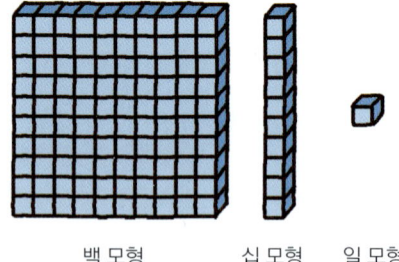
백 모형   십 모형   일 모형

수 모형을 이용하여 472와 258을 비교해 보겠습니다.
472는 백 모형이 4개 필요하고 258은 백 모형이 2개 필요합니다. 즉 백 모형의 개수를 비교하는 것만으로 두 수의 크기 비교가 가능합니다.

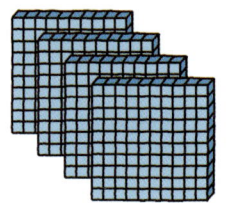 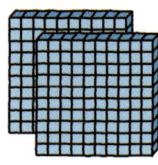

382와 379는 백 모형이 각각 3개씩 필요하지요.
382는 십 모형이 8개, 379는 십 모형이 7개 필요하므로 382가 379보다 큰 수입니다.

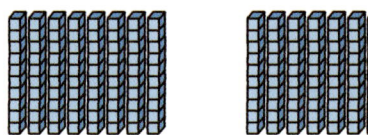

이와 같이 구체적 경험을 통해 수의 크기를 비교하도록 지도합니다.

무엇이든 물어보세요

큰 수의 크기 비교에서도 구체물과 반구체물을 사용해야 하나요?

구체물을 이용한 수의 크기 비교는 두 자리 수까지가 적당합니다. 예를 들어, 56과 49의 비교라면 한 컵에 담긴 콩이나 시리얼을 이용하여 비교할 수 있겠지요. 하지만 세 자리 이상의 수를 비교하는 상황이라면 오히려 구체물로 비교하는 것이 더 어렵습니다. 만약 세 자리 수까지 배운 학생이라면 자릿값의 개념 형성을 위해서라도 구체물 대신 반구체물인 수 모형을 이용하는 것이 효과적입니다. 그 후 네 자리 수의 크기 비교부터는 자릿값 개념을 이용합니다.

수 모형

백 모형	십 모형	일 모형
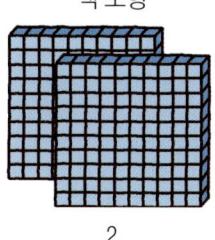	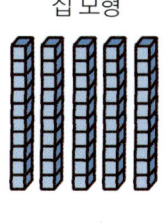	
2	5	7

| 규칙 찾기 | 반복되는 규칙 |

1학년 변화와 관계

반복되는 규칙을 찾으라는데, 뭐가 반복되는지 모르겠어요.

 **아이는 왜?**

대부분의 아이들은 반복되는 규칙을 곧잘 찾아냅니다. 그런데 반복되는 물건의 개수가 3개를 넘기 시작하면 전체적인 규칙을 파악하는 데 어려움을 겪기 시작합니다. 꼼꼼히 살피지 않았거나 쉽게 생각하여 패턴을 놓쳤기 때문입니다.

 **30초 해결사**

- **반복되는 규칙 찾기**
  반복되는 기본단위를 찾는다.
- **2개 또는 3개가 반복되는 규칙 만들기**
  블록이나 동전을 이용하여 규칙을 만들고 어떤 규칙으로 만들었는지 설명한다.

그것이 알고 싶다

규칙 찾기를 학습할 때는 아이들이 좋아하는 사물 중 몇 가지를 골라 사용하면 좋습니다. 색깔과 모양이 다양한 블록이 좋은 수학 교구가 됩니다. 우선 2가지 종류의 블록으로 시작합니다. 반드시 규칙이 2번 이상 반복되도록 문제 상황을 만들어 주세요. 예를 들어, abb가 기본단위라면 최소한 abbabb 정도는 보여 줘야 합니다. 이제 블록을 하나씩 놓으면서 아이에게 "다음에는 어떤 것을 놓을까?" 하고 질문합니다. 어른 입장에서는 간단하고 쉬운 내용이지만 1학년 학생에게는 충분히 경험하고 생각해 보아야 하는 활동입니다. 여러 번 반복하여 어느 정도 익숙해지면 아이가 스스로 규칙을 정해 블록을 놓아 보게 합니다. 생각에 따라 아주 다양한 규칙을 만들어 낼 수 있습니다.

이번에는 '규칙 찾아 말하기(단위 규칙 찾기)' 활동입니다.

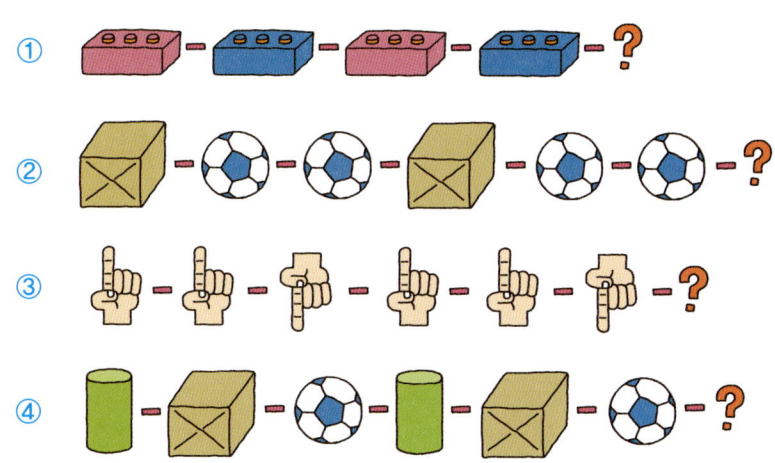

아이에게 다음과 같이 질문합니다.

"①에는 어떤 규칙이 있을까?" : '빨강 블록 – 파랑 블록'의 반복

"②에는 어떤 규칙이 있을까?" : '상자 – 공 – 공'의 반복

"③에는 어떤 규칙이 있을까?" : '위 – 위 – 아래'의 반복

"④에는 어떤 규칙이 있을까?" : '둥근기둥 – 상자 – 공'의 반복

한 발짝 더!

규칙 찾기 활동은 사물의 특징을 구분해 내는 능력과 연관이 있습니다. 대상이 놓인 위치나 모양을 보고 전체와 부분의 관계를 파악해 내는 것이지요. 아이들이 좋아하는 카드를 이용하여 규칙을 찾아 보는 것도 좋은 학습이 될 수 있습니다. 예를 들어 오른쪽 그림카드에는 몇 가지 특징이 있어 모양(둥근 모양, 각진 모양), 색깔(빨강, 파랑), 털(있고, 없고), 구멍(하나, 둘)에 따라 카드를 구분해 볼 수 있습니다.

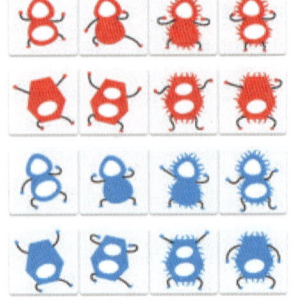

농산어촌 수학·과학 ICT콘텐츠
(http://kofacict.ciclife.co.kr) 참조

그림카드를 규칙에 따라 여러 장 늘어 놓고 아이와 함께 모양, 색깔, 털, 구멍의 속성을 생각하며 규칙을 찾아 봅니다. 경우에 따라 몇 가지 규칙을 찾을 수도 있습니다.

①의 경우, 구멍의 개수가 2개, 1개, 1개인 것이 반복되고
②의 경우, 색깔, 구멍, 털이 서로 다른 규칙으로 반복되는 것을 알 수 있습니다.

이처럼 아이가 다양한 관점에서 규칙을 찾고 의미를 부여하는 활동이 중요합니다.
규칙은 우리 주변 곳곳에서 발견할 수 있습니다. 일상생활에서 규칙을 발견하는 것은 수학을 공부하는 또 다른 즐거움이 됩니다.

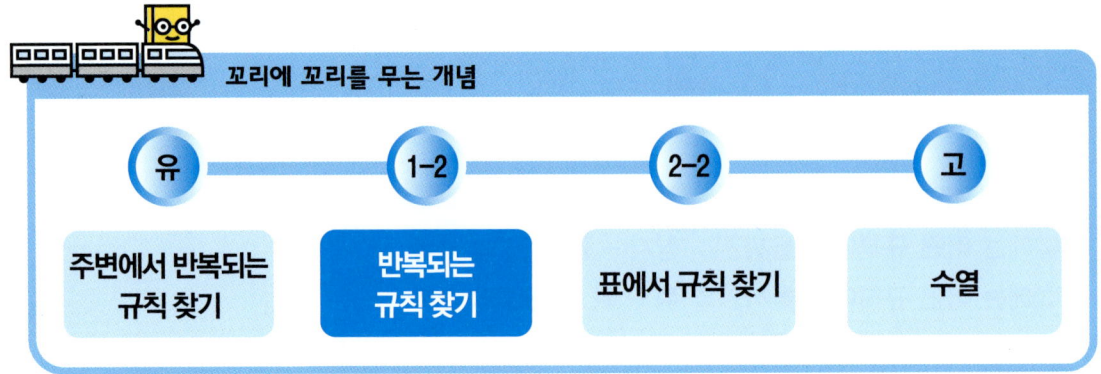

무엇이든 물어보세요

**'주사위 – 공 – 주사위 – 공 – ☐'과 같은 문제에서 아이가 ☐에 '공'을 넣어 새로운 규칙을 만들었습니다.
이것도 정답이라고 할 수 있을까요?**

아이가 새로운 발상을 하였네요. 문제의 의도가 '주사위 – 공'이라는 단위로 규칙을 만드는 것이라면 당연히 답은 주사위가 되어야겠지요. 그러나 아이의 생각도 정답이 될 수 있다고 봅니다. 이 문제를 '주사위 – 공 – 주사위 – 공 – 공 – 주사위 – 공 – 주사위 – 공 – 공 – …' 혹은 '주사위 – 공 – 주사위 – 공 – 공 – 주사위 – 공 – 공 – 공 – …'이 반복되는 규칙으로 생각할 수도 있으니까요. 마찬가지로 또 다른 규칙을 만들 수도 있습니다.

수학 문제에 정답이 꼭 하나인 것은 아닙니다. 아이의 생각을 존중해 주고 아이가 다양하게 사고할 수 있도록 격려해 주세요.

결국 아이가 규칙 찾기를 제대로 하고 있는지 확인하는 방법은 아이의 생각을 들어 보는 것입니다. 그래서 아이의 말이 논리적으로 틀림이 없으면 그것 또한 정답으로 인정해 주어야 할 것입니다.

규칙 찾기와 수학은 어떤 관련이 있나요?

규칙 찾기는 수학의 한 부분입니다. 흔히 규칙은 패턴이라고도 합니다. 패턴은 수, 도형, 무늬 등을 일정한 규칙에 따라 늘어놓은 것을 말합니다. 패턴은 일상생활이나 자연에서 다양하게 발견되며, 다양한 상황에서 규칙을 찾아내는 것은 아주 중요한 수학적 능력입니다. 규칙 찾기는 향후 덧셈이나 뺄셈과 같은 연산뿐만 아니라 도형, 함수 등 수학의 다양한 분야에서 꼭 필요한 능력입니다.

| 규칙 찾기 | **무늬에서의 규칙** |

규칙 찾기 중에서 다음 색을 칠하라는 문제를 못 풀겠어요.

 아이는 왜?

숫자나 모양이 반복되는 규칙은 잘 찾아도 무늬에서 규칙 찾는 것은 어려워하는 경우가 있습니다. 위 문제도 색이 회전하는 탓에 많은 아이들이 어려움을 느낍니다. 회전으로 보지 않는다면 세 곳의 색이 반복되는 것으로 판단할 수 있기 때문에 저학년 아이들에게는 쉬운 문제가 아닙니다.

30초 해결사

반복되는 무늬의 규칙 찾기

- 한 가지 색을 정해 어떻게 변하고 있는지 살펴본다.
- 몇 개가 기본단위로 반복되고 있는지 알아본다.

그것이 알고 싶다

아이들은 취향에 따라 색, 무늬, 구체물, 숫자 등 각자 좋아하는 대상이 서로 다릅니다. 아이가 좋아하는 것을 소재로 삼으면 학습에 도움이 됩니다. 무늬에서 규칙 찾기를 학습할 때도 아이들이 좋아하는 모양이나 좋아하는 색을 이용합니다.

아이들이 많이 사용하는 10칸 공책을 이용한 규칙 찾기 활동을 소개합니다. 10칸 공책에 아래 규칙을 주고 나머지 부분을 색칠하게 합니다. 그리고 왜 그렇게 칠했는지 그 이유를 말해 보게 합니다.

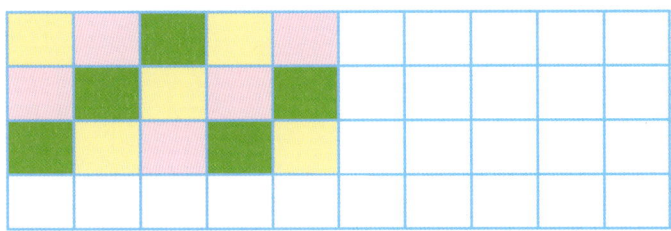

아이들은 노랑, 분홍, 연두의 순서로 반복된다거나 아래쪽에서 오른쪽 위로 비스듬하게 같은 색으로 칠해져 있다는 것을 발견할 수 있고, 규칙을 더 이어 나갈 수도 있습니다.

어느 정도 규칙 찾기에 익숙해지면, 이제 좀 더 복잡한 규칙을 만들어 봅니다. 네모를 4칸으로 나누어 돌아가면서 색칠하거나 두 가지 색으로 칠하는 방법입니다. 모양도 네모뿐 아니라 세모나 동그라미 등으로 만들어 봅니다. 복잡해진 만큼 규칙을 찾는 과정도 어려워지겠지요. 이때는 기준을 정해서 봅니다. 예를 들어, 위치를 기준으로 본다면 맨 위 칸의 무늬가 어떻게 변하는지 살펴보는 것이고, 색을 기준으로 본다면 빨강이 어떻게 다른 위치로 변해 가는지 알아보는 것입니다. 단순한 것에서 시작하여 좀 더 복잡한 무늬에서의 상황을 해결해 가며 그 방법이 같다는 사실을 찾는 것이 중요합니다.

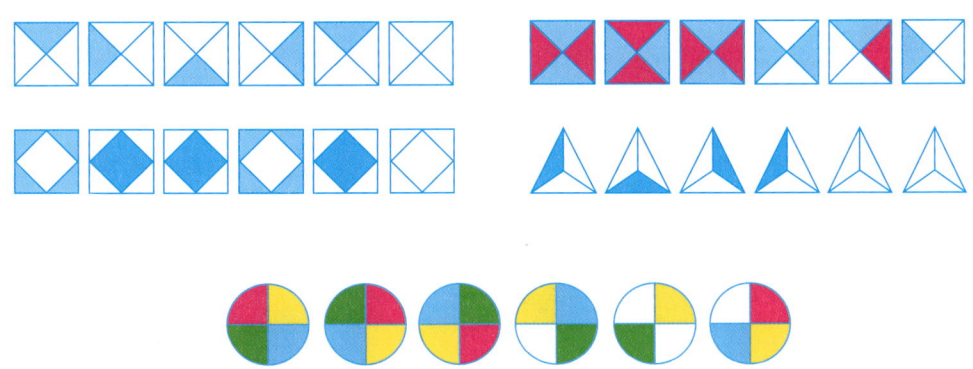

1학년 수학사전 67

한 발짝 더!

지금까지 무늬에서 규칙을 찾아 색을 칠하는 활동을 하였다면, 이제 아이가 무늬의 규칙을 직접 만들어 색칠하는 활동을 합니다. 이때 네모 칸에 색을 칠하는 대신 별, 하트, 동그라미 모양 등 아이들이 좋아하는 모양의 도장을 찍게 하면 보다 흥미로워합니다.

규칙에 따라 모양을 완성한 후에는 어떤 규칙을 사용했는지 이야기해 보도록 지도합니다. 생각보다 훨씬 창의적인 이야기를 들려줄 것입니다.

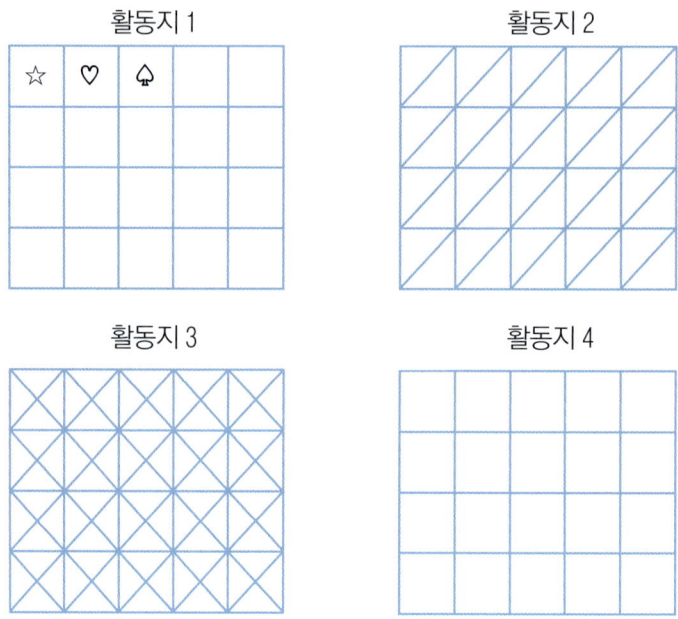

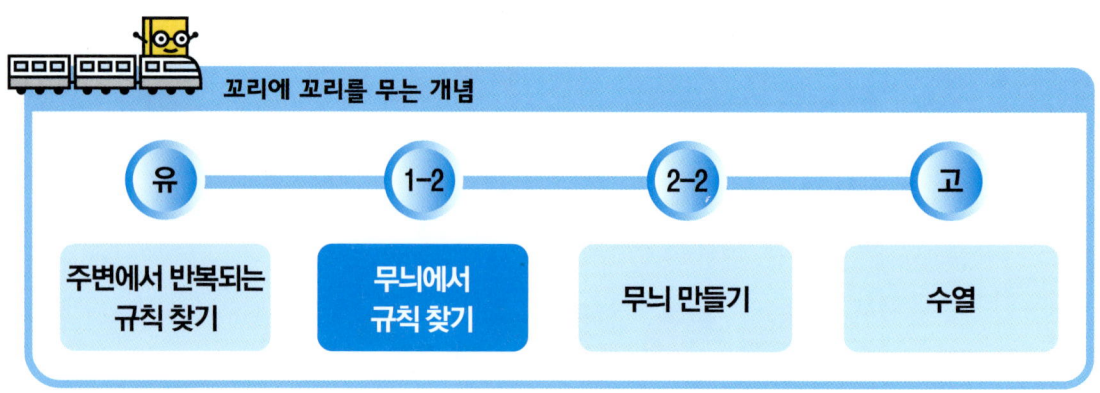

무엇이든 물어보세요

규칙 찾기를 학습할 때 네모, 세모, 동그라미 대신 사물의 모양을 그리고 싶어 해요.

수학에서는 보이는 외연보다 그 본질이 중요합니다. 아이가 사탕과 비스킷 등을 그리다 보면 간단하게 동그라미와 네모로 그리는 것이 왜 좋은지 알게 될 것입니다.

1가지 문제에서 2가지 규칙을 발견하였습니다. 즉 모양은 '세모 – 네모 – 세모 – 네모 – …'로 반복되고 색깔은 '빨강 – 노랑 – 빨강 – 노랑 – …'으로 반복됩니다. 두 규칙은 서로 다른 것인가요?

하나의 문제에서 2개 이상의 규칙을 발견할 수 있습니다. 따라서 2가지 규칙은 별개라고 할 수 있습니다. 그러나 패턴을 놓고 보면 ABABAB…의 형태이므로 1가지 규칙이라고도 할 수 있습니다.

 …

아이가 발견한 규칙이 어떤 규칙인지 설명할 수 있다면 모든 것이 정답이 될 수 있습니다. 어느 1가지 규칙만 정답이라고 고집하는 것은 바람직하지 않습니다.

| 여러 가지 모양 | 🟥, 🔵, 🟡 모양 |

모양이 🟥, 🔵, 🟡 뿐인가요?

1학년 도형과 측정

 **아이는 왜?**

우리는 생활 속에서 많은 모양(도형)을 접합니다. 그런데 1학년 교과서에서는 🟥, 🔵, 🟡 3가지만 다룹니다. 모양의 이름도 정해주지 않지요. 수많은 모양을 전부 다룰 수는 없기 때문에 흔히 접하는 🟥, 🔵, 🟡의 특징을 살펴 보고 서로 비교하는 것인데 아이들은 더 많은 모양으로 구분하고 싶어합니다.

 30초 해결사

🟥, 🔵, 🟡 모양 관찰하기

🟥 모양	🔵 모양	🟡 모양
주사위, 냉장고, 상자 등	연필, 음료수 캔, 물병 등	축구공, 지구본, 구슬 등
평평한 면으로 둘러싸여 있다. 잘 구르지 않는다.	둥근 면이 있다. 옆으로 잘 구른다.	모서리가 없고 둥근 면이 있다. 잘 구른다.

 **그것이 알고 싶다**

1학년에서는 교실 및 생활 주변의 여러 가지 물건을 관찰하여 직육면체, 원기둥, 구의 모양을 찾고 같은 모양끼리 분류하는 활동을 합니다. 🧱은 상자 모양, 🥫은 둥근기둥 모양, 🟡은 공 모양이라고 이름 붙이면 편할 텐데, 교과서에서는 이름을 따로 붙이지 않고 모양 그림만 제시합니다. 아이들의 창의적 사고력을 자극하고, 아이들이 도형을 탐구하는 과정에서 다양한 경험을 하도록 돕기 위한 것입니다.

도형을 분류하는 활동이 어른들에게는 무척 쉬워 보입니다. 그러나 1학년 아이들에게는 여러 가지 모양을 만져 보고 탐구하는 데 충분한 시간이 필요합니다. 따라서 아이들이 여러 가지 모양의 입체도형을 가지고 놀 수 있게 이끌어 주세요. 단순한 놀이 속에서 아이들은 시각, 촉각 등 여러 감각을 이용하여 다양한 방법으로 도형을 익히게 됩니다.

모양이 갖고 있는 특징을 살펴보는 것도 도형의 성질을 이해하는 데 있어 중요한 부분입니다. 🧱, 🥫, 🟡은 저마다 다른 특징들을 지닙니다. 🟡은 어느 쪽으로든 잘 구르는 모양이고, 🧱은 잘 구르지 않는 모양입니다. 그리고 🥫은 옆으로는 잘 구르지만 위나 아래로는 구르지 않습니다.

모양을 찾거나 나눈 후 이름을 정해 보게 되는데, 취학 전 유치원이나 어린이집에서 이미 이 입체도형의 이름을 상자 모양, 둥근기둥 모양, 공 모양이라고 배운 경우가 많을 것입니다. 왜 그런 이름을 붙였는지 고민할 수 있도록 기회를 주어야 하겠습니다.

한편 생활 주변의 모양을 꼭 3가지로 분류할 필요는 없습니다. 실제 호기심 많은 아이들은 원뿔이나 육각기둥을 발견하고 이를 학교에서 배운 내용과 비교해 보기도 하는데, 이런 경우 아이 입장에서는 혼란스러울 수밖에 없습니다. 따라서 합의만 된다면 얼마든지 여러 가지 모양으로 나눌 수 있습니다. 이때 성급하게 어른들의 용어로 이름 붙이도록 강요해서는 안 됩니다.

한 발짝 더!

🟥, 🥫, 🟡 와 🔺, ⬧ 모양의 물건을 쌓거나 테이프로 붙여서 다양한 모양을 만들어 봅니다. 만든 모양을 보고 어떤 모양을 사용한 것인지 이야기 나눠 보세요.

아이는 다음과 같이 대답할 수 있습니다.
"버스는 🟥와 🥫 모양, 로봇은 🟥, 🥫, 🟡, 🔺 모양을 사용하여 만들었어요."

그럼 이제 더 깊은 사고를 해 볼 차례입니다.
🔺 모양은 🟥, 🥫, 🟡에 속할까요?
속하든 속하지 않든 아이들이 그 이유를 말할 수 있어야 합니다. 이유를 설명하려면 🟥, 🥫, 🟡 모양의 특징을 정확히 알고 있어야 하기 때문에 이러한 과정을 통해 개념을 명확히 할 수 있게 됩니다.

"🔺 모양은 🥫 모양이라고 할 수 없어요. 왜냐하면 🥫 모양은 아래위에 동그란 모양이 있거든요."
"🔺 모양에는 뾰족한 부분이 있는데 🥫 모양에는 없으니까 서로 다른 모양이에요."
"🥫 모양은 굴리면 똑바로 굴러가는데 🔺 모양은 똑바로 구르지 않아요."

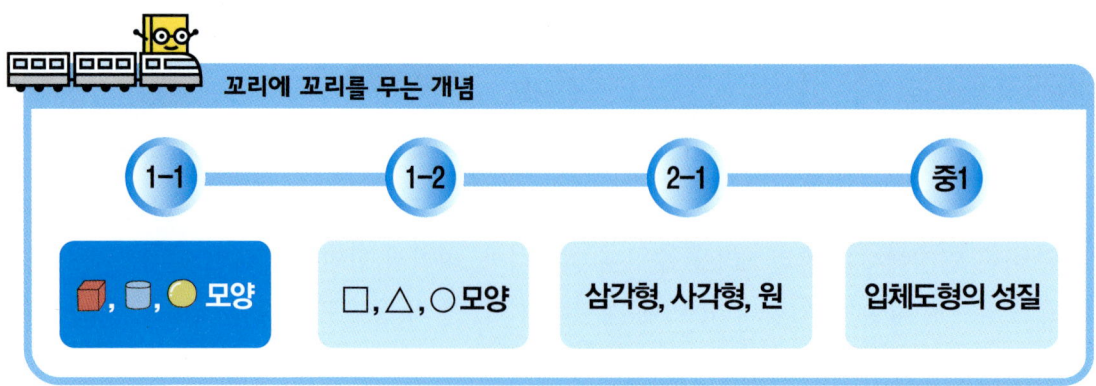

무엇이든 물어보세요

 , , ○ 모양의 이름을 아이가 원하는 대로 '아빠 모양', '엄마 모양' 등으로 정해도 되나요?

예전 교과서에서는 , , ○ 모양의 이름을 상자 모양, 둥근기둥 모양, 공 모양으로 약속하여 사용하였습니다. 이는 직육면체, 원기둥, 구를 저학년 학생들이 이해하기 쉬운 용어로 제시한 것일 뿐 정확한 용어는 아닙니다. 마찬가지로 아이가 임의로 정한 명칭을 사용하거나 정확한 모양 이름을 사용하여도 무방합니다. 모양을 어떤 이름으로 부를지 아이와 논의하는 과정을 거치면서 아이가 합리적인 표현 방법을 찾도록 도와주세요. 다음과 같은 대화가 가능할 수 있겠습니다.

아이 : 은 인형이 앉아서 쉬는 데 쓰이니 의자 모양이라고 해요.
엄마 : 하지만 의자는 보통 이런 모양이 아닌걸. 다른 걸 찾아보자.
아이 : 상자가 이런 모양이에요. 상자 모양이라고 해요.
엄마 : 선물 상자를 보면 하트 모양, 별 모양, 둥근 모양도 있어.
아이 : 그럼 네모 상자 모양이라고 할게요.

1학년 도형과 측정

| 여러 가지 모양 | □, △, ○ 모양 |

□, △, ○ 모양이 사각형, 삼각형, 원인 걸 다 아는데, 왜 교과서에는 그렇게 나오지 않나요?

아이는 왜?

아이들 중에는 □, △, ○ 모양을 사각형, 삼각형, 원으로 불러 본 경험이 있거나 이들 모양을 각각 사각형, 삼각형, 원이라고 한다는 사실을 자연스럽게 터득한 경우도 있습니다. 그런데 초등학교 1학년 수학 시간에는 사각형, 삼각형, 원과 같은 도형의 이름을 사용하지 않고 그림으로만 □, △, ○ 모양이라고 하니 아이가 당황할 수 있습니다. 아이에게 도형을 설명하는 입장에서도 당황스럽기는 마찬가지입니다.

30초 해결사

□, △, ○ 모양 관찰하기

□ 모양	△ 모양	○ 모양
편지 봉투, 사전, 리모컨 등	삼각자, 삼각 김밥, 삼각 깃발, 트라이앵글, 샌드위치 등	컵, 동전, 시계 등
곧은 선 4개로 둘러싸여 있다. 뾰족한 부분이 있다.	곧은 선 3개로 둘러싸여 있다. 뾰족한 부분이 있다.	굽은 선이 있다. 뾰족한 부분이 없다.

 **그것이 알고 싶다**

우리 생활 주변에는 여러 가지 모양의 물건이 있습니다. 그중 평면도형의 기본이 되는 □, △, ○ 모양을 알아보고 주변에서 이와 같은 물건을 찾아보겠습니다.

수학에서는 새로운 내용을 다룰 때 이전에 알고 있는 것이나 경험에 비추어 그 내용을 조금씩 확장해 나가는 과정을 거칩니다. 이 부분 역시 1학기 때 배운 입체도형의 한 면에 대한 직관적 개념을 바탕으로 □, △, ○ 모양을 사각형, 삼각형, 원으로 확장해 나가는 내용입니다.

아이들은 도화지에 □ 모양 기차, △ 모양 샌드위치, ○ 모양 자동차 바퀴 등을 그려 보았을 것입니다. 또 칠교놀이, 블록 놀이, 폐품으로 만들기 등을 통해서 □, △, ○ 모양을 많이 경험해 보았을 것입니다. 이 경험을 바탕으로 주변 사물을 □, △, ○ 모양 중 같은 모양으로 분류해 봅니다.

> **□, △, ○ 모양**
> 교과서에서는 여러 가지 모양(□, △, ○)에 이름을 붙이지 않고, 손이나 몸으로 □ 모양을 표현하며 '이렇게 생긴 모양'이라고 이야기하게 하고 있다. 그러나 아이가 이미 '네모', '세모', '동그라미'라는 말을 사용하고 있다면 이러한 표현을 막을 필요는 없다.

- □ 모양 물건을 찾아본다.
- △ 모양 물건을 찾아본다.
- ○ 모양 물건을 찾아본다.

입체의 한 부분이 □, △, ○ 모양이라는 것을 인식하는 것이 중요하므로 "이 물건의 이 부분이 □, △, ○ 모양이다."라고 말할 수 있도록 지도해야 하겠습니다.

이제 분류한 물건 중 도화지에 대고 그려 볼 수 있는 것을 직접 그려 보는 활동을 통해 도형에 대한 감각을 몸으로 익히게 도와주세요.

한 발짝 더!

앞의 활동을 통해 이제 아이들은 대표적인 □, △, ○ 모양을 찾아 분류하고 그 특징을 말할 수 있을 것입니다. 관련 내용을 보다 자세히 학습해 봅니다.

- □ 모양의 물건에는 어떤 것이 있나요?
  : 침대, 베개, 이불, 아파트, 창문, 책, 버스 등
- □ 모양 물건의 공통점은 무엇인가요?
  : 곧은 선이 4개 있어요. 뾰족한 부분(모)이 있어요.
- △ 모양의 물건에는 어떤 것이 있나요?
  : 지붕, 삼각자, 피라미드 등
- △ 모양 물건의 공통점은 무엇인가요?
  : 선이 3개 있어요. 뾰족한 부분(모)이 있어요. 곧은 선이 있어요.
- ○ 모양의 물건에는 어떤 것이 있나요?
  : 시계, 음료수 캔, 문손잡이, CD, 컵, 접시, 바퀴, 맨홀 등
- ○ 모양 물건의 공통점은 무엇인가요?
  : 곧은 선이 없어요. 둥글어요.

속성 블록
다섯 가지 모양(정사각형, 직사각형, 정삼각형, 원, 육각형) 또는 그 이상의 모양을 다양한 크기, 두께, 색깔로 만든 교구. 여러 가지 기준으로 분류하고 모양을 만들어 보기에 유용하다.

이 활동에서는 다양한 물건을 직접 나누어 보는 것이 좋지만 여건에 따라 물건의 그림을 이용하여 여러 번 나누어 보는 것도 좋습니다. 처음에는 집 안 물건에서 시작하여 학교나 놀이터, 마트 등에 있는 물건으로 범위를 점차 확장할 수 있겠습니다.

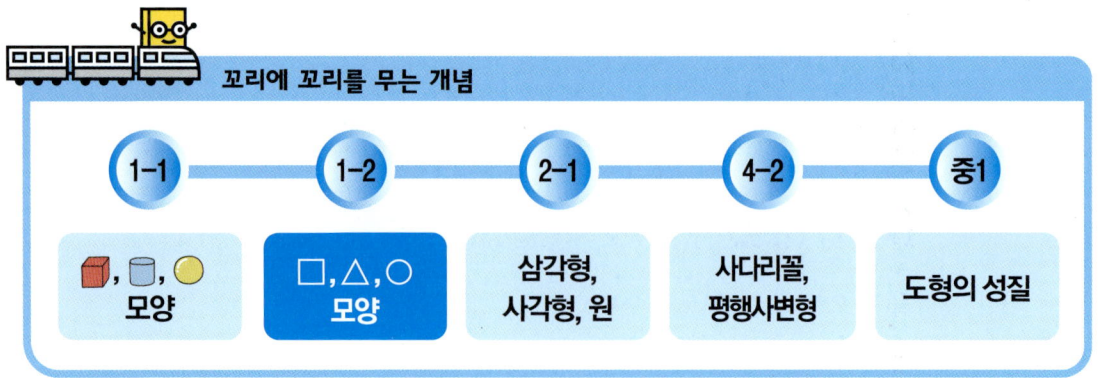

꼬리에 꼬리를 무는 개념

1-1 ▥,▯,● 모양 — 1-2 □,△,○ 모양 — 2-1 삼각형, 사각형, 원 — 4-2 사다리꼴, 평행사변형 — 중1 도형의 성질

무엇이든 물어보세요

 **주변에서 여러 가지 모양의 물건을 찾다 보니 오각형이나 육각형 물건도 많이 찾게 됩니다. 어떻게 분류하면 좋을까요?**

1학년에서는 오각형이나 육각형, 팔각형 등의 물건을 다루지 않지만 생활에서는 이런 모양의 물건을 접하게 됩니다. 삼각형과 사각형을 분류했던 방법으로 오각형과 육각형도 분류해 보세요.

사각형(또는 네모)의 이름을 아는 아이라면 이러한 모양의 이름을 궁금해 할 수 있습니다. 특히 삼각형, 사각형을 세모, 네모로 알고 있다면 오각형, 육각형을 '다섯모', '여섯모'라는 이름으로 연결 지으려 할 수도 있습니다. 이런 경험을 통해 아이들은 세모, 네모 등을 삼각형, 사각형, 오각형 등으로 일반화시킬 수 있게 됩니다.

 도형을 분류할 때는 모양만 중요한가요?

수학에서는 공통점을 찾아 개념을 만들기 때문에 도형을 공부할 때는 물체의 성질(색깔, 재질, 크기 등)을 버리고 모양과 크기만을 대상으로 삼습니다. 그래서 삼각자는 모양과 크기만을 생각해 삼각형과 연결 짓고, 책은 직사각형과 연결 짓습니다.

1학년 도형과 측정

| 비교하기 | **비교하기** |

'큰 건물', '높은 건물', 어떤 말이 맞아요?

아이는 왜?

높다, 낮다, 크다, 작다 등은 일상생활에서 비교하기를 할 때 주로 사용하는 말이지만 이를 정확하게 구분하여 사용하는 사람은 많지 않습니다. 그러니 아이들 입장에서 비교하는 말을 제대로 사용하기란 어려운 일이지요.

30초 해결사

비교하기

- 길이 : 길다 ↔ 짧다
- 무게 : 무겁다 ↔ 가볍다
- 높이 : 높다 ↔ 낮다
- 넓이 : 넓다 ↔ 좁다
- 들이(담을 수 있는 양) : 많다 ↔ 적다

 **그것이 알고 싶다**

높이는 길이를 비교하는 방법 중 하나입니다. 높이는 기준점에서 위아래로의 길이를 말하므로 높이의 정도를 비교할 때는 '높다', '낮다'를 사용하여 말합니다.

빌딩이 높다.   빌딩이 낮다.

하지만 키를 나타낼 때는 '크다', '작다'라고 표현하지요. 혼동하지 않도록 주의를 기울일 필요가 있습니다.

키가 큰 사람   키가 작은 사람

높이의 비교는 어디까지나 상대적인 것이기 때문에 사진이나 그림 자료를 이용하거나 물체를 직접 비교해 보는 것이 좋습니다. 현재 살고 있는 동네에서 눈에 보이는 건물을 보며 이야기할 수 있겠지요.

처음에는 서로 다른 우유 팩 2개를 준비하여 서로 높이를 비교해 보다가 이후 우유 팩을 3~4개로 늘려 비교해 보도록 합니다.

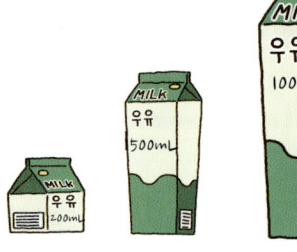

한 발짝 더!

비교하기는 아이들이 앞으로 측정을 학습하는 데 있어 가장 기초가 되는 개념입니다. 따라서 비교하기를 처음 배우는 1학년 아이들이 수학적 흥미와 재미를 느낄 수 있으려면 생활 주변의 것을 최대한 직접 비교해 보는 것이 중요합니다. 특히, 비교하기 단원은 아이들이 재미있어 하면서도 헷갈려 하는 부분입니다. '높다, 낮다', '크다, 작다', '넓다, 좁다' 등 비슷한 용어가 한꺼번에 등장하기 때문입니다. 그러므로 처음 학습할 때 확실히 익힐 수 있도록 지도해야 하겠습니다.

비교하는 데 쓰이는 용어를 함께 정리해 보세요.

길이 : 길다 ↔ 짧다   높이 : 높다 ↔ 낮다   무게 : 무겁다 ↔ 가볍다

넓이 : 넓다 ↔ 좁다   들이 : 많다 ↔ 적다

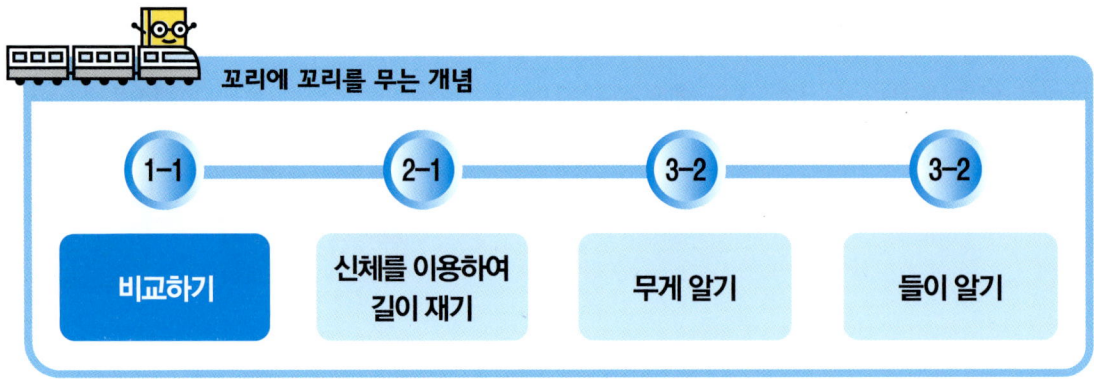

꼬리에 꼬리를 무는 개념

1-1 비교하기 — 2-1 신체를 이용하여 길이 재기 — 3-2 무게 알기 — 3-2 들이 알기

무엇이든 물어보세요

 '작다'와 '적다'의 차이는 무엇인가요?

'작다'는 수나 크기를 나타낼 때, '적다'는 양을 나타낼 때 사용합니다. "3은 7보다 작다.", "나는 키가 작다.", "내 발은 너보다 작아.", "내가 마신 주스가 더 적어.", "내 용돈이 더 적어." 등과 같이 사용합니다.

 **다음과 같이 그림에서 키가 가장 큰 사람을 찾는 문제는 어떻게 지도해야 할까요?**

기준이 되는 선에서 위아래로의 길이를 살펴봅니다. 사람들이 각자 다른 높이의 계단 위에 올라서 있으므로 발이 아닌 머리가 기준입니다. 이제 발이 어디까지인지에 따라 키가 큰 사람과 작은 사람을 구분합니다.

 **집보다 높거나 낮게 그리라는 말을 이해하지 못합니다.**

'높다', '낮다'라는 말은 상대적입니다. 2가지 이상의 대상을 비교하여 높이가 더 높은 것을 '높다', 높이가 낮은 것은 '낮다'라고 표현하지요. 집보다 높으려면 집보다 더 높은 빌딩도 되고, 집 위에 떠 있는 해도 됩니다. 집보다 낮은 것으로는 꽃이나 사람 등을 그릴 수 있을 것입니다.

| 시계 보기 | **시계 알기** |

시침과 분침이 헷갈려요.

아이는 왜?

1학년 아이들은 아직 시침과 분침을 구분하지 못하여 시간을 잘못 읽는 일이 다반사입니다. 시침, 분침, 초침이 가리키는 숫자에 따라 시계의 숫자를 달리 읽어야 하기 때문에 시간을 읽는 것은 쉽지 않습니다. 따라서 시계의 원리와 숫자 속에 숨겨진 뜻을 정확히 짚어 줄 필요가 있습니다.

30초 해결사

- 시침 : 시각을 가리키는 바늘
  (1시, 2시, 3시, …, 12시)
- 분침 : 분을 가리키는 바늘
  (1분, 2분, 3분, …, 60분)

 **그것이 알고 싶다**

아이에게 시계 읽는 방법을 가르쳐 주기 전에 아이가 시계를 탐색해 보고, 시계 읽기에 흥미를 갖도록 도와줄 필요가 있습니다.

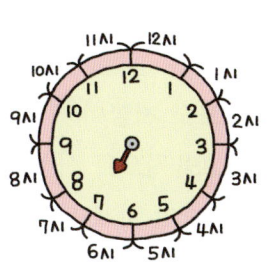
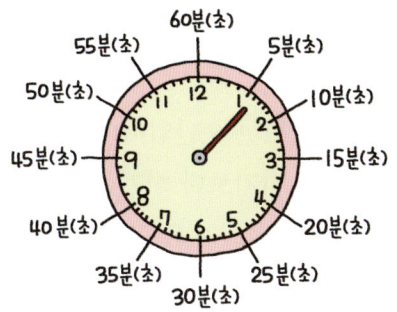

> **시계 읽기**
> 초등 1학년에게는 초침은 없고 시침과 분침만 있는 시계로 먼저 정시, 즉 1시, 2시, 3시 등을 정확히 익히도록 하는 것이 좋다.

시계에는 3개의 바늘과 1부터 12까지의 숫자가 있습니다. 그리고 숫자 사이에 눈금이 그려져 있습니다. 3개의 바늘은 서로 길이가 다른데, 짧은 바늘은 '시', 중간 바늘은 '분', 가장 긴 바늘은 '초'를 나타냅니다. 그래서 그 이름도 각각 시침, 분침, 초침입니다. 이 시곗바늘은 움직임이 서로 다릅니다. 초를 나타내는 시곗바늘이 가장 빠르게 움직이고, 분을 나타내는 바늘은 그보다 느리게, 시를 나타내는 바늘은 아주 느리게 움직입니다. 시곗바늘의 움직임을 통해 시는 긴 시간, 초는 아주 짧은 시간임을 간단히 느끼도록 유도합니다.

다음으로 숫자의 의미를 살펴봅니다. 1학년 때는 시계가 1부터 12까지의 숫자로 이루어져 있고 시곗바늘이 지나간 거리에 따라 시간이 다르게 나타난다는 내용까지 설명하는 것이 좋습니다.

한편 수학에서는 '시각'과 '시간'을 구분하여 사용합니다. 시각은 때를 나타내는 말로 하루 중 어느 한 시점을 뜻합니다. "지금이 몇 시지?"는 현재 시각을 묻는 질문입니다.

시간은 시각과 시각 사이의 길이를 뜻합니다. 영화가 1시 30분에 시작하여 2시 50분에 끝났다면 영화 상영 시간은 1시간 20분이 됩니다.

2시 50분 − 1시 30분 = 1시간 20분

그러나 초등학교 1~2학년에서는 시각을 읽는 것이 중요하므로 시각과 시간을 엄격하게 구분하지는 않아도 됩니다.

한 발짝 더!

무작정 "1시간은 60분이야." 또는 "긴바늘이 숫자 2를 가리키면 10분이야." 하고 가르치기보다 1시간이 어느 정도의 시간인지 알아보는 활동을 해 봅니다. 예를 들어, "1분은 동요 한 곡을 부르는 데 걸리는 시간이야.", "3분은 양치질하는 데 걸리는 시간이야.", "1시간은 할머니 집에 가는 데 걸리는 시간이야." 하고 설명하는 것입니다. 그리고 아이가 다른 예를 찾아 이야기해 보도록 도와줍니다.

시계는 하루의 시간을 구분하기 위한 수단입니다. 단순히 시계를 보고 지금이 몇 시 몇 분인지를 알아보는 시각 읽기를 지도하기보다 시계는 하루의 시간을 효율적으로 사용하기 위해 사람이 만들어 낸 도구임을 설명해 주세요. 시계가 있음으로써 사람이 갖게 되는 편리함을 생각해 보도록 도와주면 앞으로 시계 읽기의 동기가 될 수 있습니다.

꼬리에 꼬리를 무는 개념

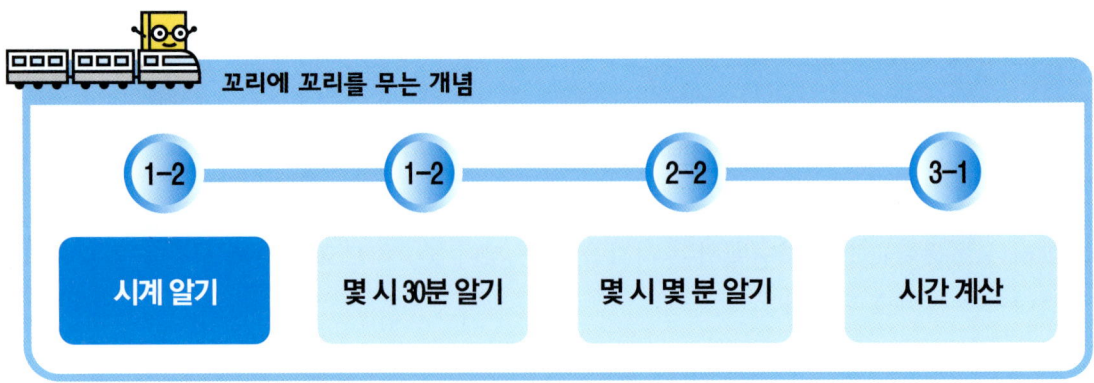

1-2 시계 알기 → 1-2 몇 시 30분 알기 → 2-2 몇 시 몇 분 알기 → 3-1 시간 계산

무엇이든 물어보세요

시계의 숫자는 왜 10이 아니라 12까지인가요? 특별한 이유가 있나요?

고대 메소포타미아문명이 꽃피던 시절, 바빌로니아 사람들은 해와 달이 12번 기울었다 차면 계절이 돌아온다는 사실을 발견했습니다. 그래서 하루의 낮을 12로 나누고 밤 역시 12로 나누어 하루가 24시간이 되었다고 합니다.

시계 방향은 어떻게 해서 정해졌나요?

사람들은 시간을 알기 위해 그림자를 이용한 해시계를 사용했습니다. 해시계의 막대기 그림자는 지구의 북반구에서 오른쪽 방향으로 돌며 움직입니다. 시계의 바늘은 이 해시계의 그림자를 모방해 만들어졌습니다. 만약 지구의 남반구에서 해시계가 처음 만들어졌다면 시계 방향은 반대가 되었을 것입니다.

| 시계 보기 | **몇 시 30분 알기**

1시 30분을 자꾸 1시 6분이라고 읽게 돼요.

아이는 왜?

1학년 아이들이 몇 시 몇 분 몇 초를 한꺼번에 정확히 읽기는 어렵습니다. 5의 배수 개념이 들어간 분침을 읽는 것은 시침을 읽는 것보다 더 어렵지요. 따라서 조금씩 단계를 나누어 지도합니다. 그 첫 번째 과정으로 몇 시와 몇 시 30분을 배우는 활동을 합니다.

30초 해결사

시곗바늘

짧은바늘은 '시', 긴바늘은 '분'을 가리킨다.
만약 짧은바늘이 3과 4 사이에 있고 긴바늘이 6을 가리키고 있으면 3시 30분이다.

 **그것이 알고 싶다**

어른들은 아이가 시계를 '몇 시 몇 분'까지 가급적 빠른 시일 내 읽길 기대하는 마음에서 아이에게 은연중 시계 읽기를 강요하는 경우가 많습니다. 하지만 아이의 입장에서 시계 읽기는 생각보다 어렵습니다. 시침과 분침 사이의 관계를 알아야 하고, 같은 숫자도 시침과 분침에 따라 다르게 읽어야 하니 1학년 아이가 이를 이해하는 데는 상당한 노력과 시간이 필요합니다. 모든 것이 그렇듯이 시계를 보고 읽는 것에도 충분한 경험과 연습이 필요합니다. 가정에 있는 실제 시계를 통해 시침과 분침이 어떻게 다른지 구별해 봅니다.

시계 보기에 있어서는 '시'를 익히는 것이 먼저입니다. 시계의 짧은 바늘이 숫자 1을 가리키면 1시, 숫자 2를 가리키면 2시입니다. 이 경우 긴바늘은 12를 가리키고 있어야 한다는 사실을 여러 번 강조해 줍니다.

1시

정시를 정확히 읽게 되면 '몇 시 30분'을 학습합니다. 시계의 긴바늘이 숫자 6을 가리키면 30분입니다. 예를 들어 1시에서 1시 30분이 되는 것은 시계의 긴바늘이 1, 2, 3, 4, 5를 지나 숫자 6을 가리키고, 짧은바늘은 1과 2 사이의 중간 부분을 가리키는 때가 됩니다.

이러한 내용을 실제 활동에서는 아이들이 어렵지 않게 이해하지만 막상 1시 30분을 가리키는 시계를 보여 주면서 시각을 읽어 보라고 하면 1시 30분으로 읽어야 할지 2시 30분으로 읽어야 할지 망설이게 됩니다. 이는 아직 충분한 경험이 부족한 탓이므로 여러 번 반복하여 익히면 오래지 않아 이해하게 됩니다.

2시

옆의 시계 그림을 보고 그림의 시각이 1시 30분인 이유를 말로 설명해 보는 것도 시계 보기에 있어 효과적인 방법입니다. 짧은바늘이 1시에서 출발하여 아직 2시가 되지 않았고, 긴바늘은 가운데 6에 있으므로 1시 30분이 된다는 것을 아이가 경험적으로 익혀 나갈 수 있게 도와주세요.

1시 30분

한 발짝 더!

대부분의 시계에는 시, 분, 초를 나타내는 바늘이 하나씩 있습니다. 시계 중에는 바늘이 2개인 것도 있지요. 이런 시계는 '몇 시 몇 분'까지 알아볼 수 있습니다. 그렇다면 바늘이 하나뿐인 시계도 있을까요? 시곗바늘이 하나뿐이라니 다소 생소하기도 하고, 그런 시계가 있다면 '몇 시'밖에 알 수 없을 것이라는 생각이 들기도 합니다.

시곗바늘이 하나뿐인 시계

시계의 역사를 살펴보면, 처음 시계가 만들어졌을 때는 모든 시계에 바늘이 하나뿐이었다고 합니다. 이후 보다 정확한 시각을 알기 위해 오늘날과 같이 분, 초를 나타내는 시곗바늘이 생기게 되었답니다. 시계는 태양의 움직임을 그림자로 나타낸 것에서 유래합니다. 그림자를 얻으려면 평평한 곳에 막대를 꽂습니다. 그렇게 하면 태양이 차츰 동쪽에서 서쪽으로 움직일 때 나무 막대의 그림자는 태양의 움직임과 반대로 서쪽에서 동쪽으로 움직이지요. 바로 이 그림자에 숫자를 붙인 것이 시계입니다. 또 이때 그림자가 움직인 방향이 시계방향이 됩니다.

우리나라 조선시대에 만들어진 앙부일구는 과학적이고 아주 정확하기로 유명한 해시계입니다. 앙부일구 역시 태양의 그림자를 이용하는 해시계이므로 앙부일구 안쪽에 비친 그림자를 보고 시각을 알 수 있습니다. 또 그림자의 위치에 따라 24절기도 알 수 있습니다. 앙부일구는 달력의 기능까지 갖고 있습니다. 앙부일구는 궁궐 등에서 쉽게 찾아볼 수 있고, 실제 만들어 볼 수 있는 교구도 있습니다. 아이와 앙부일구를 만들면서 시계의 원리를 생각해 보는 것도 좋은 공부가 될 것입니다.

앙부일구

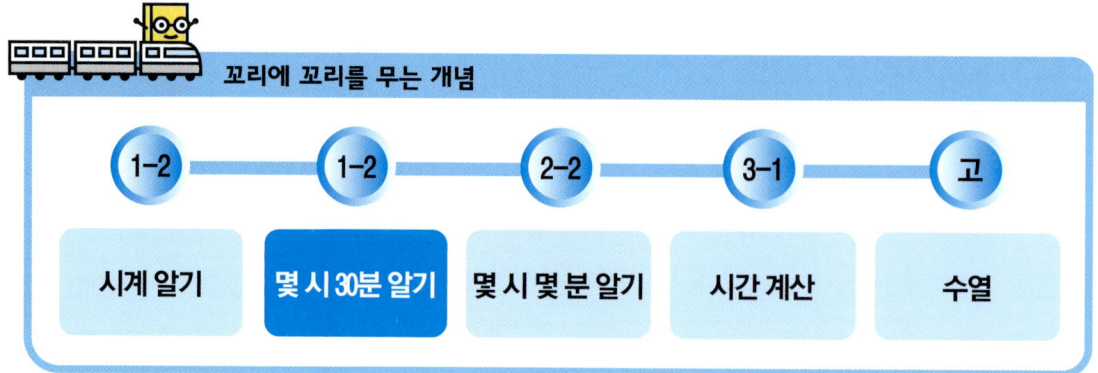

무엇이든 물어보세요

아날로그시계와 디지털시계의 차이가 무엇인가요?

시곗바늘로 시각을 나타내는 시계가 아날로그시계이고 바늘 대신 숫자로 시각을 나타내는 시계는 디지털시계입니다. 시각에 대해 처음 배울 때 디지털시계를 이용하면 시각을 알아보기가 더 쉽습니다.

시계는 정확히 읽는데, 주어진 시각에 맞게 시계를 그리지 못합니다. 어떻게 지도해야 할까요?

아이들에게 3시를 그리라고 하면 시침을 그려 놓고 분침은 깜박 잊어버리기도 합니다. 시침에 집중하다 보니 분침을 생각하지 못하는 것이지요. 3시, 4시 등 정각일 때 분침은 항상 12를 가리킨다고 반복해서 알려 주세요. 그리고 몇 시 30분일 때는 긴바늘이 6을 가리킨다는 것 또한 다시 한 번 지도합니다. 시계를 그릴 때는 바늘 길이의 차이가 확실히 나타나도록 하고, 시침을 먼저 그린 후 분침을 그립니다. 동시에 바늘 길이에 따라 시각이 달라진다는 사실을 강조해 주어야 하겠습니다.

2학년에 나오는 수학 용어와 기호

수와 연산
★ **수** 세 자리 수 · 네 자리 수 · 자릿값 · 수 모형
★ **곱셈** 곱셈 · 배 · 곱하기 · 곱셈식 · 곱셈구구 · 곱셈기호(×)

변화와 관계
★ **규칙 찾기** 규칙 · 무늬

도형과 측정
★ **평면도형** 삼각형 · 사각형 · 원 · 꼭짓점 · 변
★ **길이 재기** 뼘 · 단위 · cm · m · 자의 눈금 · 어림 · 약 · 길이의 덧셈 · 길이의 뺄셈
★ **시계** 시각 · 시간 · 시 · 분 · 약 · 오전 · 오후
★ **달력** 1주일 · 1개월 · 1년

자료와 가능성
★ **표와 그래프** 분류 · 분류 기준 · 자료 · 표 · 그래프

2학년 수학사전

2학년 수학에서는 보다 정확하고 논리적이며 확장된 사고가 요구됩니다. 이에 따라 조건에 맞춰 도형의 이름을 약속하고, 하나의 문제를 여러 가지 방법으로 풀어 보게 됩니다. 수학을 단순히 수를 더하고 빼는 정도로 생각했던 아이들이 이제 논리적인 문제, 개념을 이해해야 하는 문제에 부딪히게 되지요. 그래서 아이들은 이때부터 수학은 어려운 과목이라고 생각하게 되기 쉽습니다.

2학년의 자기 주도 학습 5계명

❶ 알고 있는 것을 말로 설명해 보는 경험이 중요합니다.
   엄마, 아빠, 친구에게 알고 있는 내용을 설명해 봅니다.
❷ 오늘 배운 내용은 오늘 바로 복습합니다.
❸ 이때 수학 익힘책을 여러 번 반복하여 풀거나 교과서와 비슷한 난이도의 문제집을 풀어 봅니다.
❹ 덧셈이나 뺄셈은 여러 가지 방법으로 풀어 봅니다.
❺ 모르는 것을 친구에게 물어보고, 반대로 친구가 물어볼 때 친절하게 도와줍니다.
   친구와 함께하면 수학 공부가 더욱 재미있습니다.

2학년은 무엇을 배우나요?

	2학년 1학기	
단원 및 영역	**주제**	**공부할 내용**
수와 연산	• 수 개념과 위치적 기수법 이해하기 • 수의 크기 비교하기 • 두 자리 수의 범위의 덧셈과 뺄셈하기 • 덧셈과 뺄셈의 관계 이해하기 • 배의 개념 이해하기 • 배와 동수누가를 통한 곱셈 개념 이해하기	1. 10씩 뛰어서 세고, 몇 묶음인지 세어 100을 이해하고, 쓰고 읽는다. 2. 100이 몇이면 몇백이 됨을 이해한다. 3. 세 자리 수는 100이 몇, 10이 몇, 1이 몇으로 구성됨을 이해하고, 세 자리 수를 쓰고 읽는다. 4. 세 자리 수는 백의 자리, 십의 자리, 일의 자리 수를 가지고 있음을 알고, 각 자리의 숫자가 나타내는 값이 얼마인지를 이해한다. 5. 1씩, 10씩, 100씩 뛰어 세기를 통해 세 자리 수의 계열을 익히고, 999보다 1 큰 수가 1000임을 안다. 6. 세 자리 수의 크기를 비교한다. 7. 받아올림이 있는 (두 자리 수)+(한 자리 수), (두 자리 수)+(두 자리 수)의 계산을 능숙하게 한다. 8. 받아내림이 있는 (두 자리 수)−(한 자리 수), (두 자리 수)−(두 자리 수)의 계산을 능숙하게 한다. 9. 덧셈식을 뺄셈식으로 나타내고 뺄셈식을 덧셈식으로 나타낸다. 10. 어떤 수를 □를 사용하여 식으로 나타내고 덧셈식, 뺄셈식에서 □의 값을 구한다. 11. 여러 가지 방법으로 물건의 수를 세어 보고, 묶어 세기의 편리함을 안다. 12. 주어진 물건을 다양한 방법으로 묶어 세고, '몇씩 몇 묶음'으로 나타낸다. 13. '몇씩 몇 묶음'을 '몇의 몇 배'로 나타냄으로써 배의 개념을 안다. 14. 배의 개념과 동수누가의 개념을 관련짓는다. 15. '몇의 몇 배'를 곱셈식으로 나타낸다. 16. 생활 속 곱셈 상황을 곱셈식으로 나타낸다.

초등학교 수학은 수와 연산, 변화와 관계, 도형과 측정, 자료와 가능성의 네 가지 영역으로 구성되어 있습니다. 그중 2학년에서 다루고 있는 내용을 영역별로 살펴보면 표와 같습니다. 표에서 제시한 주제에 따른 공부할 내용은 학생들이 수업을 통해 배우고 익히는 내용입니다.

2학년 1학기		
단원 및 영역	주제	공부할 내용
변화와 관계	• 분류 기준 이해하기 • 기준에 따라 분류하기	1. 분명한 분류 기준이 필요함을 이해한다. 2. 기준에 따라 분류한다. 3. 기준에 따라 분류하고 그 수를 센다. 4. 기준에 따라 분류한 결과를 말한다.
도형과 측정	• 평면도형을 이해하고 모양 그리기 • 공간 감각과 위치·방향 감각 기르기 • 길이 어림 및 양감 기르기 • 1cm의 단위 이해하기 • 임의 단위와 표준 단위 이해하기	1. 원, 삼각형, 사각형을 직관적으로 이해하고, 그 모양을 그린다. 2. 삼각형과 사각형에서 꼭짓점과 변을 알고 찾아본다. 3. 삼각형, 사각형에서 각각의 공통점을 찾아 말하고, 이를 일반화하여 오각형, 육각형을 알고 구별한다. 4. 쌓기나무를 이용하여 여러 가지 입체도형의 모양을 만들고, 그 모양에 대해 위치나 방향을 이용하여 말한다. 5. 신체 부위나 물건을 길이의 단위로 정하여 길이를 재고, 수로 나타낸다. 6. 표준 단위의 필요성을 인식하고 1 cm를 안다. 7. 자의 바른 사용법을 알고 길이를 바르게 재거나 주어진 선의 길이를 자로 그어 본다. 8. 길이를 '약'으로 표현한다. 9. 여러 가지 길이를 어림하고 자로 재어 확인한다.

2학년 2학기		
단원 및 영역	주제	공부할 내용
수와 연산	• 수 개념과 위치적 기수법 이해하기 • 수의 크기 비교하기 • 곱셈구구 이해하기 • 한 자리 수의 곱셈하기	1. 천, 몇천, 네 자리 수를 이해하고 바르게 쓰고 읽는다. 2. 네 자리 수의 자리와 자릿값, 각 자리의 숫자가 나타내는 값을 이해한다. 3. 네 자리 수의 계열을 알고 뛰어 세어 본다. 4. 네 자리 수의 크기를 비교한다. 5. 곱셈구구의 구성 원리를 이해하고 곱셈구구의 편리함을 안다. 6. 2의 단부터 9의 단까지 곱셈구구의 구성 원리를 이해하여 각 단의 곱셈구구를 완성한다. 7. 1의 단 곱셈구구와 0과 어떤 수의 곱을 이해한다. 8. 곱셈표를 기초로 한 자리 수의 곱셈을 익숙하게 한다. 9. 실생활의 문제를 곱셈구구로 해결한다.
변화와 관계	• 규칙 추론과 표현하기	1. 덧셈표에서 다양한 규칙을 찾고 설명한다. 2. 곱셈표에서 다양한 규칙을 찾고 설명한다. 3. 무늬 배열에서 규칙을 찾아 다음에 올 모양을 찾아본다. 4. 자신이 찾은 규칙을 말이나 수, 그림, 행동 등 다양한 방법으로 표현한다. 5. 쌓은 모양에서 규칙을 찾고 쌓은 모양을 설명한다. 6. 실생활에서 규칙을 찾고 찾은 규칙을 설명한다.

단원 및 영역	주제	공부할 내용
2학년 2학기		
도형과 측정	• 1m 이해하기 • 길이 어림과 양감 기르기 • 길이의 덧셈과 뺄셈하기 • 시각 읽기 • 시각 단위 사이의 관계 알기	1. 1m를 이해하고 m와 cm의 관계를 안다. 2. 자로 길이를 재어 '몇 m 몇 cm'로 나타낸다. 3. '몇 m 몇 cm'로 나타낸 길이의 합과 차를 구한다. 4. 1m가 어느 정도 되는지 알 수 있고, 물건의 길이를 어림하여 나타낸다. 5. 몸의 일부를 이용하여 물건의 길이를 어림한다. 6. 길이를 어림하는 다양한 방법을 안다. 7. 시각을 '분' 단위로 읽고, 시계에 나타낸다. 8. 시각을 '몇 시 몇 분'과 '몇 시 몇 분 전'으로 읽는다. 9. 1시간은 60분임을 알고, 시간을 '시간', '분'으로 표현한다. 10. 하루가 24시간임을 알고, 하루의 시간을 오전과 오후로 구분하여 설명한다. 11. 달력을 보고 1주일, 1개월, 1년 사이의 관계를 이해한다.
자료와 가능성	• 자료를 분류하여 표로 정리하기 • 분류한 자료를 그래프로 나타내기	1. 자료를 보고 표로 나타낸다. 2. 자료를 보고 그래프로 나타낸다. 3. 자료 조사 계획을 세우고 조사하려는 자료를 수집한다. 4. 자료를 조사하여 표와 그래프로 나타낸다. 5. 표로 나타내면 편리한 점을 말한다. 6. 그래프로 나타내면 편리한 점을 말한다. 7. 표와 그래프에 나타난 통계적 사실을 확인한다.

| 세 자리 수 | **자릿값 개념** |

427(사이칠)에서 4가 어떻게 400이에요?

 **아이는 왜?**

아직 자릿값 개념이 부족하면 이렇게 질문할 수 있습니다. 2학년에서는 큰 수를 배우는 데 가장 기본이 되는 자릿값을 공부하게 됩니다. 이때 수의 크기를 어림할 수 있는 수 감각이 형성됩니다. 수 감각 형성에 도움이 되는 활동을 많이 하지 않으면 수가 커짐에 따라 점점 부담을 느끼게 됩니다.

30초 해결사

구체물을 이용한 자릿값 개념 형성

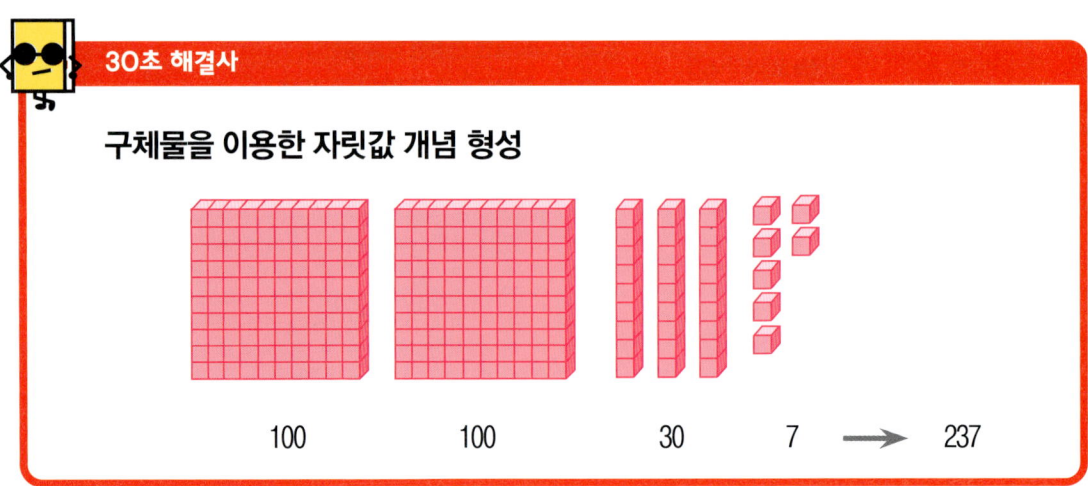

 **그것이 알고 싶다**

보통 수 감각에서 자릿값과 관련된 능력은 수의 구성과 연산 감각입니다. 수의 구성 감각은 427이라는 수가 400과 20과 7로 구성되기도 하고 300과 120과 7로 구성되기도 함을 아는 것입니다.

자릿값 개념은 다음의 단계를 통해 형성할 수 있습니다.

수 감각

수와 연산에 대해 직관적으로 느끼는 것을 수 감각이라고 한다. 수 사이의 상대적 크기를 비교할 수 있고, 8 + 7이 10보다 큰 수임을 아는 것이 수 감각이다.

①단계 구체물을 이용하여 자릿값 개념 형성하기

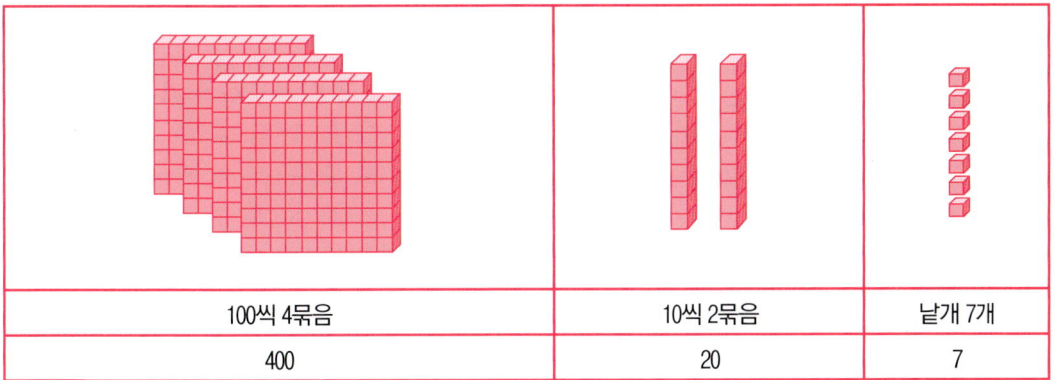

100씩 4묶음	10씩 2묶음	낱개 7개
400	20	7

②단계 모델을 통하여 자릿값 개념 형성하기

백의 자리	십의 자리	일의 자리
4	2	7

→

4	0	0

2	0

7

③단계 수식을 통하여 자릿값 개념 형성하기

100이 4
10이 2   이면 427
1이 7

384는
100이 3
10이 8
1이 4

①단계를 충실히 익히지 않으면 ②단계와 ③단계를 이해하지 못하는 경우가 많으므로 실제 구체물을 놓아 보고 이를 수로 나타내는 활동을 많이 하여야 합니다.

한 발짝 더!

100씩 묶어 세기와 10씩 묶어 세기는 자릿값의 기초 개념입니다. 따라서 단순히 수를 세는 데서 벗어나 묶음의 개념으로 셀 수 있어야 합니다. 100씩 몇 묶음인지, 10씩 몇 묶음인지 확인하는 연습을 통해 주어진 수가 몇백 몇십 몇임을 알아보는 활동을 반복하면 자릿값 개념을 더욱 잘 이해할 수 있습니다.

234를 덧셈식으로 나타내면 200 + 30 + 4 = 234입니다. 하지만 234를 꼭 200 + 30 + 4와 같이 표현해야 하는 것은 아닙니다. 100 + 130 + 4로 나타낼 수도 있으니까요. 이를 아래와 같이 구체물로 다양하게 표현해 보면 사고를 넓히는 데 도움이 됩니다.

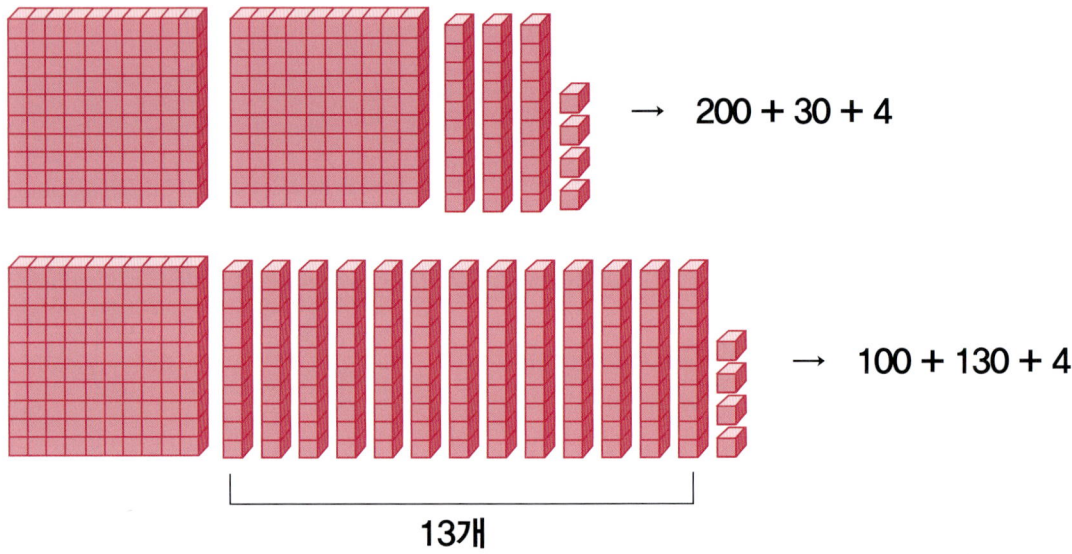

꼬리에 꼬리를 무는 개념

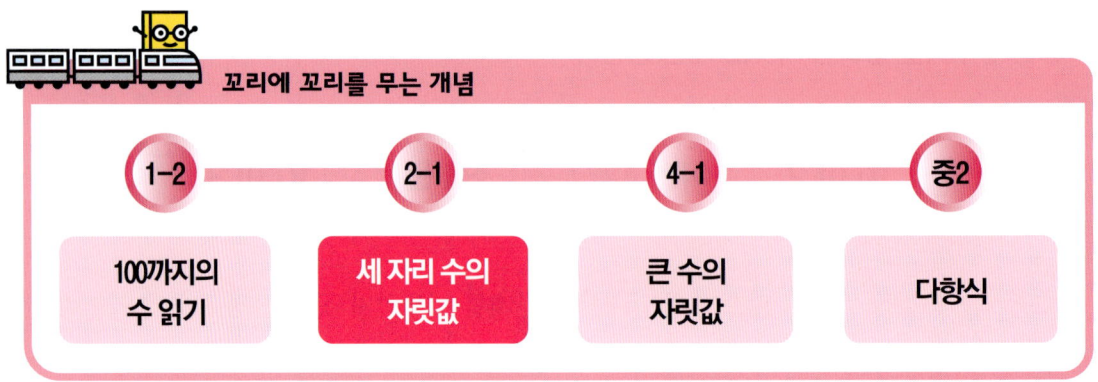

무엇이든 물어보세요

수 모형이 없어 지도하기가 힘듭니다. 어떻게 하면 좋을까요?

수 모형 대신 수 카드를 이용하여도 좋습니다. 100~900, 10~90, 1~9 그리고 00, 0 카드를 만들면 됩니다. 아래와 같이 서로 다른 크기로 만들면 포개면서 수를 나타낼 수 있어 자릿값을 함께 학습할 수 있습니다.

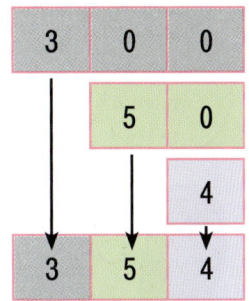

103을 한자로는 一百三이라 쓰고, 로마숫자로는 CⅢ이라 쓰더군요. 0을 사용하지 않으니 우리가 쓰는 인도-아라비아 숫자보다 더 편하지 않나요?

인도-아라비아 숫자에서는 자릿값 개념을 통해 0~9의 10개 숫자로 모든 수를 나타냅니다. 그래서 0이 빈자리를 나타내지요. 반면 다른 숫자는 수의 단위가 커질 때마다 다른 기호를 사용합니다. 0은 필요 없지만 수가 커지면 기호가 늘어나 훨씬 복잡하답니다.

또, 우리가 쓰는 인도-아라비아 숫자의 가장 큰 장점은 자릿값을 활용하여 편리하게 큰 수를 나타내고 연산 역시 쉽게 할 수 있다는 점입니다. 자릿값은 큰 수를 다룰 때 그 쓰임새가 더욱 뚜렷해집니다.

| 덧셈과 뺄셈 | **세 수의 계산**

9 − 5 + 4를 계산하는데, 덧셈을 먼저 계산하고 뺄셈을 했어요.

 **아이는 왜?**

아이들은 (한 자리 수)±(한 자리 수)를 배운 다음 이를 바탕으로 받아올림이 없는 세 수의 덧셈과 뺄셈을 학습합니다. 지금까지 두 수를 더하거나 빼는 것에 익숙해져 있으므로 갑자기 세 수를 더하거나 빼는 계산은 어려울 수 있어요. 또 교과서에 덧셈과 뺄셈이라고 나오기 때문에 덧셈을 먼저 해야 한다고 생각할 수도 있습니다.

 30초 해결사

덧셈과 뺄셈의 혼합 계산에서는 앞에서부터 순서대로 계산한다.

$$4 + 3 - 2 = 5$$

  7
  5

그것이 알고 싶다

정확하고 빠른 계산만을 목적으로 덧셈과 뺄셈을 학습한다면 당연히 지루하고 재미없는 과정이 되겠지요. 두 수의 덧셈과 뺄셈에 능숙해졌다면 이제 실제 상황에서 덧셈과 뺄셈을 경험해 보는 것이 중요합니다. 아이들이 가장 친근하게 느끼는 상황은 실제 자신들에게 적용할 수 있는 경험입니다. 따라서 책의 권수, 연필이나 장난감, 과자의 개수 등 아이들이 실생활에서 접하기 쉬운 소재를 이용합니다. 받아올림이나 받아내림이 없는 세 수의 덧셈과 뺄셈을 처음 지도할 때는 상황을 이용하는 것이 효과적입니다.

실제 상황을 식으로 나타내고, 식의 계산 순서를 문제 상황에 맞춰 봅니다. 위 경우를 식으로 나타내면 4 + 3 - 2가 됩니다. 하지만 아직 아이들은 이야기 속 아이가 사탕을 받아 나눠 준 순서대로 4 + 3 = 7, 7 - 2 = 5와 같이 계산합니다. 또한 세 수의 덧셈과 뺄셈을 수식의 계산으로만 학습한 학생은 "눈에 보이는 대로 뒤에서부터 계산하면 안 되나?" 이렇게 생각할 수도 있습니다. 이런 경우, 사탕 3개를 더 받은 일이 먼저인지 아니면 사탕 2개를 동생에게 나눠 준 일이 먼저인지를 생각해 보면 앞의 덧셈이 먼저라는 사실을 금세 깨닫습니다.

연산이 2개 이상일 때는 계산하는 순서에 따라 계산 결과가 달라질 수 있기 때문에 계산 순서를 정해야 합니다. 덧셈과 뺄셈의 혼합 계산에서는 앞에서부터 순서대로 계산합니다. 9 - 5 + 4의 경우, 계산 순서를 달리 하면 답이 8이 되기도 하고 0이 되기도 합니다. 이때 바르게 계산한 답은 8입니다. 0이 답으로 나온 경우는 9 - 5 + 4를 계산한 것처럼 보이지만 실은 9 - (5 + 4)를 계산한 값입니다. 따라서 계산 순서가 중요한 이유를 알고, 문제 상황을 식으로 혹은 식을 문제 상황으로 표현해 보는 연습을 꾸준히 하여야 하겠습니다.

 **한 발짝 더!**

4 + 3 – 2를 계산할 때 4 + 3 = 7 – 2 = 5와 같이 식을 표현하는 경우가 있습니다. 이는 어쩌면 아이들의 사고를 가장 잘 반영한 표현인지 모릅니다. 하지만 이건 틀린 식입니다. 등호(=)를 단순히 계산한 결과 값을 구할 때 쓰는 기호로 생각한 결과입니다. 등호는 양쪽 식의 값이 같다는 의미입니다. 그러므로 4 + 3 = 7 – 2는 틀린 식이 됩니다.

양팔 저울을 생각해 보세요. 양팔 저울의 왼쪽 접시에 4g의 추와 3g의 추를 놓고, 오른쪽 접시에 7g의 추를 놓으면 4 + 3 = 7이라는 식이 됩니다. 마찬가지로 왼쪽 접시에 4g의 추와 3g의 추를 놓고, 오른쪽 접시에 2g의 추와 5g의 추를 놓으면 4 + 3 = 2 + 5가 됩니다.

4 + 3 – 2를 다시 바른 방법으로 계산해 보겠습니다.

$$4 + 3 - 2 = 7 - 2 = 5$$

하지만 초등학교 1~2학년 아이들에게 이러한 풀이법은 매우 어렵고, 불필요하기도 합니다.

$$4 + 3 - 2 = 5$$

이렇게 그림을 그려 직관적으로 이해하도록 나타내는 것이 좋겠습니다.

무엇이든 물어보세요

 덧셈만 있는 경우에는 뒤에서부터 계산해도 답이 같으니 순서대로 계산하지 않아도 되나요? 그럼 뺄셈만 있는 식은 어떤가요?

덧셈으로만 이루어진 식은 뒤의 식부터 계산해도 같은 값이 나옵니다. 하지만 덧셈과 뺄셈이 섞여 있는 식은 뒤의 식부터 계산하면 다른 값을 얻게 됩니다. 뺄셈으로만 이루어진 식도 계산 순서에 따라 결과가 달라집니다. 9 − 4 − 3을 생각해 보세요. 4 − 3을 먼저 계산하면 1이라는 값을 얻게 되고, 9에서 1을 빼면 답은 8이 됩니다. 하지만 앞에서부터 계산하면 답은 2가 됩니다. 두 경우가 답이 다르지요. 이와 같이 계산 순서에 따라 결과가 달라지기 때문에 앞에서부터 계산하는 것으로 약속한 것입니다.

 6 + 2 = 9 − 1은 옳은 식인가요?

수의 관계에서 등호(=)는 등식의 좌우가 같아 균형을 이루는 것으로 이해해야 합니다.

6 + 2 = 9 − 1의 경우 등식이 성립되므로 올바른 식입니다.

아이들은 6 + 2 = □와 같이 왼쪽에 연산 식이 있는 식만을 보아 왔기 때문에 등호 다음에 답을 써야 한다는 잘못된 오개념을 갖고 있습니다. 따라서 다양한 등식을 경험하도록 지도하는 것이 좋겠습니다.

6 + 2 = 1 + 7
6 + 2 = 3 + 4 + 1

| 덧셈과 뺄셈 | 가로셈과 세로셈 |

계산 문제가 가로로 나오면 헷갈려요.

아이는 왜?

대부분의 아이들이 가로로 계산하는 것보다 세로로 계산하는 것이 더 쉽다고 생각합니다. 세로로 된 식은 자릿값을 맞추어 가며 계산하게 되므로 눈에 잘 들어오기 때문입니다.

30초 해결사

가로셈과 세로셈

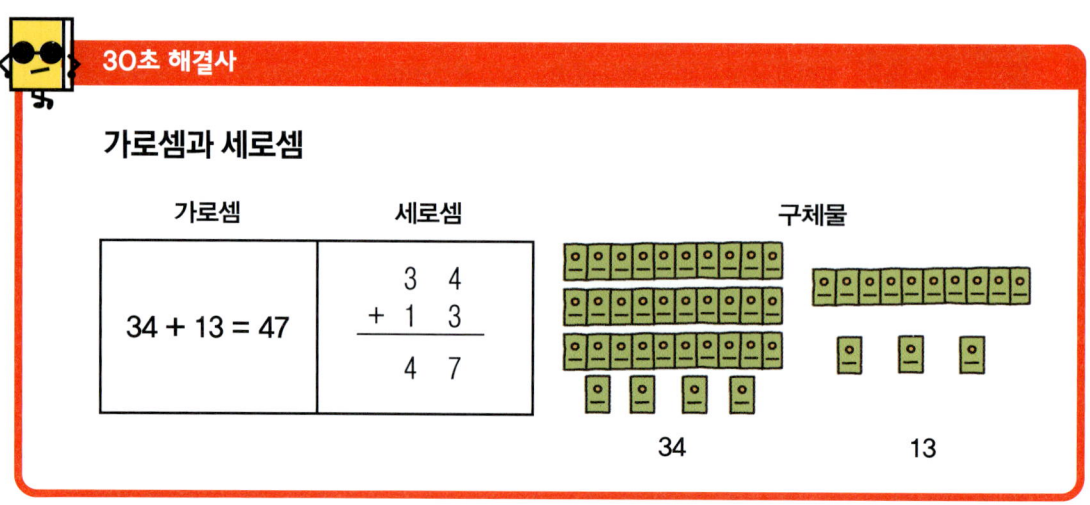

 **그것이 알고 싶다**

  초등학생들에게 연산 알고리즘(값을 구하기 위한 절차와 방법)은 중요한 능력 중 하나입니다. 하지만 알고리즘만을 강조하다 보면 '수학은 계산하는 것!'이라는 생각을 갖게 되어 점차 수학이 지겹고 어려운 학문이라 생각하게 됩니다. 아이들이 계산 원리를 스스로 찾아내면서 개념을 익힐 수 있도록 지도해야 합니다.

  먼저 가로로 나타낸 식과 세로로 나타낸 식의 차이를 설명해 보도록 합니다. 자릿값을 줄 맞추어 썼다는 사실을 금방 알아낼 것입니다.

  아이들은 (두 자리 수) + (두 자리 수) 계산에서는 세로로 표현한 식이 좀 더 계산하기 편리하다는 사실을 직관적으로 느끼게 됩니다.

  아이가 가로로 된 식을 어려워할 때 구체물을 사용하여 계산 값을 알아보도록 하면 이해하는 데 도움이 됩니다.

한 발짝 더!

앞에서 보았듯이 반구체물을 이용할 때는 십 모형의 수를 먼저 세는 것이 일반적인 사고 과정입니다. 그런데 계산 알고리즘에서는 일의 자리 수를 먼저 계산하게 됩니다. 아이들은 이 과정에서 어색함(어려움)을 느낍니다. 그러나 받아올림과 받아내림이 있거나 자릿수가 많 아지면 일의 자리부터 계산하는 세로셈 알고리즘이 보다 편리하다는 것을 이해하게 됩니다.

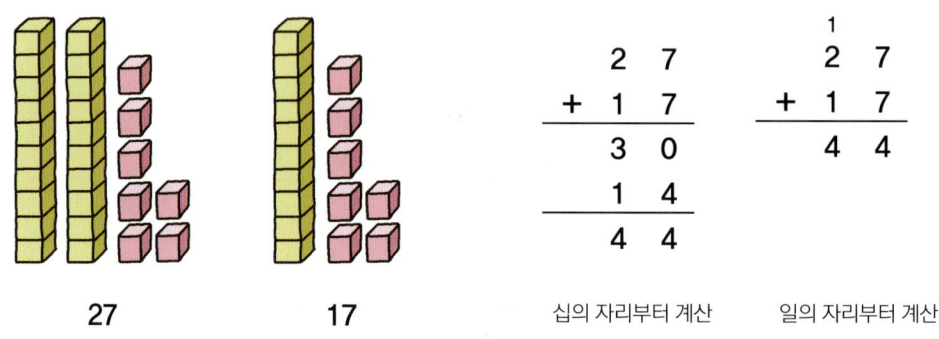

십의 자리부터 계산할 경우 3번의 계산 과정을 거치지만, 일의 자리부터 계산할 경우 2번 만에 그 결과를 얻을 수 있습니다. 수가 커질수록 계산 과정과 계산 횟수에 더 큰 차이가 발 생합니다.

일상생활에서는 십의 자리부터 계산하고 세로셈에서는 일의 자리부터 계산하는 게 보통 이지만 이는 반드시 지켜야 하는 규칙은 아니므로 상황에 따라 알맞은 방법을 선택하여 계 산하면 될 것입니다.

무엇이든 물어보세요

 세로로 나타낸 식도 식인가요?

그렇습니다. 가로로 된 식, 세로로 된 식 모두 계산 과정을 기술한 식입니다. 세로 식에도 연산기호나 계산 과정이 드러나므로 세로 식도 식으로 보는 것이 타당합니다.

 세로셈으로 쉽게 계산할 수 있는데 가로셈은 왜 있나요?

세로셈은 수를 계산하는 초등 연산에서 주로 사용됩니다. 중등 이후에는 수를 계산하기보다 문자식을 계산하는 경우가 대부분입니다. 그런데 문자식의 계산에서는 세로셈보다 가로셈을 주로 사용합니다. 따라서 나중을 위해서라도 가로셈을 익혀 두는 게 좋습니다.

또한 연산 결과를 검산할 때 똑같은 방법을 사용하면 동일한 실수를 반복할 가능성이 높아 잘못을 찾아내기가 쉽지 않습니다. 그래서 처음 계산은 세로셈으로 하더라도 검산은 가로셈으로 하는 것이 효과적입니다.

 **아이가 손가락을 이용하여 계산하는데, 고쳐 줘야 할까요?**

아이가 손가락셈을 하지 못하도록 막는 어른들이 많은데, 꼭 고쳐 주어야 할 것은 아닙니다. 손가락으로 계산한다는 것은 수 세기를 바탕으로 계산 값을 구한다는 의미입니다. 수 세기는 연산의 기초 개념이므로, 손가락셈이 편하다면 손가락셈을 이용하여 계산 값을 구해도 됩니다. 어른들도 손가락을 종종 사용하지 않나요?

| 덧셈과 뺄셈 | 받아올림이 있는 덧셈과 받아내림이 있는 뺄셈 |

덧셈에서 받아올림한 수를 어디에 쓰는 건지 모르겠어요.

 **아이는 왜?**

아이들이 받아올림과 받아내림을 어려워하는 이유는 크게 3가지입니다. 첫째는 자릿값 개념을 모르기 때문이고, 둘째는 10 모으기 개념이 없기 때문이며, 셋째는 단순히 계산만 하면 된다는 생각에서 받아올림이나 받아내림을 하지 않기 때문입니다.

30초 해결사

구체물로 알아보는 받아올림과 받아내림이 있는 덧셈과 뺄셈

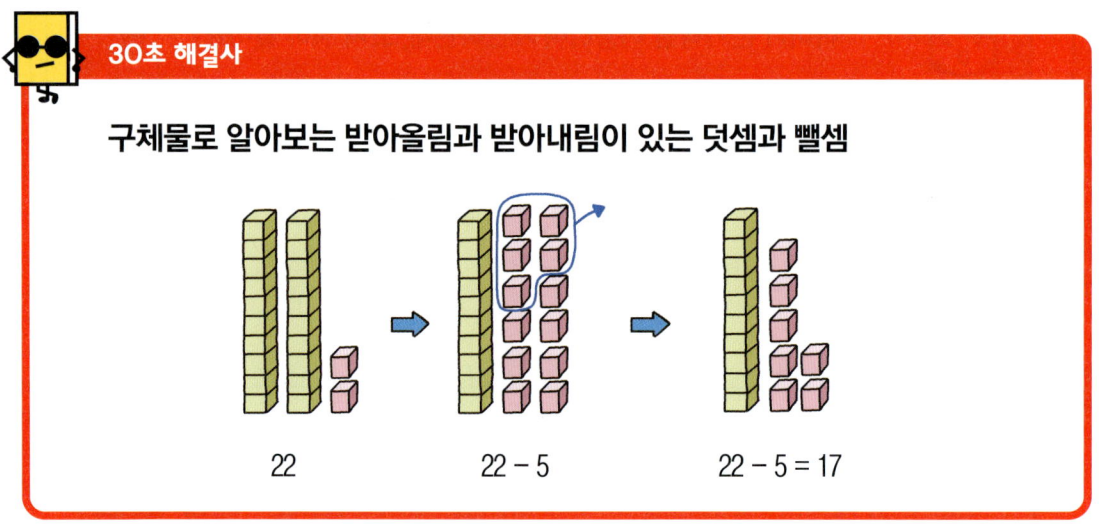

 **그것이 알고 싶다**

받아올림과 받아내림을 어려워하는 아이를 어떻게 지도할까요?

첫째, 아이가 자릿값의 개념을 모르고 있다면 구체물로 학습하는 것이 효과적입니다. 아래와 같은 과정을 통해 아이는 일 모형 10개가 십 모형 1개와 같다는 사실을 이해할 수 있습니다.

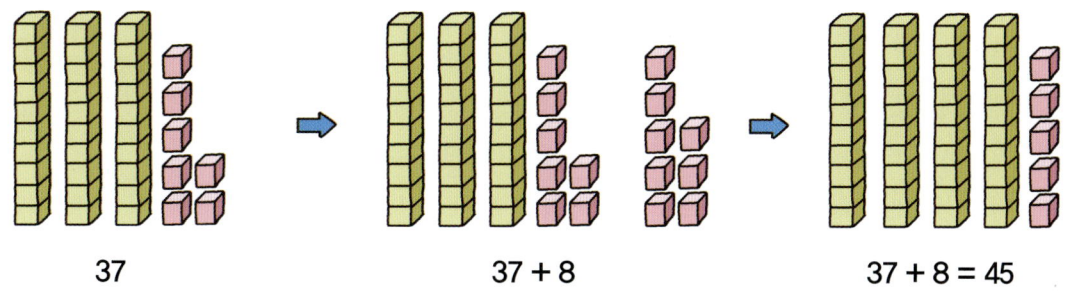

37 → 37 + 8 → 37 + 8 = 45

둘째, 받아올림을 이용하여 한번에 답을 구하기 어려워하는 경우 아래와 같이 단계적으로 풀이하도록 유도합니다.

$$\begin{array}{r} 3\ 7 \\ +\ \ \ 8 \\ \hline 1\ 5 \\ 3\ 0 \\ \hline 4\ 5 \end{array}$$

셋째, 받아내림을 하지 않고 단지 큰 수에서 작은 수를 빼면 된다고 생각하는 아이들이 있습니다. 왜 그렇게 하는지 이해하지 않고 단순히 계산만 하려는 경우입니다. 이때는 어떤 수에서 어떤 수를 빼는 문제인지 확인할 필요가 있습니다. 42 - 7이라는 문제에서는 2보다 7이 크므로 42를 30 + 12로 가르기하여 12에서 7을 빼야 합니다. 구체물의 도움을 받으면 이해하기가 훨씬 쉽습니다.

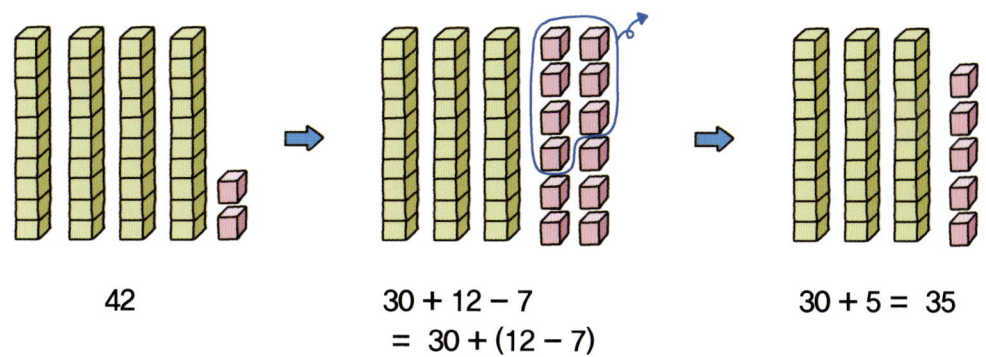

42 → 30 + 12 - 7 = 30 + (12 - 7) → 30 + 5 = 35

한 발짝 더!

받아올림과 받아내림이 있는 경우에도 아이가 십의 자리부터 계산하려고 하면 어떻게 해야 할까요? 아이들이 먼저 불편함을 느끼도록 해 봅니다. 자신의 불편함을 좀 더 편리한 쪽으로 바꾸기 위해 노력할 때 아이들 스스로 알고리즘을 만들게 됩니다. 따라서 십의 자리를 먼저 계산할 경우와 일의 자리를 먼저 계산할 경우를 스스로 비교해 볼 수 있게 도와줍니다. 그러나 앞에서부터 계산하는 것에 익숙하다면 꼭 고칠 필요는 없습니다. 구체물로 학습하고 식으로 표현하면서 십의 자리부터 계산하는 경우와 일의 자리부터 계산하는 경우의 차이를 비교해 보고, 더 효율적인 방법을 선택하도록 기회를 주는 것이 중요합니다.

알고리즘
문제를 해결하기 위한 절차나 순서. 초등수학에서는 연산 과정에서 계산 값을 구하기 위한 절차와 방법을 의미한다.

현재 교과서에 안내된 연산 방법은 많은 사람들이 즐겨 쓰는 일반적인 방법입니다. 따라서 이 방법을 꼭 따르지 않더라도 여기에 어느 정도 익숙해질 필요는 있습니다.

또한 연산 결과뿐 아니라 연산 과정을 묻는 문제 해결을 위해서라면 앞서 안내한 2가지 경우를 모두 익히는 것이 좋습니다.

이는 세 자리 수 이상의 덧셈과 뺄셈에도 똑같이 적용됩니다. 아이가 자신에게 맞는 방법을 선택하여 문제를 해결할 수 있도록 지도하여야 하겠습니다.

꼬리에 꼬리를 무는 개념

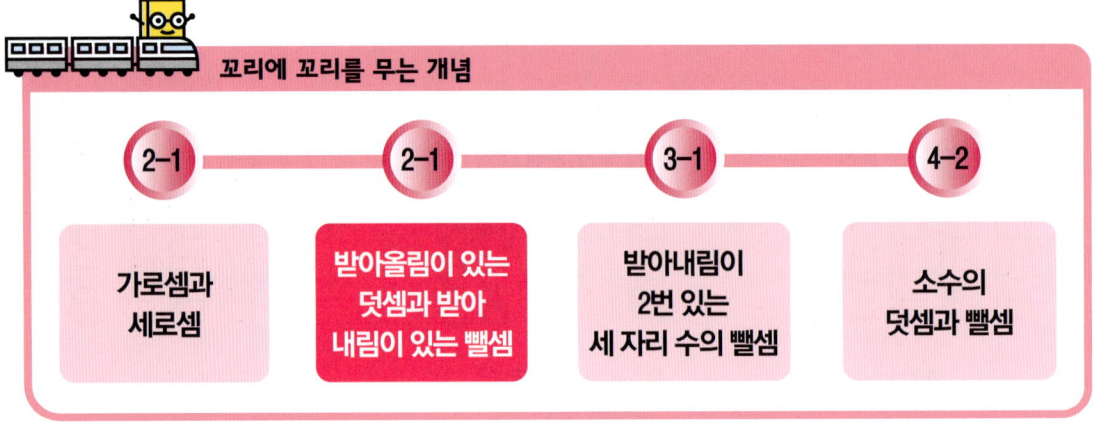

- 2-1 가로셈과 세로셈
- 2-1 받아올림이 있는 덧셈과 받아내림이 있는 뺄셈
- 3-1 받아내림이 2번 있는 세 자리 수의 뺄셈
- 4-2 소수의 덧셈과 뺄셈

무엇이든 물어보세요

아이가 계산이 느리고 정확도도 많이 떨어집니다. 주산이나 연산 학습지가 도움이 될까요?

주산이나 학습지는 아이의 계산 능력을 향상시키는 데 어느 정도 도움이 됩니다. 특히 주산은 자릿값 개념을 익히는 데 유익하고 학습지는 연산 과정에서 겪는 오류 유형을 고치는 데 효과적입니다.

다만 반복 학습이 이어지면 수학은 지겹고 계산만 하는 과목이라는 편견을 갖게 될 수 있습니다. 또한 맹목적인 계산 연습은 수학적 개념을 익히는 데 오히려 방해가 될 수 있습니다. 아이의 단계에 따라 적절히 활용하는 것이 중요하겠습니다.

아이가 다음과 같이 계산해 놓았는데, 어떻게 계산한 것인지 모르겠습니다.

㉮
```
   7 2
 + 5 3
 ─────
   1 7
```

㉯
```
   2 7
 + 3 6
 ─────
   1 8
```

㉮의 경우, 십의 자리를 먼저 더한 12에서 1(10)은 놔두고 2는 일의 자리에서 같이 더하여 7을 만든 것입니다.

㉯는 일의 자리와 십의 자리를 각각 더하여 13과 5(50)를 만든 후 이것을 더해 18을 만든 것입니다.

| 덧셈과 뺄셈 | **두 자리 수의 덧셈과 뺄셈의 다양한 풀이 방법**

2학년 수와 연산

문제를 풀어 답을 구했는데 왜 자꾸 다른 방법으로도 풀어 보라고 해요?

 **아이는 왜?**

이제 아이들은 표준화된 세로셈 알고리즘으로 덧셈과 뺄셈을 할 수 있습니다. 그런데 교과서에서는 또 다른 방법을 요구하지요. 이미 해결한 문제를 또 다른 방법으로 해결하라고 하니 귀찮고 어려울 수밖에 없습니다.

 **30초 해결사**

덧셈과 뺄셈의 다양한 풀이 방법 찾기
① 각자 편한 풀이 방법을 선택한다.
② 아이들끼리 의사소통을 통해 자신의 풀이 방법을 설명한다.
③ 또 다른 풀이 방법은 없는지 생각해 본다.

그것이 알고 싶다

다양한 방법으로 연산 문제를 해결하는 것은 아이들의 다양한 사고(확산적 사고)에 중요한 영향을 미칩니다. 어려서부터 여러 가지 방법으로 문제를 해결하는 습관을 지녀야 나중에 문제를 다양한 관점에서 생각해 볼 수 있지요. 나아가 자신이 알고 있는 방법으로 해결되지 않는 문제를 다른 각도로 바라보는 사고가 가능해집니다.

그런데 덧셈, 뺄셈과 같은 문제에도 다양한 풀이 전략이 있을까요? 두 자리 수의 덧셈과 뺄셈에서 이용할 수 있는 전략을 알아보겠습니다. 먼저 덧셈 전략입니다.

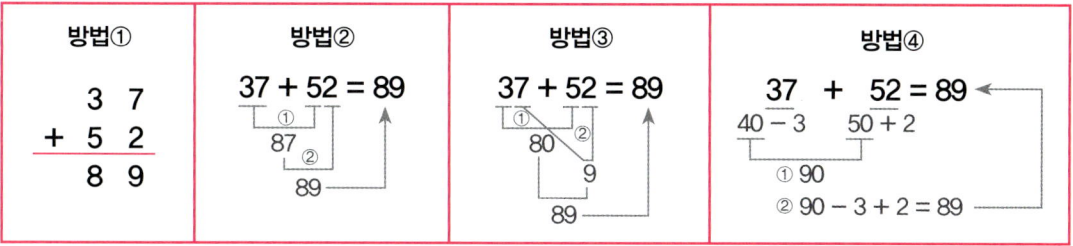

아이들이 가장 많이 이용하는 방법은 아마도 방법①일 것입니다. 방법②는 37에 50을 먼저 더한 후, 나중에 2를 더하는 방법입니다. 아이들이 머릿속으로 계산할 때 가장 많이 사용하는 방법이지요. 방법③은 십의 자리 수를 먼저 더한 후, 여기에 일의 자리 수끼리 더한 값을 합하는 방법입니다. 방법④는 37에 가까운 수인 40과 52에 가까운 수인 50을 먼저 더한 후, 3을 빼고 2를 더하는 방법이지요.

이번에는 뺄셈 전략입니다.

방법①	방법②	방법③
$\begin{array}{r} \overset{4}{\cancel{5}}\overset{10}{1} \\ -\ 1\ 8 \\ \hline 3\ 3 \end{array}$	$51 - 18 = 33$ ① $51 - 20 = 31$ ② $31 + 2 = 33$	$51 - 18 = 33$ ① $50 - 20 = 30$ ② $30 + 1 + 2 = 33$

방법①은 아이들이 가장 많이 이용하는 방법입니다. 방법②에서는 18에 가까운 20을 51에서 빼고, 더 뺀 2를 나중에 더했습니다. 방법③에서는 51에 가까운 50에서 18에 가까운 20을 뺀 후, 1과 2를 차례로 더했습니다.

이 방법 외에도 다양한 방법들이 있습니다. 충분한 시간과 문제 해결에 대한 자신감이 있다면 또 다른 방법들을 생각해 내는 것은 시간문제입니다.

한 발짝 더!

실생활에서 덧셈과 뺄셈을 가장 많이 이용하는 경우는 아무래도 돈을 계산할 때입니다. 이때 우리는 종이와 연필로 계산하기보다 보통 머릿속으로 계산합니다. 정확한 계산이 필요할 때도 있지만 어림하여 계산하는 경우도 많이 있습니다. 예를 들어, 10,000원으로 1,800원짜리 아이스크림과 2,100원짜리 라면, 3,200원짜리 과일을 살 수 있을지 계산하려면 1,800원을 2,000원으로, 2,100원을 2,000원으로, 3,200원을 3,000원으로 어림합니다. 그래서 7,000원 정도 나올 것으로 예상하지요.

아이들도 점차 어림하여 계산해야 하는 경우를 경험하게 될 것입니다. 아이들은 언제 어림하는 경험을 할까요?

첫째, 미래에 대한 예측 또는 과거에 대한 추측과 같은 상황입니다. 값이 정확히 알려져 있는 것이 아니기 때문에 이때는 어림이 필요합니다.

둘째, 알고자 하는 값이 측정할 때마다 변하는 경우입니다. 예를 들면, 온도, 인구, 타자 속도 등을 나타내는 경우입니다.

셋째, 측정 기구가 정확하지 않을 때도 어림값이 필요합니다. 예를 들어, 몸무게를 재는 경우 kg에만 눈금이 있으면 kg보다 적은 양은 어림을 하여 표현해야 합니다.

넷째, 어떤 값이 자연수로 표현되기 힘든 경우에 어림값이 필요합니다. 예를 들어, 귤이 3개에 1,000원이라고 하면 귤 1개 값은 330원이라고 어림하는 경우나 6학년에서 배우는 내용 중 원주율을 구하는 경우 등이 여기에 해당됩니다.

마지막으로 17.9 × 4.1과 같은 연산에서 17.9 × 4.1을 18 × 4로 바꾸어 어림하는 경우가 있습니다. 이때는 정확한 값보다 계산의 편리성 때문에 어림값을 사용하는 것입니다.

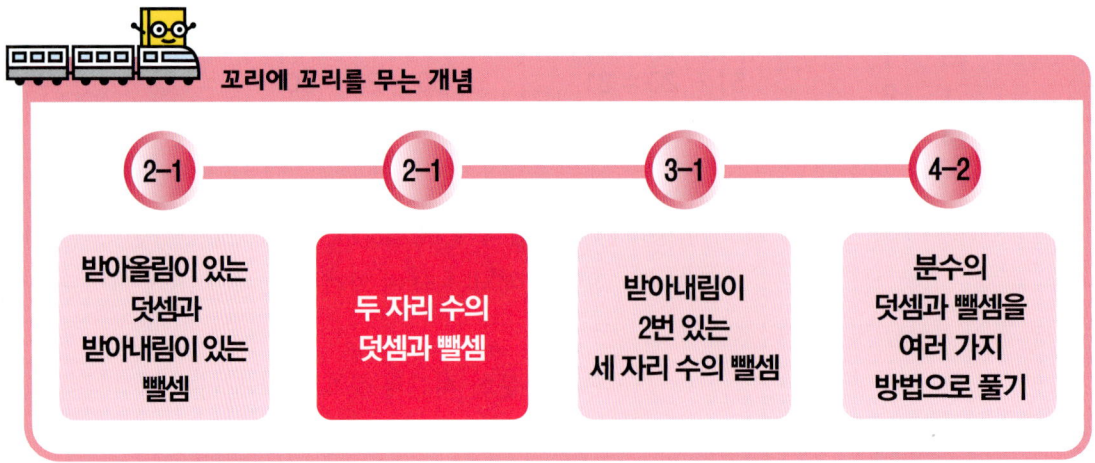

무엇이든 물어보세요

가로로 계산하는 것과 세로로 계산하는 것은 다른 방법인가요?

네, 물론입니다. 가로로 계산할 때는 받아올림과 받아내림을 머릿속으로 생각하며 연산하지만, 세로로 계산할 때는 받아올림과 받아내림을 써 가며 연산합니다. 둘은 서로 다른 방법이라고 할 수 있어요.

아이가 연산을 할 때 다양한 방법을 찾으려고 노력하는 것은 좋은 시도입니다. 가로셈이 세로셈에 비해 다소 불편하기는 하지만 머리를 많이 사용한다는 점에서 효과는 더 클 것입니다.

다양한 방법으로 풀어야 하는 이유가 무엇인가요?

지금까지 수학 공부는 지식을 익히고, 계산 기능을 숙달하는 데 치중해 왔습니다. 그러나 수학은 논리적, 창의적 사고력을 키우기 위한 교과이기 때문에 최근 수학교육은 수학을 통해 실생활의 문제를 해결하고, 창의적 사고력을 키우는 데 중점을 두고 있습니다. 따라서 알고리즘에 의한 1가지 방법으로 문제를 풀기보다 자신만의 방법을 찾아 다양하게 풀어 보는 경험이 중요합니다. 자신의 방법을 발견하고 인정받게 되면 자존감을 키우는 데도 도움이 됩니다.

다만 1가지 문제를 반드시 여러 가지 방법으로 풀어야 하는 것은 아닙니다. 각자 편리한 방법을 선택하여 문제를 해결하면 됩니다.

| 덧셈과 뺄셈 | □를 이용한 식 |

2학년 수와 연산

왜 답 쓰는 칸이 식 중간에 있어요?

 **아이는 왜?**

두 자리 수의 덧셈과 뺄셈을 배운 후 아이들은 이제 새로운 개념인 미지수(□)에 대해 경험하게 됩니다. 아이들은 대부분 4 + 5 = □와 같은 문제에 익숙하기 때문에 안에는 '답'을 써야 한다고 생각합니다.

 30초 해결사

□를 이용한 식

문제 상황에서 모르거나 구하려는 수를 □로 놓고 식을 세운다.
- 전략① 수 세기를 통해 □ 구하기
    ② 양팔 저울의 개념을 이용하여 □ 구하기
    ③ 수직선이나 그림을 이용하여 □ 구하기

그것이 알고 싶다

엄마가 쿠키를 18개 구웠습니다. 그런데 잠깐 나가 친구와 놀고 들어오니 쿠키는 30개가 되어 있었습니다. 내가 놀다 온 사이에 구워진 쿠키는 몇 개일까요?

위와 같은 문제를 식으로 나타낼 경우, 각각의 수가 의미하는 것이 무엇인지 생각해 보아야 합니다. 여기서 아이들 스스로 □를 어떻게 나타내야 할지 고민해야 합니다. 나중에 그 값을 구해 □ 안에 써넣으면 된다고 미리 약속하면 효과적이지요.

(처음의 쿠키 수) + (놀다 온 사이에 더 구워진 쿠키 수) = (쿠키의 모든 개수)
18 + (놀다 온 사이에 더 구워진 쿠키 수) = 30
18 + □ = 30

전략① 수 세기를 통한 풀이
18개의 쿠키가 30개가 되기 위해서는 □개의 쿠키가 필요합니다. 따라서 18부터 30까지 수를 세어 보는 방법이 있습니다. 즉 19, 20, 21, 22, 23, 24, 25, 26, 27, 28, 29, 30까지 총 12번 세었으므로, 12개의 쿠키가 더 만들어졌다는 것을 알 수 있습니다.

전략② 양팔 저울의 개념을 이용한 풀이
양팔 저울을 생각해 봅니다. 왼쪽 접시에 쿠키가 18개와 □개 있고, 오른쪽 접시에 30개가 있습니다. 양쪽 접시에서 하나씩 쿠키를 빼내면서 계속해서 수평을 맞춥니다. 왼쪽 접시에서 18개를 빼면 □개가 남고, 오른쪽 접시에서도 18개를 빼면 12개가 남습니다. 따라서 □에는 12가 들어갑니다.

전략③ 수직선을 이용한 풀이
덧셈과 뺄셈은 수직선을 이용하면 이해가 쉽고 식 세우기도 편리합니다.
18 + □ = 30을 수직선에 나타낸 후 18과 30 사이의 크기를 직접 세어 구할 수도 있고, 30 - 18 = □와 같은 뺄셈식을 만들어 문제를 해결할 수도 있습니다.

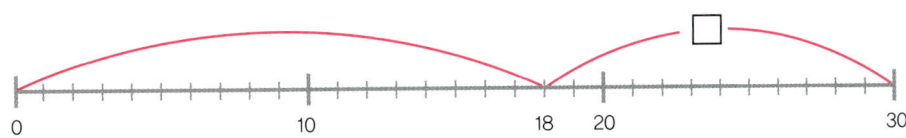

이 외에 아이들은 다양한 전략을 스스로 만들어 낼 수 있습니다.

 **한 발짝 더!**

□를 이용한 식을 풀 때, 덧셈식과 뺄셈식의 관계를 알고 있다면 그 내용을 이용하여 해결할 수 있습니다. 예를 들어, 34 + 18 = 52라는 식이 있습니다. 여기서 만들 수 있는 뺄셈식은 52 - 34 = 18, 52 - 18 = 34입니다. 이 과정에서 왜 그렇게 되는지 그 이유를 반드시 아는 것이 중요합니다. 또한 아이가 □를 이용하여 식 세우는 문제를 어려워한다면 '문장으로 만든 식'과 같은 중간 단계를 통해 식의 의미를 이해하도록 지도합니다. 간단한 문제에서부터 '문장으로 만든 식'을 학습하다 보면 자연스럽게 □를 이용한 식 세우기를 할 수 있습니다.

우리 반 남학생은 15명이고, 여학생은 17명입니다. 우리 반 학생은 모두 몇 명입니까?
- 문장 식 : (남학생 수) + (여학생 수) = (우리 반 학생 수)
- 수식 : 15 + 17 = 32

따라서 우리 반 학생은 모두 32명입니다.

우리 반 학생은 모두 32명입니다. 남학생이 15명이라면 □를 이용하여 여학생의 수를 구하는 식을 세우시오.
- 문장 식 : (남학생 수) + (여학생 수) = (우리 반 학생 수)
- □를 이용한 식 : 15 + □ = 32

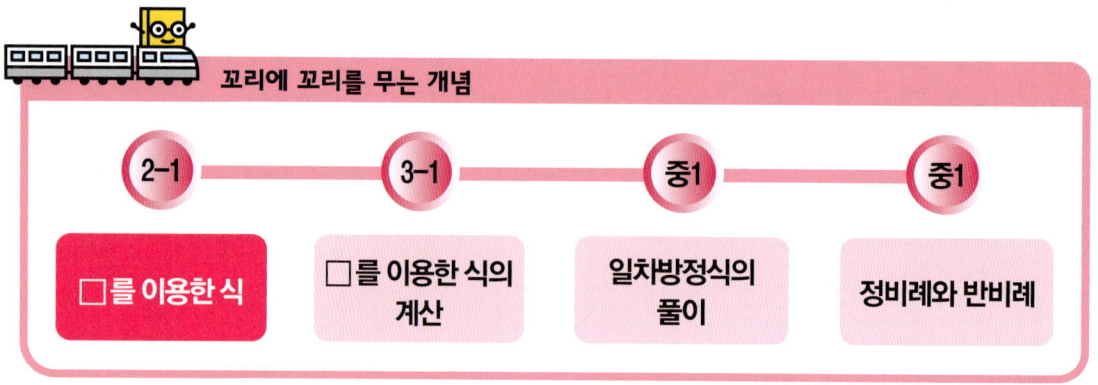

무엇이든 물어보세요

꼭 □를 이용하여 식을 세워야 하나요?

반드시 그래야 하는 것은 아닙니다. □ 대신 ☆, △, ○와 같은 기호를 쓸 수도 있습니다. 그러나 일반적으로 미지수를 사용한 식을 만들 때 □를 이용하므로, □를 이용한 식을 권장합니다. 또한 문제에서 □ 등의 기호를 사용하여 식을 세우라고 하는 말이 있으면 □를 이용하여야 합니다.

다만, 경우에 따라 □ 대신 ☆, △를 사용한 식이 편리한 경우도 있습니다.

중학생이 되면 x를 학습하게 될 텐데 초등학교에서 굳이 □를 이용한 식을 배울 필요가 있을까요?

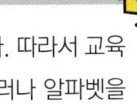

초등학교 1, 2학년 학생들은 영어 알파벳을 배우지 않습니다. 따라서 교육과정상 1, 2학년 때는 영어 알파벳이 등장할 수 없습니다. 그러나 알파벳을 배운 3학년 이후에도 여전히 □를 이용합니다.

x는 변하는 수라는 이미지이기 때문에 아이들에게 부담감을 주고, x가 사용된 식을 방정식으로 인식하여 중학교에서 방정식을 해결하는 알고리즘을 사용할 우려가 있기 때문입니다. 대신 □를 이용하면 거기에 어떤 값을 써넣으면 된다는 것을 직관적으로 알 수 있습니다.

성급한 선행 학습이나 아이의 발달단계에 맞지 않는 선행 지식은 오히려 아이가 올바른 수학적 개념을 형성하는 데 방해가 됩니다.

| 네 자리 수 | **수의 크기 비교**

큰 숫자가 있는 쪽이 더 큰 수 아닌가요?

아이는 왜?

수의 크기가 작을 때는 아이들이 수의 크기 비교를 쉽게 해결하지만 점차 수의 크기가 커지면 어려워하는 것이 보통입니다. 1학년 때는 수가 놓인 순서에 따라 수의 크기를 비교했지만 2학년이 되어 세 자리 수 이상에서 수의 크기를 비교하려면 자릿값을 고려해야 하기 때문입니다.

30초 해결사

네 자리 수의 크기 비교

① 천의 자리 수부터 비교한다.
② 천의 자리 수가 같으면 백의 자리 수를 비교한다.
③ 천의 자리 수, 백의 자리 수가 모두 같으면 십의 자리 수를 비교한다.
④ 천의 자리 수, 백의 자리 수, 십의 자리 수가 모두 같으면 일의 자리 수를 비교한다.

그것이 알고 싶다

두 자리 수까지는 수 세기 또는 뛰어 세기를 바탕으로 수의 크기를 비교합니다. 하지만 세 자리 수 이상에서는 백의 자리, 십의 자리, 일의 자리 수를 차례로 조사해야만 수의 크기 비교를 할 수 있습니다. 이때 자릿값 개념이 아직 형성되어 있지 않다면 많이 혼란스럽게 마련입니다.

아이들이 재미있게 할 수 있는 수 크기 비교 활동을 소개합니다.

1. 다양한 네 자리 수 카드를 20장 준비한다.

2. 수 카드를 잘 섞어 뒤집어 놓는다.

3. 각자 카드를 1장씩 뽑아 갖는다.

4. 자신의 카드를 들고 돌아다니며 자신이 가진 카드의 수가 크면 상대방의 왼쪽에, 작으면 오른쪽에 선다.

5. 모든 아이들이 자신의 위치에 서게 되면 자신이 들고 있는 카드의 수가 왼쪽의 수보다 작고 오른쪽의 수보다 큰 이유를 이야기해 본다.

위 활동은 학급에서 할 수 있는 활동이지만 가정에서도 할 수 있습니다. 수 카드 20장을 놓고 1장씩 뽑아 크기에 맞게 놓으며 왜 그렇게 놓았는지에 대해 이야기하다 보면 결국 큰 자리 수부터 비교해야 한다는 사실을 자연스럽게 알게 됩니다. 네 자리 수인 경우 먼저 천의 자리 수를 비교하고, 만약 천의 자리 수가 같다면 백의 자리, 십의 자리, 일의 자리 수를 차례로 비교하는 방법을 이해하고 말할 수 있도록 지도합니다.

한 발짝 더!

교과서 활동 중 숫자 카드 4장을 이용하여 '가장 큰 네 자리 수 만들기'나 '가장 작은 네 자리 수 만들기' 활동을 어려워하는 아이들이 많습니다. 이 경우 수의 크기 비교에서 알아낸 전략을 사용하면 쉽게 문제를 해결할 수 있습니다.

가장 큰 수를 만들기 위해서는 먼저 가지고 있는 숫자 카드 중 가장 큰 숫자 카드를 천의 자리에 놓습니다. 그다음 큰 수를 백의 자리에 놓고, 세 번째 큰 수를 십의 자리에, 가장 작은 수를 일의 자리에 놓으면 가장 큰 수가 됩니다.

가장 작은 수 만들기는 반대의 경우로, 작은 수부터 천의 자리에 놓으면 됩니다. 그런데 0이 있다면 천의 자리에 0을 놓으면 안 됩니다. 0267과 같은 수는 네 자리 수가 아니기 때문입니다. 이때 0은 백의 자리에 놓아야 합니다.

또한 문제 중 일부분을 고정하는 경우에 주의해야 합니다.

숫자 카드 2, 4, 5, 7을 이용하여 백의 자리 수가 5인 가장 작은 네 자리 수를 만드시오.

이런 문제의 경우 5를 백의 자리에 고정하고 생각해야 합니다.
□5□□로 고정하고 2, 4, 7 중 가장 큰 수인 7을 일의 자리에, 가장 작은 2를 천의 자리에 놓으면 됩니다. 그리고 남은 4를 십의 자리에 놓으면 2547이 가장 작은 수가 됩니다.

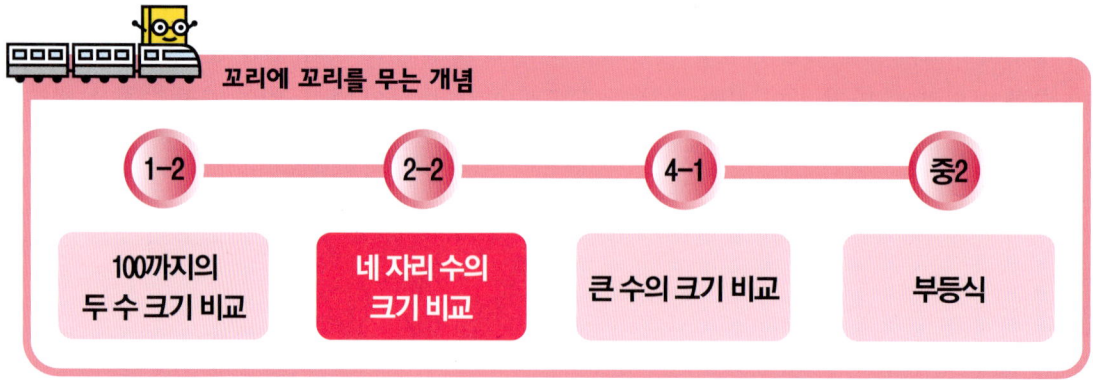

꼬리에 꼬리를 무는 개념

1-2	2-2	4-1	중2
100까지의 두 수 크기 비교	네 자리 수의 크기 비교	큰 수의 크기 비교	부등식

무엇이든 물어보세요

 3000은 큰 수인가요?

'크다', '작다'는 것은 상대적인 개념이기 때문에 3000이라는 수 하나만 가지고 '큰 수' 또는 '작은 수'라고 말하기는 어렵습니다. 만약 3000을 5000과 비교한다면, 3000은 작은 수입니다. 그런데 100과 비교한다면, 굉장히 큰 수가 됩니다. 결국 비교하는 수에 따라 큰 수가 되기도 하고, 작은 수가 되기도 하는 것입니다.

$$100 < 3000 < 5000$$

3000은 100보다 '큰 수' 3000은 5000보다 '작은 수'

 **네 자리 수를 실생활에서 학습할 수 있는 방법이 있을까요?**

아이들이 네 자리 수를 가장 많이 접하게 되는 경우는 돈을 사용할 때입니다. 교과서에서도 세 자리 수까지는 수 모형을 이용하지만 네 자리 수부터는 돈 모형을 이용하여 아이들의 수 감각을 키워 주고 있습니다. 받은 용돈과 쓴 돈, 남은 돈을 계산해 보는 활동을 하면 네 자리 수의 감각과 연산 능력, 돈을 절약하는 태도를 기를 수 있습니다.

시장이나 마트에서 물건을 구입하는 경우 아이에게 물건 값을 계산해 보게 하는 것도 네 자리 수 이상의 수를 실생활에서 경험해 볼 수 있는 좋은 기회가 됩니다.

곱셈구구

구구단이 곱셈인 건가요?

 **아이는 왜?**

구구단은 2학년 때 처음 학교에서 배우지만 많은 아이들이 2학년 이전부터 노래나 놀이로 구구단을 익히고 있습니다. 이 아이들은 구구단과 곱셈의 의미를 제대로 알지 못하고 암기만 했기 때문에 이런 질문을 할 수 있습니다.

 **30초 해결사**

곱셈의 원리는 같은 수(동수)의 반복적인 덧셈(누가)이다.

$$6 + 6 + 6 = 18 \quad \rightarrow \quad 6 \times 3 = 18$$

그것이 알고 싶다

곱셈은 '동수누가(同數累加)'라는 개념을 가지고 있습니다. 동수누가는 같은 수를 여러 번 더한다는 의미이지요.

사과의 개수를 덧셈식으로 나타내면 4 + 4 + 4 = 12(개)입니다. 이를 간단히 표현하기 위해 4 × 3 = 12라고 하지요. 이것이 덧셈과 곱셈의 관계입니다. 같은 방법으로 구구단 7단을 알아보면, 다음과 같습니다.

$$
\begin{array}{rcl}
7 = 7 & \rightarrow & 7 \times 1 = 7 \\
7 + 7 = 14 & \rightarrow & 7 \times 2 = 14 \\
7 + 7 + 7 = 21 & \rightarrow & 7 \times 3 = 21 \\
7 + 7 + 7 + 7 = 28 & \rightarrow & 7 \times 4 = 28 \\
7 + 7 + 7 + 7 + 7 = 35 & \rightarrow & 7 \times 5 = 35 \\
7 + 7 + 7 + 7 + 7 + 7 = 42 & \rightarrow & 7 \times 6 = 42 \\
7 + 7 + 7 + 7 + 7 + 7 + 7 = 49 & \rightarrow & 7 \times 7 = 49 \\
7 + 7 + 7 + 7 + 7 + 7 + 7 + 7 = 56 & \rightarrow & 7 \times 8 = 56 \\
7 + 7 + 7 + 7 + 7 + 7 + 7 + 7 + 7 = 63 & \rightarrow & 7 \times 9 = 63 \\
\end{array}
$$

아이들이 이러한 개념을 알고 곱셈을 학습한다면, 묶어 세기와 뛰어 세기 또한 같은 개념임을 스스로 알게 됩니다. 예를 들어, 6씩 묶어 센다는 것은 6, 12, 18, 24……가 되므로 구구단의 6단과 같고, 7씩 뛰어 세기 역시 구구단의 7단임을 알 수 있습니다.

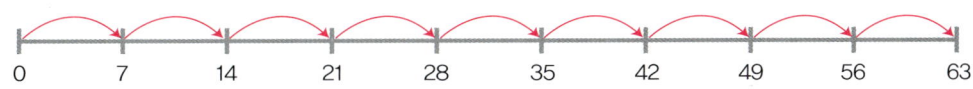

한 발짝 더!

'동수누가'의 개념으로 곱셈을 바라보면 어려운 계산도 해낼 수 있습니다. 예를 들어, (37 × 15) - (37 × 13)은 얼마일까요? 동수누가의 개념으로 식을 바라보겠습니다. 37 × 15는 37을 15번 더하는 것이고, 37 × 13은 37을 13번 더하는 것입니다. 37을 2번 더하는 만큼의 차이가 생기므로 37 × 2 = 74, 즉 (37 × 15) - (37 × 13) = 74라는 것을 쉽게 알 수 있습니다.

고대 이집트에는 2배의 개념만 있었다고 합니다. 그래서 2배를 이용하여 곱셈을 하였습니다. 예를 들어 16 × 9의 경우, 9 = 1 + 8이므로 16의 1배인 16과 8배인 128의 합을 구하면 됩니다.

1배	16
2배	32
4배	64
8배	128

16 + 128 = 144

같은 방법으로 5 × 7과 12 × 10의 경우도 살펴보겠습니다.

5 × 7은 5를 7배 한 것이므로 5 × 7 = 5 + 10 + 20 = 35이고,
12 × 10은 12를 10배 하였으므로 12 × 10 = 24 + 96 = 120입니다.

⟨5 × 7⟩

1배	5
2배	10
4배	20

5 + 10 + 20 = 35

⟨12 × 10⟩

1배	12
2배	24
4배	48
8배	96

24 + 96 = 120

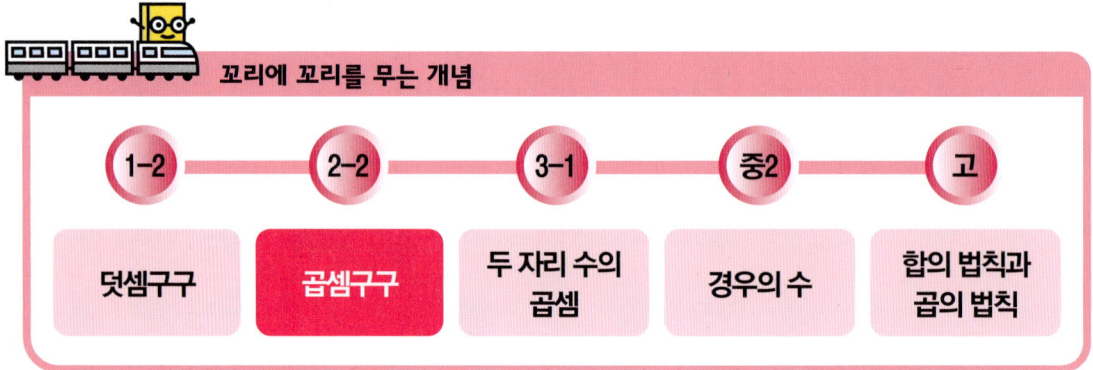

무엇이든 물어보세요

아이가 몇 배의 개념을 이해하지 못해요.

'배'의 개념은 묶음에서 출발합니다. 예를 들어, 12의 3배는 12개씩 3묶음을 말합니다. 이 내용을 이해시킨 후 묶음이 배의 개념임을 지도해야 아이들이 자연스럽게 받아들일 수 있습니다.

배의 개념은 어른들에게도 헷갈리는 내용입니다.

12를 1배 한 수는 얼마일까요? 이 물음에 어떤 사람은 12라 답하고, 어떤 사람은 24라고 답하기도 합니다. 수학에서 어떤 수를 1배 한 수는 자신이지만, 생활 속에서는 1배에 1배를 더한 수, 즉 2배를 뜻하는 경우가 많습니다.

곱셈구구를 익히고 나면 덧셈을 통해 곱셈이 나온다는 사실을 잊어버려도 될까요?

아이들은 편한 방법을 찾게 마련이니 구구단을 외우고 나면 계산 결과만 반복 암기하게 되어 덧셈과의 관련성을 잘 기억하지 못할 수 있습니다. 하지만 곱셈의 다양한 풀이 방법을 학습하다 보면 다시 덧셈의 개념을 이용하게 됩니다. 15 × 19는 어려운 계산이지만, 15 × 20은 300임을 쉽게 알 수 있습니다. 그럼 300에서 15를 뺀 값(285)이 15 × 19임을 알 수 있어야 하겠습니다.

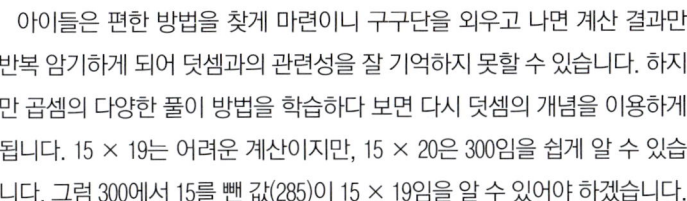

| 규칙 찾기 | **수 배열에서의 규칙** |

수가 작아지는 것도 규칙이에요?

2학년 변화와 관계

 **아이는 왜?**

수를 나열해 놓은 수 배열에도 규칙이 있습니다. 보통의 경우 오른쪽으로 갈수록 큰 수가 나오는데, 아이들은 지금까지 이러한 경우만 봐 왔기 때문에 수 배열에서 수가 작아지는 규칙이 나오면 당황하게 됩니다. 또한 이때의 규칙은 덧셈 상황이 아니라 뺄셈 상황이 되므로 아이들에게 더욱 어렵게 느껴집니다.

 **30초 해결사**

수 배열에서 규칙 찾기

- 2씩 작아지는 규칙에서 □에 알맞은 수를 찾아본다.
  20 − 18 − □ − 14 − 12 − □ − □
- 80 − 70 − 60 − □ − □
  10씩 작아지는 규칙이므로 □에 알맞은 수는 50, 40이다.
- 규칙을 찾고 말로 설명하는 것이 중요하다.

그것이 알고 싶다

2학년에서 다루는 규칙 찾기 중 가장 어려운 부분이 수 배열에서 규칙 찾기입니다. 자연수는 1, 2, 3, 4…… 그 자체가 규칙이기 때문에 아이들은 자연수를 쉽게 생각하는 경향이 있습니다. 하지만 규칙은 무궁무진합니다. 충분한 시간을 갖고 탐구해 보는 자세가 필요합니다. 자연수를 일정한 규칙으로 늘어놓은 후 여기에 어떤 규칙이 있는지 찾아보는 방법도 좋고, 자연수 중 특정한 수를 연결하며 규칙을 만들어 가는 것도 좋은 방법입니다.

쉬운 단계부터 시작해 보겠습니다. 아이에게 먼저 규칙을 알려 주고 빈칸에 알맞은 수를 찾아 넣는 활동입니다.

규칙 찾기

1부터 100까지의 수 배열판에 규칙에 따라 투명 칩을 놓은 후 어떤 규칙이 있는지 맞히는 게임을 하면 규칙 찾기를 학습하는 데 도움이 된다. 수 배열판의 2씩 뛰어세기, 5씩 뛰어 세기 등의 규칙은 이후 구구단으로 확장된다.

"2씩 커지는 규칙이야. □에 알맞은 수를 찾아봐."
2 − 4 − 6 − □ − 10 − □

"5씩 커지는 규칙이야. □에 알맞은 수를 찾아봐."
5 − □ − 15 − 20 − 25 − □

"4씩 작아지는 규칙이야. □에 알맞은 수를 찾아봐."
20 − 16 − □ − 8 − □ − 0

이번에는 수 배열표를 보며 질문을 통해 규칙을 찾아봅니다. 서로 역할을 바꾸어 가며 질문하고 답하면 보다 효과적입니다.

"수 배열표에서 첫째 줄에 있는 수는 얼마씩 커지나요?"
"1씩 커집니다."
"노란색으로 색칠된 부분과 같은 다른 가로줄은 어떤 규칙을 가지나요?"
"1씩 커집니다."
"초록색으로 색칠된 부분과 같은 다른 세로줄은 어떤 규칙을 가지나요?"
"10씩 커집니다."
"분홍색으로 색칠된 수를 모두 읽어 보세요. 어떤 규칙을 가지나요?"
"4씩 커집니다."

한 발짝 더!

규칙을 정해 같은 수만큼 커지거나 작아지도록 수 배열을 만들어 봅니다. 몇씩 커지는 규칙에 어느 정도 익숙해지면 몇씩 작아지는 규칙도 만듭니다. 이렇게 하면 자연수의 개념에 익숙해지고 스스로 문제를 만들고 풀 수 있는 능력을 갖게 됩니다.

다음 빈칸 안에 수를 넣어 규칙을 만들어 보세요.

- ☐씩 커지는 규칙
  ☐-☐-☐-☐-☐-☐-☐-☐-☐-☐

- ☐씩 작아지는 규칙
  ☐-☐-☐-☐-☐

이번에는 규칙을 만들어서 빈칸에 수를 써넣습니다. 그리고 어떤 규칙이 있는지 함께 찾아봅니다. 이러한 활동은 수 배열에 대한 개념을 명확하게 하는 데 도움이 됩니다.

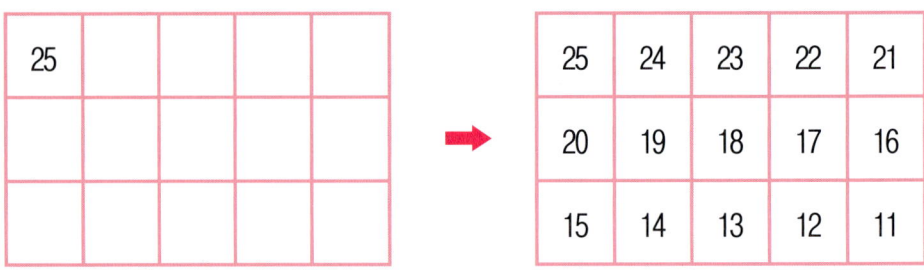

무엇이든 물어보세요

규칙 찾기가 중요한가요? 2학년에서는 어느 수준까지 배우나요?

규칙을 찾는 것은 예상과 추측의 기초가 되는 활동으로 수학에서는 함수를 이해하는 데 기초가 되는 아주 중요한 활동입니다. 처음에는 실생활에서 접하게 되는 물체의 크기, 모양, 위치, 방향, 색, 수 등에서 간단한 규칙을 찾아보고 점차 자신이 규칙을 정하여 무늬를 만들거나 수를 배열하는 내용을 학습하게 됩니다.

1부터 100까지의 수 배열표로 할 수 있는 활동 중 앞에 소개되지 않은 게 있다면 알려 주세요.

1부터 100까지의 수를 배열해 놓은 것을 100도표라고 합니다. 100도표에는 생각보다 많은 규칙이 있습니다. 일단 몇씩 커지는 규칙이 있습니다. 오른쪽으로 갈수록 몇씩 커지거나 아래로 갈수록 혹은 대각선 아래로 갈수록 몇씩 커지는 것입니다. 몇씩 작아지는 규칙도 있지요. 왼쪽으로 갈수록 혹은 위로 갈수록 몇씩 작아집니다. 또한 여러 수의 합과 차에 대한 규칙도 있습니다. 예를 들어 정사각형이나 마름모로 일부를 떼어 보면

53	54	55
63	64	65
73	74	75

색칠된 부분의 54 + 74와 63 + 65는 같은 값입니다. 또 53 + 75와 55 + 73의 값도 같다는 것을 알 수 있습니다.

| 규칙 찾기 | **수 배열표에서 규칙 찾기** |

수 배열표의 규칙을 설명하지 못하겠어요.

2학년 변화와 관계

아이는 왜?

어떤 규칙을 찾아 표현하는 것은 어른들에게도 쉽지 않은 일입니다. 대부분의 아이들이 이제 답을 찾는 일에는 다소 익숙해져 있습니다. 그래서 표의 빈칸에 맞는 수는 어느 정도 잘 찾으면서 그걸 말로는 표현하지 못하는 경우가 많습니다.

30초 해결사

수를 이용하여 다양하게 만들어진 표에서 규칙 찾기

- 표의 빈칸을 채우고 규칙을 찾는다.
- 찾은 규칙을 다른 사람에게 설명한다.

×	1	2	3	4	5	6	7	8	9
1	1	2	3	4	5	6	7	8	9
2	2	4	6	8	10	12	14	16	18
3	3	6	9	12	15	18	21	24	27
4	4	8	12	16	20	24	28	32	36
5	5	10	15	20	25	30	35	40	45
6	6	12	18	24	30	36	42	48	54
7	7	14	21	28	35	42	49	56	63
8	8	16	24	32	40	48	56	64	72
9	9	18	27	36	45	54	63	72	81

그것이 알고 싶다

1학년 때 수 배열표에서 간단한 규칙을 찾아보았습니다. 2학년에서는 수 배열표, 덧셈표, 곱셈표 등에서 규칙을 경험하게 됩니다. 곱셈표의 경우, 표의 빈칸에 들어갈 수를 찾아 표를 완성하는 것은 물론 완성된 표에서 규칙을 찾고 이를 다른 사람에게 설명하는 활동까지 경험하도록 지도합니다.

아이들에게 곱셈표를 보여 주고 찾기 쉬운 규칙부터 하나씩 찾아내도록 질문합니다. 아래 질문을 조금씩 바꾸어 여러 가지 답이 나올 수 있도록 질문해 봅니다. 그리고 아이들의 언어로 그 내용이 맞으면 격려해 주고, 더 정확히 표현할 수 있도록 도와줍니다.

"파란 선 위의 수들에는 어떤 규칙이 있을까?"
→ 3단의 곱셈, 3씩 커지는 규칙, 3으로 시작하는 세로줄과 같은 규칙 등

"노란 선 위의 수들에는 어떤 규칙이 있을까?"
→ 7단의 곱셈, 7씩 커지는 규칙 등

"빨간 선 위의 수들에는 어떤 규칙이 있을까?"
→ 같은 두 수끼리의 곱으로 된 수 등

"다른 규칙이 더 있을까?"
→ 빨간 선을 기준으로 마주 보는 수가 같다. 9단의 경우 10의 자리가 10씩 커지고, 1의 자리는 1씩 작아진다. 5단의 경우 1의 자리가 5, 0으로 반복된다.

×	1	2	3	4	5	6	7	8	9
1	1	2	3	4	5	6	7	8	9
2	2	4	6	8	10	12	14	16	18
3	3	6	9	12	15	18	21	24	27
4	4	8	12	16	20	24	28	32	36
5	5	10	15	20	25	30	35	40	45
6	6	12	18	24	30	36	42	48	54
7	7	14	21	28	35	42	49	56	63
8	8	16	24	32	40	48	56	64	72
9	9	18	27	36	45	54	63	72	81

한 발짝 더!

파스칼의 삼각형은 수를 삼각형으로 배열한 것입니다. 처음 중국에서 만들어져 유럽으로 전해진 후 프랑스의 파스칼이 이 삼각형을 연구하여 체계적인 이론을 만들었기에 파스칼의 삼각형이라고 합니다. 이 삼각형에는 "위의 두 수를 더하면 아래 수가 나온다.", "사선 방향의 수는 1씩 커지기도 하고 1, 2, 3씩 더해지기도 한다." 등 많은 규칙이 있습니다.

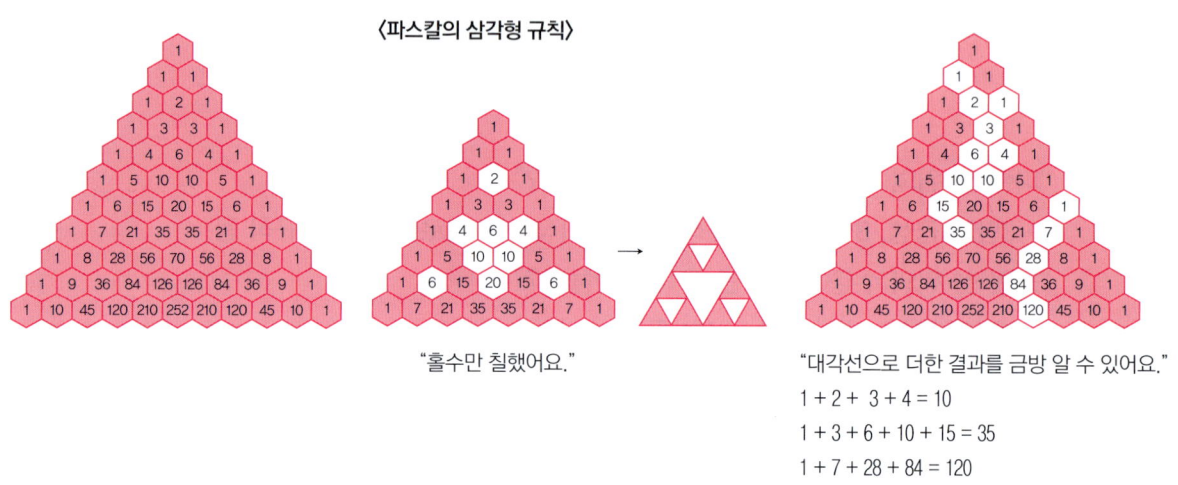

〈파스칼의 삼각형 규칙〉

"홀수만 칠했어요."

"대각선으로 더한 결과를 금방 알 수 있어요."
1 + 2 + 3 + 4 = 10
1 + 3 + 6 + 10 + 15 = 35
1 + 7 + 28 + 84 = 120

파스칼의 삼각형에서 아이가 찾은 규칙은 무엇인지 함께 이야기해보는 시간을 갖는 것도 좋습니다. 아이가 파스칼의 삼각형 규칙에 대해 더 자세히 알고 싶어 한다면 관련 수학 도서나 인터넷에서 관련 내용을 찾아볼 수 있도록 도와주기 바랍니다.

꼬리에 꼬리를 무는 개념

1-2 반복되는 규칙 — 2-2 수 배열표에서 규칙 찾기 — 5-1 □, △를 사용하여 식으로 나타내기 — 고 수열

무엇이든 물어보세요

생활에서 찾을 수 있는 수 규칙(배열)에는 어떤 것이 있나요?

계산기나 엘리베이터 버튼, 달력, 아파트 동·호수, 신발장 번호 등에 규칙(배열)이 사용되고 있습니다. 수 배열의 규칙을 사용하면 다른 사람에게 건물의 위치나 장소 등을 설명할 때 이해를 도울 수 있습니다. 건물의 위치를 알려주는 도로명주소는 도로의 이름에 규칙적으로 건물번호를 붙여 건물의 위치를 쉽게 찾을 수 있게 해 준답니다.

곱셈표에서 대각선으로 접었을 때 마주 보는 수가 같다는 것은 알겠는데, 이런 내용을 어떻게 설명해야 할지 모르겠어요.

×	1	2	3	4	5
1	1	2	3	4	5
2	2	4	6	8	10
3	3	6	9	12	15
4	4	8	12	16	20
5	5	10	15	20	25

곱셈표를 대각선으로 접었을 때 마주 보는 수가 같은 이유는 2 × 3을 계산한 값과 3 × 2를 계산한 값이 같기 때문입니다. 덧셈과 마찬가지로 곱셈에서는 두 수를 서로 바꿔 계산해도 그 결과가 같습니다. 그래서 마주 보는 수가 같은 것입니다.

| 규칙 찾기 | 무늬 만들기 |

복잡한 무늬가 이어지는 포장지에 무슨 규칙이 있어요?

2학년 변화와 관계

아이는 왜?

포장지를 얼핏 보면 단순한 무늬가 나열되어 있을 뿐 거기에 별다른 규칙은 없어 보입니다. 그러나 앞서 배운 규칙 찾기를 이용하여 잘 살펴보면 일정한 무늬가 반복되어 나타나는 것을 확인할 수 있습니다. 아이들이 규칙을 발견하지 못하는 것은 포장지에서 규칙을 찾는 경험을 해 보지 못했기 때문이지요.

30초 해결사

- **무늬 찾기**
  포장지나 천에서 규칙적인 무늬를 찾는다.

- **무늬 만들기**
  규칙을 정하여 나만의 무늬를 만든다.

 **그것이 알고 싶다**

포장지나 벽지를 보면 거기에 어떤 도형이나 그림이 반복되어 나타나는 것을 발견하게 됩니다. 그렇지만 어떤 규칙인지를 알아내는 것은 쉬운 일이 아닙니다. 규칙을 찾으려면 일상생활에서의 경험을 통해 반복되는 단위를 찾는 연습이 필요합니다. 포장지나 벽지, 옷에 있는 무늬 혹은 인터넷에서 찾아낸 다양한 디자인을 활용하여 규칙 찾는 활동을 해 봅니다.

먼저 다음과 같은 단순한 무늬에 어떤 규칙이 있는지부터 확인해 봅니다. 빨강 하트와 파랑 하트가 어떻게 반복되고 있는지, 동그라미, 네모, 동그라미, 세모의 모양이 어떻게 반복되고 있는지 직접 이야기해 보는 경험이 중요합니다.

주변에서 규칙적인 무늬를 갖고 있는 물건을 찾아보고 거기에 어떤 규칙이 있는지 이야기해 봅니다.

규칙 찾기를 어려워하는 경우 전체보다는 작은 부분에 집중하여 그곳이 다른 부분과 공통점이 있는지 비교하는 방법을 이용합니다. 이때 작은 부분이 규칙의 기본 단위가 됩니다. 무늬에서 기본이 되는 단위는 보통 정사각형 형태로 많이 나타나므로 네모를 그려 가며 무늬의 규칙을 찾는 것도 좋은 방법이 될 수 있습니다.

 **한 발짝 더!**

규칙 찾기에 어느 정도 익숙해지면 직접 규칙을 만들어 봅니다.

10칸 공책이나 종이에 규칙을 이용한 무늬를 만들어 보겠습니다. 규칙을 정한 다음 색을 칠하거나 ☆, ♡, ♠와 같은 기호를 사용하거나 가, 나, 다, 라와 같은 글자를 이용하여 규칙을 만듭니다. 칸을 여러 개 묶어 반복되는 무늬를 만들 수도 있습니다. 이후 어떤 규칙인지 직접 설명해 보는 활동이 무엇보다 중요합니다.

무엇이든 물어보세요

생활에서는 규칙적인 무늬를 어디에서 찾을 수 있나요?

화장실 타일, 길거리 보도블록, 옷감, 커튼, 축구공 등에서 규칙적인 무늬를 볼 수 있습니다.

규칙적인 무늬로 이루어져 있는 물건이 많은 이유가 있을까요?

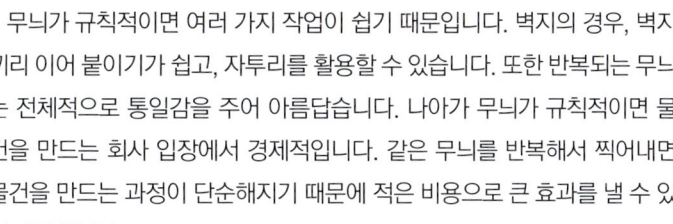

무늬가 규칙적이면 여러 가지 작업이 쉽기 때문입니다. 벽지의 경우, 벽지끼리 이어 붙이기가 쉽고, 자투리를 활용할 수 있습니다. 또한 반복되는 무늬는 전체적으로 통일감을 주어 아름답습니다. 나아가 무늬가 규칙적이면 물건을 만드는 회사 입장에서 경제적입니다. 같은 무늬를 반복해서 찍어내면 물건을 만드는 과정이 단순해지기 때문에 적은 비용으로 큰 효과를 낼 수 있기 때문입니다.

길가의 보도블록 역시 일정한 규칙을 갖고 있어 적당히 끼워 맞추기만 하면 보도블록이 겹치지 않고 빈틈이 생기지 않아 사람들이 편안하게 걸을 수 있습니다.

| 규칙 찾기 | 규칙을 정해 무늬 꾸미기 |

뒤집거나 돌리면 다른 모양 아닌가요?

 **아이는 왜?**

한 가지 모양을 뒤집거나 돌리는 방법으로 여러 가지 무늬를 만들 수 있습니다. 하지만 모양을 뒤집거나 돌렸을 때 아이들은 모양의 위치 변화에 익숙하지 않기 때문에 뒤집거나 돌린 모양을 서로 다른 모양으로 인식하게 됩니다.

 30초 해결사

뒤집거나 돌린 모양에서 규칙 찾기
- 무늬에서 반복되는 모양의 특징을 살펴본다.
- 모양을 뒤집거나 돌려가며 모양의 위치 변화를 관찰한다.
- 규칙에 따라 모양을 돌려가며 무늬를 만들어 본다.

 그것이 알고 싶다

　모양을 규칙에 따라 반복하여 무늬를 꾸밀 수 있어요. 2학년에서는 모양을 돌리기, 뒤집기 등으로 모양을 한 방향으로 돌리거나 뒤집는 방법으로 규칙적인 무늬를 꾸미는 활동을 하게 됩니다.

　먼저 마루나 욕실 벽의 타일을 예로 삼아 규칙에 의한 아름다움에 대해 이야기 나누어 보고 타일의 모양이 어떠한 규칙에 따라 만들어졌는지 생각해 봅니다.

　그리고 10칸 공책을 이용하여 밀기(아래나 위, 옆으로)를 통한 무늬를 만들어 봅니다. ◁ 모양을 밀기를 통해 만들어진 무늬의 일부를 보고 어떻게 만들어진 무늬인지 이야기해 본 후 나머지를 만듭니다.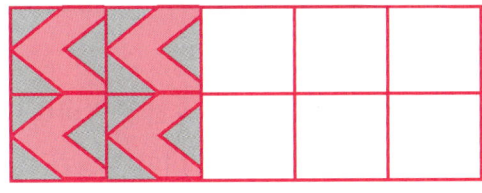

　이번에는 ◁ 모양을 뒤집기를 통해 만들어진 무늬의 일부를 보고 어떻게 만들어진 무늬인지 이야기해 본 후 나머지를 만듭니다.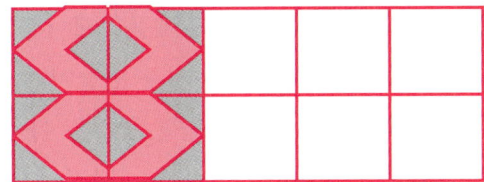

　다음으로는 ◁ 모양을 돌리기를 통해 만들어진 무늬의 일부를 보고 어떻게 만들어진 무늬인지 이야기해 본 후 나머지를 만듭니다.

　모양자를 이용하면 간단한 모양을 이용하여 규칙에 따라 무늬를 꾸밀 수 있습니다. 그러나 모양을 일일이 그리는 것 보다 규칙적인 무늬에서 아름다움을 경험하는 활동이므로 컴퓨터와 프린터를 활용해서 한 가지 모양을 여러 장 준비하여 아이들이 직접 모양을 돌려가며 체험해 보도록 하는 것이 필요합니다.

한 발짝 더!

길에 있는 보도블록이나 화장실 바닥의 타일, 포장지나 벽지의 무늬는 우리 생활에서 보게 되는 무늬입니다. 여기에 어떤 무늬가 사용되었는지 이야기해 보고 무늬를 직접 만들어 봅니다. 기본 도형을 만들고 다양한 형태로 무늬를 만들어 보도록 지도합니다.

컴퓨터나 스마트기기의 애플리케이션(앱)을 활용하면 쉽게 반복적인 무늬를 만들어 볼 수 있습니다. 컴퓨터를 활용한 도형 학습은 아이들이 흥미로워하고 내용이 다양하다는 장점이 있습니다.

검색창이나 앱스토어에서 '테셀레이션'을 검색해 보면 테셀레이션을 활용한 다양한 프로그램을 찾을 수 있습니다.

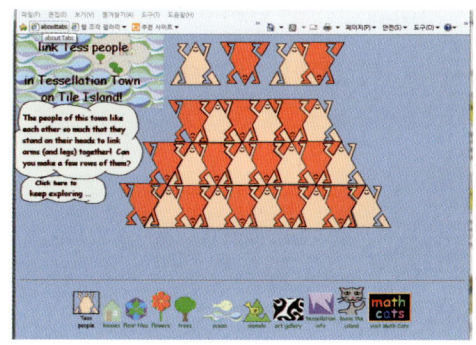

무엇이든 물어보세요

무늬 꾸미기 활동은 디자인과 관련 있어 보이는데 왜 수학 시간에 배우나요?

무늬 꾸미기는 아마도 디자인에서 많이 사용하는 용어일 것입니다. 무늬를 꾸며서 심미적인 아름다움을 추구하는 것은 예술적 영역이기 때문입니다. 그런데 같은 무늬를 반복적으로 사용하고 다양한 방법, 즉 밀기, 뒤집기, 돌리기 등을 통해 무늬를 만든다는 점은 수학적인 요소이므로 수학에서도 그 의미가 큽니다.

테셀레이션과 무늬 꾸미기 활동은 무슨 관계가 있나요?

테셀레이션(tessellation)은 우리말의 '쪽매 맞춤'에 해당되며, 평면도형을 겹치지 않으면서 빈틈없이 모으는 것을 말합니다. 무늬를 꾸밀 때 겹치지 않고 빈틈없이 꾸미는 것도 테셀레이션이라고 할 수 있습니다. 테셀레이션에는 정삼각형, 정사각형, 정육각형이 주로 이용되며, 우리 주변에서는 천장, 바닥, 건물, 옷감, 융단, 벽지 등에서 테셀레이션을 볼 수 있습니다.

| 규칙 찾기 | **쌓기나무** |

같은 설명을 듣고 쌓았는데 왜 모양이 다르죠?

2학년 변화와 관계

아이는 왜?

설명을 들으며 쌓기나무를 쌓다 보면 저마다 다른 모양으로 쌓는 경우가 있습니다. 주어진 정보에 따라 다양한 답이 나올 수 있는데 아이들은 1가지 답이 나올 것으로 생각하기 때문에 옆의 친구와 다른 모양이 나오면 틀렸다고 생각할 수 있습니다.

30초 해결사

모양 만들기

- 쌓기나무는 면과 면이 닿게 쌓는다.
- 쌓기나무를 똑같이 쌓으려면 쌓기나무의 위치, 모양, 수는 물론, 보이지 않는 곳에도 쌓기나무가 있는지 살펴보아야 한다.

 **그것이 알고 싶다**

아이들은 사각형, 삼각형, 원 등 평면도형에 대해 공부한 후, 쌓기나무를 통하여 3차원 공간에서의 물체의 위치와 모양에 대한 공간 감각을 기르게 됩니다. 쌓기나무의 위치를 정확히 파악하는 데 어려움을 겪는 아이들에게는 쌓기나무를 직접 체험할 수 있는 시간이 많이 필요할 것입니다.

쌓기나무를 쌓는 데는 여러 가지 방법이 있지만 면과 면이 맞닿게 쌓는 방법만 사용하기로 약속합니다.

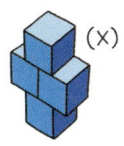 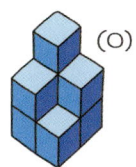

보고 쌓는 것이 잘 되면 말로 설명을 들으면서 쌓아 봅니다. 또 역할을 바꾸어 아이가 설명을 하면 부모가 그 설명에 맞게 쌓아 봅니다. 반대로 아이가 설명을 듣고 쌓아 보면 아이는 자세히 설명하는 것이 중요하다는 것을 느끼게 될 것입니다.

똑같이 쌓아 보기 활동이 끝나면 쌓기나무를 여러 가지 모양으로 만들어 봅니다. 단순히 쌓기보다 주변의 여러 가지 물건을 연상하며 쌓는 활동을 통해 상상력을 기를 수 있도록 지도합니다. 그리고 자기가 만든 것을 설명하는 활동까지 이끌어 주어야 하겠습니다.

"쌓기나무 3개로는 어떤 모양을 만들 수 있지?"
"글자 ㄴ, 빌딩, 의자요."
"쌓기나무 4개로는 무엇을 만들 수 있을까?"
"1층에 3개를 쌓고 2층에 1개를 쌓으면 트럭이 돼요."

 **공간 감각**

공간 감각은 관찰자가 주변 상황에 비추어 장래 직면하게 될 상황을 예측하여 이에 적절하게 대처할 수 있는 능력이다. 멀리서 달려오는 자동차를 미리 피하거나 시인이 여백을 생각하여 문장을 끝맺거나 화가가 어떻게 그릴 것인가 생각하며 전체 구도를 잡을 때 공간 감각이 활용된다.

자석 쌓기나무

자석을 이용하여 서로 붙도록 만들어진 쌓기나무. 다양한 모양을 만들 수 있다.

한 발짝 더!

일정한 개수의 쌓기나무로 만들 수 있는 모양을 모두 찾아보겠습니다. 돌리거나 뒤집어서 같은 모양이면 1가지로 생각합니다. 그럼 쌓기나무 3개로 만들 수 있는 입체도형은 몇 가지나 되는지 직접 만들어 보겠습니다.

소마큐브

덴마크 작가 피에트 하인(Piet Hein)이 "쌓기나무 3개 또는 4개가 붙어 있는 여러 가지 모양의 조각들로 조금 더 큰 상자 모양을 만들 수 있을까?" 하는 생각에서 만들게 된 입체도형 퍼즐. 쌓기나무로 7가지 모양을 만들고, 이것들로 다양한 모양을 만들어 냈다.

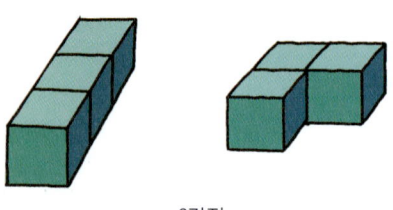

2가지

이번에는 쌓기나무 4개로 만들 수 있는 입체도형입니다. 규칙에 따라 차례대로 쌓으면 효율적이라는 사실을 인지하도록 도와주세요. 모든 경우를 구하는 것이 목적은 아니므로 꼭 모두 찾도록 강요할 필요는 없습니다. 여기에 초점을 두면 아이가 흥미를 잃어버릴 수 있으므로 새로이 찾은 것에 대해 격려하는 자세가 필요합니다.

8가지

꼬리에 꼬리를 무는 개념

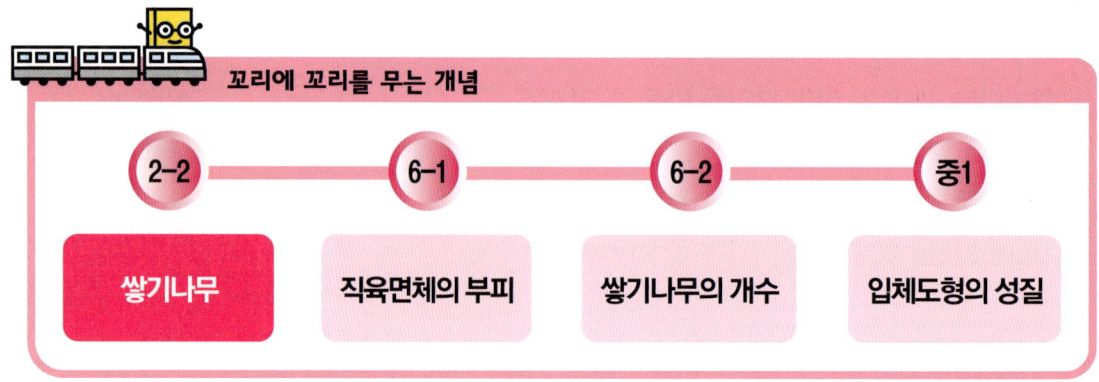

2-2	6-1	6-2	중1
쌓기나무	직육면체의 부피	쌓기나무의 개수	입체도형의 성질

무엇이든 물어보세요

이 두 모양은 같은 것인가요, 다른 것인가요?

 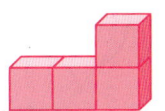

입체도형은 3차원 공간에서 다루어지는 것이므로 이 둘은 서로 같은 모양입니다. 그러나 아이들 중에는 이 둘을 다른 것으로 생각하는 경우가 있습니다. 2학년 수준에서는 같다는 것을 너무 강조하지 말고 쌓기나무를 이와 같은 모양으로 직접 쌓은 후 하나를 180° 돌려 두 모양이 서로 같은 것임을 스스로 인식하도록 합니다.

이 두 모양은 같은 것인가요, 다른 것인가요?

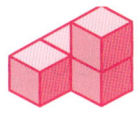 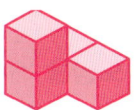

이 둘은 서로 대칭이 되므로 다른 모양입니다. 쌓기나무를 테이프로 붙이거나 자석 쌓기나무로 이 두 모양을 만들어 보아 같지 않다는 것을 직접 깨닫게 되면 이해하는 데 도움이 됩니다. 거울 속 나의 모습은 실제 모습과 같지 않습니다. 신발, 장갑의 경우를 생각해 보면 어렵지 않게 이해할 수 있습니다.

| 여러 가지 도형 | **삼각형, 사각형, 원**

, 이런 모양도 삼각형이에요?

 아이는 왜?

1학년 때 △, □, ○ 모양을 배우면서 트라이앵글을 △ 모양으로, 구급상자를 □ 모양으로 배운 적이 있어 이렇게 생각할 수 있습니다. 2학년 때 삼각형, 사각형, 원이라는 용어를 처음 배우게 되는데 그 개념을 명확히 하지 않으면 이후에도 이렇게 생각할 수 있습니다.

 30초 해결사

- **삼각형 △ : 3개의 변으로 둘러싸인 도형**
  - 꼭짓점과 변의 개수는 각각 3개
- **사각형 □ : 4개의 변으로 둘러싸인 도형**
  - 꼭짓점과 변의 개수는 각각 4개
- **원 ○ : 동그란 모양의 도형**
  - 어느 방향에서 보아도 똑같은 모양

- **변 : 도형에서 곧은 선**
- **꼭짓점 : 도형에서 뾰족한 부분**

 **그것이 알고 싶다**

1학년 때 입체도형이나 평면도형에 이름을 붙이지 않고 △, □, ○ 모양이라고 배웠습니다. 2학년 때는 1학년 때 배운 내용을 바탕으로 도형에 삼각형, 사각형, 원이라는 이름을 붙입니다. 그리고 도형을 이루는 구성요소와 도형의 성질을 배우게 되지요.

삼각형은 곧은 선 3개로 둘러싸여 있으며, 이때 곧은 선과 곧은 선은 서로 만납니다. 삼각형에서 곧은 선을 변이라 하고 뾰족한 부분을 꼭짓점이라 합니다.

점판이나 종이에 3개의 점을 찍어 다양한 삼각형을 그려 보면 생각보다 다양한 삼각형을 그릴 수 있다는 사실을 알게 됩니다.

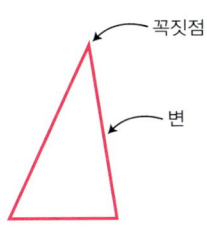

사각형은 4개의 꼭짓점을 지니고 있으며 4개의 변으로 둘러싸여 있습니다. 종이에 점 4개를 찍어 다양한 사각형을 그려 보고, 사각형의 모양이나 성질을 탐구해 보면서 새로이 알게 된 점을 직접 설명해 봅니다. 이렇게 하다 보면 도형에 대한 이해력이 부쩍 향상될 것입니다.

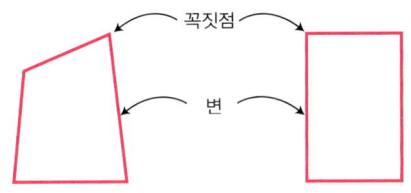

원은 모두 같은 모양이고, 크기만 다릅니다. 초등학교에서는 둥근 모양을 본뜬 도형을 원이라고 약속합니다.

조금 찌그러진 원, 즉 타원과 원을 혼동하는 경우가 많이 있습니다. 타원을 그려 여러 방향에서 반으로 접어 보고 서로 겹치지 않는다는 사실을 통해 타원은 원과 다르다는 것을 이해할 수 있습니다.

도형판(지오보드)

영국의 수학교육자 가테노(Gattegno)가 개발한 것으로 판자 위에 못을 박은 뒤 그 위에 고무줄을 걸어 여러 가지 도형을 구성할 수 있도록 만든 판. 같은 방식으로 종이 위에 점을 찍어 만들면 '종이 점판'이 된다.

한 발짝 더!

서로 다른 도형을 비교해 보며 공통점과 차이점을 찾아보는 활동은 도형의 개념을 명확히 이해하는 데 도움이 됩니다.

다음 도형이 삼각형, 사각형, 원이 아닌 이유를 알아봅니다.

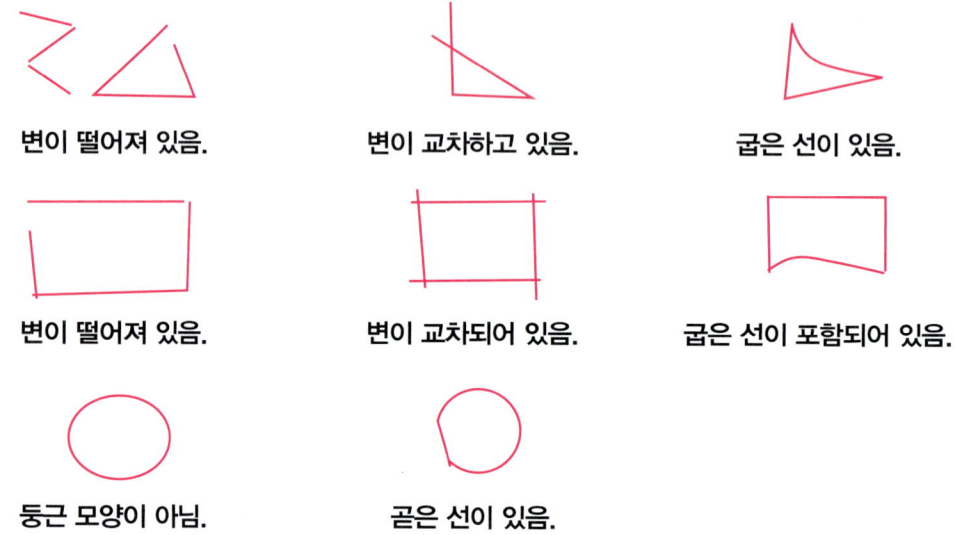

조금 힘들고 귀찮더라도 아이의 입으로 배웠거나 알고 있는 내용을 설명하게 해 봅니다. 그래야 도형에 대한 개념이 형성되고 도형의 특징과 차이점을 발견하는 힘이 길러집니다.

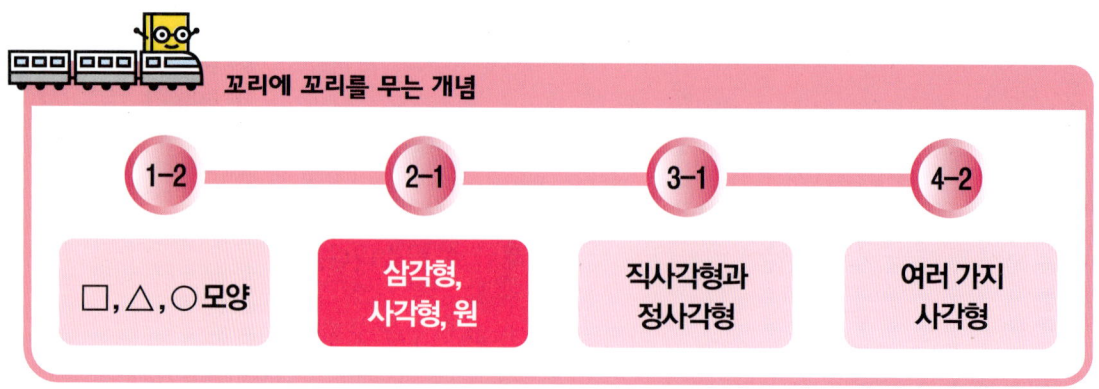

무엇이든 물어보세요

도형판에 사각형, 오각형, 육각형을 만들다 보면 그림과 같은 모양이 나옵니다. 이것도 사각형, 오각형, 육각형인가요?

   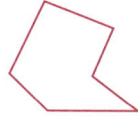

　도형판에 도형을 만들 때 이런 모양을 만드는 아이들이 간혹 있습니다. 그리고 책에 나오는 모양과 다르기 때문에 고민을 합니다. 이런 도형을 오목다각형이라고 하는데 교과서에서는 다루지 않습니다. 따라서 변을 만들 때 볼록하게 만들도록 지도해 주세요. 그리고 오목다각형에 대해서는 새로운 생각을 발휘하여 잘 만들었다는 말로 격려해 주며 이런 도형을 오목사각형, 오목오각형, 오목육각형 등으로 부른다는 것을 알려주세요. 더불어 교과서에서는 오목다각형을 다루지 않는다고 얘기해 주면 됩니다.

삼각형은 세모, 사각형은 네모라고 하는데 왜 오각형은 다섯모, 육각형은 여섯모라고 하지 않나요?

　지금은 세모, 네모라는 말만 쓰지만 예전에 육모라는 말을 썼다는 내용이 기록에 남아 있습니다. 오모 또는 다섯모라는 말은 기록에 없습니다.
　조선시대 포도청에서 포졸들이 쓰던 방망이에 여섯모가 나 있었습니다. 이를 육모 방망이라고 불렀습니다. 그리고 육각형 지붕으로 지은 정자를 예전에는 육모정이라고 불렀습니다.

육모 방망이

| 길이 재기 | **신체를 이용하여 길이 재기**

자가 있는데 왜 손이나 발로 길이를 재는 방법을 배우나요?

 **아이는 왜?**

아이들은 어른들이 물건의 길이를 재기 위해 '자'를 사용하는 모습을 본 적이 있습니다. 길이를 알아보는 편리한 도구가 있다는 사실을 이미 알기 때문에 손이나 발로 재어 보는 활동을 귀찮거나 불필요한 것으로 여길 수 있습니다.

 30초 해결사

길이 재기
- 정확한 길이를 재어야 할 때 : 자를 이용
- 대강의 길이를 어림할 때 : 신체 단위(손이나 발)를 이용

 **그것이 알고 싶다**

아이들에게 길이가 비슷한 2자루의 연필 중 더 긴 것을 찾게 해 보면, 2자루의 연필을 직접 대어서 비교해 본 후 어느 것이 더 긴지 알아볼 것입니다. 이와 같이 길이를 비교하는 가장 편리한 방법은 직접 대어 비교하는 것입니다.

하지만 직접 대어 비교할 수 없는 물건을 비교해야 하거나 여러 물건의 길이를 비교하기 위해서는 도구가 필요합니다. 이때 사용하는 길이를 '단위길이'라고 합니다. 즉 책상의 길이를 비교하기 위해 뼘을 사용한다든가 학교에서 집까지의 거리를 알아보기 위해 걸음(보폭)의 수를 세어 본다든가 하는 것이 단위길이를 이용하여 길이를 재는 방법입니다.

다시 말해 단위길이는 어떤 물건의 길이를 재는 데 기준이 되는 길이입니다. 직접 뼘, 팔, 보폭, 작은 물건 등의 임의 단위로 주변 물건을 재어 보는 활동을 하면 그 내용이 아이의 기억에 확실히 남을뿐더러 아이가 수학에 재미를 느낄 수 있을 것입니다.

임의 단위를 이용하여 물건의 길이 재는 활동을 반복하다 보면 힘들거나 귀찮을 수 있습니다. 그러나 임의 단위를 사용하는 것에 대한 불편함을 경험해야 표준 단위의 필요성을 느끼고 자연스럽게 표준 단위를 받아들일 수 있게 됩니다.

하지만 일상생활에서는 정확한 길이를 알아야 하는 경우는 물론, 대강의 길이를 어림하거나 서로 다른 길이를 비교하는 경우도 많습니다. 이때 자를 사용하지 않고 뼘이나 걸음을 이용하면 길이를 어림하고 두 길이를 비교할 수 있습니다.

평소 신체를 이용하여 길이 재는 활동을 많이 하면 길이에 대한 양감을 기를 수 있습니다.

한 발짝 더!

주변에서 쉽게 접할 수 있는 연필, 크레파스, 클립을 이용하여 책상의 길이를 재어 봅니다.

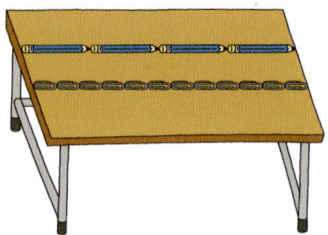

이때 단위길이를 클립으로 하느냐, 뼘으로 하느냐, 연필로 하느냐에 따라 길이를 나타내는 수가 달라집니다. 또한 이를 잘 살펴보면 단위길이가 길수록 길이를 나타내는 수가 작고, 단위길이가 짧을수록 그 수가 크다는 것을 알 수 있습니다.

우리 조상들은 몸을 이용한 신체 단위를 자주 사용하였습니다. 길이를 나타내는 신체 단위에는 자, 길, 아름 등이 있습니다. 자는 팔꿈치에서 손끝까지의 길이이고, 길은 머리에서 발끝까지의 길이, 아름은 두 팔을 벌려 껴안은 둘레의 길이입니다.

신체 단위를 이용하여 주변의 길이를 재어 보면 길이에 대한 새로운 양감을 기를 수 있습니다.

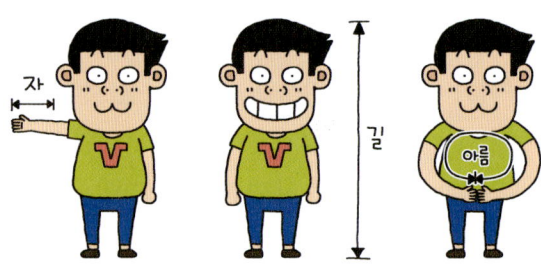

무엇이든 물어보세요

평소 자를 사용하여 길이를 재는 데 익숙해져 있는데, 단위길이 개념을 꼭 알아야 할까요?

자로 길이를 잴 때 쓰는 cm(센티미터)는 미터법이라는 단위길이 중 하나입니다. 단위길이는 단위를 이용하여 편리하고 정확하게 길이를 재기 위해 사용하는 것입니다. 길이를 재는 데 cm나 m(미터)가 절대적인 것만은 아니지요. 이 부분이 수학적 창의성을 키우는 데 있어 중요하다고 생각합니다. 자신만의 단위길이를 선택하여 길이를 재어 보는 활동을 통해 자의 필요성 및 표준 단위의 필요성을 느끼게 될 것입니다.

단위의 길이가 길수록 물건을 재어서 나오는 수가 작다는 것을 이해하지 못해요.

직접 활동해 보고 체험하는 것이 가장 좋습니다. 엄마와 아이의 1뼘 길이를 비교해 보고 누구의 1뼘 길이가 더 긴지 이야기 나눠 봅니다. 그리고 나서 식탁 길이를 엄마의 뼘으로 재었을 때 나오는 수와 아이의 뼘으로 재었을 때 나오는 수를 비교해 봅니다. 그러면 재는 뼘의 길이가 길수록 재는 횟수가 적다는 것을 직접 체험하게 됩니다.

| 길이 재기 | **1cm 알기**

10cm, 10씨엠 이렇게 읽으면 되죠?

 **아이는 왜?**

'cm'를 처음 본 아이라면 보이는 대로 '씨엠'이라고 읽기도 합니다. 하지만 길이 단위로서의 cm를 배우고 나면 자연스럽게 cm의 의미를 알고, 이를 센티미터라고 읽게 됩니다.

 30초 해결사

1cm는 '일 센티미터'라 읽고 다음과 같이 쓴다.
자에서는 숫자 사이 1칸의 길이이다.

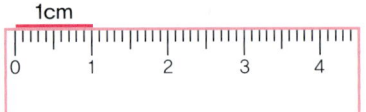

그것이 알고 싶다

길이를 재는 단위로 cm와 m를 사용합니다. cm는 센티미터(centimeter)를 의미하고, cm에서 centi(센티)는 $\frac{1}{100}$을 의미합니다. 즉, $1cm = \frac{1}{100} m$입니다.

1m는 터널의 길이, 운동장 트랙의 길이처럼 비교적 긴 거리를 나타낼 때 사용하고, 1cm는 연필이나 지우개의 길이처럼 짧은 거리를 나타낼 때 사용합니다.

경우에 따라 m와 cm를 함께 쓰기도 합니다. 사람의 키는 1m 몇 cm로 나타내지요.

아이에게 1cm를 지도하기 전에 자를 관찰하는 활동을 하면 좋습니다. 자에는 눈금과 숫자가 표시되어 있는데, 숫자 사이 1칸의 길이가 '1cm'입니다.

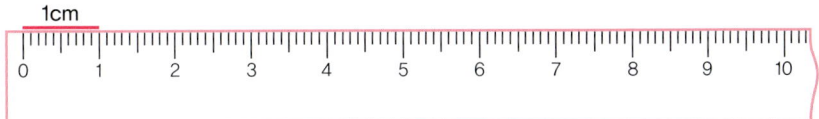

다음과 같이 씁니다.

미터법

길이는 미터(m)를, 무게는 킬로그램(kg)을, 부피는 리터(L)를 기본단위로 하는 국제 표준 측정 단위 체계.

그럼 자를 이용해 물건의 길이를 재어 보겠습니다. 물건의 한쪽 끝을 자의 숫자 0에 맞추고 물건의 다른 쪽 끝이 가리키는 곳의 숫자를 읽으면 물건의 길이가 됩니다.

만약 연필의 끝이 눈금 6과 7 사이에 있다면 길이를 어떻게 잴까요?

아이와 이런 경우 어떻게 하면 좋을지 이야기해 봅니다. 아이는 다양한 방법들을 생각해낼 수 있을 것입니다. 아이의 여러 가지 생각들을 수용해 주면서 "6cm보다 조금 길다.", "7cm보다 약간 짧다." 등 합리적인 수준에서 아이와 문제를 해결하면 됩니다.

한 발짝 더!

길이를 어림하여 보겠습니다. 즉 자로 길이를 재었을 때 큰 눈금 숫자와 길이가 맞지 않을 때는 가장 가까운 눈금의 숫자를 이용하여 '약 몇 cm', '몇 cm쯤', '조금 더 된다', '조금 못 된다'고 말합니다.

길이를 정확히 몇 cm로 나타낼 수 없는 경우에 어림하는 방법을 사용하면 유용할 것입니다. 아이들의 흥미를 자극하기 위해 자신의 다섯 손가락이 각각 몇 cm쯤 되는지 어림하여 보면 길이에 대한 감각을 익히고 수학에 흥미를 갖는 데 도움이 될 것입니다.

무엇이든 물어보세요

 cm는 언제부터 쓰였나요?

cm는 길이를 재는 미터법에서 유래한 것입니다. 1m는 100cm입니다. 미터법은 1799년 프랑스에서 사용하기 시작하여 약 100년 후인 1889년에 세계 공통의 단위로 결정되었습니다. 우리나라에서는 1963년부터 미터법을 사용하였습니다.

 **자로 잰 길이를 제대로 읽지 못하는데, 어떻게 지도해야 할까요?**

자로 잰 길이를 읽을 때는 먼저 물건이 놓인 자리의 양 끝 숫자를 확인해야 합니다. 즉, 물건의 왼쪽 끝이 자의 눈금 0에 정확히 놓여 있어야 물건의 오른쪽 끝에 놓인 숫자의 눈금이 그 물건의 길이가 됩니다.

위와 같이 자의 중간에 연필이 놓인 경우에는 자의 한쪽이 0의 눈금에 오도록 연필을 이동시키는 방법도 있지만, 연필이 놓인 부분에 해당되는 자의 눈금이 몇 개인지 세는 방법도 있습니다.

| 길이 재기 | **1m 알기** |

1m 20cm가 어떻게 120cm예요?

아이는 왜?

아이들은 통문자, 즉 보이는 대로 글자를 암기해 버립니다. 이는 어른들이 어려운 한자를 읽을 수는 있지만 쓰지는 못하는 경우와 같습니다. 길이 단위를 처음 배울 때 단위 사이의 관계를 제대로 이해하지 못하고 단위만 통으로 외우면 1m 20cm와 120cm를 다르게 볼 수 있습니다.

30초 해결사

1m = 100cm

- 1cm가 100개 모이면 1m이다.
- 1m 20cm는 1cm가 120개이다.
- 1cm가 120개이면 120cm이다.

그것이 알고 싶다

m와 cm는 길이를 재는 단위입니다. m는 미터(meter)를 의미하고, cm는 센티미터(centimeter)를 의미합니다. 아이들은 m보다 cm를 잘 알고 있지만 원래 길이를 재는 기준이 되는 것은 m입니다. 1m를 100등분 하면 그중 하나가 1cm입니다. 즉, 1m = 100cm입니다. 표기할 때는 다음과 같이 씁니다.

$$1m$$

1m 20cm는 몇 cm일까요?

$$\begin{aligned} 1m\ 20cm &= 1m + 20cm \\ &= 100cm + 20cm \\ &= 120cm \end{aligned}$$

반대로 450cm는 몇 m 몇 cm일까요?

$$\begin{aligned} 450cm &= 400cm + 50cm \\ &= 4m + 50cm \\ &= 4m\ 50cm \end{aligned}$$

길이를 나타내는 단위 사이에는 서로 바꾸어 쓸 수 있는 관계가 있습니다. 그렇다 보니 길이를 나타낼 때 cm만을 이용하는 경우가 있고 cm와 m를 섞어서 나타내는 경우가 있습니다. 단위 사이의 기본 관계는 1m = 100cm입니다. 따라서 1m 20cm는 120cm와 같이 바꾸어 쓸 수 있습니다.

단위를 바꾸어 사용하는 것을 단위 환산이라고 합니다. 아직 아이들은 단위에 대한 양감이나 개념에 익숙하지 않기 때문에 계산 절차에 따라 단위 환산을 연습하는 것은 바람직하지 않습니다. 5m 줄자를 이용하여 실제 길이를 재어 보고, 잰 길이를 '몇백 몇 cm'와 '몇 m 몇 cm'로 나타내어 보면서 두 길이가 같음을 직접 경험하게 하는 것이 좋습니다.

한 발짝 더!

일상생활에서 종종 두 길이의 합이나 차를 구해야 하는 경우가 생깁니다. 단체 줄넘기를 하기 위해 2개의 줄넘기를 묶었을 때의 길이, 여러 개의 리본을 이어 붙였을 때의 길이, 긴 끈을 쓰고 남은 길이 등을 구하려면 두 길이의 합이나 차를 계산해야 합니다. 이때 주로 긴 끈을 이용합니다. 1m 30cm인 끈과 1m 20cm인 끈의 합을 구하는 방법을 알아보겠습니다. 먼저 그림으로 알아보는 방법입니다.

m는 m끼리 연결하고 cm는 cm끼리 연결하면 한눈에 두 끈의 길이의 합을 알 수 있습니다.

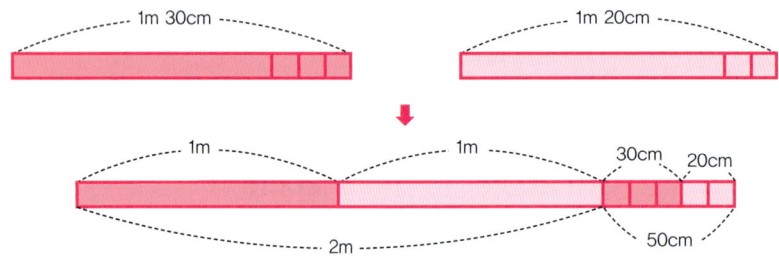

이번에는 식으로 나타내어 보겠습니다. cm끼리 먼저 더한 후, m를 계산하면 됩니다.

$$\begin{array}{r} 1m\ \ 30cm \\ +\ 1m\ \ 20cm \\ \hline \end{array} \Rightarrow \begin{array}{r} 1m\ \ 30cm \\ +\ 1m\ \ 20cm \\ \hline 50cm \end{array} \Rightarrow \begin{array}{r} 1m\ \ 30cm \\ +\ 1m\ \ 20cm \\ \hline 2m\ \ 50cm \end{array}$$

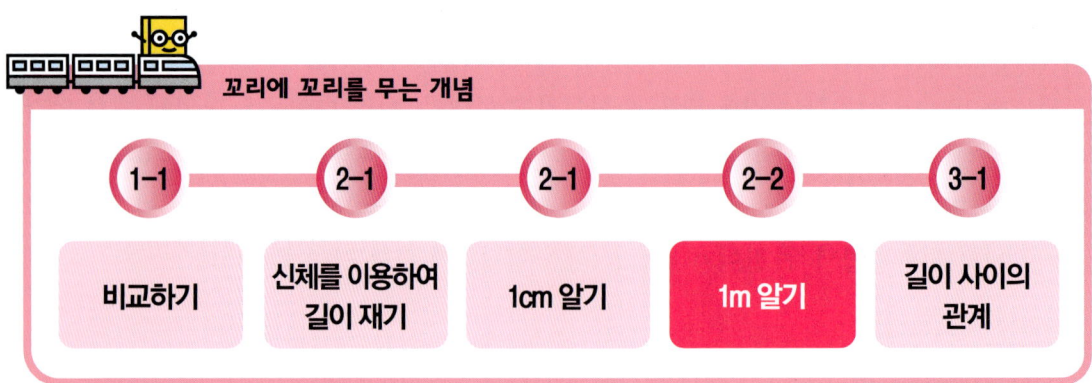

무엇이든 물어보세요

"길이가 1m 45cm인 테이프 2장을 20cm가 겹치도록 이어 붙이면 전체 길이는 몇 m 몇 cm입니까?" 아이가 이러한 문제를 풀지 못합니다. 어떻게 지도해야 할까요?

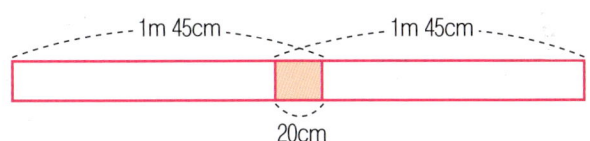

테이프나 긴 종이로 직접 경험해 보는 것이 가장 좋습니다. 2장의 테이프를 그림과 같이 오려 붙인 후에 길이를 표기하고 이를 식으로 만들어 구하거나 연결한 테이프를 줄자로 직접 재어 보는 것도 좋은 방법입니다.

이 문제를 식으로 풀이한다면 테이프 2장의 길이 합에서 겹쳐진 부분의 길이를 빼면 됩니다. 즉, 테이프의 길이 합은 1m 45cm + 1m 45cm = 2m 90cm이고 겹쳐진 부분은 20cm이므로 이어 붙인 테이프의 전체 길이는 2m 90cm − 20cm = 2m 70cm입니다.

책상의 길이를 손으로 재었더니 6뼘이 나왔어요.
그런데 아이가 답란에는 6cm라고 적네요.

아직 단위길이의 의미를 이해하지 못한 경우입니다. 1cm와 1뼘 또는 1m의 길이를 실제 경험할 수 있게 해 주세요. 1cm는 손톱 길이 정도이고, 1m는 섰을 때 바닥에서 어깨 높이 정도 된다는 것을 체험하게 되면 단위를 한 번 더 생각하고 쓰게 됩니다.

| 시각과 시간 | **시계 읽기** |

바늘이 있는 시계를 꼭 읽을 줄 알아야 해요?

아이는 왜?

1학년 때 '몇 시'와 '몇 시 30분'을 읽는 방법을 배웁니다. 2학년에서 갑자기 분 단위까지의 시각을 정확히 읽으려다 보면 혼란스러운 것이 당연합니다.

 **30초 해결사**

시침과 분침 알기

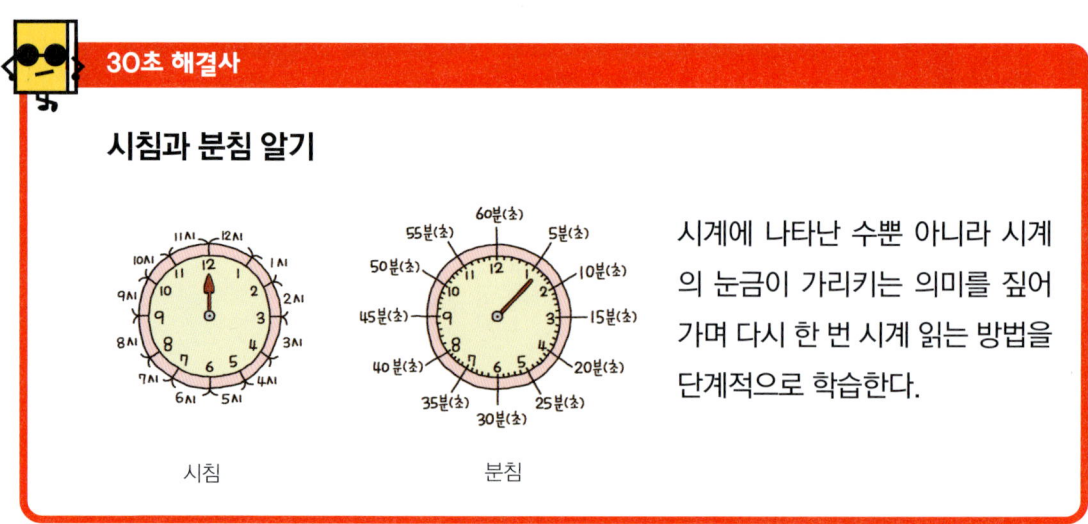

시계에 나타난 수뿐 아니라 시계의 눈금이 가리키는 의미를 짚어 가며 다시 한 번 시계 읽는 방법을 단계적으로 학습한다.

그것이 알고 싶다

시각을 읽는 방법을 학습할 때는 짧은바늘 읽는 방법을 먼저 익히고 이후 긴바늘 읽는 방법을 익힙니다.

시계에서 짧은바늘은 '시'를 나타냅니다. 짧은바늘이 숫자 1을 가리키면 1시, 숫자 3을 가리키면 3시입니다. 하지만 짧은바늘이 두 숫자 사이에 있다면, 작은 수를 읽습니다. 즉, 2와 3 사이에 짧은바늘이 있으면 2시이고, 12와 1 사이에 있으면 12시입니다. 이때 숫자 사이 간격은 1시간입니다.

시계 읽기

한 사람이 시곗바늘을 돌려 시각을 제시하면 다른 사람이 몇 시 몇 분인지 알아맞히거나, 누가 몇 시에 일어나 몇 시에 무엇을 했는지 이야기하며 여기에 따라 시계를 맞춰 보는 것도 재미있는 활동이 된다.

7시

12시

12시에는 짧은 바늘과 긴바늘이 겹치게 돼.

긴바늘은 '분'을 나타냅니다. 숫자 사이에 있는 작은 눈금 1칸이 1분입니다. 긴바늘이 숫자 1을 가리키면, 숫자 1은 다섯째 번 눈금에 해당하므로 5분인 것입니다. 시계에서 긴바늘이 가리키는 숫자와 분의 관계는 다음과 같습니다.

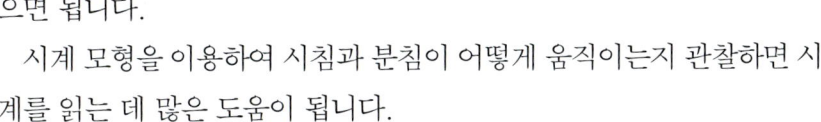

숫자	1	2	3	4	5	6	7	8	9	10	11	12
분	5	10	15	20	25	30	35	40	45	50	55	60

하지만 분침이 그림과 같이 숫자 2와 3 사이에 있다면 몇 분일까요? 숫자 2는 10분을 나타내고, 시계의 한 눈금은 1분이므로 10분에서 출발하여 긴바늘이 3칸 더 간 곳, 그러니까 10분에 3분을 더한 시각을 읽으면 됩니다.

시계 모형을 이용하여 시침과 분침이 어떻게 움직이는지 관찰하면 시계를 읽는 데 많은 도움이 됩니다.

# 한 발짝 더!

"9시 5분 전이야." 하는 말을 들어 봤을 것입니다. 이는 9시가 되기 5분 전인 시각이므로 8시 55분을 나타냅니다. 분침이 정각을 나타내는 12에서 숫자 1칸이나 2칸 뒤에 있으면 5분 전이나 10분 전으로 읽는 것이 더 편리하기 때문에 '몇 분 전'이라는 말을 사용하게 되었습니다.

 8시 55분 = 9시 5분 전

또 '몇 시 반'이라는 표현을 쓰기도 합니다. 1시간은 60분이므로 여기서 '반'은 60분의 반인 30분을 의미합니다. 긴바늘인 분침이 숫자 6을 가리킬 때, 1바퀴 중 반을 움직였다는 의미에서 사용하게 되었습니다.

 2시 30분 = 2시 반

무엇이든 물어보세요

 시계 방향이라는 말을 많이 쓰는데요.

시계 방향은 시곗바늘이 돌아가는 방향입니다. 동그란 원 모양으로 둘러앉았을 때 오른쪽 방향으로 움직이는 것을 말하지요. 시계 반대 방향은 시곗바늘이 돌아가는 방향과 반대 방향, 즉 왼쪽으로 움직이는 것을 말합니다.

 **아이에게 시각 읽는 방법을 가르치려는데, 가르치기에 적합한 시계가 따로 있을까요?**

처음에는 시침과 분침만 있는 시계가 좋습니다. 또한 모든 숫자가 정확하게 쓰여 있는 것을 사용하되 로마숫자가 쓰인 것은 피하는 것이 좋겠습니다.

시각과 시간

시각과 시간

지금 시간이 몇 시예요?

 **아이는 왜?**

보통 현재 시각이 궁금할 때 "지금 시간이 몇 시야?" 하고 묻습니다. 이는 잘못된 표현입니다. "지금 시각이 몇 시야?"가 올바른 표현입니다. 신호등의 초록 불을 파란불이라고 말하는 것과 마찬가지로 어느새 굳어진 습관 때문에 잘못된 표현을 쓰고 있는 것입니다.

 30초 해결사

- **시각 : 몇 시 몇 분으로 하루 중 어느 한때**
  "오늘 아침 7시 30분에 일어났어."
- **시간 : 시각과 시각 사이**
  "나는 공부를 3시간 동안 했어."

그것이 알고 싶다

'시간'과 '시각'을 정확히 구분할 필요가 있습니다. 시각은 하루 중 어느 한때를 나타내는 것으로 정확히 몇 시 몇 분을 뜻합니다.

이에 반해 시간은 언제부터 언제까지 걸린 시간을 나타냅니다. 다시 말해 시간은 시작 시각부터 끝낸 시각 사이의 간격을 말합니다. 예를 들어, 서영이가 등교해서 하교하는 데 걸린 시간을 알아보겠습니다.

4시 37분

등교한 시각

하교한 시각

서영이가 등교한 시각은 8시 30분이고 하교한 시각은 2시입니다. 등교해서 하교하는 데 걸린 시간을 다음과 같은 방법으로 알아볼 수 있습니다.

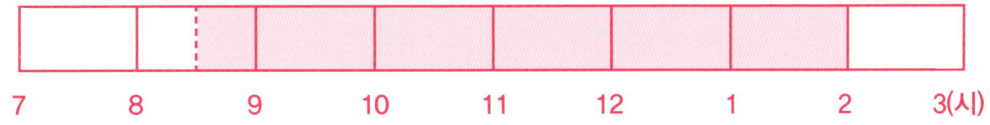

색이 칠해진 부분이 5칸 반이므로 서영이가 등교해서 하교하는 데 걸린 시간은 5시간 30분입니다.

시계를 통해 시간을 구하려 하면 눈으로 확인하기에 어려움이 있을 수 있습니다. 아래와 같이 긴 막대에 시작 시각부터 끝난 시각을 나타낸 후 시각 사이의 간격을 확인하면 쉽게 계산할 수 있습니다. 다음과 같은 시간 막대를 여러 개 만들어 놓고 활용합니다.

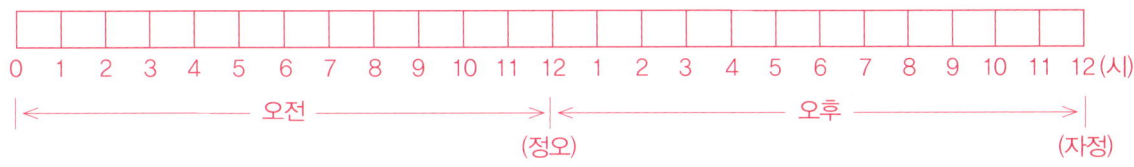

2학년 수학사전 **169**

 **한 발짝 더!**

다음 문제를 통해 시간의 덧셈과 뺄셈을 알아봅니다.

현정이는 2시 40분에 방과 후 수업을 시작하여 1시간 30분 후에 수업을 마칩니다. 그렇다면 현정이가 방과 후 수업을 마치는 시각은 몇 시 몇 분입니까?

시계를 2시 40분에 맞춰 놓고 1시간이 지난 후의 시각을 알아보고 다시 30분이 지나도록 시곗바늘을 돌려 보면 어렵지 않게 이해할 수 있습니다. 하지만 매번 이렇게 알아보기에는 불편함이 있습니다. 그래서 수의 덧셈, 뺄셈과 마찬가지로 시간의 덧셈, 뺄셈 방법을 학습하는 것입니다. 시간의 덧셈, 뺄셈에서 가장 중요한 내용은 시는 시끼리, 분은 분끼리, 초는 초끼리 계산하는 것입니다. 또한 1시간은 분침이 시계를 1바퀴 도는 데 걸리는 시간이므로 60분이 되고, 마찬가지로 1분은 60초가 됩니다.

$$
\begin{array}{r}
2\text{시}\ \ 40\text{분} \\
+\ \ 1\text{시간}\ 30\text{분} \\
\hline
3\text{시}\ \ 70\text{분} \\
4\text{시}\ \ 10\text{분}
\end{array}
$$
← 70분은 1시간 10분이다.

반대로 뺄셈의 경우는 다음과 같습니다.

$$
\begin{array}{r}
\overset{3}{\cancel{4}}\text{시}\ \overset{60}{\ \ }10\text{분} \\
-\ 1\text{시간}\ 30\text{분} \\
\hline
2\text{시}\ \ 40\text{분}
\end{array}
$$
← 10분보다 30분이 크므로 4시에서 1시간(60분)을 받아내림하여 70분으로 계산한다.

무엇이든 물어보세요

60분은 어떻게 1시간이 되었나요?

시간을 나타낼 때 60등분을 사용하는 것은 고대 메소포타미아문명의 영향입니다. 우리가 사용하는 인도-아라비아 숫자는 10을 기준으로 단위가 바뀌는 십진법을 사용하지만 메소포타미아 사람들은 60을 기준으로 단위가 바뀌는 육십진법을 사용하였습니다. 시계를 가장 정확히 사용했던 메소포타미아 사람들의 전통이 세계의 기준이 된 것입니다.

"8시 30분에 등교하여 5시간 40분 후에 하교하였다면 하교한 시각은 몇 시 몇 분입니까?" 아이가 이러한 문제를 풀지 못합니다.

2가지 설명 방법이 있습니다. 먼저 '시'를 알아보는 방법입니다. 8시30분에 학교에 가서 5시간 40분 후에 돌아왔으므로 8시에서 5시간이 흐른 후의 시각을 구합니다. 1시간씩 더해보면 9시, 10시, 11시, 12시, 1시가 됩니다. 이제 '분'을 구합니다. 30분에 40분을 더하면 70분인데, 1시간은 60분이므로 70분 = 60분 + 10분, 즉 1시간 10분이 됩니다. 이제 먼저 구한 1시에 1시간 10분을 더하면 2시 10분이 됩니다.

다른 방법은 시간 막대 그림으로 알아보는 것입니다.

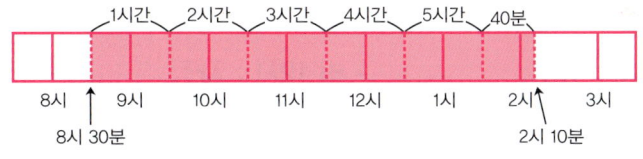

2학년 도형과 측정

| 시각과 시간 | **오전과 오후** |

2학년 도형과 측정

새벽 1시는 오전이에요, 오후예요?

아이는 왜?

새벽 1시를 오후라고 생각하는 것은, 보통 오전이라고 하면 밝은 아침을 떠올리고 오후라고 하면 어두워지는 때를 생각하기 때문입니다. 오전과 오후는 정오(낮 12시)와 자정(밤 12시)을 기준으로 나눈 것이기 때문에 새벽 1시는 오전입니다.

30초 해결사

- 낮 12시 : 정오
- 밤 12시 : 자정
- 오전 : 0시 ~ 낮 12시
- 오후 : 낮 12시 ~ 밤 12시

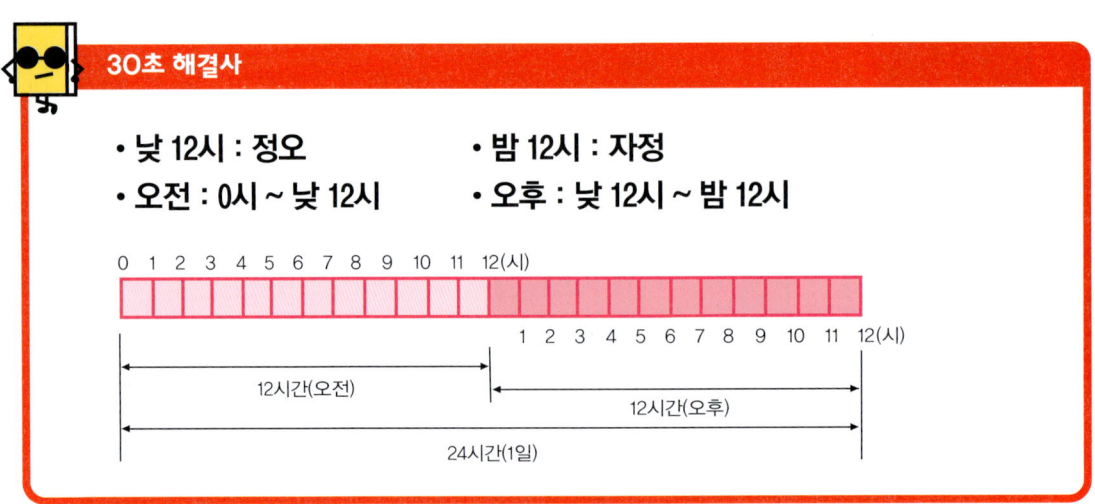

그것이 알고 싶다

오전과 오후를 학습하기 전에 하루, 즉 1일의 시간에 대해 알아보는 것이 필요합니다. 하루는 24시간입니다. 시계의 짧은바늘이 2바퀴 돌면 하루가 지난 것으로 생각할 수 있는데, 이때 처음 도는 시간을 오전, 두 번째 도는 시간을 오후라고 생각하면 이해하기 쉽습니다. 즉, 하루 24시간을 12시간씩 나누어 오전과 오후로 구분합니다.

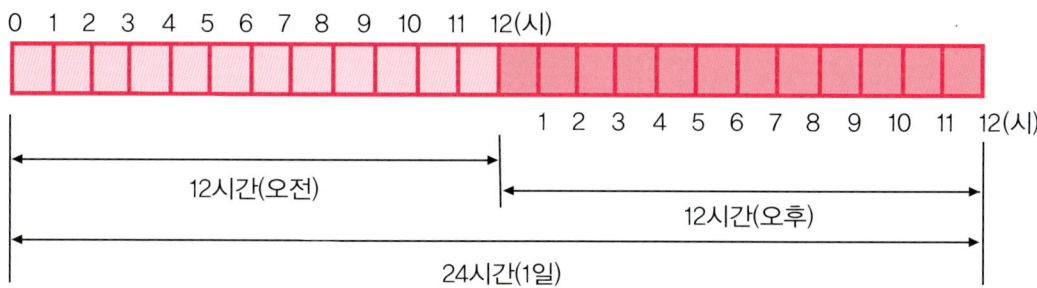

아빠가 오전 7시에 출근하여 오후 8시에 퇴근한다고 할 때 아빠가 회사에 다녀온 시간이 얼마인지 알아보겠습니다.

① 하루를 나타내는 시간 막대를 그린다.
② 시간 막대에 회사에 간 오전 7시와 집에 돌아온 오후 8시를 표시한다.
③ 오전 7시와 오후 8시 사이의 칸 수를 센다.

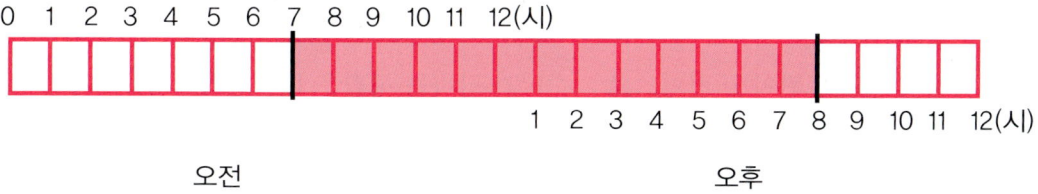

시간 막대에 칠해진 칸이 13칸이므로 아빠가 회사에 다녀온 시간이 13시간이라는 것을 알 수 있습니다.

오후 1시를 13시, 오후 9시를 21시라고도 부릅니다. 24시 개념은 아이들에게 어려울 수 있지만 일상생활에서 자주 쓰이는 표현이므로 자연스럽게 알려주는 것도 좋습니다. 이때, 뺄셈보다는 덧셈을 이용하여 오후 2시는 12시 + 2시 = 14시, 오후 9시는 12시 + 9시 = 21시와 같이 설명하면 아이들이 보다 쉽게 이해할 수 있습니다.

한 발짝 더!

다음은 기준이의 방학 중 하루 생활 계획표입니다. 기준이가 일어나는 시각은 오전 7시이고, 잠자는 시각은 오후 9시입니다. 기준이가 잠자는 시간을 알아보려 합니다.

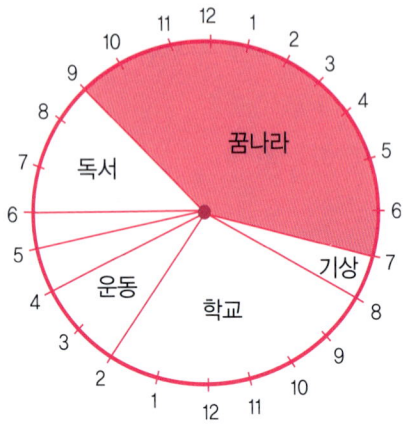

잠자는 시간을 알아보기 위하여 오후 9시부터 오전 7시까지를 시간 막대에 나타내면 다음과 같습니다.

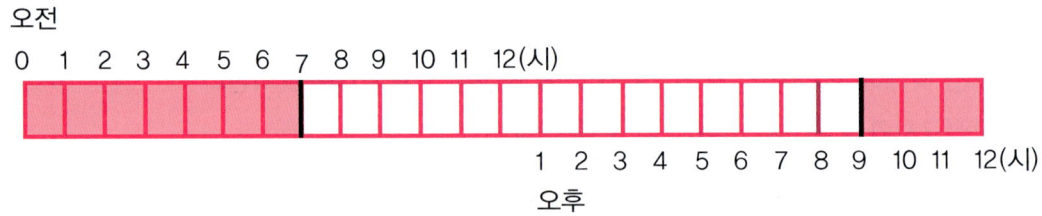

시간 막대에 칠해진 칸이 10칸이므로 기준이가 잠자는 시간은 10시간입니다.

무엇이든 물어보세요

2학년 도형과 측정

 **오전 10시에서 오후 2시 사이의 시간은 구하는데, 오후 9시에서 다음 날 오전 8시 사이의 시간은 구하지 못합니다. 어떻게 지도해야 할까요?**

오전과 오후 사이 시간을 지도할 때는 시간을 나타내는 막대를 활용하는 것이 가장 편리합니다. 시간 막대에서 오후 9시부터 다음 날 오전 8시까지를 색칠합니다. 1칸은 1시간을 나타내고 색칠된 칸은 모두 11칸이므로 오후 9시부터 다음 날 오전 8시까지는 11시간이 됩니다.

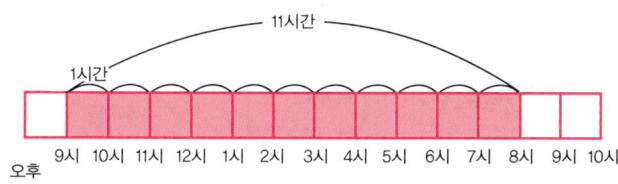

 **요즘은 대부분 디지털시계를 사용하는데, 굳이 아날로그 시계 보는 방법을 왜 배우는지 궁금해요.**

일상생활의 많은 경우에서 디지털시계를 활용하여 시간을 나타내고 있습니다. 하지만 아날로그시계도 많은 경우에 사용되고 있으며, 아날로그시계만의 장점도 있습니다.

수학을 배우는 목적이 일상생활에서 수학을 활용하고, 창의성과 논리력을 기르는 데 있다고 보면, 아날로그시계는 많은 수학적 지식과 논리력을 길러 주는 아주 중요한 교구가 될 수 있습니다.

| 시각과 시간 | **달력 알기** |

2월은 왜 마지막 날짜가 같지 않아요?

아이는 왜?

2월은 4년에 1번씩 28일이 아니라 29일에 끝납니다. 또한 달력을 잘 살펴보면 매달 숫자가 시작하고 끝나는 위치가 다릅니다. 마지막 날짜도 어느 달은 30일이고 어느 달은 31일입니다. 아이들이 많이 혼란스러워하지요.

30초 해결사

1년의 월에 따른 날수는 다음과 같다. 단, 2월은 4년(윤년)에 1번씩 29일이다.

월	1	2	3	4	5	6	7	8	9	10	11	12
날수	31	28	31	30	31	30	31	31	30	31	30	31

 **그것이 알고 싶다**

달력이라고 하면 1월부터 12월까지의 달이 제일 먼저 떠오를 것입니다. 달력에 대해 처음 학습할 때는 1년을 한눈에 볼 수 있는 달력이 좋습니다. 달력을 보면서 새로이 알아낸 것이 무엇인지 생각해 봅니다. 달력은 12달로 되어 있고, 달력에는 요일과 1부터 31까지의 일이 표시되어 있다는 것을 알 수 있습니다.

먼저 1년은 12개월로 이루어져 있고, 1달은 28일부터 31일까지의 날로 이루어져 있습니다. 이때 월에 따라 날수가 다르다는 것을 알 수 있습니다. 월에 따른 날수는 다음과 같습니다.

월	1	2	3	4	5	6	7	8	9	10	11	12
날수	31	28	31	30	31	30	31	31	30	31	30	31

이를 쉽게 이해하도록 하기 위해 다음과 같은 방법을 사용하기도 합니다.

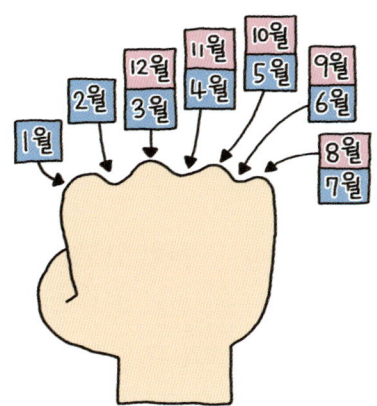

주먹을 쥐어 손등의 튀어나온 부분부터 1월, 2월, …, 7월까지 순서대로 정한 후, 7월 자리에서 다시 8월을 시작하여 반대 방향으로 12월까지를 정합니다. 손등의 튀어나온 부분의 달은 31일이고 그 외의 달은 30일입니다. 그런데 2월은 28일이고, 윤년인 경우 29일입니다.

한편 월요일부터 일요일까지의 7일은 일주일입니다. 이에 따라 달력에서 같은 요일에는 7씩 뛰어 세는 규칙이 적용됩니다.

한 발짝 더!

달력의 날짜를 나타낼 때 '첫째 금요일', '둘째 주 월요일'이라는 말을 사용합니다. 일주일을 단위로 달력을 읽는 방법은 다음과 같습니다.

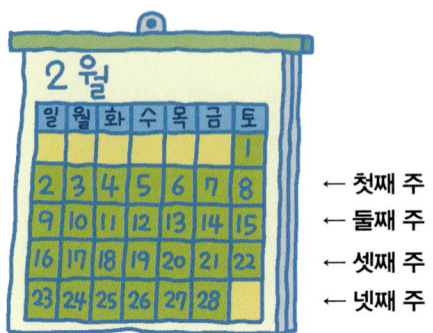

← 첫째 주
← 둘째 주
← 셋째 주
← 넷째 주

위 달력에서 2월 1일은 토요일입니다. 그렇다면 2월의 첫째 주는 언제부터 언제까지일까요? 주의 숫자를 매기는 방법은 지역에 따라 다릅니다. 이 때문에 외국 회사와 무역을 하는 등의 중요한 일이 있다면 주의 숫자 매기는 방식을 약속할 필요가 있습니다. 약속하는 방법은 한 주가 시작되는 날짜를 지정해주면 됩니다. 우리나라는 한 주의 시작을 월요일로 보고 있습니다. 따라서 보통 월요일이 포함된 주를 첫째 주로 정하게 됩니다. 위 달력에서 2월 1일, 2일은 1월의 마지막 주에 포함됩니다. (국가기술표준원 '데이터 요소 및 교환 포맷-정보교환- 날짜 및 시각의 표기' 참조)

서양에서는 Sunday, Monday, Tuesday, …처럼 일, 월, 화, 수, 목, 금, 토 순서로 요일을 나타내지만 우리나라는 월, 화, 수, 목, 금, 토, 일의 순서로 요일을 말합니다. 일이 시작되는 월요일을 한 주의 시작으로 본 것입니다. 토요일과 일요일을 주말이라고 하는 것 역시 일이 시작되는 월요일을 기준으로 여기는 데서 나온 표현입니다.

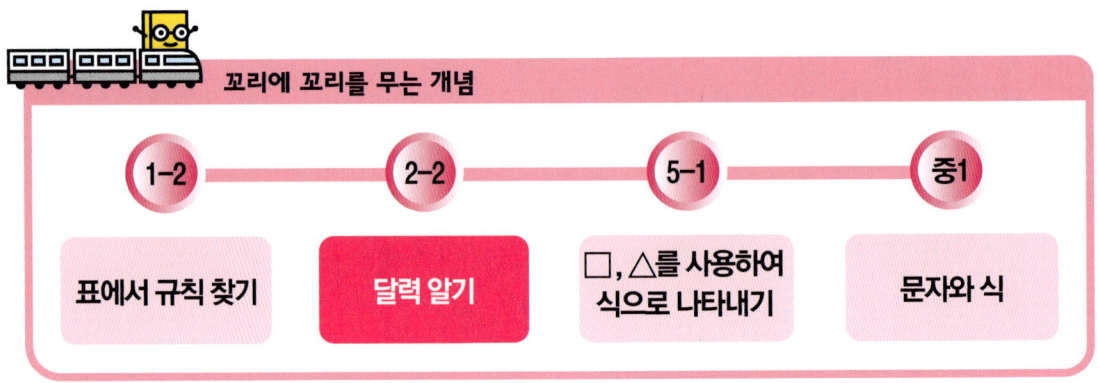

무엇이든 물어보세요

양력과 음력은 어떻게 다른가요?

태양력과 태음력을 줄인 말이 양력, 음력입니다. 양력은 지구가 태양을 1바퀴 도는 시간인 365.2422일을 1년으로 삼는 달력입니다. 반면 음력은 달이 초승달에서부터 그믐달까지로 변하는 시간인 29.23059일을 기준으로 만들어진 달력입니다. 양력과 음력은 11일 차가 있어서 음력으로 계산할 때는 3년에 1번 정도 1년을 13개월로 하는 윤년을 둡니다.

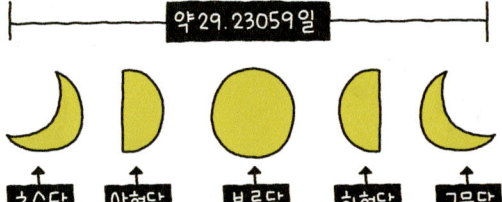

왜 어떤 달은 30일이고, 어떤 달은 31일인가요?

지금과 비슷한 달력을 만든 것은 율리우스 카이사르입니다. 평년을 365일로 정하고, 4년에 1번씩 윤년을 두어 그해는 366일로 정하였습니다. 또한 홀수 달은 31일, 짝수 달은 30일로 하되 2월을 평년에는 29일, 윤년에는 30일로 정하였습니다. 그 후 로마황제 아우구스투스는 자신의 생일이자 대전투에서 승리한 달인 8월을 기념하기 위해 2월에서 1일을 떼어 와 8월을 31일로 정하였습니다. 그러나 이렇게 하면 7, 8, 9월이 연속해서 31일이 되기 때문에 8월에서 12월까지의 짝수 달은 31일, 홀수 달은 30일로 하였습니다.

| 분류하기 | **분류하기** |

분류하기는 어떻게 해요?

아이는 왜?

분류하기란 어떤 기준에 따라 대상을 나누는 것인데, 초등학교 저학년에게는 아직 어려울 수 있습니다. 이때는 아이들이 논리적 사고보다 직관적 사고에 의존하는 시기이기 때문입니다. 그래서 자신의 기호에 따라 마음에 드는 물건과 마음에 들지 않는 물건으로 분류하기도 합니다. 또한 대상의 특성이 2가지 이상인 경우에 한쪽을 보지 못할 가능성이 많습니다.

30초 해결사

'있는 것'과 '없는 것'
분류하기는 같은 속성(성질)을 관찰하여 주위 물건을 알기 쉽게 정리하는 일종의 추상화 과정이다.

그것이 알고 싶다

일상생활에서 분류하기의 예를 많이 찾을 수 있습니다. 상점에 다양한 물건이 종류별로 진열되어 있고, 길거리에서 여러 종류의 차를 볼 수 있습니다. 아이들이 관심 있어 하고 흔히 접하는 대상을 소재로 학습하면 관련 내용을 이해하는 데 도움이 됩니다.

분류하기에서 가장 중요한 것은 '기준 정하기'입니다. 기준은 누가 정해 주기보다 아이가 스스로 정하는 것이 좋습니다. 또한 기준을 정하는 제일 쉬운 방법은 대상에 있는 것과 없는 것을 찾는 것입니다. 즉, 공통점과 차이점을 찾는 것이지요.

다음을 아이가 정한 기준에 따라 분류해 봅니다.

다양한 답이 나올 것입니다. 간혹 틀리면 어떡하나 하는 두려움으로 답을 못하는 경우가 있는데, 꼭 정해진 답은 없으므로 이때는 아이의 생각이 중요하다는 것을 강조해 주어야 하겠습니다. 또한 아이의 다양한 반응을 존중해 줍니다. 초등 저학년에게 답의 옳고 그름만을 강조하면 아이가 수학에 대해 부정적인 인식을 갖게 될 수 있으므로 답이 틀렸을 경우에는 틀린 답에 담긴 나름의 의미를 해석해 줌으로써 아이에게 위로가 되어야 할 것입니다.

한편 교과서에 제시된 활동들은 분류하기를 공부하는 데 필수적인 내용입니다. 교과서의 활동을 하나씩 짚어 가며 아이의 이야기를 충분히 들어주는 경험이 필요합니다.

분류하기를 한 후에는 왜 그렇게 분류하였는지 표현해 봅니다. 그럼 아이들은 "모양이 같아요."(공통점), "크기가 달라요."(차이점) 등의 말을 통해 분류 기준을 자연스럽게 자신의 언어로 표현하게 됩니다. 그리고 점차 시각적 속성뿐만 아니라 용도나 재료와 같은 기준에 따라 분류하기 시작합니다.

한 발짝 더!

아이들이 처음부터 '추상적 사고'를 하기는 어렵습니다. 그래서 어떤 아이들은 모양이나 색이 아니라 크기로 분류하기도 합니다. 이때는 아이들에게 '왜 그렇게 분류하였는지' 표현하게 하고, 다른 분류 기준으로 다시 생각해 보게 하여 사고를 넓히도록 도와줍니다.

그림에서와 같이 축구공과 선물 상자를 같이 분류하였다면, 아이는 분명 모양이 아닌 크기로 분류한 것입니다. 아이에게 "축구공과 골프공은 뭐가 다른 거야?" 하고 물어보면 "크기가 달라요." 하고 답할 것입니다.

축구공과 골프공의 중간 크기 물건들, 즉 음료수 캔이나 초콜릿 상자 등을 함께 분류해 보도록 하면 점차 자신의 분류 기준을 넓혀 나가게 될 것입니다.

무엇이든 물어보세요

 **아이가 분류하기를 할 때 기준을 세우지 못합니다. 어떻게 지도해야 할까요?**

분류하기를 할 때 기준이 없는 것 같다는 판단은 어른들의 추측일 뿐입니다. 아이에게 "왜 이렇게 분류했니?" 하고 물어보면 아이 나름대로 기준을 말할 것입니다. 예를 들어, 기준이 '마음에 드는 물건과 들지 않는 물건'이라면 이는 아이가 설명하기 전까지는 알 수가 없을 것입니다. 따라서 분류하기라는 활동도 중요하지만 이후 분류 기준을 표현하게 하여 그 내용을 들어주는 활동이 더 중요합니다. 하지만 '마음에 드는 물건과 들지 않는 물건'이라는 기준은 객관적이지 않습니다. 따라서 "엄마는 이게 더 좋은데?" 하고 말하는 등 아이가 점차 객관적인 기준을 세워 나가도록 도와주세요.

 **아이가 분류하기 활동을 귀찮아하고 어려워합니다.**

이런 아이에게는 가급적 아이와 친숙한 물건으로 자연스럽게 접근합니다. 예를 들어, 가정에서 아이와 함께 장난감을 정리해 보거나 과일이나 채소를 분류해 보거나 여러 가지 음료수를 분류해 보는 활동을 하면 도움이 됩니다.

| 분류하기 | **분류 기준** |

분류하기에서 분류 기준을 찾지 못하겠어요.

 **아이는 왜?**

'분류하기'라는 용어는 아이들에게 쉬운 말이 아닙니다. 대부분의 아이들은 '분류'나 '분류 기준'이라는 용어를 어려워하고, 그 개념을 명확히 이해하지 못합니다. 그러므로 분류 기준이 정해져 있는 문제라면 그럭저럭 해결하기도 하지만 분류 기준을 스스로 정해야 하는 경우에는 더욱 어려움을 느낍니다. 이는 많은 학생들이 수학 문제의 결과(답)는 하나뿐이며 그 답을 맞혀야 한다고 생각하여 스스로 분류 기준 정하는 것을 꺼리기 때문입니다.

30초 해결사

분류 기준 정하기

① '분류'는 같은 것끼리 모으는 것이다.
② 같은 것끼리 모으면서 분류 기준에 대한 개념을 익힌다.
③ 분류 기준을 말로 표현해 본다.

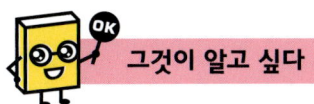 **그것이 알고 싶다**

먼저, 분류라는 말에 대해 학습합니다. 아이들에게 무턱대고 분류해 보라고 하면 아이들은 무슨 말인지 알 수 없습니다. '분류'와 '기준'이라는 용어는 2학년 아이들이 일상에서 잘 쓰지 않는 말이기 때문입니다. 따라서 분류라는 용어에 먼저 익숙해지도록 지도합니다.

분류 : 같은 것끼리 모으는 것

그다음, 직접 같은 것끼리 모아 봅니다. 눈으로 쉽게 확인할 수 있는 특징을 제시하면 분류의 개념을 형성하는 데 효과적입니다. 예를 들어, 크기와 모양은 같지만 색깔이 다른 도형들을 같은 것끼리 모아 보게 하면 아이들은 노란색과 빨간색으로 분류합니다. 그럼 그렇게 모은 이유를 질문해 봅니다. 아이들은 "노란색과 빨간색으로 모았어요." 하고 대답할 것입니다. 자연스럽게 색을 분류 기준으로 선택한 것입니다.

위와 같은 활동을 여러 번 반복한 후 같은 것끼리 모으는 활동이 '분류' 활동임을 약속하면 아이들은 분류의 개념을 받아들이게 됩니다. 그럼 이제 2가지 분류 기준이 있는 예를 제시하면서 분류 기준에 대한 개념을 형성하도록 도와줍니다. 아래와 같이 도형들이 섞여 있는 예를 통해 알아보겠습니다.

아이에게 "같은 것끼리 분류해 보자." 하면 아이의 반응은 대개 2가지 중 하나입니다. 크기에 따라 큰 삼각형 4개와 작은 삼각형 4개를 모으거나 색깔을 기준으로 노란색 삼각형 4개와 빨간색 삼각형 4개로 분류하는 것입니다. 이때 아이가 크기에 따라 분류하였다면 우리는 색깔을 기준으로 분류하여 아이에게 2가지 방법의 차이점을 찾아보도록 합니다. 그러면 분류 기준에 따라 다르게 분류할 수 있음을 알고, 2가지 분류 기준을 찾게 될 것입니다. 여기서 그치지 말고 또 다른 분류 기준을 세울 수 없는지 생각해 보도록 합니다.

> **한 발짝 더!**

아이 스스로 분류 기준을 정하는 것은 결코 쉬운 일이 아닙니다. 많은 아이들이 수학에서는 답이 하나뿐이라고 생각하기 때문에 분류하기에서도 분류 기준은 1가지뿐이고, 그걸 틀리면 안 된다는 불안감을 갖습니다. 이를 극복하려면 활동을 통해 분류 기준이 여러 개 있을 수 있다는 것을 경험할 필요가 있습니다.

블록을 활용하면 다양한 분류 기준을 찾아내는 데 도움이 됩니다. 블록은 크기에 따라 2가지로, 색에 따라 3가지로, 모양에 따라 5가지로 분류됩니다.(오른쪽 그림 참조) 이를 활용하면서 아이들은 스스로 분류 기준을 대상의 크기, 모양, 색 등으로 정할 수 있고, 활동을 통해 자신의 기준이 옳고 그른지 확인해 볼 수 있습니다. 이때 중요한 것은 각자 정한 분류 기준을 서로 공유하는 활동입니다. 아이와 함께 활동한 후 어떤 기준에 따라 분류했는지 서로 말해 보는 시간을 가져야 하겠습니다.

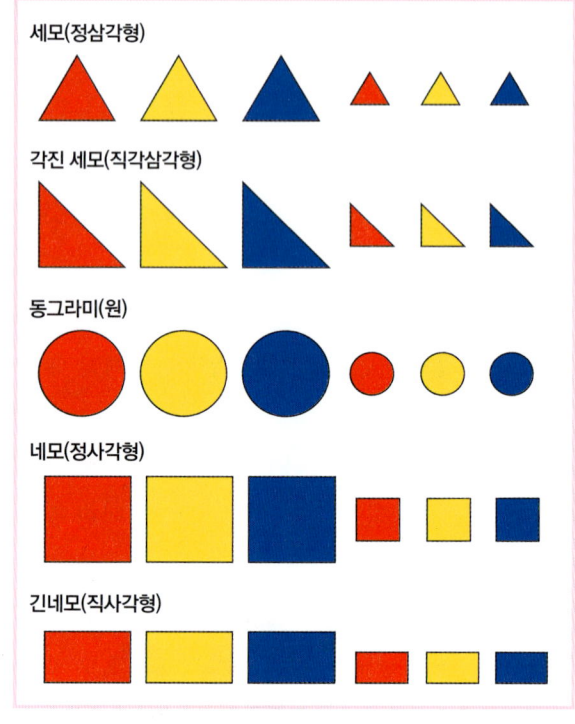

무엇이든 물어보세요

눈에 보이지 않는 성질들을 분류하는 활동을 어려워합니다.

당연한 일입니다. 그래서 아이들에게 익숙하고 아이들이 구분하기 쉬운 소재부터 다룰 필요가 있습니다. 어느 정도 시각적인 기준에 익숙해지면 시각적이지 않은 성질(속성)에 따라 분류해 보는 활동으로 확장하는 것이 가능해집니다. 이것이 수학화(추상화) 과정의 시작입니다. 어른들이 생각하는 것과 달리 아이들은 복잡한 상황을 하나의 기준으로 정리하는 것을 어려워한다는 사실을 기억해야 하겠습니다.

초등학교 아이들의 경우, 직관적 사고(오감이나 막연한 느낌)가 논리적 사고 또는 추상적 사고보다 우선합니다. 특히 저학년들은 모든 현상을 느끼는 대로 말하고 생각합니다. 예를 들어, 원을 가르칠 때 '한 점에서 똑같은 거리만큼 떨어져 있는 점들의 집합'과 같이 논리적으로 접근하면 저학년 아이들은 이러한 내용을 이해할 수가 없습니다. 여러 가지 원 모양을 보여주고 "이런 도형을 원이라 하기로 약속합니다." 하고 가르쳐야 합니다.

집에서 할 수 있는 분류 활동에는 어떤 것들이 있을까요?

집에서 가장 많이 접할 수 있는 것이 컵과 그릇, 접시, 쟁반 등입니다. 따라서 이와 같은 주방 용구들을 분류하는 활동은 아이들이 그 쓰임에 따라 분류하는 활동의 첫걸음이 될 수 있습니다. 아이의 방에 있는 물건을 분류하는 활동도 좋습니다. 분류를 통해 방이 깨끗이 정리되는 효과도 있을 것입니다.

3학년에 나오는 수학 용어와 기호

수와 연산
- **분수** 분수・분모・분자・단위분수・진분수・가분수・대분수・자연수
- **소수** 소수・소수점(.)
- **나눗셈** 나눗셈・몫・나머지・나누어떨어진다・나눗셈기호(÷)

도형과 측정
- **평면도형** 선분・반직선・직선・각・(각의)꼭짓점・(각의)변, 직각
- **삼각형** 직각삼각형
- **사각형** 직사각형・정사각형
- **원** 원의 중심・반지름・지름
- **시간** 시・분・초
- **길이** mm・cm・m・km
- **들이** L・mL
- **무게** g・kg・t

자료와 가능성
- **자료의 정리** 자료・분류・그림그래프・가로 눈금・세로 눈금

3학년 수학사전

3학년은 연산의 기초가 다져지는 중요한 시기입니다. 또한 3학년 수학에서는 2학년에 비해 개념과 내용이 확장되기 때문에 아이들이 어려워할 수 있습니다. 하지만 3학년 수학이라고 해서 특별히 어려울 것은 없습니다. 1·2학년 때에 비하면 우리 아이들도 무럭무럭 자랐습니다. 수학을 개념적으로 이해하려 노력하고 이해되지 않는 부분을 꼼꼼히 챙겨 학습하는 습관을 기른다면 큰 어려움 없이 수학 공부를 잘 할 수 있게 될 것입니다.

3학년의 자기 주도 학습 5계명

❶ 알고 있는 것을 말로 설명해 보는 경험이 중요합니다.
   엄마, 아빠, 친구에게 알고 있는 내용을 설명해 봅니다.
❷ 덧셈이나 뺄셈은 여러 가지 방법으로 확실하게 풀 수 있어야 합니다.
❸ '(세 자리 수)×(한 자리 수)', '(두 자리 수)×(몇십)'의 곱셈 역시 자신 있게 풀 수 있도록
   많은 시간 연습해 봅니다.
❹ 시간, 길이, 들이, 무게의 단위를 실제 생활에 사용해 보면 실제로 얼마나 되는지 알 수 있습니다.
   또한 이들 단위를 원하는 단위로 바꿀 수 있도록 반복하여 학습합니다.
❺ 점판이나 종이에 도형을 많이 그려 봅니다. 특히 각, 원은 크기를 다르게 하여 많이 그려 봅니다.

3학년은 무엇을 배우나요?

	3학년 1학기	
영역명	주제	공부할 내용
수와 연산	• 세 자리 수의 덧셈과 뺄셈의 이해하기 • 세 자리 수의 덧셈과 뺄셈의 계산하기 • 자연수의 나눗셈 이해하기 • 곱셈과 나눗셈의 관계 알기 • 나눗셈의 몫 구하기 • 자연수의 곱셈하기 • 곱셈의 계산 원리와 계산 형식 이해하기	1. 세 자리 수의 덧셈과 뺄셈의 계산 결과를 어림하고 그 값을 확인한다. 2. 여러 가지 방법으로 세 자리 수의 덧셈과 뺄셈을 한다. 3. 받아올림이 없는 세 자리 수의 덧셈의 계산 원리를 이해하고 그 계산을 한다. 4. 받아올림이 한 번, 두 번, 세 번 있는 세 자리 수의 덧셈의 계산 원리를 이해하고 그 계산을 한다. 5. 받아내림이 없는 세 자리 수의 뺄셈의 계산 원리를 이해하고 그 계산을 한다. 6. 받아내림이 한 번, 두 번 있는 세 자리 수의 뺄셈의 계산 원리를 이해하고 그 계산을 한다. 7. 똑같이 나누는 활동을 통해 나눗셈을 이해하고 나눗셈식으로 나타낸다. 8. 묶어 세는 활동을 통해 나눗셈을 이해하고 나눗셈식으로 나타낸다. 9. 곱셈과 나눗셈의 관계를 안다. 10. 나눗셈의 몫을 곱셈식으로 구한다. 11. 나눗셈의 몫을 곱셈구구로 구한다. 12. (몇십)×(몇)의 계산 원리와 계산 형식을 이해하고 계산한다. 13. 올림이 없는 (두 자리 수)×(한 자리 수)의 계산 원리와 계산 형식을 이해하고 계산한다. 14. 십의 자리에서 올림이 있는 (두 자리 수)×(한 자리 수)의 계산 원리와 계산 형식을 이해하고 계산한다. 15. 일의 자리에서 올림이 있는 (두 자리 수)×(한 자리 수)의 계산 원리와 계산 형식을 이해하고 계산한다. 16. 십의 자리와 일의 자리 모두에서 올림이 있는 (두 자리 수)×(한 자리 수)의 계산 원리와 계산 형식을 이해하고 계산한다. 17. (두 자리 수)×(한 자리 수)의 결과를 어림한다. 18. (두 자리 수)×(한 자리 수)를 활용하여 실생활 문제를 해결한다.

초등학교 수학은 수와 연산, 변화와 관계, 도형과 측정, 자료와 가능성의 네 가지 영역으로 구성되어 있습니다. 그중 3학년에서 다루고 있는 내용을 영역별로 살펴보면 표와 같습니다.
표에서 제시한 주제에 따른 공부할 내용은 학생들이 수업을 통해 배우고 익히는 내용입니다.

3학년 1학기		
영역명	주제	공부할 내용
수와 연산	• 분수 이해하기 • 분수의 크기 비교하기 • 소수 이해하기 • 소수의 크기 비교하기	19. 전체와 부분의 관계를 분수로 나타낸다. 20. 분수를 쓰고 읽는다. 21. 분모가 같은 진분수의 크기를 비교한다. 22. 단위분수의 크기를 비교한다. 23. 한 자리의 소수를 이해한다. 24. 자연수와 소수로 이루어진 수를 이해한다. 25. 소수를 쓰고 읽는다. 26. 소수의 크기를 비교한다.
도형과 측정	• 도형의 기초 이해하기 • 각의 의미 이해하기 • 여러 가지 삼각형 이해하기 • 여러 가지 사각형 이해하기 • 길이(mm, km) 이해하기 • 시간 단위 이해하기 • 시각 읽기 • 시간의 덧셈과 뺄셈	1. 선분, 직선, 반직선을 알고 구별한다. 2. 각의 의미를 알고 생활 주변에서 각을 찾아본다. 3. 직각을 이해하고 생활 주변에서 직각을 찾아본다. 4. 여러 가지 모양의 삼각형에 대한 분류 활동을 통하여 직각삼각형을 이해한다. 5. 여러 가지 모양의 사각형에 대한 분류 활동을 통하여 직사각형과 정사각형을 이해한다. 6. 1mm 단위를 이해하고 1cm=10mm의 관계를 통해 길이를 단명수와 복명수로 표현한다. 7. 1km 단위를 이해하고 1km=1000m의 관계를 통해 길이를 단명수와 복명수로 표현한다. 8. 길이와 거리를 어림하고 잰다. 9. 1분은 60초임을 이해하고 초 단위까지 시각을 읽는다. 10. 시, 분, 초 단위의 시간의 덧셈과 뺄셈을 한다.

3학년 2학기		
영역명	주제	공부할 내용
수와 연산	• 자연수 곱셈하기 • 곱셈의 계산 원리와 계산 형식 이해하기 • 자연수 나눗셈하기 • 몫과 나머지 구하기 • 분수 이해하기 • 진분수, 가분수, 대분수의 의미 이해하기 • 분수의 크기 비교하기	1. (세 자리 수)×(한 자리 수)의 계산 원리를 이해하고 그 계산을 한다. 2. 올림이 한 번 있는 (두 자리 수)×(두 자리 수)의 계산 원리를 이해하고 그 계산을 한다. 3. 올림이 여러 번 있는 (두 자리 수)×(두 자리 수)의 계산 원리를 이해하고 그 계산을 한다. 4. (두 자리 수)×(두 자리 수)를 활용하여 실생활 문제를 해결한다. 5. 내림이 없는 (몇십)÷(몇)의 계산 원리를 이해하고 계산한다. 6. 내림이 있는 (몇십)÷(몇)의 계산 원리를 이해하고 계산한다. 7. 내림이 없는 (몇십몇)÷(몇)의 몫과 나머지를 구한다. 8. 내림이 있는 (몇십몇)÷(몇)의 몫과 나머지를 구한다. 9. 이산량에서 부분의 양을 전체의 양과 비교하여 분수로 나타낸다. 10. 분수를 수직선에 나타낸다. 11. 진분수, 가분수, 대분수의 의미를 알고 분수를 분류한다. 12. 대분수를 가분수로, 가분수를 대분수로 나타내고 그 관계를 이해한다. 13. 분모가 같은 여러 가지 분수의 크기를 비교한다. 14. 분수를 활용하여 실생활 문제를 해결한다.

3학년 2학기		
영역명	주제	공부할 내용
도형과 측정	• 원의 구성 요소 알기 • 원의 성질 이해하기 • 원 그리기 • 들이를 나타내는 표준 단위 알기 • 무게를 나타내는 표준 단위 알기 • 들이의 덧셈과 뺄셈하기 • 무게의 덧셈과 뺄셈하기	1. 원을 그리는 방법을 알아본다. 2. 원의 중심, 지름, 반지름을 알아본다. 3. 컴퍼스를 이용하여 원을 바르게 그린다. 4. 원의 지름과 반지름 사이의 관계를 안다. 5. 원을 이용하여 여러 가지 모양을 그린다. 6. 원을 이용한 모양을 보고 어떤 규칙이 있는지 찾고 말한다. 7. 1L와 1mL 단위를 알고 1L=1000mL의 관계를 통해 들이를 측정하고 어림한다. 8. 1kg, 1g, 1t 단위를 알고 1kg=1000g, 1t=1000kg의 관계를 통해 무게를 측정하고 어림한다. 9. 들이를 단명수와 복명수로 표현한다. 10. 무게를 단명수와 복명수로 표현한다. 11. 들이의 덧셈과 뺄셈을 이해하고 계산한다. 12. 길이의 덧셈과 뺄셈을 이해하고 계산한다.
자료와 가능성	• 자료를 정리하고 표로 나타내기 • 간단한 그림그래프로 나타내기	1. 자료를 정리하고 표로 나타낸다. 2. 그림그래프의 특성을 알고, 그림그래프를 그린다. 3. 실생활 자료를 수집, 분류, 정리하여 간단한 그림그래프로 나타낸다. 4. 그림그래프를 보고 여러 가지 사실을 찾아낸다.

| 덧셈과 뺄셈 | **받아내림이 2번 있는 세 자리 수의 뺄셈** |

받아내림을 2번이나 하면 헷갈려요.

아이는 왜?

아이들은 받아내림이 1번 있는 뺄셈을 학습한 후 받아내림이 2번 있는 뺄셈을 공부하게 됩니다. 지금까지 수의 구성에 대한 개념을 충분히 갖추지 못하고 100이라는 수가 10씩 10묶음이라는 것만 학습해 왔다면 여기서 실수를 하게 됩니다. 그래서 교과서에는 100을 다양한 방법으로 약속하는 활동이 포함되어 있습니다.

30초 해결사

세 자리 수의 구성

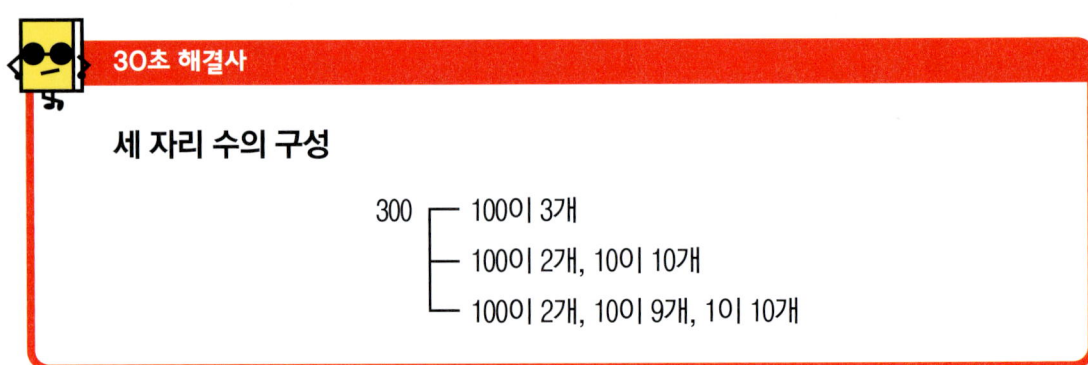

그것이 알고 싶다

100은 어떤 수일까요? 교과서에서는 99보다 1 큰 수로 100을 약속하고 있습니다. 또 100을 어떤 방법으로 약속할 수 있을까요?

① 99보다 1 큰 수 ② 90보다 10 큰 수 ③ 10씩 10묶음
④ 50이 2번인 수 ⑤ 1이 100개인 수

이렇게 다양한 방법으로 100을 학습한 아이는 백의 자리에서 받아내림할 경우, 90과 10으로 받아내림하는 것을 어렵지 않게 생각해 낼 수 있습니다. 하지만 받아내림을 큰 자리 수에서 10을 받아내림하는 것으로만 알고 있는 아이들은 이러한 내용을 이해하지 못합니다.

수의 구성을 학습할 수 있는 대안이 되는 도구는 수 모형입니다. 수 모형으로 학습하면 수의 구성을 이해할 수 있습니다. 다음은 수 모형을 활용하는 방법입니다.

① 수 모형(백 모형, 십 모형, 일 모형) 중 원하는 모형 8개로 수를 나타낸다.

② 친구와 함께 서로 자신이 만든 수를 말하고, 어떤 모형이 몇 개씩인지 맞혀 본다.

③ 이번에는 수 모형 중 원하는 모형 15개로 수를 나타낸다.

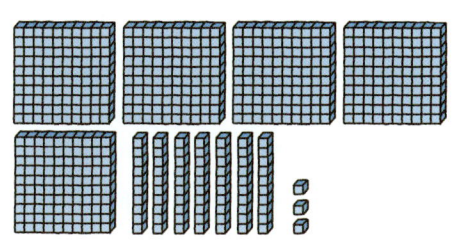

④ 친구와 함께 서로 자신이 만든 수를 말하고, 어떤 모형이 몇 개씩인지 맞혀 본다.

한 발짝 더!

받아내림이 2번 있는 세 자리 수의 뺄셈에서 아이들이 가장 어려워하는 것은 (몇백) − (몇백 몇십 몇), 즉 300 − 128과 같은 유형의 문제입니다. 이때 300이 백 모형 2개와 십 모형 9개, 일 모형 10개로 이루어져 있다는 것을 알면 어렵지 않게 해결할 수 있습니다.

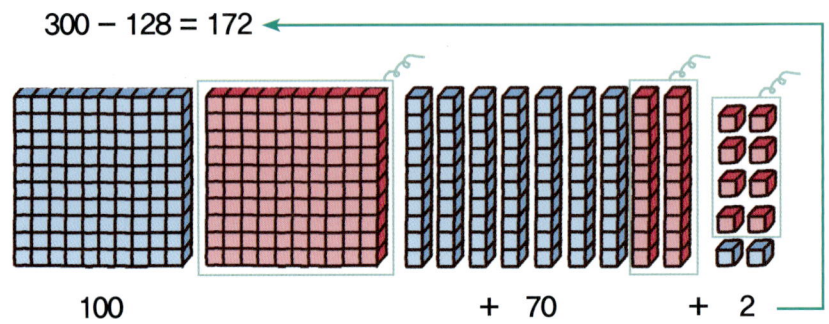

나아가 수 모형 25개로 655를 만들어 봅니다.

655는 백 모형 5개, 십 모형 15개, 일 모형 5개로 만들 수 있고, 백 모형 6개, 십 모형 4개 일 모형 15개로도 만들 수 있습니다. 수를 다양한 방법으로 구성해 보는 활동은 아이들의 다양한 사고를 촉진하고 창의적 사고에 도움이 됩니다.

또 수 모형의 개수를 달리 하여 어떤 수를 만들어 보면 받아내림을 이해하는 데 도움이 됩니다.

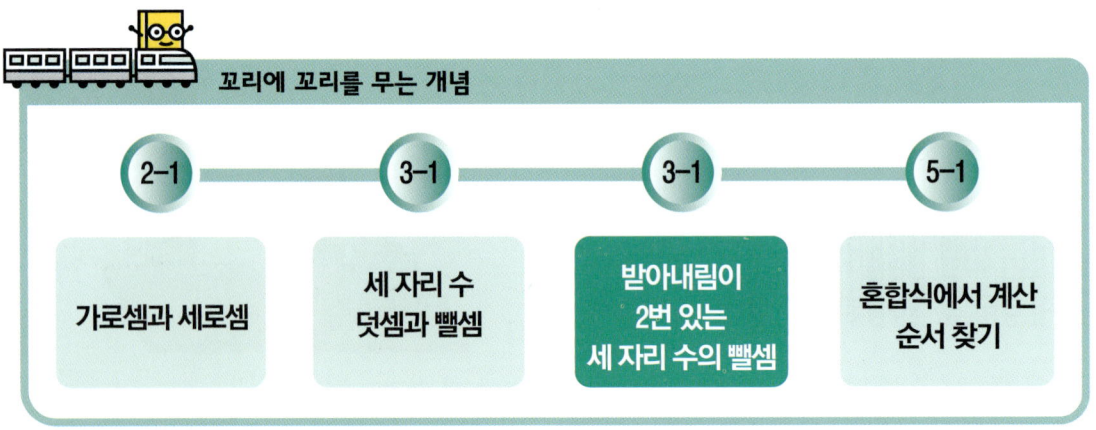

무엇이든 물어보세요

 받아내림이 2번 있는 뺄셈은 언제 사용하나요?

주로 돈 계산에 많이 이용됩니다. 1,000원으로 740원짜리 과자를 샀다면 거스름돈을 계산할 때 받아내림을 2번 사용하게 됩니다. 거스름돈을 제대로 받으려면 받아내림 계산을 잘 해야겠지요?

 받아내림이 2번 있는 뺄셈에서 실수를 줄이려면 어떻게 해야 할까요?

실수를 많이 하는 아이들의 특징 중 하나는 연산 과정을 제대로 이해하지 않고 알고리즘만 외워서 계산한다는 것입니다. 구체물이나 수 모형을 이용하여 연산의 개념을 이해하면 실수를 줄일 수 있습니다.

 **계산기를 사용하면 되지 않나요?**

계산기는 계산 원리를 충분히 익히고 난 후 사용해야 합니다. 이 과정 없이 계산기를 성급하게 사용하면 아이들의 계산 능력이 저하될 수 있습니다. 저학년 때는 연산의 원리를 이해하는 것이 학습 목표이므로 계산기의 도움 없이 원리를 생각하며 계산 값을 구할 수 있도록 지도합니다.

| 나눗셈 | **나눗셈은 뺄셈** |

'8 − 2 − 2 − 2 − 2 = 0'이 어떻게 '8 ÷ 2 = 4'예요?

아이는 왜?

2학년에서 덧셈을 기초로 곱셈을 공부하였다면, 3학년에서는 뺄셈을 기초로 나눗셈을 공부하게 됩니다. 그런데 많은 아이들이 구구단을 통한 곱셈은 쉽게 해결하면서 나눗셈은 어려운 것으로 생각합니다. 나눗셈의 기본 원리인 동수누감(同數累減, 같은 수를 여러 번 뺌)에 대한 이해 없이 계산 방법만 익히기 때문입니다. 뺄셈 개념을 이용한 나눗셈을 제대로 이해하지 못하는 것이지요.

30초 해결사

나눗셈은 뺄셈이다.

15 ÷ 5 = 3

15(나누어지는 수)에서 5(나누는 수)를 3(몫)번 뺄 수 있다.

➡ 15 − 5 − 5 − 5 = 0

 **그것이 알고 싶다**

동수누감은 같은 수를 여러 번 빼는 것입니다. 아래와 같은 상황을 말합니다.

즉, 귤 8개를 2개씩 봉지에 나누어 담으면 4개의 봉지에 담을 수 있습니다.

이를 식으로 나타내면 8 − 2 − 2 − 2 − 2 = 0입니다.

이번에는 같은 상황에서 귤 8개를 한 친구에게 2개씩 주려고 합니다. 몇 명의 친구에게 줄 수 있을까요? 4명이지요.

식으로 나타내면 아래와 같습니다.

$$8 \div 2 = 4$$

이는 8에서 2를 4번 뺄 수 있다는 의미입니다. 뺄셈식 8 − 2 − 2 − 2 − 2 = 0과 같은 의미를 지닌다는 사실을 알 수 있습니다. 따라서 아래와 같이 뺄셈을 나눗셈으로 나타낼 수 있는 것입니다.

$$8 - 2 - 2 - 2 - 2 = 0 \quad \rightarrow \quad 8 \div 2 = 4$$

한 발짝 더!

곱셈에서 '같은 수를 여러 번 더하는 상황'을 곱셈으로 나타냈습니다. 예를 들어, 4 + 4 + 4 = 12는 4 × 3 = 12로 나타냈습니다. 그리고 이번에는 12 - 4 - 4 - 4 = 0을 12 ÷ 4 = 3으로 나타내어 보았습니다. 아이들에게 곱셈과 나눗셈은 서로 밀접한 관계를 맺고 있다고 얘기하면, 곱셈식을 나눗셈식으로 만들고 나눗셈식을 곱셈식으로 만드는 정도의 관계만 생각하기 쉽습니다. 하지만 앞에서 이야기했듯이 상황을 통하여 식을 해석할 수 있어야 그 의미가 파악됩니다.

귤이 1봉지에 3개씩 들어 있습니다. 5봉지에 들어 있는 귤은 모두 몇 개입니까?

이러한 문제에서 아이들은 3 × 5 = 15라는 식을 세워 문제를 해결합니다. 그럼 이 식을 나눗셈식으로 나타내면 어떻게 될까요?

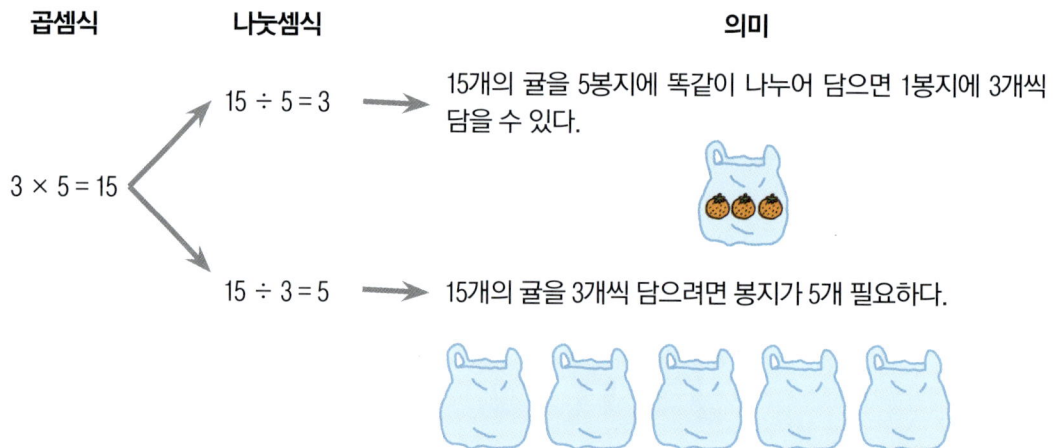

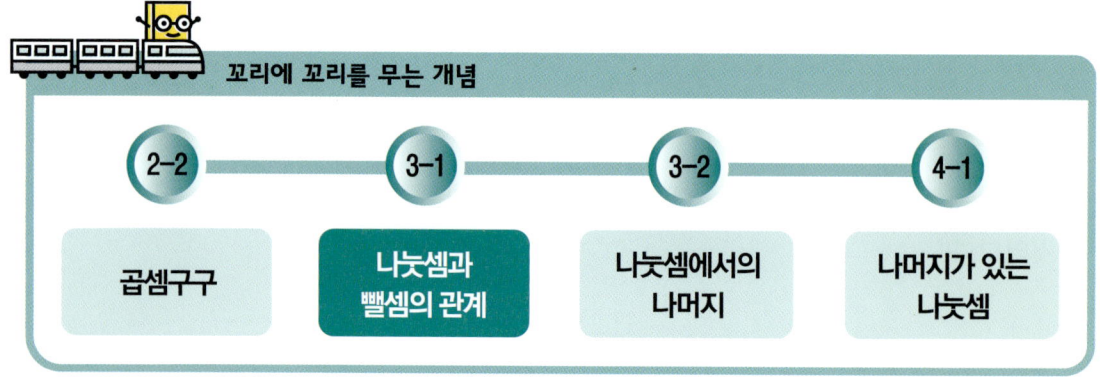

무엇이든 물어보세요

12 − 4 − 4 − 4 = 0, 즉 12 ÷ 4 = 3은 알겠는데 이 나눗셈식에서 3은 무엇을 의미하나요?

　나눗셈식 12 ÷ 4 = 3은 12에서 4를 3번 뺄 수 있다는 의미입니다. 여기서 3을 몫이라고 하지요. 몫은 문제 상황에 따라 다른 의미를 가집니다. 예를 들어, 12개의 사과를 하루에 4개씩 먹으면 며칠을 먹을 수 있을까요? 3일이지요. 하지만 12개의 연필을 친구들에게 4개씩 선물로 준다면 몇 명의 친구에게 줄 수 있을까요? 3명의 친구에게 줄 수 있습니다. 이처럼 3이라는 몫은 상황에 따라 '3일'도 되고, '3명'도 됩니다.

14 − 3 − 3 − 3 − 3 = 2인 경우도 나눗셈식으로 나타낼 수 있나요?

　나눗셈을 처음 배우는 3학년 학생이 이해하기에는 다소 어렵지만 14 − 3 − 3 − 3 − 3 = 2는 나머지가 있는 나눗셈식으로 나타낼 수 있습니다.
　즉, 14에서 3을 4번 덜어내고, 나머지가 2인 경우이므로 14 ÷ 3 = 4 … 2와 같이 나타낼 수 있습니다. 나머지가 있는 나눗셈은 3학년 2학기 때 배웁니다.

| 나눗셈 | **나눗셈의 표현** |

나눗셈 상황을 그림으로 표현하지 못하겠어요.

 **아이는 왜?**

아이들은 나눗셈 상황을 나눗셈식으로 표현하는 방법을 배울 때 나눗셈을 왜 그림으로 표현해야 하는지, 의문을 가질 수 있습니다. 하지만 나눗셈식은 상황에 따라 의미가 다르기 때문에 그림으로 표현해 보면 나눗셈의 서로 다른 상황을 이해하는 데 도움이 됩니다.

 30초 해결사

나눗셈의 서로 다른 2가지 상황 예) 6 ÷ 2

- 똑같이 나누어 주는 상황(등분제)
  예) 쿠키 6개를 2봉지에 똑같이 나누어 담는다. → 3개씩 담는다.
- 똑같은 수로 묶어서 덜어 내는 상황(포함제)
  예) 쿠키 6개를 2개씩 나누어 봉지에 담는다. → 3봉지에 담는다.

 **그것이 알고 싶다**

아래 2가지 나눗셈 상황을 살펴보겠습니다.

$8 \div 2 = 4$라는 식은 하나인데 그 의미는 하나가 아님을 보여 줍니다. 왼쪽 상황에서는 1봉지에 담을 수 있는 귤의 개수가 몫이고, 오른쪽 상황에서는 봉지의 개수가 몫입니다. 이처럼 상황을 달리 하면, 그림이 달라질 수밖에 없습니다. 나눗셈식이 같아도 나눗셈 상황은 다르다는 것을 경험해야 나눗셈이 필요한 상황을 쉽게 이해할 수 있습니다.

그럼 각각의 경우를 그림으로 나타내어 차이를 알아보겠습니다.

귤 8개를 봉지 2개에 똑같이 나누려면, 봉지 1개에 몇 개씩 담아야 할까요?

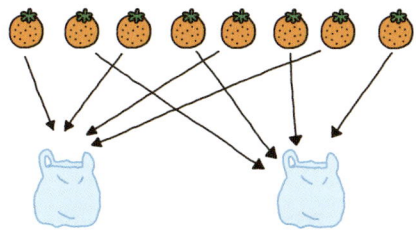

귤 8개를 봉지 1개에 2개씩 담으면 봉지가 몇 개 필요할까요?

교과서에서는 이를 '똑같이 나누어 주는 상황'과 '묶어서 덜어 내는 상황'으로 제시합니다.

한 발짝 더!

'똑같이 나누어 주는 상황'과 '묶어서 덜어 내는 상황'을 의도적으로 경험하게 하려면 식을 말로 표현해 보는 활동이 필요합니다. 아이들은 식을 세우고 계산 값을 구하는 순간, 문제가 해결되었다고 생각합니다. 그런데 식을 세운 이유와 과정 등을 물어보면 자신 있게 대답하지 못합니다. 이는 식의 의미를 이해하지 못했기 때문입니다. $8 \div 2 = 4$를 말로 표현해 보면 이 하나의 식에 여러 가지 상황이 있다는 사실을 경험하게 됩니다.

그런데 '똑같이 나누어 주는 상황'을 '묶어서 덜어내는 상황'으로 이해할 수도 있습니다. 그러면 두 상황은 서로 같다고도 볼 수 있어서 둘을 꼭 엄격히 구분해야 하는 것은 아닙니다. 귤 8개를 봉지 2개에 '똑같이 나누어 담는 상황'에서 우선 귤을 1개씩 담으면 봉지 2개에 1개씩, 즉 2개를 덜어내게 되므로 2개씩 '묶어서 덜어내는 상황'과 같은 경우가 됩니다.

이렇게 1개씩 담는 일을 4번 하면 모두 나누어지므로 몫은 4가 됩니다.

나눗셈 상황은 나눗셈을 이해하기 쉽게 모델링한 것입니다. 포함제나 등분제와 같은 용어를 익히기보다 다양한 나눗셈 상황을 경험하고 이해하는 것이 중요합니다.

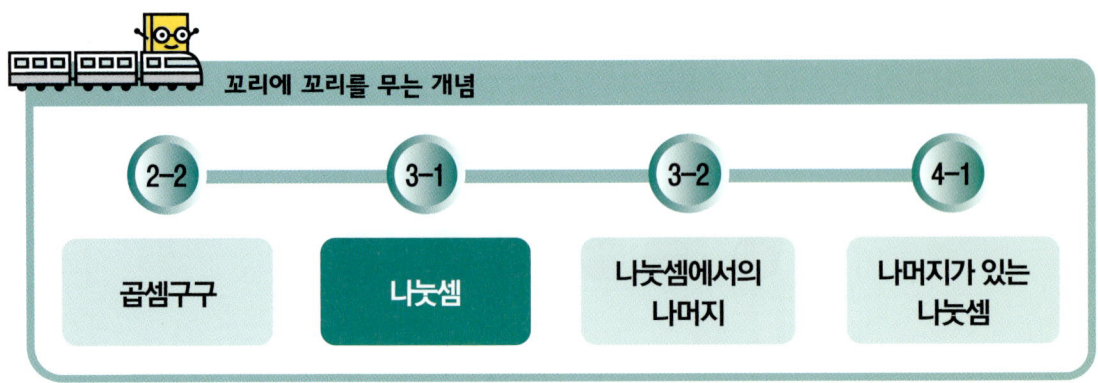

무엇이든 물어보세요

그림을 다르게 그리면 문제를 잘못 푼 것인가요?

그림은 설명하는 방법 중 하나입니다. 문제를 푸는 방법이 여러 가지이듯 그림으로 나타내는 방법도 여러 가지입니다. 따라서 그림을 다르게 그렸다고 해서 문제를 잘못 푼 것은 아닙니다. 아래 두 그림을 설명할 수 있는지 알아보면 문제를 제대로 풀었는지 확인할 수 있을 것입니다.

나눗셈 상황을 일목요연하게 정리해 주세요.

나눗셈 상황은 곱셈 상황과 별도일 수 없습니다. 예를 들어, 기윤이가 과자 □봉지를 가지고 있는데 각 봉지에 △개씩 들어 있으면 과자의 총 개수는 □ × △입니다. 봉지 수와 각 봉지에 든 과자 개수를 알고 총 개수를 구하는 상황이면 곱셈입니다.

반면 과자의 총 개수와 이를 담을 과자 봉지의 개수를 알고 각 봉지에 들어갈 과자 개수를 구하는 상황은 '똑같이 나누는 나눗셈'이고, 과자의 총 개수와 각 봉지에 들어갈 과자 개수를 알고 봉지의 개수를 구하는 상황은 '똑같은 수로 묶어서 덜어내는 나눗셈'입니다.

| 나눗셈 | **나눗셈에서의 나머지** |

더 이상 나눌 수가 없어요!

 **아이는 왜?**

아이들은 3학년 1학기 때 처음 나눗셈을 학습합니다. 이때는 나누어떨어지는 경우만 학습하고, 2학기에는 나머지가 있는 나눗셈을 다룹니다. 나머지 기호와 나머지 개념을 이때 처음으로 학습하게 되므로 많은 주의가 필요합니다.

 **30초 해결사**

나머지 : 나눗셈에서 나누어떨어지지 않는 양

$$17 \div 5 = 3 \cdots 2$$

몫   나머지

 그것이 알고 싶다

먼저 나머지가 왜 생기는지부터 생각해 봅니다. 15 ÷ 3 = 5라는 것을 알고 있는 아이들이 16 ÷ 3 = □와 같은 상황을 접하면 큰 부담을 갖게 됩니다. 이때 성급히 설명하려 들면 아이들은 수학을 싫어하게 될 수밖에 없습니다. 따라서 현재 가지고 있는 나눗셈 지식을 활용하면 효과적입니다. 아이들은 어떤 상황이 나눗셈 상황인지 이미 알고 있고, 나눗셈 상황을 그림으로 표현하면 어떻게 달라지는지 역시 알고 있으므로 그림을 그려 표현해 보면 나머지 개념을 쉽게 이해하는 데 도움이 됩니다.

귤 16개를 친구 3명에게 똑같이 나누어 주는 상황에서 남은 귤 1개가 무엇을 의미하는지 생각해 봅니다. 아이들에게 "이게 뭐지?" 하고 물으면 어렵지 않게 "남은 귤이요." 하고 말할 수 있습니다. 그럼 남은 것을 어떻게 할지 생각할 수 있도록 지도해야 하겠습니다. 아이들 스스로 "남은 것이니까 나머지라고 해요." 하고 수학적으로 의사소통할 수 있도록 도와주면 보다 효과적입니다. 그럼 이제 나머지를 나타내는 기호(…)를 가르쳐 주면 되겠습니다.

똑같이 나누는 상황이 아니라 묶어서 덜어 내는 상황에 대해서도 생각해 봅니다. 예를 들어, 연필 17자루를 3개씩 묶어 친구에게 선물하려 할 때, 과연 몇 명의 친구들에게 선물할 수 있을까요? 5명의 친구들에게 연필 3자루씩을 선물하면 2자루가 남습니다. 즉 나머지가 있는 나눗셈은 '똑같이 나누어 주는 상황'보다 '묶어서 덜어내는 상황'에 적합하다는 것을 경험적으로 인식할 수 있도록 도와주어야 하겠습니다.

한 발짝 더!

'나머지' 개념이 형성되었다면 연산 과정을 통해 이를 더욱 확고히 합니다. 그런데 다양한 나머지 상황을 학습하다 보면 이런 의문을 가질 수 있습니다.

왜 나머지는 나누는 수보다 작을까?

예를 들어, 어떤 수를 5로 나누는 경우에 나머지가 5라면 1번 더 5로 나눌 수 있고, 나누어떨어지므로 나머지는 0입니다. 마찬가지로 5 이상이면 나머지가 5보다 작은 수가 나올 때까지 계속 나눌 수 있으므로 결국 나머지는 5보다 작은 수가 됩니다.

(어떤 수) ÷ 5 = (몫) ⋯ (나머지)

5보다 작은 수인 0, 1, 2, 3, 4 중 하나

그럼 15 ÷ 5 = 3 ⋯ 0과 같이 나누어떨어지는 경우, '0'도 나머지가 될 수 있을까요? 나머지가 0인 경우에는 나누어떨어진다는 표현을 씁니다.
0은 없는 경우이므로 나머지가 0이라고 하면 나누어떨어지는 것입니다.

나머지가 0이다 = 나머지가 없다 = 나누어떨어진다

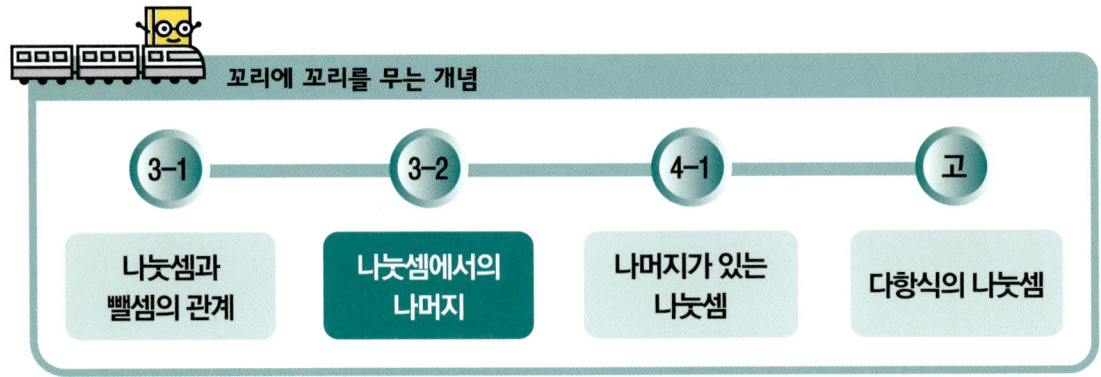

무엇이든 물어보세요

 나머지가 0이면 15 ÷ 3 = 5 … 0과 같이 나타내야 하나요?

그렇지 않습니다. 나머지가 0이면 '나누어떨어진다'고 하며 '0'을 생략합니다.

$$15 \div 3 = 5$$

 **사과 17개를 5명이 똑같이 나누어 먹는 상황은 나머지가 있는 상황인가요, 없는 상황인가요?**

문제에 '똑같이' 나누어 먹는다고 되어 있으니 나머지가 없어야 하겠습니다. 17 ÷ 5 = 3 … 2에서 남은 사과 2개를 5명이 나누어 먹는 방법은 5학년에서 배우게 됩니다. 미리 간단히 소개하자면 (자연수) ÷ (자연수) = (분수)이므로 $2 \div 5 = \frac{2}{5}$, 즉 한 사람이 먹을 수 있는 사과는 $3\frac{2}{5}$개입니다.

 27 ÷ 4 = 5 … 7과 같이 계산해도 되나요?

27 ÷ 4 = 5 … 7은 틀린 식은 아닙니다. 다만 수학에서는 나머지가 나누는 수보다 작은 값이 되도록 약속하고 있습니다.

따라서 27 ÷ 4 = 6 … 3과 같이 계산해야 하겠습니다.

| 분수와 소수 | 분수와 소수 |

2개 중 하나(1)이면 $\frac{1}{2}$인 거죠?

아이는 왜?

분수는 아이들에게 가장 생소한 개념이기도 하고 아이들이 어려워하는 내용이기도 합니다. 아이들이 분수를 어려워하는 이유는 수가 2개 나오기 때문입니다. 고려해야 할 사항이 2가지인 것입니다. 그중에서도 분모를 어려워합니다. 전체라는 개념이 없으면 위와 같이 헷갈리게 됩니다.

30초 해결사

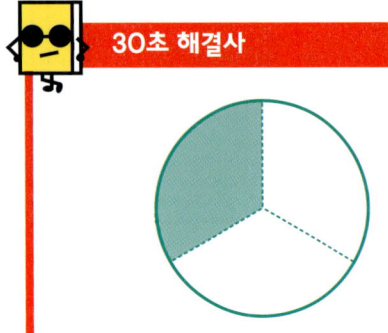

- 전체를 3등분 하여 그중 색칠된 한 부분이 $\frac{1}{3}$이다.
- 3등분이란 전체를 똑같이 3개로 나누는 것이다. 똑같이 나누지 않으면 $\frac{1}{3}$이라 할 수 없다.

그것이 알고 싶다

분수에는 다양한 의미가 있지만, 분수는 한마디로 전체 중 부분을 나타냅니다. 즉 전체를 똑같은 크기로 나누었을 때 전체에 대한 부분을 나타내는 방법입니다. 그래서 한자로 나눌 분(分)이라는 글자를 이용하여 분수(分數)라고 씁니다.

전체 중 일부분을 나타내는 분수에서 전체는 항상 1입니다. 따라서 보통 분수는 1보다 작은 수를 나타냅니다. 전체가 1이 아닌 경우의 분수는 3학년 2학기 때 다룹니다.

아이들이 색칠된 부분과 색칠되지 않은 부분을 비교하는 것이 분수라고 잘못 이해하는 경우가 많습니다. 전체를 똑같이 3등분하였으므로 분모가 전체를 나타내는 3이 됨을 이해해야 합니다. 다음 그림에서 두 번째에 해당하는 내용입니다. 이를 위해서는 주어진 그림에서 분수를 찾기보다 전체를 똑같이 나누어 보는 등분 개념을 먼저 이해하도록 지도해야 하겠습니다.

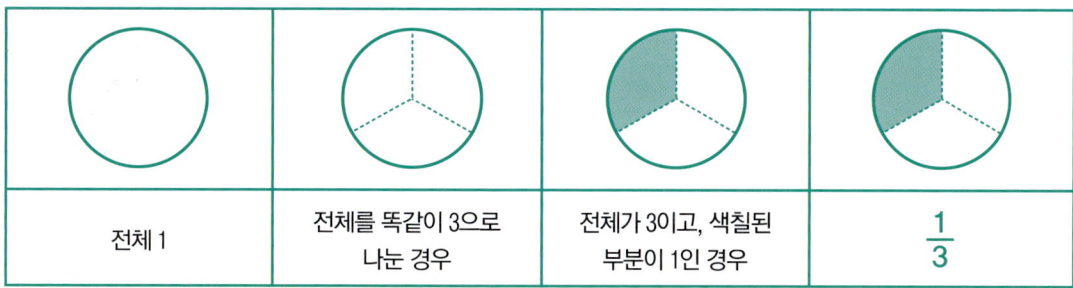

아이들에게 등분 개념은 쉽지 않습니다. 아래 두 번째 그림의 경우, 똑같이 3개씩 색칠했지만 초등학교 수학에서 이는 똑같이 나눈 것이 아닙니다. 초등학교 수학에서는 모양과 크기가 모두 같은 경우에만 똑같이 나누었다(등분했다)고 합니다. 세 번째 그림에서처럼 모양과 크기가 똑같이 3등분되어 있는 경우에만 각각의 색이 나타내는 양을 $\frac{1}{3}$이라고 말할 수 있습니다. 그러므로 아이들이 등분 상황을 경험한 후에 분수를 학습하도록 지도해야 하겠습니다.

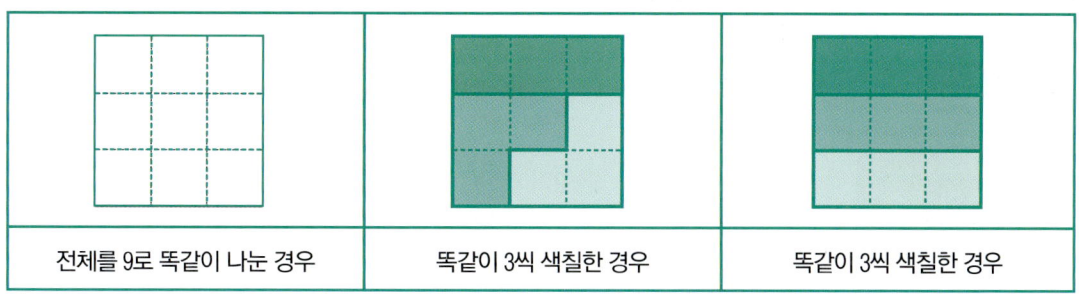

한 발짝 더!

교과서에는 똑같이 나누어져 있는 상황에서 분수를 나타내는 활동이 많습니다. 아이에게 실제로 전체를 똑같이 나누는 것에서부터 문제를 해결해 보게 하면 관련 내용을 잘 이해하고 있는지 알 수 있습니다. 예를 들어, 아래와 같은 정사각형에 $\frac{3}{4}$을 나타내어 보게 하면 각자 다양한 방법으로 등분하고 분수로 나타낼 것입니다.

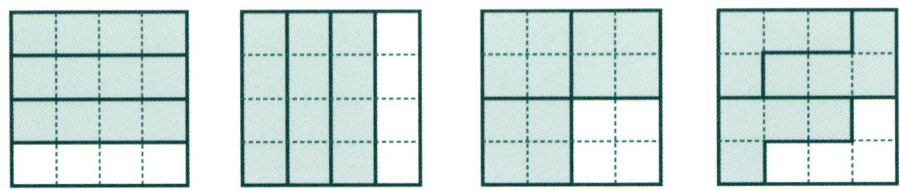

분수의 개념을 익힐 때 부분을 알고 전체를 찾아내는 활동도 유익합니다.

오른쪽 그림은 먹고 남은 과자로, 처음 과자의 $\frac{3}{5}$에 해당합니다. 이때 처음 과자의 크기를 알아보겠습니다.

이 문제를 해결하는 데는 몇 가지 방법이 있겠지만, 1가지 예를 들어 보겠습니다.

먹고 남은 과자는 처음 과자를 5등분한 것 중 3에 해당되므로 남은 과자를 3등분하면 한 부분은 $\frac{1}{5}$에 해당됩니다. 따라서 남은 과자에 $\frac{2}{5}$를 더해 처음 과자의 크기를 구할 수 있습니다.

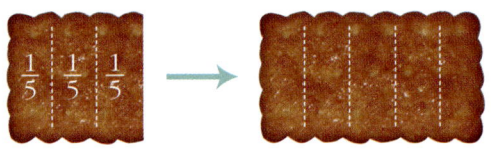

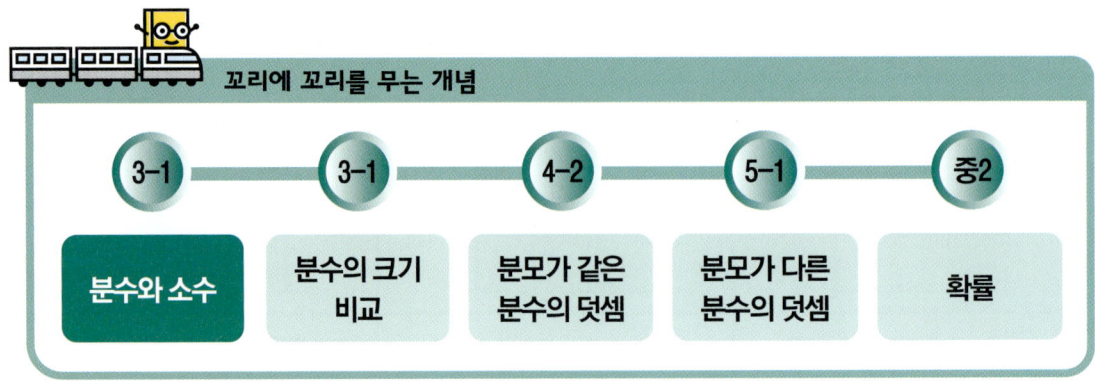

무엇이든 물어보세요

 $\frac{4}{4}$도 분수인가요?

$\frac{4}{4}$는 전체를 4개로 똑같이 나눈 것 중 4개 모두를 의미합니다. 따라서 분수입니다. 하지만 실제 그림으로 나타내면 $\frac{4}{4}$는 전체, 즉 1개이므로 1과 같은 값입니다.

 분수를 지도하기에 좋은 교구가 있을까요?

실제로 분수의 개념 학습을 돕기 위해 다양한 교구들이 나와 있습니다. 그 중에서도 분수막대는 3학년 단계에서 분수의 개념과 분수 연산을 학습하기에 적당한 교구입니다. 두꺼운 종이에 분수를 프린터로 출력하여 사용할 수도 있습니다.

| 분수와 소수 | **분수의 크기 비교** |

$\frac{1}{3}$과 $\frac{1}{4}$ 중에서 분모가 더 큰 $\frac{1}{4}$이 더 큰 수 아니에요?

아이는 왜?

분수의 표현을 학습하고 나면 이제 분수의 크기 비교를 배우게 되는데, 아이들은 아직 덧셈적 사고(덧셈을 기반으로 하는 사고)를 가지고 있기 때문에 비례적 사고를 필요로 하는 분수의 크기를 한눈에 비교하지 못합니다.

30초 해결사

분수의 크기 비교

$\frac{1}{3}$과 $\frac{1}{4}$의 크기를 분수 모형으로 확인해 보는 활동을 통해 분수의 크기 비교를 할 수 있다.

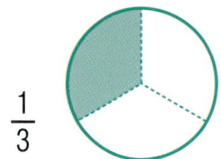 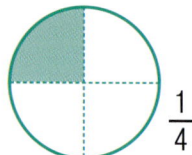 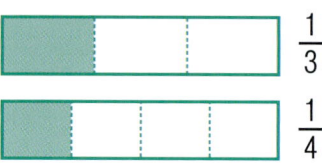

그것이 알고 싶다

분수의 크기 비교는 기본적으로 기준이 같은 대상에서 이루어집니다.

사과 $\frac{1}{2}$과 수박 $\frac{1}{2}$의 크기를 비교하는 것은 처음부터 잘못된 비교 방법입니다.

분수 $\frac{1}{3}$과 $\frac{1}{4}$을 비교한다면 크기가 같은 1가지 대상을 놓고 그것의 $\frac{1}{3}$과 $\frac{1}{4}$을 비교해야 합니다. 예를 들어 크기가 같은 색종이 $\frac{1}{3}$과 $\frac{1}{4}$의 크기 비교는 한눈에 가능합니다.

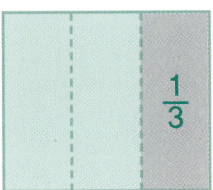
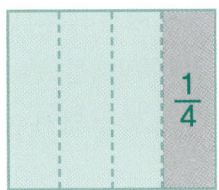

'분수막대(Fraction Rod)'를 이용하여 분수의 크기를 쉽게 비교해 볼 수 있습니다. $\frac{1}{3}$을 나타내는 막대와 $\frac{1}{4}$을 나타내는 막대의 크기를 비교해 보면 두 분수의 크기가 한눈에 들어옵니다.

또한 똑같은 크기의 피자를 3명이 나누어 먹을 때와 4명이 나누어 먹을 때를 생각해 보면 3명이 나누어 먹을 때 더 많이 먹는다는 것을 경험적으로 판단할 수 있습니다.

피자 $\frac{1}{3}$조각   피자 $\frac{1}{4}$조각

한 발짝 더!

분수막대는 집에서 간단히 제작할 수 있습니다. 인터넷에서 '분수막대' 또는 'Fraction Rod'를 검색하여 다음과 같은 그림을 출력하면 됩니다.

분수막대는 분수의 개념을 형성하는 데 도움이 됩니다. 예를 들어, 분수막대를 통해 $\frac{1}{6}$을 2개 더한 것은 $\frac{1}{3}$과 같다는 것을 쉽게 이해할 수 있습니다.

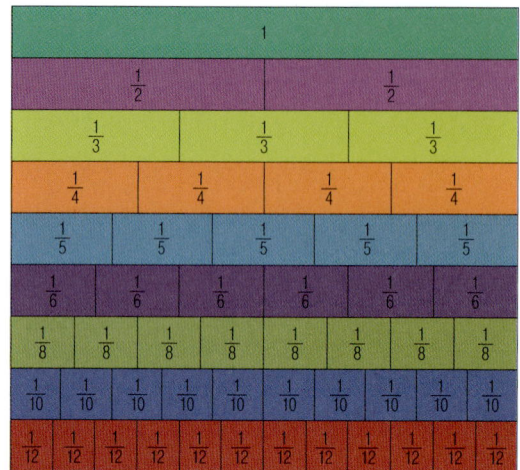

$$\frac{1}{6} + \frac{1}{6} = \frac{1}{3}$$

분수막대로 분수의 크기 비교 활동을 해 봅니다. 나아가 분자가 1이면 분모가 커질수록 분수의 크기가 작아진다는 사실을 발견하도록 지도합니다. 이렇게 시각적으로 먼저 확인한 후 왜 그런지 생각해 보도록 하면 훌륭한 탐구 수업이 이루어집니다.

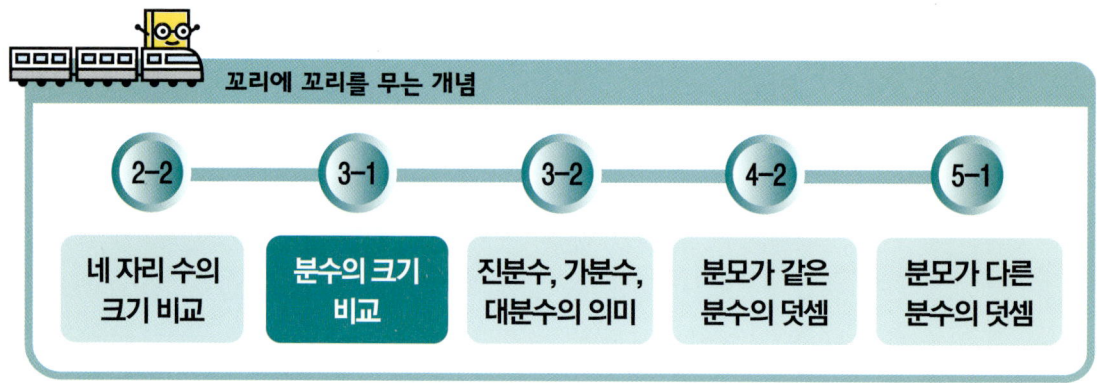

무엇이든 물어보세요

 $\frac{1}{3}$과 $\frac{1}{4}$ 중 $\frac{1}{3}$이 항상 더 큰가요?

수의 크기로만 따진다면 그렇습니다. 하지만 실제 상황에서 역전이 되는 경우도 있습니다. 전체 양이 다른 경우입니다. 예를 들어, 6개의 $\frac{1}{3}$은 2개이지만, 12개의 $\frac{1}{4}$은 3개이므로 이때는 6개의 $\frac{1}{3}$이 12개의 $\frac{1}{4}$보다 작습니다. 하지만 대부분은 전체 양이 같은 경우에 크기를 비교하기 때문에 $\frac{1}{3}$이 $\frac{1}{4}$보다 작은 경우가 없습니다.

호루스 분수

이집트 신화에서 호루스는 왼쪽 눈에 상처를 입지만 토트 신의 치료로 이를 회복한다. 이집트인들은 호루스의 눈 보고 각 부분에 단위분수를 배치하였다. 그리하여 $\frac{1}{2} + \frac{1}{4} + \frac{1}{8} + \frac{1}{16} + \frac{1}{32} + \frac{1}{64} = \frac{63}{64}$이 되도록 만들고, 모자라는 $\frac{1}{64}$은 지혜의 신 토트가 보충한다고 믿었다. 그래서 이집트에서는 단위분수를 호루스 분수라고 한다.

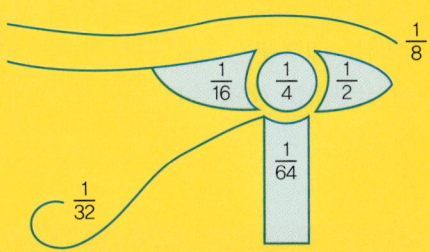

3학년 수와 연산

| 분수와 소수 | 소수의 의미 |

소수는 어떤 수예요?

아이는 왜?

3학년 1학기에 처음 소수를 배우게 되는데, 아직 생활 속에서 소수를 사용한 경험이 많지 않기 때문에 아이들 대부분은 소수를 생소하게 생각합니다. 반면 서구 사회에서는 돈을 계산할 때를 비롯하여 생활 속에서 소수를 자주 사용하고 있습니다.

30초 해결사

분수와 소수의 관계

그것이 알고 싶다

소수를 실생활에서 경험해 보지 못한 아이들에게 소수를 어떻게 가르쳐야 할까요? 아이들의 선수 지식을 이용할 수밖에 없을 것입니다. 아이들이 이미 알고 있는 지식 중 소수와 관련된 지식은 분수와 측정 개념입니다.

선수 지식
미리 알고 있는 지식들로 학교에서 배웠거나 생활 속에서 배운 모든 지식을 선수지식이라 한다.

아이들과 0과 1 사이에도 수가 있을지 생각해 봅니다. 아이들 대부분은 아직 자연수 안에서 생각하는 것이 익숙하기 때문에 0과 1 사이에는 수가 없다고 말할 것입니다. 그럼 분수를 떠 올릴 수 있는 힌트를 제공해야 할 텐데, 그중 하나가 띠 그림입니다.

아이들이 띠 그림을 통해 0과 1 사이가 10칸이라는 것을 시각적으로 확인하게 된 후 같은 내용을 다시 질문해 보면 몇몇 아이들은 분수를 생각합니다. 분수로 표현하였을 때 각각의 위치가 나타내는 수를 표현하면 다음과 같습니다.

소수를 사용한 가격 표시

분수와 소수의 관계를 통해 분수로 표현했던 것을 소수로 표현해 보면 소수의 개념을 이해할 수 있습니다. 분수 $\frac{1}{10}$은 소수 0.1로 나타냅니다. 또 분수 $\frac{2}{10}$는 소수 0.2로 나타냅니다. 분수가 소수로 바뀌는 과정을 논리적으로 설명할 필요는 없습니다. 분수에 알맞은 소수를 찾아보는 활동만으로도 분수와 소수 사이의 관계를 이해할 수 있습니다.

분수 카드와 소수 카드를 만들어 분수와 소수를 비교하고 소수를 크기순으로 나열해 보는 간단한 활동도 분수와 소수의 관계를 이해하는 데 도움이 됩니다.

한 발짝 더!

우리 실생활에는 소수가 사용되는 예가 많지 않습니다. 그나마 가장 많이 사용하는 경우는 측정을 할 때입니다. 복명수로 표현되는 수를 단명수로 표현하고자 할 때 가장 많이 쓰입니다. 예를 들어, 3cm 5mm를 소수로 표현하면 3.5cm로 간단해집니다. 몸무게나 키 측정 값을 하나의 단위로 표현하는 활동은 소수의 쓰임을 아는 데 도움이 됩니다.

단명수와 복명수
단명수는 하나의 단위로 표현되는 수이다. 예) 3.25m
복명수는 2개 이상의 단위로 표현되는 수이다. 예) 3m 25cm

한편, 소수를 처음 상용하기 시작한 사람은 네덜란드의 수학자 스테빈으로 알려져 있습니다. 스테빈은 기부금이나 병사의 월급을 계산하는 일을 하였는데 이는 매우 복잡한 일이어서 그는 어떻게 하면 좀 더 간단하게 계산할 수 있을지 늘 고민했습니다. 결국 오랜 연구 끝에 간단한 계산법을 찾아내었는데, 그것은 분수의 분모를 10, 100, 1000 등으로 바꾸는 것이었습니다.

$$\frac{5123}{1000} \rightarrow 5⓪1①2②3③ \rightarrow 5.123$$

동그라미 안의 수는 소수점, 소수 첫째 자리, 둘째 자리, 셋째 자리를 뜻합니다.

이후 소수를 나타내는 모양은 여러 가지로 바뀌다가 오늘날과 같이 소수점을 찍은 소수가 만들어졌습니다. 소수를 나타내는 방법은 지금도 세계적으로 완전히 통일된 것은 아니어서 유럽에서는 소수점 대신 쉼표를 찍기도 합니다.

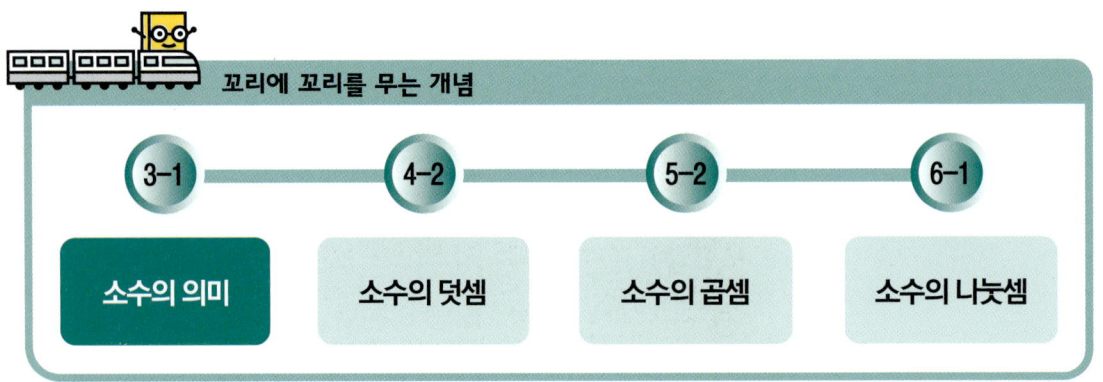

꼬리에 꼬리를 무는 개념

3-1 소수의 의미 — 4-2 소수의 덧셈 — 5-2 소수의 곱셈 — 6-1 소수의 나눗셈

무엇이든 물어보세요

소수를 분수로 나타낼 때 분모가 10이어야 하는 이유가 있나요?

소수를 배우는 이유 중 하나는 계산이 편리하기 때문입니다. 그런데 우리가 많이 사용하는 계산은 십진법입니다. 10이 되면 자릿값을 하나 올려 주지요. 따라서 분모가 10이어야 우리가 알고 있는 자연수의 사칙연산 방법을 소수에도 그대로 사용할 수 있습니다.

이후 소수 두 자리 수나 소수 세 자리 수 이상의 소수를 배울 때 분모가 100, 1000 ……인 분수로 나타내게 됩니다.

소수와 분수 중 어느 것이 더 편리한가요?

수의 쓰임에 따라 다릅니다.

수를 더하거나 곱하는 등 수의 연산에서는 소수가 분수보다 훨씬 더 편리하고, 요리에 필요한 재료의 양을 재거나 비율을 나타낼 때는 분수를 많이 사용합니다. 일반적으로 분수에 비해 소수가 많이 쓰이지만 두 수 모두 나름의 장점을 갖고 있습니다.

| 분수 | **분수 표현** |

6의 $\frac{1}{3}$은 얼마예요?

 아이는 왜?

아이들은 지금까지 전체에 대한 부분을 나타내는 방법으로 분수를 배웠습니다. 이때 분수는 하나(1) 중 부분으로 1보다 작은 값을 갖게 됩니다. 그러다 낱개로 떨어져 셀 수 있는 이산량에서 분수를 표현하려 하니 전체에 대한 부분의 값이 1보다 커지게 되므로 혼란스러워합니다.

30초 해결사

분수 표현

1. 묶음으로 표현한다.
2. 묶음 중 얼마인지를 알아본다.

예) 6의 $\frac{1}{3}$ → 6을 3묶음으로 → 1묶음에 2개씩 → 2개

6의 $\frac{2}{3}$ → 6을 3묶음으로, 그중 2묶음 → 2개씩 2묶음 → 4개

그것이 알고 싶다

하나씩 낱개로 떨어져 개수를 셀 수 있는 이산량에서 나눗셈에 대한 분수의 지도 방법에 대해 알아보겠습니다.

①단계 이산량 분수 표현하기

사과가 모두 6개 있습니다. 초록 사과는 전체 사과의 $\frac{2}{6}$입니다. 이와 같이 개수를 셀 수 있는 여러 가지 구체물로 분수를 표현해 봅니다. 이때 아이들에게는 아직 약분의 개념이 없으므로 약분을 할 필요는 없습니다.

> **연속량과 이산량**
>
> 분리될 수 없는 연속된 양은 연속량이다. 액체의 양이나 길이 등을 의미한다. 물건 1개를 똑같이 나누는 상황을 연속량의 등분할이라 한다. 한편 낱개로 떨어져 개수를 셀 수 있는 양은 이산량이다. 귤의 개수, 연필의 개수 등을 의미한다.

②단계 묶음으로 알아보기

사과를 2개씩 묶으면 모두 3묶음입니다. 초록 사과는 3묶음 중 1묶음, 즉 $\frac{1}{3}$입니다. 이때 확인해야 할 것은 사과의 개수는 변하지 않았다는 사실입니다. 1묶음은 2개이므로 초록 사과는 여전히 2개라는 사실을 확인하고 다음 단계로 넘어가야 하겠습니다.

③단계 6의 $\frac{1}{3}$은 얼마일까?

6의 $\frac{2}{6}$라고 하면 전체 6개 중 2개라는 사실을 직관적으로 알 수 있습니다. 하지만 6의 $\frac{1}{3}$은 아이들이 직관적으로 이해하기 쉬운 표현은 아닙니다. 아이들은 아직 묶음의 개념으로 생각하지 못하기 때문입니다. 이때 아이들에게 "전체가 6인데 분모는 3이네. 어떻게 해야 될까?" 이러한 질문을 던져 ②단계에서 묶음으로 분수를 표현했던 기억을 상기시킵니다. 묶음으로 생각할 수 있어야 원리를 이해할 수 있습니다.

한 발짝 더!

묶음의 개념을 자연스럽게 생각해 내면, 이제 12의 $\frac{3}{4}$도 쉽게 그림으로 표현할 수 있습니다.

먼저 전체인 12개를 4묶음이 되도록 3개씩 묶습니다.

그리고 묶음의 개념으로 4묶음 중 3묶음을 생각해 보면 9개임을 알 수 있습니다.

12의 $\frac{3}{4}$은 9

이러한 과정을 아이들 대부분이 $12 \div 4 = 3$, $3 \times 3 = 9$와 같은 방식으로 학습하기 때문에 아이들에게 올바른 분수의 개념이 형성되기 어려운 것입니다. 결국 공식이나 알고리즘이 아닌 묶음의 개념을 이용해야 합니다.

"12의 $\frac{3}{4}$은 12를 4묶음으로 나눈 것 중 3묶음이에요."

아이가 이처럼 '전체'의 '얼마'를 말로 표현하고 결과를 말할 수 있어야 합니다. 이는 단순해 보이지만 분수를 이해하는 데 꼭 필요한 부분입니다.

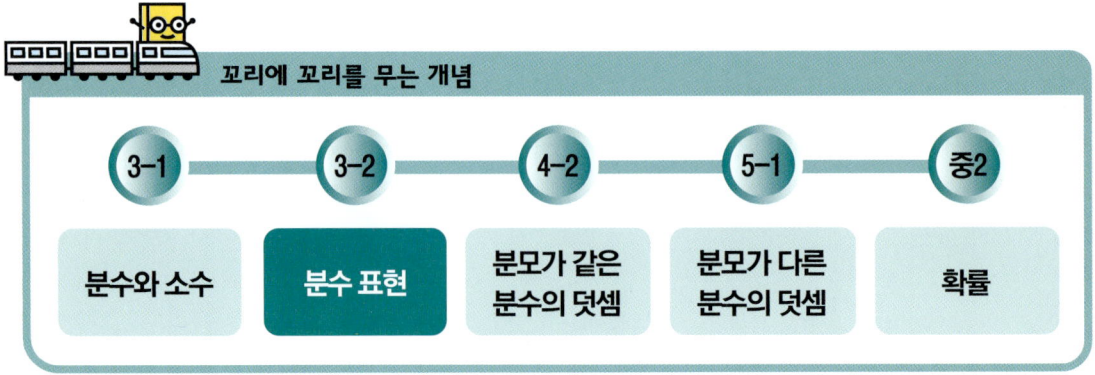

무엇이든 물어보세요

 6의 $\frac{2}{6}$와 6의 $\frac{1}{3}$은 같은 것인가요?

6의 $\frac{2}{6}$는 전체 6개 중 2개이고, 6의 $\frac{1}{3}$은 6개를 똑같이 3묶음으로 나눈 것 중 1묶음이므로 2개입니다. 결국 개수가 같습니다.

$$6의 \frac{2}{6} = 2,\ 6의 \frac{1}{3} = 2$$이므로
$$6의 \frac{2}{6} = 6의 \frac{1}{3}$$

어른이라면 식만으로도 충분히 이해가 되지만, 아이들에게는 실제 경험이 필요합니다.

 $\frac{2}{6}$  $\frac{1}{3}$

구체물을 6개 놓고 이것을 6묶음으로 나눈 것 중 2개(6의 $\frac{2}{6}$)와 3묶음으로 나눈 것 중 1개(6의 $\frac{1}{3}$)로 구분한 후 두 결과가 같음을 통해 두 식이 같은 식이라는 것을 이해하도록 지도합니다.

 **아이가 푸는 문제집에 "8의 $3\frac{1}{2}$은 얼마입니까?"와 같은 문제가 나옵니다. 이러한 문제도 풀 수 있어야 하나요?**

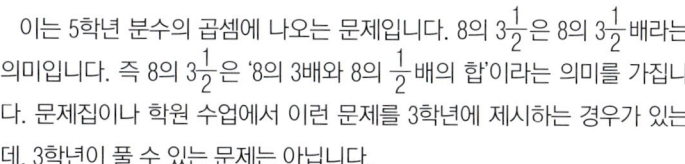

이는 5학년 분수의 곱셈에 나오는 문제입니다. 8의 $3\frac{1}{2}$은 8의 $3\frac{1}{2}$배라는 의미입니다. 즉 8의 $3\frac{1}{2}$은 '8의 3배와 8의 $\frac{1}{2}$배의 합'이라는 의미를 가집니다. 문제집이나 학원 수업에서 이런 문제를 3학년에 제시하는 경우가 있는데, 3학년이 풀 수 있는 문제는 아닙니다.

모든 공부가 그렇듯이 분수도 각 학년에 맞는 내용을 공부해야 합니다.

| 분수 | 진분수, 가분수, 대분수의 의미 |

가분수가 가짜 분수이면, 분수가 아니라는 말인가요?

아이는 왜?

보통 용어의 의미를 이해하면 개념을 이해하는 데 도움이 되지만 오히려 용어 때문에 혼란을 겪는 경우도 있습니다. 가분수가 그런 경우입니다. 가분수를 가짜 분수라고 설명하는데, 분수에 가짜 분수라는 것은 없습니다.

30초 해결사

분수를 분류하는 기준

- 진분수 : 1보다 작은 분수   예) $\frac{1}{3}$, $\frac{3}{5}$
- 가분수 : 1과 같거나 1보다 큰 분수   예) $\frac{3}{3}$, $\frac{7}{5}$, $\frac{10}{8}$
- 대분수 : 자연수와 진분수로 이루어진 분수   예) $1\frac{1}{3}$, $4\frac{2}{5}$

그것이 알고 싶다

　진분수, 가분수, 대분수와 같은 수학 용어의 의미를 제대로 모르고 사용하는 경우가 대부분입니다. 수학 용어를 어느 정도 이해하고 있으면 수학을 공부하는 데 많은 도움이 됩니다. 수학 용어에 대한 정확한 개념을 알고자 한다면 수학 사전을 권장합니다. 또 인터넷 검색을 통해서도 수학 용어의 뜻을 찾아볼 수 있습니다.

　분수는 초등학교 3학년 1학기 때 처음 배웁니다. 하나(1)를 똑같이 몇으로 나눈 것 중에 몇을 나타내는 수가 분수입니다.

분수(分數) : 分(나눌 분) 數(셈 수)

　진분수, 가분수, 대분수는 분수의 형식(모양)을 구분하는 용어입니다. 아이들과 진분수, 가분수, 대분수가 어떤 모양이고, 거기에 왜 그런 이름이 붙었는지 함께 이야기해 보면 분수를 좀 더 재미있게 공부하는 데 도움이 될 것입니다.

- 진분수(眞分數) : $\frac{1}{3}$, $\frac{2}{3}$와 같이 분자가 분모보다 작아 1보다 작은 분수. 전체에 대한 부분을 나타내는 분수를 말한다.

- 가분수(假分數) : $\frac{3}{3}$, $\frac{4}{3}$, $\frac{5}{3}$와 같이 분자가 분모보다 크거나 같은 분수. 분수의 원래 의미와는 상반되기 때문에 가분수라는 이름이 붙었다.

- 대분수(帶分數) : $1\frac{1}{3}$, $4\frac{2}{5}$처럼 자연수와 분수를 함께 나타낸 분수. 대분수라는 이름은 분수가 자연수를 허리에 차고 있는 모양(帶 : 띠 대)을 나타낸 것이다.

한 발짝 더!

분수에는 크게 3가지 의미가 있습니다.

첫째, 3학년에서 배운 바와 같이 전체를 똑같이 나눈 것 중 일부를 나타냅니다. 보통 우리가 알고 있는 분수의 의미입니다. 예를 들어, $\frac{3}{4}$이라고 하면 전체를 넷(4)으로 똑같이 나눈 것 중 셋(3)을 의미합니다.

단위분수
$\frac{1}{2}, \frac{1}{3}, \frac{1}{4}$…과 같이 분자가 1인 분수로서 분수를 세는 기준이 되는 분수가 단위분수다.

둘째, 6학년에서 배우는 분수에는 비교하는 개념도 있습니다. 아들의 나이가 아버지 나이의 $\frac{1}{3}$이라고 하면, 아버지의 나이는 아들 나이의 3배입니다. 아들이 13세라면 아버지는 39세입니다. 이것을 비로 나타내면 1 : 3 = 13 : 39이고, 1 : 3의 비율은 $\frac{1}{3}$과 같습니다.

셋째, 몫이라는 개념도 있습니다. $3 \div 5 = \frac{3}{5}$입니다. 사과 3개를 5명이 나누어 먹을 때 한 사람이 먹을 수 있는 양(몫)은 사과 1개의 $\frac{3}{5}$입니다. 이와 같은 개념은 6학년에서 배웁니다.

분수를 제대로 이해하려면 단위분수를 알아야 합니다. 단위분수는 분수를 세는 기준입니다. 즉, $\frac{2}{3}$는 $\frac{1}{3}$이 2개이고, $\frac{4}{5}$는 $\frac{1}{5}$이 4개라고 말할 수 있습니다.

그렇다면 $\frac{1}{3}$이 1개, 2개, 3개, 4개, 5개, …인 경우도 생각해 볼 수 있습니다.

$\frac{1}{3}$이 1개 → $\frac{1}{3}$, $\frac{1}{3}$이 2개 → $\frac{2}{3}$, $\frac{1}{3}$이 3개 → $\frac{3}{3}$, $\frac{1}{3}$이 4개 → $\frac{4}{3}$, $\frac{1}{3}$이 5개 → $\frac{5}{3}$, …

피자 조각이나 분수 모형을 사용하여 단위분수의 개수를 구해 보는 활동을 해 봅니다.

피자 $\frac{3}{8}$조각

꼬리에 꼬리를 무는 개념

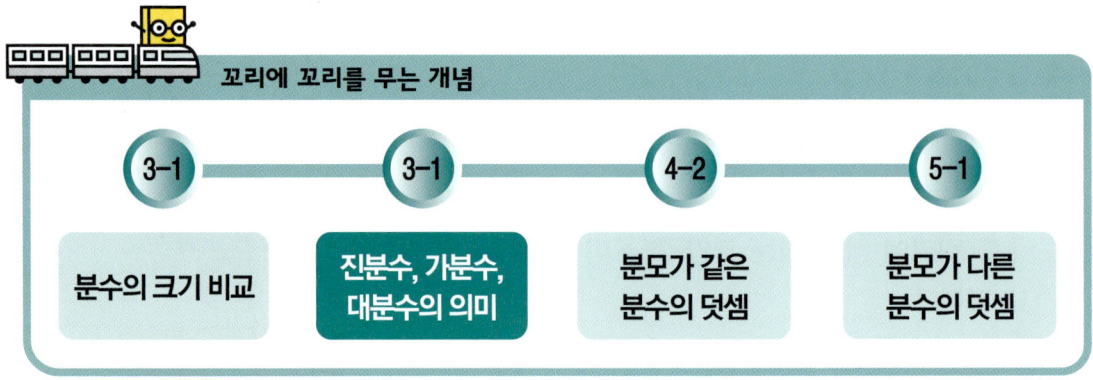

3-1 분수의 크기 비교 | 3-1 진분수, 가분수, 대분수의 의미 | 4-2 분모가 같은 분수의 덧셈 | 5-1 분모가 다른 분수의 덧셈

무엇이든 물어보세요

 $2\frac{1}{3}$은 $2 + \frac{1}{3}$인가요, $2 \times \frac{1}{3}$인가요?

초등학생 아이들보다 어른들이 볼 때 잘 이해되지 않는 부분일 것입니다. 어른들은 중학교 이후 줄곧 $ab = a \times b$로 알고 지내 왔으니까요. 대분수는 분수의 표현 방법 중 하나입니다. $2\frac{1}{3}$은 자연수 2와 분수 $\frac{1}{3}$을 하나의 분수로 묶어 표현한 것입니다. 따라서 $2\frac{1}{3} = 2 + \frac{1}{3}$입니다.

중학교에서도 수 사이에는 곱셈기호(×)를 생략하여 2×3을 $2 \cdot 3$이나 23으로 줄여 쓰지는 않습니다. 수와 문자 또는 문자와 문자 사이의 곱셈에서만 곱셈기호를 생략합니다.

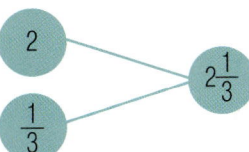

 **분수 문제를 풀 때 결과가 가분수이면 대분수로 고쳐야 하나요?**

초등학교에서 흔히 겪는 딜레마입니다. 많은 경우 습관적으로 가분수를 대분수로 고치는데, 문제의 조건에서 결과를 대분수로 나타내라는 말이 없다면 굳이 대분수로 고치지 않아도 됩니다.

$$\frac{2}{3} + \frac{2}{3} = \frac{4}{3}(○)$$
$$\frac{2}{3} + \frac{2}{3} = 1\frac{1}{3}(○)$$

| 평면도형 | 선분, 직선, 반직선 |

곧게 그으면 모두 직선 아닌가요?

 **아이는 왜?**

직선, 선분을 배울 때 곧은 선이 강조됩니다. 따라서 아이들은 굽은 선이 아닌 것은 모두 직선으로 생각할 수 있습니다. 하지만 곧은 선이 연결된 지그재그 모양의 꺾인 선은 직선이 아닙니다.

 30초 해결사

- **선분** : 두 점을 곧게 이은 선

  선분 ㄱㄴ   ㄱ●━━━━━●ㄴ

- **직선** : 선분을 양쪽으로 끝없이 늘인 곧은 선

  직선 ㄱㄴ   ━━●ㄱ━━━●ㄴ━━

- **반직선** : 한 점에서 한쪽으로 끝없이 늘인 곧은 선

  반직선 ㄱㄴ   ●ㄱ━━━●ㄴ━━

 그것이 알고 싶다

• 곧은 선과 굽은 선

집이나 주변에는 다양한 선들이 존재하는데, 우리는 그 선들을 곧은 선과 굽은 선으로 구분할 수 있습니다. 아이와 함께 주변에서 선들을 찾아 곧은 선과 굽은 선으로 분류해 봅니다.

- 곧은 선 : 책상, 텔레비전, 책장, 창문 등
- 굽은 선 : 자동차 바퀴, 소파, 장난감 배 등

이 중 곧은 선은 자를 이용하여 긋는 선을 말합니다. 직선이라고 합니다. 자는 직선을 긋는 데 있어 아주 중요한 도구입니다. 아이들은 자를 사용하더라도 아직 비뚤비뚤하고 부정확하게 선을 그을 수 있습니다. 또한 자를 사용하지 않으려는 아이도 있을 수 있는데, 수학에서 직선은 반드시 자를 사용하여 그리도록 지도합니다.

자를 사용하지 않고 구불구불하게 그린 선은 굽은 선입니다. 그런데 굽은 선도 도구를 사용하여 그리는 경우가 있습니다. 원을 그리려면 컴퍼스나 둥근 모양이 필요합니다. 초등학교에서는 원을 제외한 굽은 선에 대해서는 비중 있게 다루지 않습니다.

• 선분과 직선 그리고 반직선

선분	직선	반직선
ㄱ ㄴ ㄷ ㄹ	ㄱ ㄴ ㄷ ㄹ	ㄱ ㄴ ㄷ ㄹ

두 점을 곧게 이은 선을 선분이라 하고, 점 ㄱ과 점 ㄴ을 이은 선분을 선분 ㄱㄴ이라고 합니다. 이때 수평으로 된 선분만 보게 되면 비스듬한 선분은 선분이 아니라고 생각할 수 있습니다. 여러 방향의 선분을 다양하게 보여 주어야 하겠습니다.

이제 곧은 선을 선분의 두 점을 지나 양쪽으로 끝없이 곧게 늘입니다.

선분을 양쪽으로 끝없이 늘인 곧은 선이 직선입니다. 점 ㄱ, 점 ㄴ을 지나는 곧은 선을 직선 ㄱㄴ이라고 합니다.

한 발짝 더!

선분과 직선은 곧은 선입니다. 2학년 때 삼각형, 사각형을 배우면서 선분과 직선을 보았습니다. 그런데 그때는 그걸 변이라고 배웠습니다. 삼각형과 사각형은 모두 선분으로 둘러싸인 도형입니다. 삼각형, 사각형은 선분으로 만들어지고, 삼각형과 사각형의 선분은 변이라고 합니다.

직선의 표현 방법

선분, 변, 모서리는 모두 직선의 표현으로, 이들의 차이는 1차원, 2차원, 3차원적인 것이다. 처음과 끝이 있으면 직선은 선분이 되고, 평면도형(삼각형, 사각형 등)에서는 변이 되며, 입체도형에서는 모서리가 된다.

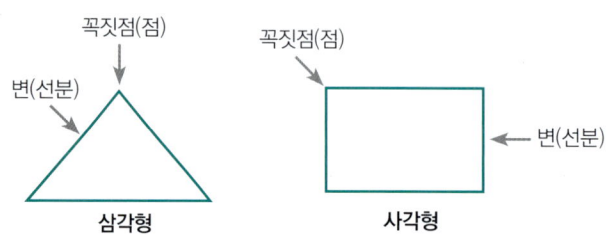

한편 직선에는 한 점을 지나는 직선과 두 점을 지나는 직선이 있습니다. 어떤 차이가 있을까요? 먼저 두 점을 지나는 직선은 그림과 같이 1개뿐입니다. 그러나 한 점을 지나는 직선은 무수히 많습니다.

꼬리에 꼬리를 무는 개념

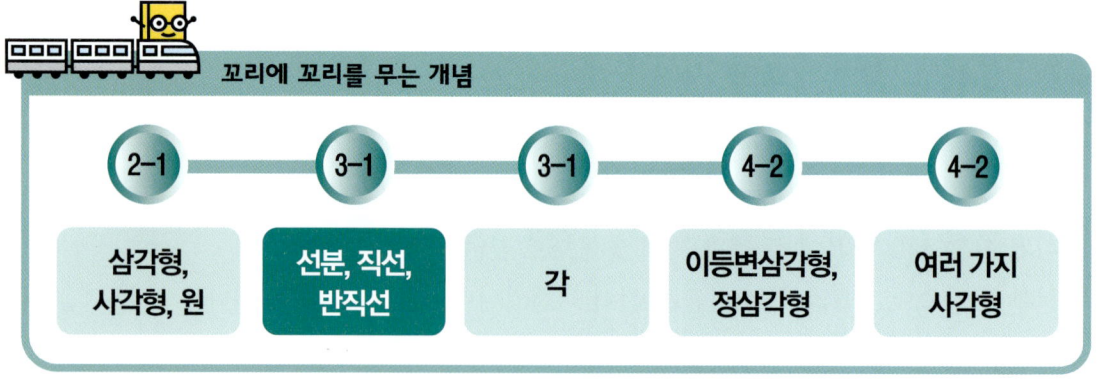

무엇이든 물어보세요

선분 ㄱㄴ과 선분 ㄴㄱ, 직선 ㄱㄴ과 직선 ㄴㄱ은 서로 다른 것인가요?

2가지 모두 같습니다. 다만 반직선의 경우, 순서에 맞게 이름을 붙여야 합니다. 각 혹은 다각형에서도 순서가 중요합니다. 삼각형은 순서에 상관이 없지만 사각형은 사각형 ㄱㄷㄹㄴ, 사각형 ㄱㄴㄹㄷ 등과 같이 순서와 상관없이 이름을 지으면 안 됩니다.

점, 선, 직선은 누가 정했나요?

기원전 300년경에 활약한 그리스의 수학자 유클리드는 그리스의 수학적 지식을 정리하여 체계화한 《원론》이라는 책을 썼습니다. 그 책에 점, 선, 직선에 관한 이야기가 나옵니다. 정리하자면,
- 점이란 '부분이 없는 것', 즉 크기가 없고, 위치만 표시하는 것이다. 점은 기하학에서 가장 기본이 되는 단위이고 공간에서 위치를 나타낸다.
- 선은 '폭이 없는 길', 즉 길이만 있고, 폭은 없는 것이다. 선의 양끝은 점이다.
- 직선, 즉 똑바로 곧은 선은 두 점 사이를 가장 짧은 거리로 연결한 선이다.

직선은 반듯하게 모인 수많은 점들로 이루어지며, 폭이 없고 양 방향으로 끝없이 뻗어 나갑니다. 요즘에는 점의 이동으로 선을 약속하기도 합니다. 종이 위에 연필로 점을 찍고 옆으로 쭉 그으면 선이 생깁니다. 이처럼 점이 움직이면 선이 만들어집니다.

| 평면도형 | 각 |

각 ㄱㄴㄷ, 각 ㄷㄴㄱ, 각 ㄴㄱㄷ이 다 같은 거죠?

아이는 왜?

각을 학습한 후에 각을 그리고 이름 붙이는 활동을 해 보면 많은 아이들이 각 ㄱㄴㄷ을 각 ㄴㄱㄷ이라고 합니다. 이는 각에 대한 이해가 부족하거나 읽는 방법을 모르기 때문입니다.

30초 해결사

- 각 : 한 점에서 그은 두 반직선으로 이루어진 도형

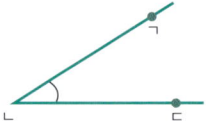

- 각의 이름 : 각 ㄱㄴㄷ, 각 ㄷㄴㄱ (O)
  각 ㄴㄱㄷ, 각 ㄱㄷㄴ (X)

 그것이 알고 싶다

각에 대한 학습은 주변의 구체물에서 시작합니다. 액자, 식탁, 공책 등에서 모난 부분을 찾아보고, 모두 한 점에서 두 반직선이 뻗어 나가고 있다는 점을 찾도록 도와줍니다.

각은 '한 점에서 그은 두 반직선으로 이루어진 도형'입니다. 이때 한 점을 각의 꼭짓점이라고 합니다. 그림을 보고 각인 것과 각이 아닌 것을 찾고 그 이유를 설명해 보는 방법을 통해 아이가 이러한 내용을 이해하고 있는지 확인해 봅니다. 설명하는 동안 아이는 개념을 형성하기도 하고 개념을 정확히 가지고 있는지 스스로 확인하기도 합니다.

각이 무엇인지 이해했다면 이제 각에 이름을 붙여 봅니다. 아래 그림①에서 반직선 ㄴㄱ과 반직선 ㄴㄷ은 각의 구성 요소로서 변이 됩니다. 점 ㄴ은 꼭짓점입니다. 각은 시계 반대 방향으로 읽는 것이 원칙이지만 시계 방향으로 읽는 것도 허용하고 있습니다. 따라서 그림①의 각은 각 ㄱㄴㄷ 또는 각 ㄷㄴㄱ으로 읽습니다. 하지만 각 ㄴㄱㄷ으로는 읽을 수 없습니다. 점 ㄱ, 점 ㄴ, 점 ㄷ의 위치를 그대로 두었을 때 각 ㄴㄱㄷ은 그림②의 각을 뜻합니다.

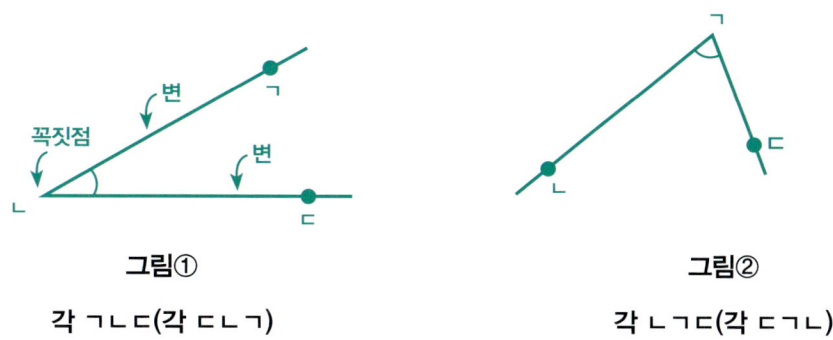

아이가 그림①, 그림②의 각이 어떻게 다른지 스스로 설명해 보도록 격려해 주어야 하겠습니다.

한 발짝 더!

각의 변과 꼭짓점을 손가락으로 짚어 가며 각 읽는 연습을 충분히 한 후, 각에 대한 개념을 확실히 알고 있는지 확인해 보는 활동으로 각을 그려 봅니다. 각 ㄱㄴㄷ, 각 ㄹㅁㅂ 등을 불러 주고 아이가 맞게 그리는지 확인합니다. 이때 아이에 따라서는 삼각자의 각을 이용해 그리려고 하는 아이가 있을 수 있는데, 삼각자가 아닌 곧은자를 이용하도록 지도합니다.

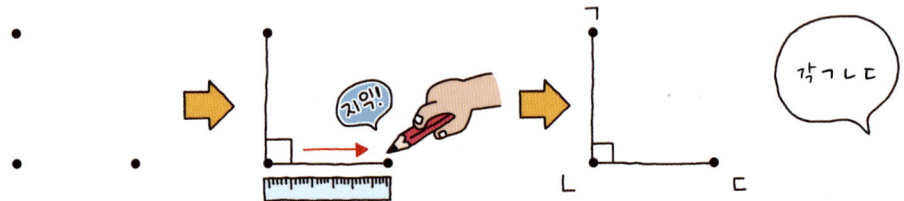

또한 각을 읽는 데 자신감을 갖도록 하기 위해 여러 그림 중에서 불러 주는 각 고르기, 손가락으로 불러 주는 각의 변 혹은 꼭짓점 짚기 등의 활동을 반복합니다. 이때 여러 가지 모양의 각을 보여 줄 필요가 있습니다. ∠와 같은 모양 외에 여러 방향으로 뒤집힌 모양을 제시하여 다양한 각을 접하도록 합니다.

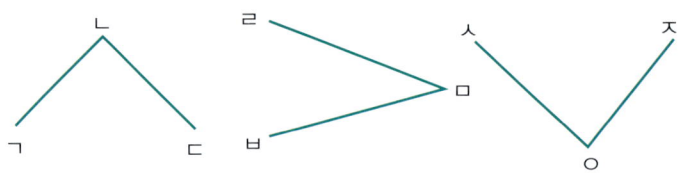

꼬리에 꼬리를 무는 개념

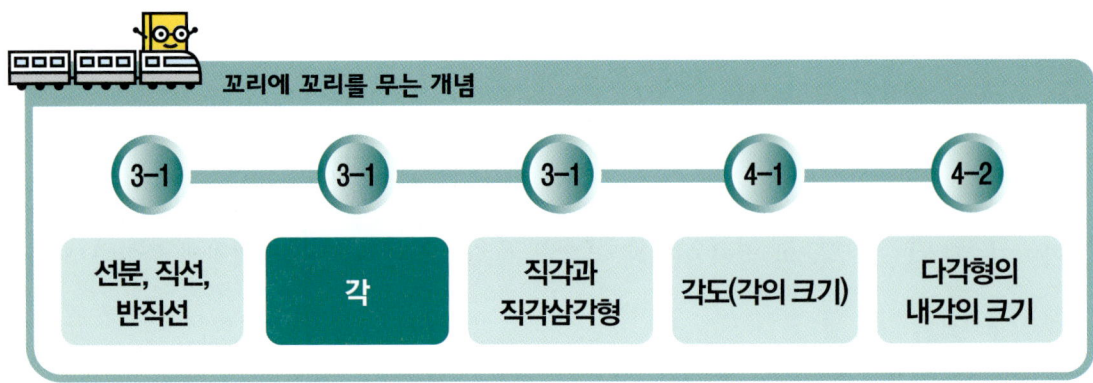

무엇이든 물어보세요

 꼭짓점에 가, 나, 다로 이름을 붙여도 되나요?

ㄱ, ㄴ, ㄷ 외에 a, b, c, A, B, C, 가, 나, 다 등 다양한 방법으로 이름 붙일 수 있습니다. 그러나 점에는 주로 ㄱ, ㄴ, ㄷ이나 A, B, C를 사용합니다.

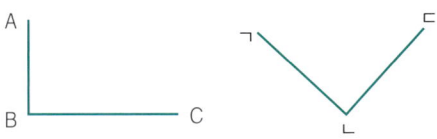

 **한 점에서 양쪽으로 반직선을 그리면 직선이 됩니다. 이것도 각인가요?**

한 점에서 2개의 반직선을 반대 방향으로 그리면 평평한 각이 됩니다. 이것도 각입니다. 이런 각을 평각이라고 하지요. 4학년에서 각도를 배우고 나면 여러 가지 각의 이름을 익히게 됩니다.

 선분과 변의 차이는 무엇인가요?

두 점을 곧게 이은 선이 선분입니다. 삼각형이나 사각형에서는 이 선분을 변이라고 합니다.

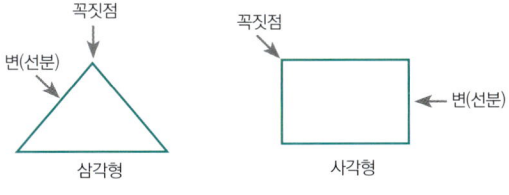

| 평면도형 | **직각과 직각삼각형** |

기울어진 도형에서는 직각을 찾지 못하겠어요.

 **아이는 왜?**

각을 배운 후에는 여러 가지 물건의 각을 통해 직각을 학습하게 됩니다. 그런데 책에서는 직각이 대부분 아래쪽에 반듯하게 자리하기 때문에 도형이나 물체가 기울어져 있으면 직각을 발견하지 못하는 일이 발생합니다.

 **30초 해결사**

직각
- 한 각이 직각인 삼각형을 직각삼각형이라고 한다.
- 네 각이 모두 직각인 사각형을 직사각형이라고 한다.

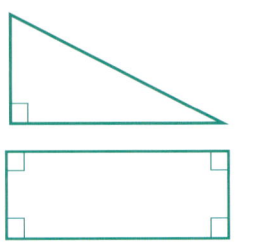

 **그것이 알고 싶다**

초등학교 수학에서는 직각을 문장으로 설명하기보다 직각의 모양을 통해 직관적으로 약속합니다. 책에서 직각을 찾고 "각의 모양이 모두 같은데, 이런 각을 무엇이라고 하면 좋을까?" 하는 질문을 통해 "반듯한 모양, 곧은 모양의 각을 직각이라 한다."고 약속합니다. 즉 '각 ㄱㄴㄷ과 같은 모양의 각'이 직각입니다. 직각은 두 변 사이에 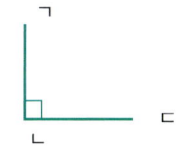 로 표시합니다. 참고로 직각이 90°라는 것은 4학년에서 배웁니다.

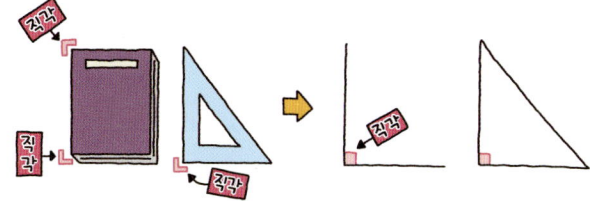

공책, 필통, 식탁, 문, 창문, 텔레비전 등 다양한 구체물 안에서 직각을 찾아보며 모양으로 접하면 이해하는 데 도움이 됩니다. 실제 주변 건물, 학용품 등 다양한 물건에서 직각을 찾을 수 있습니다. 이때 아이와 번갈아 가면서 직각을 찾아 이야기해 보는 것이 좋습니다. 아이가 직각이 아닌 각을 찾으면 이에 대해 바로 이야기 나눌 수 있고 서로 자기가 찾은 것을 바로 비교하며 공통점을 찾을 수도 있습니다.

이제 여러 삼각형 중에서 직각을 분류해 봅니다. 그리고 직각이 있는 삼각형의 이름을 아이가 직접 붙이도록 지도하고, 다음과 같이 약속합니다.

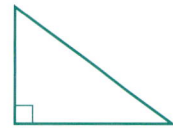

"한 각이 직각인 삼각형을 직각삼각형이라고 한다."

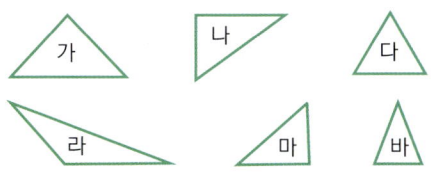

도형의 이해

도형을 공부할 때 직접 그려 보고 색종이 등으로 제작해 보면 수학적 개념이 명확해지고 도형의 성질을 자연스럽게 알게 된다.

이제 직각삼각형인 삼각자를 여러 사물들에 겹쳐 보며 직각을 찾아봅니다. 투명한 삼각자를 사용하면 사물을 겹쳐 보았을 때 사물이 가려지지 않아 직각인지 확실히 확인할 수 있습니다. 이 과정에서 본을 뜰 수 있다면 직각이 있는 부분의 본을 떠서 확인하는 것도 좋은 방법입니다.

한 발짝 더!

생활 속에서 직각을 찾아보았다면 직각을 직접 만들어 보는 활동을 합니다. 종이를 반으로 반듯하게 접고 다시 다른 방향으로 반을 접으면 직각이 만들어집니다. 삼각자를 이용하면 종이를 접어서 만든 각이 정말 직각인지 확인할 수 있습니다. 이는 나중에 수선과 수직의 개념을 이해하는 바탕이 됩니다.

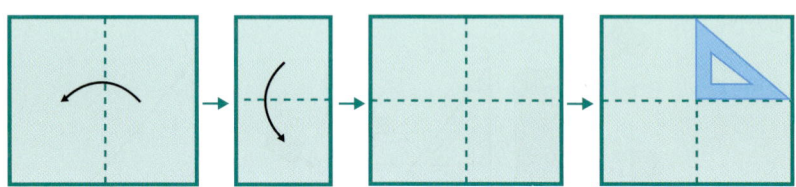

이번에는 여러 도형에서 직각을 찾아 세어 봅니다. 이때 직각이 각 도형에서 서로 다른 위치에 있도록 제시할 필요가 있습니다. 보통은 왼쪽 아래에 있는 직각을 보다 쉽게 찾기 때문에 다른 방향에 있는 직각도 찾아보도록 해 줍니다. 또한 정사각형을 비스듬히 놓아 다이아몬드처럼 보이게

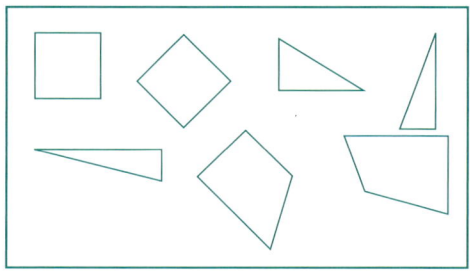

하면 직각이 아니라고 생각하기도 합니다. 처음에는 직관적으로 직각을 찾더라도 나중에는 삼각자나 책 모서리 등을 통해 모든 각을 직접 확인해 보는 것이 좋습니다. 다른 각은 왜 직각이 아닌지를 생각해 보도록 질문하는 것도 필요합니다.

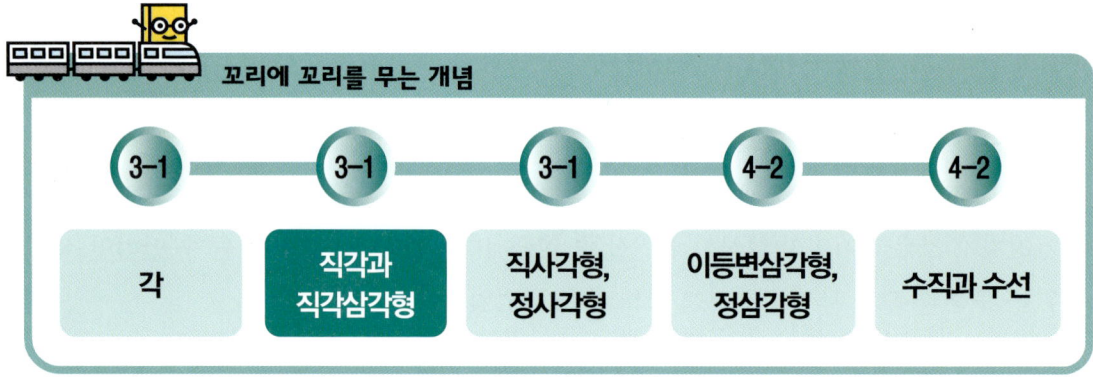

무엇이든 물어보세요

상자나 책에는 왜 직각이 많은가요?

물건에 직각이 많으면 어떤 장점이 있을까요? 물건이나 상자가 둥근 모양이면 보기에 예쁘지만 정리하거나 쌓아 두기에는 빈틈이 많이 생깁니다. 어떤 면을 빈틈없이 채우려면 직각이 유리합니다. 서로 직각인 면을 가진 물건을 4개 모으면 빈틈없이 공간을 채울 수 있습니다. 건물 역시 직각이 들어 있도록 짓기 때문에 보다 안전하고 넓은 공간을 확보할 수 있습니다.

옛날에는 직각을 어떻게 만들었나요?

고대 이집트 시대에도 토지를 측량하거나 건축물을 짓는 데 직각이 필요했습니다. 그때 사람들은 밧줄 매듭을 이용하여 직각을 만들었습니다. 같은 간격으로 매듭을 묶어 변의 길이가 3, 4, 5가 되는 삼각형을 만들면 한 각이 직각인 직각삼각형이 된다는 것을 알아냈던 것입니다.

수학자 피타고라스는 이 도형이 직각삼각형이 되는 이유를 수학적으로 증명하였습니다.

| 평면도형 | **직사각형과 정사각형** |

3학년 도형과 측정

직각이 있는 사각형은 모두 직사각형이죠?

 **아이는 왜?**

직각삼각형에는 직각이 하나뿐입니다. 그래서 한 각 또는 두 각이 직각인 사각형도 직사각형이라고 생각할 수 있습니다. 이는 직사각형의 개념을 확실히 알지 못하기 때문입니다. 네 각이 모두 직각인 경우에만 직사각형이라고 합니다.

30초 해결사

- 직사각형 : 네 각이 모두 직각인 사각형

- 정사각형 : 네 각이 모두 직각이고, 네 변의 길이가 모두 같은 사각형

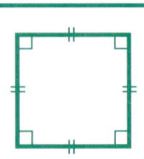

 **그것이 알고 싶다**

여러 가지 사각형에서 직각인 부분을 찾아 직각 표시(⌐)를 해 봅니다. 어른들은 눈으로 쉽게 파악되지만 아이들은 아직 서툴기 때문에 삼각자를 이용하여 직각을 확인하는 것이 좋습니다.

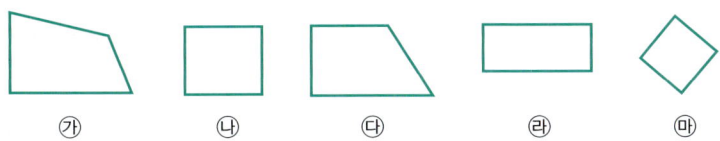

㉯, ㉰, ㉱와 같이 네 각이 모두 직각인 사각형의 이름을 생각해 본 후 다음과 같이 약속합니다.

"네 각이 모두 직각인 사각형을 직사각형이라고 한다."

직사각형인 것과 직사각형이 아닌 것을 분류하는 활동을 많이 하면 개념을 확실히 하는 데 도움이 됩니다. 즉 직사각형의 개념을 확실하게 체득하기 위해서는 직사각형인 것들과 직사각형이 아닌 것을 많이 보고, 여러 도형을 직사각형인 것과 아닌 것으로 나누어 보는 활동을 많이 해야 합니다. 또한 직사각형이 아닌 것은 왜 직사각형이 될 수 없는지, 그 이유를 설명해 봅니다.

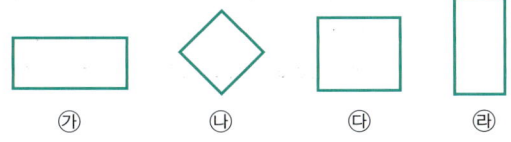

이번에는 직사각형 각 변의 길이를 재어 보고 그 특징을 알아보는 활동을 해 봅니다. ㉯, ㉰와 같이 네 각이 모두 직각이고 네 변의 길이가 모두 같은 사각형에 어울리는 이름을 생각해 본 후 다음과 같이 약속합니다.

"네 각이 모두 직각이고, 네 변의 길이가 모두 같은 사각형을 정사각형이라고 한다."

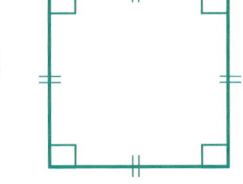

정사각형

도형의 이름을 정할 때 모든 변의 길이가 같고, 모든 각의 크기가 같으면 이름 맨 앞에 '정(正)'을 사용한다. 따라서 사각형 중 네 변의 길이가 모두 같고, 네 각의 크기가 모두 같은 것은 정사각형이다.

3학년 수학사전 243

한 발짝 더!

직사각형과 정사각형의 성질을 알게 되었다면 도형을 직접 그리거나 만드는 활동을 통해 개념을 명확히 할 수 있습니다. 삼각자, 종이 또는 도형판을 이용하여 직사각형과 정사각형을 만들어 봅니다.

이때 만드는 방법을 직접적으로 가르쳐 주기보다 아이가 스스로 생각해 보도록 아이에게 질문을 하는 것이 좋습니다. 예를 들어, "색종이를 접고 잘라서 모양과 크기가 다른 직사각형을 4개 만들고 싶은데, 어떻게 하면 좋을까?", "직사각형 종이를 정사각형으로 만들려면 어떻게 해야 할까?" 등의 질문을 통해 생각을 유도하고, 아이가 스스로 종이를 접고 잘라 보면서 직각을 확인하고 각각의 직사각형의 모양과 크기가 어떻게 다른지 확인해 보도록 지도합니다.

> **도형의 성질을 알아야 하는 이유**
> 도형을 약속한 후에는 그 성질을 잘 알고 있어야 한다. 이후 도형을 그리고(제작, 작도), 정당화(증명)하는 데 기초가 되기 때문이다.

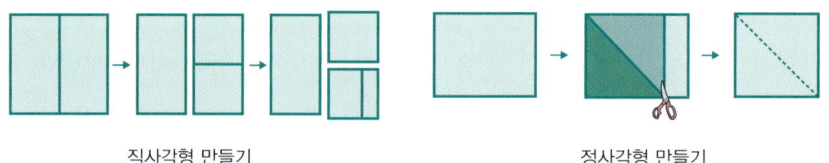

직사각형 만들기   정사각형 만들기

도형판을 이용하면 돌기에 고무줄을 걸어서 직사각형 만드는 시범을 보일 수 있습니다. 고무줄은 잘 늘어나기 때문에 변의 길이를 바꾸는 것이 용이합니다. 직사각형을 만든 후 고무줄을 늘였다 줄였다 하며 변의 길이에 변화를 주는 과정에서 직사각형과 정사각형 사이의 관계를 이해할 수 있습니다.

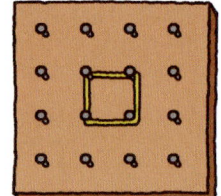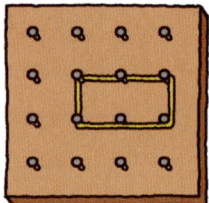

꼬리에 꼬리를 무는 개념

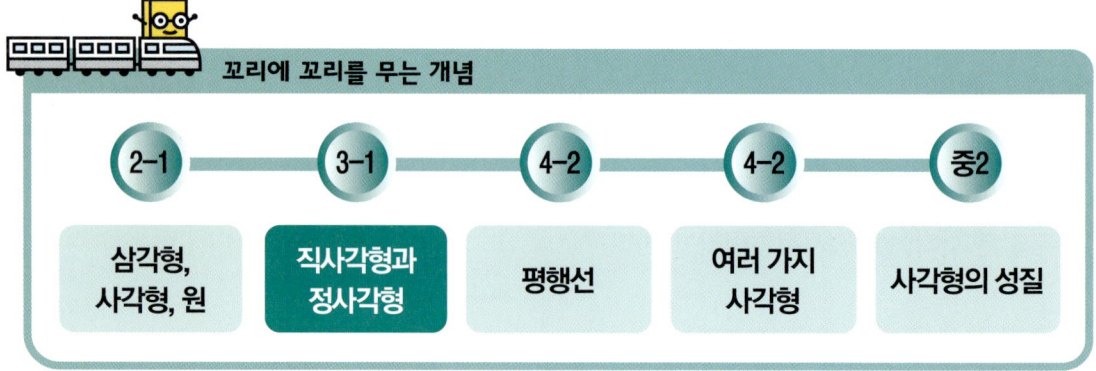

2-1	3-1	4-2	4-2	중2
삼각형, 사각형, 원	직사각형과 정사각형	평행선	여러 가지 사각형	사각형의 성질

무엇이든 물어보세요

다양한 도형을 경험해야 한다는 점이 반복되는데, 많은 예를 보는 게 중요한가요?

도형을 공부하는 데는 두 종류의 다양성이 필요합니다.

첫째, 시각적인 다양성입니다. 이는 다양한 재료, 다양한 방식을 말합니다. 예를 들어, 빨대로 만든 삼각형, 젓가락으로 만든 삼각형, 색종이로 만든 삼각형을 보면서 삼각형이 다양하다는 사실을 느끼는 것입니다.

둘째, 수학적 다양성입니다. 이는 수학적 요소인 각의 크기, 변의 길이 등이 다양하다는 의미입니다. 예를 들어, 직각삼각형에서 변의 길이를 변화시키면 두 변의 길이가 같은 직각이등변삼각형과 세 변의 길이가 모두 다른 직각삼각형이 만들어집니다. 수학적 다양성을 보여 줄 수 있는 다양한 예를 통해 아이 스스로 변의 길이나 각의 크기를 변화시키며 어떤 도형이 만들어지는지 관찰하는 과정에서 수학적 개념이 확실해지고 도형 간의 관계를 이해하게 됩니다.

따라서 도형을 이해하려면 다양한 도형에 대한 경험이 필요합니다.

| 원 | **원의 중심과 반지름** |

삼각형, 사각형은 자를 대고 그리는데, 원은 어떻게 그려요?

아이는 왜?

2학년에서는 원 모양을 본 떠 그려 보는 활동 등을 통해 직관적으로 원을 이해했습니다. 3학년에서는 본을 뜨지 않고 원의 중심과 반지름을 이용하여 원을 그립니다. 이때 배우는 원의 개념은 6학년에서 배우는 원주, 원의 넓이 등에 이용되므로 정확히 알아 둘 필요가 있습니다.

30초 해결사

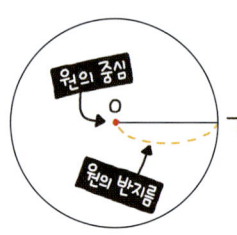

종이 위의 한 점에서 일정한 거리에 있는 점들을 이어서 만든 도형이 '원'이다. 이때 한 점은 '원의 중심'이 되고, 일정한 거리는 '원의 반지름'이 된다. 한 원에서 반지름은 모두 같다.

그것이 알고 싶다

팔이나 다리로 원을 만들어 보고, 실에 단추를 묶어 돌리며 그 움직임을 관찰합니다. 팔과 다리, 단추가 지나간 길이 원이라는 것을 알게 됩니다. 또 실의 길이를 길게 하거나 짧게 하는 활동을 통해 원의 중심과 반지름의 길이를 직관적으로 익히도록 지도합니다.

이제 도구를 이용하여 원을 그려 봅니다. 두꺼운 종이와 압정을 이용합니다. 두꺼운 종이에 여러 개의 구멍을 뚫으면 중심이 같으나 크기가 다른 여러 개의 원을 그릴 수 있습니다.

활동이 끝나면 활동 내용을 통해 다음과 같이 약속합니다.

"압정이 있는 곳을 원의 중심이라 하고 두꺼운 종이의 구멍까지의 길이, 즉 원의 중심에서 원 위의 한 점까지의 거리를 원의 반지름이라고 한다."

원을 그리기 위해서는 원의 중심과 원의 반지름이 필요합니다. 그리고 원의 크기는 원의 반지름에 의해 결정됩니다. 다양한 크기의 원 그리기 활동을 통해 아이가 이를 간접적으로 인식하도록 지도합니다.

 **한 발짝 더!**

원이 어떻게 그려지는지 알게 되었으니 더 쉽고 정확하게 원 그리는 방법을 알아봅니다.

본을 뜨지 않고 도화지에 시계를 그릴 수 있는 방법이 있을까요? 반지름의 길이를 알면 시계와 같은 크기의 원을 그릴 수 있습니다. 또한 원의 반지름의 길이를 알면 컴퍼스를 이용하여 크기가 같은 원을 그릴 수 있습니다.

컴퍼스로 원 그리는 방법
1. 컴퍼스의 침과 연필심의 길이를 맞춘다.
2. 원의 중심이 되는 점을 정한다.
3. 컴퍼스를 원의 반지름의 길이만큼 벌린다.
4. 컴퍼스의 침을 원의 중심에 꽂고 원을 그린다.

이제 컴퍼스로 다양한 크기의 원을 그려 봅니다. 원의 중심은 같고 반지름의 길이가 다른 원, 원의 반지름의 길이는 같고 원의 중심이 다른 원 등 다양하게 그려 봅니다.

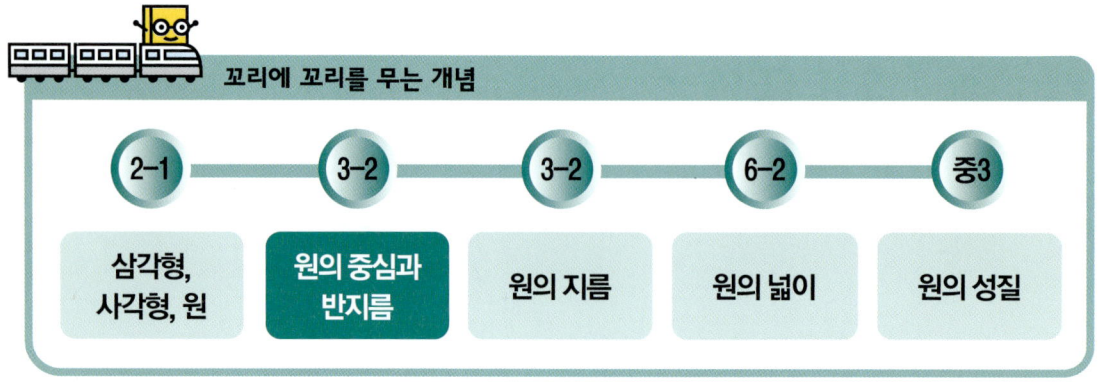

무엇이든 물어보세요

 원을 그릴 때 꼭 컴퍼스를 사용해야 하나요?

꼭 컴퍼스로 그려야 하는 것은 아닙니다. 원 모양의 물건을 대고 그려도 될 것입니다. 하지만 이 방법에는 원의 중심을 찾기가 어렵다는 단점이 있습니다. 컴퍼스는 원의 중심과 반지름의 길이를 이용하여 편리하게 원을 그리도록 만들어진 도구 중 하나입니다.

 다음 디자인은 어떻게 그린 것인가요?

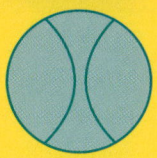

분명 원으로 그린 것 같은데 직접 그리려고 하면 어떻게 그려야 할지 고민되는 경우가 있습니다. 원의 중심과 반지름을 생각하면서 처음 그려진 원의 모양을 떠올려 보세요. 이때 원의 중심을 도형의 밖에서 찾아야 하는 경우도 있으니 주의하여 보아야 할 것입니다.

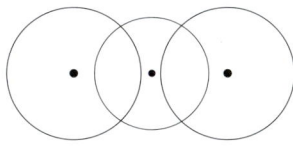

| 원 | **원의 지름** |

원에는 지름이 1개 아닌가요?

 아이는 왜?

원을 배울 때 아이들은 원의 중심과 반지름을 먼저 배웁니다. 그리고 원을 반으로 나누는 과정을 통해 지름을 배웁니다. 이 과정에서 지름을 하나 그리고 나면 거기에 다른 선이 겹쳐서는 안 된다고 생각하는 경우가 있습니다. 원의 지름은 원의 중심을 지나는 모든 선분을 말합니다.

 30초 해결사

 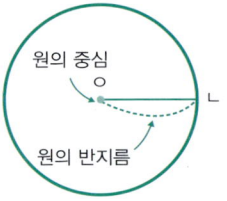

- 원의 중심을 지나는 선분 ㄱㄴ을 원의 지름이라고 한다.
- 반지름의 길이는 지름의 길이의 반이다.
- 지름의 길이는 반지름의 길이의 2배이다.

 **그것이 알고 싶다**

우리는 케이크나 피자를 자를 때 똑같은 크기의 조각을 만들고 싶어 합니다. 이런 활동에는 원의 중심과 지름이라는 수학적 개념이 포함되어 있습니다. 컴퍼스로 원을 그린 후 케이크나 피자를 자르듯이 여러 가지 선을 그려 보고, 이 중 가장 긴 선분을 찾아봅니다. 이 선분을 따라 원을 자르면 어떻게 될까요?

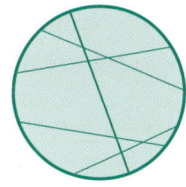

자만으로는 지름을 정확히 찾기가 어렵습니다. 따라서 원을 접을 때 생기는 선분의 길이를 재는 활동을 여러 번 해 봅니다. 그리고 원을 나누어 양쪽의 크기가 점점 비슷해질 때 선분의 길이가 어떻게 달라지는지, 양쪽이 아주 똑같으려면 선분의 길이가 어떻게 되어야 하는지 아이에게 질문해 봅니다.

"가장 긴 선분으로 자르면 똑같은 모양이 2개 나온다.", "반으로 나눌 수 있다."는 내용을 알고 있다면 이제 컴퍼스로 그린 하나의 원에 가장 긴 선분을 여러 개 긋고 그 선들의 공통점을 찾습니다. 그리고 원을 자르는 가장 긴 선분을 그릴 수 있는 방법을 생각해 봅니다. 대부분이 원의 중심을 지나도록 선을 그릴 것입니다. 그러면 원의 중심을 지나는 선분은 무수히 많고 그 선분의 길이는 모두 같다는 사실을 아이들이 찾을 수 있도록 지도한 후 다음과 같이 약속합니다.

"원의 중심을 지나는 선분 ㄱㄴ을 원의 지름이라고 한다."

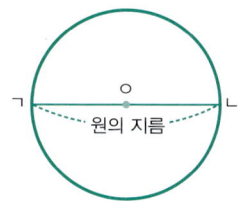

원의 지름을 약속한 후에는 원의 반지름과 원의 지름과의 관계를 이해하도록 지도합니다.

원의 중심에서 원 위의 한 점을 잇는 선분을 많이 그리고 그 길이를 자로 재어 원의 지름의 길이와 비교하여 봅니다. 이 활동을 통해 아이들은 "한 원에서 반지름의 길이는 모두 같고 지름의 길이는 반지름 길이의 2배가 된다." 또는 "반지름의 길이는 지름의 길이의 반($\frac{1}{2}$)이다."라는 사실을 발견할 수 있습니다. 다양한 크기의 원에서 이러한 사실을 확인하도록 지도합니다.

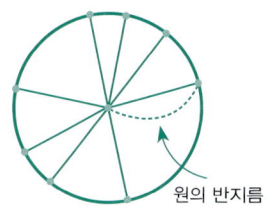

한 발짝 더!

원의 반지름과 지름의 이해를 돕는 또 다른 방법이 있습니다. 먼저 실을 묶어 작은 매듭을 만듭니다. 실의 한쪽을 핀으로 고정하고 반대쪽에 연필을 넣어 원을 그립니다. 원이 그려지면 실의 한쪽을 가위로 잘라 펼칩니다. 이 실의 길이가 원의 지름의 길이입니다. 그리고 실을 반으로 자르면 반지름의 길이가 됩니다. 이렇게 하면 아이들이 직관적으로 원의 지름과 반지름을 이해하는 데 도움이 됩니다.

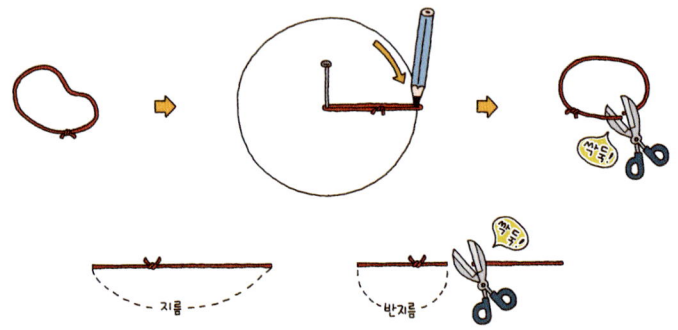

원의 중심과 반지름을 이해했다면 그 내용을 자신의 문장으로 정리하여 쓰거나 말해 봅니다. 다음 문장의 빈칸을 채우는 것도 개념을 정리하는 데 도움이 됩니다.

- 원 위의 모든 점은 _____ 에서 같은 거리에 있다.
- 원 위의 점에서 원의 중심까지의 거리는 _____ 과 같다.
- 원 위의 두 점을 잇는 선이 원의 중심을 지나면 그 선분은 _____ 이다.

답 : (순서대로) 원의 중심, 반지름, 지름

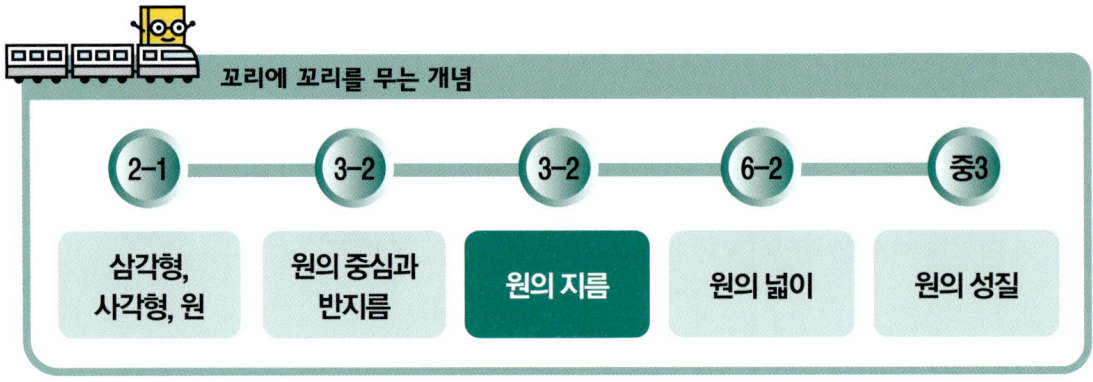

무엇이든 물어보세요

원기둥에서 밑면의 지름의 길이는 어떻게 재나요?

원기둥의 경우 밑면을 종이에 대고 본 뜬 후 지름의 길이를 잴 수 있습니다. 하지만 이런 방법으로 커다란 나무나 드럼통의 지름의 길이는 잴 수 없습니다. 이런 경우에는 버니어캘리퍼스라는 기구를 사용합니다. 버니어캘리퍼스에 있는 부리 모양의 조(jaw) 사이에 물건을 끼우고 눈금을 읽으면 물건의 지름의 길이를 알 수 있습니다. 이 원리를 이용하여 커다란 물건 주위에 긴 막대 2개를 나란히 놓고 막대 사이의 거리를 재면 버니어캘리퍼스를 사용하지 않고도 물건의 지름의 길이를 잴 수 있습니다.

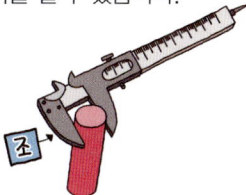

원 모양을 종이에 본 떴다면 거기에서 원의 중심을 어떻게 찾나요?

원에서 가장 긴 선분을 여러 개 그으면 만나는 점이 있습니다. 그 점이 바로 원의 중심입니다. 아니면 원을 반으로 접고 또 다른 방향으로 반을 접으면 만나는 점이 생깁니다. 마찬가지로 그 점이 원의 중심입니다. 수학적으로 정확한 중심 찾기는 중학교에서 다시 배우게 됩니다.

| 길이와 시간 | **1mm 알기** |

키는 140인데 신발은 210이라는 게 말이 되나요?

 **아이는 왜?**

길이의 단위에서 m, cm, mm 사이의 관계를 정확히 모르면 혼동이 옵니다. mm(밀리미터)를 m(미터)가 2개 있는 것으로 여겨 mm가 m보다 더 긴 길이를 나타낸다고 생각하는 아이들이 많습니다. 또한 mm 개념을 정확히 알지 못하면 mm와 m를 구분하지 못할 수 있습니다.

 30초 해결사

1mm는 '일 밀리미터'라 읽고 다음과 같이 쓴다.
1cm = 10mm

$1mm$

 그것이 알고 싶다

발의 길이와 같이 1cm보다 작은 길이를 정확히 잴 필요가 있을 때 1mm를 사용합니다. 1mm는 '일 밀리미터'라 읽고 다음과 같이 씁니다.

$$1mm$$

눈금자를 보면 숫자와 숫자 사이에 작은 눈금이 10칸 있습니다. 이 작은 눈금 한 칸이 1mm 입니다. 그리고 5mm마다 눈금 길이가 조금 길게 표시되어 있습니다. 이는 눈금을 쉽게 읽도록 하기 위한 것입니다.

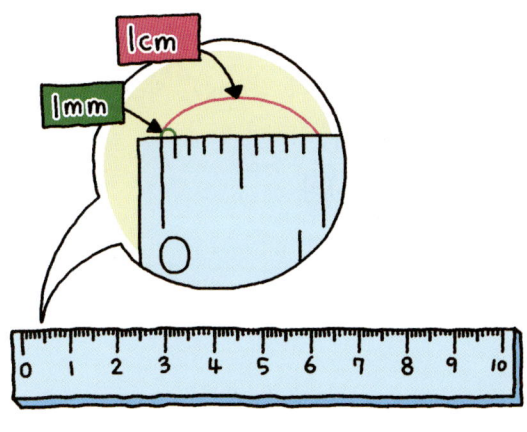

1cm = 10mm

mm가 일상생활에서 사용되는 예를 찾아보는 것도 mm를 익히는 데 도움이 됩니다. 샤프심의 두께, 볼펜심의 굵기, 신발의 치수 등 일상생활에서 mm가 사용되는 예를 찾으며 양감을 기르도록 도와줍니다.

1mm, 1cm, 1m는 모두 길이의 단위이고, 이들은 서로 관계를 맺고 있습니다.
1mm에서 m(밀리)는 $\frac{1}{1000}$을 뜻합니다.
따라서 1mm = $\frac{1}{1000}$m입니다.
1cm = $\frac{1}{100}$m이므로 1cm = 10mm인 관계가 형성됩니다.
1mm, 1cm, 1m 사이에 일정한 규칙이 있음을 알고 이를 발견해 나가는 과정에서 아이들은 발견의 기쁨과 성취감을 갖게 될 것입니다.

 한 발짝 더!

신발의 크기는 안전 및 건강과 관련이 있기 때문에 정확히 표기할 필요가 있습니다. 그래서 mm로 표기합니다. 즉, 신발 크기 200은 200mm를 뜻합니다. 그럼 200mm는 어느 정도 되는 길이일까요? 10mm가 1cm이므로 100mm는 10cm, 200mm는 20cm가 됩니다.

반대로 4cm 3mm는 몇 mm일까요?

$$4cm\ 3mm = 4cm + 3mm$$
$$= 40mm + 3mm$$
$$= 43mm$$

따라서 4cm 3mm = 43mm입니다.

우유의 양(mL), 과자에 들어 있는 성분의 양(mg), 샤프심의 두께(mm) 등 일상생활에서 m(밀리)를 사용하는 예는 아주 많습니다.

이때 m(밀리)는 $\frac{1}{1000}$의 의미를 갖습니다.

$$1m의\ \frac{1}{1000} = 1m \times \frac{1}{1000} = 1mm$$

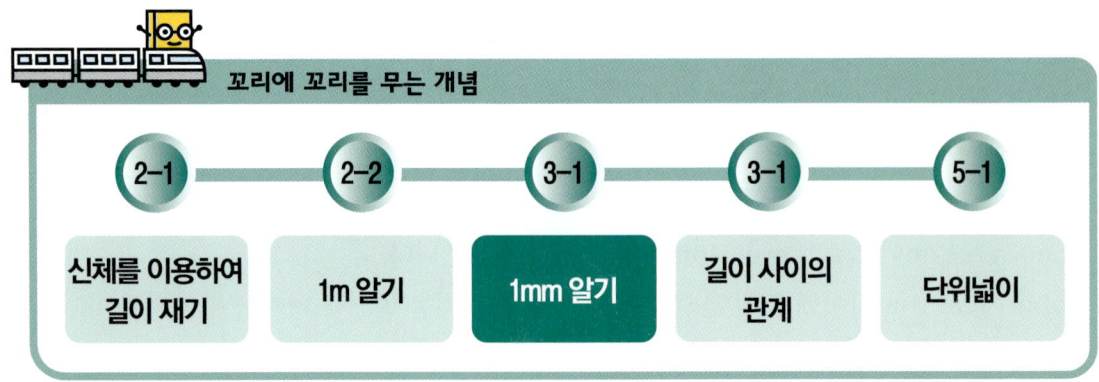

무엇이든 물어보세요

62mm를 5cm 12mm라고 하면 틀리나요?

5cm에 12mm를 더하면 62mm가 됩니다. 그런데 62mm를 5cm 12mm라고 표현하면 어색합니다. 12mm는 1cm 2mm이기 때문에 6cm 2mm가 자연스러운 표현입니다. 또한 수학에서는 간단하게 표현하는 데 가치를 두기 때문에 5cm 12mm보다는 6cm 2mm가 더 좋은 표현입니다.

"3cm − 1cm 5mm = ☐"와 같은 문제를 풀지 못해요.

길이의 합과 차를 구할 때는 작은 단위부터 계산합니다. 그런데 3cm에는 mm가 나타나 있지 않기 때문에 3cm = 2cm + 1cm = 2cm + 10mm로 바꾸어 계산합니다. 수의 덧셈과 뺄셈과 같이 세로셈으로 단위를 맞춰 쓴 후, 작은 단위부터 계산하면 편리합니다.

$$\begin{array}{r} \overset{2}{\cancel{3}}\text{cm}\ \overset{10}{} \\ -\ 1\text{cm}\ \ 5\text{mm} \\ \hline 1\text{cm}\ \ 5\text{mm} \end{array}$$

| 길이와 시간 | **길이 사이의 관계** |

km와 mm는 어떤 관계인지 궁금해요.

아이는 왜?

아이들은 지금까지 길이를 나타내는 단위인 mm, cm, m, km와 각 단위길이 사이의 관계를 배웠습니다. 그렇다면 km와 mm 사이에는 어떤 관계가 있는지 궁금증이 생길 수 있습니다. 이때 수가 커지기 때문에 아이들이 이 부분을 어려워하기도 합니다. 이를 해결하려면 단위 사이의 관계를 정확히 알아야 하겠습니다.

30초 해결사

mm, cm, m, km의 관계

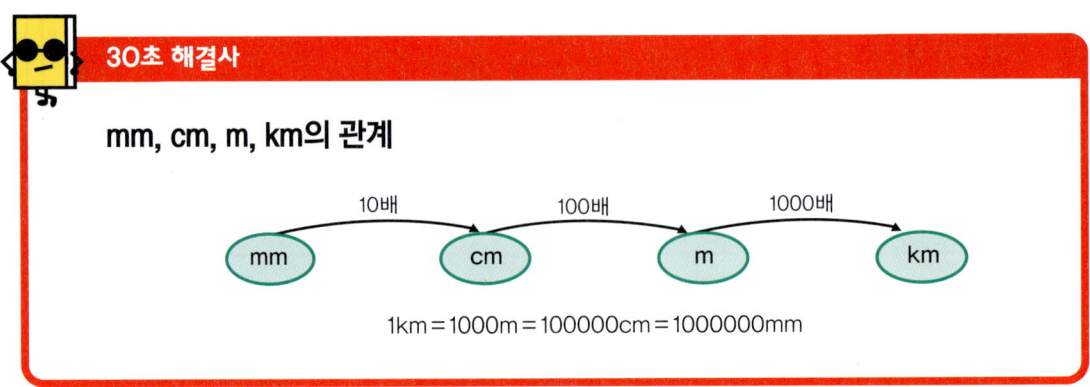

그것이 알고 싶다

길이의 기준이 되는 것은 1m입니다. 1m를 100등분한 것 중 하나가 1cm입니다. 100cm가 1m와 같다는 것은 줄자를 활용해 알아볼 수 있습니다. 줄자로 양팔 벌린 길이를 재어 본다든가 책상의 길이를 재어 보면서 m와 cm의 관계를 확인합니다.

미터법

계량법을 국제적으로 통일하기 위해 프랑스의 한 기관이 만든 도량형법. 지구 둘레 길이의 $\frac{1}{40000000}$을 1m로, 각 모서리 길이가 10cm인 정육면체와 같은 부피의 4℃ 물의 질량을 1kg으로, 그 부피를 1L로 정하였다.

$$1m = 100cm$$

1cm를 10등분한 것 중 하나는 1mm입니다. 이는 눈금자를 통해 쉽게 알 수 있습니다.

$$1cm = 10mm$$

1m의 1000배는 1km(킬로미터)입니다.

$$1km = 1000m$$

따라서 mm, cm, m, km의 관계는 다음과 같습니다.

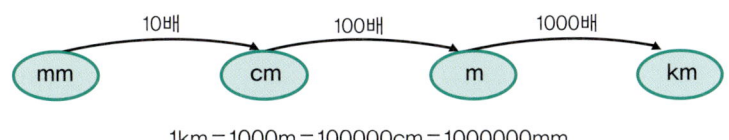

1km = 1000m = 100000cm = 1000000mm

mm는 신발 크기나 물건의 두께, 강우량, 적설량, 동식물의 성장 속도 등을 나타낼 때 사용되고, cm는 키, 물건의 길이 등을 나타낼 때, m는 주로 거리를 나타내며 km는 장거리를 나타낼 때, 도로 표지판 등에 사용됩니다.

한 발짝 더!

지구에서 태양까지의 거리는 약 1억 5000만km입니다. 이 거리를 걸어서 간다고 하면 우리는 4270년 후에야 태양에 도착합니다. 이렇게 먼 거리를 나타낼 때는 빛의 속도를 기준으로 하는 새로운 단위를 사용합니다.

1초에 약 30만km를 이동하는 빛이 지구에서 태양까지 가는 데 걸리는 시간은 8분 18초입니다. 그렇다면 1년 동안에는 얼마만큼 갈까요?

1년은 31536000초입니다. 여기에 빛의 속도 30만km/초를 곱하면, 빛은 1년에 약 9460800000000km를 이동합니다. 이렇게 빛이 1년 동안 가는 거리를 '1광년'이라고 합니다. 지구와 우주에 있는 별까지의 거리는 광년으로 나타냅니다.

지구상에서는 아무리 긴 길이나 거리도 km로 충분히 나타낼 수 있습니다. 대신 1mm보다 작은 길이에는 새로운 단위들이 필요합니다. 최근에 많이 쓰이는 '나노'는 나노미터(nm)의 줄임말로 길이를 나타내는 단위입니다. $1\text{nm} = \frac{1}{10억}\text{m}$입니다. 나노는 전자현미경으로만 볼 수 있는 아주 미세한 세계입니다.

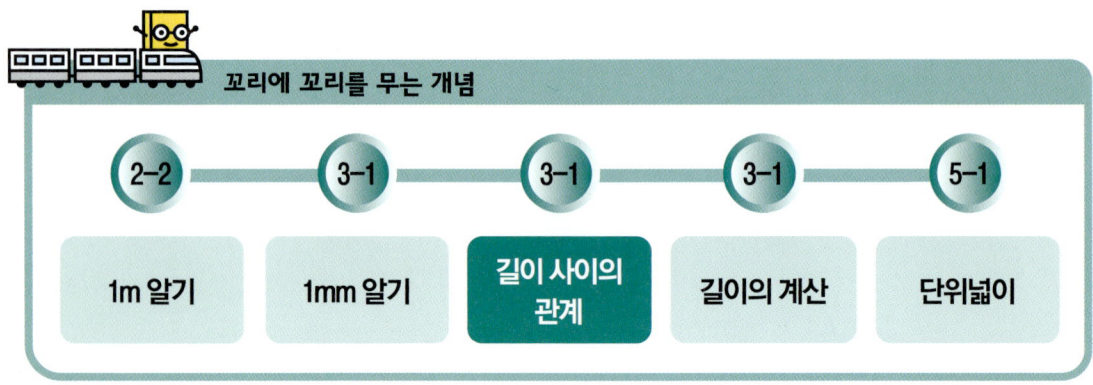

무엇이든 물어보세요

 1in(인치)는 몇 cm인가요?

1in는 2.54cm입니다. 미국이나 영국 등에서는 길이의 단위로 in, yd(야드), mile(마일)을 많이 사용합니다. 1yd는 0.9144m, 1mile은 1.6093km입니다. 우리나라에서는 허리둘레, 가슴둘레, 텔레비전이나 모니터의 크기 등에 in를 사용합니다.

> 1in = 2.54cm
> 1yd = 3ft = 91.44cm
> 1mile = 1760yd = 1.6km

 미터법이 있는데 미국 등에서는 왜 in(인치)를 사용하나요?

미국은 과거 영국의 식민지였던 관계로 아직도 영국의 영향을 받아 야드파운드법을 사용하고 있습니다. 1ft(피트)는 보통 사람의 발 길이, 1yd는 코끝에서 팔을 내린 손의 중지 끝까지 길이에서 유래했습니다.

 왜 길이 단위에는 '메가'나 '기가'를 쓰지 않나요?

일상생활에서 그렇게 큰 단위를 사용할 필요성을 느끼지 못하기 때문입니다. 대신 아주 긴 길이는 빛의 속도를 뜻하는 '광년'이라는 단위를 써서 나타내기도 합니다.

| 길이와 시간 | **길이의 계산**

2km 200m − 1km 800m를 어떻게 계산하나요?

 **아이는 왜?**

2km 200m − 1km 800m를 계산하기 위해 km를 m로 환산하는 과정을 이해하지 못하는 경우가 있습니다. 단위 사이의 관계는 아이들이 많이 어려워하는 내용입니다. 또한 1km가 1000m임을 알지 못하는 경우에도 이와 같은 질문을 할 수 있습니다.

 30초 해결사

길이의 합(덧셈)과 차(뺄셈)를 구하는 방법

① 단위를 1가지로 통일한다.

예) 3km 200m + 5km 400m = 3200m + 5400m = 8600m

② 같은 단위끼리 계산한다.

예)
```
    30km  400m
 +   1km  900m
 ─────────────
    31km 1300m
     1 ← 1000
 ─────────────
    32km  300m
```

그것이 알고 싶다

길이를 더하거나 뺄 때는 2가지 방법을 생각할 수 있습니다.

첫 번째 방법은 단위를 하나로 통일하는 것입니다. 다시 말해 2km 300m + 3km 800m를 계산하려면 km를 모두 m로 바꿉니다.

2km 300m = 2km + 300m = 2000m + 300m = 2300m
3km 800m = 3km + 800m = 3000m + 800m = 3800m
2km 300m + 3km 800m = 2300m + 3800m = 6100m = 6km 100m

두 번째 방법은 같은 단위끼리 더하거나 빼는 것입니다. 같은 단위끼리 줄을 맞춰 세로셈으로 계산하면 편리합니다. 같은 단위끼리 길이를 합한 후 10mm는 1cm로, 100cm는 1m로,

```
   12cm   5mm            30km   400m
 + 8cm   6mm           + 1km   900m
 ─────────────         ─────────────
   20cm  11mm            31km  1300m
      1 ← 10                1 ← 1000
   21cm   1mm            32km   300m
```

1000m는 1km로 바꾸어 계산합니다.

같은 단위끼리 비교하여 빼는 수가 더 크다면 1cm는 10mm로, 1m는 100cm로, 1km는 1000m로 바꾸어 계산합니다.

```
   11   10                 2   1000
   12cm  5mm              3km  400m
 -  8cm  6mm           -  1km  900m
 ─────────────         ─────────────
    3cm  9mm              1km  500m
```

 **한 발짝 더!**

서영이가 집에서 자전거를 타고 민주네 집에 들러 민주와 같이 도서관에 갔다가 박물관으로 이동한 거리는 다음과 같습니다. 집에서 박물관까지의 거리를 구해 보겠습니다.

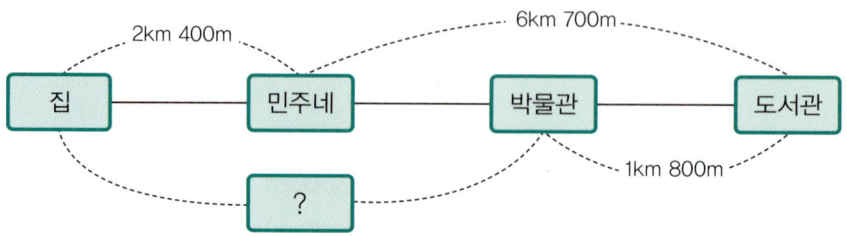

주어진 조건에 의해 식을 세우면 다음과 같습니다.

$$2\text{km } 400\text{m} + 6\text{km } 700\text{m} - 1\text{km } 800\text{m}$$

계산 방법은 다음과 같이 두 가지로 생각할 수 있습니다.

① 2km 400m + 6km 700m − 1km 800m = 8km 1100m − 1km 800m
　　　　　　　　　　　　　　　　　　　　　　= 7km 300m

②　　2km　400m　　　　8km　1100m
　　+ 6km　700m　　　− 1km　 800m
　　―――――――　　　　―――――――
　　　8km 1100m　　　　7km　 300m

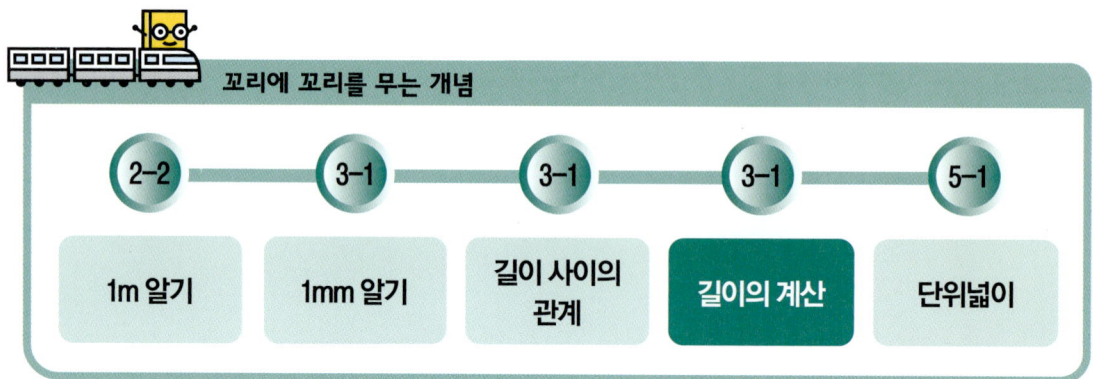

무엇이든 물어보세요

 받아내림 때문에 길이 계산을 어려워합니다.

길이의 뺄셈을 잘 하려면 km, m, cm, mm 사이의 관계를 이해하고, 이들 단위를 환산할 수 있어야 합니다. 단위 환산에 문제가 없는데 길이 계산을 잘 하지 못한다면, 이는 받아내림에서 지속적으로 실수를 범하기 때문일 수 있습니다.

3학년이면 대부분 덧셈과 뺄셈을 쉽게 계산해 내지만 아직 받아내림에서 어려움을 겪는 아이들이 있습니다. 그렇다면 3학년이라 할지라도 수 모형, 바둑돌과 같은 (반)구체물로 받아내림을 연습해야 합니다.

학부모 중에는 암산을 선호하여 손가락, 바둑돌 등으로 계산하는 아이를 나무라는 경우가 있습니다. 학년이 올라가고 연산에 익숙해지면 자연스럽게 손가락셈이나 구체물을 활용하지 않게 되기도 하며, 계속 손가락을 이용한다 해도 문제가 있는 것은 아닙니다.

 단위 사이의 관계를 쉽게 암기하는 방법이 있을까요?

무조건 암기가 최선은 아닙니다.

단위 사이의 관계는 그 관계를 그림으로 그려 가면서 파악할 수 있습니다. 수학에서 그림 그리기는 관계를 이해하는 데 매우 유용한 전략입니다.

또 단위를 나타낼 때는 접두어라고 하는 기호를 사용합니다.

1km에서 k(킬로)는 1000을,

1cm에서 c(센티)는 $\frac{1}{100}$을,

1mm에서 m(밀리)는 $\frac{1}{1000}$을 나타냅니다.

이처럼 단위의 접두어를 살펴보는 것도 단위 사이의 관계를 이해하는 데 도움이 됩니다.

| 들이와 무게 | **무게 알기** |

1000g이 1kg보다 더 무거운 것 아닌가요?

아이는 왜?

무게를 비교하려면 2가지 사실을 알고 있어야 합니다. 두 수의 크기 비교를 할 수 있어야 하고, 단위 사이의 관계를 알아야 합니다. 즉, 무게에 대한 개념뿐 아니라 두 수의 크기 비교 방법과 무게의 단위 사이의 관계도 정확히 알아야 하겠습니다.

30초 해결사

무게란 무거운 정도를 말한다.
- '무겁다', '가볍다'
- 무게의 단위 : g, kg
- 1000g = 1kg

그것이 알고 싶다

무게는 어떤 물건의 무거운 정도, 지구가 어떤 물체를 잡아당기는 힘을 말합니다. 무거운 정도는 '무겁다', '가볍다'로 나타내는데, 시소나 천칭, 양팔 저울을 이용해 무게를 비교할 수 있습니다. 무거운 정도는 상대적인 개념입니다. 시소에서 무거운 쪽은 아래로 내려가고, 가벼운 쪽은 위로 올라가는 현상에 대해 이야기 나누면서 무게가 같은 경우에는 어떻게 될지 생각해 봅니다.

이후 주변에서 무게가 비슷한 경우를 찾아보며 정확한 무게 재기의 필요성을 인지하도록 지도하고, 무게를 재는 도구에 대해서도 알아봅니다.

몸무게를 잴 때는 체중계를 사용하고, 채소나 고기의 무게는 접시 자동 저울로 잽니다. 접시 자동 저울을 이용할 때는 눈금을 0에 맞춘 다음 접시 위에 물건을 올려놓고 눈금을 읽습니다. 두 물건의 무게를 비교할 때는 양팔 저울이나 윗접시 저울을 사용합니다.

무게를 나타내는 단위는 g(그램) 또는 kg(킬로그램)입니다.

$$1000\,g = 1\,kg$$

우리가 가볍다고 생각하는 물체의 무게는 대부분 g으로 나타나고, 사람의 몸무게나 쌀 등은 kg을 단위로 하여 나타납니다.

한 발짝 더!

단위는 필요에 의해 만들어 낼 수 있습니다. 예전에는 컴퓨터 저장 장치 용량을 나타낼 때 MB(메가바이트)를 사용했지만 지금은 GB(기가바이트), TB(테라바이트) 등으로 나타냅니다. 파일의 용량이 늘어났기 때문입니다. 무게 단위도 마찬가지입니다.

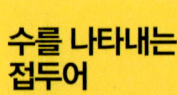

수를 나타내는 접두어

K(킬로) : 1000(천)
M(메가) : 1000000(백만)
G(기가) : 1000000000(십억)
T(테라) : 1000000000000(조)

1kg보다 훨씬 무거운 물체의 무게는 t(톤)을 사용하여 나타냅니다. 저수지 물의 양이나 운송 수단에 실을 수 있는 무게 등을 t으로 나타낼 수 있습니다. 1t은 1000kg과 같은 무게입니다.

반대로 약의 용량같이 1g보다 더 가벼운 물체의 양은 mg(밀리그램)으로 나타냅니다. 1000mg은 1g과 같습니다.

이러한 무게 단위 사이의 관계를 정리하면 다음과 같습니다.

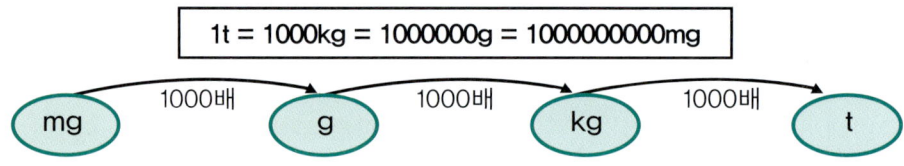

우리 주변에서는 g, kg, t을 어떤 경우에 사용하고 있을까요?
- mg : 약이나 음식물의 성분 함량을 나타낼 때
- g : 과일, 야채 등의 무게, 요리 재료의 필요량을 나타낼 때
- kg : 노트북, 텔레비전, 세탁기 등 큰 물건의 무게나 몸무게를 나타낼 때
- t : 운송 수단에 실을 수 있는 무게, 저수지 물의 양 등을 나타낼 때

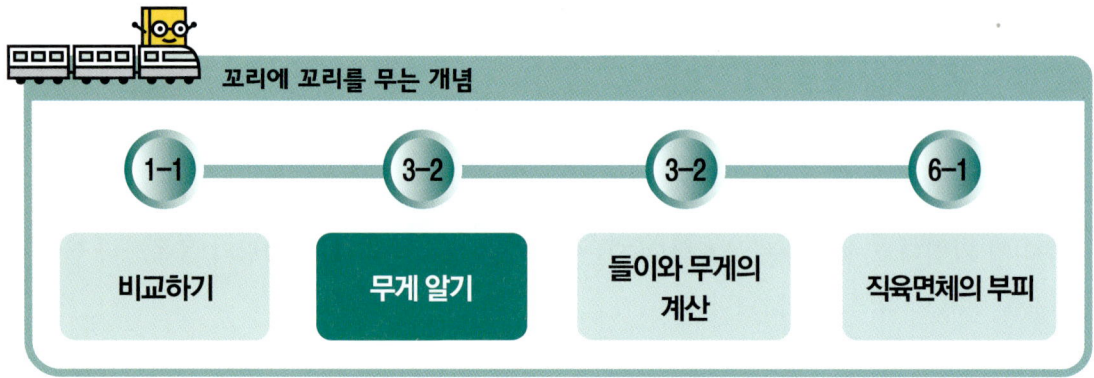

무엇이든 물어보세요

 크기가 크면 무게도 무거운가요?

반드시 그렇지는 않습니다. 풍선은 크기가 커도 안이 비어 있기 때문에 가볍습니다. 반대로 돌멩이는 크기가 작아도 안이 차 있기 때문에 무겁습니다.

 **왜 달에서는 몸무게가 줄어드나요?**

무게는 지구가 물체를 끌어당기는 힘을 말합니다. 우리 몸무게는 지구의 중력이 잡아당기는 힘에 의해 결정됩니다. 그래서 사실 몸무게는 '30kg중'으로 나타내는 것이 정확한 표현입니다.

달은 지구보다 중력이 약하기 때문에 달에서는 몸무게가 적게 나갑니다. 마찬가지로 중력이 전혀 없는 우주 공간에서는 몸무게가 거의 0에 가깝습니다.

 **아이가 3kg 420g와 3400g 중 어느 쪽이 더 무거운지를 모르는데, 어떻게 지도해야 할까요?**

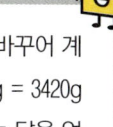

kg과 g이 섞여 있는 두 무게를 비교할 때는 단위가 작은 g으로 바꾸어 계산하면 편리합니다. 즉 1kg = 1000g이므로 3kg = 3000g, 3kg 420g = 3420g이 됩니다. 이제 3420g과 3400g을 비교하면 3kg 420g이 더 무겁다는 답을 얻게 됩니다.

| 들이와 무게 | **들이 알기** |

3학년 도형과 측정

들이가 정확히 무엇인가요?

 **아이는 왜?**

들이는 부피와 자주 혼동되어 쓰이는 용어입니다. 아이들이 들이의 개념을 정확히 이해하지 못하고 들이와 관련된 문제를 접하면 혼란스럽기 마련입니다.

 30초 해결사

들이 : 어떤 통이나 용기(그릇) 안에 들어갈 수 있는 공간의 크기

그릇의 들이 : 그릇에 담을 수 있는 최대한의 양

그릇의 들이

그것이 알고 싶다

들이는 어떤 통이나 용기(그릇) 안에 들어갈 수 있는 공간의 크기를 말합니다. 흔히 그릇 안에 담을 수 있는 양을 생각하면 됩니다.

들이를 학습할 때는 여러 모양의 그릇을 놓고 어떤 그릇의 들이가 가장 큰지 알아보는 등 직접 보고 판단할 수 있는 경험을 반복하는 것이 중요합니다.

흔히, 들이 지도에 가장 많이 쓰이는 것이 크기와 모양이 다른 2개의 그릇에 물을 가득 넣은 후 어느 그릇에 물이 더 많이 들었는지 알아보는 것입니다.

들이
들이는 양이므로 들이를 비교할 때는 '많다' 또는 '적다'라는 말을 사용한다.

크기와 모양이 다른 그릇의 들이 비교

방법① 그릇에 물을 가득 채운 후, 크기와 모양이 같은 큰 수조나 투명한 그릇에 물을 채운다. 투명한 그릇의 물의 높이를 비교한다.

방법② 각각의 그릇에 물을 가득 채운 후, 담긴 물을 작은 컵에 따라 컵의 수로 비교한다. 이것은 그릇의 크기와 모양에 상관없이 모두 이용할 수 있는 방법이 된다.

한 발짝 더!

주사기나 메스실린더, 계량컵 등에는 다음과 같은 눈금과 숫자가 쓰여 있습니다. 이것은 들이가 아니라 액체의 부피를 나타냅니다.

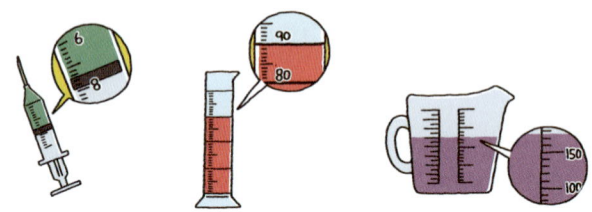

이때 주로 사용하는 단위는 1L(liter, 리터)와 1mL(milliliter, 밀리리터)입니다.

우유, 음료수 등에서 mL나 L를 사용하여 용기 안에 들어 있는 액체의 양(부피)을 나타낸 것을 쉽게 볼 수 있습니다.

1L = 1000mL

마트에 판매되는 우유갑 중에는 크기가 같지만 우유의 양(부피)이 다른 것이 있습니다. 같은 크기의 우유갑이지만 어떤 것은 200mL이고 다른 것은 180mL이지요. 이것은 우유갑의 들이는 200mL보다 크지만 들어 있는 우유의 부피가 200mL, 180mL임을 나타냅니다. 또한 같은 들이의 용기라도 들어 있는 액체의 부피는 다를 수 있습니다. 부피와 들이를 잘 구별하여야 하겠습니다.

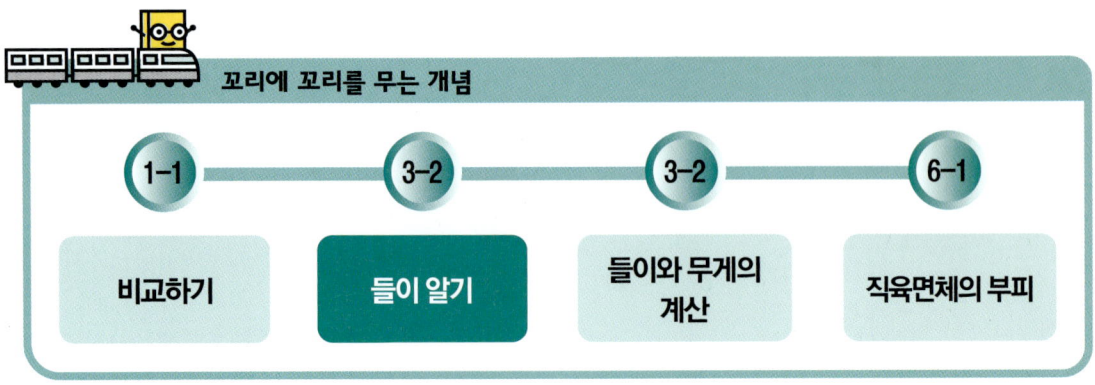

무엇이든 물어보세요

 들이는 물이나 우유 같은 액체의 경우에만 사용하나요?

그렇지 않습니다. 들이는 어떤 그릇이나 용기가 차지하는 공간의 크기를 의미하기 때문에 밀가루, 쌀과 같은 고체, 부탄가스와 같은 기체를 잴 때도 사용합니다.

 되, 말, 섬 등도 들이의 단위인가요?

되, 말, 섬은 옛날 우리 조상들이 사용했던 들이의 단위입니다. 예를 들어, '콩 1되', '쌀 1말' 등과 같이 곡식의 양을 나타낼 때 사용하였습니다.

1홉은 약 180mL, 1되는 약 1L 800mL이고, 1말은 약 18L, 1섬은 약 180L입니다. 따라서 각 단위 사이에 10배의 관계가 있다는 것을 알 수 있습니다.

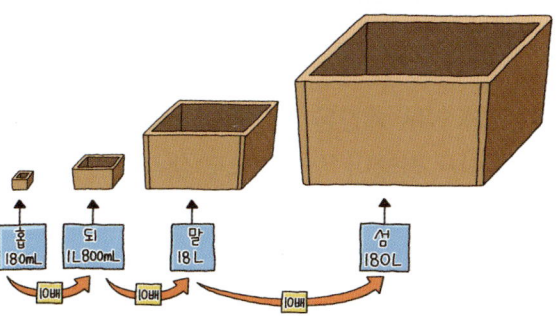

| 들이와 무게 | 들이와 무게의 계산 |

3L 600mL + 5L 700mL는 어떻게 계산해요?

 **아이는 왜?**

숫자 뒤에 단위가 있는 계산은 자연수의 덧셈, 뺄셈과 방법이 같지만, 아이들은 시간 계산 때와 같이 다른 방법이 있을 것으로 생각하는 경우가 있습니다. 무게와 들이의 계산은 자연수의 덧셈, 뺄셈과 같은 방법으로 하고 단위만 잘 처리해 주면 됩니다. 특히 단위 사이의 관계에 주의합니다.

30초 해결사

들이와 무게의 계산 방법

방법① 같은 단위로 바꾼 후 계산한다.

예) 8kg 100g − 3kg 900g = 8100g − 3900g
= 4200g
= 4kg 200g

방법② 같은 단위끼리 더하거나 뺀다.

예)　　　4L　800mL
　　　+ 5L　600mL
　　　―――――――――
　　　　9L 1400mL
　　　　1 ←1000
　　　―――――――――
　　　 10L　400mL

그것이 알고 싶다

들이와 무게의 계산은 덧셈, 뺄셈을 정확히 할 줄 알면 크게 어려울 것이 없습니다. 들이와 무게 모두 더하거나 빼는 방법은 같기 때문입니다.

단위의 통일

단위를 통일할 때는 작은 단위로 고친다. 큰 단위로 고치면 소수점이 생겨서 계산이 불편해진다.

방법① 같은 단위로 바꾸어 계산한다.

kg을 g으로 바꾸어 계산합니다. 1kg은 1000g입니다. 8kg 100g − 3kg 900g을 계산해 보겠습니다.

8kg 100g = 8kg + 100g
= 8000g + 100g
= 8100g

3kg 900g = 3kg + 900g
= 3000g + 900g
= 3900g

8kg 100g − 3kg 900g = 8100g − 3900g = 4200g = 4kg 200g

방법② 같은 단위끼리 더하거나 뺀다.

mL는 mL끼리, L는 L끼리 계산합니다. 단위가 작은 mL부터 계산하는 것이 보다 편리합니다. 덧셈에서 1000mL가 넘으면 1L로 바꾸어 더하고, 뺄셈에서 mL끼리 뺄 수 없으면 1L를 1000mL로 바꾸어 계산합니다.

```
    4L  800mL           5  1000
+   5L  600mL          6L  200mL
  ─────────         −  4L  900mL
    9L 1400mL          ─────────
    1 ←1000             1L  300mL
  ─────────
   10L  400mL
```

한 발짝 더!

시장에서 고기나 채소를 살 때는 '근'이라는 무게 단위를 사용할 때가 있습니다. 우리나라에서 고기 1근은 600g, 채소 1근은 500g입니다. 근은 종류에 따라 크기가 달라지는 탓에 혼란이 생기는 경우도 있습니다. 중국에서는 이런 혼란을 막기 위해 1근을 500g으로 통일하여 사용하고 있습니다.

감자와 같은 채소를 살 때는 '관'이라는 단위도 사용합니다.
1관은 3750g, 곧 3.75kg인데 옛날 엽전의 무게를 잴 때 사용했던 단위입니다.
이 외에 금이나 은을 거래할 때는 '돈'이라는 단위를 사용합니다. 1돈은 약 3.75g입니다.
이런 전통 단위는 그 종류가 많고 우리가 사용하는 미터법으로 바꾸는 것이 쉽지 않기 때문에 사용하는 데 있어 혼란스러운 경우가 많았습니다.
그리하여 우리나라에서는 2007년부터 미터법에 의한 단위만 사용하도록 하고 자, 평, 돈과 같은 전통 단위의 사용을 금지하고 있습니다. 그러나 아직도 많은 사람들이 평, 인치, 근과 같은 단위를 사용하고 있습니다. 예전에 쓰던 단위에 익숙해져 있기 때문입니다.
아이들이 미터법에 의한 단위를 생활 속에서 자연스럽게 사용할 수 있도록 지도하는 것이 좋습니다.

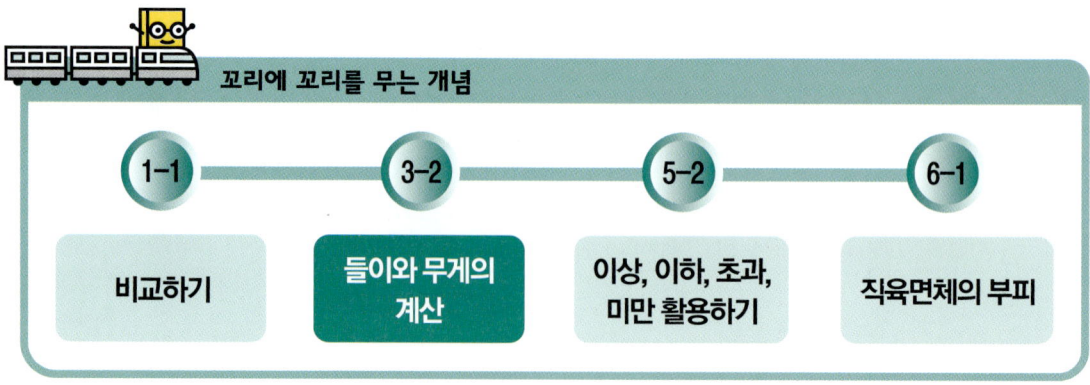

꼬리에 꼬리를 무는 개념

- 1-1 비교하기
- 3-2 들이와 무게의 계산
- 5-2 이상, 이하, 초과, 미만 활용하기
- 6-1 직육면체의 부피

무엇이든 물어보세요

2L 350mL를 mL로 바꾸지 못합니다. 무엇이 문제일까요?

L와 mL 사이의 관계를 모르기 때문일 것입니다. L는 mL보다 큰 단위로, 1000mL는 1L와 같습니다. 따라서 2L는 2000mL, 2L 350mL은 2350mL로 나타낼 수 있습니다. 1.5L 페트병의 1.5L는 1500mL를 나타냅니다.

3kg 800g + 9kg 420g의 답을 12kg 1220g이라고 하면 틀린 건가요?

틀렸다고 할 수는 없지만 12kg 1220g은 답이 아니라 계산하는 과정입니다. 즉, 1000g은 1kg이므로 1220g을 1kg 220g으로 바꾸어 13kg 220g이라고 해야 정확한 표현이 됩니다. 수학에서는 간단한 표현을 사용합니다. 따라서 단위 사이의 관계를 정리하여 보다 간단하게 표현하는 것이 좋습니다.

| 자료의 정리 | **그림그래프**

그림그래프에는 꼭 그림을 그려 넣어야 해요?

 **아이는 왜?**

그림그래프는 자료의 수를 그림으로 나타내어 이해하기 쉽게 만들어 놓은 그래프입니다. 그런데 주어진 수만큼 직접 그림을 그리려면 여간 어려운 일이 아닙니다. 또한 아이들은 그림을 자료의 수만큼 모두 그려야 한다고 생각할 수 있습니다.

 **30초 해결사**

- 그림그래프의 그림들은 스티커나 간단한 기호로 나타낼 수 있다.
- 그림을 그리는 것보다 그림그래프를 이해하는 것이 중요하다.
- 수치가 큰 경우에는 그림의 크기를 몇 가지로 구분하여 나타낸다.

 **그것이 알고 싶다**

그림그래프는 그림의 크기나 모양으로 자료의 양을 나타내는 그래프입니다. 다른 그래프에 비해 무엇을 나타내는지 쉽게 알 수 있다는 장점이 있습니다.

그림그래프는 그림의 상대적인 크기로 자료의 양을 표현합니다. 따라서 그림의 상대적인 크기를 비교하여 그림 하나가 얼마의 수를 나타내는지 알 필요가 있습니다.

이 그림에서 크게 그려진 소 그림 하나는 소 10만 마리를 나타내고, 작게 그려진 소 그림 하나는 소 1만 마리를 나타냅니다. 그림그래프에 표시된 그림이 얼마를 나타내는지 정확히 구분할 수 있어야 그래프를 제대로 이해할 수 있습니다.

또한 그림그래프를 만들 때는 소를 그리는 것이 핵심이 아닌 만큼, 스티커를 이용하거나 간단한 기호로 그림 그리기를 대신할 수 있습니다.

그래프
어떤 자료를 기준에 의해 분류하여 이해하기 쉽게 표현해 놓은 것을 말한다.

이 시기의 아이들은 수학적 아이디어를 다양하게 표현을 만들고 활용할 수 있습니다. 문제의 다양한 특징을 부각시키기 위해 그림 같은 비수학적 표현을 활용합니다. 이러한 표현들은 수학적 사고를 유발하고 문제 해결의 도구가 되며, 다른 사람과 자신의 사고를 소통하는 수단이 되기도 합니다.

다양한 종류의 그림그래프

한 발짝 더!

그림그래프는 가로축과 세로축 없이 단순히 그림만으로 자료를 표현할 수 있기 때문에 수학에 대한 지식 없이도 이해하기 쉽다는 장점이 있습니다. 또 그림으로 표시하면 다른 종류의 그래프보다 친근하게 느껴지기도 합니다.

'지역별 쌀 생산량'과 같이 여러 집단의 자료를 비교하는 경우에 그림그래프를 이용하면 막대그래프나 꺾은선그래프 등 다른 그래프에 비해 많은 정보를 제공할 수 있습니다. 지역의 위치 정보와 함께 자료를 한눈에 비교할 수 있기 때문입니다. 다음 그래프는 도별 소의 마리 수를 나타낸 그림그래프입니다. 지도 위에 마리 수를 표시함으로써 각 도의 위치까지 알려주는 효과가 있습니다.

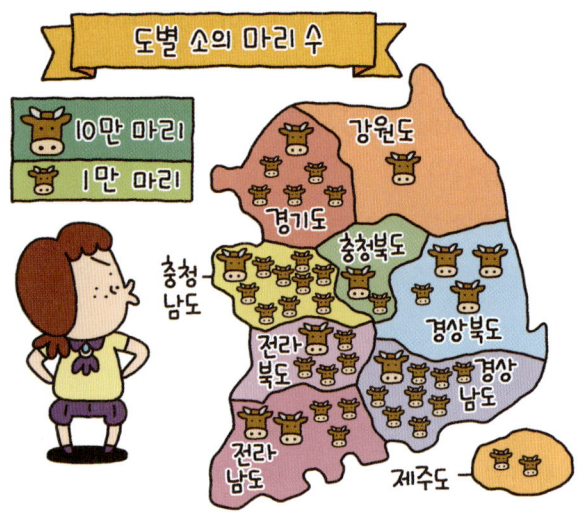

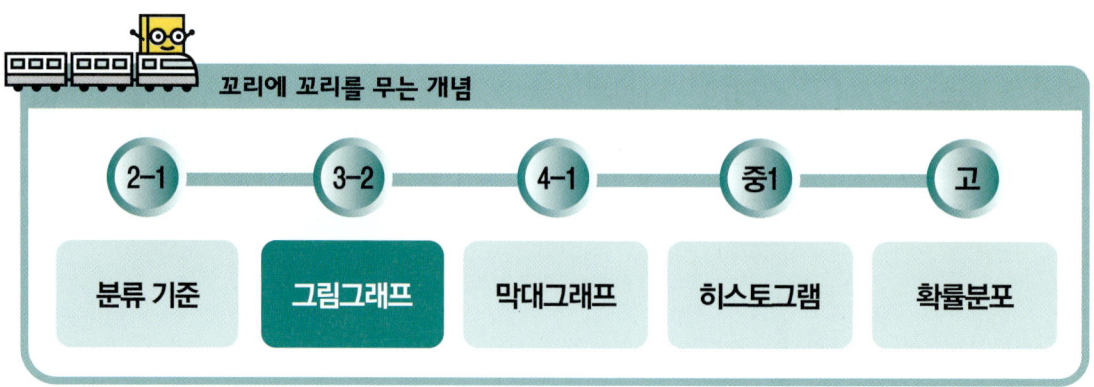

무엇이든 물어보세요

 **그림그래프를 그릴 때 자료를 하나씩 빠뜨립니다.**

자료를 읽고 해석하고 표현하는 능력은 짧은 기간에 완성되지 않습니다. 오랜 기간 꾸준히 노력하는 자세가 필요한 능력입니다. 따라서 아이들의 실수는 어떻게 보면 당연합니다. 그래프에 나타난 자료를 표에 나타낼 때 많은 아이들이 눈으로 자료의 개수를 세는 경향이 있는데, 이렇게 하면 1~2개씩 꼭 빠뜨리게 됩니다. 그림에서 표현된 자료의 값과 표에 나타난 자료의 값을 확인하는 과정을 거치도록 지도해야 하겠습니다.

 **그림그래프는 한 종류의 자료만 나타낼 수 있나요?**

막대그래프 또는 꺾은선그래프를 학습하고 나면 이러한 점을 궁금해할 수 있습니다. 예를 들어 '우리 학교 학생들이 좋아하는 음식'을 조사할 경우, 피자, 짜장면, 라면, 탕수육, 불고기 등 다양한 음식이 나올 수 있습니다. 이를 그림으로 나타내려면 어려움이 많을 것입니다. 그림그래프는 다양한 종류의 자료를 나타내기에는 어려움이 있기 때문에 1~2종류의 양을 나타낼 때 주로 쓰입니다.

4학년에 나오는 수학 용어와 기호

수와 연산
- ★ **수** 큰 수 • 다섯 자리 수 • 십만 • 백만 • 천만 • 억 • 조 • 소수 두 자리 수 • 소수 세 자리수
- ★ **연산** 곱셈 • 나눗셈 • 분수의 덧셈 • 분수의 뺄셈 • 소수의 덧셈 • 소수의 뺄셈

변화와 관계
- ★ **규칙** 배열 • 배열표

도형과 측정
- ★ **각도** 각 • 직각 • 예각 • 둔각
- ★ **수직과 평행** 수직 • 수선 • 평행 • 평행선 • 평행선 사이의 거리
- ★ **삼각형** 이등변삼각형 • 정삼각형 • 직각삼각형 • 예각삼각형 • 둔각삼각형
- ★ **다각형** 직사각형 • 정사각형 • 사다리꼴 • 평행사변형 • 마름모 • 다각형 • 정다각형 • 대각선
- ★ **평면도형의 이동** 밀기 • 뒤집기 • 돌리기
- ★ **각도** 도(°) • 각도기 • 각도기의 중심 • 각도기의 밑금 • 각도의 합 • 각도의 차
- ★ **어림** 이상 • 이하 • 초과 • 미만 • 반올림 • 올림 • 버림

자료와 가능성
- ★ **그래프** 막대그래프 • 꺾은선그래프 • 물결선 • 가로 눈금 • 세로 눈금

4학년 수학사전

4학년 수학은 5·6학년에서 배우게 될 수학의 기초가 되고, 수학의 여러 개념과 연계가 됩니다. 따라서 어느 하나 소홀히 해서는 안 됩니다. 큰 수를 다룰 때는 꼼꼼히 따져 보고 풀이 과정을 정리하는 학습 습관을 갖추고, 혼합 계산을 학습할 때는 논리적인 판단력이 요구되므로 자신이 푼 방법을 말로 설명해 보는 습관을 들입니다. 도형에서는 직각, 수직, 수선, 평행 등 용어의 뜻을 정확히 알고 이해하는 자세가 필요하며, 어림하기에 나오는 용어 역시 제대로 이해하지 못하면 실수하기 쉽습니다.

4학년의 자기 주도 학습 5계명

❶ 수학이 어렵게 느껴지는 시기입니다. 교과서에서 배운 내용을 말로 설명해 보는 훈련을 통해 기본 개념을 자신의 것으로 만들어야 합니다.
❷ 빠르게 풀기만 하는 연산은 이제 그만! 4학년에서 다루는 연산은 하나씩 차근차근 이해하고 계산 원리를 꼼꼼히 익힌 다음, 반복하여 연습합니다.
❸ 4학년에서는 새로운 도형을 많이 다루고 그리는 활동을 합니다. 각도기를 이용하여 정확히 각도를 재고, 자를 이용하여 도형을 깔끔하게 그릴 수 있도록 연습합니다.
❹ 자료를 조사하여 분류하고 방안지(모눈종이)에 직접 그래프를 그려 봅니다.
❺ 지금까지 교과서나 문제집만 풀었나요? 학교 밖에서 수학을 찾아보는 활동을 해 봅니다. 수학 체험 활동에 참여하거나 수학 관련 도서를 읽으며 수학이 어디에 사용되는지, 수학을 왜 배우는지 생각해 보세요.

4학년은 무엇을 배우나요?

4학년 1학기		
영역명	**주제**	**공부할 내용**
수와 연산	• 다섯 자리 이상의 수 이해하기 • 큰 수의 크기 비교하기 • 자연수의 곱셈과 나눗셈하기 • 곱셈의 계산 원리와 형식 이해하기 • 나눗셈의 계산 원리와 형식 이해하기 • 나눗셈의 몫과 나머지 구하기	1. 10000을 이해하고 쓰고 읽는다. 2. 다섯 자리 수를 이해하고 쓰고 읽는다. 3. 십만, 백만, 천만 단위의 수를 쓰고 읽는다. 4. 억부터 천조 단위까지의 수를 이해하고 쓰고 읽는다. 5. 큰 수 단위의 뛰어 세기를 한다. 6. 큰 수의 크기를 비교한다. 7. (세 자리 수)×(몇십), (세 자리 수)×(두 자리 수)의 계산 원리와 형식을 이해하고 계산한다. 8. (몇백몇십)÷(몇십), (두 자리 수)÷(몇십), (세 자리 수)÷(몇십)의 계산 원리와 형식을 이해하고 몫을 구한다. 9. 몫이 한 자리 수인 (두 자리 수)÷(두 자리 수), (세 자리 수)÷(두 자리 수)의 계산 원리와 형식을 이해하고 몫을 구한다. 10. 몫이 두 자리 수이고 나누어떨어지는 (세 자리 수)÷(두 자리 수)의 계산 원리와 형식을 이해하고 몫을 구한다. 11. 몫이 두 자리 수이고 나머지가 있는 (세 자리 수)÷(두 자리 수)의 계산 원리와 형식을 이해하고 몫을 구한다. 12. (세 자리 수)÷(두 자리 수)의 몫과 나머지를 구하고 결과를 확인한다.
변화와 관계	• 규칙적인 무늬 꾸미기 • 규칙을 수나 식으로 나타내기 • 규칙을 찾아 설명하기	1. 구체물이나 평면도형의 이동을 이용하여 규칙적인 무늬를 꾸밀 수 있다. 2. 수 배열표나 실생활에서 변화하는 수의 규칙을 찾고 설명한다. 3. 계산 도구를 이용하여 수의 규칙을 찾고 설명한다. 4. 도형이나 실생활에서 변화하는 모양의 규칙을 찾고 설명한다. 5. 계산식(덧셈, 뺄셈, 곱셈, 나눗셈)의 배열에서 규칙을 찾아본다. 6. 계산 도구를 이용하여 계산식(덧셈, 뺄셈, 곱셈, 나눗셈)의 배열에서 규칙을 추측하고 찾아본다. 7. 계산 도구를 이용하여 규칙적인 계산식을 만들고 설명한다.

초등학교 수학은 수와 연산, 변화와 관계, 도형과 측정, 자료와 가능성의 네 가지 영역으로 구성되어 있습니다. 그중 4학년에서 다루고 있는 내용을 영역별로 살펴보면 표와 같습니다. 표에서 제시한 주제에 따른 공부할 내용은 학생들이 수업을 통해 배우고 익히는 내용입니다.

4학년 1학기

영역명	주제	공부할 내용
도형과 측정	• 도형의 기초 이해하기 • 각도 측정하기 • 각 그리기 • 각도의 합과 차 구하기 • 평면도형 이동하기	1. 각의 크기를 비교한다. 2. 각도의 단위인 도(°)를 알고, 각도기를 이용하여 각의 크기를 측정한다. 3. 크기가 주어진 각을 그린다. 4. 직각과 비교하여 예각과 둔각을 구별한다. 5. 각도를 어림하고 각도기로 재어 확인한다. 6. 각도의 합과 차를 구한다. 7. 삼각형의 세 각의 크기의 합이 180°임을 안다. 8. 사각형의 네 각의 크기의 합이 360°임을 안다. 9. 구체물이나 평면도형을 여러 방향으로 밀고, 뒤집고, 돌리는 활동을 통하여 그 변화를 이해할 수 있고, 이동 후의 모양과 이동 과정을 표현한다.
자료와 가능성	• 막대그래프의 의미 이해하기 • 막대그래프 그리기	1. 막대그래프로 나타낸 자료를 보고 막대그래프의 특징을 이해한다. 2. 막대그래프를 보고 여러 가지 통계적 사실을 안다. 3. 막대그래프의 의미와 그리는 방법을 안다. 4. 실생활 자료를 수집하여 막대그래프로 그린다. 5. 실생활의 자료를 나타낸 막대그래프를 보고 의사 결정을 한다.

4학년 2학기		
영역명	주제	공부할 내용
수와 연산	• 분모가 같은 분수의 덧셈과 뺄셈하기 • 분수의 덧셈의 계산 원리와 형식 이해하기 • 분수의 뺄셈의 계산 원리와 형식 이해하기 • 소수의 덧셈과 뺄셈하기 • 소수 사이의 관계 이해하기 • 소수의 덧셈과 뺄셈의 계산 원리 이해하기	1. 분수 부분끼리의 합이 1보다 큰 두 분수의 덧셈원리를 이해하고 계산한다. 2. 분수 부분끼리 뺄 수 있는 두 분수의 뺄셈 원리를 이해하고 계산한다. 3. (자연수)÷(분수)의 계산 원리를 이해하고 계산한다. 4. 분수 부분끼리 뺄 수 없는 두 분수의 뺄셈 원리를 이해하고 계산한다. 5. 분수의 덧셈과 뺄셈을 활용하여 실생활 문제를 해결한다. 6. 소수 두 자리 수와 소수 세 자리 수를 이해하고 쓰고 읽는다. 7. 소수 사이의 관계를 안다. 8. 소수의 크기를 알고 두 소수의 크기를 비교한다. 9. 소수 한 자리 수와 소수 두 자리 수 범위의 덧셈과 뺄셈의 계산 원리를 이해하고 계산한다. 10. 1보다 큰 소수 두 자리 수 범위의 덧셈과 뺄셈의 계산 원리를 이해하고 계산한다. 11. 소수의 덧셈과 뺄셈을 해결하기 위한 다양한 방법을 찾는다.

4학년 2학기

영역명	주제	공부할 내용
도형과 측정	• 여러 가지 삼각형 이해하기 • 삼각형 분류하기 • 도형의 기초 이해하기 • 여러 가지 사각형의 성질 이해하기 • 사각형의 관계 이해하기 • 다각형의 의미 이해하기 • 대각선의 의미 이해하기 • 대각선 그리기	1. 삼각형을 각의 크기에 따라 분류한다. 2. 직각삼각형, 예각삼각형, 둔각삼각형의 정의와 성질을 이해한다. 3. 삼각형을 변의 길이에 따라 분류한다. 4. 이등변삼각형, 정삼각형의 정의와 성질을 이해한다. 5. 직각을 찾고, 수직과 수선을 이해한다. 6. 두 직선의 수직 관계와 평행 관계를 이해한다. 7. 평행선 사이의 거리를 이해하고 그 거리를 잰다. 8. 평행사변형을 이해하고 찾을 수 있으며, 그 성질을 설명한다. 9. 마름모를 이해하고 찾을 수 있으며, 그 성질을 설명한다. 10. 직사각형과 정사각형의 성질을 이해한다. 11. 다각형과 정다각형을 이해하고 찾는다. 12. 다각형과 정다각형의 뜻을 말한다. 13. 대각선을 이해하고 대각선을 그린다. 14. 모양 조각으로 여러 가지 모양을 만든다. 15. 주어진 도형을 이용하여 여러 가지 모양을 만들거나 채운다.
자료와 가능성	• 꺾은선그래프 이해하기 • 꺾은선그래프 그리기	1. 꺾은선그래프의 특징을 이해한다. 2. 주어진 자료나 표를 보고 꺾은선그래프를 그린다. 3. 꺾은선그래프의 의미를 안다. 4. 여러 가지 자료를 수집, 분류, 정리하여 꺾은선그래프로 나타낸다.

| 큰 수 | 자릿값 |

24는 이십사, 204는 이십사…
어, 뭐가 잘못된 거예요?

아이는 왜?

아이들은 금방 배운 개념을 다른 개념과 혼동하기도 하고, 아직 자릿값의 개념에 익숙하지 않아 24의 2는 20, 204의 2는 200이라는 사실을 알지 못하기도 합니다.

30초 해결사

자릿값에 따라 수의 크기는 달라진다.

47254 = 40000 + 7000 + 200 + 50 + 4

4	7	2	5	4
4	0	0	0	0
	7	0	0	0
		2	0	0
			5	0
				4

그것이 알고 싶다

어른들에게 쉽고 당연한 내용을 아이들은 힘들어하는 경우가 있습니다. 자릿값 개념도 그중 하나입니다. 우리 어른들은 오랜 기간 수를 접하였지만 아이들은 아직 수에 대한 경험이 많지 않습니다. 특히 큰 수를 다루어 본 경험은 거의 없습니다. 수에 대한 개념을 익히는 데는 많은 경험과 오랜 시간이 필요합니다.

자릿값
같은 숫자라도 자리에 따라 그 숫자의 값이 달라지는데, 이때 숫자가 있는 자리의 크기를 자릿값이라고 한다.

우리가 사용하는 숫자는 위치에 따라 값이 달라집니다. 같은 숫자라도 위치가 다르면 그 값이 다릅니다. 예를 들어, 333에서 처음 3은 300, 그다음 3은 30, 마지막 3은 3을 나타냅니다. 이를 각 숫자와 자릿값에 따라 다음과 같이 나타낼 수 있습니다.

$$333 = 300 + 30 + 3$$

204를 대다수의 아이들은 별다른 고민 없이 '이백사'라고 읽습니다. 그러나 어떤 아이는 문득 204가 20과 4를 표현한 것이라고 생각하기도 합니다. 자릿값에 대한 혼란이 생긴 탓입니다. 이러한 현상은 대개 일시적인 것입니다. 자릿값 개념이 제대로 형성되도록 관련 내용을 차근히 다시 한 번 짚으면 도움이 됩니다.

47254를 만의 자리, 천의 자리, 백의 자리, 십의 자리, 일의 자리 숫자가 나타내는 값의 합으로 나타내어 보겠습니다. 즉, 47254 = 40000 + ☐ + ☐ + ☐ + ☐의 빈 칸을 채워 봅니다.

만의 자리 숫자는 4, 천의 자리 숫자는 7, 백의 자리 숫자는 2, 십의 자리 숫자는 5, 일의 자리 숫자는 4입니다. 각 숫자가 나타내는 자릿값이 얼마인가 생각하면 쉽게 해결할 수 있습니다. 즉, 4는 40000, 7은 7000, 2는 200, 5는 50, 4는 4를 나타내므로 47254 = 40000 + 7000 + 200 + 50 + 4가 됩니다.

```
  4 7 2 5 4
      ⋮
  4 0 0 0 0
    7 0 0 0
      2 0 0
        5 0
          4
```

 한 발짝 더!

자릿값 개념을 익힐 때 자릿값 표를 이용하면 주어진 수에서 각 자리의 숫자와 자릿값이 얼마인지 쉽게 확인할 수 있고, 아이가 무엇을 이해하지 못하는지 금방 파악할 수 있습니다.

자릿값 표

	만의 자리	천의 자리	백의 자리	십의 자리	일의 자리
숫자					
수(자릿값)					

예를 들어 96307에서 각 자리의 숫자인 9, 6, 3, 0, 7을 자릿값 표 어디에 써야 하는지, 또 그 숫자들이 얼마를 나타내는지 따져 보는 활동이 매우 중요합니다. 이를 통해 아이들은 96307의 9는 만의 자리 숫자이고 90000을 나타내며, 6은 천의 자리의 숫자이고 6000을, 3은 백의 자리 숫자이고 300을, 0은 십의 자리 숫자이고 0을, 7은 일의 자리 숫자이고 7을 나타낸다는 것을 알게 됩니다.

이때 아이가 0을 사용한 이유도 말할 수 있도록 지도하면 좋습니다. 0은 십의 자리 숫자이지만 빈 자릿값을 표현하기 위해 사용한 것입니다.

96307을 각 자리 숫자가 갖는 값의 합으로 나타내면 96307 = 90000 + 6000 + 300 + 0 + 7 또는 96307 = 90000 + 6000 + 300 + 7이 됩니다.

위 식에서 십의 자리 숫자는 0이므로 생략하여 나타낼 수 있습니다. 203 = 200 + 3과 같이 자릿값이 0인 경우는 생략하는 것이 일반적입니다.

4학년에서는 만, 억, 조까지의 수를 다루는데, 이때도 만, 억, 조까지 나타낼 수 있는 자릿값 표를 만들어 활용하면 이해하는 데 도움이 됩니다.

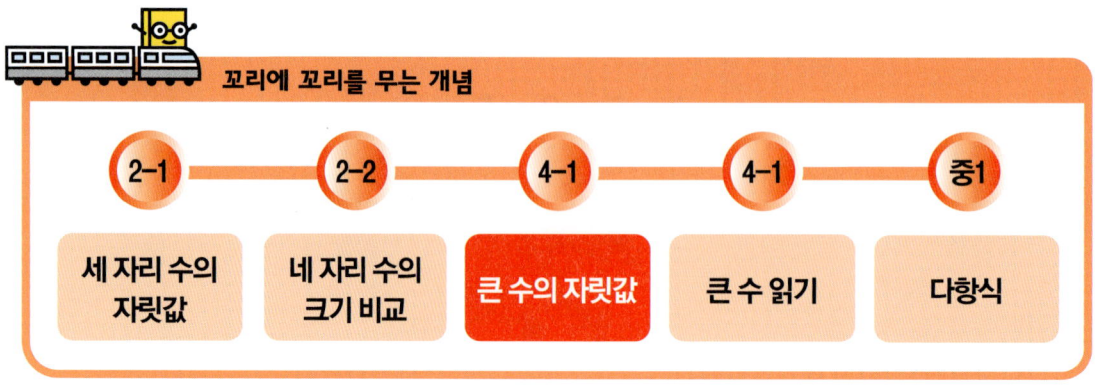

무엇이든 물어보세요

25371에서 3은 백의 자리 '숫자'인가요, 백의 자리 '수'인가요?

3은 백의 자리 숫자입니다. 숫자는 수를 나타내기 위한 기호입니다. 따라서 백의 자리에 3이라는 숫자를 사용하여 300이란 수를 나타낸 것입니다.

수와 숫자는 상당히 헷갈리는 용어입니다. 아이들에게 수와 숫자를 구분하도록 지나치게 강조하여 지도하지는 않아도 됩니다.

인도-아라비아 숫자처럼 다른 숫자들도 자릿값이 있나요?

우리가 사용하는 인도-아라비아 숫자는 자릿값에 따라 수의 크기가 달라지지만, 로마숫자나 이집트숫자는 각 자릿값마다 수를 나타내는 숫자가 따로 있습니다. 예를 들어, 30을 나타낼 때 우리는 십의 자리에 3을 쓰고 일의 자리에 0을 쓰지만, 로마숫자와 이집트숫자로는 각각 10을 나타내는 X와 ∩를 3개씩 써서 X X X와 ∩∩∩ 으로 나타냅니다. 즉 로마숫자나 이집트숫자에는 자릿값의 개념이 없습니다.

인도 - 아라비아 숫자	로마숫자	이집트숫자	한자
3	III	|||	三
30	X X X	∩∩∩	三十
300	CCC	↺↺↺	三百
3000	MMM		三千

| 큰 수 | **큰 수 읽기** |

8326801023603167은 어떻게 읽어요?

 **아이는 왜?**

큰 수를 읽을 때 뒤에서부터 '일, 십, 백, 천, …' 자릿값을 세며 읽어 본 경험이 있을 것입니다. 그런데 수가 아주 커지면 자릿값을 세는 것 자체가 힘이 듭니다. 아주 큰 수를 읽을 때에는 전략(방법)이 필요합니다.

 **30초 해결사**

천백십   천백십   천백십   천백십
8326 / 8010 / 2360 / 3167
   조   억   만

1. 일의 자리부터 네 자리씩 끊어 표시한다.
2. 처음 끊은 부분부터 만, 억, 조 순서로 적는다.
3. 몇천 몇백 몇십 몇 조와 같이 '천백십'을 이용하여 수를 읽는다.

그것이 알고 싶다

㉮ 372
㉯ 8326801023603167

㉮의 372와 같이 천의 자리 이하의 수는 누구나 별다른 어려움 없이 읽을 수 있습니다. 하지만 ㉯를 읽는 것은 쉽지 않습니다. 일의 자리부터 일, 십, 백, 천, … 자릿값을 따져 가며 읽어 보려 하지만 금방 자릿값을 잊어버려서 같은 과정을 반복하다 포기한 경험이 있을 것입니다. 큰 수를 읽는 데는 아래와 같은 전략(방법)이 필요합니다.

①단계
우선 수를 일의 자리부터 네 자리씩 끊어 표시합니다. 우리말로 수를 읽을 때는 '만, 억, 조' 와 같이 네 자리(1000 단위)씩 끊습니다.

8326 / 8010 / 2360 / 3167

②단계
처음 끊은 부분부터 만, 억, 조 순서로 적습니다. 초등학교에서는 조까지만 다룹니다.

8326 / 8010 / 2360 / 3167
　조　　　억　　　만

전략
문제를 해결하기 위한 나름대로의 방법. 같은 문제에도 사람마다 다른 전략을 사용할 수 있다.

③단계
이제 '천백십'을 이용하여 수를 읽습니다.

천백십　천백십　천백십　천백십
8326 / 8010 / 2360 / 3167
　조　　　억　　　만

그럼 '팔천삼백이십육조 팔천십억 이천삼백육십만 삼천백육십칠'이 됩니다.

이 방법을 사용하면 아무리 큰 수라도 쉽게 읽을 수 있습니다. 큰 수를 한꺼번에 읽으려 하지 말고 수 읽기 방법에 따라 정확히 읽는 연습을 합니다.

한 발짝 더!

수를 읽거나 쓰려면 자릿값을 정확히 알고 있어야 합니다. 그런데 어른들도 큰 수를 읽거나 쓸 때 종종 어려움을 겪습니다. 누구에게나 통장에 적힌 잔액을 읽으려 일, 십, 백, 천, … 하고 일일이 자릿값을 세어 본 경험이 있습니다. 이는 수를 표현하는 방법이나 읽는 방법 자체에 익숙하지 않기 때문입니다.

아이들에게도 큰 수를 읽는 것은 상당히 헷갈리는 일입니다. 게다가 아이들은 어른들보다 큰 수를 다루어 본 경험이 적기 때문에 큰 수의 크기를 어림하거나 상상하기가 쉽지 않습니다. 큰 수 읽는 방법을 익히기 위해 다음과 같은 표를 이용하면 편리합니다.

숫자	2	3	6	1	0	4	2	7	5	1	6	9
자릿값	천	백	십	일	천	백	십	일	천	백	십	일
				억				만				

또 숫자 카드나 숫자 블록으로 큰 수를 만들어 읽는 연습을 하면 점차 어렵지 않게 큰 수를 읽게 될 것입니다.

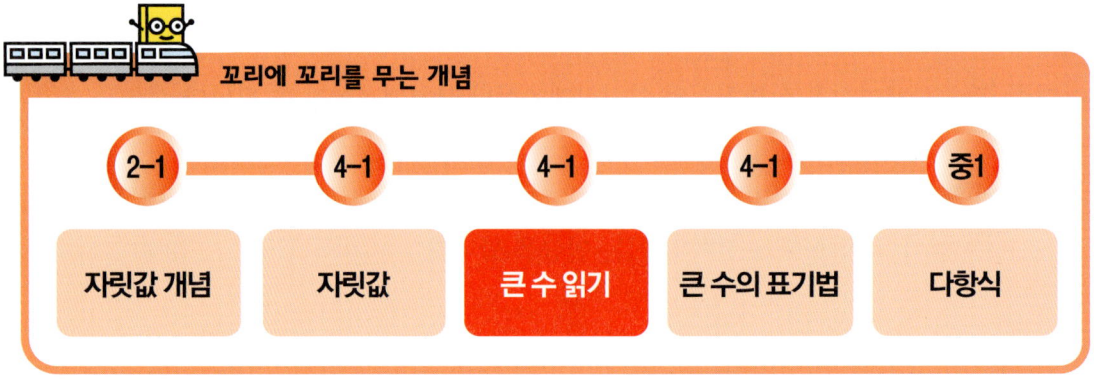

무엇이든 물어보세요

네 자리씩 끊어 읽으라 했는데, 은행 통장을 보면 세 자리마다 쉼표(,)가 찍혀 있습니다.

네 자리씩 끊어 읽는 것이 우리말(한국어)에 맞습니다. 세 자리씩 끊어 읽거나 표기하는 것은 서양식 방법입니다. 영어로 수를 읽을 때는 세 자리씩 끊어 읽는 것이 자연스럽습니다. 9,123,456,789를 영어로는 nine

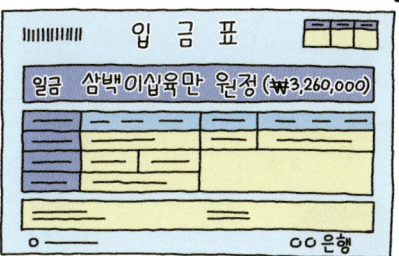

billion one hundred twenty-three million four hundred fifty-six thousand seven hundred eighty-nine이라고 읽습니다. billion(1,000,000,000), million(1,000,000), thousand(1,000)로 세 자리씩 끊어 읽지요. 우리에게 서양식 표기법은 다소 어색한 것이 사실이지만, 우리나라에 인도-아라비아 숫자가 들어와 사용되고 서양식 상업이 발달하면서 돈의 액수를 나타내거나 자료를 수치화할 때 세 자리마다 쉼표를 찍어 표시하는 것이 일반화되었답니다.

12463843798700을 12조 4638억 4379만 8700으로 나타내도 되나요?

수를 표현하는 방법은 여러 가지입니다. 326을 삼백이십육으로 나타낼 수도 있고, 3백2십6으로 나타낼 수도 있는 것처럼 숫자와 한글을 함께 쓰는 것도 수를 표현하는 한 방법이 될 수 있습니다. 그냥 숫자로만 된 수보다 읽기 편하다는 장점도 있습니다. 다만 이 경우에도 네 자리씩 끊어 나타내는 것이 좋겠습니다.

| 큰 수 | **수 표기법** |

1,000이나 10,000에는 쉼표가 찍혀 있어요. 꼭 찍어야 하나요?

4학년 수와 연산

아이는 왜?

일상생활에서 보게 되는 수에는 세 자리마다 쉼표(,)가 찍혀 있습니다. 왜일까요? 그 이유는 사실 어른들도 정확히 알지 못할 수 있습니다. 수학 교과서에서도 기본적으로 쉼표를 쓰지 않기 때문에 아이들에게는 생소한 면이 있습니다.

30초 해결사

큰 수에 세 자리마다 쉼표를 찍는 것은 세계 대부분의 나라에서 사용하는 표기 방법이다.

8950 = 8,950   846894226782 = 846,894,226,782

그것이 알고 싶다

일반적으로 수학 교과서에서는 수를 표현할 때 쉼표를 찍어 구분하는 경우가 없습니다. 수학에서는 이를 지수(10의 거듭제곱)로 간단히 나타냅니다. 예를 들어, 지구에서 해왕성까지의 거리 4500000000km는 다음과 같이 나타냅니다.

$$4500000000\text{km} = 4.5 \times 10^9 \text{km}$$

그런데 수학 교과서를 제외한 국어나 사회, 과학 교과서에서는 쉼표를 사용합니다. 수학과 달리 다른 과목에서는 일상적으로 사용하는 수 표기법을 그대로 따른 것으로 해석할 수 있습니다.

수를 나타낼 때 세 자리마다 쉼표를 사용하는 것은 영어식 표현법입니다. 아이에게 쉼표를 사용하는 방법은 세계 대부분의 나라에서 사용하고 있는 표기 방법이라는 사실을 알려 줍니다.

만약 숫자를 넷씩 잘라서 쉼표를 찍으면 어떨까요? 쉼표가 하나인 1,0000은 (1)만이 되고 쉼표가 2개인 1,0000,0000은 1억이 되며, 쉼표가 3개인 1,0000,0000,0000은 1조가 됩니다. 그리고 10,0000은 쉼표 앞 두 자리가 십이고 쉼표 뒤가 만이므로 (1)십만이 됩니다. 마찬가지로 375,0000,0000은 쉼표 앞 세 자리가 3백7십5, 그 뒤로 쉼표가 2개이므로 억, 즉 3백7십5억이 됩니다. 뒤에서부터 일, 십, 백, 천, … 하면서 자릿수를 찾아 읽을 필요가 없습니다. 자릿수가 많아도 읽기가 쉽습니다.

그러나 수학은 만국 공통어이므로 이렇게 우리말 방식으로 쓰면 편리하기는 해도 혼란이 일 것입니다. 또한 돈에 사용하는 숫자의 경우, 국제적인 통화에서 오는 혼동도 피할 수 없겠지요. 이런저런 이유로 이렇게 쉬운 표기법을 사용하지 못하는 현실이 안타깝습니다.

한 발짝 더!

세 자리씩 끊어 읽기는 영어식 표현법에서 유래되었습니다. 우리말로는 네 자리씩 끊어 읽는 게 편하지만 세 자리씩 끊어 읽는 것이 일반적인 방법입니다. 특히 돈을 나타낼 때 세 자리씩 끊어 표시합니다. 예를 들어 이백삼십오만 칠천 원을 인도-아라비아 숫자로 표기하면 2,357,000원이 됩니다. 초등학생들은 아직 1,000,000원이 얼마인지 쉽게 알 수 없지만 어른들은 이런 표기법에 익숙하기 때문에 1,000,000원이 100만 원이라는 것을 쉽게 알 수 있습니다.

영어로 수를 읽는 방법

- 1,000   one thousand(1천)
- 10,000   ten thousand(1만)
- 100,000   one hundred thousand(10만)
- 1,000,000   one million(100만)
- 10,000,000   ten million(1000만)
- 100,000,000   one hundred million(1억)
- 1,000,000,000   one billion(10억)
- 1,000,000,000,000   one trillion(1조)

예) 123,456,789 : one hundred twenty-three million, four hundred fifty-six thousand, seven hundred eighty-nine

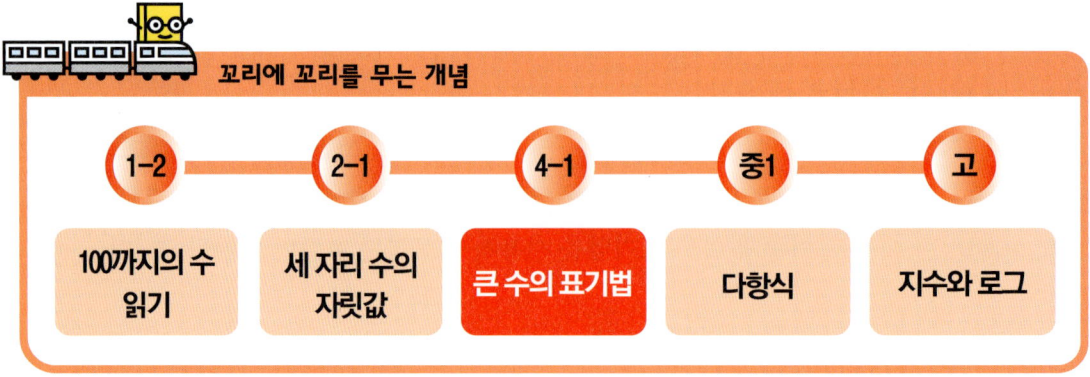

무엇이든 물어보세요

꼭 쉼표를 써야 하나요? 10,500을 10.500이라고 쓰면 안 되나요?

10,500은 만 오백이고, 10.500은 십 점 오(10.5)입니다. 쉼표 대신 마침표를 사용하면 소수가 되기 때문에 전혀 다른 수가 됩니다. 수학에서는 사용하는 기호나 쓰임에 따라 의미가 전혀 달라지는 경우가 많습니다. 따라서 아이들이 수학 기호를 정확히 사용할 수 있도록 늘 관심을 가져야 하겠습니다.

3250원을 3천250원이라고 써도 되나요?

3250원을 3천250원으로 써도 상관없습니다. 물론 교과서에서는 네 자리씩 끊어 나타내고 있습니다. 36308251원을 3630만 8251원과 같이 표현하지요. 하지만 3천630만 8천251과 같이 나타내도 됩니다. 다만 네 자리씩 띄어 써야 하는 것에 주의합니다. 예외적으로 은행에서는 위·변조를 막기 위해 금액을 띄어 쓰지 않기도 합니다.

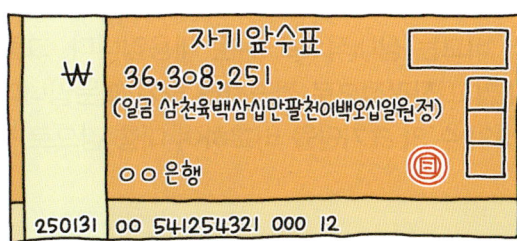

| 큰 수 | 수의 크기 비교, 자릿값 |

4학년 수와 연산

숫자가 크면 큰 수 아닌가요?

 **아이는 왜?**

두 수의 크기 비교는 상대적으로 쉬운 내용입니다. 그럼에도 자주 틀리는 것은 하나씩 따져 보지 않고 직관적으로 접근하려 하기 때문입니다. 자릿수와 자릿값에 대한 이해 없이 '0~9의 수'의 크기만을 비교하여 대충 감으로 찍기 때문에 자꾸 틀리는 것입니다.

 **30초 해결사**

4725 4879
(4자리)   (4자리)

375806 98903
(6자리)   (5자리)

자릿수가 같으면
높은 자리부터 비교한다.

자릿수가 다르면 자릿수가
많은 쪽이 큰 수이다.

 **그것이 알고 싶다**

두 수의 크기 비교에서는 단순하고 쉬운 문제도 꼼꼼히 따져 보는 연습이 필요합니다. 각 자리의 숫자와 자릿값을 하나씩 짚어 가며 살펴봅니다.

예를 들어 120과 107의 크기를 비교하기 위해 각 수의 숫자를 자릿값에 맞춰 씁니다.

백의 자리	십의 자리	일의 자리
1	2	0
1	0	7

그런 다음 큰 자릿값의 숫자부터 차례대로 비교합니다.
120과 107에서 백의 자리 숫자는 같으므로 그다음 자릿값인 십의 자리 숫자를 비교합니다. 이때 2가 0보다 큰 수이므로 120이 107보다 큰 수입니다.

아이들은 이런 과정을 귀찮아합니다. 하지만 수학을 배우는 이유 중 하나가 논리적인 사고력을 기르는 것이라고 볼 때 하나씩 따져 살펴보는 것은 아주 좋은 공부 방법이 됩니다.

다양한 수를 쉽게 만들 수 있는 숫자 블록이나 숫자 카드를 활용하여 수의 크기를 비교하는 활동을 하면 그 내용을 이해하는 데 도움이 됩니다. 또 숫자 카드 중 임의로 3장을 뽑은 다음 그 숫자만으로 가장 큰 수나 가장 작은 수를 만들어 봅니다.

아이에게 자릿값에 대한 개념이 명확히 형성되어 있으면 아이가 이러한 활동을 무리 없이 할 수 있습니다. 좀 더 익숙해지면 두 번째로 큰 수를 만들어 보는 활동으로 확장할 수 있습니다.

크기 비교

수의 크기 비교는 상대적인 개념이다. 2는 1보다 크지만 5보다는 작다. 수의 크기를 비교할 때는 두 수의 관계를 잘 따져 보아야 한다.

숫자 블록

숫자 블록은 큰 수를 쉽게 만들고 변형할 수 있어 큰 수 읽기나 수의 크기 비교 활동에 유용하다. 간단히 달력의 숫자를 잘라 사용하거나 유아용 숫자 카드 등으로 대신할 수 있다.

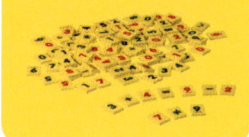

한 발짝 더!

세 자리 수보다 더 큰 수를 비교할 때도 같은 방법을 사용합니다. 먼저 두 수의 자릿수를 비교합니다. 당연히 자릿수가 많은 수가 큰 수입니다. 만약 자릿수가 같다면 맨 앞자리의 수부터 하나씩 따졌을 때 자릿값의 숫자가 큰 쪽이 더 큰 수입니다.

9자리의 두 수 256300341과 258035461의 크기를 비교해 보겠습니다.
이 두 수는 제일 큰 자릿값의 숫자가 2로 같고, 그다음 숫자도 5로 같습니다. 세 번째 큰 자릿값의 숫자에서 8이 6보다 크므로 256300341이 258035461보다 작은 수입니다.

가로로 놓아 비교할 때는

$$2 / 5630 / 0341 \qquad 2 / 5803 / 5461$$

이와 같이 네 자리씩 끊으면 비교하기 쉽고, 두 수의 크기가 얼마쯤 차이 나는지도 어림해 볼 수 있습니다.
즉, 2/5630/0341과 2/5803/5461에서 백만의 자릿값이 6과 8이므로 두 수의 차이가 약 2백만 정도임을 알 수 있습니다.

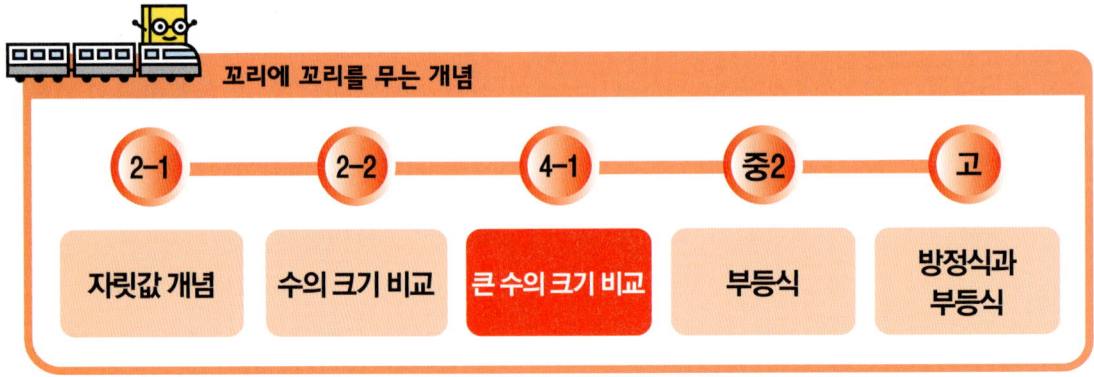

무엇이든 물어보세요

아이가 자릿수와 상관없이 맨 앞자리 숫자만 보고 수의 크기를 비교하려 합니다.

자릿값에 대한 개념을 정확히 지도할 필요가 있습니다. 자릿값에 대한 이해가 없으면 수의 크기를 짐작할 수 없습니다. 앞에서 다룬 방법대로 자릿수를 따져 크기를 비교하도록 지도해야 하겠습니다.

아이들이 수의 자릿값을 이해하게 되면 어떤 효과가 있나요?

첫째, 두 수의 크기 비교를 쉽게 할 수 있습니다. 작은 수는 구체물을 하나씩 세면서 비교가 가능하지만 큰 수는 일일이 세면서 비교하는 것이 어렵습니다. 그러나 자릿값의 개념을 알고 두 수를 비교하면 구체물이 없어도 비교가 가능합니다.

둘째, 263 + 358과 같은 문제에서 왜 일의 자리인 3과 8을 더하고 십의 자리인 6과 5를 더하고 백의 자리인 2와 3을 더해야 하는지 자연스럽게 알게 됩니다.

셋째, 받아올림이나 받아내림이 있는 덧셈과 뺄셈을 쉽게 이해하고 해결할 수 있게 됩니다.

| 곱셈과 나눗셈 | 몇백의 곱, 몇천의 곱

400 × 500을 계산하려면 4와 5를 곱하고 0을 4개 붙이면 되죠?

 **아이는 왜?**

400은 100이 4개인 수입니다. 그런데 4 뒤에 0이 2개 붙은 수로 생각하는 아이들이 있습니다. 이런 아이들은 0의 개수를 세어 곱셈의 결과를 구하려 합니다. 이렇게 하면 구구단과 같은 한 자리 수 또는 두 자리 수의 곱셈은 쉽게 해결되지만 세 자리 수 이상에서는 어림이 쉽지 않아 엉뚱한 결과를 내기도 합니다.

30초 해결사

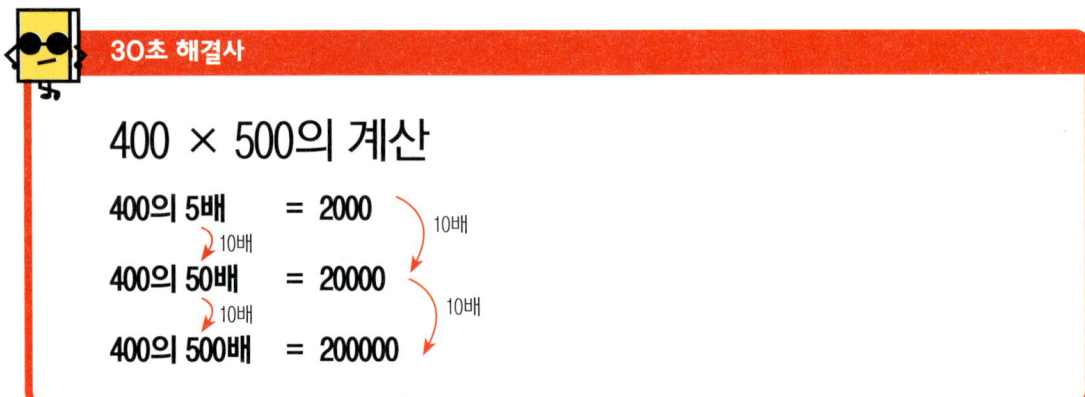

그것이 알고 싶다

구구단을 안다고 곱셈을 잘하는 것은 아닙니다. 곱셈에서는 곱셈 과정(알고리즘, 계산 절차)을 이해하는 것이 중요합니다. 아이들은 계산 절차를 따져 가며 푸는 것보다 암기에 의존하여 풀려는 경향이 강해 곱셈 문제에서 자주 오류를 범하게 됩니다. 곱셈에서는 공식(풀이 방법)을 이용하여 푸는 것도 중요하지만 무엇보다 그 과정을 이해하는 것이 필요합니다.

3학년 때 (두 자리 수) × (두 자리 수)를 배워 이미 곱셈에 대한 자신감이 생겼을 것입니다. 그런데 4학년이 되어 곱셈이 어려운 이유는 400 × 500과 같이 수가 커지기 때문입니다. 400 × 500을 계산하기에 앞서 곱셈 과정에서 규칙을 발견하는 연습이 필요합니다.

4학년이라면

4 × 5 = 20, 40 × 5 = 200

이 정도 곱셈은 별 어려움 없이 해결할 수 있습니다. 이제 여기서 곱하는 수 중 하나를 10배 하여 자릿수를 늘려 나가는 전략이 필요합니다.

위 곱셈식에서 40 × 5 = 200이고, 40 × 50은 40 × 5에 10을 곱한 수이므로 2000이 됩니다. 이때 40 × 5 = 200에서 40 × 50 = 2000이 되는 이유를 꼭 따져 보아야 합니다.

$$40 \times 5 = 200$$
$$40 \times 50 = 40 \times 5 \times 10$$
$$= 200 \times 10$$
$$= 2000$$

이렇게 한 단계씩 따져 나가면 4 × 5 = 20에서 출발하여 400 × 500 = 200000이 되는 이유를 설명할 수 있게 됩니다.

```
 4 × 5 = 20
   10배      10배
40 × 5 = 200
   10배      10배
40 × 50 = 2000
   10배      10배
40 × 500 = 20000
   10배      10배
400 × 500 = 200000
```

이런 과정을 어느 정도 반복하여 개념을 제대로 익힐 필요가 있습니다. 그래야 바른 수학적 이해를 통해 (몇십) × (몇백), (몇백) × (몇천)을 제대로 해결할 수 있게 됩니다.

한 발짝 더!

어른들의 조급한 마음은 아이들에게 섣부른 공식화를 주문합니다.

이는 알고 있어야 하는 내용이기는 하지만 그렇다고 성급하게 지도할 필요는 없습니다. 앞서 설명한 대로 계산 원리에서 규칙을 발견하도록 지도하는 과정이 훨씬 중요합니다. 아이 스스로 위 방법을 터득하거나 적어도 40 × 5, 40 × 50, 40 × 500의 유도 방법에 충분히 익숙해지면 아이 스스로 문제를 해결하는 응용력을 발휘하게 됩니다.

이후 세로셈의 계산 방법을 알려 주면 보다 편리하게 계산할 수 있습니다. 이때 중요한 것은 역시 0의 개수입니다.

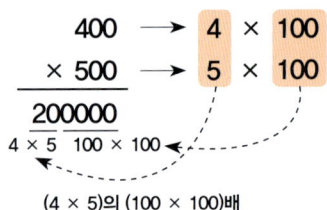

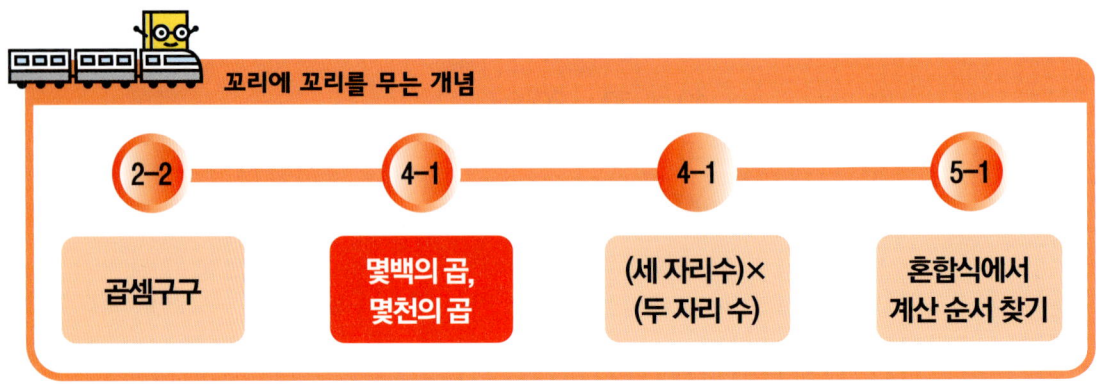

무엇이든 물어보세요

> 50 × 700을 계산하는데, "5 × 7 = 35, 0은 3개. 그러니까 답은 35, 영영영(000)." 이렇게 계산합니다. 35000은 온데간데없습니다. 이렇게 풀어도 괜찮을까요?

괜찮습니다. 좀 더 욕심을 낸다면 수를 제대로 읽고 수의 크기를 짐작할 수 있으면 좋겠습니다. 하지만 우선 곱셈의 결과를 구한다는 목표에는 도달했다고 봅니다. 다만 무의미하게 공식으로만 곱셈 방법을 알고 있으면 안 됩니다. 그 원리를 알고 있는지 확인해 보고, 답을 구하는 과정에서 자신만의 언어로 표현할 수 있다면 아무런 문제가 없습니다. 그러나 나중에 수를 읽을 때는 삼만 오천이라고 읽도록 지도합니다.

> 70 × 300을 '70 × 300 = 7십 × 3백 = 21 × 천 = 21000'과 같이 풀어도 괜찮은가요?

교과서대로라면 '70 × 300 = 7 × 10 × 3 × 100 = 7 × 3 × 10 × 100 = 21 × 1000 = 21000'과 같이 푸는 것이 일반적입니다. 그러나 아이가 고민하여 이러한 방법을 발견해 냈다면 이 또한 좋은 풀이 과정이 될 수 있습니다. 다만 서술형 평가와 같은 시험문제의 풀이로는 적합하지 않을 수 있습니다. 시험의 답안으로 쓰는 것이라면 가급적 교과서에 제시된 표현 방법을 따르는 것이 좋습니다.

| 곱셈과 나눗셈 | **(세 자리 수) × (두 자리 수)**

수가 커지니까 곱셈을 하다가 자꾸 헷갈려요.

 **아이는 왜?**

대부분의 계산은 표준적인 계산 절차를 따르면 편리하게 답을 구할 수 있습니다. 곱셈도 마찬가지입니다. 곱셈의 계산 절차를 제대로 익히지 못하면 곱셈을 할 때마다 매번 비슷한 실수와 질문을 합니다.

 **30초 해결사**

보조선을 그으면 자릿값을 혼동하거나 숫자를 빠뜨리는 실수를 막을 수 있다.

```
        2 6 2              2 6 2
    ×     4 0          ×     4 0
    1 0 4 8 0              0 0 0
                       1 0 4 8
                       1 0 4 8 0
```

그것이 알고 싶다

대부분의 곱셈은 가로셈보다 세로셈으로 푸는 것이 간편합니다. 그래서 간단히 계산할 수 있는 곱셈이 아닌 경우에 가로셈을 세로셈으로 고쳐 풀면 실수를 줄이면서 정확하게 계산하는 데 도움이 됩니다.

$$574 \times 30$$
$$826 \times 47$$

이런 문제라면 세로셈으로 고쳐 푸는 것이 편할 텐데, 이때 아이들은 보통 자릿값에 대해 혼란스러워 합니다. 계산 문제에서는 알고리즘(계산 절차)을 잘 따라야 합니다. 절차를 따르는 것은 아이들이 귀찮아하는 부분이기도 합니다.

아이들 입장에서 곱셈은 두 수의 숫자를 하나씩 번갈아 가며 곱하는 계산입니다. 그런데 여기서 자릿값이 어떻게 정해지는지 정확히 이해하지 못하는 경우가 많습니다. 따라서 몇 가지 경우를 따져 가며 자릿값에 대해 이해할 필요가 있습니다.

① 574×30 → ② $\begin{array}{r} 574 \\ \times 3 \\ \hline \end{array}$ → ③ $\begin{array}{r} 574 \\ \times 30 \\ \hline \end{array}$

예를 들어, 574×30의 계산에서 0을 무시하고 574×3만 계산하는 아이들이 있습니다. 세로셈에서도 마찬가지입니다. 그 이유는 ②와 ③의 차이를 이해하지 못하기 때문입니다.

아이들이 574×3과 574×30의 값이 다름을 실제 계산을 통해 알아내도록 지도하고, (세 자리 수) × (몇십)의 계산에서는 0을 일의 자리에 쓴 후 (세 자리 수) × (몇)을 구하여 0 왼쪽에 쓰도록 형식화합니다.

곱셈 전략

곱셈의 원리와 계산 방법을 익히면 어느 정도 곱셈을 숙달하여 곱셈에 익숙해져야 한다. 이때 원리와 개념은 빠지고 공식화된 곱셈 방법만 익히면 기계적 암기가 되므로 종종 원리와 개념에 따라 계산해 보면서 이해 정도를 확인하는 것이 필요하다.

$$\begin{array}{r} 574 \\ \times 30 \\ \hline 17220 \end{array}$$

한 발짝 더!

(세 자리 수) × (두 자리 수)의 계산은 곱하는 두 자리 수에 0이 있는 경우와 0이 없는 경우를 구분하여 지도합니다. 0이 있는 경우라면 0을 일의 자리로 내려 쓰고, 0이 없는 경우에는 곱하는 수의 일의 자리 곱과 십의 자리의 곱을 더합니다.

예를 들어, 236 × 47에서 곱하는 수인 47은 40 + 7과 같습니다. 따라서 십의 자리와 일의 자리를 분해하여 계산합니다.

$$236 × 47 = 236 × 40 + 236 × 7$$

가로셈일 때는 236과 십의 자리가 먼저 계산되고 거기에 일의 자리의 곱이 더해지지만 세로셈에서는 일의 자리부터 계산하게 됩니다.

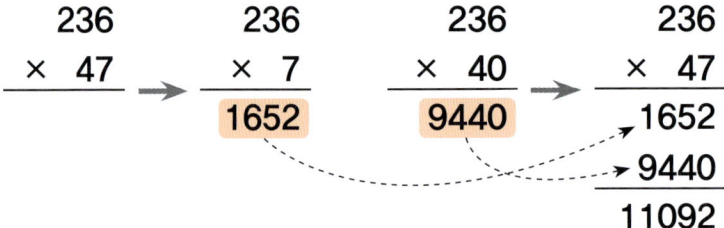

보조선을 그어 세로셈을 하면 실수를 줄일 수 있고 여러모로 편리합니다. 이러한 곱셈 계산 과정에 익숙해지도록 충분한 연습을 거쳐야 하겠습니다.

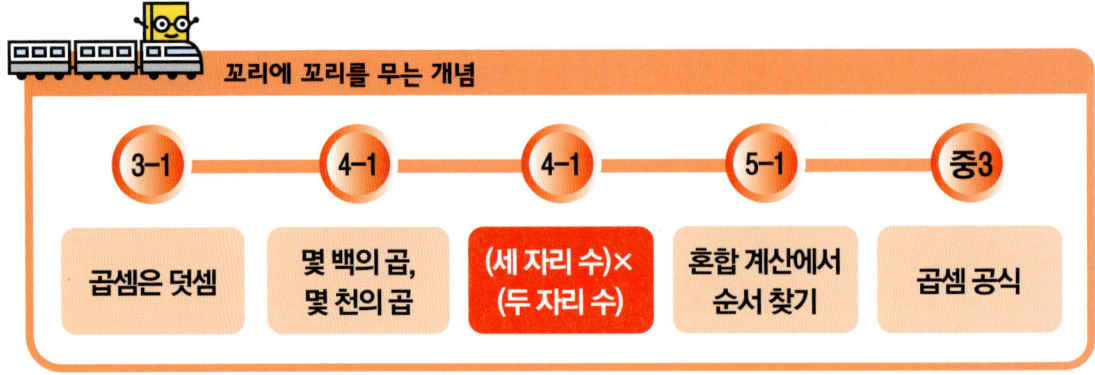

무엇이든 물어보세요

 27 × 385를 385 × 27로 바꾸어 계산해도 되나요?

물론 바꾸어도 됩니다. a × b = b × a와 같이 곱셈에는 교환법칙이 성립합니다. 보통 곱하는 수가 두 자리 수이면 세 자리 수일 때보다 계산이 용이하므로 바꾸어 계산하는 경우가 많습니다.

 곱셈을 하는 방법은 가로셈과 세로셈뿐인가요?

곱셈을 하는 방법은 다양합니다. 오랜 옛날부터 다양한 곱셈 방법이 연구되어 왔고 나라마다 독특한 방법을 사용하였습니다. 특히 인도에서 지배층인 브라만 계급에 의해 전해져 내려온 곱셈 방법을 베다수학이라고 합니다. 베다수학에는 우리 교과서에서 사용하지 않는 다양한 곱셈 방법들이 있습니다. 다음은 그중 인도에서 유행하여 유럽으로 전해진 격자산입니다.

예시) 236 × 47

풀이) ① 곱하는 수를 위쪽과 오른쪽에 쓴 다음, 가로줄과 세로줄이 만나는 수를 곱한다.

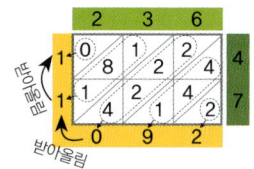

② 같은 대각선의 수를 더하여 곱을 구한다. 이때 대각선의 합이 10 이상이면 받아올림한다. 이렇게 하면 236 × 47 = 11092가 된다.

아이들이 학교에서 배우는 곱셈은 많은 곱셈 방법 중 하나입니다. 그런데 교과서에 나와 있는 방법대로, 그중에서도 세로셈으로 곱셈을 하는 이유는 지금까지 알려진 방법 중 세로셈에 의한 방법이 가장 이해하기 쉽고 편리하기 때문입니다.

| 곱셈과 나눗셈 | 나머지가 있는 나눗셈

나눗셈인데 왜 뺄셈을 해요?

4학년 수와 연산

아이는 왜?

나눗셈의 의미를 제대로 이해하지 못하고 있다면 이렇게 말할 수 있습니다. 2 × 3은 2를 세 번 더한다는 의미입니다. 마찬가지로 6 ÷ 2는 6에서 2를 몇 번 뺀다는 의미입니다. 전체를 똑같이 나누는 나눗셈(등분할) 외에 전체를 같은 양으로 덜어 내는 나눗셈(동수누감)도 있습니다.

30초 해결사

등분할 나눗셈(등분제) vs 동수누감 나눗셈(포함제)

$$15 ÷ 3 = \square$$

- 등분할 나눗셈 : 전체를 똑같이 나누는 나눗셈
  예) 사과 15개를 바구니 3개에 똑같이 나누어 담으려고 한다. 한 바구니에 사과를 몇 개씩 담으면 되겠는가?
- 동수누감 나눗셈 : 전체를 같은 양으로 덜어 내는 나눗셈
  예) 사과 15개를 한 바구니에 3개씩 담으면 바구니는 몇 개 필요하겠는가?

그것이 알고 싶다

나눗셈에는 전체를 똑같이 나누는 나눗셈(등분할)과 전체를 같은 양으로 덜어 내는 나눗셈(동수누감)이 있습니다.

3학년에서는 나누어떨어지는 나눗셈만 공부했지만 4학년에서는 나누어떨어지지 않는 나눗셈, 즉 나머지가 있는 나눗셈을 학습합니다. 이는 아이들이 새로운 도전에 직면했다는 것을 의미합니다. 아이들이 어려워하는 만큼 차근차근 여유 있게 지도할 필요가 있습니다.

나눗셈에서는 몫을 대강 짐작하여 어림하는 과정이 대단히 중요합니다.
(나누어지는 수) ÷ (나누는 수)에서 나누어지는 수 안에 나누는 수가 몇 번 포함되는지 어림할 수 있어야 합니다. 예를 들어, 57 ÷ 13에서 57 안에 13이 몇 번 포함되는지 빨리 어림할 수 있으면 문제를 보다 쉽게 풀 수 있습니다. 만약 13이 5번 포함된다면 13 × 5 = 65이므로 57보다 큽니다. 다시 몫을 1 작게 하여 4로 어림해 보면 13 × 4 = 52이므로 57보다 작습니다. 따라서 57 안에는 13이 4번 포함됩니다. 그리고 5가 남게 됩니다.

```
        4      ← 몫
    ┌──────
 13 ) 57
       52
       ──
        5      ← 나머지
```

57 ÷ 13 = 4 ··· 5
　　　　　　몫　　나머지

이처럼 나눗셈을 하였다면 검산(계산 결과를 확인하는 식)을 통해 나눗셈이 바르게 되었는지 확인합니다.
검산은 나눗셈과 곱셈 사이의 관계를 파악하는 데 있어서도 중요한 과정입니다.

나눗셈식 : 57 ÷ 13 = 4 ··· 5
검산식 : 13 × 4 + 5 = 57

등분제와 포함제

나눗셈에서 전체를 똑같이 나누는 나눗셈은 등분제, 전체를 같은 양으로 덜어 내는 나눗셈은 포함제이다. 예를 들어, 12 ÷ 3 = 4에서 사과 12개를 바구니 3개에 똑같이 나눈다고 생각하면 등분제이고, 사과 12개를 한 바구니에 3개씩 담는 것으로 생각하면 포함제이다.

한 발짝 더!

세로셈을 이용한 나눗셈 방법은 일종의 공식입니다. 가로셈에 익숙한 아이들에게 세로셈은 어색할 수밖에 없습니다. 그래서 세로셈에 익숙해질 때까지는 어느 정도 의도적인 연습이 필요합니다.

세로셈에서는 나누어지는 수와 나누는 수의 위치를 정확히 지켜야 합니다. 그런 다음 세로셈 방법에 맞추어 문제를 해결하면 됩니다. 이때 검산식도 함께 정리해서 몫과 나머지의 결과가 바른지 확인하는 과정을 꼭 지도합니다. 예를 들어, 57 ÷ 13 = 4 ⋯ 5에서 몫은 4, 나머지는 5입니다. 이때 13 × 4 + 5 = 57이 됩니다. 또한 계산 과정을 아이가 직접 말로 설명해 보는 기회를 갖도록 지도해야 하겠습니다.

나눗셈의 검산

나눗셈의 검산은 곱셈으로 한다. 나누는 수에 몫을 곱한 다음 나머지를 더했을 때 최초의 나누어지는 수가 나오면 맞게 계산한 것이다.

$$13 \overline{)57}$$

이러한 식에서 몫과 나머지를 구할 수 있는 아이들도 나누는 수가 어떤 수인지, 나누어지는 수가 어떤 것인지 금방 알아내지 못하거나, 나눗셈 결과를 검산을 위한 곱셈식으로 나타내지 못하는 경우가 많이 있습니다.

위 식을 잘 해결하려면 나누는 수와 나누어지는 수를 구분할 수 있어야 하고, 나누어지는 수에서 나누는 수를 몇 번 뺄 수 있는지, 왜 이런 뺄셈 상황이 되는지를 이해하고 있어야 합니다. 그러려면 아이들에게 많이 질문하고, 아이는 스스로 답을 찾아보려 노력해야 합니다. 많이 묻고, 고민하는 만큼 우리 아이의 수학 실력도 쑥쑥 올라갑니다.

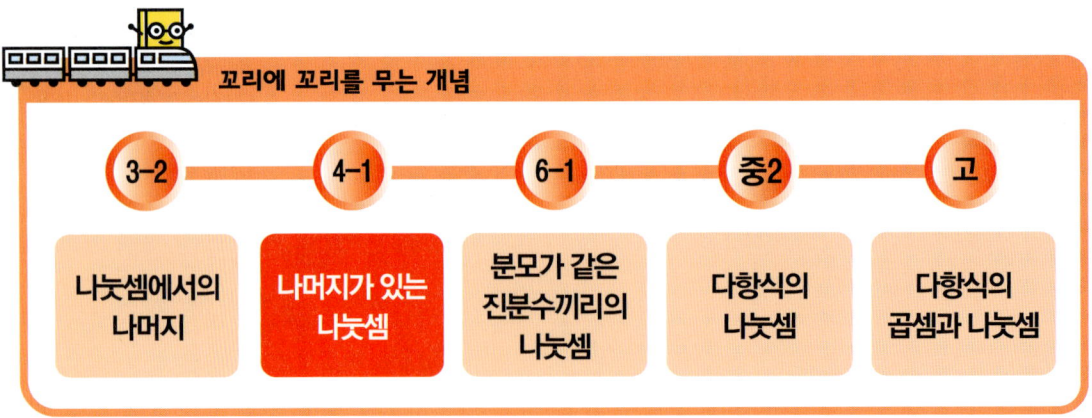

무엇이든 물어보세요

나눗셈식에서 검산이 왜 필요한가요?

나눗셈의 역연산이 곱셈인데, 사실 나눗셈은 곱셈보다 좀 더 까다롭고 복잡합니다. 그래서 계산 결과가 정확한지 확인해 볼 필요가 있습니다. 이때 계산 결과를 확인해 보는 과정을 검산이라고 합니다. 검산을 거쳐야 계산이 맞았는지 확인해 볼 수 있기 때문에 검산은 꼭 필요합니다. 귀찮더라도 검산하는 습관을 길러야 할 것입니다.

나눗셈식 : $14 \div 4 = 3 \cdots 2$
검산식 : $4 \times 3 + 2 = 14$

나눗셈은 똑같은 것으로 나누는 몫을 구하는 것인데, 왜 몇 번 빼는 걸로 가르치나요?

2×3은 2를 3번 더한다는 뜻입니다. 즉 $2 \times 3 = 2 + 2 + 2$입니다. 마찬가지로 $6 \div 2$는 6에서 2를 몇 번 뺄 수 있느냐 하는 것으로 생각할 수 있어요. $6 \div 2 = 6 - 2 - 2 - 2$이므로 6에서는 2를 3번 뺄 수 있고, $6 \div 2 = 3$이 됩니다. 곱셈이 똑같은 수를 거듭 더한다는 의미인 것처럼 나눗셈을 거듭하여 뺀다는 의미로 해석하면 쉽게 이해할 수 있습니다. 이는 거듭하여 빼는 것, 즉 동수누감의 나눗셈 개념입니다.

| 분수의 덧셈과 뺄셈 | **분모가 같은 진분수의 덧셈**

4학년 수와 연산

분수의 덧셈에서 왜 분자만 더하고 분모는 더하지 않아요?

아이는 왜?

수의 개념을 제대로 이해하지 않은 상태에서 기계적인 방법으로 분수의 덧셈을 공부하였다면 이렇게 생각을 할 수 있습니다. 특히 분수에 대한 조작 활동을 경험하지 않고 연산 위주로만 공부했다면 분수 개념을 제대로 학습할 수 없었을 것입니다.

30초 해결사

분수의 덧셈은 같은 단위분수 개수의 합을 구하는 것과 같다.

$\dfrac{2}{3} + \dfrac{2}{3} = \square$ 단위분수 $\dfrac{1}{3}$이 몇 개인지 따져 본다.

$\dfrac{2}{8} + \dfrac{3}{8} = \square$    단위분수 $\dfrac{1}{8}$이 몇 개인지 따져 본다.

그것이 알고 싶다

가끔 텔레비전 오락 프로그램에 나온 어른들이 $\frac{1}{2} + \frac{1}{3} = \frac{2}{5}$로 잘못 계산하여 웃음을 줍니다. 초등학교 때 분수의 덧셈을 제대로 계산했더라도 그 개념을 정확히 알고 있지 못하면 어른이 되어서까지 헷갈리기 쉽습니다.

단위분수

$\frac{1}{2}, \frac{1}{3}, \frac{1}{4}, \frac{1}{5}$처럼 분자가 1인 분수. 분수를 세는 기준이 된다. 예를 들어, $\frac{3}{4}$은 $\frac{1}{4}$이 3개라는 뜻이므로 이때 단위분수는 $\frac{1}{4}$이다.

분수의 연산에서는 먼저 단위분수에 대해 정확히 알아야 합니다. 단위분수는 분수를 세는 기준이 되는 분수입니다.

아이들은 자연수의 덧셈과 분수의 덧셈을 혼동하는 경우가 많습니다. 하지만 분수의 덧셈은 자연수의 덧셈과 다릅니다.

$1 + 2 = 3$이지만 $\frac{1}{4} + \frac{2}{4}$는 그렇게 계산할 수 없습니다.

$\frac{1}{4}$과 $\frac{2}{4}$에서 기준이 되는 단위분수는 $\frac{1}{4}$입니다. $\frac{1}{4}$은 $\frac{1}{4}$이 1개이고, $\frac{2}{4}$는 $\frac{1}{4}$이 2개입니다. 따라서 $\frac{1}{4}$ 1개에 $\frac{1}{4}$을 2개 더하면 $\frac{1}{4}$은 3개가 됩니다.

즉, $\frac{1}{4} + \frac{2}{4} = \frac{3}{4}$입니다.

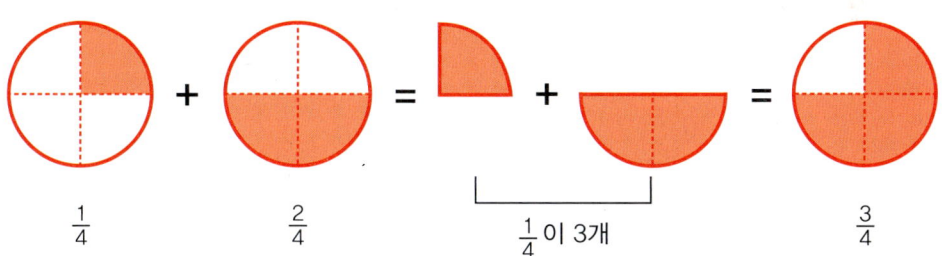

분수의 덧셈에서 분모를 더하는 것은 분수(전체에 대한 부분)의 개념을 제대로 이해하지 못한 탓입니다. 분수의 덧셈은 단위분수 개수의 합을 구하는 것입니다.

 **한 발짝 더!**

단위분수의 개념은 귤과 사과 등의 구체물이나 그림과 같은 반구체물을 이용하여 설명할 수 있습니다. 구체물을 이용하면 오래 기억할 수 있어 학습에 효과적입니다. 또 후속 학습 시에 이전의 기억을 이끌어 내는 데도 도움이 됩니다.

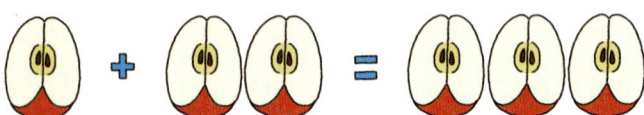

$\frac{2}{6} + \frac{3}{6}$ 을 계산해 보겠습니다.

$\frac{2}{6}$ 와 $\frac{3}{6}$ 에서 두 분수의 기준이 되는 단위분수는 $\frac{1}{6}$ 입니다. 주어진 도형의 1칸은 $\frac{1}{6}$ 입니다. $\frac{2}{6}$ 는 $\frac{1}{6}$ 이 2개이고, $\frac{3}{6}$ 은 $\frac{1}{6}$ 이 3개이므로 $\frac{2}{6} + \frac{3}{6} = \frac{5}{6}$ 입니다.

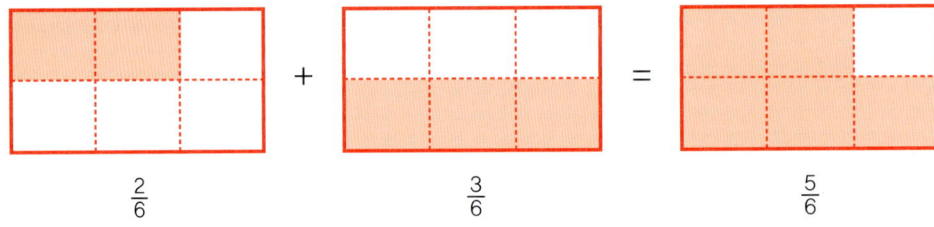

꼬리에 꼬리를 무는 개념

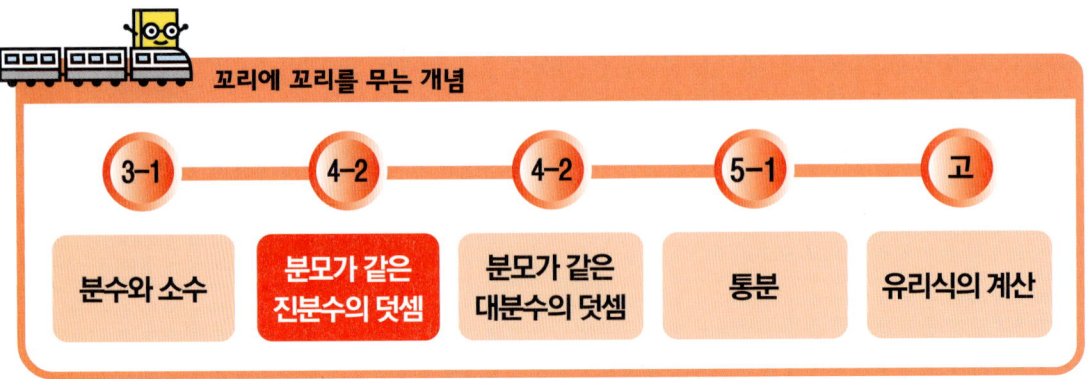

무엇이든 물어보세요

분수의 덧셈 결과가 가분수일 때 대분수로 꼭 고쳐야 하나요?

$\frac{2}{3} + \frac{2}{3} = \frac{4}{3}$ 입니다. 교과서에서는 분수의 덧셈 결과가 $\frac{4}{3}$와 같이 가분수이면 대분수로 고쳐 $1\frac{1}{3}$로 나타냅니다. 중학교 이상에서는 분수의 덧셈 결과를 가분수로 나타내는 것이 일반적이지만 초등학교에서는 대분수로 나타내는 것이 일반적이므로 가급적 대분수로 고쳐 나타내는 것이 좋겠습니다.

왜 단위분수가 중요한가요?

단위분수는 말 그대로 단위(기준)가 되는 분수입니다. 예를 들어, 두 분수 $\frac{2}{3}$와 $\frac{3}{5}$을 더하거나 크기를 비교하는 것은 언뜻 쉽지 않습니다. 왜냐하면 두 분수를 비교할 기준이 다르기 때문입니다.

두 분수의 기준을 같게 하는 방법이 바로 통분입니다.

$\frac{2}{3}$와 $\frac{3}{5}$을 통분하기 위해 3과 5의 공배수인 15를 공통분모로 하면 $\frac{2}{3} = \frac{10}{15}$이고, $\frac{3}{5} = \frac{9}{15}$입니다. 이제 두 분수 $\frac{10}{15}$, $\frac{9}{15}$는 분모가 같기 때문에 단위분수 $\frac{1}{15}$을 이용하면 덧셈은 물론 크기 비교도 가능해집니다.

| 분수의 덧셈과 뺄셈 | 분모가 같은 대분수의 덧셈 원리

4학년 수와 연산

대분수를 가분수로 고치지 않고 대분수끼리 그대로 더할 수는 없나요?

아이는 왜?

아이들은 대분수를 가분수로 고쳐 계산하는 데 익숙합니다. 그러다 한 번쯤 지금 푸는 방법이 맞는지, 새로운 방법은 없는지 생각해 보게 됩니다. 대분수를 가분수로 고치지 않고도 더할 수 있는 방법이 있습니다.

30초 해결사

$1\frac{2}{4} + 2\frac{3}{4}$ 의 계산

$$1\frac{2}{4} + 2\frac{3}{4} = 3 + \frac{5}{4} = 3 + 1\frac{1}{4} = 4\frac{1}{4}$$

그것이 알고 싶다

분모가 같은 대분수의 덧셈은 분모가 같은 진분수의 덧셈과 계산하는 방법이 같다고 볼 수 있습니다. 새로운 개념을 공부할 때는 이미 알고 있는 개념과 연결시키는 것이 중요합니다. 이전의 개념과 연결되는 부분과 처음 나오는 부분을 구분하여 이전 개념으로 해결 가능한 부분에서 시작하는 것이 효과적입니다.

대분수는 '자연수 + 분수'입니다. 대분수의 덧셈에서는 대분수를 자연수와 분수로 나눈 다음 자연수는 자연수끼리 분수는 분수끼리 더하면 됩니다.

대분수끼리의 덧셈 $1\frac{2}{4} + 2\frac{3}{4}$을 계산해 보겠습니다.

①단계 대분수를 자연수 + 진분수로 나타낸다.

$1\frac{2}{4} = 1 + \frac{2}{4}, 2\frac{3}{4} = 2 + \frac{3}{4}$

$1\frac{2}{4} + 2\frac{3}{4} = 1 + \frac{2}{4} + 2 + \frac{3}{4}$

②단계 자연수는 자연수끼리 분수는 분수끼리 더한다.

$1 + 2 = 3, \frac{2}{4} + \frac{3}{4} = \frac{5}{4} = 1\frac{1}{4}$

이때, 계산 결과가 가분수이면 다시 한 번 대분수로 고쳐 나타낸다.

③단계 식을 완성한다.

$1\frac{2}{4} + 2\frac{3}{4} = 1 + \frac{2}{4} + 2 + \frac{3}{4} = (1 + 2) + \left(\frac{2}{4} + \frac{3}{4}\right) = 3 + \frac{5}{4} = 3 + 1\frac{1}{4} = 4\frac{1}{4}$

같은 식에서 대분수를 가분수로 고쳐 계산해도 결과는 같습니다.

$1\frac{2}{4} = \frac{6}{4}, 2\frac{3}{4} = \frac{11}{4}$이므로 $1\frac{2}{4} + 2\frac{3}{4} = \frac{6}{4} + \frac{11}{4} = \frac{17}{4} = 4\frac{1}{4}$이 됩니다.

대분수를 가분수로 고쳐 계산하는 것이 대분수를 자연수와 분수로 구분하여 계산하는 것보다 간단해 보입니다. 하지만 초등학교에서는 두 방법을 비교하고 분수의 덧셈에 대한 개념을 익히는 것이 중요하므로 두 방법 모두 지도하여야 합니다.

한 발짝 더!

$1\frac{2}{4} + 2\frac{3}{4}$의 계산 방법을 이해하기 위해 그림을 그려 보는 것도 좋습니다. 주어진 문제 상황을 자신이 이해할 수 있는 방법으로 나타내는 능력이 필요합니다.

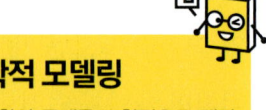

수학적 모델링
실생활의 문제를 수학적으로 해결하기 위한 과정을 수학적 모델링이라고 한다. 이를 활용하면 초등학생이라도 자신만의 방법으로 문제를 해결해 나갈 수 있다.

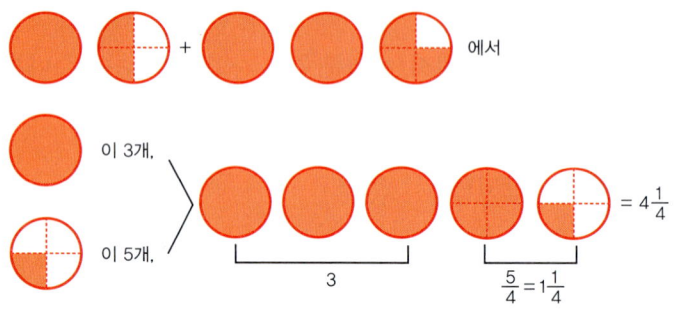

이처럼 모델링을 활용하면 아이들이 대분수를 어떻게 이해하고 있는지, 대분수의 덧셈을 계산할 때 어떤 과정을 거치는지 파악할 수 있습니다. 또한 아이는 수학으로 표현하는 능력을 기를 수 있고, 풀이 과정을 점검할 수 있습니다.

$1\frac{4}{6} + 1\frac{5}{6}$도 그림을 이용하여 계산해 봅니다.
그림을 그려 나타내어 보면 계산 과정이 쉽게 이해됩니다.

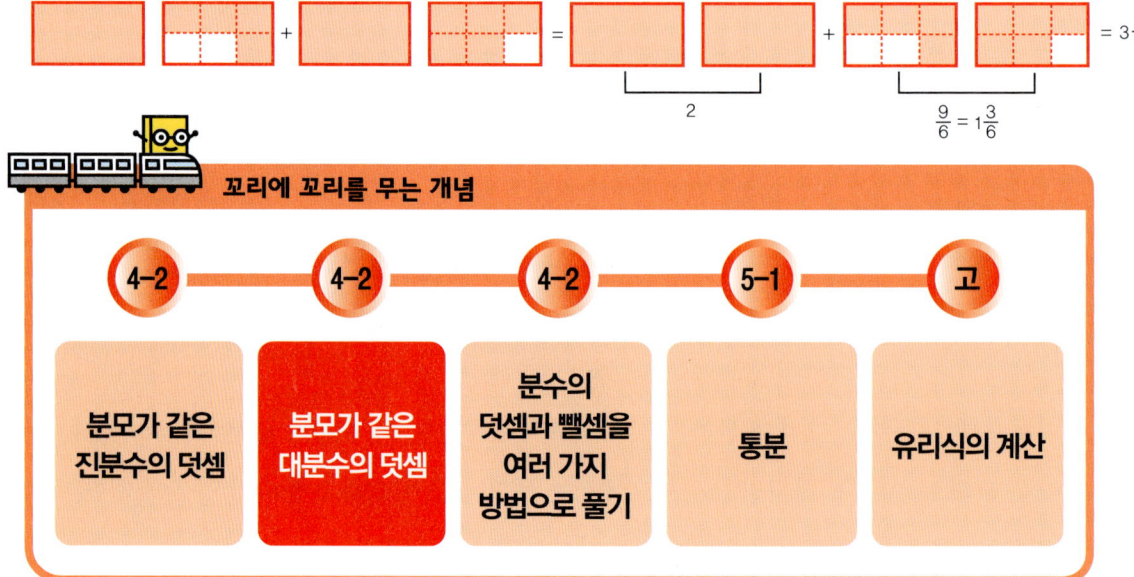

무엇이든 물어보세요

$1\frac{2}{4} + 2\frac{3}{4}$을 계산할 때, 교과서의 풀이처럼 풀이 과정을 모두 써야 하나요?

교과서에서는

$$1\frac{2}{4} + 2\frac{3}{4} = 1 + \frac{2}{4} + 2 + \frac{3}{4} = (1+2) + \left(\frac{2}{4} + \frac{3}{4}\right) = 3 + \frac{5}{4} = 3 + 1\frac{1}{4} = 4\frac{1}{4}$$

이와 같이 여러 단계에 거쳐 자세히 풀이하고 있어 아이들은 이런 절차에 따라 풀이하는 방법을 배우게 됩니다. 하지만 아이들이 실제 이렇게 문제를 푸는 경우는 드뭅니다. 암산을 통해 단계를 뛰어넘기 때문입니다.

교과서에 제시된 예는 분수의 덧셈 과정을 자세히 설명한 안내 자료입니다. 아이들은 저마다 다른 사고 과정을 통해 문제를 풀 수 있기 때문에 어느 방법이 옳다고 말하기는 어렵습니다. 교과서에 안내된 내용을 이해하여 말할 수 있다면 계산 절차에 얽매이지 않아도 됩니다.

문제집을 보니 $1\frac{4}{6} + 1\frac{5}{6} = 3\frac{3}{6}$이라고 되어 있습니다. 왜 약분하여 $3\frac{1}{2}$로 나타내지 않나요?

4학년에서 아직 약분을 배우지 않았기 때문입니다. 수학은 배운 범위 내에서 풀어야 합니다. 초등학생이 '7 – 9'를 계산하지 못하는 것도 같은 이유입니다. 약분은 5학년 1학기 때 배웁니다. 학년 수준에 맞춰 차근차근 짚어 넘어가는 것이 중요합니다.

| 분수의 덧셈과 뺄셈 | 여러 가지 방법으로 풀기 |

문제를 2가지 방법으로 풀라고 할 때가 있어요. 답을 구할 수 있는데 왜 꼭 2가지 방법으로 풀어야 해요?

아이는 왜?

보통 답을 구하는 데 익숙한 아이들이 이런 질문을 합니다. 이미 답이 나와 있으니 문제를 푸는 것은 의미가 없다고 생각하기 때문입니다. 그러나 수학에서 얻어야 할 중요한 요소는 다양성입니다. 답을 내는 것에 그칠 것이 아니라 그 답에 이르는 과정이 다양하다는 것을 알아야 이후 어떤 문제가 닥쳤을 때 다양하게 시도해 볼 수 있습니다.

30초 해결사

$3\frac{1}{5} - \frac{4}{5} = 2\frac{2}{5}$의 계산

방법① 그림을 이용한 풀이

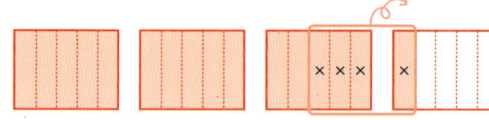

방법② 식을 이용한 풀이

$3\frac{1}{5} - \frac{4}{5} = \left(2 + 1\frac{1}{5}\right) - \frac{4}{5} = 2 + \left(1\frac{1}{5} - \frac{4}{5}\right) = 2 + \left(\frac{6}{5} - \frac{4}{5}\right) = 2 + \frac{2}{5} = 2\frac{2}{5}$

방식을 암기하기보다 아이 스스로 이해하는 것이 중요하다.

그것이 알고 싶다

'서로 다른 2가지 방법으로 설명하거나 푸는 문제'는 학생들이 가장 싫어하는 유형 중 하나입니다. 하지만 수학을 좋아하거나 수학에 흥미가 있는 아이들은 대부분 이런 문제 유형을 좋아합니다.

수학은 그 내용을 자신의 말로 표현할 수 있어야 합니다. 그래야 그 내용을 이해했다고 할 수 있습니다. 말로 설명할 수 없다면 문제를 제대로 풀었다고 말하기 어렵습니다. 때문에 수학에서는 풀이 과정이 중요합니다. 그럼 $3\frac{1}{5} - \frac{4}{5} = 2\frac{2}{5}$인 이유를 생각해 보겠습니다.

방법① 그림을 이용하여 설명한다.

$3\frac{1}{5}$을 그림으로 나타낸 다음, $\frac{4}{5}$에 해당하는 부분을 덜어냅니다. 이때 아이에 따라 다양한 방법을 시도할 수 있습니다. 딱히 정해진 방법이 있는 것은 아니므로 아이의 방법을 격려해 주면서 그 내용을 말로 설명하도록 지도합니다.

• 수직선을 이용한 방법

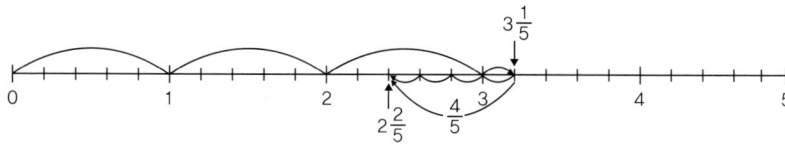

• 직사각형 4개를 이용한 방법

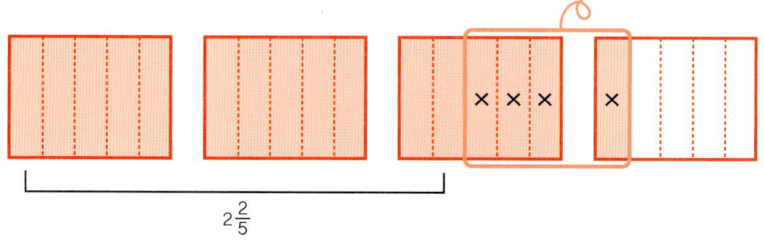

방법② 계산식을 활용한다.

$$3\frac{1}{5} - \frac{4}{5} = \left(2 + 1\frac{1}{5}\right) - \frac{4}{5} = 2 + \left(1\frac{1}{5} - \frac{4}{5}\right) = 2 + \left(\frac{6}{5} - \frac{4}{5}\right) = 2 + \frac{2}{5} = 2\frac{2}{5}$$

이때도 아이 스스로 풀이 계획을 세우고 자신의 말로 풀이 과정을 설명하도록 지도합니다.

 **한 발짝 더!**

최근 수학교육에서는 푸는 과정을 설명하는 의사소통 능력을 강조합니다. 답을 구하는 것보다 수학적 개념을 이해하고 설명하는 것을 더욱 중요하게 생각하는 것입니다.

수학적 의사소통을 통해서 얻고자 하는 것은 다음과 같습니다.

- 아이 자신의 수학적 사고를 조직하고 확고히 할 수 있다.
- 아이 자신의 수학적 사고를 다른 사람에게 일관되고 명확하게 설명할 수 있다.
- 다른 사람의 수학적 사고와 전략을 분석하고 평가할 수 있다.
- 수학적 아이디어를 정확하게 표현하기 위하여 수학의 언어들을 사용할 수 있다.

자기가 푼 과정을 설명하거나 $3\frac{1}{5} - \frac{4}{5} = 2\frac{2}{5}$인 이유를 설명하려면 개념을 정확히 이해하고 있어야 하는데, 실생활과 연계하여 생각하면 개념을 이해하는 데 도움이 됩니다.

우선 $3\frac{1}{5}$, $\frac{4}{5}$, $2\frac{2}{5}$가 아이에게 의미 있는 수로 인식되어야 하겠습니다. 예를 들어, $3\frac{1}{5}$은 피자 3판과 $\frac{1}{5}$조각 혹은 물 $3\frac{1}{5}$L, 찰흙 $3\frac{1}{5}$kg으로 생각할 수 있습니다. 마찬가지로 식을 어떤 대상과 연계하여 "찰흙 $3\frac{1}{5}$kg 중 $\frac{4}{5}$kg을 사용하였을 때 남은 찰흙은 $2\frac{2}{5}$kg이다."와 같이 생각하면 문제 상황을 이해하는 것이 훨씬 쉬워집니다.

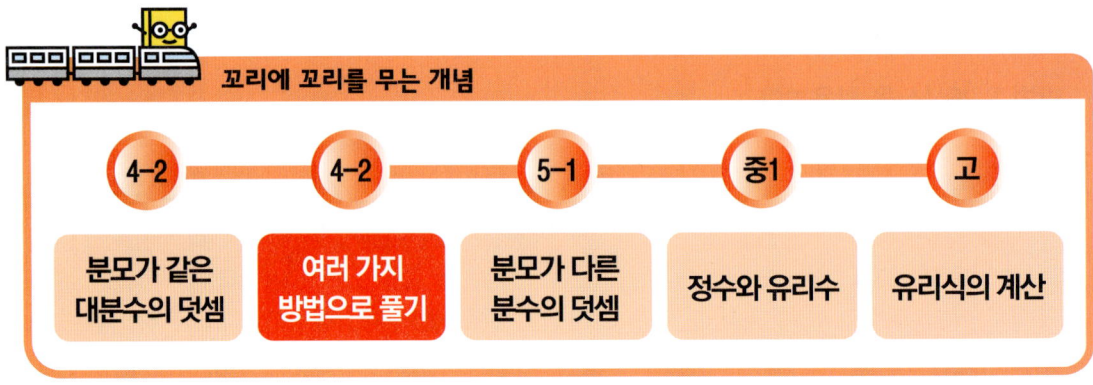

무엇이든 물어보세요

문제를 풀 때 그림을 이용하여 풀어도 좋은 점수를 받을 수 있나요?

수학에는 '문제해결전략'이라는 것이 있습니다. 수학 문제를 해결하는 다양한 방법을 말하는데 그림 그리기, 식 세우기, 거꾸로 생각하기, 표 만들기, 예상과 확인, 추론하기 등이 여기에 해당됩니다. 그중 그림을 그리는 방법을 이용하면 복잡해 보이는 문제를 자기가 이해하기 쉬운 방식으로 간단히 나타낼 수 있습니다. 중·고등학생이 푸는 복잡한 수학 문제를 초등학생이 그림 그리기 전략을 통해 해결하는 경우도 있습니다.

"소와 닭이 8마리 있다. 가축의 다리 수를 세어 보니 모두 20개였다. 소와 닭은 각각 몇 마리일까?"

- 중학생의 풀이(식 세우기)

    소 : x마리, 닭 : y마리

    $x + y = 8$

    $4x + 2y = 20$

- 초등학생의 풀이(그림 그리기)

    ① 동물 8마리를 표시하고

    ② 다리를 2개씩 그리면 16개

    ③ 남은 다리 4개를 더 그려 넣으면

    ④ 다리가 2개인 동물(닭)은 6마리, 다리가 4개인 동물(소)은 2마리임을 알 수 있다.

| 소수의 덧셈과 뺄셈 | **소수의 덧셈 원리**

소수의 덧셈에서 소수점을 어디에 찍는지 잘 모르겠어요.

4학년 수와 연산

아이는 왜?

아이들에게 소수는 분수만큼이나 어려운 개념입니다. 소수에도 분수의 단위분수와 같은 기본단위가 있는데, 아이에게 단위 개념이 없으면 이러한 질문을 하게 됩니다.

30초 해결사

소수의 덧셈

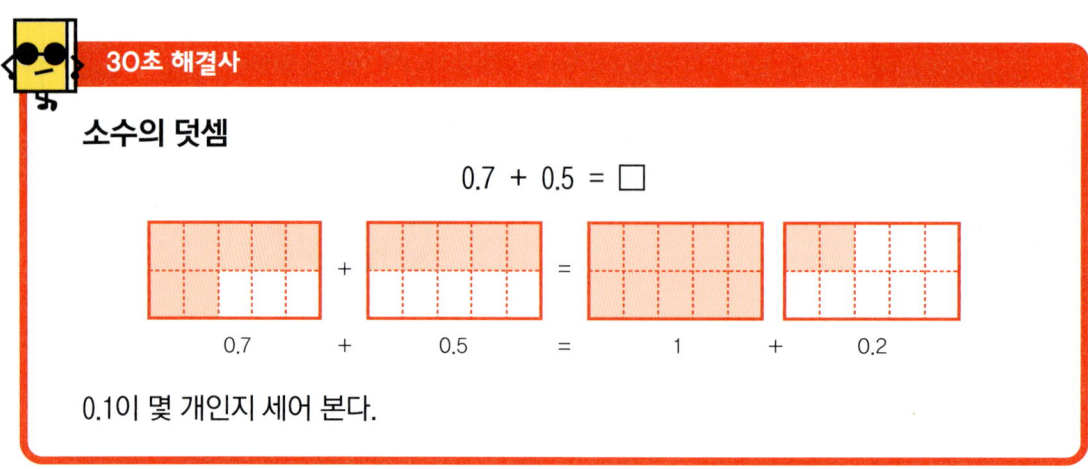

0.1이 몇 개인지 세어 본다.

그것이 알고 싶다

0.7 + 0.5 = 0.12와 같이 푸는 아이들이 의외로 많습니다. 소수의 개념에 대해 잘 모르거나 충분히 고민해 보지 않기 때문입니다.

0.7과 0.5를 더한다는 것은 어떤 의미일까요? 0.7 + 0.5는 1보다 큰 수일까요, 작은 수일까요?

0.7은 0.1이 7개이고 0.5는 0.1이 5개인 수입니다.

즉 0.7 + 0.5는 0.1이 모두 12개입니다. 이때 0.1이 12개인 것을 어떻게 표현할까요?

- 수 막대를 활용하여 0.1이 12인 값을 구하기

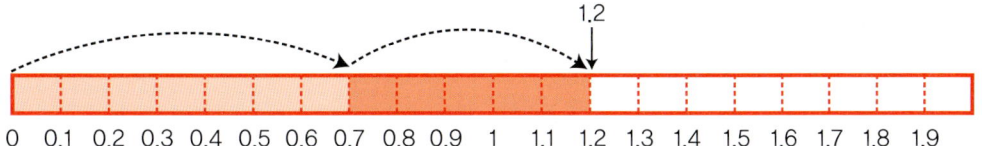

- 쌓기나무를 활용하여 0.1이 12인 값을 구하기

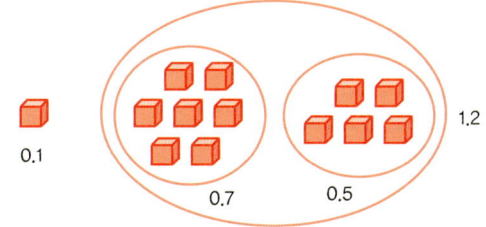

이때 0.1이 10개이면 1이 되므로 다음과 같이 나타낼 수 있습니다.

$$0.7 + 0.5 = 0.7 + 0.3 + 0.2$$
$$= 1 + 0.2$$
$$= 1.2$$

소수의 덧셈은 자연수의 덧셈과 비슷하지만 소수점의 위치에 유의해야 합니다. 아이가 소수에 익숙해지도록 평소 소수를 자주 접해 보는 것이 좋습니다. 식품의 무게나 들이, 자동차 내비게이션에서의 거리 표시에서 소수를 찾을 수 있습니다.

한 발짝 더!

소수의 계산을 잘하기 위해서는 소수의 자릿값을 이해하는 것이 중요합니다. 소수는 분수를 십진 위치적 기수법으로 나타낸 것으로 자연수와 같이 오른쪽에서 왼쪽으로 가면서 10배씩 증가하고 왼쪽에서 오른쪽으로 가면서 $\frac{1}{10}$배(÷10)씩 줄어듭니다.

$\frac{1}{100}$을 10배하면 $\frac{1}{10}$이 되고, $\frac{1}{10}$을 10배하면 1이 됩니다. 또 1을 10배 하면 10이 되고, 10을 10배 하면 100이 됩니다.

반대로 100을 10으로 나누면 10이 되고, 10을 10으로 나누면 1이 됩니다. 그리고 1을 10으로 나누면 $\frac{1}{10}$이 되고, $\frac{1}{10}$을 10으로 나누면 $\frac{1}{100}$이 됩니다. 이때 자연수 부분과 소수 부분 사이에 점(.)을 찍어 구분을 해 줍니다.

소수 첫째 자리, 소수 둘째 자리는 정확히 말하면 소숫점 아래 첫째 자리, 소숫점 아래 둘째 자리를 뜻합니다.

백의 자리	십의 자리	일의 자리	소수 첫째 자리	소수 둘째 자리
1	2	3	4	5
100	10	1	$\frac{1}{10}$	$\frac{5}{100}$
100	20	3	$\frac{4}{10}$	$\frac{5}{100}$

123.45는 100이 1, 10이 2, 1이 3, $\frac{1}{10}$이 4, $\frac{1}{100}$이 5입니다. 또 소숫점 아래 자리에 0이 포함된 경우 "영"이라고 읽지 "공"이라고 읽지 않습니다. • 1.02 일점영이

무엇이든 물어보세요

0.8 + 0.32를 계산할 때 0.8을 0.80으로 생각하여 계산해도 되나요?

0을 적절히 활용하여 수를 나타내는 것은 좋은 방법입니다. 0을 사용하여 소수점의 자릿값을 맞추면 보기에 편해 이해하는 데 도움이 됩니다.

$$0.8 + 0.32 = 0.80 + 0.32 = 1.12$$

소수의 덧셈에서도 기준이 같아야 한다는데, 어떤 기준을 말하는 것인가요?

0.8 + 0.32에서

0.8은 0.1이 8인 수입니다.

0.32는 0.1이 3, 0.01이 2인 수입니다.

이 경우 기준이 되는 양은 0.1과 0.01입니다. 기준이 서로 다르므로 더할 수가 없지요.

기준을 같게 하려면 0.1과 0.01 중 하나를 사용해야 하는데, 소수의 덧셈에서는 더 작은 수를 기준으로 삼는 것이 편리합니다. 따라서 0.01을 기준으로 하면

0.8은 0.01이 80인 수이고,

0.32는 0.01이 32인 수이므로

두 수의 합은 0.01이 112인 수입니다. 따라서 1.12가 됩니다.

기준이 되는 수를 너무 깊게 다루면 아이들이 오히려 혼란스러울 수도 있으므로 문제를 이해하는 과정에서 조금씩 언급해 주는 것이 좋습니다.

소수의 덧셈과 뺄셈 | 소수의 뺄셈 원리

1.5 − 0.7을 계산하는데 0.1의 개수는 왜 구해요?

아이는 왜?

자연수의 덧셈과 뺄셈에 익숙해져 있는 아이들에게 소수의 덧셈과 뺄셈은 다소 생소할 수 있습니다. 아이들은 소수의 덧셈과 뺄셈을 자연수처럼 계산하려는 경향이 있습니다. 그러다 보면 소수의 의미를 제대로 이해하지 못하고 이런 질문을 하게 됩니다.

30초 해결사

소수의 뺄셈

1.5 − 0.7 = 0.8

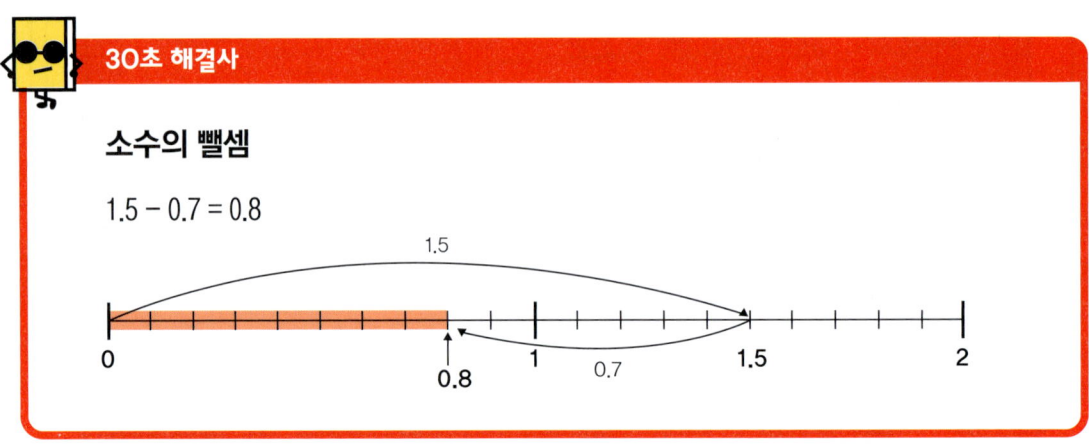

 **그것이 알고 싶다**

적당한 단위를 이용하여 수를 센다는 것이 아이들에게는 다소 생소한 개념일 수 있습니다. 예를 들어 35는 10이 3이고, 1이 5인 수입니다. 다시 말해 10씩 묶음이 3이고, 낱개(1)가 5인 수이지요. 또 35는 1이 35인 수이기도 합니다.

이렇게 생각하면 소수도 자연수처럼 세는 일이 가능해집니다.

1.5 - 0.7이 얼마인지 알아보려면 기준이 되는 0.1이 몇인지 확인해 보면 됩니다.

0.1이 15개인 것에서 0.1을 7개 빼면 0.1이 8개 남습니다.
0.1이 8이면 0.8이므로
1.5 - 0.7 = 0.8입니다.

쌓기나무를 이용하는 것도 소수에 대한 수 감각을 기르는 데 좋은 활동이 됩니다.

□ 을 0.1이라고 하면

1.5 → □□□□□□□□□□□□□□□
0.7 → □□□□□□□

1.5 - 0.7 = □□□□□□□□
       = 0.8

소수의 뺄셈은 두루마리 휴지로 지도할 수도 있습니다. 그림을 이용하는 것보다 좀 더 구체적입니다.

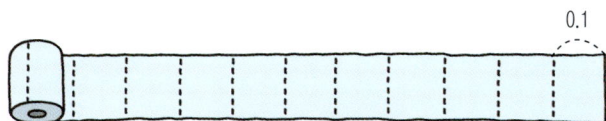

 **한 발짝 더!**

0.6 - 0.25는 얼마일까요?

0.6은 0.1이 6개이고, 0.25는 0.01이 25개인 수입니다. 따라서 이때는 0.01이 기준이어야 문제를 해결할 수 있습니다. 즉 0.6은 0.01이 60개, 0.25는 0.01이 25개이므로

60 - 25 = 35,

0.01이 35개이므로 답은 0.35가 됩니다.

이 경우에 사용할 수 있는 적당한 모델은 어떤 것일까요? 가장 생각하기 쉬운 것은 그림으로 나타내는 방법입니다. 교과서에서는 가로-세로 10칸의 모눈을 흔히 활용합니다.

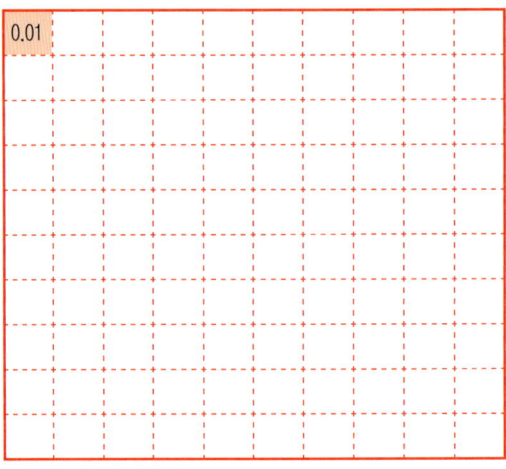

이때 전체 사각형의 크기는 1이 되고, 모눈 1칸의 크기는 0.01입니다. 이를 활용하면 0.6 - 0.25를 해결할 수 있습니다.

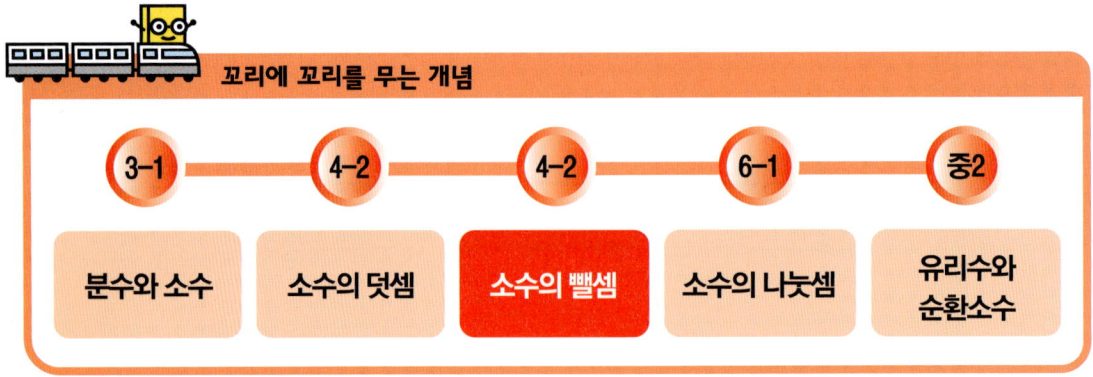

무엇이든 물어보세요

수를 센다고 표현하였는데, 넓이를 세는 것도 가능한가요?

수를 센다는 것은 구하고자 하는 수를 '기본단위'의 몇 배로 나타내는 것입니다. 따라서 넓이를 구할 때도 기준이 되는 '단위넓이'를 정한 다음, 구하고자 하는 넓이가 단위넓이의 몇 배인지 알아보면 됩니다.

가로, 세로 각 1cm 인 도형의 넓이를 1cm^{2}라 하고, 이것을 넓이를 재는 기본단위로 합니다.

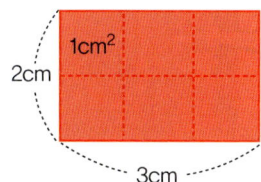

기본단위는 필요에 따라 바뀝니다. 공책의 넓이를 잴 때는 기본단위가 1cm^{2}이지만, 운동장의 넓이를 잴 때 기본단위는 1m^{2}가 됩니다.

0.6 − 0.25를 0.60 − 0.25로 고쳐 풀어도 되나요?

좋은 방법입니다. 아이들 입장에서 0.6 − 0.4는 쉽게 이해하고 계산할 수 있지만 0.6 − 0.25는 이해하는 것이 생각보다 간단하지 않습니다.

0.55 → 0.56 → → 0.58 → 0.59 → 에서

과 에 알맞은 수를 생각할 때 은 쉽게 생각해 낼 수 있지만 는 그렇지 않습니다. 대부분의 아이들이 0.6보다는 0.60을 더 자연스럽게 받아들이므로 자신이 이해하기 편리한 방법대로 문제를 해결하면 되겠습니다.

| 소수의 덧셈과 뺄셈 | **소수의 세로셈**

소수의 세로셈도 자연수의 세로셈처럼 끝자리를 맞추면 되죠?

아이는 왜?

소수의 덧셈이나 뺄셈 역시 자릿값이 중요합니다. 자연수의 연산에 익숙해져 있다면 자릿값에 관한 오류를 범하기 쉽습니다. 자연수에서는 끝자리, 즉 일의 자리를 맞춰서 계산했습니다. 그러나 소수의 경우, 소수점 바로 앞자리가 일의 자리이므로 소수점을 기준으로 자리를 맞춰야 일의 자리가 맞춰집니다.

30초 해결사

소수의 세로셈

- 소수의 덧셈이나 뺄셈에서 가로셈을 세로셈으로 나타낼 때는 소수점의 위치를 맞춘다.
- 필요시 3.2를 3.20과 같이 나타내면 계산하기 편하다.

$$5.34 - 3.2 \rightarrow \begin{array}{r} 5.34 \\ -\ 3.20 \\ \hline \end{array}$$

 그것이 알고 싶다

　계산을 필요로 하는 대부분의 연산은 가로셈보다 세로셈이 편리합니다. 계산 과정에서 실수가 적고 속도가 빠르기 때문입니다. 그래서 초등학교에서는 가급적 세로셈으로 문제를 풉니다.

　가로셈을 세로셈으로 바꾸는 가장 중요한 이유는 자릿값을 맞추기 위해서입니다. 세로셈에서 자릿값을 생각하지 않는다면 세로셈은 가로셈과 별반 다르지 않을뿐더러 오히려 더 혼란스러울 수 있습니다.

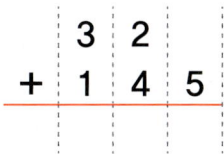

　이렇게 자릿값을 고려하지 않은 세로셈으로는 계산 결과를 제대로 내기 어렵습니다. 소수의 덧셈과 뺄셈도 마찬가지입니다. 소수는 소수점이 있으므로 소수점을 기준으로 자릿값을 맞춥니다. 소수점을 맞추면 자릿값이 맞춰집니다. 이때 소수점의 위치를 맞추는 이유가 무엇인지 아이가 말할 수 있도록 지도하는 것이 중요합니다.

① 1.2 + 0.7 = □ → 　1.2
　　　　　　　　　+ 0.7
　　　　　　　　　─────

② 5.34 − 3.2 = □ → 　5.3 4
　　　　　　　　　− 3.2 0
　　　　　　　　　──────

　또 ②에서처럼 3.2를 3.20과 같이 나타내면 소수의 자릿값을 익히는 데 많은 도움이 됩니다. 이제 자연수 연산과 마찬가지로 같은 자릿값의 숫자끼리 더하거나 빼면 됩니다. 받아올림이나 받아내림이 있는 경우에는 자연수의 연산과 마찬가지로 계산하면 됩니다.

　소수의 덧셈과 뺄셈에서는 3.27 + 2.5와 같이 자릿수가 다른 소수를 활용하면 소수에 대한 개념을 아이가 제대로 알고 있는지 쉽게 확인할 수 있습니다.

한 발짝 더!

대부분의 식은 가로 방향으로 나타내는 것이 보통이지만 덧셈, 뺄셈, 곱셈, 나눗셈 모두에서 가로셈보다 세로셈이 편리하고 계산 과정에서 실수가 적습니다. 따라서 아이가 가급적 세로셈으로 풀도록 지도하고, 자연수는 일의 자리를 기준으로 자릿값을 맞추지만 소수의 덧셈과 뺄셈에서는 소수점 위치를 맞추어 계산한다는 것을 충분한 활동을 통해 익히도록 지도합니다. 또한 5.34 - 3.2와 같이 (소수 두 자리 수) - (소수 한 자리 수)를 세로셈으로 나타낼 때

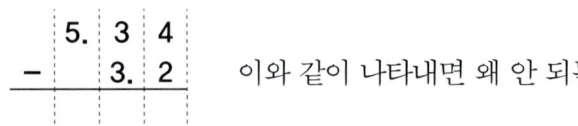

이와 같이 나타내면 왜 안 되는지 말해 봅니다.

수학은 논리적인 학문이므로 내용을 이해하는 것이 중요하지만 연산에서는 기능적인 면도 아주 중요합니다. 충분한 기능을 익힐 수 있도록 반복하여 학습할 필요가 있습니다.

소수의 덧셈이나 뺄셈은 일상생활에서는 거의 접하지 못하는 상황입니다. 따라서 아이들이 소수의 덧셈과 뺄셈 상황을 의도적으로 자주 접할 수 있도록 기회를 제공해야 하겠습니다.

• **소수의 덧셈과 뺄셈 익히기**
① 소수의 덧셈과 뺄셈 문제를 많이 풀어 본다.
② 자신이 푼 과정을 말로 설명해 본다.
③ 식을 문장으로 만들어 본다.
④ 다른 사람이 푼 방법에 대하여 서로 묻고 답하는 기회를 갖는다.

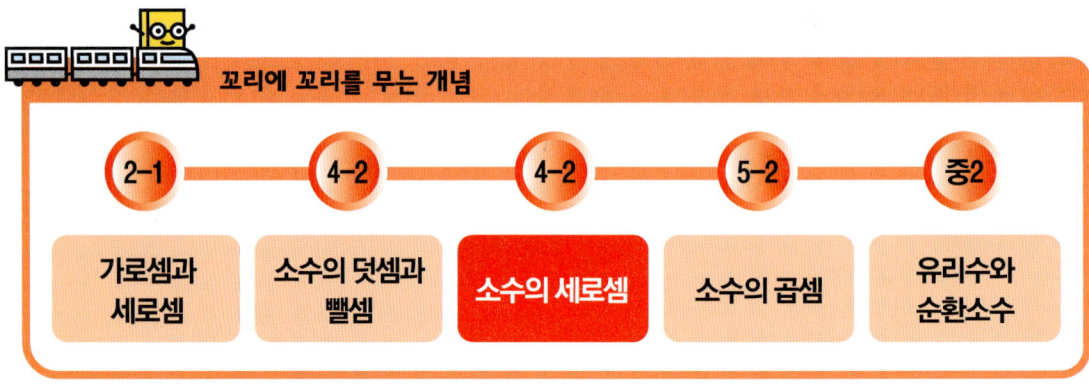

무엇이든 물어보세요

2.85 + 43 = □ 에서 43에는 소수점이 없는데 어떻게 계산하나요?

43은 자연수입니다. 43도 소수점을 이용하여 소수로 나타낼 수 있습니다. 즉, 43은 43.0도 되고 43.00도 됩니다. 따라서 2.85 + 43 = 2.85 + 43.00 = 45.85 입니다. 이를 세로셈으로 나타내면 다음과 같습니다.

```
       2. 8 5
  +  4 3. 0 0
  ─────────────
     4 5. 8 5
```

그러나 교과서에서는 자연수를 소수로 표현하지 않습니다. 교과서에서는 2.85 + 43을

```
       2. 8 5
  +  4 3
  ─────────────
     4 5. 8 5
```

이와 같이 해결합니다.

3.5 + 2.73 = □ 와 같은 소수의 덧셈을 꼭 세로셈으로 계산해야 하나요?

소수의 덧셈을 꼭 세로셈으로만 계산해야 하는 것은 아닙니다. 가로셈으로 계산할 때는 대분수의 덧셈에서와 같이 자연수 부분과 소수점 이하 부분으로 나눠 각각 더한 다음 다시 더하면 됩니다.

3.5 + 2.73 = 3 + 0.5 + 2 + 0.73 = 6.23
  └─────┴─────┘
        5
        └──────┴──────┘
              1.23
  └─────────────────────┘
           6.23

| 규칙 찾기 | **규칙을 찾아 수로 나타내기** |

문제에서 다음에 올 그림을 그릴 수는 있는데 수로 나타내는 건 어려워요.

 **아이는 왜?**

바둑돌을 놓으면서 아이들에게 "다음에 놓일 바둑돌은 어떤 모양일까?" 하고 물어보면, 아이들이 그림으로는 그리면서도 수로는 표현하지 못하는 경우가 있습니다. 그림은 구체적이지만 수는 추상적이기 때문입니다.

 30초 해결사

규칙을 찾아 수로 나타내기
① 표를 만들어 순서에 따라 사물의 수를 나타낸다.
② 수의 변화를 살펴보고 늘어난 수를 적는다.
③ 사물의 수와 늘어난 수 사이에 어떤 규칙이 있는지 생각해 보고 이를 식으로 나타낸다.

 **그것이 알고 싶다**

수학에서는 사물을 수로 바꾸어 문제를 해결하는 경우가 있습니다. 수로 바꾸면 규칙에 따라 어떻게 변할지 예측할 수 있습니다. 먼저, 표를 만들어 순서에 따라 사물의 수를 나타내 봅니다. 다음으로, 수의 변화를 살펴보고 늘어난 수를 적습니다.

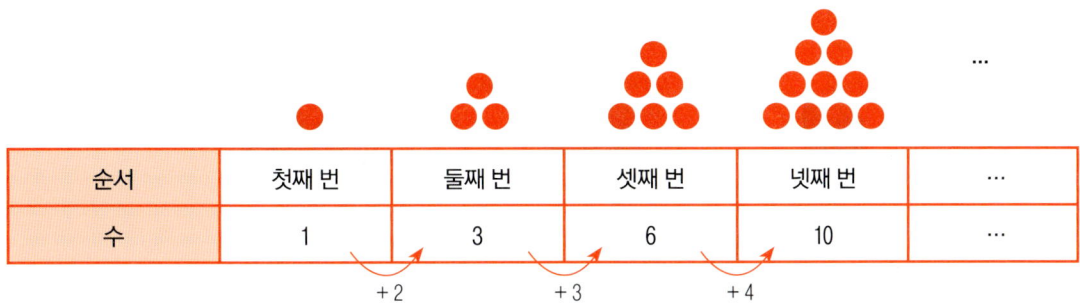

이제 사물의 수와 늘어난 수 사이에 어떤 규칙이 있는지 생각해 보고 식으로 나타냅니다.

순서	첫째 번	둘째 번	셋째 번	넷째 번	…
수	1	3	6	10	…
식	1	1 + 2	1 + 2 + 3	1 + 2 + 3 + 4	

다섯째 번에는 어떤 수가 올까요? 표를 보면 다섯째 번에는 5가 늘어난 15가 옵니다.

바둑돌이나 쌓기나무를 여러 가지 규칙에 따라 늘어놓은 후 사물을 수로 나타내고, 규칙을 말해 봅니다.

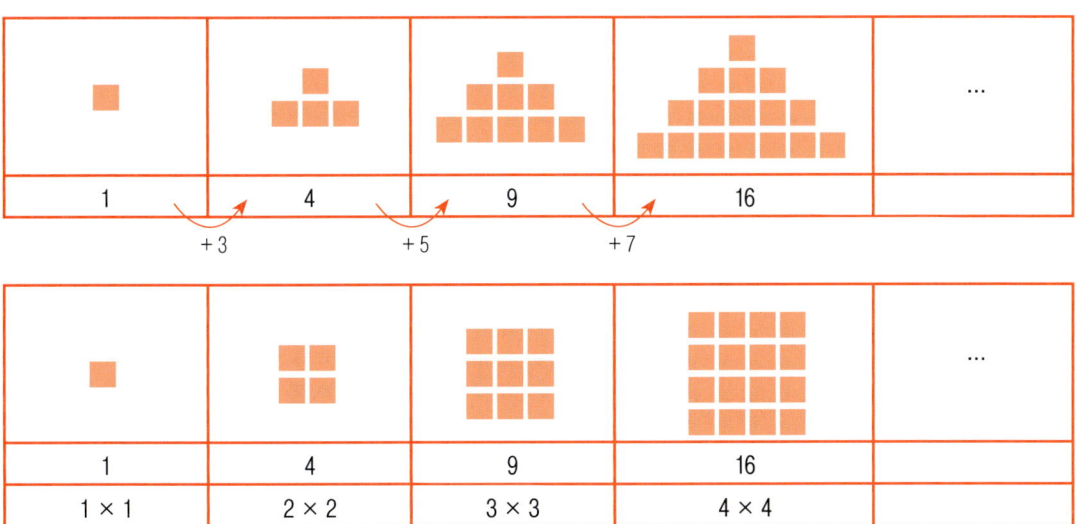

한 발짝 더!

주변의 다양한 사물로 규칙 찾기 활동을 할 수 있습니다. 쌓기나무를 활용한 규칙 찾기는 교과서에 잘 등장하는 소재입니다.

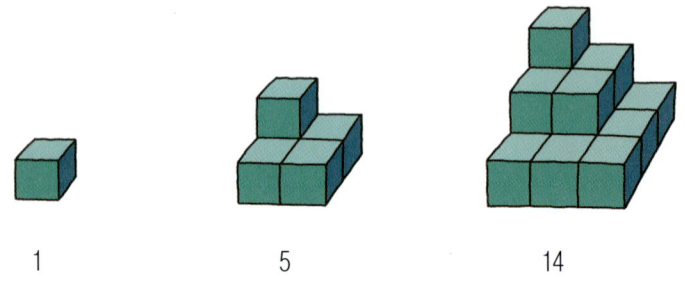

성냥개비 또는 이쑤시개 역시 좋은 소재가 됩니다.

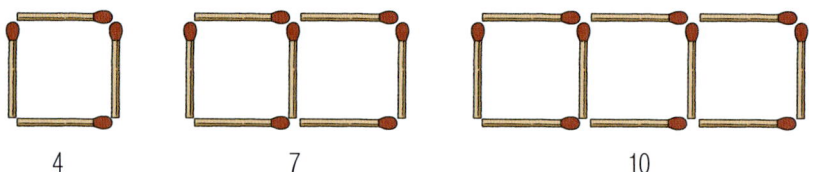

많은 아이들이 실제 경험에서가 아닌 그림이나 사진을 보면서 규칙 찾는 활동을 합니다. 그래서 배운 문제는 어느 정도 이해할 수 있지만 스스로 생각을 확장하는 데는 어려움을 겪습니다. 따라서 교과서에 제시된 내용을 가급적 실제 물건으로 직접 경험해 보는 것이 중요합니다.

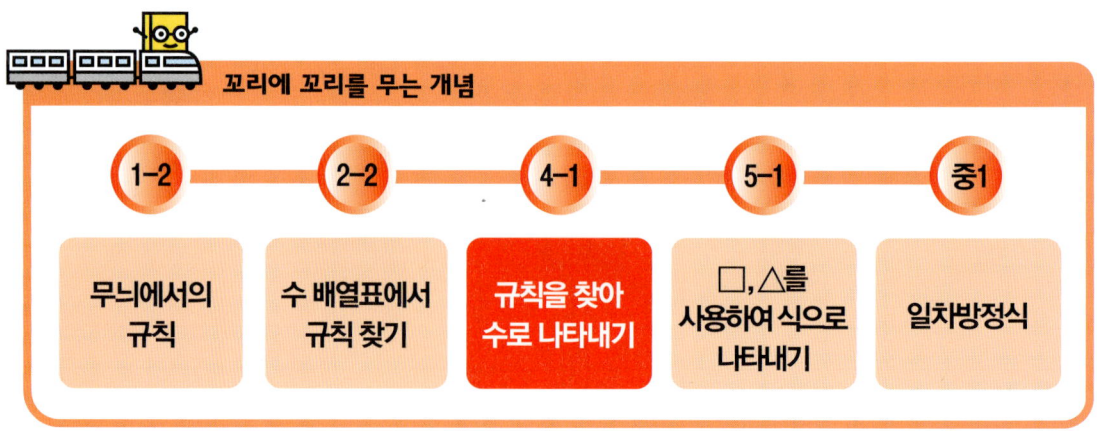

무엇이든 물어보세요

 규칙을 수로 나타내면 좋은 점이 있나요?

　1, 2학년에서는 규칙을 문자나 도형, 색, 수 등으로 바꾸어 나타내는 연습을 했습니다. 이때 규칙이 자기가 좋아하는 특정 사물이나 좋아하는 색으로 이루어져 있다면 그 본질을 보다 잘 파악할 수 있습니다. 하지만 복잡한 규칙에서는 문자나 수로 나타내는 것이 규칙을 파악하는 데 더 편리합니다. 예를 들어, 바나나와 사과를 여러 방법으로 나타내어 보겠습니다.

 ☐

사과는 숫자 1, 바나나는 숫자 2로 나타내어 봅니다.

1　2　1　1　2　1　1　1　☐

이번에는 사과의 수와 바나나의 수로 나타내어 봅니다.

1　1　2　1　3　☐

이렇게 숫자로 바꾸어 보면 쉽게 규칙을 찾을 수 있습니다.

 **문제집에 나오는 복잡한 도형의 규칙 찾기를 꼭 다루어야 하나요?**

　같은 학년 아이에게도 분명 개인차가 존재합니다. 하지만 이때 빠르고 느림은 전혀 중요하지 않습니다. 아이가 흥미롭게 도전한다면 좀 복잡한 도형을 제시하는 것도 좋겠지만, 아이에게 무작정 강요한다면 아이가 수학을 싫어하게 되는 계기가 될 수 있습니다.

| 각도 | 각도(각의 크기) |

각도기로 잴 때마다 각이 달라요.

 **아이는 왜?**

분명 같은 각인데 저마다 다른 결과가 나오기도 합니다. 이는 아이들이 각도기 사용법을 제대로 알지 못하기 때문입니다. 보통 많이 하는 실수는 눈금을 반대로 읽거나 밑금이 아닌 곳에 각을 맞추는 경우입니다. 두 경우 모두 정확한 각이 나올 수 없는 상황입니다.

 **30초 해결사**

- **각도는 각의 크기**
  1직각 = 90°
- **각도기 사용법**
  1. 꼭짓점에 각도기의 중심을 맞춘다.
  2. 각도기의 밑금을 한 변에 맞춘다.
  3. 다른 변이 닿은 곳의 눈금을 읽는다.

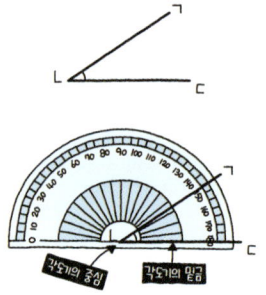

그것이 알고 싶다

실제 각도기로 각도를 재어 보는 활동을 하면 각도기 사용법을 익히고 각도와 각의 개념을 명확히 숙지할 수 있습니다. 각도는 각의 크기, 즉 각이 벌어진 정도이며 각은 도형 그 자체입니다. 그럼 각도기를 이용하여 직접 각을 재어 봅니다.

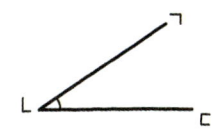

1. 각의 꼭짓점에 각도기의 중심을 맞춘다.
2. 각도기의 밑금을 한 변에 맞춘다.
3. 다른 변이 닿은 곳의 눈금을 읽는다.

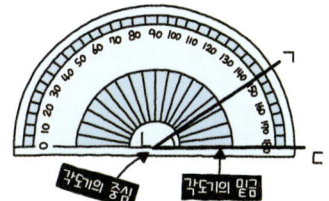

각도기로 각을 읽을 때 각의 밑금이 오른쪽에 있으면 0부터 반시계 방향으로 수를 읽고, 각의 밑금이 왼쪽에 있으면 왼쪽에서 오른쪽으로 0부터 매긴 수를 읽습니다. 즉 밑금에서 출발하여 점점 커지는 수를 읽으면 됩니다.

밑금을 어느 변으로 하는지에 따라 각도기의 방향이 달라지고, 각도기가 놓이는 방향에 따라 눈금 읽기가 쉬울 수도 있고 어려울 수도 있습니다. 밑금이 비스듬히 놓이게 되는 각도 다양하게 경험하면 각도기를 능숙하게 사용하는 데 도움이 됩니다.

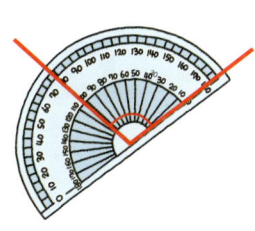 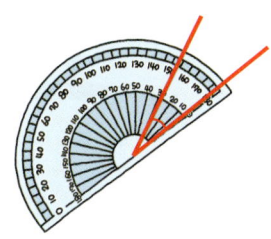 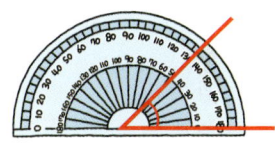

이때 아이들은 다음과 같은 실수를 할 수 있습니다.

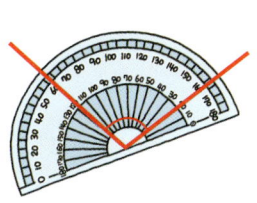 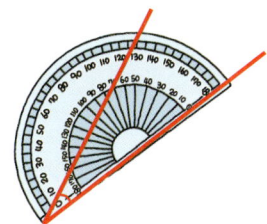 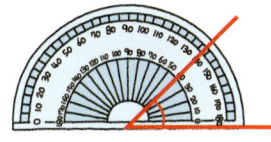

한 발짝 더!

각도는 각의 벌어진 정도에 따라 달라집니다. 변의 길이와는 관계가 없습니다. 한 점에서 두 직선을 그어 각을 만들고 변의 길이를 늘일 때 각도가 어떻게 달라지는지 알아봅니다.

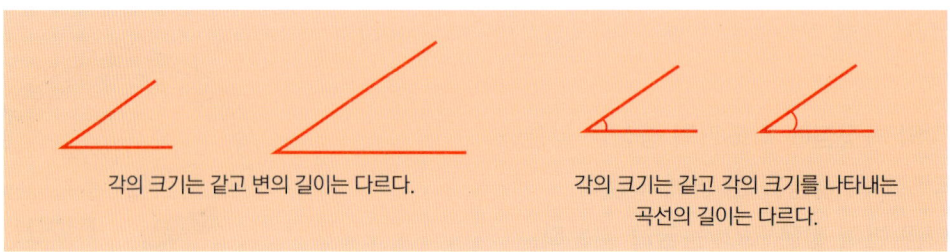

각의 크기는 같고 변의 길이는 다르다.   각의 크기는 같고 각의 크기를 나타내는 곡선의 길이는 다르다.

위의 그림을 투명지에 본 떠 겹치거나 각도기로 두 각의 각도를 재어 보면 변의 길이가 각의 크기에 영향을 끼치지 않는다는 사실을 알게 됩니다. 또한 각의 크기를 표시하기 위해 각에 곡선을 그리는데, 이 곡선의 길이도 각의 크기와는 전혀 상관이 없습니다.

아이들 중에는 간혹 그림만 보고 각도를 어림하는 경우가 있는데, 각은 반드시 각도기로 정확히 재어 보아야 알 수 있다는 사실도 지도합니다.

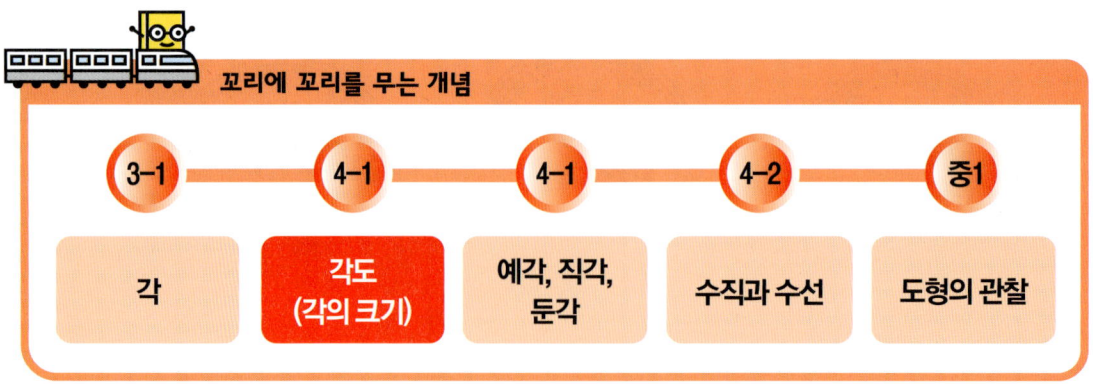

무엇이든 물어보세요

각의 크기가 각도라고 했는데, 각과 각도는 어떻게 다른가요?

각은 도형 그 자체이고 각도는 그 각의 크기입니다. 꺾인 모양, 즉 한 점에서 뻗어 나간 두 반직선 모양 자체가 각입니다. 실제 각은 한 방향으로 무한히 뻗은 두 직선에서 생기지만 그중 두 반직선이 만나는 부분을 각으로 나타낸 것입니다. 그 각의 크기를 각도기로 잰 값이 각도입니다. 따라서 "각 ㄱㄴㄷ은 27°이다."가 아니고 "각 ㄱㄴㄷ의 크기는 27°이다."라고 말해야 합니다.

직각은 왜 90°인가요?

직각이 90°인 이유는 고대 바빌로니아 사람들이 원의 각도를 360°로 정한 후 그것이 널리 쓰였기 때문입니다. 원의 각을 4등분하면 90°인 직각이 4개 만들어집니다. 고대 바빌로니아에서는 1년을 12달로 보고 각 달은 30일로 정했습니다. 그리고 남은 날수를 더해 윤년이 되는 해는 1년을 13달로 하였습니다. 이때 1년을 360일로 생각하였고, 이것이 원의 각도인 360°가 된 것입니다.

| 각도 | **각 읽기** |

내가 잰 각도는 45°인데 알고보니 135°라고요?

아이는 왜?

각도기에는 각도기 중심 좌우로 밑금(기준선)이 있습니다. 그리고 양방향으로 각도가 표시되어 있습니다. 각을 측정하는 위치나 그리는 위치에 따라 편히 사용하도록 한 것인데, 아이들이 여기서 헷갈려 눈금의 숫자만 보고 135°를 45°로 읽기도 합니다. 또 45°를 135°로 그리는 경우가 종종 있습니다.

30초 해결사

각의 크기를 어림하기

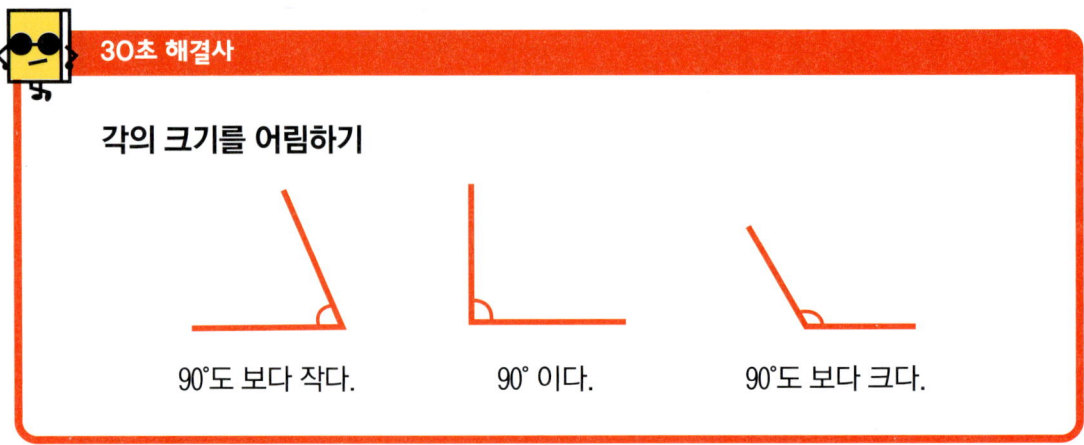

 **그것이 알고 싶다**

각도기에는 눈금이 2줄로 되어 있기 때문에 어느 눈금을 읽어야 하는지 고민될 수 있습니다.

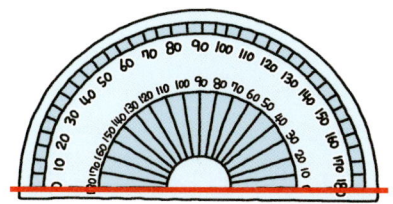

각도기로 각을 읽을 때는 각의 꼭짓점을 각도기 중심에 맞춘 다음, 각의 밑금이 오른쪽에 있으면 반시계 방향으로 매긴 눈금의 수(그림에서는 안쪽 숫자)를 읽고, 각의 밑금이 왼쪽에 있으면 왼쪽에서 오른쪽으로 매긴 눈금의 수(그림에서는 바깥쪽 숫자)를 읽습니다. 정리하면 밑금에서 출발하여 숫자가 점점 커지는 쪽으로 읽으면 됩니다.

밑금을 어느 쪽으로 하는지에 따라 각도기의 방향이 달라지고, 각도기가 놓이는 방향에 따라 눈금 읽기가 쉬울 수도 있고 어려울 수도 있습니다. 밑금이 비스듬히 놓인 각들도 다양하게 접하다 보면 점차 능숙하게 각도기를 사용하게 될 것입니다.

또한 각의 크기에 대한 양감으로 대략적인 크기를 어림할 수 있게 되면 45°를 135°로 읽는 오류를 범하지 않을 것입니다.

90°는 직각이므로 직각을 기준으로 각에 대한 양감을 생각하면 45°와 135°를 구분할 수 있습니다. 즉 90°보다 큰 각인지 작은 각인지를 생각하면 어렵지 않게 구분할 수 있습니다.

아래 각을 어림한 후 재어 보세요.

한 발짝 더!

각도기로 여러 각을 재어 보는 활동을 하면 각도기 사용법을 익히고 각도에 대한 개념을 형성하는 데 도움이 됩니다. 각도기 사용법을 익힌 후에는 이를 바탕으로 주어진 각도의 각을 그리는 활동을 하면 각을 이해하는데 도움이 됩니다.

삼각자로 90°에서부터 시작하여 45°, 60°, 30°가 되는 각을 그려 봅니다. 이때 꼭짓점에 따라 각의 방향이 달라지므로 꼭짓점과 주어진 선분을 다르게 하여 다양하게 그려 봅니다.

삼각자로 그려 보았다면 각도기로 원하는 크기의 각을 그려봅니다. 각도가 70°인 각 ㄱㄴㄷ을 그려 보겠습니다.

각 그리기
각도기로 각을 그릴 때는 각도기 중심을 꼭짓점에 잘 맞추어야 하고, 각도기의 밑금을 먼저 그린 선분에 정확히 맞추는 것이 중요하다.

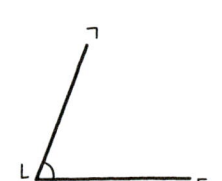

1. 각의 한 변인 변 ㄴㄷ을 그린다.
2. 각도기 중심을 꼭짓점이 될 점 ㄴ에 맞추고, 각도기의 밑금을 변 ㄴㄷ에 맞춘다.
   (각도기의 좌우가 뒤집어져 있어도 가능하다.)
3. 각도기에서 각도가 70° 되는 눈금 위에 점 ㄱ을 찍는다.
4. 점 ㄴ과 점 ㄱ을 이어 변 ㄱㄴ을 그린다.

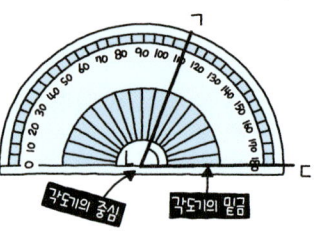

각을 그린 후에는 각의 이름을 씁니다. 이렇게 하면 각을 읽을 때 순서를 제대로 지킬 수 있고 도형을 이해하는 데도 도움이 됩니다.

처음에는 주어진 선분을 이용하여 주어진 각도를 그려 보고 이 활동에 능숙해지면 밑금이 주어지지 않은 상태에서 각도만으로 각을 그려 봅니다. 25°, 65°와 같이 5° 단위 각을 그려 봅니다.

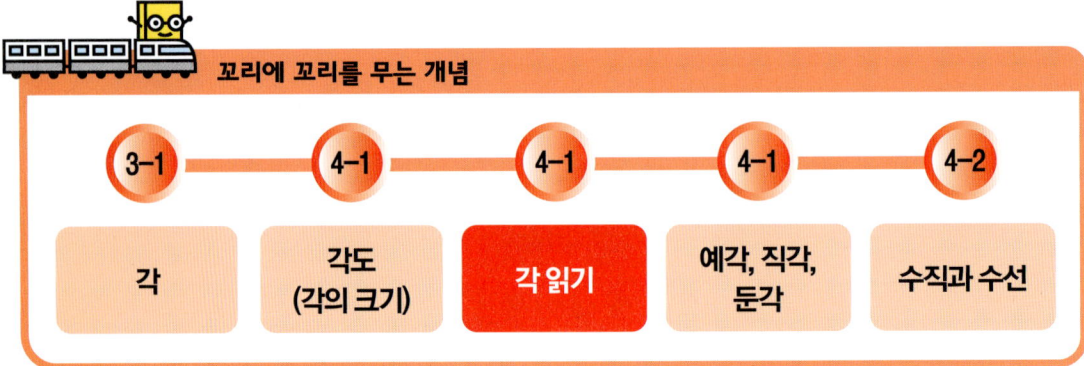

무엇이든 물어보세요

 각에서 뾰족한 부분의 반대쪽 각은 어떻게 재나요?

초등학교에서는 주로 180° 이하의 각을 다룹니다. 따라서 180°가 넘는 각을 재는 경우는 없습니다. 하지만 아이가 물어 온다면 180°보다 큰 각의 크기를 재는 방법도 함께 고민해 보는 계기가 되겠습니다.

각에는 뾰족한 부분이 아닌 쪽 각도 있습니다. 뾰족한 부분을 열각, 반대 부분을 우각이라고 합니다. 평면을 두 부분으로 나누어 생기는 2개의 각 중 좁은 부분이 열각입니다. 열각의 크기는 180°보다 작습니다. 우각의 크기는 원이 360°라는 성질을 이용하여 '360° − (열각의 크기)'로 구할 수 있습니다. 또는 원 모양 각도기를 사용해도 됩니다.

 **각도기는 크기와 모양이 모두 비슷한가요?**

아이들이 보통 사용하는 각도기는 모양이 모두 비슷합니다. 하지만 각도기가 모두 같은 모양, 비슷한 크기인 것은 아닙니다. 각도기의 크기와 모양은 각을 재는 목적에 따라 다양합니다. 수학 시간에는 대개 보통 크기의 각을 재기 때문에 손에 잡히는 크기의 반원 모양 각도기를 사용하고, 산업용으로는 정밀한 디지털 각도기가 사용되고 있습니다.

원 모양의 각도기   디지털 각도기

| 각도 | **각도의 덧셈과 뺄셈** |

각도의 덧셈과 뺄셈은 어떻게 해요?

아이는 왜?

많은 아이들이 각의 합과 차를 구하는 각도 계산에 뭔가 특별한 방법이 있을 것이라 생각합니다. 각도기라는 특별한 측정 도구로 각의 크기를 재기 때문에 각도를 더하고 빼는 데 다른 방법이 필요하다고 생각할 수 있습니다.

30초 해결사

각도의 합과 차를 구하는 방법은 자연수의 덧셈, 뺄셈 방법과 같다.

- 두 각도의 합

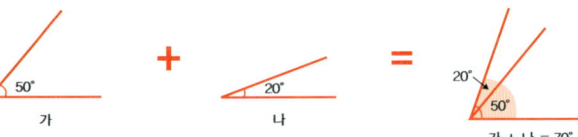

- 두 각도의 차

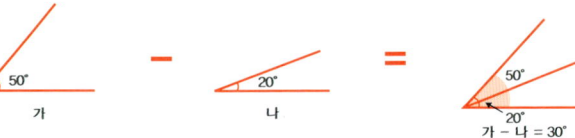

그것이 알고 싶다

각도의 합과 차를 구하는 방법은 자연수의 덧셈과 뺄셈을 계산하는 방법과 같습니다. 하지만 이러한 내용을 직접 알려 주기보다 활동을 통해 스스로 의미를 구성할 수 있도록 이끌어야 하겠습니다. 이를 위해 제시된 두 각을 덧붙이거나 겹치는 방법으로 두 각도의 합과 차를 구해 보겠습니다.

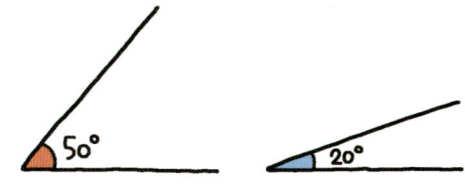

먼저 각도의 합을 알아보기 위해 주어진 두 각을 반투명 종이 위에 그린 후 서로 겹치지 않게 이어 놓습니다. 그리고 각을 이어 붙이면 각도가 얼마가 될지 예상해 봅니다. 그렇게 생각하는 이유도 설명해 봅니다. 그런 다음 직접 각도기로 이어 붙인 각의 크기를 재어 예상했던 것과 비교하면서 각도의 합을 구하는 방법과 자연수의 덧셈 방법에 대해 이야기 나누어 봅니다.

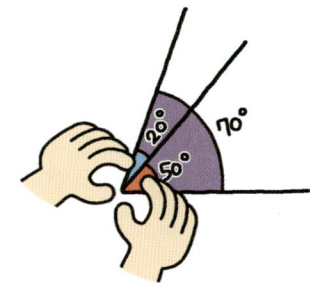

같은 방법으로 이번에는 두 각의 차를 계산합니다. 앞에서 만든 두 각의 한 변을 겹칩니다. 겹치지 않은 부분, 즉 큰 각에서 작은 각과 겹치는 부분을 제외한 나머지 부분의 크기가 얼마일지 생각해 보고 그렇게 생각한 이유를 말해 봅니다. 그런 다음 직접 각도기로 재어 보고 자연수의 뺄셈 방법과 계산 방법이 같음을 확인합니다.

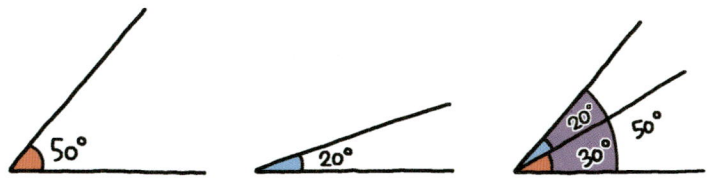

각도의 덧셈과 뺄셈이 자연수의 덧셈, 뺄셈과 같음을 이해한 후에는 $35° + 40° = 75°$, $75° - 40° = 35°$와 같은 문제를 풀어 보며 계산을 연습합니다. 답을 적을 때 각의 단위(°)를 빠뜨리지 않도록 유의합니다.

한 발짝 더!

삼각자를 이용하여 만들 수 있는 각을 찾아봅니다.

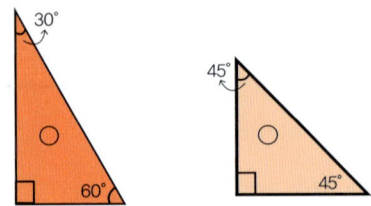

삼각자 2개를 이용하여 하나는 고정시켜 놓고 다른 삼각자의 세 각을 붙여 합을 구하면 180°, 150°, 120°, 135°, 105°, 75°가 됩니다.

삼각자 2개로 각의 차도 구해 봅니다.

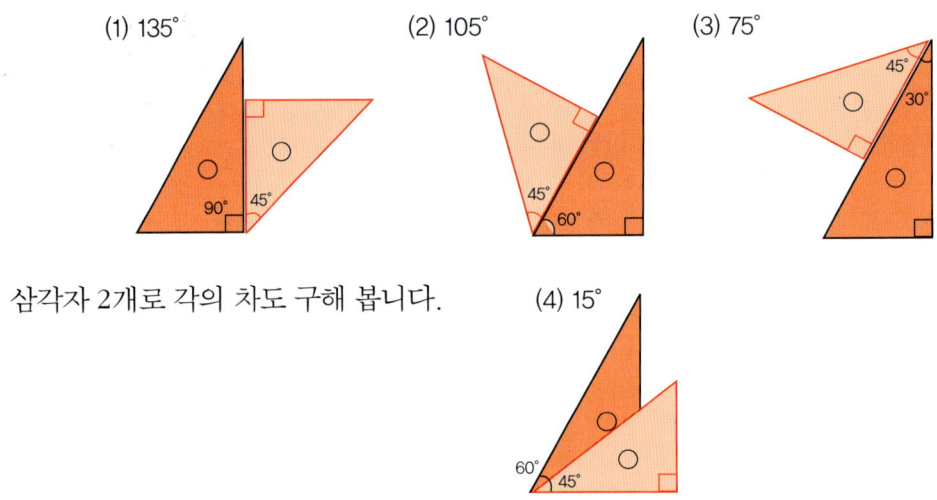

이 활동은 각의 크기에 대한 감각을 기르는 데도 도움이 됩니다.

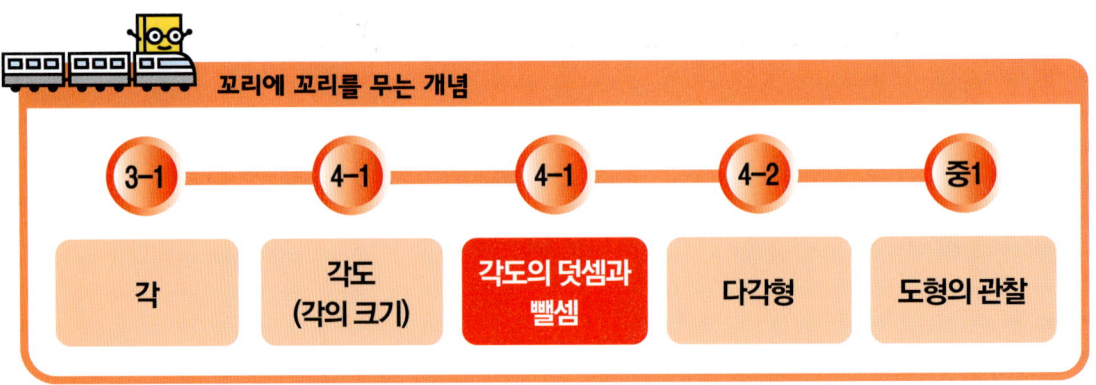

무엇이든 물어보세요

삼각형 세 내각의 크기 합이 180°라는 것은 어떻게 설명해야 하나요?

아이들은 각도를 배운 후 바로 삼각형과 사각형 내각의 크기 합을 배우게 됩니다. 교과서에서는 삼각형을 잘라 붙이는 방법, 각도기로 재는 방법을 통해 직관적으로 확인하도록 하고 있습니다.

삼각형 세 내각의 크기 합이 180°라는 성질은 이후 학습하게 될 도형 학습의 기초가 되는 중요한 내용입니다. 예를 들어, 삼각형 내각의 크기 합이 180°이기 때문에 사각형을 대각선으로 나누면 삼각형 2개가 되고, 따라서 사각형 내각의 크기 합은 360°임을 알 수 있습니다. 직접 재거나 잘라 붙이지 않고도 알 수 있는 것입니다. 삼각형 세 각의 크기의 합이 180°라는 보다 엄밀한 증명은 중학교 이후에 배우게 됩니다.

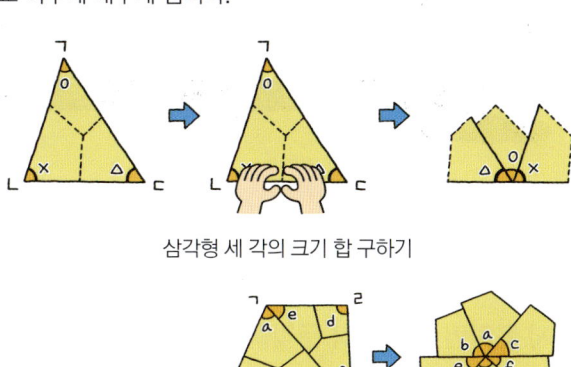

삼각형 세 각의 크기 합 구하기

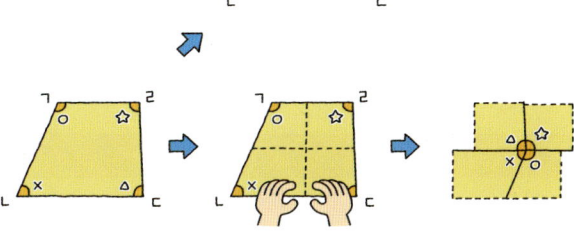

사각형 네 각의 크기 합 구하기

각도 — 예각과 둔각

예각, 직각, 둔각을 모르겠어요.

 **아이는 왜?**

예각과 둔각을 구분할 수 있는 기준은 직각입니다. 직각의 의미와 모양, 크기를 정확히 이해하지 못하면 예각이나 둔각을 구분하는 데 어려움을 겪을 수 있습니다. 또한 예각, 둔각이라는 말이 낯설게 느껴지고 그 모양이 머릿속에 떠오르지 않기 때문에 문제를 해결하는 데 어려움이 생깁니다.

30초 해결사

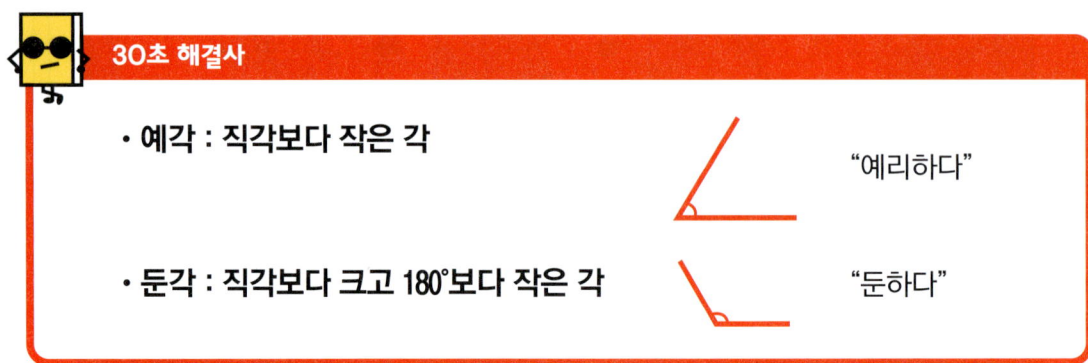

- 예각 : 직각보다 작은 각 "예리하다"
- 둔각 : 직각보다 크고 180°보다 작은 각 "둔하다"

직관적으로 직각이 아닌 각을 구분하는 활동을 통해 직각에 대한 감각을 익힙니다. 이때 바로 놓여 있는 직각, 약간 돌려져 있는 직각 등을 학습하여 직각을 직관적으로 충분히 인식하도록 합니다.

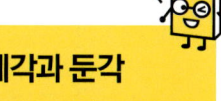

예각과 둔각
예각의 예(銳)는 예리하다, 날카롭다, 뾰족하다는 의미, 둔각의 둔(鈍)은 둔하다, 무디다는 의미이다.

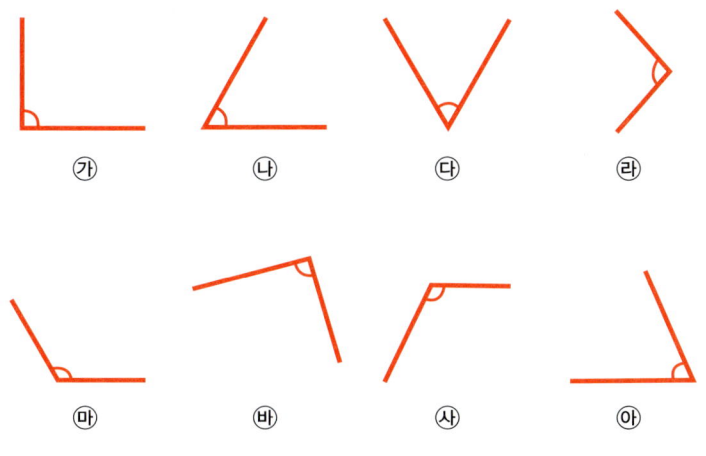

직각보다 작은 각	직각	직각보다 큰 각
㈏, ㈐, ㉂	㈎, ㈑	㈒, ㈏, ㈖

이때 직각이 아닌 각을 직각보다 작은 각, 직각보다 큰 각으로 분류하고 각각의 이름을 지어 봅니다. '직각보다 작은 각'이라는 뜻이 잘 나타나도록 이름 짓고, 그렇게 지은 이유를 이야기해 봅니다. 또 '직각보다 큰 각'이라는 뜻이 잘 나타나도록 이름 짓고, 그렇게 지은 이유를 이야기해 봅니다. 도형의 이름을 짓는 활동은 아이들에게 그 도형의 특징을 다시 한 번 생각하게 하는 계기가 되므로 도형을 처음 접하는 단계에서 많이 이루어집니다.

이때 어른들의 일방적인 방식이 아니라 아이들이 여러 가지 이름을 다양하게 제시할 수 있도록 허용적인 태도를 보여 줍니다. 동시에 아이의 의견에 동의해 주며 다음과 같이 약속합니다.

"직각보다 작은 각을 '예각'이라 하고, 직각보다 크고 180°보다 작은 각을 '둔각'이라 한다."

한 발짝 더!

180°보다 큰 각이 있을까요?

실제 주변 사물에서 각을 찾는 활동을 하다 보면 180°보다 큰 각을 둔각이라고 하는 경우가 있습니다. 초등학교에서는 예각, 직각, 둔각까지만 다루므로 180°보다 큰 각을 직접적으로 배우지는 않지만 둔각이 180°보다 작은 각임을 알려주기 위해 180°보다 큰 각을 간접적으로 보여 줄 필요가 있습니다.

예각 : 90°보다 작은 각
직각 : 90°인 각
둔각 : 90°보다 크고 180°보다 작은 각
평각 : 180°인 각

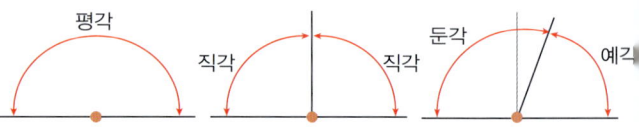

4학년에서는 각을 예각, 직각, 둔각으로 구분하는 것이 목적이므로 둔각이 180°보다 작다는 것을 굳이 나타낼 필요는 없습니다.

시계에서 바늘(분침과 시침)이 이루는 각으로 공부하면 아이들이 직관적으로 받아들이기 쉬울 것입니다. '시계 바늘이 이루는 작은 쪽의 각'에서 예각과 둔각 찾는 활동을 해 봅니다.

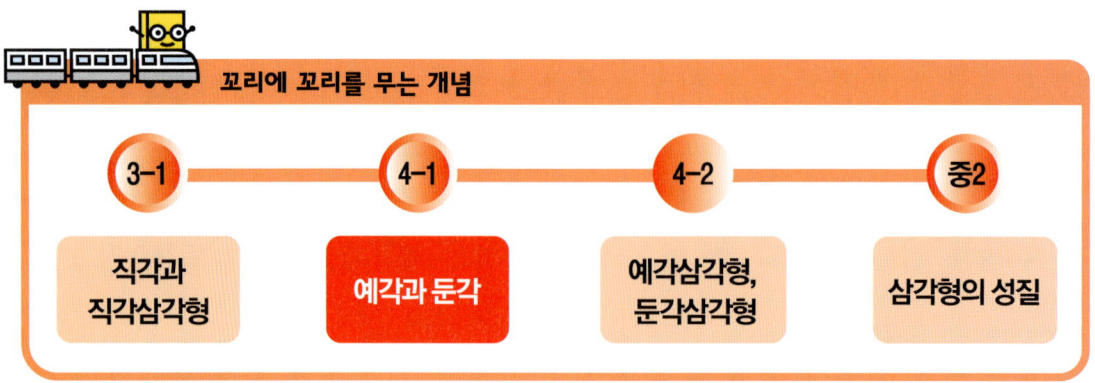

무엇이든 물어보세요

원을 이용해 직각삼각형을 만들 수 있는 방법이 있다고 하던데요.

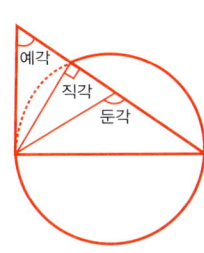

원의 지름을 한 변으로 하는 삼각형을 그리면 지름의 양 끝점이 꼭짓점이 됩니다. 나머지 한 점의 위치를 정하면 삼각형이 되는데, 그림과 같이 원 위에 있으면 직각이 되어 직각삼각형이 되고, 원 밖에 있으면 직각보다 작은 각이 되어 예각삼각형이 되며, 원의 안쪽에 있으면 직각보다 큰 각이 되어 둔각삼각형이 됩니다.

각을 보면 큰 쪽이 있고 작은 쪽이 있는데 왜 작은 쪽의 크기를 각의 크기라고 하나요?

각의 좁은 부분을 열각, 더 큰 부분을 우각이라고 부릅니다. '우열을 가리다'라는 표현을 들어 보았을 것입니다. 우(優)는 더 낫다는 뜻이고, 열(劣)은 보다 못하다는 뜻입니다. 그래서 더 큰 각을 우각, 작은 각을 열각이라고 부릅니다. 그렇다면 열각은 180°보다 작아야 합니다. 180°가 넘어가면 반대쪽 각이 열각이 되고 그 각은 우각이 되어 버리기 때문입니다. 참고로 180°는 평평한 각이어서 평각이라고 부릅니다. 크기는 우각이 더 크지만 우리 생활에서, 그리고 도형에서 쓰이는 각은 대부분이 열각입니다. 삼각형의 각, 사각형의 각들 모두 180°를 넘지 않는 열각들입니다. 그래서 보통은 열각의 크기를 그 각의 크기라고 합니다.

| 각도 | **예각삼각형, 둔각삼각형** |

4학년 도형과 측정

두 각이 예각인데 왜 둔각삼각형이라고 해요?

 **아이는 왜?**

삼각형의 종류를 배울 때 예각삼각형에 이어 둔각삼각형이 나옵니다. 이때 아이들이 삼각형 이름만 보고 '예각'이 '둔각'으로 바뀐다고 생각하는 경우가 많습니다. '세 각이 모두 예각인 삼각형'이 예각삼각형이므로 둔각삼각형은 '세 각이 모두 둔각인 삼각형'이라고 생각하는 것입니다.

 30초 해결사

- 예각삼각형 : 세 각이 모두 예각인 삼각형

- 둔각삼각형 : 한 각이 둔각인 삼각형

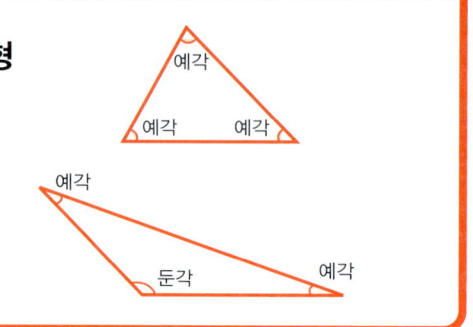

그것이 알고 싶다

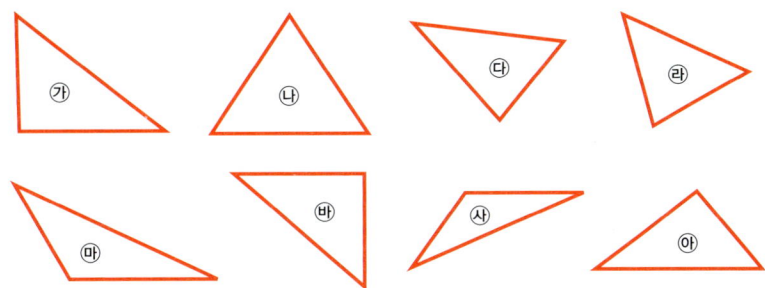

여러 가지 삼각형에서 예각, 직각, 둔각을 찾아봅니다. 그리고 세 각이 모두 예각인 삼각형만 모읍니다. ㉯, ㉰, ㉱, ㉸와 같이 세 각이 예각인 삼각형의 이름을 지어 봅니다. 이때 이름의 길이나 어법 등에 제한받지 않고 자유롭게 활동할 수 있도록 지도합니다. 또한 이름을 왜 그렇게 지었는지에 대해서 이야기 나누다 보면 아이들이 삼각형의 특징을 다시 한 번 되새길 수 있습니다. 이후 다음과 같이 약속합니다.

"세 각이 모두 예각인 삼각형을 예각삼각형이라고 한다."

이번에는 둔각이 있는 삼각형을 찾아봅니다. 이때 둔각이 몇 개씩 있는지 꼭 확인해야 합니다. 둔각은 1개씩 있습니다. ㉮, ㉯와 같이 한 각이 둔각인 삼각형의 이름을 지어 봅니다. 아이들은 "삼각형의 한 각이 둔각이다."라는 삼각형의 의미가 잘 나타나도록 이름지으려 할 것입니다. 한둔각삼각형, 한둔각두예각삼각형, 둔각삼각형 등 다양한 이름이 나올 수 있습니다. 이후 다음과 같이 약속합니다.

"한 각이 둔각인 삼각형을 둔각삼각형이라고 한다."

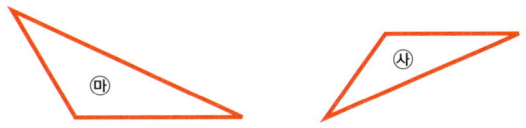

한 발짝 더!

'한 각이 둔각인 삼각형' 이외에 '두 각이 둔각인 삼각형' 혹은 '세 각이 둔각인 삼각형'이 있는지 생각해 봅니다. 삼각형에서 둔각이 1개뿐이라는 사실을 찾았다면 그 이유를 설명해 봅니다. 아이들은 삼각형의 종류를 배우기 전에 "둔각은 90°보다 크고 180°보다 작은 각이다.", "삼각형 세 내각의 합은 180°이다."와 같은 내용을 배웠습니다. 이 두 내용을 다시 한 번 떠올리면서 스스로 이유를 찾아야 하겠습니다. 즉, 90°보다 큰 둔각이 하나 있다면 나머지 두 각의 합이 90°보다 작기 때문에 삼각형에는 둔각이 하나입니다.

직각삼각형도 마찬가지입니다. 직각이 2개이면 두 각의 합이 이미 180°이므로 나머지 한 각은 0°이어야 합니다. 하지만 그렇게 되면 삼각형이 되지 않으므로 직각은 1개여야만 합니다. 즉, 직각삼각형 역시 이름에는 '직각'만 나타나 있지만 1개의 직각과 2개의 예각으로 되어 있습니다.

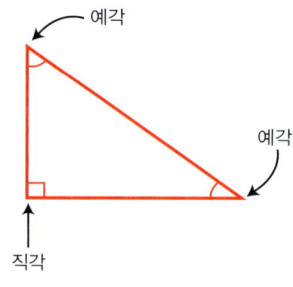

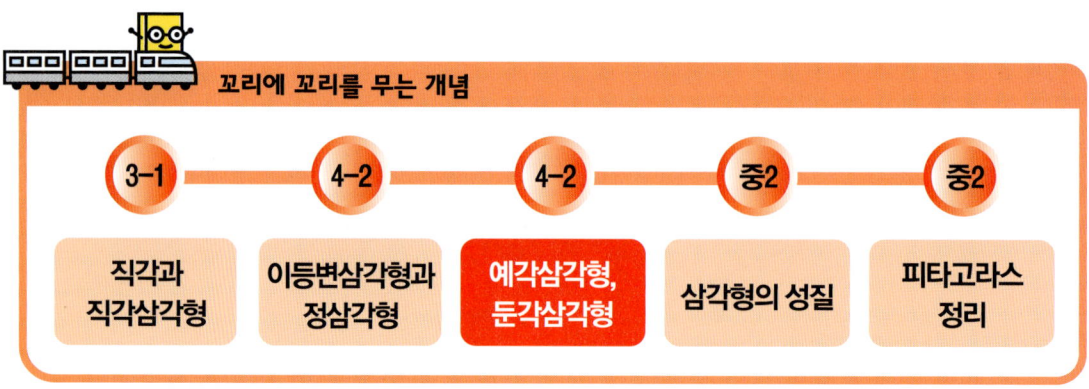

무엇이든 물어보세요

이런 문제는 어떻게 푸나요?
"길이가 1cm인 쇠막대 12개를 꿰었습니다. 이때 만들 수 있는 삼각형을 모두 구하시오.(쇠막대는 구부러지지 않습니다.)"

삼각형에는 "두 변의 길이의 합은 다른 한 변의 길이보다 크다."는 성질이 있습니다. 만약 두 변의 길이 합이 다른 한 변과 같거나 작다면 삼각형이 만들어질 수 없기 때문입니다. 이 성질을 이용하여 문제를 해결할 수 있습니다.

풀이)
1. 한 변의 길이가 1cm인 경우 : 세 변의 길이가 1cm, 5cm, 6cm가 되어야 한다. 그러나 두 변의 길이(1cm, 5cm) 합이 한 변의 길이(6cm)와 같아 삼각형을 만들 수 없다.
2. 한 변의 길이가 2cm인 경우 : 세 변의 길이는 2cm, 5cm, 5cm가 된다.
3. 한 변의 길이가 3cm인 경우 : 세 변의 길이는 3cm, 4cm, 5cm가 된다.
4. 한 변의 길이가 4cm인 경우 : 세 변의 길이는 4cm, 3cm, 5cm 혹은 4cm, 4cm, 4cm가 된다.

따라서 (2cm, 5cm, 5cm), (3cm, 4cm, 5cm), (4cm, 4cm, 4cm)인 3가지 삼각형을 만들 수 있다. (3cm, 4cm, 5cm)와 (4cm, 3cm, 5cm)는 같다.

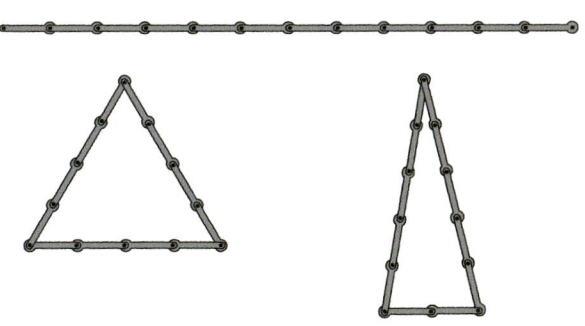

| 평면도형의 이동 | **도형의 이동(밀기, 뒤집기, 돌리기)**

도형을 뒤집으라는데, 뒤집으니까 아무것도 없어요.

 **아이는 왜?**

밀기, 뒤집기, 돌리기 등 도형의 이동에서 아이들은 뒤집기를 특히 어려워합니다. 밀기, 돌리기는 학습지를 직접 움직여 해결할 수 있지만 뒤집기의 경우 실제 학습지를 뒤집으면 학습지의 뒷면이 나올 뿐이기 때문입니다.

 30초 해결사

- 밀기 : 모양과 방향이 변하지 않는다.
- 뒤집기 : 모양은 변하지 않고 위와 아래 또는 오른쪽과 왼쪽이 바뀐다.
- 돌리기 : 모양은 변하지 않고 돌리는 정도에 따라 방향이 바뀐다.

그것이 알고 싶다

- **밀기**

여러 가지 물건 또는 도형을 밀었을 때 모양이 어떻게 변하는지 생각해 보고 결과를 확인해 봅니다. 모양과 방향이 변하지 않는다는 사실을 찾을 수 있을 것입니다. 이때 화살표 방향, 즉 ↑(위쪽), ↓(아래쪽), ←(왼쪽), →(오른쪽)에 따른 밀기 기호의 뜻을 스스로 아는 것이 중요합니다.

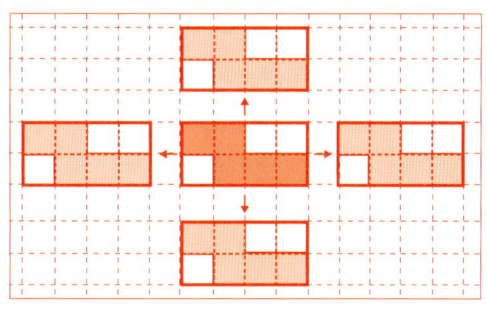

- **뒤집기**

여러 가지 물건 또는 도형을 뒤집으면 모양은 변하지 않고 위와 아래 또는 오른쪽과 왼쪽이 바뀐다는 사실을 찾을 수 있습니다. 이때 뒤집기 기호, 즉 ⊖ (위로 뒤집기), ⊖ (아래로 뒤집기), ⊖(왼쪽으로 뒤집기), ⊖(오른쪽으로 뒤집기)는 가르치기 편하도록 만들어진 것일 뿐이므로 각 기호의 의미를 아는 정도로 지도합니다.

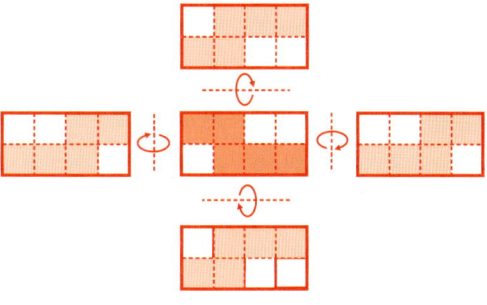

- **돌리기**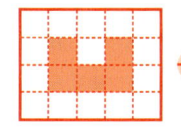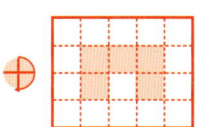

여러 가지 물건 또는 도형을 돌렸을 때 모양은 변하지 않고 돌리는 정도에 따라 방향이 바뀐다는 사실을 확인합니다. 돌리기에는 시계 방향으로 돌리는 기호와 시계 반대 방향으로 돌리는 기호가 있으며, 직각을 기준으로 얼마나 돌렸는지 아는 것이 중요합니다. 아이가 돌리는 기호의 의미를 정확히 알고 있는지 확인합니다.

방향	시계 방향으로 돌리기	시계 반대 방향으로 돌리기
기호와 의미	⊕ 90°만큼 돌리기 ⊕ 180°만큼 돌리기 ⊕ 270°만큼 돌리기 ⊕ 360°만큼 돌리기	⊕ 90°만큼 돌리기 ⊕ 180°만큼 돌리기 ⊕ 270°만큼 돌리기 ⊕ 360°만큼 돌리기

한 발짝 더!

도형을 놓고 뒤집기와 돌리기를 동시에 해 봅니다. 2가지 활동이 함께 이루어지므로 순서에 맞춰 생각해 보고 활동을 통해 확인합니다. 도형을 먼저 본 후 이를 뒤집고 돌리기 한 도형을 그려도 되고, 뒤집고 돌린 후의 도형을 보고 거꾸로 처음의 도형을 그릴 수도 있습니다.

활동①

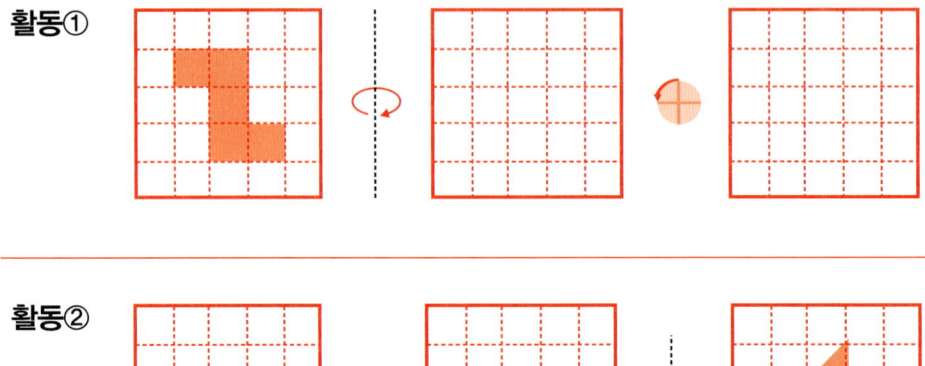

활동②

이때, 뒤집기와 돌리기를 각각 1번씩 하였더라도 뒤집고 돌리는 순서를 달리 하면 같은 모양이 나오지 않는 경우도 있습니다.

블로커스

게임판 위에 모서리가 만나도록 블록을 놓는 게임. 게임판을 채우는 과정에서 도형의 밀기, 뒤집기, 돌리기를 이용하여 문제를 해결하는 경험을 하게 된다.

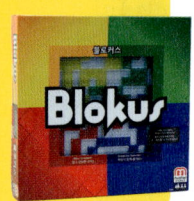

꼬리에 꼬리를 무는 개념

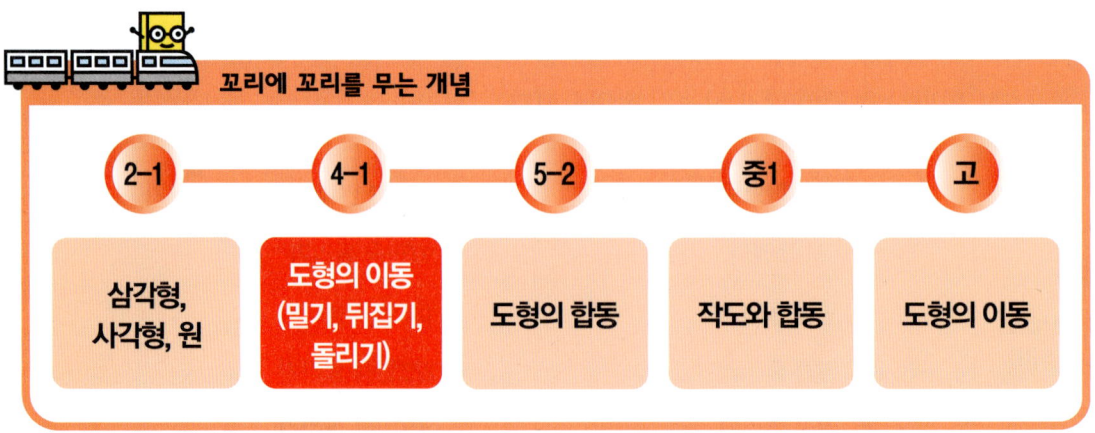

무엇이든 물어보세요

모눈에 도형을 그릴 때 가운데에 그려야 하나요?

예를 들어 아래의 도형을 방향으로 돌리기 한 도형을 그려야 한다면 다음과 같은 그림이 모두 가능합니다. 모눈은 아이들이 도형을 쉽게 그리는 데 도움을 주고자 제시하는 것이므로 그리는 위치는 무관합니다.

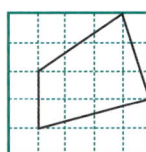 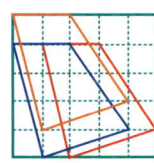

다음과 같은 문제를 풀지 못합니다.

"어떤 도형을 오른쪽으로 밀고 왼쪽으로 5번 뒤집기 한 다음, 다시  방향으로 7번 돌렸더니 ㉣과 같은 도형이 되었습니다. 처음 도형을 그리시오."

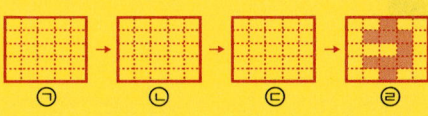

문제가 복잡합니다. 차근차근 거꾸로 풀어 봅니다.
1. 구하려고 하는 것은 처음 도형의 모양입니다.
2. 방향으로 7번 돌린 것은 방향으로 1번 돌린 것과 같습니다. 따라서 ㉢은 모양이 됩니다.
3. 왼쪽으로 5번 뒤집었다는 것은 왼쪽으로 1번 뒤집은 것과 같으므로 ㉡은 모양입니다.
4. 마지막으로 밀기는 어느 방향이어도 모양과 방향에 변화가 없으므로 그대로 모양입니다.

따라서 답은 입니다.
㉠

| 삼각형 | **이등변삼각형, 정삼각형** |

이등변삼각형은 두 변의 길이가 같은 삼각형인데, 어떻게 두 각의 크기도 같아요?

 **아이는 왜?**

이등변삼각형은 두 변의 길이가 같은 삼각형입니다. 그래서 변의 길이가 같다는 사실은 알지만 두 각의 크기도 같다는 성질은 모르는 아이들이 있습니다. 이런 경우 이등변 삼각형에서 각의 크기를 구하는 문제를 해결할 수 없습니다.

 **30초 해결사**

- **이등변삼각형의 성질**

  두 밑각의 크기가 같다.

  길이가 같은 두 변과 함께하는 각의 크기가 같다.

  초등학생들은 밑각이라는 용어를 사용하지 않기 때문에 그냥 "두 각의 크기가 같다."고 해도 된다.

- **정삼각형의 성질**

  세 각의 크기가 모두 같고 한 각의 크기는 60°이다.

  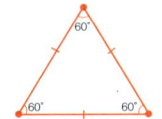

 **그것이 알고 싶다**

오른쪽 여러 가지 삼각형을 분류하여 봅니다. 모양에 따라, 변의 길이에 따라, 각의 크기에 따라 여러 가지 방법으로 분류할 수 있습니다. 아이의 생각이 옳지 않더라도 자기만의 기준으로 분류한 점을 칭찬하면서 아이가 자신의 생각을 자유롭게 이야기하도록 지도합니다. 그리고 아이가 분류한 여러 방법 중 변의 길이에 따른 분류를 통해 두 변의 길이가 같은 삼각형과 그렇지 않은 삼각형을 나누어 이등변삼각형을 찾고, 다음과 같이 약속합니다.

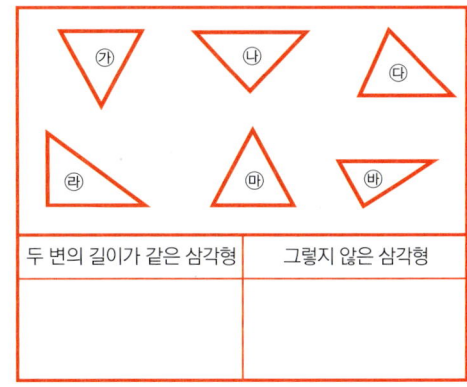

"두 변의 길이가 같은 삼각형을 이등변삼각형이라 한다."

이때 모눈종이 위에 이등변삼각형을 그려 오린 후 접어 보고 겹쳐 보는 활동을 하면 이등변삼각형의 성질을 이해하는 데 도움이 됩니다. 길이가 같은 변은 어떤 변과 어떤 변인지, 크기가 같은 각은 어떤 각과 어떤 각인지 스스로 발견하고 표시하며 이등변삼각형에 대해 알아 가도록 지도합니다.

이등변삼각형 중에는 세 변의 길이가 같은 삼각형이 있습니다. 자로 직접 세 변의 길이를 재어 보면서 세 변의 길이가 같은 삼각형을 찾아봅니다.

세 변의 길이가 같은 삼각형을 찾았다면 각도기로 각의 크기도 재어 봅니다. 모든 각의 크기가 60°임을 알 수 있습니다. 이제 삼각형의 성질에 맞게 이름을 지어 봅니다. 삼등변삼각형, 삼등각삼각형 등 다양한 대답이 나올 수 있습니다. 이러한 과정을 통해 다음과 같이 약속합니다.

"세 변의 길이가 같은 삼각형을 정삼각형이라 한다."

즉, 정삼각형은 세 각의 크기가 모두 같고 한 각의 크기가 60°입니다.

한 발짝 더!

이등변삼각형의 성질을 이용하여 이등변삼각형을 그릴 수 있습니다.

두 각이 45°인 이등변삼각형을 그려 보겠습니다

1. 선분을 1개 그린다.
2. 선분의 양 끝점에서 각각 45°인 각을 그린다.
3. 두 각의 변이 만나는 점을 이어 삼각형을 그린다.
4. 길이를 재어 두 변의 길이가 같은지 알아본다.

이번에는 컴퍼스를 이용하여 두 변의 길이가 같은 이등변삼각형을 그려 보겠습니다.

1. 선분을 1개 그린다.
2. 컴퍼스를 그리고자 하는 변의 길이만큼 벌린다.(변의 길이는 앞에서 그린 선분의 $\frac{1}{2}$보다 길어야 한다.)
3. 선분의 한 끝점에서 선분의 길이를 반지름으로 하는 원의 일부를 그린다.
4. 선분의 다른 끝점에서도 같은 방법으로 원의 일부분을 그린다.
5. 두 원의 일부분이 만난 점과 선분을 이어 삼각형을 그린다.
6. 길이를 재어 두 변의 길이가 같은지 알아본다.

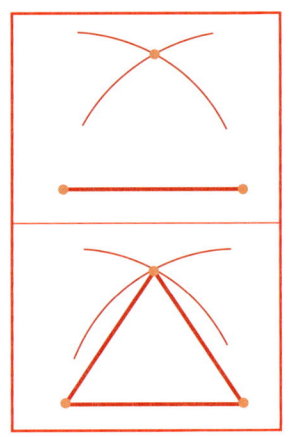

정삼각형은 각도기로 선분의 양 끝점에서 각각 60°인 각을 그리면 됩니다. 또는 세 변의 길이가 같은 삼각형이므로 처음 그린 선분을 반지름으로 하여 나머지 두 변을 그리면 됩니다.

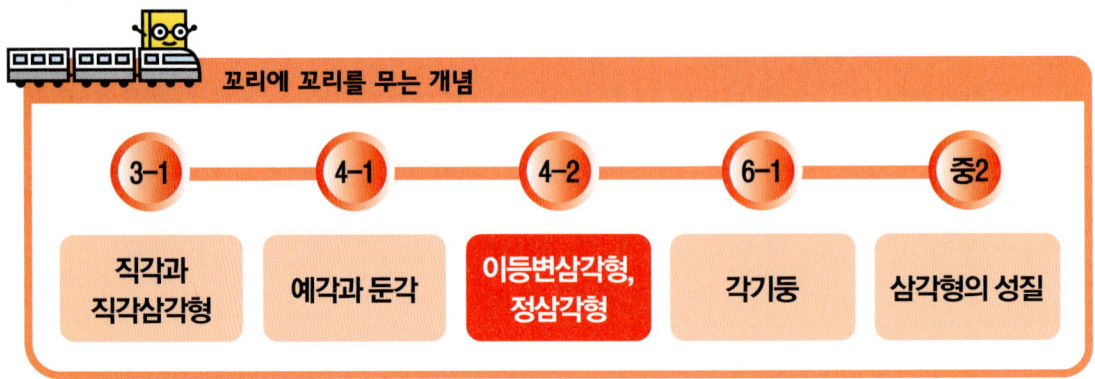

무엇이든 물어보세요

이런 문제는 어떻게 푸나요?
"이등변삼각형과 정삼각형을 겹치지 않게 붙여 놓은 것입니다. 표시된 각의 크기를 구하시오."

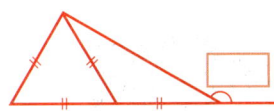

도형 문제는 도형의 성질을 이용하여 해결합니다. 정삼각형은 세 각의 크기가 같고 한 각의 크기가 60°입니다. 이등변삼각형은 길이가 같은 두 변과 함께하는 각의 크기가 같으며, 삼각형 세 각의 크기 합은 180°입니다. 이 3가지 성질을 이용해서 모든 각의 크기를 구할 수 있습니다.

풀이)

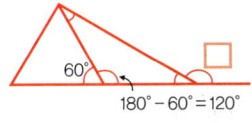

1. 정삼각형의 성질을 이용하여 이등변삼각형의 한 각의 크기를 구한다.

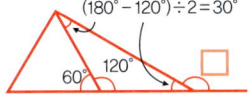

2. 이등변삼각형의 성질을 이용하여 크기가 같은 두 각의 크기를 구한다.

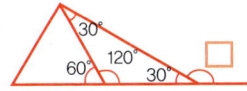

3. □ = 180° − 30° = 150°

| 사각형 | **수직과 수선**

직각, 수직, 수선이 뭐가 달라요?

아이는 왜?
3학년에서는 직각과 직각삼각형을 배우고, 4학년에서는 각의 크기와 두 직선의 관계에서 수직과 수선을 배웁니다. 수직, 수선은 모두 직각과 관련 있습니다. 이를 헷갈려 하는 아이는 용어의 의미를 구체적 경험을 통해 제대로 익히지 못했기 때문입니다.

30초 해결사

수직과 수선
- 두 직선이 만나서 이루는 각이 직각일 때 두 직선은 서로 '수직'이다.
- 두 직선이 서로 수직일 때 한 직선을 다른 직선에 대한 '수선'이라고 한다.

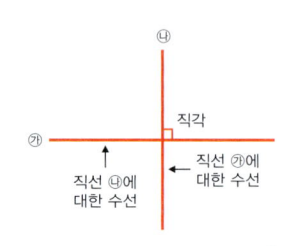

 **그것이 알고 싶다**

각이라는 것은 한 점에서 그은 두 직선이 이루는 도형을 말합니다. 그중 각의 크기가 90°인 도형을 직각이라고 합니다. 유리창, 바둑판, 식탁, 침대, 문 등에서 직각을 찾을 수 있습니다.

종이 위에 직선을 많이 그려 봅니다. 자로 직선을 여러 개 그리다 보면 '두 직선이 포개지는 경우', '두 직선이 만나지 않는 경우', '두 직선이 한 점에서 만나는 경우'가 있습니다.

수직
직선과 직선이 만날 때만 수직인 것은 아니다. 직선과 직선, 직선과 평면, 평면과 평면이 직각을 이루며 만나는 경우도 수직이다.

두 직선이 포개지는 경우   두 직선이 만나지 않는 경우   두 직선이 한 점에서 만나는 경우

이 중 '두 직선이 한 점에서 만나는 경우'를 여러 개 그리고 각도기나 삼각자를 이용하여 그 중에서 직각을 찾아봅니다.

이후 다음과 같이 약속합니다.

"두 직선이 만나서 이루는 각이 직각일 때 두 직선은 서로 '수직'이고, 두 직선이 서로 수직일 때 한 직선을 다른 직선에 대한 '수선'이라고 한다."

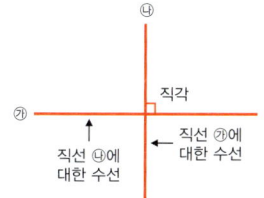

다음 그림을 통해 위의 약속을 이해했는지 확인해 봅니다.

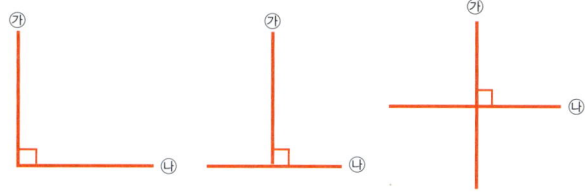

- 직선 ㉮와 직선 ㉯는 서로 수직이다.
- 직선 ㉯에 대한 수선은 직선 ㉮이다.
- 직선 ㉮에 대한 수선은 직선 ㉯이다.

한 발짝 더!

수선을 이해했으면 직접 수선을 그어 봅니다. 수선을 긋는 방법에는 직각삼각자를 이용하는 방법과 각도기를 이용하는 방법이 있습니다.

- **직각삼각자를 이용하는 방법**
  1. 직선을 하나 그린다.
  2. 직각삼각자의 직각 부분을 주어진 직선에 맞추어 직각으로 만나는 직선을 긋는다.

- **각도기를 이용하는 방법**
  1. 각도기의 중심을 점 ㄱ에 맞추고 각도기의 밑변을 직선 ㉮에 맞춘다.
  2. 각도기에서 90°가 되는 눈금에 점 ㄴ을 찍는다.
  3. 점 ㄱ과 점 ㄴ을 직선으로 잇는다.

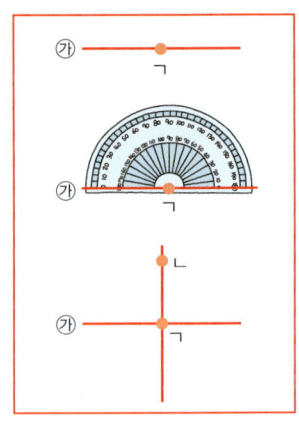

그림과 같이 다양한 직선에 맞춰 수선을 그어 봅니다. 그은 후에는 수선이 맞는지 확인합니다.

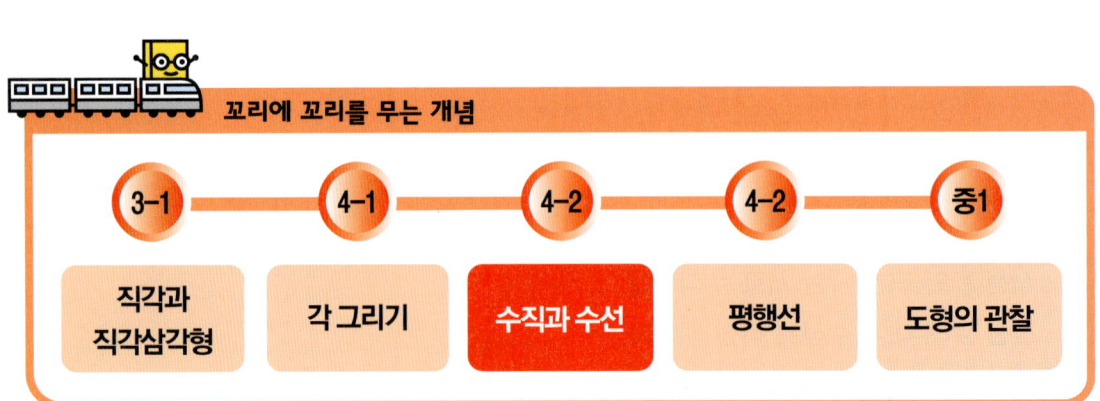

무엇이든 물어보세요

직각삼각자와 각도기 없이도 수선을 그릴 수 있나요?

직각삼각자나 각도기가 없으면 컴퍼스를 이용하여 수선을 그을 수 있습니다. 먼저 직선 위에 한 점을 찍고 원을 그립니다. 그리고 원과 직선이 만나는 두 점을 중심으로, 두 점 사이의 거리를 반지름으로 하는 2개의 원을 그립니다. 두 원이 만나는 점과 처음 찍은 점을 이으면 수선을 그을 수 있습니다.

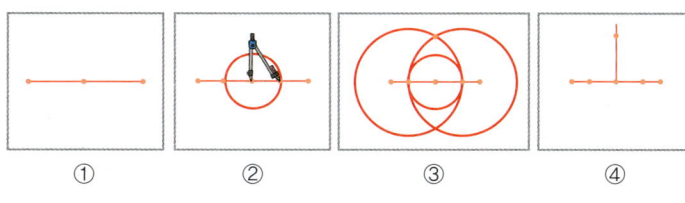

①   ②   ③   ④

이런 문제는 어떻게 해결하나요?
"시계의 긴바늘과 짧은바늘이 수직을 이루는 때는 하루에 몇 번인가?"

시계가 12시일 때 시계의 짧은바늘과 긴바늘은 모두 숫자 12를 가리킵니다. 그리고 1시가 되기 위해서 긴바늘은 1바퀴를 돌고 짧은바늘은 숫자 1까지 갑니다. 따라서 긴바늘은 오른쪽에서 1번, 왼쪽에서 1번씩 수직을 이루며 지나가게 됩니다.

수직이 되는 경우는 시간당 2회이므로 24시간 × 2회 = 48회입니다.

4학년 도형과 측정

| 사각형 | **평행선** |

> 같은 평행선에서 평행선 사이의 거리를 쟀는데 잴 때마다 다른 값이 나와요.

4학년 도형과 측정

아이는 왜?

평행선 사이의 거리가 평행선 사이의 수선의 길이라는 점을 모르거나 이러한 내용을 알더라도 평행선 사이에서 수선을 찾지 못한 경우입니다.

30초 해결사

- **평행** : 서로 만나지 않는 두 직선을 '평행'하다고 한다.
- **평행선** : 평행한 두 직선을 '평행선'이라고 한다.
- **평행선 사이의 거리** : 평행선 사이 수선의 길이를 '평행선 사이의 거리'라고 한다.

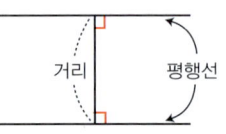

그것이 알고 싶다

평행한 기찻길이 서로 만나면 어떻게 될까요? 기차는 더 갈 수 없을 것입니다. 이렇게 서로 만나지 않는 두 직선을 주변에서 찾아보고 다음과 같이 약속합니다.

> **입체공간에서의 평행선**
>
> 생활에서 만나지 않는 두 직선을 찾을 때는 평평한 면 위에서의 관계를 다루어야 한다. 우리가 사는 3차원 입체공간에는 만나지 않아도 평행이 아닌 직선이 있기 때문이다.

"한 직선에 수직인 두 직선을 그었을 때 그 두 직선은 서로 만나지 않는다. 서로 만나지 않는 두 직선을 '평행'하다고 한다. 평행한 두 직선은 '평행선'이라고 한다."

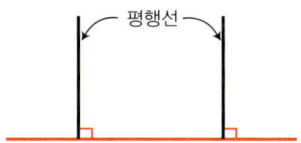

이제 평행선에 수직인 선분과 수직이 아닌 선분을 여러 개 긋고 길이가 가장 짧은 선분을 찾아봅니다.

 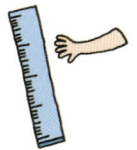

평행선에 수직인 선분이 가장 짧습니다. 가장 짧은 선분을 2개 이상 그리고 그 선분에 같은 측정값을 기록하여 가장 작은 값이 같다는 것을 표현한 후 다음과 같이 약속합니다.

> **평행선 사이의 거리**
>
> '거리'는 최단 길이를 뜻한다. 두 점 사이의 거리는 두 점을 직선으로 잇는 선분의 길이이다. 평행선 사이의 거리도 가장 짧은 것이어야 하므로 수선의 길이가 된다.

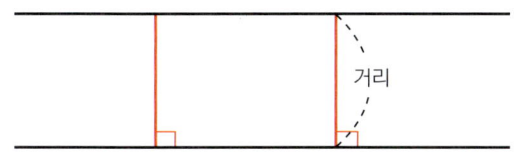

"평행선 사이의 수선의 길이를 '평행선 사이의 거리'라고 한다."

한 발짝 더!

평행선을 직접 그어 보겠습니다. 여기에는 여러 가지 방법이 있습니다. 먼저 직각삼각자를 이용하여 '주어진 직선에 평행한 직선'을 그어 봅니다.

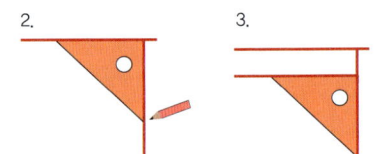

평행한 두 직선의 성질

평행한 두 직선 사이의 간격은 항상 같다. 또한 평행한 두 직선은 아무리 연장해도 만나지 않는다.

1. 주어진 직선에 직각삼각자를 놓고 직선을 긋는다.
2. 직각삼각자로 그린 직선에 다시 직각삼각자를 놓고 직선을 긋는다.
3. 그려진 두 직선이 평행인지 확인한다.

이번에는 '주어진 점을 지나며 주어진 직선에 평행한 직선'입니다.

1. 점 ㅇ을 지나고 직선 ㉠에 수직인 직선을 긋는다.
2. 점 ㅇ에 직각삼각자의 꼭짓점을 댄 후, 위에서 그은 수선에 직각삼각자를 놓고 직선을 긋는다.
3. 그려진 두 직선이 평행인지 확인한다.

이외에 직각삼각자 2개를 이용하는 방법, 막대자와 직각삼각자를 이용하는 방법 등이 있습니다. 어떤 방법을 이용하든 두 직선이 평행인지 확인하는 과정이 필요합니다.

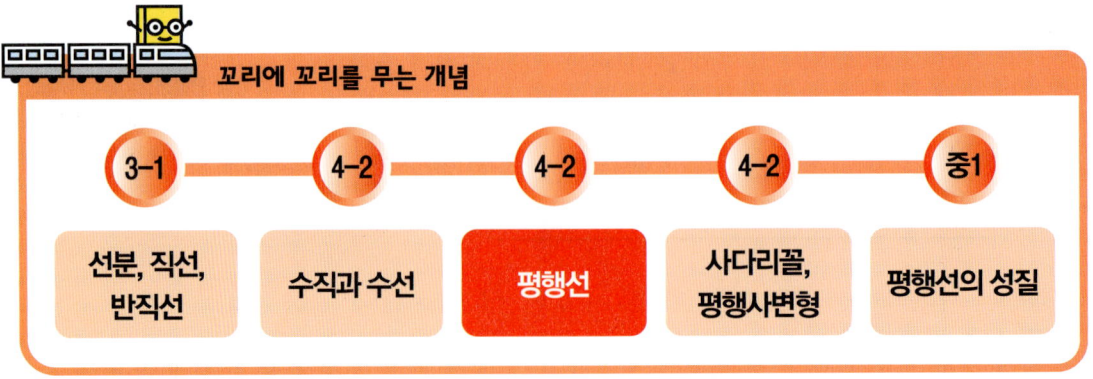

무엇이든 물어보세요

수직과 평행은 이해하고 있는데 이를 이용해 각도 구하는 문제를 잘 해결하지 못합니다.

문제에 따라 가능한 방법을 찾아야겠지만 일반적으로 가상의 선분을 긋고 직각삼각형의 직각이 90°임과 삼각형 세 각의 합이 180°, 사각형 네 각의 크기 합은 360°, 평각의 크기는 180°임을 이용하여 알 수 있는 각의 크기부터 찾다 보면 해결할 수 있습니다. 다음 문제를 풀어 보겠습니다.

"직선 ㄱㄴ과 직선 ㄷㄹ이 서로 평행할 때 각 ㅁㅂㅅ의 크기는 얼마인가?"

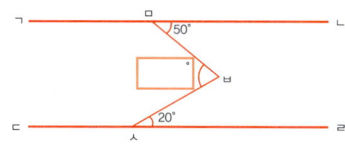

풀이)
1. 평행선 사이 점 ㅅ에서 수선을 긋는다.
2. 각 ㄱㅁㅂ의 크기를 구한다. 180° − 50° = 130°

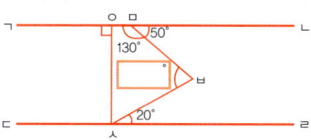

3. 각 ㅂㅅㅇ의 크기를 구한다. 90° − 20° = 70°
4. 사각형의 네 각의 크기의 합은 360°이므로 사각형 ㅁㅂㅅㅇ에서 70° + 130° + 90° + □ = 360°이다. 따라서 각 ㅁㅂㅅ의 크기는 70°가 된다.

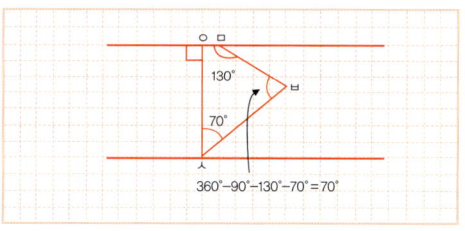

4학년 도형과 측정

| 사각형 | **사다리꼴, 평행사변형** |

평행사변형이 어떻게 사다리꼴이에요?

아이는 왜?

여러 가지 사각형을 기준에 따라 나눠 보면서 다양한 모양의 사다리꼴을 접해 본 경험이 부족하면 평행사변형, 직사각형, 정사각형, 마름모는 사다리꼴이 아니라고 생각할 수 있습니다.

30초 해결사

- **사다리꼴** : 마주 보는 1쌍의 변이 평행한 사각형
- **평행사변형** : 마주 보는 2쌍의 변이 서로 평행한 사각형

  따라서 평행사변형, 정사각형, 직사각형도 사다리꼴이라 할 수 있다.

 **그것이 알고 싶다**

　아이들은 2학년 때부터 여러 가지 활동을 통해 다각형을 익혀 왔습니다. 이제 다각형 중 사각형을 더 세밀하게 분류해 봅니다. 초등학교에서는 도형의 개념을 직관적으로 이해하게 되므로 관찰과 그리기 등 직접적인 활동을 통해 도형을 지도해야 합니다. 우선 모눈종이나 도형판 또는 점 종이 위에 여러 가지 사각형을 많이 만들고 이를 아이들이 원하는 여러 가지 기준으로 분류해 봅니다.

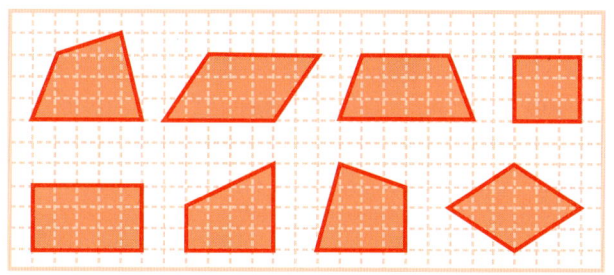

　마주 보는 1쌍의 변이 평행한 사각형은 '사다리꼴'입니다.
　사다리 모양(꼴)을 닮아 사다리꼴인데, 2개의 나무 사이에 평행하게 나무를 걸친 사다리를 떠올리면 이해하는 데 도움이 됩니다.

점 종이

점 종이는 종이에 규칙적으로 점을 찍은 것으로, 평행 관계나 길이를 나타낼 때 효율적이다. 워드프로세서로 만들어 사용할 수 있다.

　마주 보는 2쌍의 변이 서로 평행한 사각형은 '평행사변형'입니다.
　평행하게 마주 보는 변이 2쌍인 사각형입니다.

　교과서에 평행사변형이 사다리꼴에 포함된다고 안내되어 있지는 않습니다. 평행사변형은 사다리꼴이 분명하지만 평행사변형과 사다리꼴을 포함관계로 설명하는 것은 초등학생에게 적합하지 않습니다. 아이들이 경험적으로 이해할 수 있도록 도와주고, 평행사변형을 사다리꼴이라고 할 수 있다는 정도로 지도합니다.

 **한 발짝 더!**

평행사변형의 성질을 알아보기 위해 평행사변형의 각의 크기와 변의 길이를 재어 봅니다. 또 종이를 겹쳐 똑같은 사다리꼴을 2개 만든 다음(하나는 투명종이로 만들면 좋습니다.) 서로 반대 방향으로 겹쳐 보는 활동을 통해 마주 보는 변의 길이가 같고 마주 보는 각의 크기가 같음을 확인합니다.

평행사변형의 성질

• 마주 보는 두 변의 길이는 서로 같다.

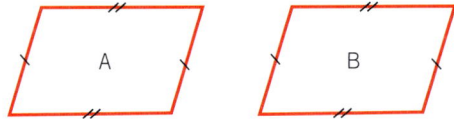

• 마주 보는 두 각의 크기는 서로 같다.

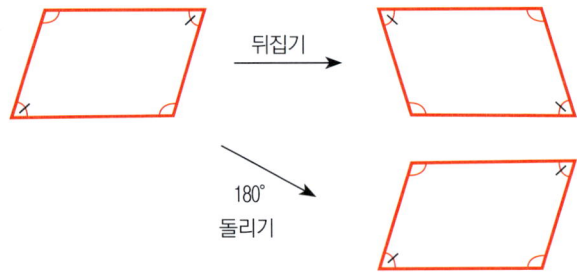

꼬리에 꼬리를 무는 개념

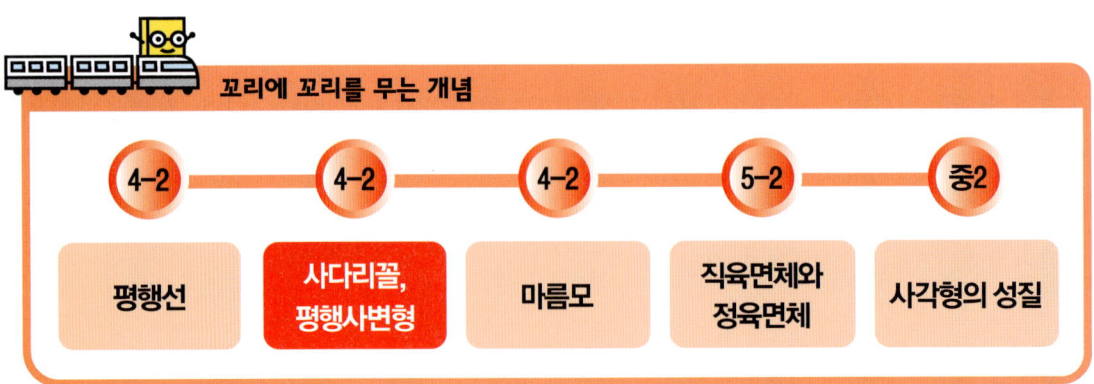

무엇이든 물어보세요

평행사변형이 사다리꼴이라는 것을 여전히 이해하지 못합니다.

많은 아이들이 도형의 개념을 이해하는 것은 물론, 도형 간의 관계를 이해하는 데서 어려움을 겪습니다. 예와 반례(되는 것과 안 되는 것)에 해당하는 도형을 적절히 활용하여 1쌍만 평행한 사각형뿐 아니라 2쌍이 평행한 사각형(평행사변형, 직사각형, 정사각형, 마름모)도 같이 경험하게 하면 평행사변형이 사다리꼴이라는 내용을 자연스럽게 이해할 수 있습니다.

다음 여러 가지 도형 중에서 사다리꼴을 골라 봅니다.

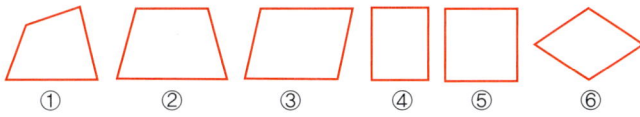

① 평행한 변이 없는 사각형
② 1쌍이 평행한 사각형
③ 평행사변형
④ 직사각형
⑤ 정사각형
⑥ 마름모

1쌍만 평행한 사각형을 골랐다면 나머지 사각형들이 사다리꼴이 아닌 이유를 질문해 봅니다. 이때 평행사변형을 고르지 않은 이유를 '2쌍이 모두 평행해서'라고 답한다면 '1쌍이 평행한 사각형'에서 '1쌍'은 '적어도 1쌍'이라는 의미임을 설명해 줍니다.

| 사각형 | **마름모**

정사각형이 마름모예요?

 **아이는 왜?**

마름모는 '네 변의 길이가 같은 사각형'입니다. 그런데 많은 아이들이 다이아몬드 형태를 마름모라고 알고 있어 마름모라고 하면 '비스듬한 사각형'을 생각하기도 합니다. 이는 아이에게 마름모의 개념이 아직 확실하지 않거나 마름모의 다양한 형태를 경험할 기회가 많지 않았기 때문입니다.

 **30초 해결사**

- 마름모 : 네 변의 길이가 같은 사각형
- 마름모의 성질
   마주 보는 각의 크기가 서로 같다.

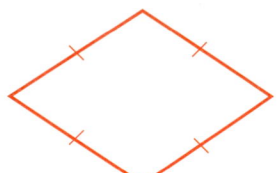

 **그것이 알고 싶다**

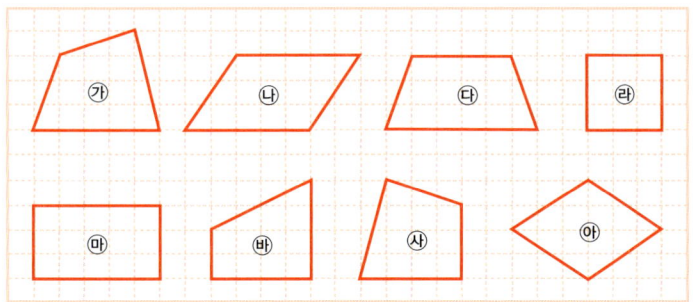

여러 가지 사각형 중에서 네 변의 길이가 같은 사각형을 찾아보고, ㉘와 같은 모양을 무엇이라 부르면 좋을지, 이 모양의 특징이 무엇인지 생각해 봅니다. 또한 네 변의 길이를 재어 보고 길이가 같음을 확인한 후 이 사각형을 다음과 같이 약속합니다.

"네 변의 길이가 같은 사각형을 '마름모'라고 한다."

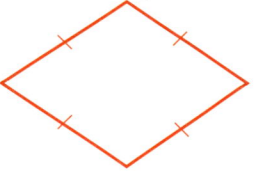

많은 책에서 아이들에게 친숙한 다이아몬드 모양을 마름모로 제시하고 있습니다. 그래서 아이들은 마름모라고 하면 '비스듬한 사각형'을 떠올리며 "마주 보는 변이 평행하지 않을 수도 있다.", "정사각형은 마름모가 아니다."라는 오개념을 갖기 쉽습니다. 마름모는 네 변의 길이가 같은 사각형이라는 내용을 분명하게 지도하고, ㉘도 마름모가 될 수 있는지 생각해 보며 다이아몬드 모양이 아니어도 네 변의 길이가 같을 수 있음을 확인합니다.

또한 변의 평행 관계에서 마름모는 평행사변형의 성질을 지닙니다. 마름모에서 1쌍의 마주 보는 변을 연장하여 직선을 그리고, 그중 한 직선에 수직인 직선을 하나 그려 보면 나머지 한 직선과 방금 그린 수선도 직각으로 만난다는 사실을 통해 마주 보는 두 변이 평행하다는 것을 알 수 있습니다. 나머지 1쌍의 마주 보는 변에 대해서도 같은 방법으로 평행하다는 성질을 확인합니다.

결국 마름모는 평행사변형의 '특별한' 경우입니다. "마주 보는 2쌍의 변이 서로 평행하다."는 평행사변형의 정의에 "네 변의 길이가 같다."는 조건이 더해지면 마름모가 된다는 내용을 말로 정리해 봅니다.

한 발짝 더!

마름모는 마주 보는 두 변의 길이가 같고, 마주 보는 두 각의 크기가 같습니다.

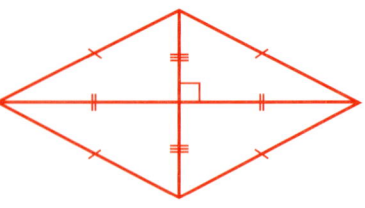

마름모의 대각선에 대해서도 알아보기 위해 여러 가지 마름모에 대각선을 그려 보고, 대각선의 길이와 각의 크기를 재어 봅니다. 대각선은 항상 수직으로 만나고 한 대각선은 다른 대각선을 반으로 똑같이 나눈다는 사실을 발견하게 됩니다. 이에 따라 마름모의 성질을 다시 정리해 봅니다.

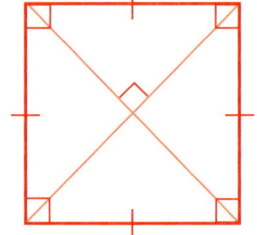

마름모의 성질
- 2쌍의 마주 보는 변이 서로 평행하다.
- 마주 보는 두 각의 크기가 같다.
- 두 대각선이 서로 수직으로 만나고 서로를 반으로 나눈다(수직이등분한다).

마름

'마름'은 연못이나 늪에 사는 수생식물로 그 잎이 네모난 모양을 하고 있다. 즉, 마름 모양을 하고 있는 도형이라서 마름모라는 이름이 붙었다.

꼬리에 꼬리를 무는 개념

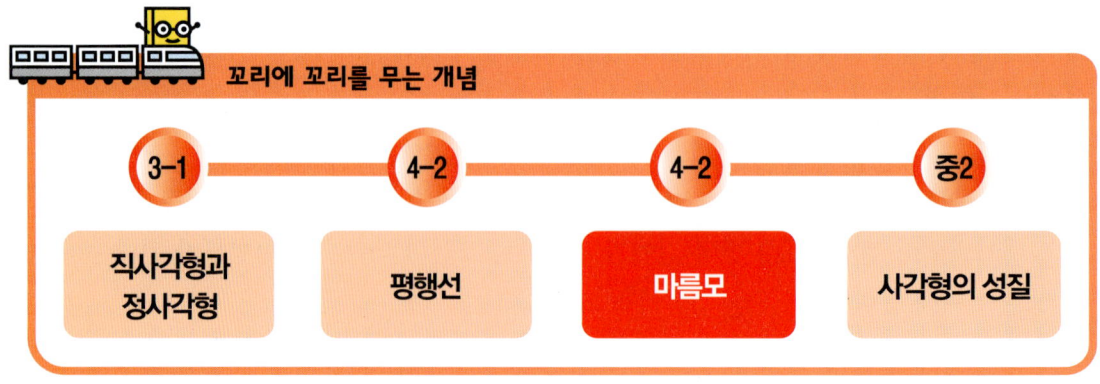

무엇이든 물어보세요

평행사변형 중 이웃하는 두 변의 길이가 같은 사각형은 마름모라고 할 수 있나요?

네. 맞습니다. 평행사변형은 서로 마주 보는 두 변이 평행한 도형입니다. 그리고 마주 보는 두 변의 길이가 같습니다. 물론 마주 보는 두 각의 크기도 같습니다.

그런데 평행사변형 중에서 이웃하는 두 변의 길이가 같으면 결국 네 변의 길이가 모두 같게 됩니다. 그래서 이웃하는 두 변의 길이가 같은 평행사변형은 네 변의 길이가 모두 같으므로 마름모가 됩니다. 만약 평행사변형에서 이웃하는 두 각의 크기가 같다면 네 각의 크기가 모두 같으므로 직사각형이 되겠지요.

전통 무늬에서 마름모를 많이 볼 수 있다고 하는데, 어떤 곳에 있나요?

우리 조상들은 마름모 모양 무늬를 많이 사용했습니다. 오래된 사찰이나 전통 한옥의 문살에서 많이 볼 수 있습니다. 현대 건축물에도 많이 사용되고 있습니다.

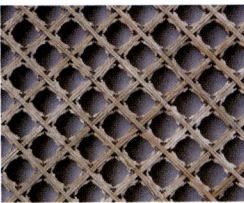 

| 다각형 | 다각형과 평면 덮기 |

정다각형을 쓰면 평면을 빈틈없이 덮을 수 있을 것 같아요.

 **아이는 왜?**

아이들은 정삼각형, 정사각형 등 정다각형을 보다 완벽한 도형이라고 생각하기도 합니다. 따라서 빈틈없이 덮기를 할 때 당연히 정다각형이 다른 도형보다 적합할 것이라 생각합니다. 그리고 모든 정다각형으로 빈틈없이 덮는 것이 가능하다고 착각하지요.

 **30초 해결사**

- 다각형 : 선분으로만 둘러싸인 도형
- 정다각형 : 변의 길이와 각의 크기가 모두 같은 다각형

정다각형	△	□	⬠	⬡	...
	정삼각형	정사각형	정오각형	정육각형	
빈틈없이 덮기	가능	가능	불가능	가능	불가능

그것이 알고 싶다

욕실 바닥, 벽지, 보도블록 등에서 같은 모양이 반복되는 것을 볼 수 있는데, 빈틈이나 겹쳐짐 없이 바닥을 완벽하게 덮는 것을 테셀레이션이라고 합니다. 우리도 색종이로 정다각형을 여러 개 만들어 도화지를 빈틈없이 덮어 보겠습니다.

에셔와 테셀레이션

테셀레이션을 이용하여 작품 활동을 한 화가가 있다. 네덜란드 화가 에셔는 수많은 작품을 통해 다양한 테셀레이션을 보여 주었다.

변의 길이와 각의 크기가 모두 같은 다각형이 '정다각형'입니다. 변의 수에 따라 정삼각형, 정사각형, 정오각형, 정육각형 등으로 부릅니다.

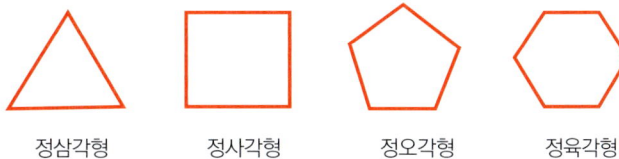

정삼각형 정사각형 정오각형 정육각형

이러한 활동은 5학년에서 배우는 단위넓이의 기초가 됩니다.

아이들은 여러 가지 다각형을 이어 붙이면서 빈틈없이 덮을 수 있는 정다각형은 정삼각형, 정사각형, 정육각형뿐이라는 것을 알게 됩니다.

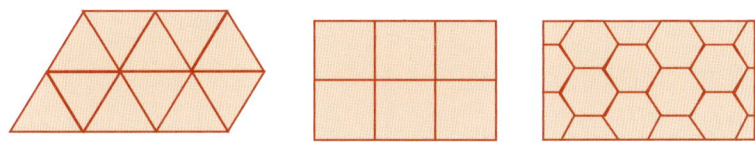

정다각형이 아닌 다각형으로도 활동해 봅니다. 아래 그림을 색종이에 그리고 여러 장 겹쳐 자른 후 직접 활동합니다. 흔히 삼각형으로는 테셀레이션이 가능하지만 사각형으로는 불가능하다고 생각하는 경우가 있지만 모든 사각형은 테셀레이션이 가능합니다.

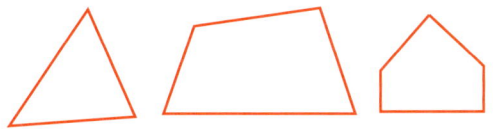

4학년 수학사전 **389**

한 발짝 더!

 1가지 도형으로만 테셀레이션 할 수 있는 정다각형은 정삼각형, 정사각형, 정육각형뿐입니다. 이러한 내용을 아이 스스로 발견하도록 지도합니다. 색종이로 정삼각형, 정사각형, 정오각형, 정육각형, 정칠각형 등 다양한 정다각형을 여러 개 오려 준비하고, 종잇조각을 맞추어 보면서 테셀레이션이 가능한 도형과 가능하지 않는 도형을 다음과 같이 표로 만들어 빈 칸을 채워 봅니다.

변의 수	정다각형	테셀레이션 가능 여부	한 내각의 크기	각이 모이면
3	정삼각형	O	60°	60° × 6 = 360°
4	정사각형	O	90°	90° × 4 = 360°
5	정오각형	X	108°	
6	정육각형	O	120°	120° × 3 = 360°
7	정칠각형	X	128.57°	

 표에 다각형 이름을 채우고 테셀레이션이 가능한지 표시한 후 정다각형을 삼각형으로 나누어 내각의 크기를 계산해 넣습니다. 하다 보면 정다각형으로 평면을 가득 채우려면 각 꼭짓점 주위에 모인 각의 크기의 합이 360°여야 한다는 사실을 알게 됩니다. 예를 들어, 정삼각형은 한 각의 크기가 60°이기 때문에 정삼각형 6개의 각이 한 꼭짓점에서 모이면 평면을 덮을 수 있습니다. 하지만 정오각형의 경우 한 각의 크기가 108°이기 때문에 각 3개의 크기 합이 324°, 각 4개의 크기 합이 432°가 되어 평면을 덮을 수 없습니다.
 그러나 정삼각형, 정사각형, 정육각형이 아닌 도형들로도 테셀레이션이 가능합니다. 특히 삼각형이나 사각형은 어떤 모양이라도 만들어서 붙여 보면 가능하다는 사실을 확인하게 됩니다.

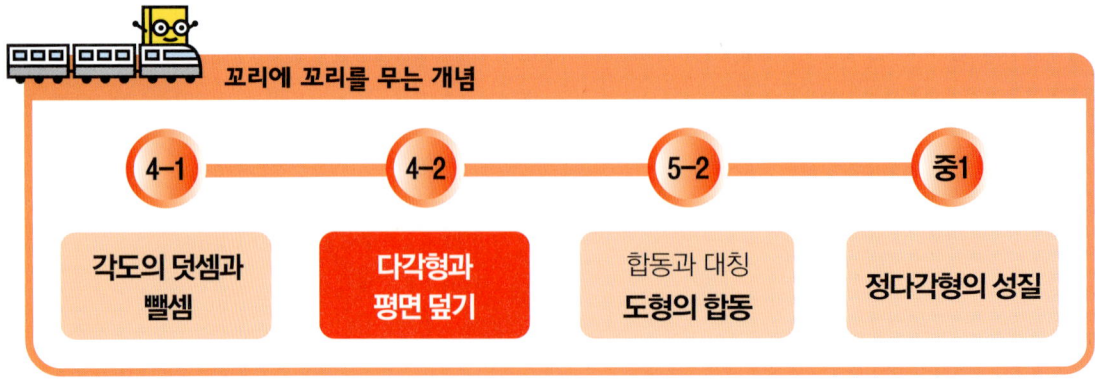

무엇이든 물어보세요

아이와 함께 보도블록을 자세히 보았습니다. 보도블록의 한 꼭짓점은 정팔각형 2개와 정사각형 1개로 이루어져 있었습니다. 특별한 이유가 있나요?

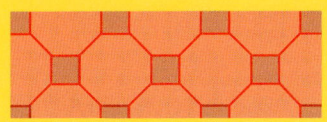

정팔각형의 한 내각의 크기는 135°, 정사각형의 한 내각의 크기는 90°입니다. 정팔각형만으로는 평면을 완전히 덮을 수 없습니다. 하지만 정팔각형 2개와 정사각형 1개라면 각의 크기의 합이 (135° × 2) + 90° = 360°이므로 평면을 덮을 수 있습니다.

다각형에는 대각선을 몇 개 그릴 수 있나요?

삼각형에는 이웃하지 않는 꼭짓점이 없으므로 대각선이 없습니다. 사각형에는 각 꼭짓점에 이웃하지 않는 꼭짓점이 1개씩 있어 대각선이 4개 그려지지만 2개씩 중복되므로 사각형의 대각선은 2개입니다. 오각형은 각 꼭짓점(5개)에 이웃하지 않는 꼭짓점이 2개씩(5 × 2 = 10) 있어 총 10개인데 2개씩 중복되므로 오각형의 대각선은 10 ÷ 2 = 5, 즉 5개가 됩니다.

결국 다각형의 대각선 개수는 한 꼭짓점에서 그을 수 있는 대각선의 개수와 꼭짓점 개수의 곱을 2로 나누어 구할 수 있습니다.

| 막대그래프 | **막대그래프를 그리는 이유** |

4학년 자료와 가능성

표로 나타내도 충분한데 막대그래프를 왜 그려요?

아이는 왜?

어떤 자료를 그냥 나열하면 전체적인 흐름을 파악하기가 어렵습니다. 그래서 자료를 분류하여 표나 그래프로 나타냅니다. 사실 표와 그래프는 자료를 쉽게 정리한다는 면에서 비슷한 역할을 합니다. 그래서 표를 꼭 그래프로 나타내야 하는 것은 아닙니다. 아이에 따라서는 표를 다시 그래프로 그리는 것에 대해 거부감을 나타낼 수 있습니다.

30초 해결사

막대그래프를 그리는 이유

막대그래프는 표와 마찬가지로 자료를 정리하는 방법 중 하나이다. 막대그래프를 이용하면 자료를 시각적으로 정리할 수 있어 표에 비해 알아보기가 쉽고 항목별 차이 구분이 용이해진다.

 **그것이 알고 싶다**

　표로 나타내는 방법과 그래프로 나타내는 방법 모두 자료를 정리하는 방법입니다. 학교에서는 주로 다음의 활동을 통해 자료 정리 방법의 다양함을 지도합니다.

1. 자신이 좋아하는 운동 2가지를 붙임쪽지에 각각 적는다.
2. 한 사람이 나와 자신이 적은 쪽지 2장을 칠판에 붙인다.
3. 다음 사람이 앞으로 나와 자신이 적은 쪽지를 붙이는데, 만약 앞사람과 같은 운동 종목이라면 그 위에 쌓아 올려 붙이고 다른 운동이라면 다른 곳에 나란히 붙인다.
4. 계속하여 모든 학생이 1명씩 앞으로 나와 같은 방법으로 자신이 적은 쪽지를 붙인다.

1단계	2단계	3단계	4단계
피구 달리기	피구 달리기 축구	피구 달리기 축구 야구	피구 달리기 축구 야구

　이러한 활동을 하는 이유는 자료를 표로 정리할 수도 있지만 막대그래프로 정리할 수도 있다는 경험을 제공하기 위해서입니다.

　이와 같은 방법으로 자료(여기에서는 좋아하는 운동)를 나타내다 보면 자료를 시각적으로 정리할 수 있다는 사실을 자연스럽게 알아차리게 됩니다. 또한 쪽지를 다 붙인 후 밑에 운동 종목을 적고 세로축에 숫자를 쓰면 막대그래프가 만들어집니다.

　그럼 이제 표로 나타낼 때와 막대그래프로 나타낼 때의 공통점과 차이점을 찾아봅니다.
　이러한 경험을 통해 아이들은 자료를 정리하는 방법이 다양하다는 사실을 이해하게 됩니다. 표에서는 조사한 자료를 기준에 따라 분류하며, 분류한 항목에 따라 자료의 수를 나타냅니다. 막대그래프는 자료를 그래프로 나타내므로, 표에 비해 알아보기 쉽습니다. 또 항목별로 차이를 구분하기 편리합니다.
　같은 자료로 만든 표와 막대그래프에서 차이점을 알아보는 활동을 하면 이러한 내용을 보다 명확히 알 수 있습니다.

한 발짝 더!

우리가 생활에서 접하는 많은 그래프는 사실 인포그래픽입니다. 정보를 나타내는 방법 중 하나인 인포그래픽은 인포메이션(information, 정보)과 그래픽(graphic)이 합쳐진 것으로, 3학년과 4학년에서 배운 그림그래프와 막대그래프가 혼합된 형태로 나타납니다. 따라서 인포그래픽을 이용하면 자료를 보다 시각적으로 나타낼 수 있습니다.

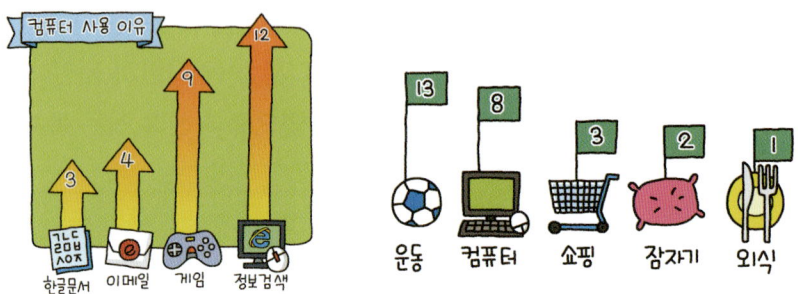

정보를 시각화하면 정보를 전달하기가 용이해집니다. 백의의 천사로 잘 알려진 나이팅게일은 어려운 통계 자료를 알기 쉬운 그래프로 나타냈습니다. 나이팅게일은 1854년 크림전쟁이 한창일 때 전쟁터에서 전투로 인해 죽는 병사보다 열악한 위생으로 인한 전염병으로 죽는 병사가 더 많다는 사실을 알게 되었습니다. 그래서 영국군 사망자와 부상자 수를 표현한 그래프로 빅토리아 여왕에게 영국군 위생과 병원 환경을 개선할 것을 설득했습니다.

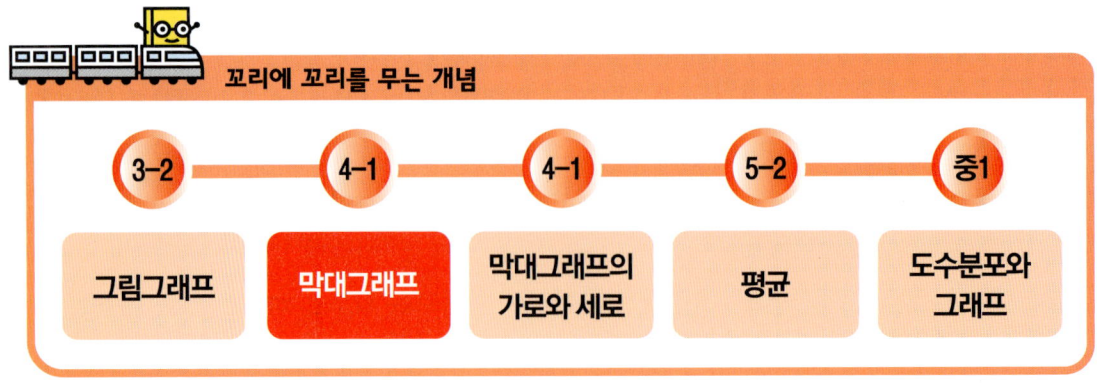

무엇이든 물어보세요

막대그래프를 만들려는데 조사한 자료의 수가 너무 많습니다. 이럴 땐 어떻게 하나요?

교과서나 문제집에 등장하는 자료의 양(수)은 대략 30~50개 정도입니다. 하지만 같은 학년 아이들의 자료만 모두 모아도 100~300개가 될 수 있습니다. 이러한 경우에는 자료를 먼저 표로 정리한 후 표로 정리된 내용을 막대그래프로 나타낼 수 있습니다.

막대그래프는 반드시 막대 모양이어야 하나요?

그렇지는 않습니다. 그림을 쌓아 올린 모양도 막대그래프의 일종입니다. 아이들은 자료를 정리하는 다양한 방법을 공부하는 단계에 있기 때문에 가장 기본적인 그래프를 배우는 것일 뿐입니다. 교과서에서 배우는 그래프 외에도 다양한 형태의 그래프가 존재합니다. 앞서 얘기한 인포그래픽도 그중 하나입니다. 자료를 가장 효과적으로 나타내기 위해서 다양한 방법의 그래프를 사용합니다.

| 막대그래프 | 막대그래프의 가로와 세로 |

막대그래프의 가로와 세로에는 무엇을 어떻게 나타내요?

 **아이는 왜?**

아이들은 그래프를 해석하는 것보다 스스로 가로, 세로 항목을 정하여 그래프 그리는 것을 더 어려워합니다. 주어진 조건에서 필요한 자료를 정리하여 그래프로 나타내는 것이 아이 입장에서 쉬운 일은 아닙니다.

 **30초 해결사**

막대그래프 그리기

1. 그래프를 그릴 때 처음에는 가로와 세로가 정해져 있는 그래프를 그린다.
2. 그래프를 그리는 것이 능숙해지면 가로와 세로에 무엇이 들어가야 할지 스스로 정한다. '우리 반 아이들이 좋아하는 음식'을 그래프로 나타낸다면 각각의 음식을 가로(또는 세로)에 두고 그 음식을 좋아하는 사람의 수를 세로(또는 가로)에 두면 된다.
3. 가로와 세로를 바꾸면 그래프가 어떻게 바뀔지 생각해 본다.

그것이 알고 싶다

막대그래프를 공부하는 이유는 다양한 정보를 사용 목적에 맞게 선택하여 정리하고 의사결정능력을 기르기 위해서입니다. 따라서 아이들 스스로 정보를 해석하고 선택하여 그래프로 나타낼 수 있어야 합니다. 그런데 많은 아이들이 그래프 그리는 것을 어려워합니다. 주어진 상황을 분석하는 능력이 부족한 탓입니다. 따라서 주어진 문제 상황을 이해하고 그 결과를 표현하는 연습을 많이 반복할 필요가 있습니다. 직접적인 체험을 통해 표나 그래프 만드는 노하우를 쌓아 가도록 합니다.

그래프의 가로와 세로

보통 그래프는 가로축과 세로축으로 이루어진다. 하지만 초등학교에서는 '축'이라는 말을 사용하지 않고 이를 가로와 세로로 표현한다.

학교에서는 보통 아이들이 좋아하고 친숙한 소재를 활용합니다. 가정에서도 아이에게 익숙한 대상을 활용하면 효과적입니다. 아이들이 좋아하는 음식을 막대그래프로 나타내어 보겠습니다. 가장 먼저 생각해야 할 것은 가로와 세로에 무엇을 어떻게 나타낼까 하는 문제입니다. 자료를 통해 알고 싶은 것이 무엇인지, 어떤 요소들의 관계를 알고 싶은지 생각해 봅니다.

'4학년 아이들이 좋아하는 음식'을 찾는 것이 목적이라면 '음식'에 대한 '아이들의 반응'을 생각하게 됩니다. 따라서 각각의 음식을 가로(또는 세로)에 두고 그 음식을 좋아하는 사람의 수를 세로(또는 가로)에 나타내는 그래프를 그리면 우리 반 아이들이 어떤 음식을 좋아하는지 알 수 있습니다. 이렇게 만든 그래프는 어떤 사람이 어떤 음식을 좋아하는지 알려주지는 않지만 음식에 따른 선호도를 조사하는 데 유용한 자료가 됩니다.

한 발짝 더!

막대그래프에서 내용(항목)을 한 축으로 결정했다면, 다른 한 축에는 양(수량)을 표현합니다. 아이들이 좋아하는 음식을 한 축으로 선택했다면 그 음식을 좋아하는 아이들의 이름은 필요한 정보가 아니므로 그 음식을 좋아하는 사람의 수가 몇인지를 축에 표현합니다. 그런데 양을 나타내는 축에는 눈금의 단위가 정해져 있지 않습니다. 하지만 다음 예를 보면 어떤 그래프가 편리한지 알 수 있습니다.

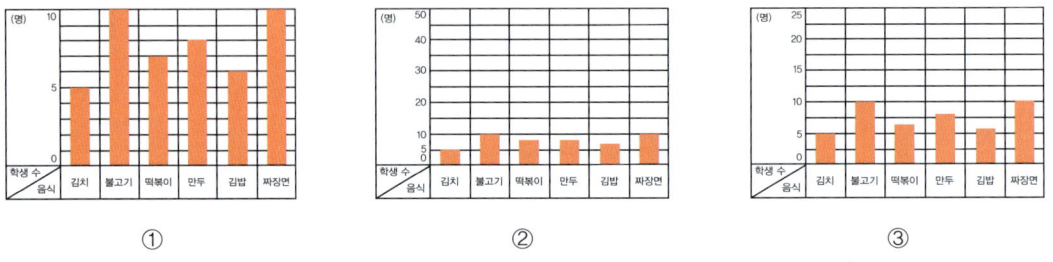

그림 ①과 같이 눈금 전체의 중간을 기준으로 적당히 분포되도록 정하면 비교하기에 편리합니다. 그림 ②와 ③에서는 차이가 잘 드러나지 않습니다. 나온 수치에 따라 차이가 명확히 드러날 수 있는 단위를 선택하는 것이 보기에 용이합니다.

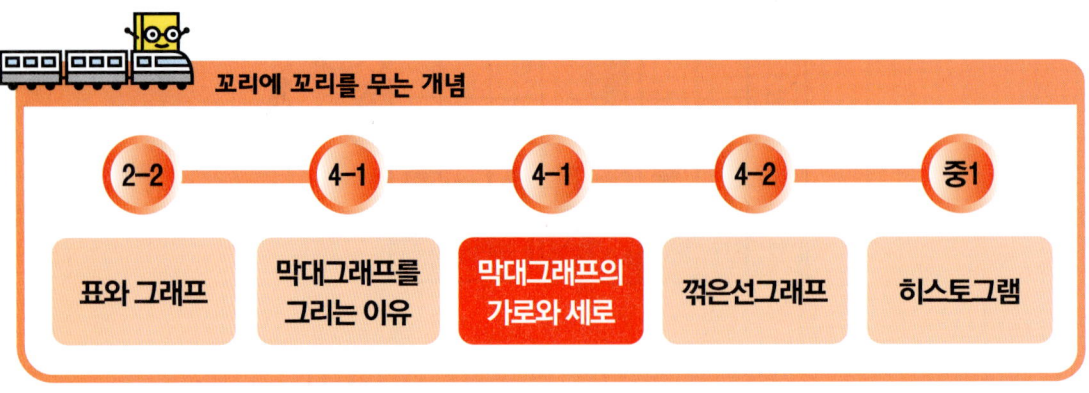

무엇이든 물어보세요

조사한 양이 차이가 많이 나는 경우에는 어떻게 하나요? 예를 들어, 4학년 아이들이 좋아하는 음식의 종류를 조사하였더니 라면 45명, 국수 2명, 청국장 1명과 같은 결과가 나와 한 그래프 안에 표현하기가 힘들게 되었습니다.

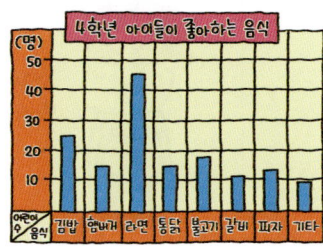

이럴 때는 작은 값들을 모아 '기타'와 같은 항목으로 묶어 주면 됩니다. 청국장, 국수 등 1명에서 약 10명까지 조사된 내용은 라면과 차이가 크기 때문에 모두 합해 '기타'로 묶어 줍니다.

가로축과 세로축은 정해져 있나요?

그렇지 않습니다. 하지만 교과서에 제시되어 있는 막대그래프의 경우, 대부분 가로축이 '항목', 세로축이 '수량'이기 때문에 많은 아이들이 가로축과 세로축이 정해져 있는 것으로 생각합니다. 예를 들어, '우리 반 학생들이 좋아하는 운동경기'의 경우 대부분의 막대그래프들이 가로축에는 '운동경기', 세로축에는 '그 운동을 좋아하는 학생 수'를 나타냅니다. 하지만 반드시 그럴 필요는 없습니다. 필요에 따라 '항목'을 세로축에, '수량'을 가로축에 나타내기도 합니다. '여러 동물들의 달리기 속도'와 같은 내용은 가로축에 '속도'를 나타내고 세로축에 '항목'을 나타내면 더욱 효과적입니다.

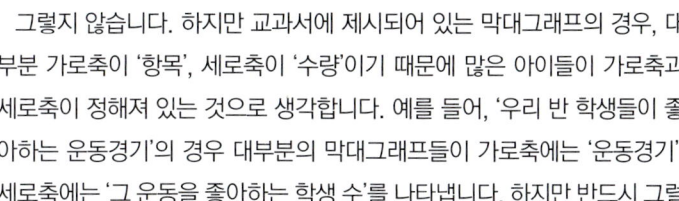
〈여러 동물들의 달리기 속도〉 (km/시)

꺾은선그래프

꺾은선그래프를 보고 미래를 예측할 수 있어요?

아이는 왜?

그래프는 궁금한 자료의 현재 또는 과거의 상태를 시각적으로 보기 쉽게 나타낸 것입니다. 따라서 그래프에 미래의 수치는 나타나 있지 않습니다. 그래서 많은 아이들이 그래프가 과거 또는 현재만을 보여준다고 생각합니다. 증가 또는 감소하고 있는 그래프를 보면서도 앞으로의 경향을 예측하지 못하는 경우가 많습니다.

30초 해결사

- 꺾은선그래프를 보면 변화하는 경향을 알 수 있다.
- 변화하는 경향을 통해 어느 정도 미래에 대한 예측은 가능하지만 항상 일치하는 것은 아니다.

그것이 알고 싶다

꺾은선그래프는 연속적으로 변화하는 수나 양을 점으로 찍고 그 점들을 선분으로 연결한 그래프입니다. 시간이나 거리, 높이 등 연속적으로 변화하는 양을 꺾은선으로 나타내면 가지고 있는 자료 외에 많은 것을 추측할 수 있습니다.

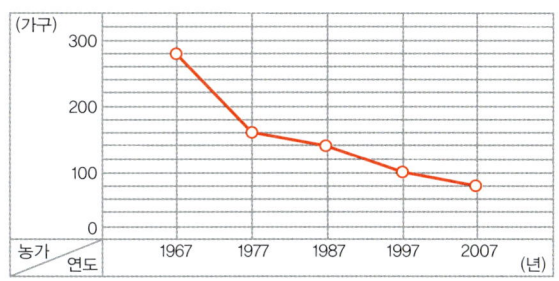

이 그래프는 어떤 마을의 농사짓는 가구 수를 나타낸 것입니다. 1967년부터 2007년까지 조사한 결과, 농사짓는 가구 수는 매년 감소하고 있습니다. 그래서 10년 뒤인 2017년에도 여전히 감소할 것으로 예측할 수 있습니다. 또한 1967년부터 1977년 사이에는 120가구가 감소하였으나 1977년부터 2007년 사이에는 매 10년마다 20~40가구가 꾸준히 감소하였습니다. 따라서 1967년부터 1977년 사이의 감소 폭은 특별한 경우로 생각하여 2017년에는 2007년에 비해 20~40가구 정도 소폭 감소할 가능성이 큽니다.

아래 우리나라의 인구수를 나타낸 꺾은선그래프를 보면, 2010년까지 꾸준히 증가해 왔으나 실제로 결혼한 부부들의 자녀 계획을 살펴보면 2025년부터는 인구가 줄어들 것으로 예상된다고 합니다. 따라서 지금까지 증가했다고 하여 증가세가 마냥 유지될 것으로 예상하면 안 될 것입니다.

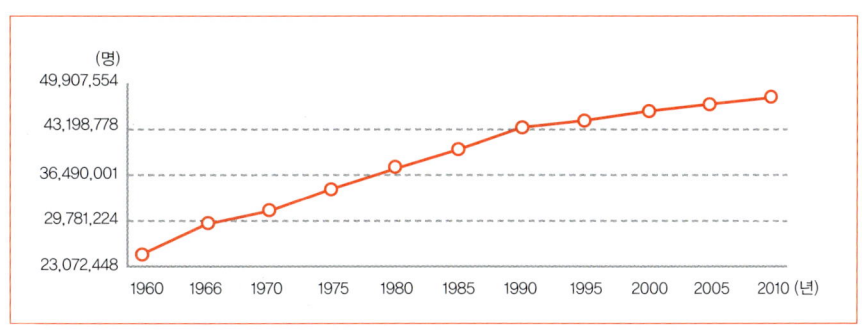

한 발짝 더!

다음은 어느 마을의 4학년 학생 수를 나타낸 꺾은선그래프입니다.

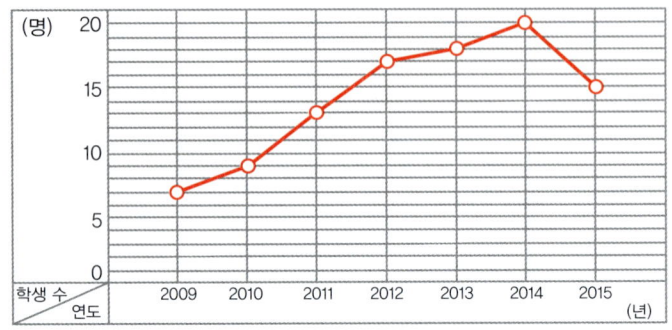

그래프를 보고 2016년의 변화를 예측할 수 있을까요? 그래프에서 2009년부터 2014년까지는 학생 수가 점점 증가하는 추세입니다. 하지만 2014년을 기점으로 2015년에는 학생 수가 급격히 감소했습니다. 그렇다면 2016년에는 전년도에 비해 증가할까요, 감소할까요?

어떤 것도 확실하다고 말할 수 없을 것입니다. 왜냐하면 2014년에서 2015년으로 오며 감소했기 때문에 앞으로도 감소할 것으로 예측할 수 있지만 2009년부터 2014년까지 계속 증가하다가 2015년 한 해만 감소한 것은 어떤 특수한 상황일 수 있으므로 2016년에는 다시 증가할 수도 있기 때문입니다.

그래프를 해석하여 결과를 예측하려 한다면 그 가능성을 뒷받침할 수 있는 근거가 있어야 합니다. 자료 분석에서는 왜 그렇게 예측했는지 다른 사람들이 이해하고 인정할 수 있도록 설득하는 일이 중요하고 의미 있는 작업이 됩니다.

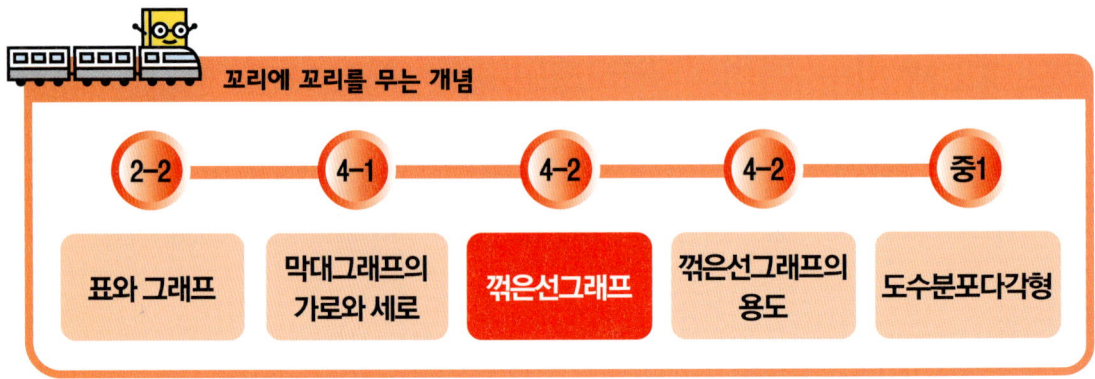

무엇이든 물어보세요

아래 꺾은선그래프를 보면 아침 8시에는 온도가 11℃, 10시에는 15℃였습니다. 오전 9시의 온도는 어떻게 알 수 있나요?

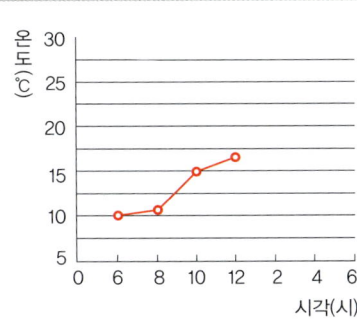

변화하는 양을 점으로 찍고 선분으로 연결하면 정확하지는 않아도 두 점 사이의 값을 예측할 수 있습니다. 두 점을 선분으로 연결했다는 것은 일정한 변화 추세를 가질 것으로 예측할 수 있다는 의미입니다. 따라서 꺾은선그래프에서 오전 9시의 온도는 약 13℃ 정도 됩니다.

꺾은선그래프는 직선으로 연결되어 있는데 신문에서 곡선으로 연결되어 있는 그래프를 보았습니다. 어떤 게 맞나요?

꺾은선그래프는 직선으로 연결됩니다. 왜냐하면 꺾은선그래프는 간격이 있는 두 지점 사이의 변화량을 나타내는 경우가 많은데, 정확한 값을 측정하지 않았을 경우에는 대략 직선적으로 변화할 것이라 예측하는 것이 보다 오차를 줄일 수 있기 때문입니다. 하지만 실제 값을 측정했다면 곡선으로 연결되는 게 맞습니다.

| 꺾은선그래프 | **꺾은선그래프의 용도** |

특별히 꺾은선그래프로 나타내야 하는 내용이 있어요?

4학년 자료와 가능성

아이는 왜?

그래프에는 저마다 장점과 단점이 있습니다. 그래서 어떤 자료를 그래프로 나타낼 때 어떤 종류의 그래프를 이용해야 할지 고민되는 경우가 있습니다. 각 그래프의 특성을 정확하게 이해하지 못한 경우, 어떤 그래프를 그릴지 판단하는 것이 어렵겠지요.

30초 해결사

- **꺾은선그래프**

  시간, 거리, 높이, 온도와 같이 연속적으로 변화하는 양을 점으로 찍고 그 점들을 선분으로 연결하여 한눈에 알아보기 쉽게 나타낸 그래프.
  - 직선이 오른쪽으로 올라가면 수량이 늘어난 것이고, 직선이 오른쪽으로 내려가면 수량이 줄어든 것이다.

  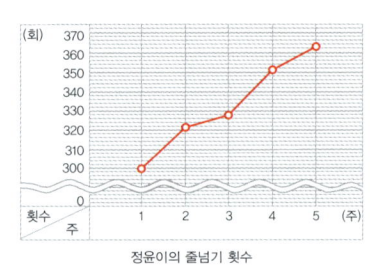

  정윤이의 줄넘기 횟수

  〈주의〉 그래프를 그릴 때는 알고자 하는 내용이 잘 드러나도록 한다.

그것이 알고 싶다

꺾은선그래프와 관련하여 궁금한 내용이 있다면 일단 직접 찾아봅니다. 간단한 인터넷 검색만으로도 충분한 자료를 찾을 수 있습니다. 인터넷 자료를 통해 꺾은선그래프가 어떻게 활용되고 있는지, 꺾은선그래프를 통해 알려 주고 싶은 정보가 무엇인지 생각해 보는 시간을 가지면 좋겠습니다.

그래프를 그리는 이유는 그래프를 통해 어떤 사실을 알리기 위해서입니다. 따라서 알리고자 하는 정보가 잘 드러나도록 그려야 합니다. 보통 막대그래프는 수나 양이 많고 적음을 비교할 때 많이 이용되고, 꺾은선그래프는 시간, 거리, 높이, 온도와 같이 연속적으로 변화하는 양을 나타낼 때 편리합니다.

그럼 모눈종이에 자를 이용하여 꺾은선그래프를 그려 보겠습니다.

1. 가로 눈금과 세로 눈금을 무엇으로 할지 정한다.
2. 세로 눈금의 한 칸 크기를 정한다.
3. 가로 눈금과 세로 눈금이 만나는 자리에 조사한 내용을 점으로 찍는다.
4. 점들을 선분으로 연결한다.
5. 그래프의 제목을 쓴다.

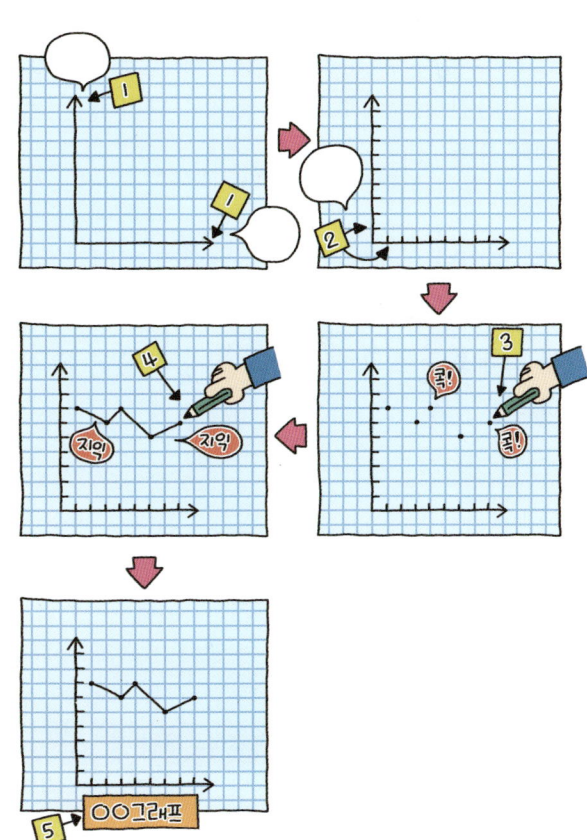

이 순서를 꼭 따를 필요는 없습니다. 경우에 따라 조금 다를 수 있다는 것을 알고 연습합니다. 일주일간의 온도 변화를 조사하여 표로 나타내어 보거나 어떤 자료를 그래프로 그릴 수 있을지 찾아봅니다. 꺾은선그래프로 나타낼 수 있는 자료와 그렇지 않은 자료를 구분하는 것도 아주 중요한 학습 내용이 됩니다.

한 발짝 더!

꺾은선그래프에 하나의 변화량만 나타내야 하는 것은 아닙니다. 여러 개의 변화량을 함께 나타낼 수도 있습니다. 다음은 해인이가 매달 저축한 금액입니다.

해인이의 저축액

월	1월	2월	3월	4월
금액(원)	1000	1500	1000	1500

매달 얼마를 저축했는지, 저축한 돈은 모두 얼마인지 한눈에 알아보려면 어떻게 하면 될까요?

꺾은선그래프에 매달 저축한 돈과 저축한 돈이 모두 얼마인지를 서로 다른 색으로 나타내면 알아보기 쉽습니다.

인터넷이나 신문에서 2가지가 함께 그려진 꺾은선그래프를 찾아보세요. 그래프를 그리는 것만큼 그래프를 읽고 해석하는 능력도 아주 중요합니다.

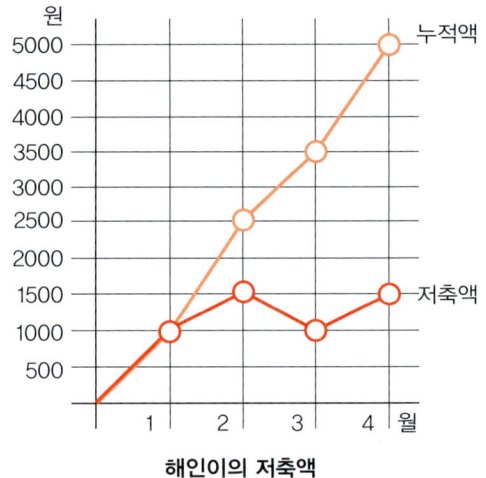

해인이의 저축액

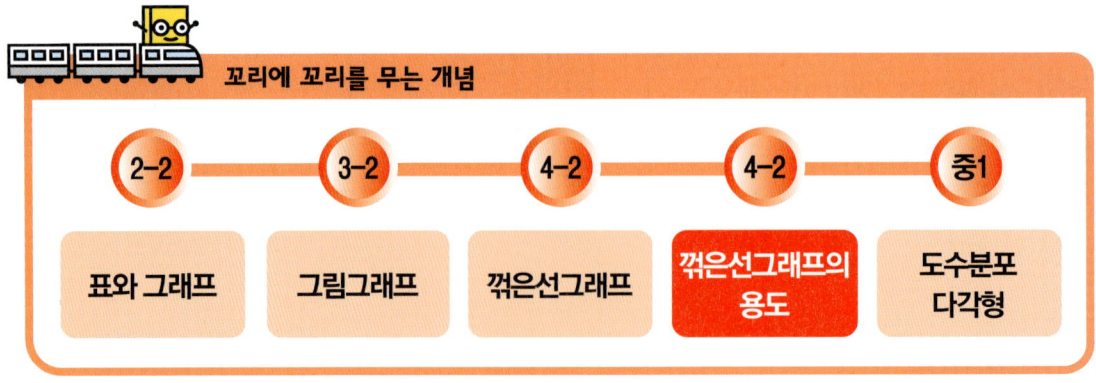

무엇이든 물어보세요

과목별 점수를 나타내려는데 막대그래프와 꺾은선그래프 중 어떤 그래프가 더 적합한가요?

일반적으로 자료의 수량을 비교할 때는 막대그래프, 연속적으로 변화하는 양을 나타낼 때는 꺾은선그래프를 그립니다. 과목별 점수를 나타내려면 각 과목에 대한 점수(양)를 나타내야 하므로 막대그래프가 더 적합합니다. 이를 꺾은선그래프로 나타내려면 국어 80점과 수학 90점을 선으로 연결해야 할 텐데, 두 점수를 선으로 연결해야 하는 이유가 무엇인지 설명할 수 없게 됩니다. 그러나 '월별 수학 점수'라고 하면 매달 받은 점수를 막대그래프로도 나타낼 수 있고 꺾은선그래프로도 나타낼 수 있습니다. 점수가 변화하는 과정은 꺾은선그래프로 보는 것이 더 편리합니다. 목적에 맞는 그래프를 찾아내는 능력을 길러야 하겠습니다.

하나의 꺾은선그래프에 여러 가지 변화량을 나타내는 경우는 언제인가요?

2가지 이상의 변화량을 함께 그려 더 많은 정보를 얻을 수 있는 경우가 있습니다. 예를 들어, 최고기온과 최저기온을 한 그래프에 함께 나타내면 기온의 변화뿐만 아니라 두 기온의 차(일교차)까지 알아낼 수 있습니다. 나아가 일교차가 큰 경우, 건강에 관련된 정보를 안내할 수도 있겠지요. 단순히 그래프를 읽고 그리는 것 이상으로 중요한 것은 그래프를 해석하는 능력입니다.

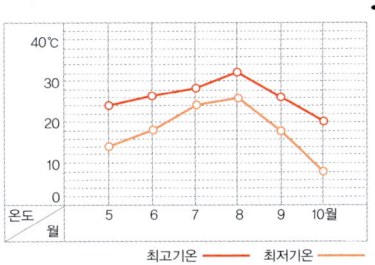

| 꺾은선그래프 | ≈(물결선) 그래프 |

≈(물결선)은 왜 있어요?

 **아이는 왜?**

아이 입장에서 직선도 아닌 곡선으로 물결선을 긋는 것은 쉬운 일이 아닙니다. 상당히 귀찮은 일이고 그려야 하는 이유를 찾는 것도 어렵습니다. 그래서 아무런 이유 없이 그냥 물결선을 그리는 아이도 있습니다.

30초 해결사

꺾은선그래프에서 필요 없는 부분은 ≈(물결선)으로 줄여 그린다.
이렇게 하면 변화하는 모습을 뚜렷이 볼 수 있다.

해인이의 체온 변화

시각(시)	9	10	11	12	1	2	3
체온(℃)	36.5	36.7	36.9	37.2	37.4	37.0	36.8

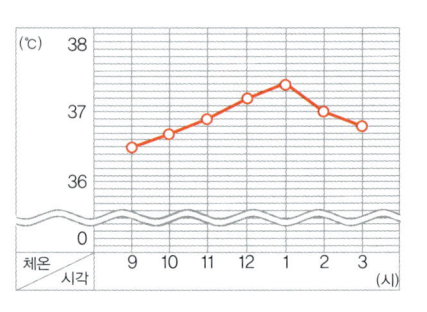

그것이 알고 싶다

물결선은 아무것도 그려지지 않은 그래프의 아래쪽을 없애려 쓰는 것이 아닙니다. 그래프에서 불필요한 부분을 없애고 필요한 부분을 확대하기 위해 사용합니다. 수학에서 그래프를 그리는 이유는 그래프를 통해 어떤 정보를 알리기 위해서입니다. 그래프를 통해 알리고자 하는 내용이 있다면 그 내용이 잘 드러나도록 하는 것이 중요합니다. 꺾은선그래프에 물결선을 넣는 것도 내용을 더 잘 전달하기 위해서입니다.

물결선의 사용

그래프를 통해 일정 기간 동안 변화가 거의 없다는 것을 강조하고 싶을 때는 물결선을 사용하지 않아도 된다. 무엇보다 그래프를 그리는 목적이 무엇인지 따져 보는 것이 중요하다.

1년 동안 키의 변화나 일주일 동안 강낭콩의 키를 꺾은선그래프로 나타내면 변화가 거의 없습니다. 이럴 때 물결선을 사용하면 변화를 확인할 수 있습니다. 아무리 작은 변화라도 물결선을 잘 활용하면 마치 현미경으로 확대한 것처럼 그래프의 변화를 볼 수 있게 됩니다.

물결선이 있는 꺾은선그래프와 물결선이 없는 꺾은선그래프에 어떤 차이점이 있는지 알아봅니다. 아래 그래프는 모두 해인이의 키 변화를 나타낸 것입니다.

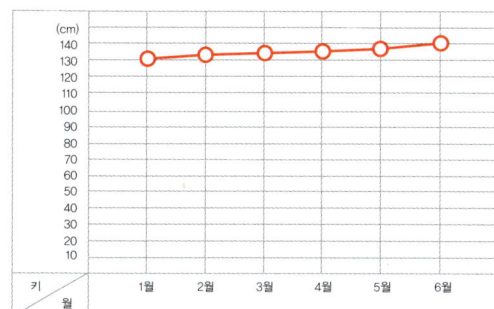 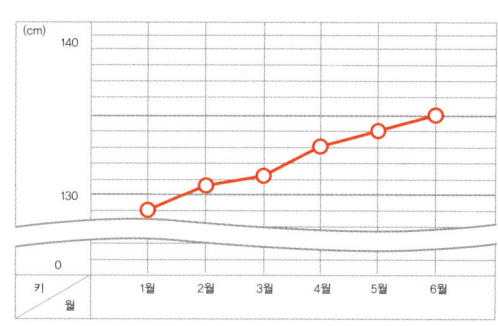

두 그래프의 같은 점과 다른 점을 찾고, 각 그래프에 어떤 특징이 있는지 이야기해 봅니다.

	≈(물결선)이 없는 꺾은선그래프	≈(물결선)이 있는 꺾은선그래프
같은 점	자료의 수치가 같다.	
다른 점	물결선이 없다.	물결선이 있다.
	세로축 한 칸의 간격이 10cm이다.	세로축 한 칸의 간격이 1cm이다.
	변화하는 모습을 알아보기 어렵다.	변화하는 모습이 뚜렷이 보인다.

한 발짝 더!

다음은 승한이와 서인이의 줄넘기 횟수를 비교한 그래프입니다. 5주 동안 누구의 실력이 더 많이 향상되었을까요?

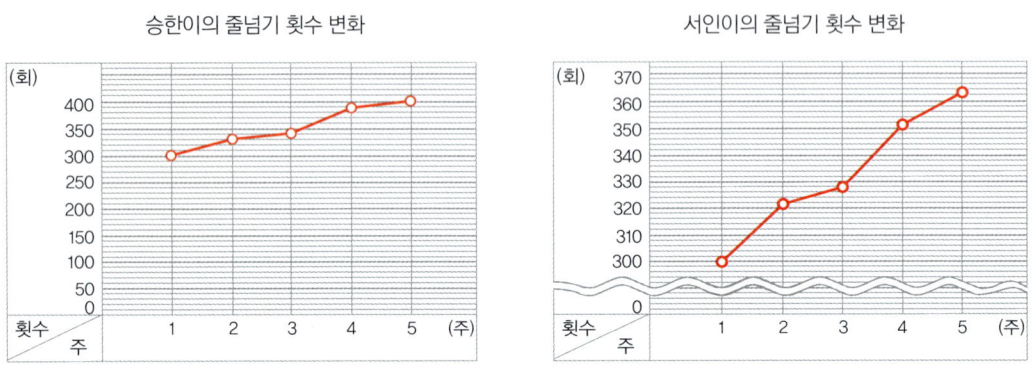

꺾은선그래프의 선은 변화의 과정을 보여 줍니다. 언뜻 보면 승한이의 꺾은선그래프보다 서인이의 꺾은선그래프가 더 많이 변화된 것으로 생각할 수 있습니다. 그러나 서인이의 꺾은선그래프에는 물결선이 사용되었습니다. 즉, 승한이는 300개에서 400개로 늘어났는데 서인이는 300개에서 363개로 늘어났습니다. 따라서 승한이의 실력이 더 많이 향상되었습니다.

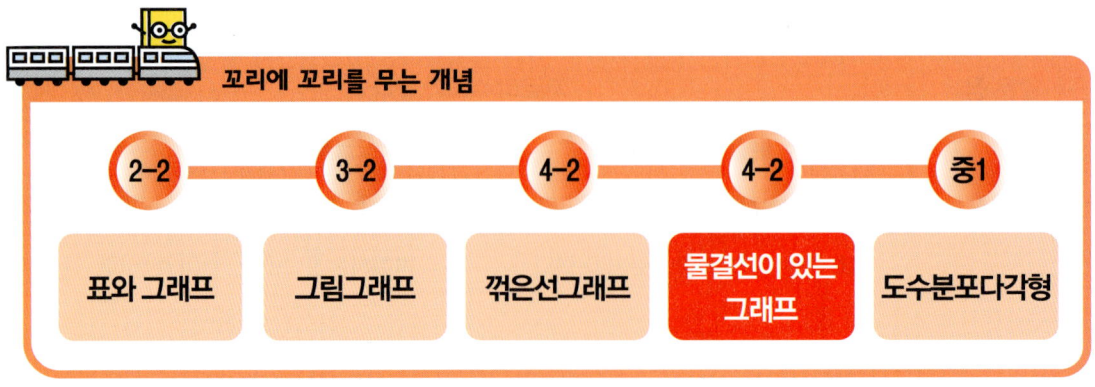

무엇이든 물어보세요

물결선은 꺾은선그래프에만 사용하나요?

그렇지는 않습니다. 물결선은 자료를 효과적으로 표현하기 위해 불필요한 구간을 잘라내는 방법이기 때문에 막대그래프에도 사용할 수 있습니다.

막대그래프와 꺾은선그래프는 모양만 다르지, 같은 그래프 아닌가요?

자료를 그래프로 나타낸다는 의미에서 두 그래프는 같은 그래프라 할 수 있습니다. 다만, 그래프마다 각각의 장단점이 있습니다. 막대그래프는 각 항목의 상대적인 크기를 비교하기 좋은 그래프이고, 꺾은선그래프는 수량의 변화 상태를 알아보는 데 편리합니다.

	용도	사용하는 예
막대그래프	자료의 수량을 비교할 때	우리 반 친구들이 좋아하는 계절 지역별 쌀 생산량
꺾은선그래프	시간, 거리, 높이, 온도 등 연속적으로 변화하는 양을 나타낼 때	하루 동안의 기온 변화 일주일 동안의 몸무게 변화 물의 온도에 따른 설탕의 녹는 양
막대그래프와 꺾은선그래프	수량과 변화를 같이 보고 싶을 때	어떤 과목의 월별 점수 1달간 줄넘기 기록

5학년에 나오는 수학 용어와 기호

수와 연산
★ **수의 범위와 어림하기** 이상・이하・초과・미만・올림・버림・반올림
★ **약수와 배수** 약수・공약수・최대공약수・배수・공배수・최소공배수
★ **약분과 통분** 약분・통분・기약분수

도형과 측정
★ **합동과 대칭** 합동・대칭・대응점・대응변・대응각・선대칭도형・점대칭도형・대칭축・대칭의 중심
★ **직육면체와 정육면체** 직육면체・정육면체・면・모서리・밑면・옆면・겨냥도・전개도
★ **다각형의 둘레와 넓이** 가로・세로・밑변・높이・cm^2・m^2・km^2

자료와 가능성
★ **평균과 가능성** 평균・가능성

5학년 수학사전

5학년 수학에는 아이들이 지금까지 한 번도 보지 못한 개념들이 많이 나옵니다. 또한 5학년에서 배우게 되는 수학은 지금까지 학습해 온 내용에 비해 실생활과는 다소 거리가 있는 것으로 느껴질 수 있습니다. 그래서 왜 배우는지 모르고 맹목적으로 학습하다 수학 학습에 대해 의욕을 갖지 못하고 수학을 싫어하게 되며, 왜 공부해야 하는지 반발심을 갖게 되는 경우가 많습니다. 또한 지금까지는 아이들이 암기와 알고리즘에 의존하여도 좋은 성취 수준을 나타낼 수 있었겠지만, 5학년 때부터는 암기와 알고리즘만으로 이해하기 힘든 제재들이 등장하여 아이들을 당황스럽게 합니다. 따라서 아이들도 이제부터는 이해와 개념을 위주로 학습할 필요가 있습니다. 물론 저학년 때부터 이해와 개념을 위주로 학습한 학생들은 별 어려움 없이 확장된 개념들을 학습할 수 있습니다.

5학년의 자기 주도 학습 5계명

❶ 알고 있는 것과 모르는 것을 구분해 보고,
  모르는 부분에 대해서는 3, 4학년 수학 내용과 연관 지어 생각합니다.
❷ 왜 배우는지를 알면 해당 내용에 좀 더 집중할 수 있습니다.
  예를 들어, 약수와 배수는 바로 약분과 통분에 사용됩니다. '왜 배우는지'를 생각해 봅니다.
❸ 도형에 관련된 내용이 어렵다면 실제 도형을 눈앞에 놓고 살펴봅니다.
  또 실제 그려 보고, 잘라 보고, 돌려 보면 도형과 좀 더 친해질 수 있습니다.
❹ 다양한 단위를 학습할 때, 새로운 단위가 없다면 어떻게 표현할지 생각해 보고, 신문이나 인터넷 자료 등에서 새롭게 등장한 단위를 찾아봅니다. 더불어 새로운 단위가 우리에게 주는 이로움을 생각해 봅니다.
❺ 정답보다는 어떻게 해결해야 할지에 대한 고민이 먼저입니다.
  고민을 한 후 풀기 시작해야 좀 더 깊이 생각하는 능력이 생깁니다.

5학년은 무엇을 배우나요?

5학년 1학기		
영역명	주제	공부할 내용
수와 연산	• 덧셈과 뺄셈이 섞여 있는 식 계산하기 • 곱셈과 나눗셈이 섞여 있는 식 계산하기 • 덧셈, 뺄셈, 곱셈이 섞여 있는 식 계산하기 • 덧셈, 뺄셈, 나눗셈이 섞여 있는 식 계산하기 • 덧셈, 뺄셈, 곱셈, 나눗셈이 섞여 있는 식 계산하기 • 약수와 배수 구하기 • 곱을 이용하여 약수와 배수의 관계 이해하기 • 공약수와 최대공약수 구하기 • 공배수와 최소공배수 구하기 • 크기가 같은 분수 알기 • 분수를 약분하기 • 분수를 통분하기 • 분수의 크기를 비교하기 • 분수와 소수의 크기를 비교하기 • 분모가 다른 분수의 덧셈 계산하기 • 분모가 다른 분수의 뺄셈 계산하기	1. 괄호가 없을 때와 있을 때의 덧셈, 뺄셈이 섞여 있는 식의 계산 순서를 이해하고 계산한다. 2. 괄호가 없을 때와 있을 때의 곱셈, 나눗셈이 섞여 있는 식의 계산 순서를 이해하고 계산한다. 3. 괄호가 없을 때와 있을 때의 덧셈, 뺄셈, 곱셈이 섞여 있는 식의 계산 순서를 이해하고 계산한다. 4. 괄호가 없을 때와 있을 때의 덧셈, 뺄셈, 나눗셈이 섞여 있는 식의 계산 순서를 이해하고 계산한다. 5. 괄호가 없을 때와 있을 때의 덧셈, 뺄셈, 곱셈, 나눗셈이 섞여 있는 식의 계산 순서를 이해하고 계산한다. 6. 약수와 배수의 의미를 알고 구한다. 7. 약수와 배수의 관계를 이해한다. 8. 공약수와 최대공약수의 의미를 알고 구한다. 9. 공배수와 최소공배수의 의미를 알고 구한다. 10. 최대공약수와 최소공배수를 여러 가지 방법으로 구한다. 11. 약수와 배수에 관련된 실생활 문제를 해결한다. 12. 크기가 같은 분수를 안다. 13. 분수의 성질을 이용하여 크기가 같은 분수를 만든다. 14. 분수를 약분한다. 15. 분수를 약분하여 기약분수로 만든다. 16. 분수를 통분한다. 17. 분모가 다른 분수의 크기를 비교한다. 18. 분수와 소수의 관계를 알고 분수를 소수로, 소수를 분수로 나타낸다. 19. 분모가 다른 분수의 덧셈과 뺄셈에서 통분의 필요성을 안다. 20. 분모가 다른 진분수의 덧셈과 뺄셈의 계산 원리와 형식을 이해하고 계산한다. 21. 분모가 다른 대분수의 덧셈과 뺄셈의 계산 원리와 형식을 이해하고 계산한다. 22. 분모가 다른 분수의 덧셈과 뺄셈을 이용하여 문제를 해결한다.

초등학교 수학은 수와 연산, 변화와 관계, 도형과 측정, 자료와 가능성의 네 가지 영역으로 구성되어 있습니다. 그중 5학년에서 다루고 있는 내용을 영역별로 살펴보면 표와 같습니다. 표에서 제시한 주제에 따른 공부할 내용은 수업을 통해 배우고 익히는 내용입니다.

5학년 1학기		
영역명	주제	공부할 내용
변화와 관계	• 두 양 사이의 관계 이해하기 • 대응 관계를 식으로 나타내기	1. 주변 현상에서 대응 관계인 두 양을 찾는다. 2. 규칙적인 배열에서 두 양 사이의 대응 관계를 찾고, 두 양 사이의 대응 관계를 설명한다. 3. 두 양 사이의 대응 관계를 □, △ 등을 이용하여 식으로 나타내고, 식의 의미를 이해한다. 4. 생활 속에서 대응 관계를 찾아 식으로 나타낸다.
도형과 측정	• 정다각형의 둘레 구하기 • 사각형의 둘레 구하기 • 1cm^2 알기 • 직사각형의 넓이 구하기 • 1cm^2보다 더 큰 넓이의 단위알기 • 평행사변형의 넓이 구하기 • 삼각형의 넓이 구하기 • 마름모의 넓이 구하기 • 사다리꼴의 넓이 구하기	1. 둘레를 재어 보는 활동을 통하여 둘레를 이해하고, 정다각형의 둘레를 구한다. 2. 사각형의 둘레를 구하는 방법을 이해하고 둘레를 구한다. 3. 넓이의 표준 단위의 필요성을 인식하고 1cm^2를 이해한다. 4. 직사각형의 넓이를 구하는 방법을 이해하고, 이를 통하여 직사각형과 정사각형의 넓이를 구한다. 5. 1m^2와 1km^2를 알고, 1cm^2와 1m^2, 1m^2와 1km^2의 관계를 설명한다. 6. 평행사변형의 넓이를 구하는 방법을 다양하게 추론하여 설명하고, 이와 관련된 문제를 해결한다. 7. 삼각형의 넓이를 구하는 방법을 다양하게 추론하여 설명하고, 이와 관련된 문제를 해결한다. 8. 마름모의 넓이를 구하는 방법을 다양하게 추론하여 설명하고, 이와 관련된 문제를 해결한다. 9. 사다리꼴의 넓이를 구하는 방법을 다양하게 추론하여 설명하고, 이와 관련된 문제를 해결한다. 10. 다각형의 넓이와 관련된 실생활 문제를 해결하고, 설명한다.

		5학년 2학기
영역명	주제	공부할 내용
수와 연산	• 이상과 이하 알기 • 초과와 미만 알기 • 올림, 버림, 반올림 알기 • (분수)×(자연수) 계산하기 • (자연수)×(분수) 계산하기 • 진분수의 곱셈 계산하기 • (소수)×(자연수) 계산하기 • (자연수)×(소수) 계산하기 • (소수)×(소수) 계산하기	1. 이상과 이하의 뜻을 알고, 이상과 이하의 범위에 있는 수를 안다. 2. 초과와 미만의 뜻을 알고, 초과와 미만의 범위에 있는 수를 안다. 3. 수의 범위를 알고, 실생활 문제를 해결한다. 4. 올림과 버림, 반올림의 뜻을 알고, 어림수로 나타낸다. 5. 상황에 맞는 어림의 방법을 알고, 실생활 문제를 해결한다. 6. (분수)×(자연수)의 계산 원리를 이해하고 이를 계산한다. 7. (자연수)×(분수)의 계산 원리를 이해하고 이를 계산한다. 8. 진분수의 곱셈의 계산 원리를 이해하고 이를 계산한다. 9. 여러 가지 분수의 계산 원리를 이해하고 이를 계산한다. 10. (소수)×(자연수)의 결과를 어림하고 계산 원리를 이해하고 계산한다. 11. (자연수)×(소수)의 결과를 어림하고 계산 원리를 이해하고 계산한다. 12. (소수)×(소수)의 결과를 어림하고 계산 원리를 이해하고, 다양한 형식으로 계산한다. 13. 소수에 10, 100, 1000을 곱하는 경우 곱의 소수점 위치 변화의 원리를 이해하고 계산한다.

영역명	주제	공부할 내용
5학년 2학기		
도형과 측정	• 합동인 도형 이해하기 • 합동인 도형 찾고 만들기 • 선대칭도형 이해하기 • 선대칭도형 그리기 • 점대칭도형 이해하기 • 점대칭도형 그리기 • 직육면체와 정육면체 알기 • 직육면체의 겨냥도 이해하기 • 직육면체의 겨냥도 그리기 • 정육면체의 전개도 이해하기 • 정육면체의 전개도 그리기 • 직육면체의 전개도 이해하기 • 직육면체의 전개도 그리기	1. 합동인 도형을 이해한다. 2. 합동인 도형을 찾고 만든다. 3. 합동인 두 도형에서 대응점, 대응변, 대응각을 이해하고 그 성질을 안다. 4. 선대칭도형의 개념을 이해한다. 5. 선대칭도형의 성질을 알고 그린다. 6. 점대칭도형의 개념을 이해한다. 7. 점대칭도형의 성질을 알고 그린다. 8. 선대칭도형과 점대칭도형을 이용하여 여러 가지 문제를 해결한다. 9. 직육면체와 정육면체를 이해하고, 구성 요소를 안다. 10. 직육면체의 성질을 이해한다. 11. 직육면체의 겨냥도를 이해하고 직육면체의 겨냥도를 그린다. 12. 정육면체의 전개도를 이해하고 알맞은 정육면체 전개도를 그린다. 13. 직육면체의 전개도를 이해하고 알맞은 직육면체 전개도를 그린다. 14. 직육면체와 관련된 실생활 문제를 해결한다.
자료와 가능성	• 평균 이해하기 • 평균 구하기 • 일어날 가능성 표현하기 • 일어날 가능성 비교하기	1. 평균의 의미를 알고 필요성을 이해한다. 2. 평균 구하는 방법을 이해하고 평균을 구한다. 3. 여러 가지 방법으로 평균을 구한다. 4. 평균을 이용하여 실생활 상황의 문제를 해결한다. 5. 일이 일어날 가능성을 말로 표현하고 비교한다. 6. 실생활 상황에서 일이 일어날 가능성을 이해하고 비교한다. 7. 일이 일어날 가능성을 수로 표현한다.

| 자연수의 혼합 계산 | 혼합식에서 계산 순서 찾기(1) |

8 − 10 ÷ 5를 계산하라고? 문제가 이상한데?

 **아이는 왜?**

지금까지 아이들은 별다른 고민 없이 기계적인 방법으로 연산을 해 왔습니다. 그런데 이제 고민해야 할 일이 생깁니다. 혼합식에서는 계산 순서를 정해야 하기 때문입니다. 앞에서부터 계산하는 데만 익숙해져 있는 아이들이라면 혼합식에서 어려움을 겪을 수 있습니다.

 30초 해결사

혼합식의 계산 순서
1. 괄호가 있는지 확인한다. → 괄호부터 계산한다.
2. 곱셈이나 나눗셈이 있는지 확인한다. → 곱셈이나 나눗셈부터 계산한다.
3. 덧셈이나 뺄셈만 남았는지 확인한다. → 덧셈이나 뺄셈을 계산한다.

 **그것이 알고 싶다**

어른들도 혼합 계산은 헷갈릴 때가 있습니다. 혼합 계산 순서가 아이들 몸에 배려면 아마도 아이들이 중학생은 되어야 할 것입니다. 그 전까지는 혼합 계산을 할 때마다 계산 순서를 떠올리면서 그 순서가 맞는지 되돌아보아야 합니다.

혼합식은 기본적으로 곱셈, 나눗셈을 먼저 계산하고, 덧셈, 뺄셈을 합니다. 곱셈과 나눗셈, 덧셈과 뺄셈이 섞여 있는 경우에는 순서대로 계산합니다.

유형① 덧셈과 뺄셈이 섞여 있는 식은 앞에서부터 차례대로 계산한다.

예) $37 - 21 + 13 = \square$

$$37 - 21 + 13 = 16 + 13 = 29$$

유형② 덧셈과 뺄셈이 섞여 있는 식에서 ( )가 있으면 ( ) 안을 먼저 계산한다.

예) $37 - (21 + 13) = \square$

$$37 - (21 + 13) = 37 - 34 = 3$$

유형③ 곱셈과 나눗셈이 섞여 있는 식은 앞에서부터 차례대로 계산한다.

예) $24 \div 3 \times 4 = \square$

$$24 \div 3 \times 4 = 8 \times 4 = 32$$

유형④ 곱셈과 나눗셈이 섞여 있는 식에서 ( )가 있으면 ( ) 안을 먼저 계산한다.

예) $24 \div (3 \times 4) = \square$

$$24 \div (3 \times 4) = 24 \div 12 = 2$$

 한 발짝 더!

사실 혼합식의 계산 순서를 익히는 것은 기계적인 활동에 가깝습니다. 아이들이 생활 속에서 혼합 계산이 필요한 상황을 이해하는 경험을 해 보면 좋겠습니다. 아이들에게 37 - 21 + 13과 37 - (21 + 13)에 해당되는 상황을 말이나 글로 표현하도록 해 봅니다.

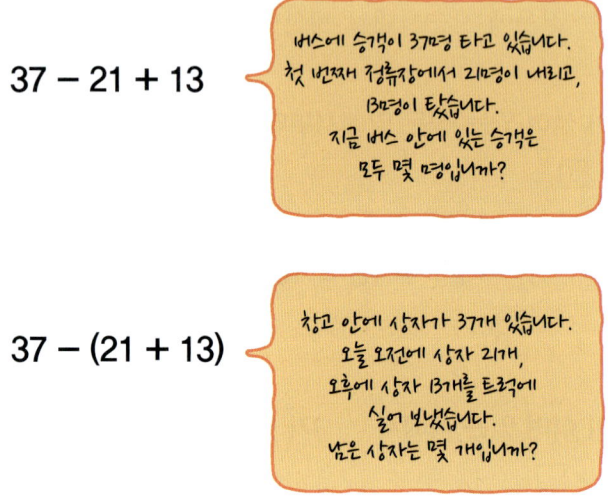

곱셈과 나눗셈의 혼합 계산도 마찬가지입니다. 아이가 말로 표현할 수 있다면 그 지식을 알고 있다 말할 수 있습니다.

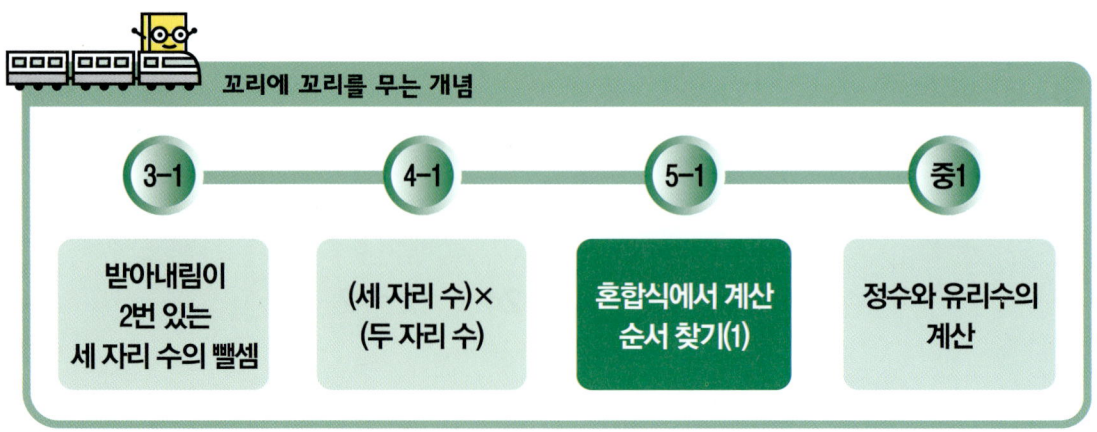

무엇이든 물어보세요

8 + 3 = 3 + 8이니까 15 − 8 + 3을 15 − 3 + 8로 계산해도 되지 않나요?

두 식이 같은 식인지를 확인하는 가장 좋은 방법은 직접 계산해 보는 것입니다.

15 − 8 + 3 = 7 + 3 = 10이고, 15 − 3 + 8 = 12 + 8 = 20이므로 두 식의 계산 결과는 같지 않습니다. 그러므로 두 식을 같은 식이라 할 수 없습니다. 따라서 15 − 8 + 3을 15 − 3 + 8로 바꾸어 계산할 수 없습니다.

곱셈과 나눗셈이 있는 혼합식도 마찬가지입니다.

24 ÷ 3 × 4 = 8 × 4 = 32인데, 이를 24 ÷ 4 × 3 = 6 × 3 = 18로 계산하면 결과가 달라집니다. 따라서 덧셈과 뺄셈 혹은 나눗셈과 곱셈이 함께 있는 혼합식은 수를 바꾸어 계산할 수 없습니다.

아이들에게는 직접적인 풀이 결과를 확인해 보는 활동을 통해 계산 순서에 따라 결과가 달라진다는 것을 직접 경험하게 하고, 순서에 따라 계산하는 것이 왜 중요한지 일러 줍니다.

덧셈과 뺄셈, 곱셈과 나눗셈 등 사칙연산만 섞여 있는 혼합계산은 잘하는데, 괄호가 같이 나오면 힘들어합니다. 괄호 계산을 원활하게 하는 비결이 있을까요?

괄호를 계산할 때 헷갈려 하는 아이들이 종종 있습니다. 이런 경우라면 괄호를 제외한 다른 계산을 모두 가리고 괄호 안만 먼저 계산하도록 지도해 보기 바랍니다. 일단 괄호를 없애면 사칙연산만 남게 되므로 어렵지 않게 계산할 수 있을 것입니다. 습관이 들면 다른 계산을 가리지 않고도 괄호를 계산할 수 있게 됩니다.

| 자연수의 혼합 계산 | 혼합식에서 계산 순서 찾기(2) |

곱셈과 나눗셈을 먼저 계산한다고 했으니 곱셈부터 계산하면 되죠?

 **아이는 왜?**

곱셈과 나눗셈을 먼저 계산한 후 덧셈과 뺄셈을 계산한다고 하면 나눗셈이 곱셈보다 먼저 나왔어도 곱셈을 먼저 해결해야 하는 것으로 이해하기도 합니다.

30초 해결사

혼합식의 계산

$$63 \div 9 + 25 - 5 \times 4 = \square$$

곱셈과 나눗셈을 먼저 계산하고 앞에서부터 순서대로 계산한다.

$$63 \div 9 + 25 - 5 \times 4 = 7 + 25 - 20 = 32 - 20 = 12$$

① ②
③
④

 **그것이 알고 싶다**

아이들은 +, -, ×, ÷ 이 섞여 있는 혼합 계산을 부담스러워 합니다. 복잡해 보이기 때문입니다. 문제가 복잡할수록 덤벙대거나 포기하지 말고 차근차근 풀어가도록 합니다. 차근히 논리적으로 문제를 해결하는 태도는 수학에서 특히 강조되는 부분입니다.

유형① 덧셈과 뺄셈, 곱셈이 섞여 있는 식에서는 곱셈을 먼저 계산한다.

예) $28 - 4 \times 6 + 5 = \square$

$$28 - 4 \times 6 + 5 = 28 - 24 + 5 = 4 + 5 = 9$$

곱셈을 계산하고 나면 28 − 24 + 5와 같이 덧셈과 뺄셈만 남게 되므로 앞에서부터 순서대로 계산합니다.

유형② 덧셈과 뺄셈, 나눗셈이 섞여 있는 식에서는 나눗셈을 먼저 계산한다.

예) $50 + 20 \div 5 - 31 = \square$

$$50 + 20 \div 5 - 31 = 50 + 4 - 31 = 54 - 31 = 23$$

나눗셈을 계산하고 나면 덧셈과 뺄셈만 남게 되므로 앞에서부터 순서대로 계산합니다.

유형③ 덧셈과 뺄셈, 곱셈, 나눗셈이 섞여 있는 혼합식에서는 곱셈과 나눗셈을 먼저 계산하고 앞에서부터 순서대로 계산한다.

예) $63 \div 9 + 25 - 5 \times 4 = \square$

$$63 \div 9 + 25 - 5 \times 4 = 7 + 25 - 20 = 32 - 20 = 12$$

혼합 계산은 계산 순서를 정확히 알고 숙달할 수 있도록 반복하여 연습해야 합니다.

 **한 발짝 더!**

수학에는 약속에 따라 그렇게 하도록 정해진 것들이 있습니다. 혼합식의 계산 순서 역시 약속에 따른 것입니다.

28 − 4 × 6 + 5라는 식을 저마다 다른 순서로 계산하면 각자 다른 답을 낼 것입니다.

① 28 − 4 × 6 + 5 = 24 × 6 + 5 = 144 + 5 = 149 (×)
② 28 − 4 × 6 + 5 = 28 − 24 + 5 = 4 + 5 = 9 (○)

그렇다면 이 식은 식으로서 의미를 가질 수 없습니다.

그래서 계산 순서에 관한 규칙을 정한 것입니다. 이것은 식을 간단히 하기 위한 순서를 합의해서 정리한 것입니다.

> 어떤 식이 둘 이상의 계산을 포함하고 있으면, 다음 순서로 계산한다.
> 1. 괄호 안을 계산한다.
> 2. 지수 형태로 된 수를 표준 형태로 고쳐서 쓴다.
> 3. 모든 곱셈과 나눗셈을 왼쪽에서 오른쪽으로 순서대로 계산한다.
> 4. 모든 덧셈과 뺄셈을 왼쪽에서 오른쪽으로 순서대로 계산한다.

중학교에 가면 지수를 배우기 때문에 계산 순서가 더 복잡해집니다. 지수는 곱셈이 거듭되는 것을 표현하는 방법입니다. $2 \times 2 \times 2 = 2^3$으로 표현합니다.

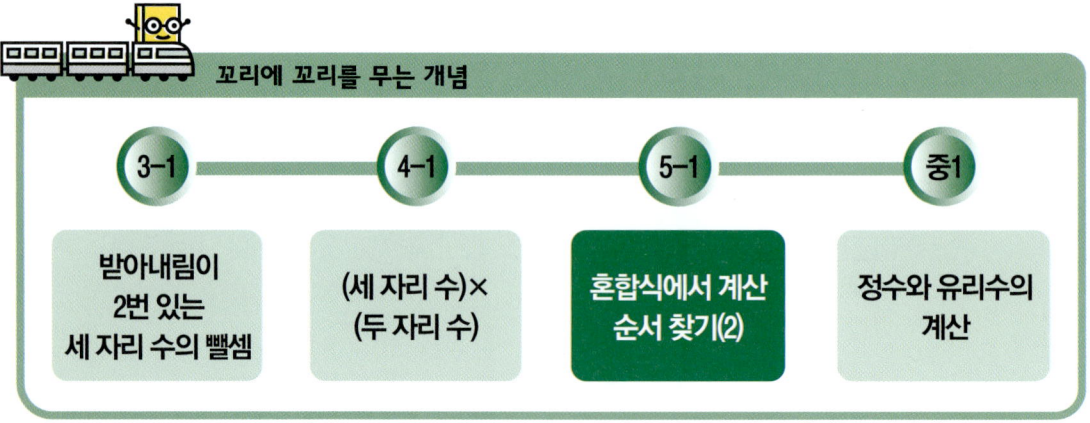

무엇이든 물어보세요

5 + 4 × 3에서 왜 앞에 나오는 덧셈 5 + 4를 먼저 계산하지 않고 뒤에 나오는 곱셈 4 × 3을 먼저 계산하나요?

덧셈과 곱셈이 혼합된 계산에서 곱셈을 먼저 계산하도록 약속했다는 것이 가장 간단한 이유이고 명확한 대답입니다. 그런데 왜 그렇게 정했는가를 고민하는 것은 수학을 공부하는 중요한 방법이 될 수 있습니다. 4 × 3은 똑같은 4를 3번 더한 것(4 + 4 + 4)입니다. 이러한 내용을 이해한다면 5 + 4 × 3은 5 + 4 + 4 + 4로 고칠 수 있습니다. 4 × 3을 먼저 계산하지 않으면 5 + 4 × 3 = 9 × 3이 되어 9를 3번 더한 27이 답이 됩니다.

혼합 계산에서 곱셈과 나눗셈을 먼저 계산한다고 하였으니 '24 ÷ 3 × 4 = 24 ÷ 12 = 2' 아닌가요?

충분히 혼동하기 쉬운 부분입니다. 혼합 계산에서 순서를 정하는 것은 누구나 같은 결과를 얻기 위함입니다. 또한 "곱셈과 나눗셈을 먼저 계산한다."는 것은 덧셈과 뺄셈보다 곱셈과 나눗셈을 먼저 계산한다는 뜻이지, 곱셈을 나눗셈보다 먼저 계산한다는 뜻은 아닙니다.

24 ÷ 3 × 4와 같이 곱셈과 나눗셈이 함께 있는 경우에는 순서대로 계산합니다. 따라서 24 ÷ 3 × 4 = 8 × 4 = 32가 됩니다.

덧셈과 뺄셈의 혼합 계산도 앞에서부터 순서대로 계산합니다. 5 − 3 + 6 = 2 + 6 = 8이 됩니다.

| 약수와 배수 | **배수** |

5는 5의 배수예요?

 **아이는 왜?**

5는 5의 배수가 아니라고 생각하는 것은 일상용어와 수학용어가 다르기 때문입니다. 우리말에서는 "나와 나 자신이 같다."는 표현을 잘 사용하지 않지만 수학에서는 이런 표현을 많이 사용합니다. 예를 들어 $a = a$, $a \times 1 = a$이므로 a는 a의 배수이면서 약수입니다. 하지만 초등학생이 이를 이해하기는 어렵습니다. '배수'를 '크다'는 의미로 받아들이는 경우가 많기 때문입니다.

 **30초 해결사**

5의 배수
5를 몇 배 한 수(5×1, 5×2, 5×3, ……)
→ 5, 10, 15, 20, ……

 **그것이 알고 싶다**

구구단을 알고 있으면 어떤 수의 몇 배인 수를 쉽게 구할 수 있습니다. 예를 들어, 3을 5배 한 수를 구하려면 3 × 5 = 15를 이용합니다. 그런데 5가 5의 배수인지 알아보는 문제가 나오면 순간 많은 아이들이 혼란을 겪습니다.

배수
어떤 수를 1배, 2배, 3배, … 한 수. 자신도 자신의 배수이다.

배수는 어떤 수를 몇 배 한 수입니다. 이때 '어떤 수'와 '몇'은 자연수를 말합니다. 2.5 × 2 = 5에서 5를 2.5의 배수라 하지 않고 같은 이유에서 2.5를 5의 약수라고도 하지 않습니다. 즉, 배수와 약수의 관계는 자연수(중학교 이후로는 정수) 범위에서만 따집니다.

배수를 학습할 때는 배수의 의미를 정확히 이해하는 것이 중요합니다. 특히 실생활에서 사용하는 말과 수학에서 쓰는 말이 달라 어려움을 겪을 수 있습니다.

'3을 2배 한 수'를 구할 때 3 × 2를 떠올리는 아이들도 있지만 3→6→9로 생각하여 3을 1배 한 수는 6, 3을 2배 한 수는 9라고 생각하는 아이들도 많습니다. 이는 배수의 의미를 명확히 이해하지 못한 것입니다. 3과 6의 관계에서 6 = 3 × 2이므로 3을 2배 한 수는 6입니다.

수 체계
정수는 자연수(1, 2, 3……)와 0 그리고 음의 정수(-1, -2, -3……)로 이루어진 수 체계이다.

정수 ┬ 자연수(양의 정수)
　　 ├ 0
　　 └ 음의 정수

배수에서 중요한 내용은 자신도 자신의 배수라는 점입니다.
3 × 1 = 3에서 3을 1배 한 수는 3이므로 3은 3의 배수입니다. 같은 이유로 5는 5의 배수가 됩니다.
따라서 5의 배수를 가장 작은 수부터 3개 쓰라는 문제에서는 5를 1배 한 5부터 써야 합니다.

5의 배수 : 5, 10, 15, ……
7의 배수 : 7, 14, 21, ……

수학은 논리를 중요시하는 학문이므로 개념에 충실해야 함을 꼭 지도합니다.

 **한 발짝 더!**

약수와 배수는 바늘과 실처럼 아주 밀접한 관계입니다. 어떤 수를 나누어떨어지게 하는 수를 그 수의 약수라고 합니다. 6 ÷ 1 = 6, 6 ÷ 2 = 3, 6 ÷ 3 = 2, 6 ÷ 6 = 1이므로 6의 약수는 1, 2, 3, 6이 되는 것입니다.

이때 나눗셈식을 다시 곱셈식으로 나타낼 수 있습니다.

6 ÷ 1 = 6   →   1 × 6 = 6
6 ÷ 2 = 3   →   2 × 3 = 6
6 ÷ 3 = 2   →   3 × 2 = 6
6 ÷ 6 = 1   →   6 × 1 = 6

아이는 위의 나눗셈과 곱셈의 관계를 보고 6이 1, 2, 3, 6의 배수가 됨을 알 수 있어야 합니다. 나눗셈식과 곱셈식을 통해 약수와 배수의 관계를 알 수 있다면 이제 주어진 곱셈식에서 약수와 배수를 찾을 수 있게 됩니다.

6 = 2 × 3에서
6은 2와 3의 배수이고, 2와 3은 6의 약수이다.

이때 한 가지 더 생각해 볼 수 있는 것은
6 × 1 = 6에서 6은 6의 배수입니다. 6 ÷ 6 = 1이므로 6은 6의 약수이기도 합니다.
약수와 배수의 관계를 개념적으로 잘 이해할 수 있도록 지도해야 하겠습니다.

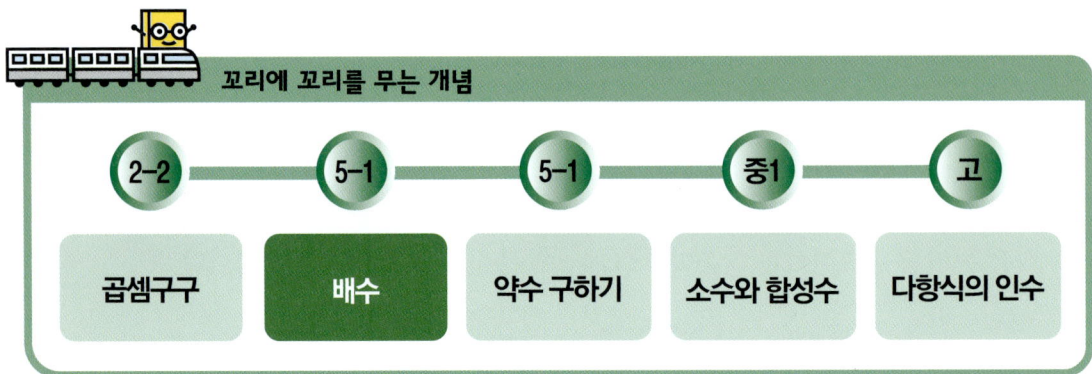

무엇이든 물어보세요

0은 짝수인가요?

보통 2, 4, 6, ……과 같이 2의 배수를 짝수라고 합니다. 초등학교에서는 둘씩 짝을 지어 남는 것이 없는 수를 짝수라고 약속합니다.

> 2, 4, 6, 8, 10, ……과 같이 둘씩 짝을 지을 수 있는 수를 짝수라고 합니다.
> 1, 3, 5, 7, 9, ……와 같이 둘씩 짝을 지을 수 없는 수를 홀수라고 합니다.

초등학교 1~2학년군① 수학 교과서에 제시된 짝수와 홀수

수학에서는 정수 중 2로 나누어떨어지는 수를 짝수라고 정의하고 있습니다. 0 ÷ 2 = 0에서처럼 0은 2로 나누어떨어지므로 짝수입니다. 하지만 초등학교에서는 0을 굳이 짝수라고 다루지 않습니다.

일상생활에서는 0을 짝수로 사용하는 경우가 있습니다. 자동차 홀짝제에서 자동차 끝 번호가 짝수인 경우는 0, 2, 4, 6, 8입니다. 이 경우 0은 짝수입니다.

0은 0의 배수인가요?

모든 수에 0을 곱하면 0이 됩니다. 어떤 수에 0을 곱하면 결과가 모두 0이므로 0은 모든 수의 배수가 됩니다. 그러나 초등학교에서는 자연수 범위 내에서 약수와 배수를 다루기 때문에 0의 배수는 언급하지 않습니다.

| 약수와 배수 | 약수 구하기 |

5학년 수와 연산

약수는 나누어떨어지게 하는 수인데, 왜 곱하기를 해서 구하나요?

 **아이는 왜?**

기계적인 방법으로 약수를 구하는 아이들이 많습니다. 약수와 배수와의 관계에 대한 이해가 없으면 약수를 구하는 데 어려움을 겪을 수 있습니다. 약수는 분명 나누어떨어지는 수를 뜻하는데 아이들은 주로 곱하는 방법으로 약수를 구하기 때문에 이런 질문을 하게 됩니다.

 **30초 해결사**

20의 약수
곱해서 20이 되는 수 → 1, 2, 4, 5, 10, 20

1 × 20
2 × 10
4 × 5

그것이 알고 싶다

2학년 때 곱셈을 배우면서 약수를 경험한 바 있습니다. 다만 그때는 약수라는 용어를 사용하지 않았습니다. 약수라는 용어는 초등학교 5학년 1학기 때 배우게 되며 교과서에서는 '어떤 수를 나누어떨어지게 하는 수'로 약속하고 있습니다. 예를 들어, 6을 나누어떨어지게 하는 수는 1, 2, 3, 6이므로 6의 약수는 1, 2, 3, 6입니다. 이 약속대로 6의 약수를 구하려면 6을 1부터 6까지의 수로 직접 나누어 보아야 합니다.

$$6 \div 1 = 6 \qquad 6 \div 4 = 1 \cdots 2$$
$$6 \div 2 = 3 \qquad 6 \div 5 = 1 \cdots 1$$
$$6 \div 3 = 2 \qquad 6 \div 6 = 1$$

한편 배수와의 관계에서 약수를 알아볼 수 있습니다. $2 \times 5 = 10$, 이때 $10 \div 2 = 5$, $10 \div 5 = 2$이므로 2와 5는 10의 약수가 됩니다.

$$2 \times 5 = 10$$
10의 약수

결국 '곱을 만들기 위해 곱해진 두 수'를 각각 그 곱의 약수라고 할 수 있습니다. 따라서 10의 약수를 구할 때 나눗셈의 방법이 아닌 곱셈의 방법을 활용할 수 있습니다. 곱해서 10이 되는 경우를 모두 찾으면 1×10, 2×5입니다. 따라서 10의 약수는 1, 2, 5, 10입니다. 굳이 나눗셈을 사용하지 않고 곱셈만을 활용하여 약수를 구할 수 있습니다.

10의 약수를 구하는 방법①		10의 약수를 구하는 방법②
$10 \div 1 = 10$ $10 \div 6 = 1 \cdots 4$ $10 \div 2 = 5$ $10 \div 7 = 1 \cdots 3$ $10 \div 3 = 3 \cdots 1$ $10 \div 8 = 1 \cdots 2$ $10 \div 4 = 2 \cdots 2$ $10 \div 9 = 1 \cdots 1$ $10 \div 5 = 2$ $10 \div 10 = 1$		$10 = 1 \times 10$ $10 = 2 \times 5$

한 발짝 더!

약수를 구하는 과정에서 약수를 1~2개씩 빠뜨리는 아이들이 있습니다. 이러한 실수를 하지 않으려면 하나씩 순서대로 따져 보는 연습이 필요합니다. 예를 들어, 12의 약수를 구할 때 곱하는 수를 1, 2, 3, ……으로 순서를 지켜 12 = 1 × 12, 12 = 2 × 6, 12 = 3 × 4, …와 같이 생각하면 수를 빠뜨리는 실수를 줄일 수 있습니다. 이때, 12 = 3 × 4까지 하고 나면 곱하는 두 수 3과 4 사이에 들어갈 수 있는 다른 수가 없고, 곱이 되는 수도 반복이 되므로 여기까지의 결과로 모든 약수를 구할 수 있게 됩니다.

```
12 = 1 × 12
12 = 2 × 6
12 = 3 × 4
12 = 4 × 3
12 = 6 × 2
12 = 12 × 1
```

나눗셈과 곱셈을 연결해야 개념이 강화되어 응용력이 길러집니다. '약수는 어떤 수를 나누어떨어지게 하는 수'라는 개념에 머물러 있으면 약수를 구하기 위해 나눗셈만 하게 됩니다.

나눗셈을 곱셈과 연결지어 생각하면 '곱해지는 두 수'를 약수라 할 수 있습니다. 이렇듯 수학의 개념은 서로 연결되며, 연결성을 확보할 때 개념에 대한 이해가 확장됩니다.

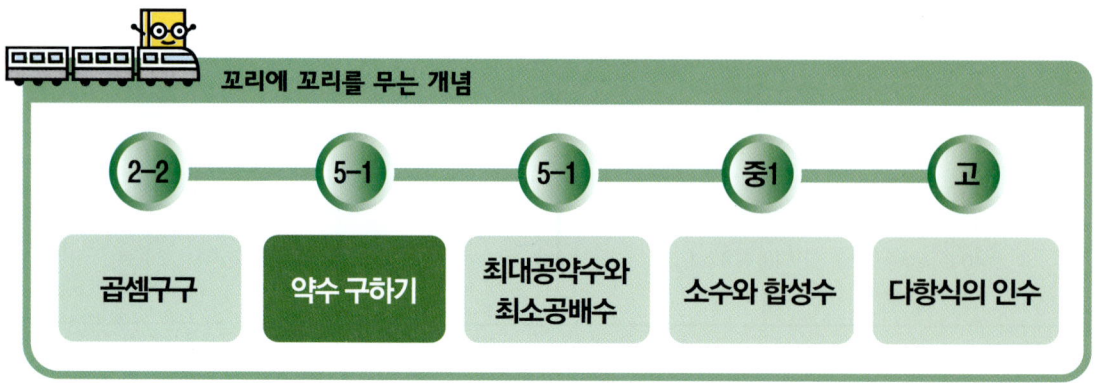

무엇이든 물어보세요

'1은 모든 수의 약수'라는 말이 무슨 뜻인가요?

(모든 자연수) ÷ 1 = (모든 자연수)

1은 모든 자연수를 나누어떨어지게 하는 수입니다. 어떤 자연수를 나누어떨어지게 하는 수가 약수이므로 1은 모든 자연수의 약수가 됩니다. 또 (모든 자연수) × 1 = (모든 자연수)이므로 1은 모든 자연수의 약수가 된다는 설명도 가능합니다.

24의 약수를 곱으로 구할 때, 모든 곱의 쌍을 찾아야 하나요?

어떤 수의 약수를 구하려면 모든 곱을 빠짐없이 찾아야 합니다. 24의 경우, 다음 8가지 곱이 있습니다.

1 × 24	2 × 12	3 × 8	4 × 6
6 × 4	8 × 3	12 × 2	24 × 1

이때 4 × 6 다음에 나오는 6 × 4부터는 수가 역전될 뿐 새로운 것은 아니므로 4 × 6까지만 생각하면 24의 약수를 모두 구할 수 있습니다.

이렇게 해야 빠트리거나 실수를 하지 않게 됩니다. 아이가 좀 귀찮아하더라도 모든 곱을 구하도록 잡아 주어야 하겠습니다.

| 약수와 배수 | **최대공약수와 최소공배수** |

5학년 수와 연산

최대공약수가 최소공배수보다 큰 수죠?

아이는 왜?

최대공약수와 최소공배수의 최대, 최소라는 용어 때문에 혼란을 겪는 아이들이 많습니다. 최대는 크고, 최소는 작다고 생각하기 때문입니다. 그래서 최소공배수를 구해야 할 때 최대공약수를 구하기도 하고, 반대로 최대공약수를 구하는 문제에서 최소공배수를 구하기도 합니다.

30초 해결사

- 최대공약수(最大公約數) : 공약수 중 가장 큰 수
  예) 12와 18의 최대공약수 : 12와 18의 공약수 중 가장 큰 수 → 1, 2, 3, ⑥ ← 최대공약수

- 최소공배수(最小公倍數) : 공배수 중 가장 작은 수
  예) 12와 18의 최소공배수 : 12와 18의 공배수 중 가장 작은 수 → ㉚, 72, 108, 144, ……
  ↑ 최소공배수

그것이 알고 싶다

평소 연산에 치중해 수학을 공부했다면 새로운 개념이 도입될 때마다 혼란을 겪게 됩니다. 아이들이 용어의 의미를 명확히 이해하도록 지도할 필요가 있습니다.

최대공약수 : 공약수 중 가장 큰 수
12와 18의 최대공약수를 구하기 위해서는 먼저 12와 18의 약수를 찾아야 합니다.
12의 약수 : 1, 2, 3, 4, 6, 12
18의 약수 : 1, 2, 3, 6, 9, 18
12와 18의 공약수 : 1, 2, 3, 6
12와 18의 최대공약수 : 6

최소공배수 : 공배수 중 가장 작은 수
12와 18의 최소공배수는 먼저 12와 18의 배수를 구해야 합니다.
12의 배수 : 12, 24, 36, 48, 60, 72, …
18의 배수 : 18, 36, 54, 72, …
12와 18의 공배수 : 36, 72, 108, …
12와 18의 최소공배수 : 36

위와 같은 용어의 개념을 이해하고 나면 다른 방법으로도 최대공약수와 최소공배수를 구할 수 있습니다. '나누어떨어지게 하는 수'가 약수이므로, 두 수를 공통으로 나눌 수 있는 수를 이용하여 아래로 나눗셈을 하는 방법입니다.

12와 18을 공통으로 나눌 수 있는 수로 나눈 후 더 이상 나누어지지 않으면 계산을 멈추고 최대공약수와 최소공배수를 구할 수 있습니다.

12와 18의 **공약수** ⇨ 2) 12 18
6과 9의 **공약수** ⇨ 3) 6   9
                               2   3

2 × 3 = 6 ⇨ 12와 18의 **최대공약수**   2 × 3 × 2 × 3 = 36 ⇨ 12와 18의 **최소공배수**

한 발짝 더!

최대공약수가 있으면 최소공약수도 있지 않을까요?

12와 18의 공약수는 1, 2, 3, 6입니다. 이 중 가장 작은 수는 1입니다. 그렇다면 1이 최소공약수일까요? 어떤 두 수라도 공약수 중 가장 작은 수는 항상 1이기 때문에 최소공약수를 따지는 것은 의미가 없습니다. 같은 이유로 최대공배수도 의미가 없습니다. 공배수는 무한히 커 가므로 최대공배수는 구할 수가 없습니다.

한편 어떤 두 수의 공배수는 최소공배수의 배수입니다.

6의 배수 : 6, 12, 18, 24, 30, 36, 42, 48, …
8의 배수 : 8, 16, 24, 32, 40, 48, …

8과 6의 공배수는 24, 48, 72, …입니다. 이때 8과 6의 최소공배수는 24이고 8과 6의 공배수는 24의 배수가 됩니다.

또한 두 수의 공약수는 최대공약수의 약수입니다.
12와 18의 공약수는 1, 2, 3, 6이고, 최대공약수는 6입니다.
여기서 공약수 1, 2, 3, 6은 최대공약수 6의 약수입니다.

그렇다면 이제 최대공약수와 최소공배수가 필요한 이유를 아이와 이야기해 볼 수 있습니다. 최대공약수와 최소공배수는 어떤 두 수의 관계를 설명하는 데 활용됩니다.

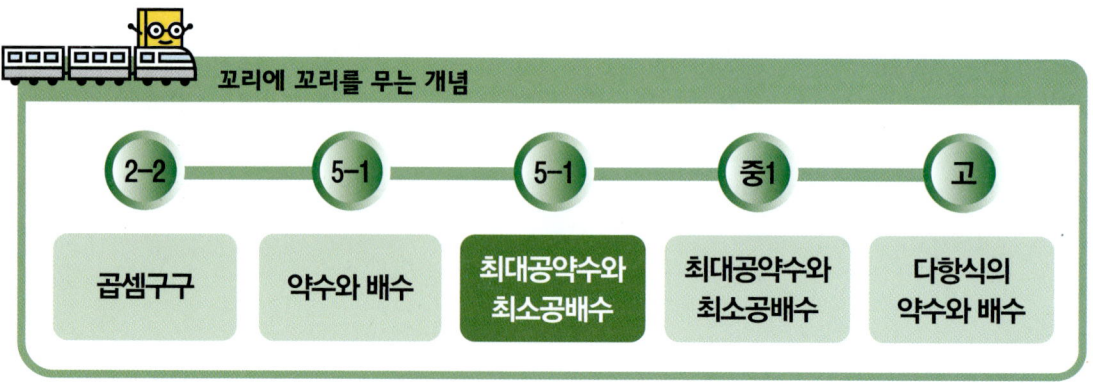

무엇이든 물어보세요

3과 8의 최대공약수는 1인가요?

3의 약수는 1과 3, 8의 약수는 1, 2, 4, 8 이므로 3과 8의 공약수는 1뿐입니다. 따라서 3과 8의 최대공약수는 1이 맞습니다. 이처럼 최대공약수가 1뿐인 두 수를 서로소라고 합니다. 서로소는 중학교에서 배우게 됩니다.

3의 약수 1, 3 중 1을 빼면 8의 약수인 것이 없고, 8의 약수 1, 2, 4, 8 중 1을 빼면 3의 약수인 것이 없습니다. 이처럼 3과 8이 서로에 대한 소수라 하여 '서로소'가 되었습니다. 서로소는 '서로에 대한 소수'라는 의미입니다.

30 = 2 × 3 × 5, 42 = 2 × 3 × 7에서 '2 × 3 = 6'이 30과 42의 최대공약수인 이유는 무엇인가요?

이 방법은 중학교에서 최대공약수와 최소공배수를 구할 때 사용하는 방법입니다. 두 수를 곱으로 나타내고 여기서 공통인 약수와 배수 관계에 있는 수를 찾아냄으로써 최대공약수와 최소공배수를 구하는 방법입니다.

30 = 2 × 3 × 5, 42 = 2 × 3 × 7에서 2 × 3은 두 수의 공통된 약수입니다. 그리고 2 × 3 = 6보다 큰 공약수는 없으므로 2 × 3 = 6이 두 수의 최대공약수가 됩니다.

그러나 이 방법은 초등학생에게 권장할 만한 내용이 아닙니다. 그것보다는 최대공약수가 무엇인지, 그 개념을 알고 실제 구할 수 있어야 하겠습니다.

| 약분과 통분 | 같은 크기의 분수

분수의 분모와 분자에 0을 곱하면… $\frac{0}{0}$ 이에요?

5학년 수와 연산

 **아이는 왜?**

분수는 분모, 분자에 똑같은 수를 곱해도 그 크기가 변하지 않습니다. 그런데 0을 똑같이 곱하면 어떨까요? 어떤 수에 0을 곱하면 모두 0이 됩니다. 아이들은 이러한 0의 속성을 제대로 익히지 못하고 넘어가거나 익힌 내용을 잊어버리기도 합니다.

30초 해결사

같은 크기의 분수 구하기

$$\frac{2}{3} = \frac{2 \times 1}{3 \times 1} = \frac{2 \times 2}{3 \times 2} = \frac{2 \times 3}{3 \times 3} = \frac{2 \times 4}{3 \times 4} = \cdots$$

분모와 분자에 0이 아닌 같은 수를 곱한다.

 그것이 알고 싶다

어떤 수에 0을 곱하면 신기한 결과가 나옵니다.

$$(\text{어떤 수}) \times 0 = 0$$

이는 분수에서도 마찬가지입니다. 따라서 0을 다룰 때는 곰곰이 따져 보는 습관이 필요합니다. 무작정 0을 곱하다 보면 엉뚱한 결과를 얻기도 합니다.

분수의 경우 분모와 분자에 같은 수를 곱하거나 나누는 방법으로 크기가 같은 분수(동치분수)를 만들 수 있습니다. 예를 들어, $\frac{2}{3}$와 크기가 같은 분수를 만들려면

$$\frac{2}{3} = \frac{2 \times 1}{3 \times 1} = \frac{2 \times 2}{3 \times 2} = \frac{2 \times 3}{3 \times 3} = \frac{2 \times 4}{3 \times 4} = \cdots$$

이와 같이 분수의 분모와 분자에 0이 아닌 같은 수를 곱하면 됩니다. 그런데 $\frac{2}{3}$의 분모와 분자에 각각 0을 곱하면 어떻게 될까요?

$$\frac{2}{3} = \frac{2 \times 0}{3 \times 0} = \frac{0}{0}$$ 이 되어 등식이 성립하지 않습니다.

또, 분수의 분모와 분자에 같은 수를 더하거나 빼면 어떻게 될까요?

분수에 같은 수를 더하거나 빼면 그때마다 다른 값이 나오기 때문에 다음과 같은 계산은 잘못된 것입니다.

$$\frac{2}{3} = \frac{2+2}{3+2} = \frac{4}{5}$$

$$\frac{2}{3} = \frac{2-1}{3-1} = \frac{1}{2}$$

한 발짝 더!

$$\frac{8}{12} = \frac{8 \div 2}{12 \div 2} = \frac{8 \div 4}{12 \div 4}$$

분수에서 분모와 분자를 0이 아닌 같은 수로 나누면 분수의 분모와 분자의 숫자는 바뀌지만 분수의 크기는 변하지 않습니다. 그럼 분모와 분자를 0으로 나누면 어떻게 될까요?

0으로 어떤 수를 나누는 것은 계산 자체가 불가능하고 이는 분수에서도 마찬가지이므로 $\frac{8}{12} = \frac{8 \div 0}{12 \div 0}$은 성립하지 않습니다.

분모와 분자를 0이 아닌 같은 수로 나누면 분수의 크기가 변하지 않는 것처럼 분모와 분자에 0이 아닌 같은 수를 곱해도 같은 크기의 분수가 구해집니다.

즉, $\frac{8}{12}$을 두 수의 공약수로 나누면 $\frac{4}{6}$, $\frac{2}{3}$가 되고 이는 $\frac{8}{12}$과 같은 값입니다. 마찬가지로 분모와 분자에 1, 2, 3, ……을 곱하면 각각 $\frac{8}{12}$, $\frac{16}{24}$, $\frac{24}{36}$, …… 등 $\frac{8}{12}$과 같은 크기의 분수가 구해집니다.

$\frac{8}{12}$과 같은 크기의 분수 구하기

- 분모와 분자에 1, 2, 3, ……을 곱한다.　　　$\frac{8}{12}$, $\frac{16}{24}$, $\frac{24}{36}$, ……

- 분모와 분자를 두 수의 공약수로 나눈다.　　$\frac{8}{12}$, $\frac{4}{6}$, $\frac{2}{3}$

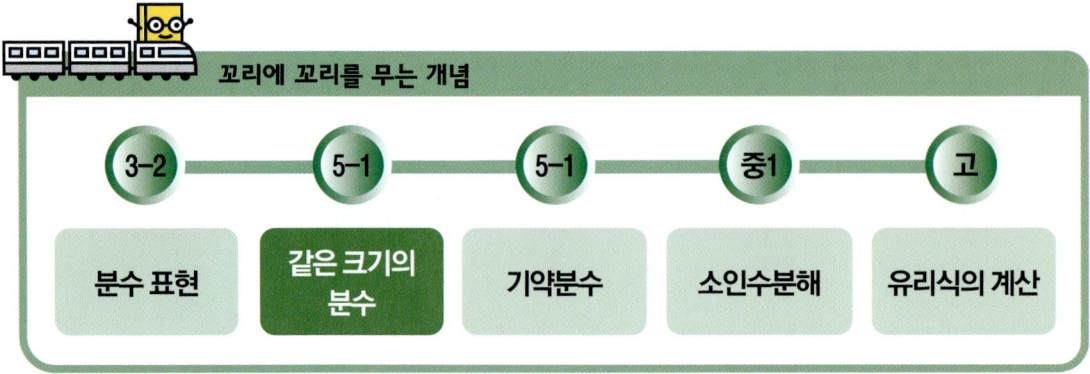

무엇이든 물어보세요

$\frac{2}{3} \times 3$과 $\frac{2}{3} \times \frac{3}{3}$이 같은가요?

자연수와 분수를 전혀 다른 별개의 것으로 생각하는 아이들이 많습니다. 그래서 3을 $\frac{3}{1}$으로 생각하지 못합니다.

$\frac{2}{3} \times 3$에서 $3 = \frac{3}{1}$이므로 $\frac{2}{3} \times 3 = \frac{2}{3} \times \frac{3}{1} = 2$이고, $\frac{2}{3} \times \frac{3}{3} = \frac{2}{3}$입니다. 따라서 $\frac{2}{3} \times 3 \neq \frac{2}{3} \times \frac{3}{3}$입니다.

이처럼 수학적으로 타당한가를 따져 보면 주어진 식이 참인지 아닌지 확인할 수 있습니다.

$\frac{1}{2}$과 크기가 같은 분수는 몇 개나 만들 수 있나요?

실제 피자를 잘라 가며 $\frac{1}{2}$과 크기가 같은 분수를 찾는다면 $\frac{1}{2} = \frac{2}{4} = \frac{4}{8} = \frac{8}{16} = \frac{16}{32}$ 정도가 됩니다. 하지만 상상력을 더해 $\frac{16}{32}$도 계속해서 반씩 자르면 $\frac{16}{32} = \frac{32}{64} = \frac{64}{128} = \cdots$ 끝없이 계속 자를 수 있습니다. 따라서 $\frac{1}{2}$과 같은 크기의 분수는 무수히 많이 만들 수 있습니다.

피자 $\frac{1}{2}$ 피자 $\frac{2}{4}$ 피자 $\frac{4}{8}$

분자와 분모에 0이 아닌 같은 수를 곱해도 같은 크기의 분수가 만들어집니다.

$\frac{1}{2} = \frac{2}{4} = \frac{3}{6} = \frac{4}{8} = \frac{5}{10} = \cdots$

| 약분과 통분 | 기약분수로 나타내려면 |

기약분수로 나타내는 방법을 모르겠어요.

 **아이는 왜?**

기약분수의 의미를 제대로 알고 있는 아이들은 그리 많지 않습니다. 그래서 어떤 분수를 기약분수로 나타내라고 하면 아이들은 순간 혼란에 빠집니다. 기약분수에 대해 알고 있더라도 대부분의 아이들은 기계적인 방법으로 해결하려 합니다.

 30초 해결사

기약분수 : 분모와 분자의 공약수가 1뿐인 분수

$$\frac{60}{90} = \frac{60 \div 2}{90 \div 2} = \frac{30}{45} \text{ (기약분수 ×)}$$

$$\rightarrow \frac{30}{45} = \frac{30 \div 3}{45 \div 3} = \frac{10}{15} \text{ (기약분수 ×)}$$

$$\rightarrow \frac{10}{15} = \frac{10 \div 5}{15 \div 5} = \frac{2}{3} \text{ (기약분수 ○)} \quad \leftarrow \text{ 2와 3의 공약수는 1뿐이다.}$$

그것이 알고 싶다

우선 기약분수가 무엇인지 알아야 하겠습니다. 구하려고 하는 것이 무엇인지 아는 것이 문제 해결의 첫 단추입니다.

기약분수는 분수의 가장 간단한 형태입니다. 다음은 모두 크기가 같은 분수(동치분수)입니다.

$$\frac{2}{3} = \frac{4}{6} = \frac{6}{9} = \frac{8}{12} = \frac{10}{15} = \frac{12}{18} = \frac{14}{21} = \frac{16}{24} = \cdots$$

$\frac{2}{3}$의 분모와 분자에 각각 2, 3, 4……를 곱했습니다. 반대로 $\frac{4}{6}$, $\frac{6}{9}$, $\frac{8}{12}$, $\frac{10}{15}$, $\frac{12}{18}$……의 분모와 분자를 각각 2, 3, 4……로 나누면 $\frac{2}{3}$가 됩니다. 다시 말해 기약분수는 동치분수 중 분모와 분자가 가장 작은 수입니다. 이때 분모와 분자의 공약수는 1뿐입니다.

기약분수를 구하는 일반적인 방법은 분모와 분자를 약분할 수 있는 수를 찾는 것입니다. 이때 분모, 분자가 짝수인지 확인하고, 만약 두 수가 짝수라면 약분이 가능한 2로 나눕니다. 약분된 수 또한 짝수라면 2로 여러 번 반복하여 나누면 됩니다. 더 이상 2로 약분되지 않으면 3, 5 등 약분할 수 있는 다른 수를 찾아봅니다.

$$\frac{12}{18} = \frac{12 \div 2}{18 \div 2} = \frac{6}{9}$$

이때 $\frac{6}{9}$은 기약분수가 아닙니다. 그런데 $\frac{6}{9}$은 2로 약분되지 않으니 3으로 약분해 봅니다.

$$\frac{6}{9} = \frac{6 \div 3}{9 \div 3} = \frac{2}{3}$$

여기서 $\frac{2}{3}$는 더 이상 나눠지지 않으니 기약분수입니다.

위와 같이 분모와 분자를 작은 수부터 차례로 나누어 기약분수를 구할 수 있습니다.

분모와 분자의 최대공약수를 이용하여 기약분수를 구할 수도 있습니다. 그런데 이 방법은 최대공약수를 찾는 과정을 거쳐야 하기 때문에 아이들이 어려워합니다.

한 발짝 더!

어떤 분수의 기약분수를 구할 때 2, 3, 5······ 중 알맞은 수를 골라 여러 번 분모와 분자를 나누는 방법이 실수도 줄일 수 있고 빠르게 계산됩니다. 그러나 최대공약수를 구하여 기약분수를 구하는 것이 수학적으로는 더 큰 의미가 있습니다.

최대공약수와 최소공배수

$$\begin{array}{r|cc} 2 & 18 & 12 \\ 3 & 9 & 6 \\ & 3 & 2 \end{array}$$

$2 \times 3 = 6$ (최대공약수)
$2 \times 3 \times 3 \times 2 = 36$ (최소공배수)

이렇게 하면 최대공약수와 최소공배수를 쉽게 구할 수 있지만, 맹목적인 암기가 되기 쉽다. 올바른 이해가 바탕이 되어야 한다.

최대공약수를 이용하여 $\frac{12}{18}$를 기약분수로 나타내어 보겠습니다. 먼저 18과 12의 최대공약수를 구합니다.

18의 약수 : 1, 2, 3, 6, 9, 18
12의 약수 : 1, 2, 3, 4, 6, 12

두 수의 최대공약수는 6입니다.
따라서 $\frac{12}{18}$의 분모와 분자를 최대공약수 6으로 나누면 단번에 기약분수 $\frac{2}{3}$가 나옵니다.

$$\frac{12}{18} = \frac{12 \div 6}{18 \div 6} = \frac{2}{3}$$

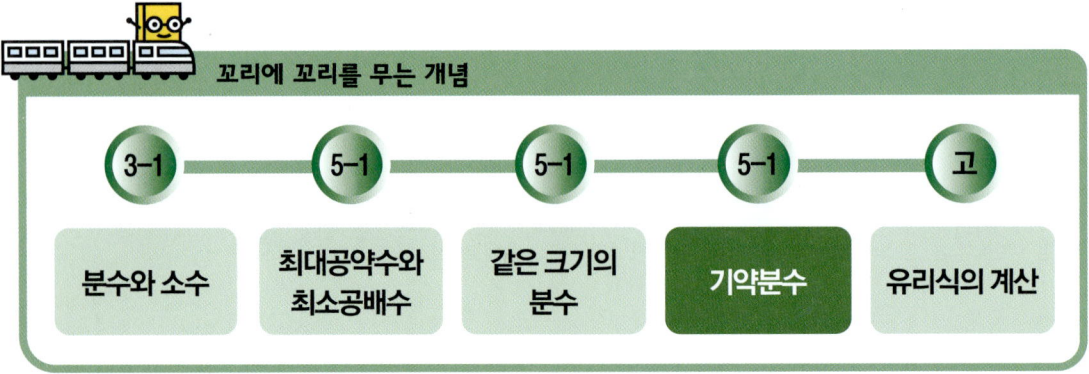

꼬리에 꼬리를 무는 개념

3-1 분수와 소수 — 5-1 최대공약수와 최소공배수 — 5-1 같은 크기의 분수 — 5-1 기약분수 — 고 유리식의 계산

무엇이든 물어보세요

"$\frac{2}{10} + \frac{3}{10} = \frac{5}{10} = \frac{1}{2}$"
이때 계산 결과를 꼭 기약분수로 나타내야 하나요?

분수셈을 할 때 계산 결과를 대부분 기약분수로 나타냅니다. 그런데 꼭 약분하여 기약분수로 나타내야 하는 것은 아닙니다. 그러나 가급적 기약분수로 나타내는 것이 좋습니다.

5학년 전에는 약분을 다루지 않았습니다. 그래서 기약분수라는 말도 쓰지 않았습니다. 그러다 5학년에서는 약분을 다루므로 이때부터는 되도록 기약분수로 결과를 나타내도록 합니다. 특별한 언급이 없어도 약분하는 것이 좋습니다.

$\frac{(홀수)}{(홀수)}$는 기약분수인가요?

수학의 명제는 별도의 제한이 없으면 항상 성립해야 합니다. 수학에는 흔히 반례라고 하는 것이 있습니다. 주어진 명제에 대해 거짓인 예를 말하지요. 거짓인 예가 존재한다면 주어진 명제는 참이 아닙니다.

$\frac{(홀수)}{(홀수)}$가 기약분수라면 당연히 모든 $\frac{(홀수)}{(홀수)}$가 기약분수이어야 합니다. 그런데 분수 $\frac{3}{9}$은 $\frac{3 \div 3}{9 \div 3} = \frac{1}{3}$이므로 기약분수가 아닙니다. 따라서 $\frac{(홀수)}{(홀수)}$라고 하여 모두 기약분수인 것은 아닙니다.

| 약분과 통분 | **통분** |

분모끼리 곱하면 통분이 되는 거죠?

 **아이는 왜?**

서로 다른 두 분수의 크기를 비교하려면 통분이 꼭 필요합니다. 통분은 분모가 서로 다른 두 분수의 분모를 같게 하는 과정입니다. 하지만 많은 아이들이 통분의 의미를 제대로 이해하지 못한 채 기계적으로 통분을 이용하여 문제를 해결합니다. 이런 아이들에게 통분은 번거롭고 귀찮은 과정이 될 수 있습니다.

 **30초 해결사**

두 분수를 통분하려면

① 크기가 같은 분수를 이용하여 공통분모를 찾는다.
② 두 분수의 분모를 곱한다.
③ 분모의 최소공배수를 이용한다.

그것이 알고 싶다

통분은 2개 이상의 분수에서 분모를 같게 만드는 과정입니다. 두 분수의 분모가 같으면 덧셈, 뺄셈 및 크기 비교가 가능합니다. $\frac{3}{8}$과 $\frac{5}{12}$를 통분해 보겠습니다.

방법① 크기가 같은 분수를 이용하여 통분한다.

$$\frac{3}{8} = \frac{6}{16} = \frac{9}{24} = \frac{12}{32} = \frac{15}{40} = \frac{18}{48} = \cdots$$

$$\frac{5}{12} = \frac{10}{24} = \frac{15}{36} = \frac{20}{48} = \cdots$$

크기가 같은 분수를 분모가 작은 것부터 차례로 쓰다 보면 두 분수의 분모가 같아지는 경우가 생깁니다. 즉 ($\frac{3}{8}$, $\frac{5}{12}$)는 ($\frac{9}{24}$, $\frac{10}{24}$)과 ($\frac{18}{48}$, $\frac{20}{48}$) 등으로 통분할 수 있습니다.

방법② 분모의 곱으로 통분한다.

$\frac{3}{8}$과 $\frac{5}{12}$의 분모는 각각 8과 12입니다. $8 \times 12 = 96$이므로 분모를 96으로 통분합니다.

$$\frac{3}{8} = \frac{3 \times 12}{8 \times 12} = \frac{36}{96}$$

$$\frac{5}{12} = \frac{5 \times 8}{12 \times 8} = \frac{40}{96}$$

이렇게 하면 방법①보다는 쉽지만 분모가 커지는 불편이 생깁니다.

방법③ 분모의 최소공배수로 통분한다.

두 분수를 통분할 때 공통분모가 될 수 있는 수는 아주 많습니다. 그중 가장 작은 수로 통분하는 것이 가장 효율적입니다. 이를 위해서는 두 분모의 최소공배수를 이용합니다. 즉 $\frac{3}{8}$, $\frac{5}{12}$의 분모인 8과 12의 최소공배수는 24, 따라서 두 분수의 분모를 24로 통분하는 것입니다.

$$\frac{3}{8} = \frac{3 \times 3}{8 \times 3} = \frac{9}{24}$$

$$\frac{5}{12} = \frac{5 \times 2}{12 \times 2} = \frac{10}{24}$$

방법①~③ 중 문제를 해결하는 과정에 알맞은 방법을 선택하여 활용하면 됩니다.

한 발짝 더!

통분은 앞으로 공부할 분수의 덧셈과 뺄셈에서 매우 중요한 역할을 합니다. 즉 $\frac{3}{8}$과 $\frac{5}{12}$를 더하거나 빼려면 반드시 통분을 해 분모를 같게 만들어야 합니다.

$\left(\frac{3}{8}, \frac{5}{12}\right)$를 통분하면 $\left(\frac{9}{24}, \frac{10}{24}\right)$이므로
$\frac{3}{8} + \frac{5}{12} = \frac{9}{24} + \frac{10}{24} = \frac{19}{24}$와 같이 계산할 수 있습니다.

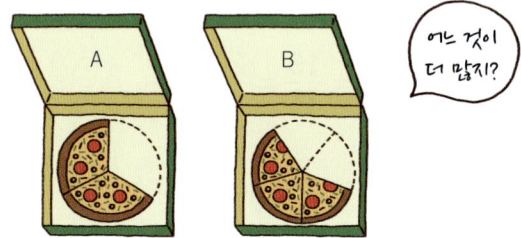

어느 쪽 피자가 얼마나 더 많이 남았는지 알 수 있을까요? 통분을 하면 비교할 수 있습니다.

$$\frac{2}{3} = \frac{2 \times 5}{3 \times 5} = \frac{10}{15} \qquad \frac{3}{5} = \frac{3 \times 3}{5 \times 3} = \frac{9}{15}$$

$$\frac{10}{15} - \frac{9}{15} = \frac{1}{15}$$

따라서 A의 피자가 $\frac{1}{15}$ 더 많이 남았습니다.

단순히 통분하는 과정과 방법만 아는 것보다 통분이 필요한 이유를 아는 것이 더 중요합니다.

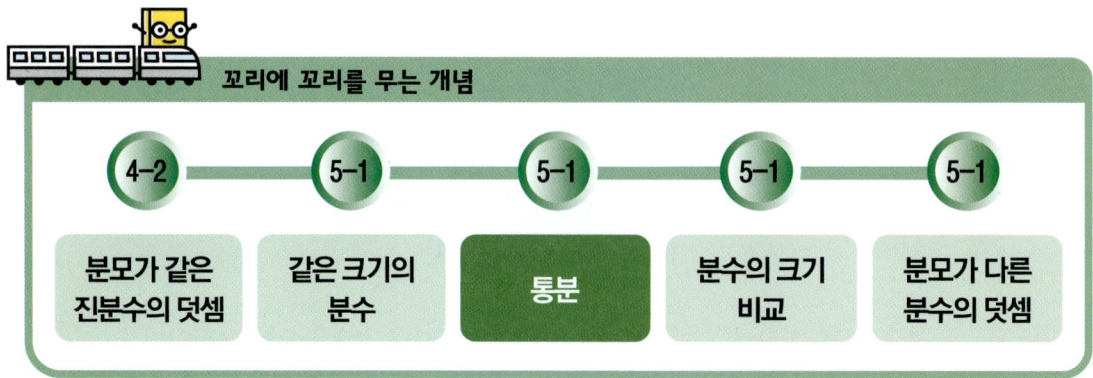

무엇이든 물어보세요

$\frac{3}{5}, \frac{11}{15}, \frac{16}{18}$ 중 가장 큰 수를 찾는 문제를 해결하기 위해 분모를 최소공배수로 통분하려 합니다. 그런데 5의 배수, 15의 배수, 18의 배수를 일일이 구하는 방법으로 최소공배수를 찾으려고 하니 간단히 해결되지 않고 중간에 실수를 하는 경우도 생깁니다. 큰 수의 최소공배수를 간단히 구하는 방법이 있을까요?

첫 번째 방법은 여러 수의 곱을 이용하는 방법입니다.

5 = 5

15 = 5 × 3

18 = 2 × 3 × 3

5, 15, 18의 최소공배수를 ◎라 하면

◎ = 5 × ◇

◎ = 5 × 3 × ☆

◎ = 2 × 3 × 3 × △입니다.

이때, 위 식을 만족하는 가장 작은 ◇, ☆, △는

◎ = 5 × ◇ = 5 × 2 × 3 × 3

◎ = 5 × 3 × ☆ = 5 × 3 × 2 × 3

◎ = 2 × 3 × 3 × △ = 2 × 3 × 3 × 5임을 알 수 있습니다.

따라서 5, 15, 18의 최소공배수는 5 × 2 × 3 × 3 = 90입니다.

두 번째는 약분에 의한 방법입니다.

```
5 ) 5  15  18
3 ) 1   3  18
    1   1   6
```

따라서 5, 15, 18의 최소공배수는 5 × 3 × 1 × 1 × 6 = 90입니다.

약분에 의한 통분이 가장 간단하지만 여러 수의 곱을 이용하는 방법도 있습니다.

| 약분과 통분 | **분수의 크기 비교** |

$\frac{3}{5}$과 $\frac{1}{2}$ 중 큰 수를 어떻게 알아요?

 **아이는 왜?**

분모가 다른 분수의 크기를 비교하는 것은 쉽지 않습니다. 분모가 같으면 분자를 보고 크기를 비교하는데, 분모가 다른 경우에는 통분하여 비교합니다. 이때 통분의 필요성을 느끼지 못한다면, 아이에게 단위분수 개념을 알려 줄 필요가 있습니다. 분수의 기본개념은 단위분수입니다.

 30초 해결사

분수의 크기 비교

1. 분모가 같아지도록 통분한다. $\left(\frac{3}{5}, \frac{1}{2}\right) \rightarrow \left(\frac{6}{10}, \frac{5}{10}\right)$

2. 분자가 큰 쪽이 큰 분수이다. $\frac{6}{10} > \frac{5}{10}$
   단위분수의 개수가 더 많으므로 더 크다.

 **그것이 알고 싶다**

분모가 같은 분수는 분수의 기본개념인 단위분수를 이용하여 크기를 비교합니다. $\frac{3}{7}$과 $\frac{5}{7}$는 단위분수 $\frac{1}{7}$이 각각 3개, 5개인 수입니다. 3<5이므로 $\frac{3}{7} < \frac{5}{7}$입니다.

그럼 $\frac{3}{5}$과 $\frac{1}{2}$ 중에서는 어느 것이 더 큰 분수일까요?

분수의 크기를 비교하려면 비교하려는 기준이 같아야 합니다. 분수에서 기준이 되는 분수는 단위분수입니다.

$\frac{3}{5}$은 $\frac{1}{5}$이 3개이고, $\frac{1}{2}$은 $\frac{1}{2}$이 1개입니다. 그런데 $\frac{1}{5}$과 $\frac{1}{2}$은 서로 다른 단위분수입니다. 이때 필요한 것이 통분입니다. 통분은 서로 다른 분수의 기준(단위분수)을 같게 만드는 과정입니다.

$\frac{3}{5}$과 $\frac{1}{2}$에서 분모 5와 2의 최소공배수는 10입니다.

따라서 $\frac{3}{5} = \frac{3 \times 2}{5 \times 2} = \frac{6}{10}$, $\frac{1}{2} = \frac{1 \times 5}{2 \times 5} = \frac{5}{10}$입니다.

$\left(\frac{3}{5}, \frac{1}{2}\right) \rightarrow \left(\frac{6}{10}, \frac{5}{10}\right)$이므로

$\frac{3}{5}$이 $\frac{1}{2}$보다 큰 수입니다.

여기서 $\frac{6}{10}$이 $\frac{5}{10}$보다 왜 큰지, 그 이유를 말해 볼 수 있을까요?

당연해 보이지만 이유를 설명하는 것은 생각보다 쉽지 않습니다.

단위분수
$\frac{1}{7}$처럼 분자가 1인 분수를 말한다. 단위분수는 분수를 세는 기준이 된다. $\frac{4}{7}$는 $\frac{1}{7}$이 4개라는 의미이다.

$\frac{6}{10}$은 $\frac{1}{10}$이 6개이고, $\frac{5}{10}$는 $\frac{1}{10}$이 5개라고 볼 수 있어요.

그러니까 $\frac{6}{10} > \frac{5}{10}$이 됩니다.

이것을 그림으로 나타내면 다음과 같습니다.

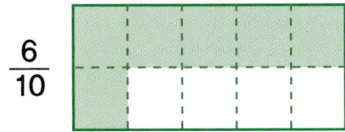 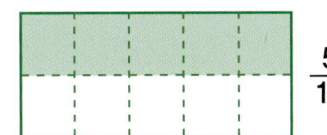

두 분수의 크기를 비교할 때 항상 통분을 해야 하는 것은 아닙니다.

$\frac{3}{5}$과 $\frac{1}{3}$의 크기를 비교하는 상황이라면 각각을 $\frac{1}{2}$과 비교함으로써 상대적으로 크기를 비교할 수 있습니다. $\frac{3}{5}$은 5개 중 3개이므로 $\frac{1}{2}$보다 큽니다. 반면 $\frac{1}{3}$은 3개 중 1개이므로 $\frac{1}{2}$보다 작습니다. $\frac{3}{5}$은 $\frac{1}{2}$보다 크고 $\frac{1}{3}$은 $\frac{1}{2}$보다 작으므로 $\frac{3}{5} > \frac{1}{3}$임을 알 수 있습니다.

한 발짝 더!

분수의 크기를 비교하려면 통분을 해야 합니다. 통분을 하지 않고 어림으로 짐작할 수도 있겠지만 통분을 통한 방법이 가장 확실합니다.

통분을 이용하여 분수의 크기를 비교하는 방법을 학습한 후 대분수의 크기를 비교하는 방법에 대해 알아봅니다.

여기서 기억할 것은 항상 기본에 충실해야 한다는 점입니다. 대충 눈이나 암산으로 해결하는 것은 좋지 않은 습관입니다.

분수의 크기 비교

분수를 소수로 나타내어 크기를 비교할 수도 있다. $\frac{3}{5}$과 $\frac{1}{2}$의 크기를 비교하는 경우, $\frac{3}{5} = 0.6$, $\frac{1}{2} = 0.5$이므로 $\frac{3}{5}$이 $\frac{1}{2}$보다 큰 분수이다.

- 대분수 $2\frac{5}{9}$와 $2\frac{4}{7}$의 크기 비교

자연수 부분이 같은 경우에는 분수 부분의 크기를 따집니다.

즉 $\frac{5}{9} = \frac{5 \times 7}{9 \times 7} = \frac{35}{63}$, $\frac{4}{7} = \frac{4 \times 9}{7 \times 9} = \frac{36}{63}$이므로 $2\frac{4}{7}$가 더 큰 분수입니다.

- 대분수 $5\frac{3}{8}$과 $3\frac{3}{7}$의 크기 비교

자연수 부분이 다른 경우라면 따질 것도 없이 $5\frac{3}{8}$이 $3\frac{3}{7}$보다 더 큰 분수입니다. 왜냐하면 $\frac{3}{8}$, $\frac{3}{7}$ 모두 1보다 작은 수이고, 5는 3보다 크기 때문입니다.

이처럼 분수의 크기 비교에서는 여러 조건을 따져 문제를 해결해야 합니다.

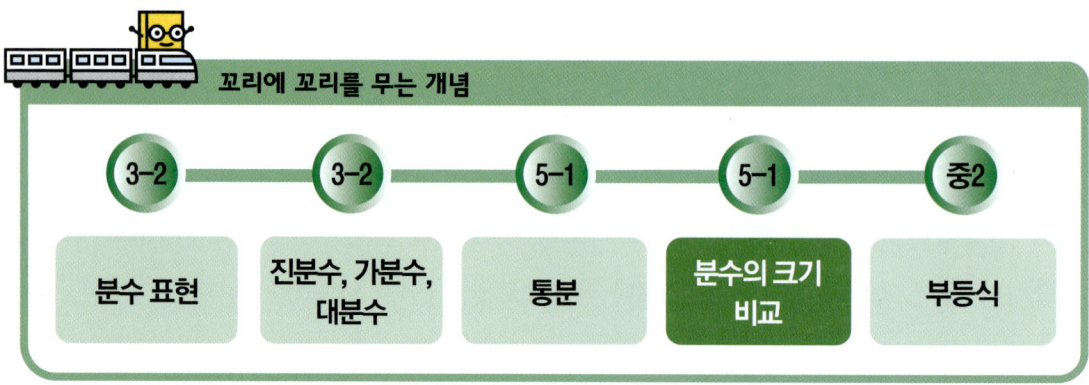

무엇이든 물어보세요

$\frac{3}{4}, \frac{5}{6}, \frac{1}{2}$ 처럼 세 분수의 크기 비교는 어떻게 하나요?

$\frac{3}{4}$과 $\frac{5}{6}$, $\frac{5}{6}$와 $\frac{1}{2}$, $\frac{3}{4}$과 $\frac{1}{2}$ 이렇게 둘씩 나누어 통분한 후 크기를 비교할 수 있습니다. 하지만 이 방법은 번거롭고 복잡합니다. 세 분수를 한꺼번에 통분하는 것이 가장 좋은 방법이 됩니다. 세 분수의 공통분모를 찾으려면 먼저 분모 4, 6, 2의 최소공배수를 찾아야 합니다.

4의 배수 : 4, 8, 12, 16, 20……

6의 배수 : 6, 12, 18……

2의 배수 : 2, 4, 6, 8, 10, 12……

최소공배수인 12를 공통분모로 통분할 수 있습니다.

$$\frac{3}{4} = \frac{3 \times 3}{4 \times 3} = \frac{9}{12}$$
$$\frac{5}{6} = \frac{5 \times 2}{6 \times 2} = \frac{10}{12}$$
$$\frac{1}{2} = \frac{1 \times 6}{2 \times 6} = \frac{6}{12}$$

한편, 분모끼리 곱하여 공통분모를 찾을 수도 있습니다. 즉 4, 6, 2의 곱은 $4 \times 6 \times 2 = 48$이므로

$$\frac{3}{4} = \frac{3 \times 12}{4 \times 12} = \frac{36}{48}$$
$$\frac{5}{6} = \frac{5 \times 8}{6 \times 8} = \frac{40}{48}$$
$$\frac{1}{2} = \frac{1 \times 24}{2 \times 24} = \frac{24}{48}$$ 이므로,

큰 수부터 차례로 나타내면 $\frac{5}{6} > \frac{3}{4} > \frac{1}{2}$이 됩니다.

분수의 덧셈과 뺄셈 — 분모가 다른 분수의 덧셈

분모가 다르면 덧셈을 어떻게 해요?

 아이는 왜?

통분을 통한 분수의 덧셈 해결 과정을 공식 암기하듯 익힌 아이들은 해당 내용을 곧잘 잊어버려 어떻게 풀어야 하는지 고민하기도 합니다. 충분히 이해하지 못하면 오랫동안 기억하기가 어렵습니다.

30초 해결사

분모가 다른 두 분수를 더하거나 빼려면 분모를 통분하여 계산한다.

$\dfrac{1}{2} + \dfrac{1}{3}$ 의 계산

방법① (그림: $\dfrac{1}{2}$ + $\dfrac{1}{3}$ → $\dfrac{1}{6}$이 2개, $\dfrac{5}{6}$)

방법② $\dfrac{1}{2} + \dfrac{1}{3} = \dfrac{1 \times 3}{2 \times 3} + \dfrac{1 \times 2}{3 \times 2} = \dfrac{3}{6} + \dfrac{2}{6} = \dfrac{5}{6}$

그것이 알고 싶다

분수의 덧셈과 뺄셈에서는 두 분수를 통분한 다음 분자끼리 더하거나 빼는 방법으로 구한 값을 기약분수나 대분수로 고쳐 나타냅니다.

$\frac{1}{2} + \frac{1}{3}$을 계산해 보겠습니다.

투명 종이를 이용하면 분수의 덧셈에서 통분이 필요한 이유를 쉽게 알 수 있습니다. 두 분수를 겹치는 것만으로도 공통분모를 찾아낼 수 있기 때문입니다.

투명 종이에 $\frac{1}{2}$과 $\frac{1}{3}$만큼 각각 표시한 다음 2장을 겹쳐 봅니다.

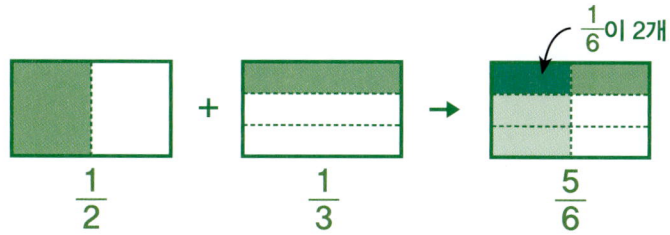

$\frac{1}{2} + \frac{1}{3} = \frac{5}{6}$라는 사실이 쉽게 나타납니다. 또한 여기서 단위분수 $\frac{1}{6}$이 두 분수의 합을 구하는 기준이 됨을 알 수 있습니다.

이번에는 두 분모의 곱 또는 두 분모의 최소공배수를 이용하여 덧셈을 해 봅니다.

$\frac{1}{2} + \frac{1}{3}$에서 두 분모의 곱은 $2 \times 3 = 6$입니다.

$$\frac{1}{2} + \frac{1}{3} = \frac{1 \times 3}{2 \times 3} + \frac{1 \times 2}{3 \times 2}$$
$$= \frac{3}{6} + \frac{2}{6}$$
$$= \frac{5}{6}$$

$\frac{1}{4} + \frac{1}{6}$이나 $\frac{4}{9} + \frac{5}{12}$의 경우에는 두 분모의 최소공배수를 이용하는 방법을 사용할 수 있습니다.

한 발짝 더!

분수를 표현하는 방법은 다양합니다. 앞에서는 직사각형에 각각 $\frac{1}{2}$과 $\frac{1}{3}$을 표시한 다음 겹치는 방법을 사용하였습니다. 그러나 이 방법만이 가장 좋은 방법이라고는 말할 수 없습니다. 다양한 분수 계산 방법을 찾고 생각해 보면 분수를 이해하는 데 도움이 됩니다.

$\frac{1}{2} + \frac{1}{3}$을 처음 접했다면 어떤 모델(방법)로 표현해야 할지 막막합니다.

이때 가급적 쉽게 이해되는 것이 아래의 모델입니다. 하지만 이 모델을 이용하여 덧셈을 하는 것은 그리 쉬운 일이 아닙니다. 공통분모를 찾아내는 것이 쉽지 않기 때문입니다.

$\frac{1}{2} + \frac{1}{3}$을 구하기 위해 필요한 것은 통분이고, 통분을 하게 되면 $\frac{1}{2} = \frac{3}{6}$, $\frac{1}{3} = \frac{2}{6}$가 되어 다음과 같이 나타낼 수 있다는 것을 이해하는 것이 중요합니다.

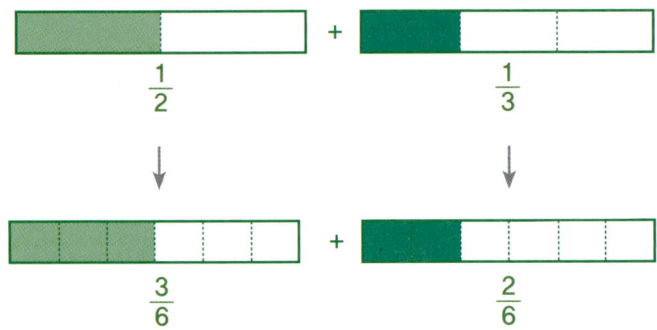

꼬리에 꼬리를 무는 개념

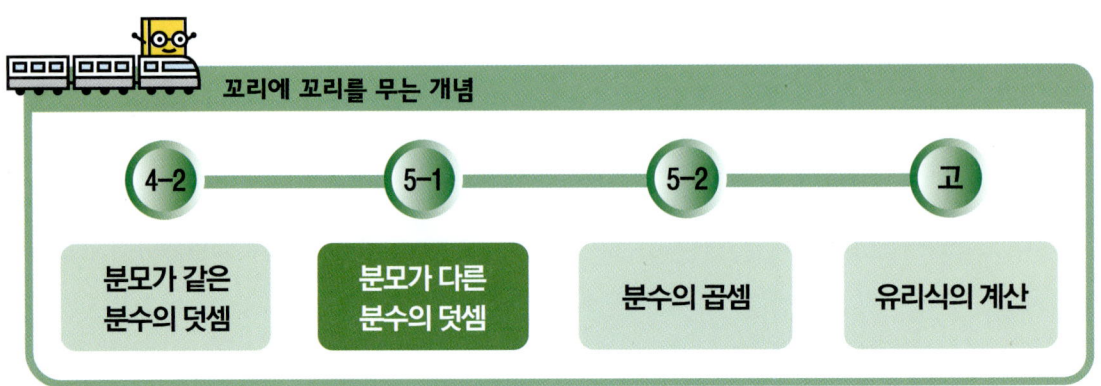

무엇이든 물어보세요

$\frac{1}{2} + \frac{1}{3} = \frac{2}{5}$ 라고 푸는 아이는 어떻게 지도해야 하나요?

개념이나 원리를 생각하지 않고 기계적인 방식으로 공부하다 보면 이러한 결과가 나올 수 있습니다. 분수의 곱셈을 배우면서 분수의 곱셈과 덧셈이 헷갈린 것입니다. 즉, $\frac{1}{2} \times \frac{1}{3} = \frac{1}{6}$ 입니다. 이때 대부분이 "분수의 곱셈에서는 분모는 분모끼리 곱하고 분자는 분자끼리 곱한다." 이러한 내용을 암기하여 문제를 풉니다. 아이는 이것을 기억하고 있다가 분수의 덧셈도 곱셈과 같은 방식으로(분모는 분모끼리 더하고 분자는 분자끼리 더하여) 계산할 수 있습니다.

사실 어른들도 아이들에게 개념을 익힐 여유를 주지 못하는 것이 현실입니다. 왜 $\frac{1}{2} \times \frac{1}{3} = \frac{1}{6}$ 이 되는지에 대해서는 별 관심이 없습니다. $\frac{1}{2} \times \frac{1}{3}$ 은 $\frac{1}{2}$ 의 $\frac{1}{3}$ 입니다.

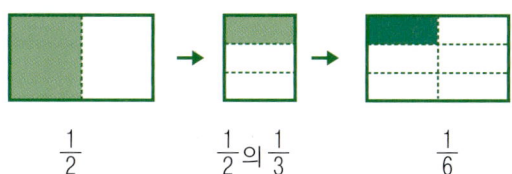

$\frac{1}{2}$ $\frac{1}{2}$의 $\frac{1}{3}$ $\frac{1}{6}$

반드시 아이가 $\frac{1}{2} \times \frac{1}{3} = \frac{1}{6}$ 인 이유를 설명할 수 있는지 확인합니다. 알고 있는 것을 말로 표현하지 못하면, 그것은 아는 것이 아닙니다.

이처럼 분수의 연산 원리를 차근히 익힌다면 앞으로 $\frac{1}{2} + \frac{1}{3} = \frac{2}{5}$ 라고 답하는 경우는 생기지 않을 것입니다.

| 규칙과 대응 | □, △를 사용하여 식으로 나타내기 |

그림을 보고 문제는 풀겠는데 그걸 식으로 나타내는 것이 어려워요.

5학년 변화와 관계

 **아이는 왜?**

그림을 수로 표현하고 수를 표로 만든 후 두 수 사이의 관계를 식으로 나타내는 데서 어려움을 겪는 아이들이 많이 있습니다. 수를 표로 만들고 여기서 두 수 사이의 관계를 찾는 것은 추상적인 관계를 만드는 것이므로 쉽지 않기 때문입니다.

 **30초 해결사**

규칙을 찾아 식으로 나타내기

1. 그림을 그려 규칙 찾기
2. 표로 나타내기

도막 수가 자른 횟수보다 1만큼 크다

자른 횟수(△)	1	2	3	4	5	…
도막의 수(□)	2	3	4	5	6	…

3. 표를 보고 식으로 나타내기 : □ = △ + 1, △ = □ − 1

그것이 알고 싶다

글로 제시된 문제 상황은 그림으로 나타내는 것이 좋습니다. 이때 그림을 잘 그릴 필요는 없습니다. 문제를 이해하고 풀이의 아이디어를 얻을 수 있을 정도로 간단하게 그리면 됩니다. 색 테이프를 가위로 자르면 몇 도막이 될까요? 먼저 그림으로 나타내어 봅니다.

1번 자르면 2도막
2번 자르면 3도막
3번 자르면 4도막

아이들에게 자른 횟수와 색 테이프 도막 수 사이의 관계를 물어보면 "자른 횟수보다 도막의 수가 하나씩 많아요." 하고 대답은 하지만 이를 식으로 나타내지는 못하는 경우가 많습니다. 표를 만들면 두 수의 관계를 살펴보는 데 도움이 됩니다.

자른 횟수(△)	1	2	3	4	5	…
도막의 수(□)	2	3	4	5	6	…

이렇게 표를 완성한 후 자른 횟수와 도막의 수 사이의 관계를 나타내 보면 조금 더 쉽게 "도막의 수는 자른 횟수보다 1만큼 크다."는 내용을 찾게 되고, 이러한 내용을 (도막의 수) = (자른 횟수) + 1로 나타낼 수 있게 됩니다. 그럼 여기서 자른 횟수를 △, 도막의 수를 □로 나타내어 식을 만들어 봅니다.

(도막의 수) = (자른 횟수) + 1   (자른 횟수) = (도막의 수) - 1
□ = △ + 1   △ = □ - 1

그리고 마지막으로 찾은 식에 수를 넣어 보며 두 수 사이의 관계식이 바른지 반드시 확인합니다. 더불어 아이가 많은 시행착오와 연습을 통해 자연스럽게 개념을 익힐 수 있도록 도와줍니다.

한 발짝 더!

그림과 같이 바둑돌을 계속 놓고 있습니다. 한쪽 변에 있는 바둑돌의 수를 ◎, 전체 바둑돌의 수를 ☆이라 할 때 두 수 사이의 관계를 식으로 나타내어 보겠습니다.

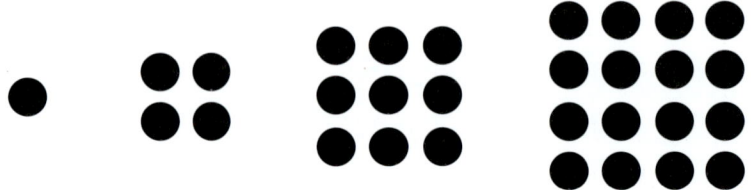

1. 문제가 그림으로 주어졌으니 두 수 사이의 관계를 표로 만든다.

한쪽 변의 바둑돌 수(◎)	1	2	3	4	…
전체 바둑돌 수(☆)	1	4	9	16	…

2. 두 수 사이의 관계를 말로 표현해 본다.
- ◎과 ◎의 곱은 ☆이 된다.
- ◎를 2번 곱하면 ☆이 된다.

3. ◎과 ☆ 사이의 관계를 식으로 나타내어 본다.
- ◎ × ◎ = ☆

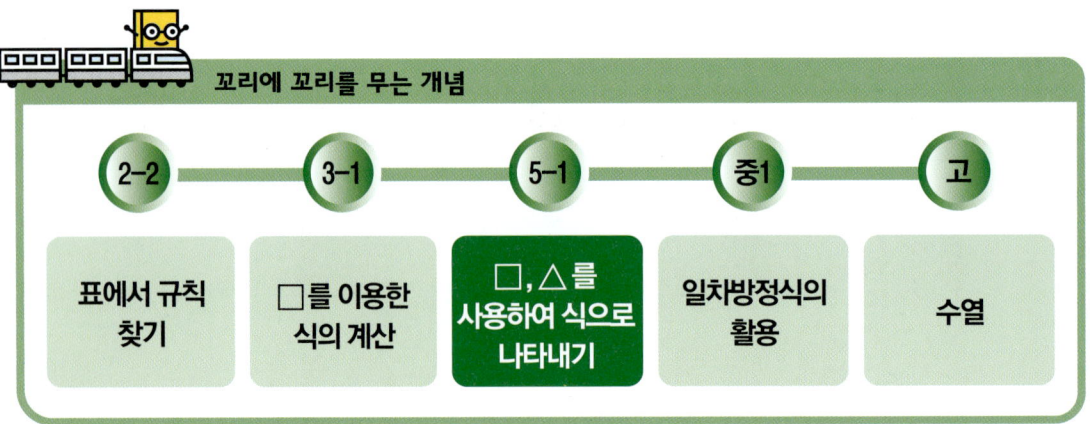

무엇이든 물어보세요

식을 만들 때 □, △ 대신 x, y를 사용해도 되나요?

□ + 2 = 5와 $x + 2 = 5$는 같은 식입니다. 초등학교에서는 6학년 때 x와 y를 사용한 식과 비례관계를 배웁니다. 따라서 아이가 아직 6학년이 되지 않은 학년이라면 x, y 대신 □, △를 사용하도록 권장합니다. □, △를 사용하면 보다 직관적으로 문제를 바라볼 수 있어 초등학생의 눈높이에 적합한 수학적 사고를 할 수 있습니다. 예를 들어, □ + 2 = □ + 5 에서 □안에 들어갈 수는 5와 2, 6과 3 등입니다.

그런데 이 식을 문자 x로 표현하면 $x + 2 = 5 + x$가 되어 잘못된 식이 됩니다. □안에는 위치에 따라 서로 다른 수가 들어갈 수 있지만 x라는 문자는 같은 수를 나타내기 때문에 위치가 다르더라도 같은 수여야 하기 때문입니다.

초등학생들이 이 2가지 경우를 구분하여 이해하는 것은 쉬운 일이 아닙니다.

문자를 사용하면 계산하기에 편리한데, 왜 중학교에 올라가서 사용해야 하나요?

중학교에 올라가면 문자를 사용하여 방정식을 세우게 되고, 방정식을 푸는 방법에 의해 그 값을 구하게 됩니다. 이때 사용하는 방법은 단지 문제를 푸는 기술일 뿐 문제의 맥락을 무시하게 되는 방법입니다. 수학적 사고력을 키우기보다 연산 능력만 자라게 되지요. 수학을 공부하는 목적은 연산 능력 향상보다 사고력 확장에 있습니다. 따라서 문자를 사용하는 방정식의 풀이는 되도록 늦게 도입하는 것이 좋겠습니다.

| 합동과 대칭 | **도형의 합동**

뒤집어서 포개어지는 것도 합동이에요?

아이는 왜?
두 도형이 합동이면 서로 모양과 크기가 같아 완전히 포개어집니다. 그런데 도형을 돌리거나 뒤집어서 포개어지면 합동이 아니라고 생각하는 경우가 있습니다. 이는 합동의 개념을 정확히 이해하지 못한 탓입니다.

30초 해결사

합동
- 모양과 크기가 모두 같아 완전히 포개어지는 도형을 말한다.
- 합동인 도형은 대응변의 길이가 같고, 대응각의 크기가 같다. 따라서 도형을 왼쪽이나 오른쪽으로 돌리거나 뒤집어서 포개어지는 경우도 합동이다.

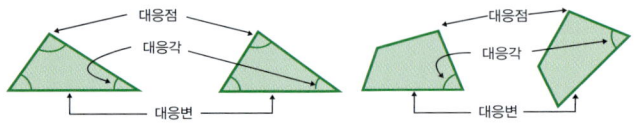

 **그것이 알고 싶다**

    색종이 2장을 포개어 삼각형을 그린 후 오리면 모양과 크기가 같은 삼각형이 2개 만들어집니다. 이렇게 모양과 크기가 모두 같아 완전히 포개어지는 도형을 합동이라고 합니다. 교과서에서는 다각형의 합동 중 삼각형의 합동을 대표적으로 지도합니다. 가장 기본적이기 때문입니다.

도형을 왼쪽이나 오른쪽으로 돌리거나 뒤집었을 때 포개어지는 경우도 합동입니다.
합동인 도형을 포개었을 때 겹쳐지는 변, 꼭짓점, 각을 찾아보고 다음과 같이 약속합니다.

"합동인 두 도형을 완전히 포개었을 때 겹쳐지는 꼭짓점을 대응점, 겹쳐지는 변을 대응변, 겹쳐지는 각을 대응각이라고 한다. 합동인 도형은 대응변의 길이가 같고, 대응각의 크기가 같다."

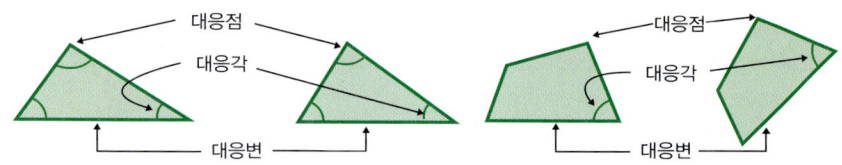

모눈종이나 점판에 합동인 도형을 그려 대응점, 대응변, 대응각을 찾아봅니다.

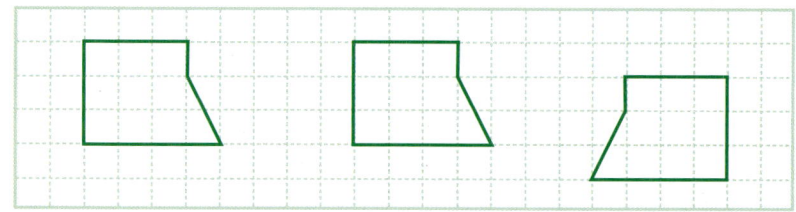

한 발짝 더!

도형을 나누고, 나눈 도형으로 다시 새로운 도형을 만드는 퍼즐을 이용하여 합동인 도형을 만들어 봅니다.

원, 정사각형, 정육각형을 잘라 합동인 도형을 2개 만들어 보고 여기에 익숙해지면 도형 3~4개 만들기에 도전해 봅니다.

도형의 분할
도형을 조건에 따라 여러 개의 조각으로 나누는 것을 말한다.

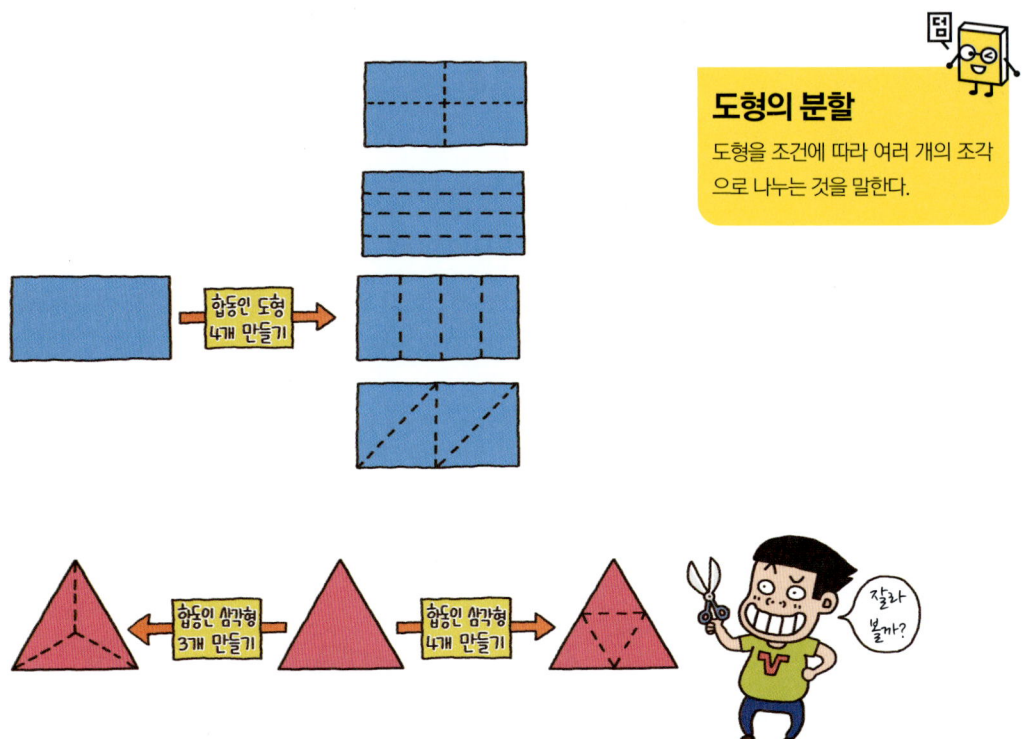

꼬리에 꼬리를 무는 개념

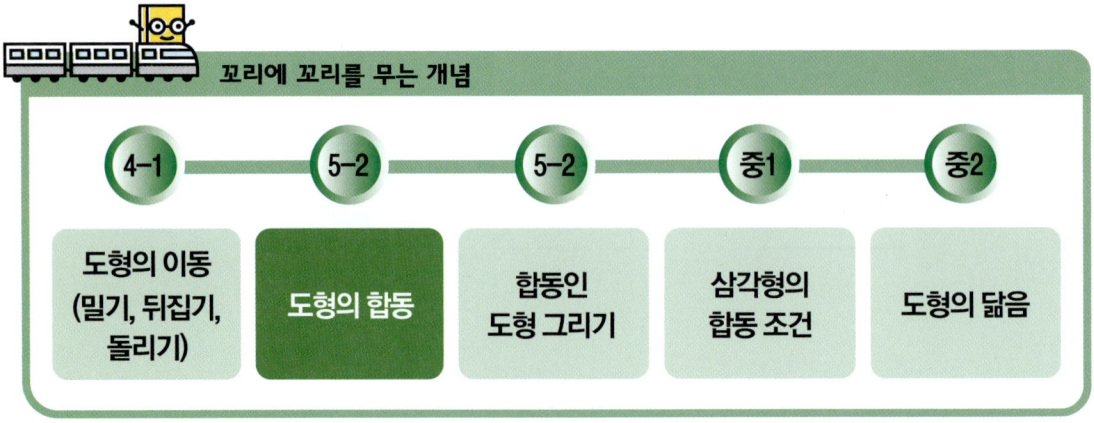

4-1	5-2	5-2	중1	중2
도형의 이동 (밀기, 뒤집기, 돌리기)	도형의 합동	합동인 도형 그리기	삼각형의 합동 조건	도형의 닮음

무엇이든 물어보세요

 신발 두 짝은 합동인가요?

장갑, 신발, 거울에 비친 모습 등은 모양이 똑같아 보입니다. 물론 크기도 똑같은 것 같습니다. 또한 뒤집거나 돌려서 겹쳐지면 합동이라고 했으니 장갑, 신발도 뒤집으면 합동인 것으로 생각하기 쉽습니다.

장갑, 신발은 입체이므로 뒤집어도 겹쳐지지 않습니다. 따라서 신발 두 짝은 합동이 아닙니다. 초등학교에서는 평면도형만을 다룹니다. 평면도형은 뒤집어도 겹쳐지지만 입체인 경우에는 꼭 그렇지만은 않습니다.

 **크기나 모양은 같고 색깔이 다르면 합동이 아닌가요?**

수학에서 도형을 공부할 때 색은 고려하지 않습니다. 그런데 많은 책에서 색이 있는 도형을 보여 줍니다. 이는 색을 다르게 하여 구별하기 위한 것일 뿐입니다. 예를 들어, 빨간 삼각형과 노란 삼각형이 똑같이 포개어지는 것을 보면 이해가 쉽습니다. 색이 다르다고 해서 합동이 아니라고 할 수 없습니다. 크기와 모양이 같으면 합동이라고 약속했기 때문입니다.

| 합동과 대칭 | 합동인 도형 그리기 |

세 각의 크기만 알면 누구나 똑같은 삼각형을 그릴 수 있지 않나요?

 **아이는 왜?**

아이들은 합동인 도형을 그리려면 변의 길이, 각의 크기 등 모든 것을 알아야 한다고 생각합니다. 하지만 전부를 알지 못해도 가능한 경우가 있습니다. 합동인 도형을 그리기 위한 최소한의 조건에 대해 생각해 보아야 하겠습니다.

 **30초 해결사**

합동인 삼각형을 그릴 수 있는 조건
① 세 변의 길이를 알 때
② 두 변의 길이와 그 사잇각의 크기를 알 때
③ 한 변의 길이와 그 양 끝각의 크기를 알 때

 그것이 알고 싶다

합동인 삼각형을 그릴 수 있는 조건은 3가지입니다.

조건① 세 변의 길이를 알 때

주어진 삼각형	1. 길이가 5cm인 선분 ㄴㄷ을 그린 후 점 ㄴ을 중심으로 반지름의 길이가 3cm인 원을 그린다.	2. 다시 점 ㄷ을 중심으로 반지름의 길이가 4cm인 원을 그린다. 두 원이 만나는 점 ㄱ을 표시한다.	3. 꼭짓점 ㄱ, ㄴ, ㄷ을 이어 삼각형을 그린다.

조건② 두 변의 길이와 그 사잇각의 크기를 알 때

주어진 삼각형	1. 길이가 6cm인 선분 ㄴㄷ을 그린 후 점 ㄴ을 꼭짓점으로 하여 각도기로 60°인 각을 그린다.	2. 점 ㄴ에서 4cm가 되는 곳에 점 ㄱ을 찍는다.	3. 점 ㄱ과 점 ㄷ을 이어 삼각형을 그린다.

조건③ 한 변의 길이와 그 양 끝각의 크기를 알 때

주어진 삼각형	1. 길이가 7cm인 선분 ㄴㄷ을 그린 후 점 ㄴ을 꼭짓점으로 하여 각도기로 60°인 각을 그린다.	2. 점 ㄷ을 꼭짓점으로 하여 각도기로 30°인 각을 그리고 두 각이 만나는 곳에 점 ㄱ을 찍는다.	3. 꼭짓점 ㄱ, ㄴ, ㄷ을 이어 삼각형을 그린다.

한 발짝 더!

두 변의 길이와 그 사잇각의 크기를 알거나, 한 변의 길이를 알고 그 양 끝각의 크기를 알면 합동인 삼각형을 그릴 수 있다고 했습니다. 세 각의 크기만 아는 경우에도 합동인 삼각형을 그릴 수 있을까요?

세 각이 모두 60°인 정삼각형을 여러 개 그려봅니다. 변의 길이가 주어져 있지 않으므로 임의로 한 변을 그리면 그림과 같이 모양은 같지만 크기는 다른 여러 개의 삼각형이 그려집니다. 이런 도형을 '닮은 도형'이라고 하는데, 중학교에서 공부하게 되는 내용입니다.

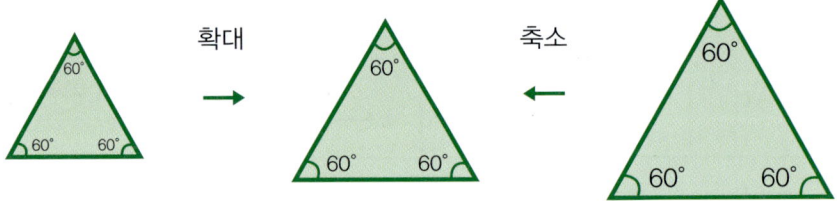

영화관에서는 반대쪽에서 빛을 비춰 큰 화면(스크린)을 만듭니다. 이때 작은 그림이 크게 확대되는데 이것 역시 닮음이라고 할 수 있습니다. 닮음은 모양은 그대로인데 크기를 크게 하거나 작게 만들 때 사용되는 방법입니다.

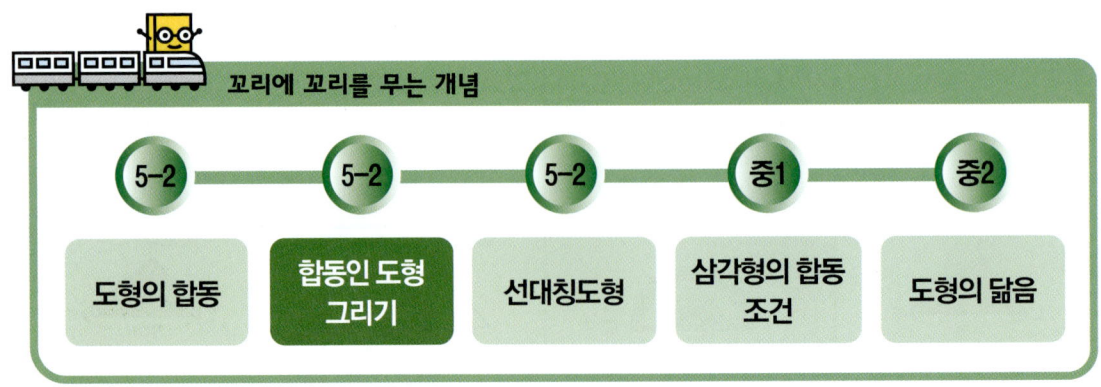

무엇이든 물어보세요

 합동은 어디에 이용되나요?

    수학자 중 도형의 합동과 닮음을 생활에 이용한 사람이 있었습니다. 탈레스라는 수학자인데, 탈레스는 바다에 떠 있는 배까지의 거리를 직접 재지 않고 도형의 합동을 이용하여 구했습니다. 모래 위에 점 ㄱ, 점 ㄴ을 정하고 배의 위치를 점 ㄷ으로 하는 직각삼각형을 그린 후 점 ㄱ과 점 ㄴ 사이의 직선 거리를 재었습니다. 이때 점 ㄱ에서의 각은 직각이고, 점 ㄴ에서 배까지의 각도는 직접 재었습니다. 이렇게 해서 합동인 삼각형을 모래에 그려 배까지의 거리를 구했습니다.

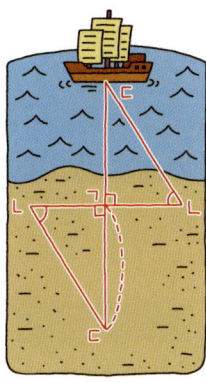

 세 변의 길이가 주어지면 항상 삼각형이 만들어지나요?

    세 변의 길이 중 어느 두 변의 길이 합이 나머지 한 변의 길이보다 크지 않으면 삼각형이 만들어지지 않습니다. 예를 들어, 세 변의 길이가 1cm, 2cm, 4cm이면 삼각형이 만들어지지 않습니다.

| 합동과 대칭 | **선대칭도형**

선대칭도형이 뭐예요?

5학년 도형과 측정

 **아이는 왜?**

선대칭도형을 배우고도 그게 무엇인지 잘 모를 때가 있습니다. 정삼각형, 이등변삼각형, 직각삼각형, 정사각형, 평행사변형, 사다리꼴, 마름모 등 여러 가지 다각형 말고 선대칭도형이라는 도형이 따로 있는 것으로 생각할 수도 있습니다.

 **30초 해결사**

선대칭도형
어떤 직선을 기준으로 도형을 접었을 때 완전히 겹쳐지는 도형을 말한다. 이때 그 직선을 대칭축이라 한다.

선대칭도형의 성질
• 대응변의 길이와 대응각의 크기는 서로 같다.
• 각 대응점을 연결한 선분은 대칭축과 수직으로 만난다.
• 각 대응점은 대칭축으로부터 같은 거리에 있다.

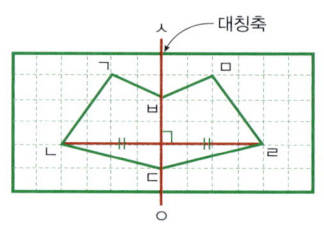

 **그것이 알고 싶다**

미술 시간이나 집에서 데칼코마니를 이용하거나 색종이를 접어 오리는 방법으로 작품을 만든 경험이 있을 것입니다. 또한 거울에 글자나 그림을 비추어 재미있는 모양을 만들어 본 적도 있을 것입니다. 색종이를 반으로 접어 한쪽에 나비의 날개를 그린 후 오리면 1마리의 나비가 됩니다. 이러한 활동을 통하여 다음과 같이 약속합니다.

"어떤 직선을 기준으로 접었을 때 완전히 겹쳐지는 도형을 선대칭도형이라 하고, 이때 그 직선을 대칭축이라 한다."

대칭축은 하나일 수도 있고 여러 개일 수도 있습니다. 간혹 한 도형에는 대칭축이 하나뿐이라고 생각하는 아이들이 있으므로 대칭축을 다양하게 찾아볼 수 있도록 지도합니다.

 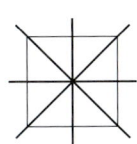 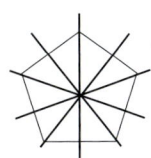

한편 선대칭도형에서 겹쳐지는 점은 대응점, 겹쳐지는 변은 대응변, 겹쳐지는 각은 대응각이라 불리며 다음과 같은 성질을 지닙니다.

- 대응변의 길이와 대응각의 크기는 서로 같다.
- 각 대응점을 연결한 선분은 대칭축과 수직으로 만난다.
- 각 대응점은 대칭축으로부터 같은 거리에 있다.

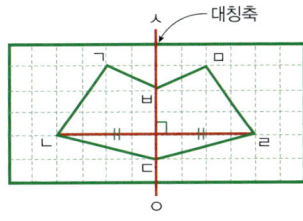

 **한 발짝 더!**

선대칭도형의 성질을 이용하여 선대칭도형을 직접 그려 보면 자연스럽게 선대칭도형의 개념이 형성됩니다.

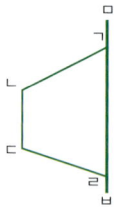

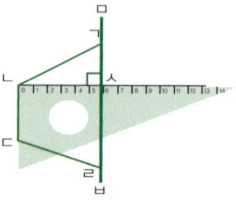

1. 점 ㄴ에서 대칭축 ㅁㅂ에 수선을 긋고, 대칭축과 만난 점을 점 ㅅ이라고 한다.

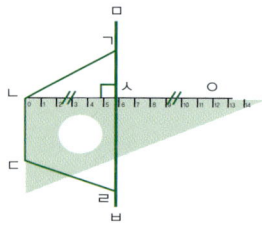

2. 이 수선 위에 선분 ㄴㅅ의 길이와 같도록 점 ㄴ의 대응점 ㅇ을 찍는다.

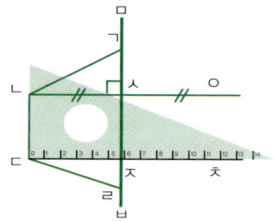

3. 같은 방법으로 점 ㄷ의 대응점 ㅊ을 찍는다.

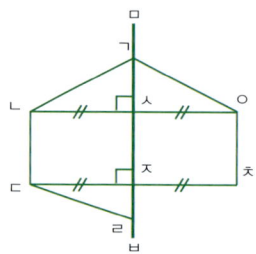

4. 점 ㄱ과 점 ㅇ, 점 ㅇ과 점 ㅊ, 점 ㅊ과 점 ㄹ을 각각 이어 선대칭도형을 완성시킨다.

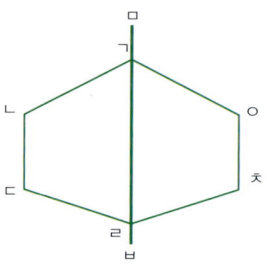

5. 보조선을 지운다.

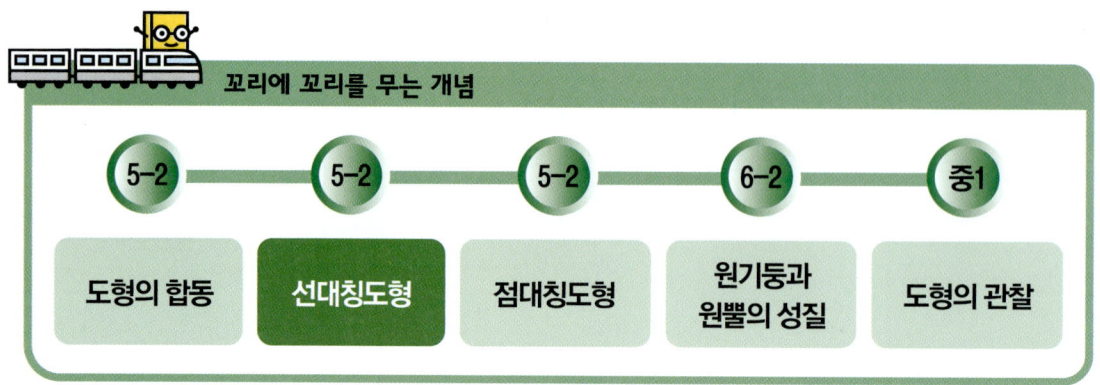

무엇이든 물어보세요

선대칭 위치에 있는 도형은 무엇인가요?

'선대칭 위치에 있는 도형'은 새 교과서에서 삭제된 부분입니다. 선대칭도형은 대칭축을 중심으로 도형이 1개인 반면 선대칭 위치에 있는 도형은 대칭축을 중심으로 도형이 2개입니다. 또한 선대칭도형의 대칭축은 여러 개일 수 있으나 선대칭 위치에 있는 도형은 대칭축이 오직 1개뿐입니다. 정리하자면 선대칭도형은 한 도형 안에서 대칭축을 갖는 경우이고, 선대칭 위치에 있는 도형은 다른 도형끼리의 관계입니다.

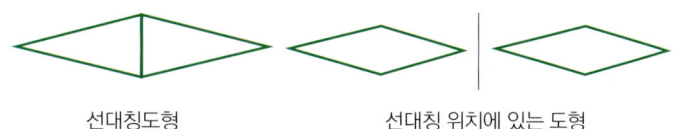

선대칭도형   선대칭 위치에 있는 도형

선대칭도형은 합동인가요?

선대칭도형은 대칭축을 기준으로 접었을 때 양쪽이 남거나 모자라는 부분 없이 완벽하게 포개어지기 때문에 합동이라고 생각할 수 있습니다.

두 도형이 모양과 크기가 같을 때 합동이라고 하는데 선대칭도형은 하나의 도형이기 때문에 합동인 도형이 될 수는 없습니다. 다만 선대칭 위치에 있다면 두 도형은 합동인 도형이 됩니다.

| 합동과 대칭 | **점대칭도형**

대칭인 도형에는 대칭축이 있는 게 당연하죠!

아이는 왜?

대칭인 도형이 모두 대칭축을 갖는 것은 아닙니다. 대칭축은 선대칭도형에 있습니다. 점대칭도형을 선대칭도형과 혼동하여 이런 오개념을 갖게 되는 경우가 있습니다.

30초 해결사

점대칭도형

어떤 점을 중심으로 180° 돌렸을 때 처음 도형과 완전히 겹쳐지는 도형을 말한다. 이때의 점을 대칭의 중심이라 한다.

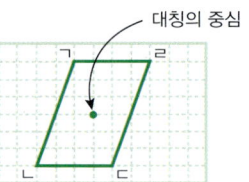

점대칭도형의 성질
- 대응변의 길이와 대응각의 크기는 서로 같다.
- 각 대응점은 대칭의 중심에서 같은 거리에 있다.
- 대응점끼리 이은 선분은 대칭의 중심에 의해 이등분된다.

 **그것이 알고 싶다**

아이들 중에는 학습지를 거꾸로 돌려서 처음과 같은 모양이면 점대칭이라고 생각하는 경우가 있습니다. 물론 이렇게 점대칭도형을 찾을 수도 있습니다. 그러나 점대칭도형은 여러 가지 성질을 지닙니다.

주변에서 점대칭으로 이루어진 그림을 찾아봅니다.

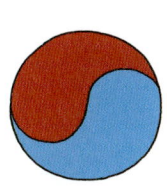 

그리고 평행사변형과 정삼각형을 투명지에 본 뜬 후 중심에 핀을 꽂아 180° 돌립니다. 평행사변형은 돌리기 전의 도형과 완전히 겹치고, 정삼각형은 그렇지 않습니다.

 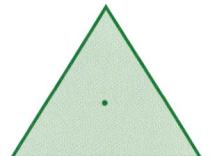 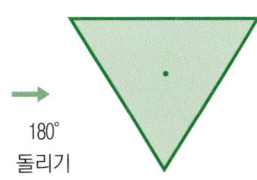

"어떤 점을 중심으로 180° 돌렸을 때 처음 도형과 완전히 겹쳐지는 도형을 점대칭도형이라 하고, 이때 그 점을 대칭의 중심이라 한다."

따라서 평행사변형은 점대칭도형이지만, 정삼각형은 점대칭도형이 아닙니다. 점대칭도형은 다음과 같은 성질을 지닙니다.

"점대칭도형에서 겹쳐지는 점은 대응점, 겹쳐지는 변은 대응변, 겹쳐지는 각은 대응각이라 한다. 서로 반대 방향에 있는 대응점을 연결했을 때 이 선분들이 만나는 점이 대칭의 중심이다. 대응변의 길이와 대응각의 크기는 서로 같다. 각 대응점은 대칭의 중심에서 같은 거리에 있으며, 대응점끼리 이은 선분은 대칭의 중심에 의해 이등분된다."

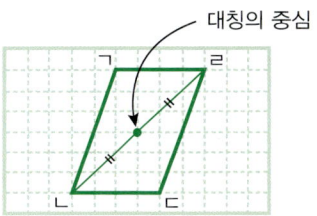

한 발짝 더!

점대칭도형의 성질을 이용하여 점대칭도형을 직접 그려 보면 자연스럽게 점대칭도형의 개념이 형성됩니다.

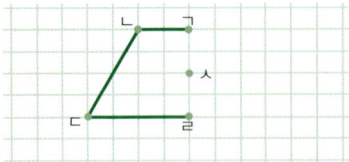

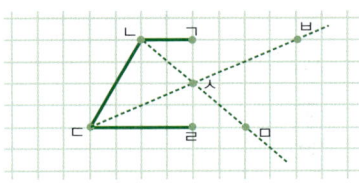

1. 점 ㄴ에서 대칭의 중심 ㅅ을 지나는 직선을 긋는다.

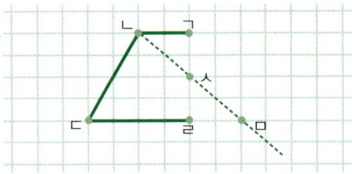

2. 이 직선 위에 선분 ㄴㅅ의 길이와 같도록 점 ㄴ의 대칭점 ㅁ을 찍는다.

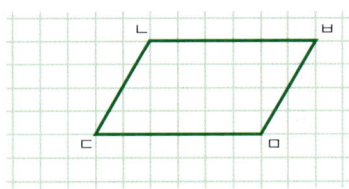

3. 같은 방법으로 점 ㄷ의 대응점 ㅂ을 찍는다.

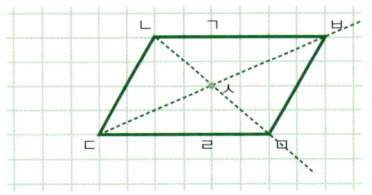

4. 점 ㄱ과 점 ㅂ, 점 ㄹ과 점 ㅁ, 점 ㅂ과 점 ㅁ을 각각 이어 점대칭도형을 완성시킨다.

5. 보조선을 지운다.

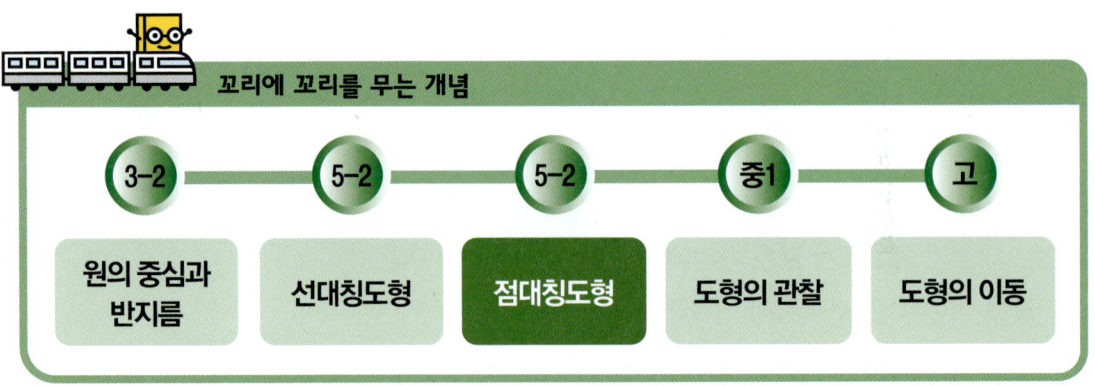

무엇이든 물어보세요

대칭은 어떤 곳에 이용되나요?

자연에는 대칭인 사물이 많습니다. 호랑나비의 모양, 무늬가 선대칭을 이루고, 곤충, 꽃 등도 대칭을 이룹니다. 사람 역시 정확히는 아니지만 대칭을 이루고 있습니다.

생활에서 사용되는 많은 물건, 즉 그릇, 가구, 옷 등에도 대칭이 사용됩니다. 광화문, 남대문 등 고건물과 현대의 건물도 대칭을 이루고 있습니다.

비행기, 신발, 프로펠러 등은 과학적인 이유에서, 운동 경기장은 공정성 때문에 대칭을 이루고 있습니다. 요즘은 디자인에서도 대칭을 많이 이용합니다.

이 모든 것은 대칭이 주는 아름다움 때문입니다.

| 직육면체 | **직육면체와 정육면체** |

직육면체와 정육면체는 뭐가 달라요?

5학년 도형과 측정

아이는 왜?

도형을 관찰하고 탐구하는 것은 쉬운 일이 아닙니다. 아이 입장에서 직육면체와 정육면체는 그저 비슷한 입체도형일 뿐 그리 특별해 보이지 않을 수 있습니다. 그럼 두 입체도형의 특징을 찾고 비교하는 것이 어렵게 느껴집니다.

30초 해결사

- 직육면체 : 직사각형 6개로 둘러싸인 도형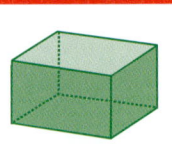

- 정육면체 : 정사각형 6개로 둘러싸인 도형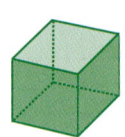

그것이 알고 싶다

1학년에서는 여러 가지 물건을 관찰하여 🟥, 🟦, 🟡 모양으로 분류하였고, 2학년에서는 쌓기나무를 이용하여 여러 가지 모양을 만들어 보았습니다. 5학년이 되면 좀 더 다양한 관점에서 입체도형을 바라보게 됩니다.

직육면체와 같은 입체도형에서 평면도형으로 둘러싸인 부분은 면, 면과 면이 만나는 선분은 모서리, 모서리와 모서리가 만나는 점은 꼭짓점입니다.

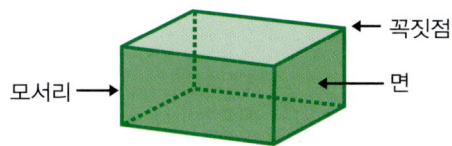

또한 직사각형 모양의 면 6개로 둘러싸인 도형은 직육면체, 정사각형 모양의 면 6개로 둘러싸인 도형은 정육면체입니다.

직육면체와 정육면체에서 면의 모양과 수, 모서리와 꼭짓점의 수 등을 관찰하여 정리하는 활동을 하면 직육면체와 정육면체의 차이점을 이해하는 데 도움이 됩니다.

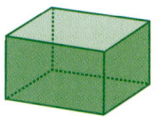 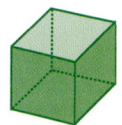

	면의 수	모서리의 수	꼭짓점의 수	면의 모양
직육면체	6	12	8	직사각형
정육면체	6	12	8	정사각형

정육면체와 직육면체의 관계를 정사각형과 직사각형의 관계와 연관 지어 생각해 볼 수 있습니다. 네 각이 직각이면 직사각형이고 이 직사각형 중에서 네 변의 길이까지 같으면 정사각형입니다. 즉, 정사각형은 직사각형입니다.

정사각형 모양의 면 6개로 둘러싸인 도형이 '정육면체'이므로 정육면체는 직육면체라고 할 수 있습니다. 하지만 직육면체를 정육면체라고 할 수는 없습니다.

한 발짝 더!

직육면체의 면은 다음과 같은 성질을 지닙니다.

"직육면체에서 면 ㄱㄴㄷㄹ과 면 ㅁㅂㅅㅇ은 아무리 늘어나도 서로 만나지 않는다. 이러한 두 면을 서로 평행하다 하고, 평행한 두 면을 직육면체의 밑면이라 한다."

따라서 직육면체에는 밑면이 3쌍 있습니다. 놓인 방향에 따라 밑면이 정해지기 때문입니다.

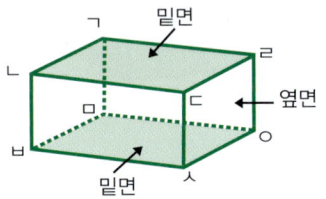

또 직육면체에서 면 ㄱㄴㄷㄹ과 면 ㄷㅅㅇㄹ이 이루는 각은 90°, 즉 직각인데 이처럼 직각으로 만나는 두 면을 서로 수직이라 하고, 직육면체에서 밑면과 수직인 면을 옆면이라고 합니다.

구체물에서 기준이 되는 면을 밑면으로 정하고 밑면에 수직인 면을 찾는 활동을 통해 밑면과 옆면의 관계를 이해할 수 있습니다. 삼각뿔, 사각뿔, 원뿔 등에서는 옆면이 밑면에 수직이 되지 않습니다.

밑면

밑면을 말 그대로 '밑에 있는 면'으로 이해하는 경우가 있는데, 밑면은 입체도형에서 기준이 되는 면이다. 기둥은 밑면의 모양에 따라 삼각기둥, 사각기둥, 원기둥 등으로 구분된다.

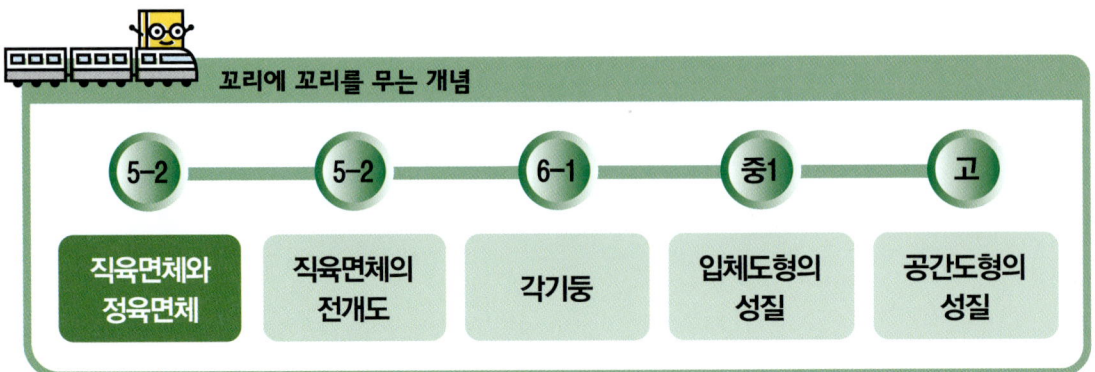

꼬리에 꼬리를 무는 개념

- 5-2 직육면체와 정육면체
- 5-2 직육면체의 전개도
- 6-1 각기둥
- 중1 입체도형의 성질
- 고 공간도형의 성질

무엇이든 물어보세요

주변에서 직육면체와 정육면체 모양을 많이 볼 수 있는데, 특별한 이유가 있나요?

과자 상자, 가구, 가방, 상자 등 우리 주변에는 직육면체 모양이 참 많습니다. 직육면체를 이용하면 공간을 빈틈없이 채울 수 있기 때문입니다.

프랑스의 패션 디자이너 루이 비통 역시 직육면체 모양의 여행 가방을 개발하여 유명해졌습니다. 직육면체 모양의 가방이 나오기 전에는 가방 뚜껑이 둥근 모양이어서 가방을 쌓기가 어려웠습니다. 당시 배나 마차에 많은 가방을 싣고 여행을 다니는 사람들에게 직육면체 모양의 가방은 쌓아 두기에 좋았습니다.

직육면체의 밑면은 밑에 있는 면 아닌가요?

직육면체에서 계속 늘여도 만나지 않는 평행한 두 면이 '밑면'입니다. 따라서 직육면체에는 밑면이 3쌍 존재합니다. 밑면은 밑에 있는 면이 아니라 기준이 되는 면을 뜻합니다. 밑면의 뜻을 분명히 이해해야 이후 각기둥, 각뿔을 배울 때 혼란이 적을 것입니다.

마찬가지로 삼각형에서는 밑변이라는 말을 사용합니다. 이때 밑변은 기준이 되는 변입니다. 밑변을 정해야 삼각형의 높이가 결정됩니다.

(삼각형의 넓이) = (밑변) × (높이) ÷ 2

| 직육면체 | 직육면체의 전개도 |

전개도는 다른데 같은 직육면체가 된다고요?

 **아이는 왜?**

전개도는 오직 하나뿐이라고 생각하는 아이들이 있는데, 직육면체의 전개도는 여러 가지입니다. 전개도를 그린 후 맞는지 확인하는 과정에는 직육면체 전개도에 대한 이해와 이를 머릿속에서 직육면체로 만드는 공간 감각이 필요합니다.

 30초 해결사

직육면체의 전개도

- 평면에 직육면체를 펼쳐서 잘리지 않은 모서리는 점선으로 나타내고 잘린 모서리는 실선으로 그린 그림을 말한다.
- 직육면체의 전개도는 하나가 아니다. 점선을 따라 접었을 때 마주 보는 위치에 있는 3쌍의 면이 서로 합동이면 올바른 전개도이다. 이때 접어서 만나는 변의 길이는 같아야 한다.

 **그것이 알고 싶다**

직육면체 모양 상자의 모서리를 가위로 잘라 펼쳐 봅니다. 이때 모서리를 모두 자르지 말고 6개의 면이 붙어 있도록 자릅니다. 이렇게 잘라 펼친 도형을 종이에 그려 봅니다. 이때 잘린 모서리와 잘리지 않은 모서리를 어떻게 그리면 좋을지 생각해 봅니다.

종이접기에서 어떻게 하는지 생각해 보면 도움이 됩니다. 종이에 그린 그림을 다시 직육면체 모양으로 만들어 봅니다. 펼친 그림이 실제 모형으로 어떻게 만들어지는지 이해하였다면 다음과 같이 약속합니다.

전개도 학습 교구
전개도 학습에 러닝맥, 로콘블록, 클리코 등을 활용하면 공간 감각을 기르는 데 도움이 된다.

러닝맥

로콘블록

클리코

"평면에 직육면체를 펼쳐서 잘리지 않은 모서리는 점선으로 나타내고 잘린 모서리는 실선으로 그린 그림을 전개도라고 한다."

직육면체의 전개도는 1가지만이 아닙니다.

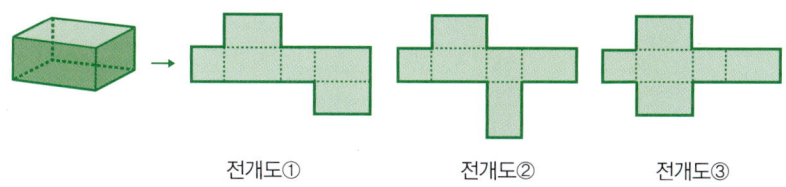

전개도① 전개도② 전개도③

전개도에서 접히는 부분은 점선으로 표현되고 나머지는 실선으로 그려져 있으며 직육면체의 마주 보는 3쌍의 면이 서로 합동이면서 합동인 면끼리 접었을 때 마주 볼 수 있는 위치에 있으면 올바른 전개도입니다. 이때 접어서 만나는 변의 길이는 같아야 합니다.

잘못된 전개도

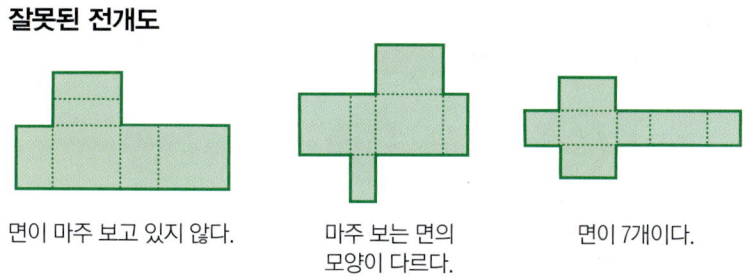

면이 마주 보고 있지 않다. 　 마주 보는 면의 모양이 다르다. 　 면이 7개이다.

한 발짝 더!

정육면체의 전개도는 다양한 방법으로 그릴 수 있습니다. 모두 11가지 방법이 있습니다. 직접 여러 가지 전개도를 그려 보는 활동은 정육면체의 전개도에 대한 이해를 돕습니다. 이 때 마주 보는 두 면은 서로 반드시 떨어 있어야 합니다. 전개도를 잘못 그렸다면 잘못된 전개도로 정육면체를 만들 수 없는 이유를 찾아보면서 공간 능력을 향상시킬 수 있습니다.

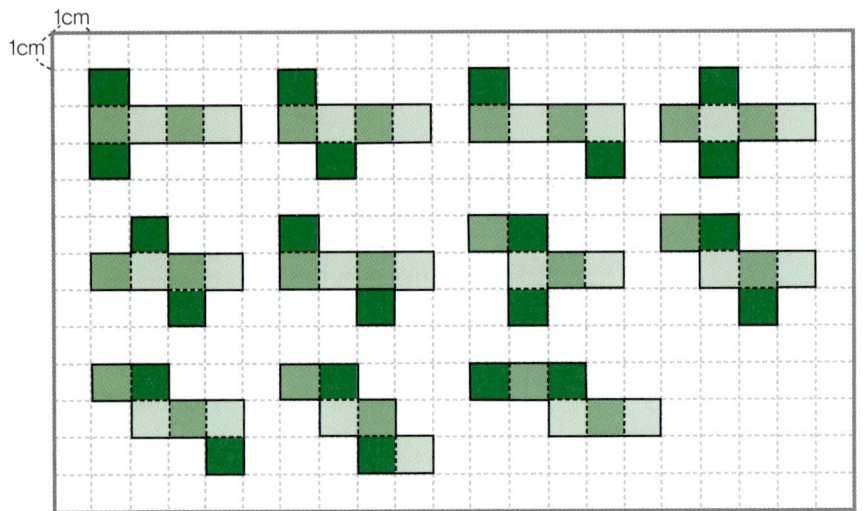

우리 생활에서 사용하는 상자를 펼쳐 보면 1장의 종이로 되어 있습니다. 직육면체 모양의 상자는 물론이고 직육면체가 아닌 상자도 1장의 전개도로 만들어져 있습니다. 전개도는 생활에서 입체도형을 제작할 때 필요한 양을 측정하는 곳에 사용되며 입체도형의 겉넓이를 계산하는 데도 유용하게 사용됩니다.

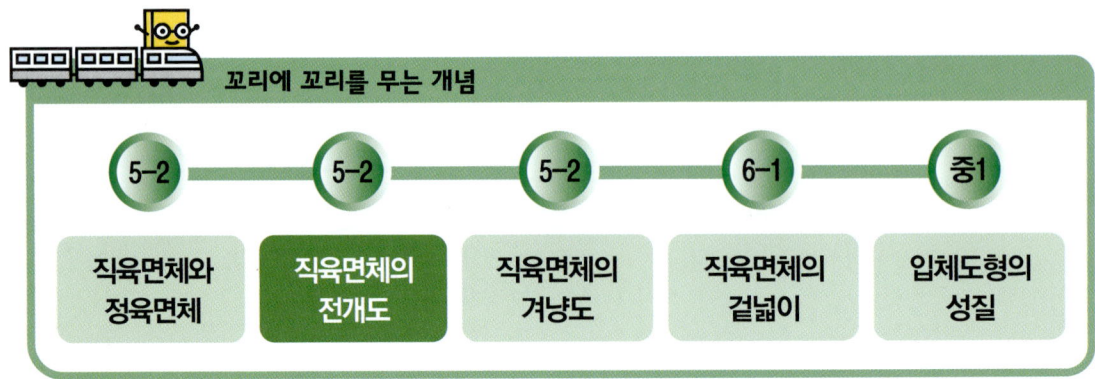

무엇이든 물어보세요

다음의 문제를 해결하지 못합니다. 어떻게 지도하면 좋을까요?
"정육면체 상자의 꼭짓점 ㄱ에서 꼭짓점 ㄴ까지 개미가 가는 가장 짧은 길을 전개도에 그려 보세요. 전개도에서 색칠된 부분은 바닥에 닿는 면입니다."

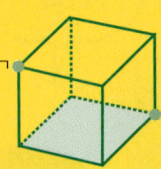 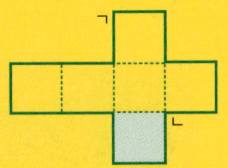

전개도에서 점 ㄱ과 점 ㄴ을 연결하면 가장 빠른 길이 됩니다.

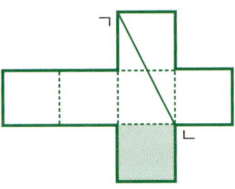

다른 길도 찾아보겠습니다. 전개도에 꼭짓점 ㄱ과 꼭짓점 ㄴ의 위치를 표시해 봅니다. 바닥에 닿는 면은 개미가 지날 수 없습니다. 따라서 그림처럼 4가지의 길이 나옵니다.

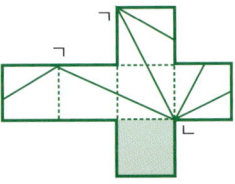

직육면체	**직육면체의 겨냥도**

5학년 도형과 측정

겨냥도 그리는 것이 어려워요.

아이는 왜?

삼차원 입체도형을 이차원 평면에 그리는 것은 당연히 어려운 일입니다. 보이지 않는 면과 모서리도 나타내야 하기 때문입니다.

30초 해결사

직육면체의 겨냥도
- 직육면체 모양을 잘 알도록 하기 위하여 보이는 모서리는 실선으로, 보이지 않는 모서리는 점선으로 그린 그림을 말한다.
- 보통 위에서 보이는 면을 먼저 그린 후 옆면 모서리를 세로 방향으로 그린다.

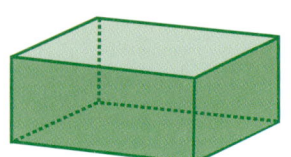

 **그것이 알고 싶다**

직육면체 모형을 책상 위에 놓고 보면 보이는 면과 보이지 않는 면이 각각 3개입니다. 또 보이는 모서리는 9개, 보이지 않는 모서리는 3개입니다. 물론 방향에 따라 보이는 면이 3개가 아닐 수 있습니다. 가장 많이 보이는 경우가 3개입니다.

그런데 보이는 면과 모서리뿐 아니라 보이지 않는 면과 모서리는 어떻게 나타낼 수 있을까요? 방법을 여러 가지로 생각해 보고, 다음과 같이 약속합니다.

"직육면체 모양을 잘 알도록 하기 위하여 보이는 모서리는 실선으로 그리고 보이지 않는 모서리는 점선으로 그린다. 이와 같은 그림을 겨냥도라고 한다."

평면에 입체도형을 나타내는 몇 가지 방법 중 하나가 겨냥도입니다. 겨냥도를 그리는 데에는 규칙이 있습니다.

- 직육면체의 서로 평행인 모서리는 평행이면서 같은 길이로 그린다.
- 직육면체 밑면에 수직인 모서리는 세로 방향으로 그린다. 서로 평행이면서 같은 길이로 그린다.
- 보이는 선은 실선으로, 보이지 않는 선은 점선으로 그린다.

이에 따라 위에서 보이는 면을 먼저 그린 후 옆면 모서리를 세로 방향으로 그립니다. 물론 앞에서 본 면을 먼저 그릴 수도 있습니다.

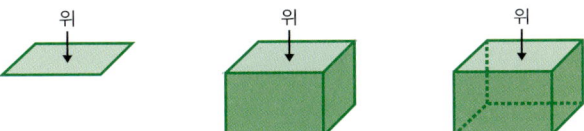

이때 모눈종이나 점 종이를 이용하면 한결 그리기가 쉽습니다.

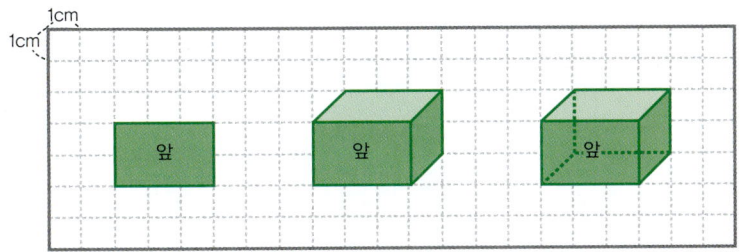

 **한 발짝 더!**

건물을 짓는 공사 현장에는 건물이 완성되었을 때의 모습을 그린 그림이 걸려 있습니다. 이것은 투시도입니다. 투시도에는 마치 사진을 찍어 놓은 것처럼 지어진 건물이 보이는 그대로 그려져 있습니다. 이를 자세히 보면 겨냥도와 다른 점을 찾을 수 있습니다. 건물의 마주 보는 모서리가 평행하지 않다는 것입니다.

우리가 배우는 겨냥도에서는 물체를 보이는 대로 그리는 것이 아니라 마주 보는 모서리들을 평행하게 그립니다. 겨냥도는 도형의 성질이 잘 나타나도록 하기 위한 그림이기 때문입니다. 실제 직육면체의 마주 보는 면은 크기가 같지만 보이는 대로 그리게 되면 한 면을 작게 그려야 합니다. 그럼 아직 도형의 면, 모서리, 꼭짓점 등을 배워 나가고 있는 아이들은 이해하기가 어려울 것입니다.

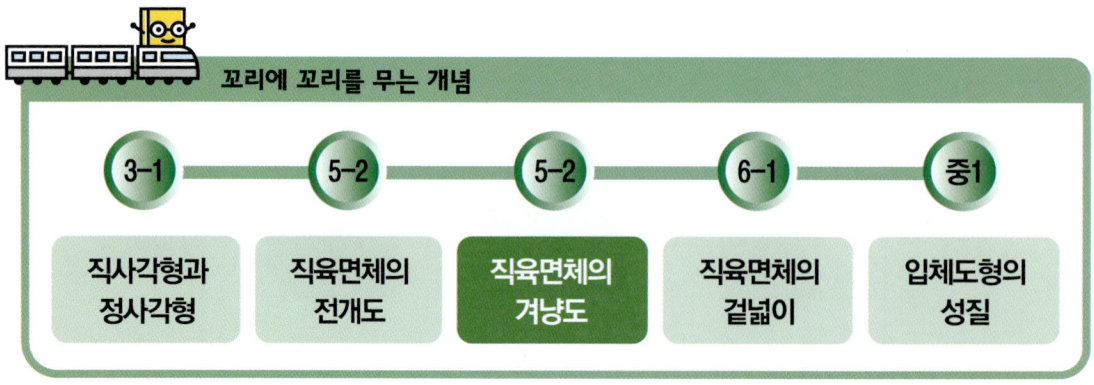

무엇이든 물어보세요

 겨냥도와 전개도를 이용한 문제 해결 방법이 궁금합니다.

다음의 문제를 풀어 보겠습니다.
"직육면체의 꼭짓점을 이어 선분을 그렸습니다. 이를 전개도에 그려 넣으시오."

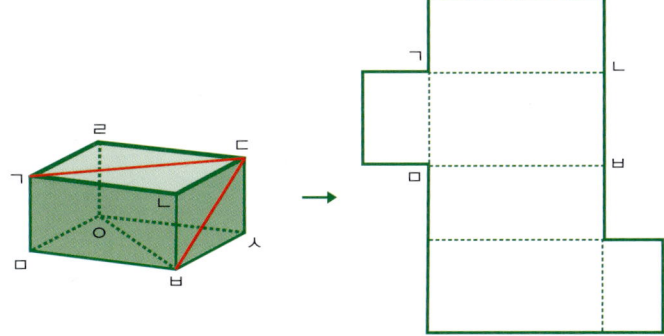

풀이) 주어진 꼭짓점을 이어서 그린 선분이 전개도에 어떻게 나타나는지 알아보는 문제입니다. 먼저 꼭짓점이 전개도에서 어디에 위치하는지 찾아야 하겠습니다. 기준면을 하나 정하고 그 기준면에 다른 면이 어떻게 위치하는지를 파악하여 표시해 줍니다. 예를 들어, 면 ㄱㄴㅂㅁ을 기준면으로 한다면 위쪽, 아래쪽, 왼쪽에 오는 면을 찾아 표시한 후 다시 면 ㅁㅂㅅㅇ을 기준면으로 생각하여 아래쪽에 있는 면을 찾아 표시하는 것입니다.

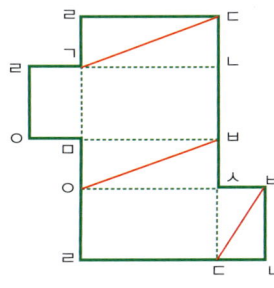

다각형의 둘레와 넓이 — 둘레 구하기

삼각형의 둘레를 구하라는데, 둘레가 뭐예요?

 **아이는 왜?**

우리는 옷을 사기 위해 가슴둘레, 허리둘레를 재고 상자를 묶기 위해 끈으로 상자의 둘레를 잽니다. 둘레는 일상생활에서 흔히 접할 수 있는 용어입니다. 하지만 수학 시간에 '둘레'라는 낱말이 나오면 일상생활에서의 경험을 잊어버리고 고민하는 아이들이 종종 있습니다.

30초 해결사

둘레
사물이나 도형의 테두리 또는 그것을 둘러싸고 있는 길이

- (도형 ㉮의 둘레) =
  (변 ㄱㄴ) + (변 ㄴㄷ) + (변 ㄷㄹ) + (변 ㄹㅁ) + (변 ㅁㄱ)
- (직사각형의 둘레) = {(가로의 길이) + (세로의 길이)} × 2
- (정사각형의 둘레) = (한 변의 길이) × 4

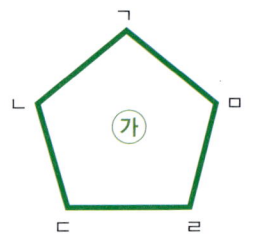

그것이 알고 싶다

일상생활의 경험을 수학 시간에 활용하면 도움이 되는 경우가 많습니다. 아이들의 일상적인 경험을 수학 시간으로 끌어들이는 노력이 필요한 이유입니다.

둘레
'둘레'라는 단어 안에는 길이의 의미가 포함되어 있다. 따라서 '둘레의 길이' 대신 '둘레'라고만 하면 된다. 비슷한 예로 '원주의 길이'와 '반지름의 길이' 역시 '원주', '반지름'이라고 하면 된다.

둘레는 사물이나 도형의 테두리 또는 그것을 둘러싸고 있는 길이입니다. 도형의 둘레는 다음과 같은 방법으로 구할 수 있습니다.

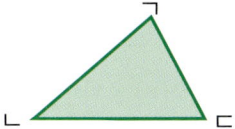

(삼각형의 둘레) = (변 ㄱㄴ) + (변 ㄴㄷ) + (변 ㄷㄱ)

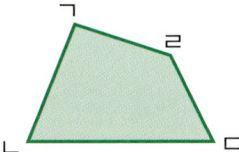

(사각형의 둘레) = (변 ㄱㄴ) + (변 ㄴㄷ) + (변 ㄷㄹ) + (변 ㄹㄱ)

직사각형의 경우, 네 변의 길이를 모두 더하는 것보다 마주 보는 변의 길이가 같다는 성질을 이용하여 가로와 세로의 길이를 더한 후 2배 하면 편리하게 구할 수 있습니다.

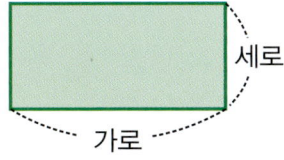

(직사각형의 둘레) = {(가로의 길이) + (세로의 길이)} × 2

네 변의 길이가 같은 정사각형은 좀 더 간단히 구할 수 있습니다.

(정사각형의 둘레) = (한 변의 길이) × 4

한 발짝 더!

도형의 넓이가 작으면 둘레가 짧고, 도형의 넓이가 크면 둘레가 길까요?
다음과 같은 경우, 둘레는 같지만 넓이는 다릅니다.

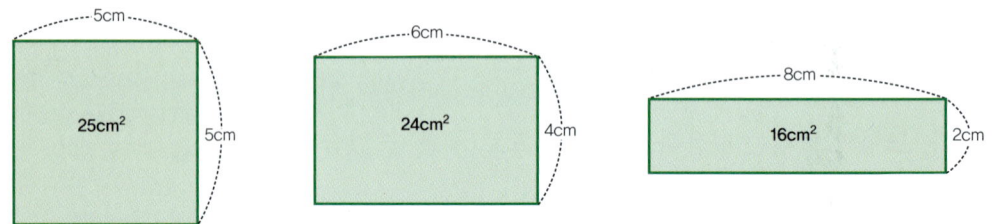

도형의 모양이 같을 경우 넓이가 커지면 둘레도 길어지겠지만 모양이 다른 경우에는 도형의 넓이가 커도 둘레는 짧을 수 있습니다.

실제로 다음 두 직사각형에서 왼쪽 직사각형의 경우 오른쪽 직사각형보다 둘레는 짧지만 넓이는 더 큽니다.

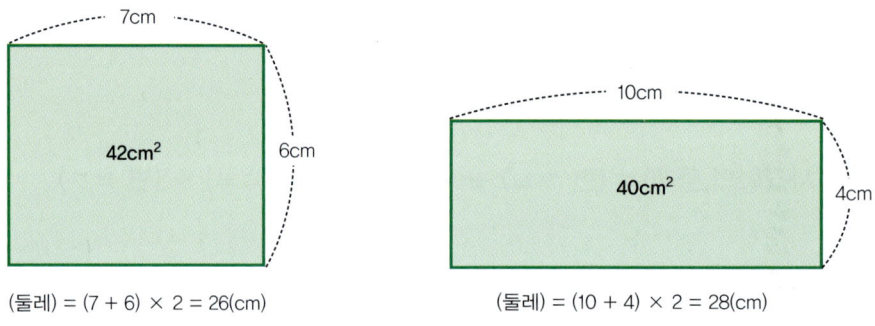

(둘레) = (7 + 6) × 2 = 26(cm)   (둘레) = (10 + 4) × 2 = 28(cm)

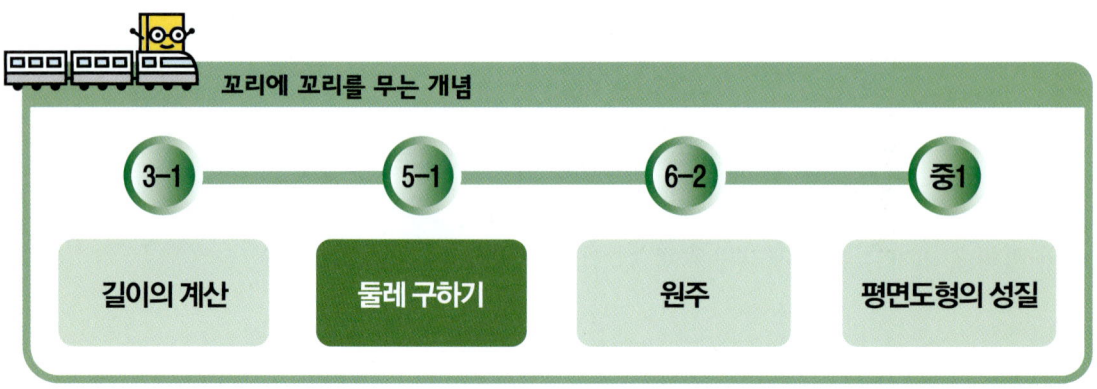

무엇이든 물어보세요

원을 둘러싸고 있는 선도 둘레인가요?

네. 그렇습니다. 직선만 둘레가 되는 것은 아닙니다. 원을 둘러싸고 있는 선은 원의 둘레, 즉 '원주'라고 부릅니다.

원주에 대한 내용은 6학년에서 다룹니다.

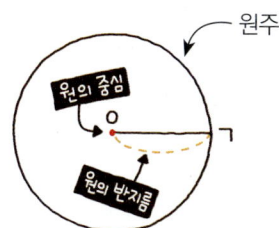

다음 그림에서 둘레는 무엇인가요? 바깥 선만 둘레가 되나요?

그렇지 않습니다. 안에 있는 선도 둘레입니다. 둘레는 그 도형을 둘러싸고 있는 선을 모두 가리킵니다. 그림은 직사각형의 안쪽에 또다른 직사각형으로 구멍을 낸 모양입니다. 따라서 이 도형의 둘레는 큰 직사각형의 둘레와 작은 직사각형의 둘레를 합한 값이 됩니다.

| 다각형의 둘레와 넓이 | **단위넓이** |

어떤 것이 더 넓어요?

아이는 왜?

넓이는 어떤 장소나 물건, 도형 따위의 넓은 정도를 말합니다. 우리는 보통 자를 비롯한 도구를 사용하여 넓이를 재는데, 자가 없다면 두 넓이를 직접 맞대어 보거나 어림하여야 할 것입니다. 그런데 평소 넓이에 대한 감각이 길러져 있지 않으면 어림하는 것이 쉽지 않습니다.

 30초 해결사

단위넓이 : 어떤 공간이나 물건의 넓이를 잴 때 기준이 되는 넓이

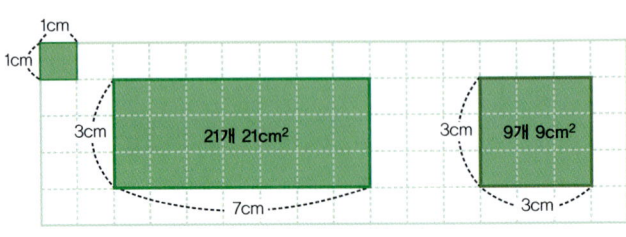

 **그것이 알고 싶다**

도형의 넓이를 구하는 가장 간단한 방법은 모눈종이 위에 도형을 똑같이 그려 그 도형이 모눈종이 몇 칸을 차지하는지 알아보는 것입니다. 이 방법은 사각형, 삼각형, 심지어 원의 넓이를 구할 때도 사용할 수 있습니다. 교과서에서도 매 차시 단위넓이를 통해 도형의 넓이 구하는 방법을 소개하고 있습니다.

단위넓이란 어떤 공간이나 물건의 넓이를 잴 때 기준이 되는 넓이를 말합니다. 일정한 모양이 정해져 있는 것은 아니고, 어떤 기준으로 넓이를 정하면 그것이 단위넓이가 됩니다.

모양이 다른 돗자리의 넓이를 알아보기 위해서는 단위넓이를 이용하면 편리합니다. 다음과 같은 모양의 돗자리가 있을 때 각각의 돗자리가 단위넓이를 몇 번 포함하는지 알아보겠습니다.

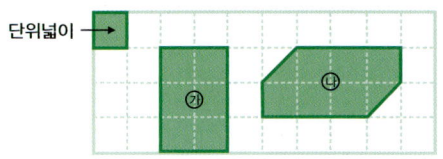

㉮는 6칸, ㉯는 7칸이므로 ㉯가 더 넓습니다. 이때 모눈 1개의 넓이, 즉 단위넓이가 1cm²임을 이용하여 넓이를 구할 수 있습니다.

1cm²
길이를 잴 때 단위길이를 사용하는 것과 마찬가지로 넓이를 잴 때 1cm²를 단위넓이로 사용한다.

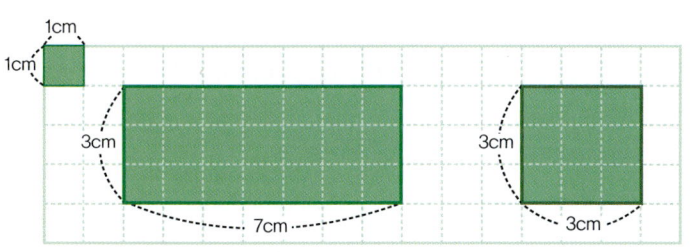

그림에서 직사각형이 차지하는 전체 모눈의 개수는 7 × 3 = 21이므로 이 직사각형의 넓이는 21cm²입니다. 또 정사각형이 차지하는 전체 모눈의 개수는 3 × 3 = 9이므로 이 정사각형의 넓이는 9cm²입니다.

한 발짝 더!

어떤 물건의 넓이를 어림으로 나타낼 때도 단위넓이를 사용하면 편리합니다. 원의 넓이를 어림할 때도 단위넓이를 이용합니다. 이때 단위넓이를 작게 하면 할수록 더욱 정확한 넓이를 구할 수 있습니다. 또한 이를 이용하여 다양한 모양의 평면도형의 넓이를 보다 정확하게 구할 수 있습니다.

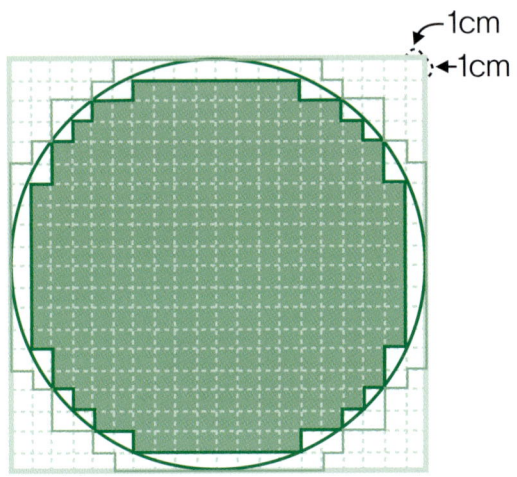

불규칙한 모양의 넓이를 정확히 계산하려면 고등학생은 되어야 합니다. 고등학교에는 미적분이라는 과목이 있는데, 그 내용 중 적분으로 넓이를 구할 수 있습니다. 적분에서는 불규칙한 모양의 넓이를 구할 때 그 모양을 아주 작게 쪼개어 사각형으로 만든 다음 이 사각형의 넓이를 더해 전체 도형의 넓이를 구합니다. 초등학교에서 배운 단위넓이 개념이 그대로 사용되는 것입니다.

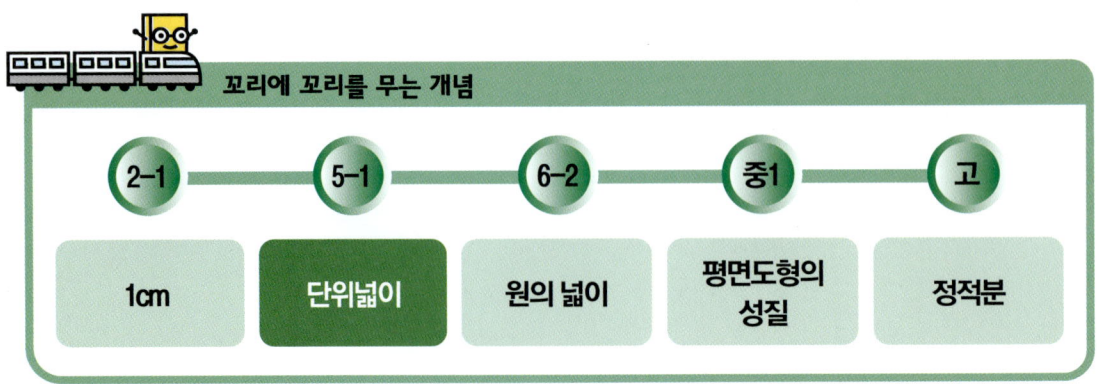

무엇이든 물어보세요

단위넓이, 단위길이에서 '단위'가 무슨 뜻인가요?

사과는 하나, 둘, … 셀 수 있지만 길이와 넓이를 하나, 둘, …과 같이 세는 것은 불가능해 보입니다. 그런데 단위를 사용하면 길이와 넓이도 셀 수 있게 됩니다. 단위는 길이와 넓이 등을 잴 때 사용하는 기준입니다. 예전에는 손의 뼘을 이용하여 길이를 재었으니 손의 뼘도 단위가 됩니다. 오늘날에는 길이를 재는 단위로 cm, m 등을 사용하고 넓이를 재는 단위로 cm^2, m^2 등을 사용합니다.

직사각형 넓이는 (가로) × (세로)로 간편하게 구할 수 있는데, 왜 $1cm^2$가 몇 개인지 세는 활동을 익히나요?

단위길이와 마찬가지로 단위넓이는 넓이를 알아보는 첫걸음이자 가장 쉬운 방법입니다. 하지만 반복적으로 단위넓이의 개수를 세다 보면 실수를 하기도 하고, 크기가 큰 도형은 계산하는 데 시간도 들기 때문에 점차 보다 편리한 방법을 찾게 됩니다. 이때 수 세기를 하며 규칙성 찾는 활동을 통해 자연스럽게 직사각형 넓이가 (가로) × (세로)임을 익힐 수 있게 지도합니다. 그 과정에 단위넓이를 세는 활동은 필수적인 내용입니다.

| 다각형의 둘레와 넓이 | **평행사변형의 넓이**

높이가 기울어져 있는데 어떻게 넓이를 구해요?

 **아이는 왜?**

아이들은 단위넓이를 이용하여 직사각형의 넓이를 (가로) × (세로)로 간단히 구할 수 있습니다. 그런데 기울어진 모양의 평행사변형의 넓이는 또 어떻게 구할지 고민이 될 수 있습니다.

 **30초 해결사**

평행사변형의 넓이

평행사변형의 넓이를 구하려면 평행사변형을 잘라 직사각형 모양을 만든 후 직사각형 넓이를 구하면 된다. 결국 다음과 같은 식이 만들어진다.

(평행사변형의 넓이) = (직사각형의 넓이)
= (가로) × (세로)
= (밑변) × (높이)

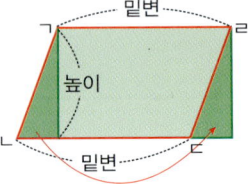

그것이 알고 싶다

평행사변형의 넓이는 다음의 2가지 방법으로 구할 수 있습니다.

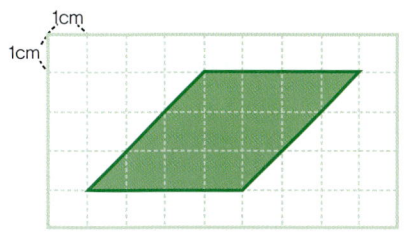

방법① 단위넓이를 이용한다.

평행사변형의 넓이를 모눈의 개수로 알아봅니다. 그림의 평행사변형에는 □ 모양이 9개 있고, ◿ 모양은 6개 있습니다. 이때 ◿ 모양 6개의 넓이는 □ 모양 3개의 넓이와 같습니다. □ 모양 1개의 넓이는 1cm²이므로 평행사변형의 넓이는 12cm²입니다.

방법② 평행사변형의 성질을 이용한다.

평행사변형은 마주 보는 변이 평행이고 길이가 같은 사각형입니다. 이를 이용하여 평행사변형을 직사각형으로 바꾸어 넓이를 구합니다. 이러한 내용을 이해하기 위해서는 모눈종이에 직접 평행사변형을 그리고 잘라 보며 활동하는 것이 좋습니다.

먼저 모눈종이에 평행사변형을 그립니다. 그리고 자를 이용하여 평행사변형의 밑변에 수직인 선, 즉 높이를 긋고 이 선을 가위로 자릅니다. 자른 도형 중 한 도형을 옆으로 이동시키면 직사각형이 만들어집니다. 여기서 평행사변형의 밑변은 직사각형의 가로가 되고 평행사변형의 높이는 직사각형의 세로가 됩니다.

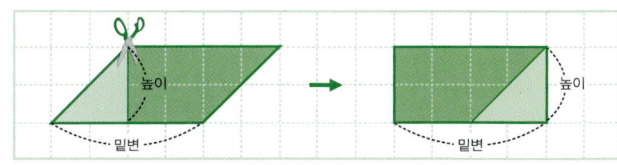

따라서 평행사변형의 넓이는 다음과 같습니다.

(평행사변형의 넓이) = (직사각형의 넓이)
              = (가로) × (세로)
              = (밑변) × (높이)

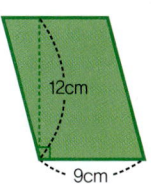

그렇다면 다음 평행사변형의 넓이를 구해 보겠습니다.
평행사변형 밑변의 길이는 9cm, 높이는 12cm이므로
(평행사변형의 넓이) = (밑변) × (높이) = 9 × 12 = 108(cm²)가 됩니다.

한 발짝 더!

평행사변형의 넓이를 구할 때는 평행사변형을 직사각형으로 바꾸는 것이 핵심입니다. 다음과 같이 다양한 방법으로 평행사변형을 직사각형으로 바꾸어 보는 활동을 합니다.

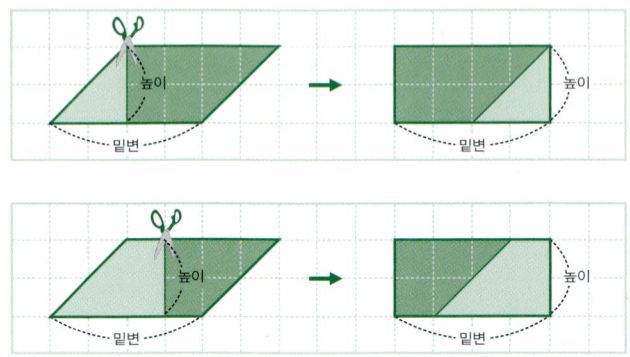

간혹 다음과 같이 일반적인 모양이 아닌 평행사변형이 있습니다. 이때는 이 도형이 평행사변형인 이유를 먼저 찾아봅니다. 이 도형의 평행사변형이라면 어떻게 넓이를 구할 수 있을까요?

아래 도형을 돌리면 일반적인 평행사변형과 같은 모양이 됩니다.

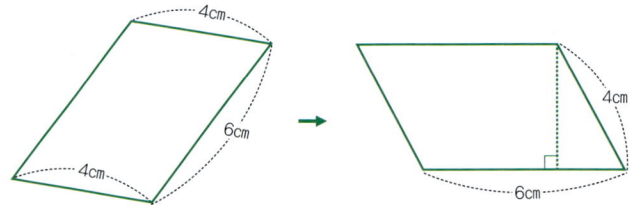

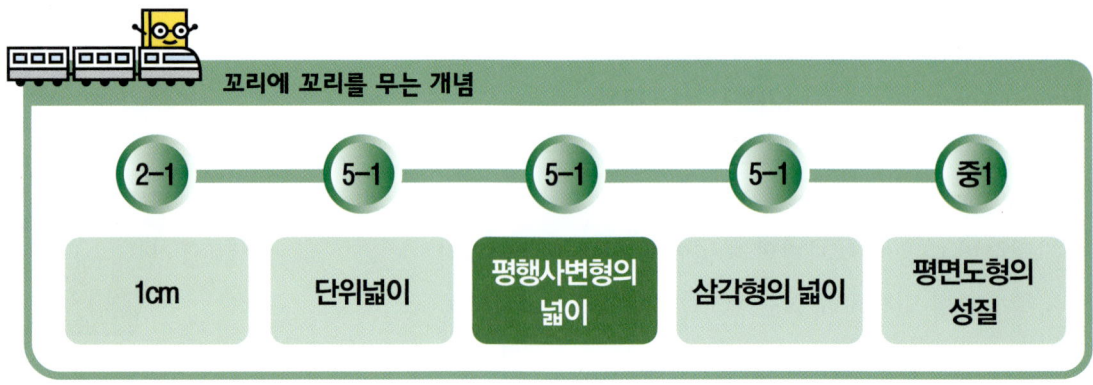

무엇이든 물어보세요

 도형의 넓이를 구할 때, 단위(cm²)를 안 쓰면 틀리나요?

상황에 따라 다릅니다. 답을 쓰는 칸에 ☐ cm²와 같이 적혀 있으면 단위를 중복해서 쓰지 않아도 되지만, 답 쓰는 란에 아무것도 표시되어 있지 않으면 단위를 꼭 적는 습관을 갖도록 합니다. 숫자만 적으면 그것이 cm²인지 m²인지 알 수 없습니다.

 평행사변형과 사다리꼴을 어떻게 구분해야 하나요?

마주 보는 1쌍의 변이 평행한 사각형을 사다리꼴이라 합니다. 사다리꼴 중 마주 보는 2쌍의 변이 모두 평행한 것을 평행사변형이라 합니다. 따라서 평행사변형은 사다리꼴의 일종입니다.

 **넓이가 12cm²인 평행사변형을 그리는 문제를 해결하지 못합니다. 어떻게 지도해야 할까요?**

일반적으로 아이들은 변의 길이가 주어진 상태에서 그 도형의 넓이를 구하는 문제에 익숙합니다. 반대로 넓이를 주고 그에 해당하는 다양한 모양의 도형을 그리라고 하면 당황하는 경우가 많습니다.

평행사변형의 넓이는 밑변의 길이와 높이를 알면 구할 수 있습니다. 따라서 밑변의 길이와 높이를 다양하게 적용하여 넓이가 12cm²인 평행사변형을 그리면 됩니다. 즉 12 = 1 × 12 = 2 × 6 = 3 × 4 = 4 × 3 = 6 × 2 = 12 × 1이므로 밑변의 길이가 1이고 높이가 12인 평행사변형, 밑변의 길이가 2이고 높이가 6인 평행사변형, 밑면의 길이가 3이고 높이가 4인 평행사변형 등 다양한 모양이 나올 수 있습니다.

| 다각형의 둘레와 넓이 | **삼각형의 넓이** |

삼각형은 그 종류가 여러 가지인데, 어떻게 모든 삼각형의 넓이를 (밑변) × (높이) ÷ 2로 구해요?

 **아이는 왜?**

삼각형의 넓이는 평행사변형의 넓이 구하는 방법을 이용합니다. 삼각형의 넓이 구하는 방법에 대한 이해 없이 기계적으로 학습한 아이는 삼각형의 모양에 따라 넓이 구하는 방법이 다를 것으로 생각하게 됩니다.

30초 해결사

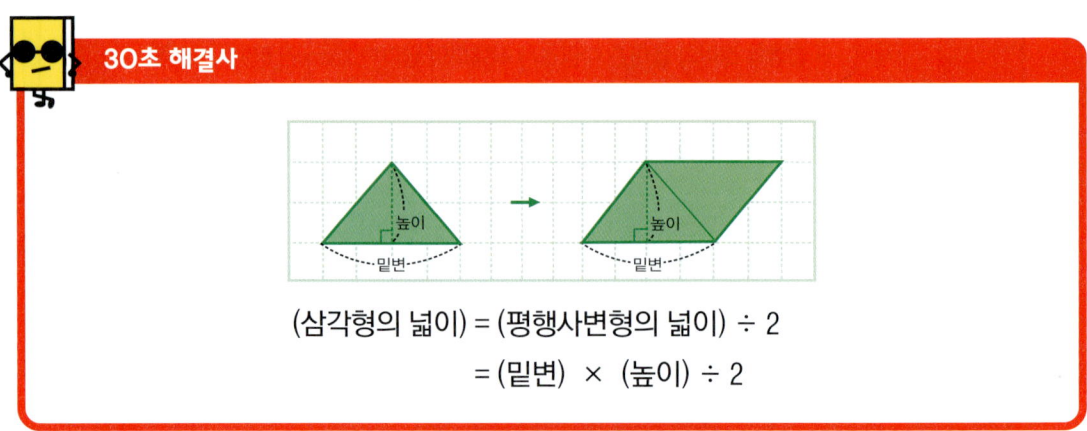

(삼각형의 넓이) = (평행사변형의 넓이) ÷ 2
 = (밑변) × (높이) ÷ 2

 그것이 알고 싶다

도형에 관련된 활동은 직접 경험해 보는 것이 가장 좋습니다. 삼각형의 넓이 역시 색종이와 가위로 직접 활동하며 익히면 이해하는 데 도움이 됩니다.

삼각형의 넓이를 구할 때에는 평행사변형의 넓이 구하는 방법을 이용합니다. 평행사변형의 대각선을 따라 자르거나 접으면 서로 합동인 삼각형이 2개 만들어집니다.

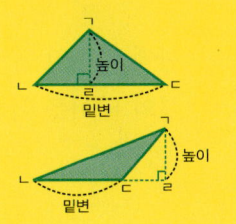

삼각형의 밑변과 높이

삼각형 ㄱㄴㄷ에서 변 ㄴㄷ을 밑변이라 하면 꼭짓점 ㄱ에서 밑변에 수직으로 그은 선분 ㄱㄹ이 높이가 된다.

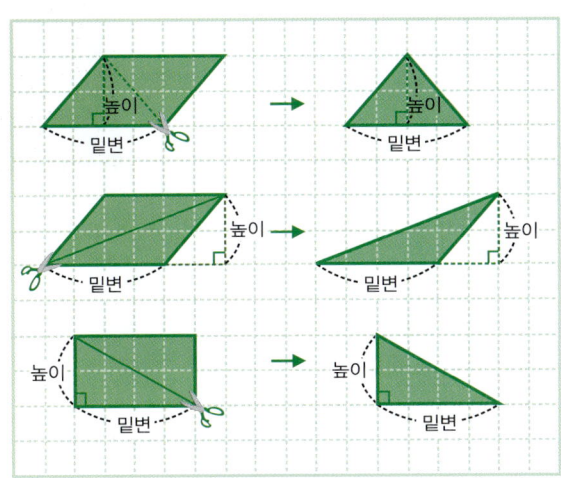

삼각형의 넓이는 평행사변형이나 직사각형의 넓이의 절반이므로
(삼각형의 넓이) = (평행사변형의 넓이) ÷ 2가 됩니다.
이때 (평행사변형의 넓이) = (밑변) × (높이)이므로 삼각형의 넓이는 다음과 같습니다.

(삼각형의 넓이) = (밑변) × (높이) ÷ 2
$$= (밑변) \times (높이) \times \frac{1}{2}$$

아이들에게 공식을 외우게 하기보다 자르기나 만들기와 같은 직접적인 조작 활동을 해 보게 하면 개념이 쉽게 형성되고 이해도 잘 됩니다.

 **한 발짝 더!**

다음 4가지 모양의 삼각형은 밑변과 높이가 같습니다. 따라서 네 삼각형은 그 모양이 달라도 넓이는 모두 같습니다.

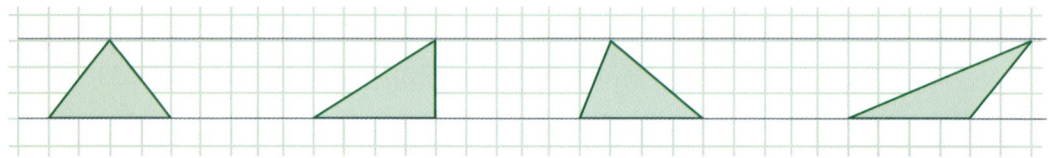

점판에 밑변의 길이와 높이가 같은 삼각형을 여러 개 만들어 보면 삼각형의 넓이를 이해하는 데 도움이 됩니다.

삼각형뿐만 아니라 평행사변형도 밑변과 높이가 같으면 모양은 달라도 넓이는 같은 도형이 됩니다.

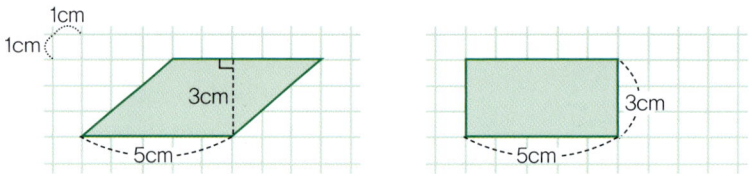

꼬리에 꼬리를 무는 개념

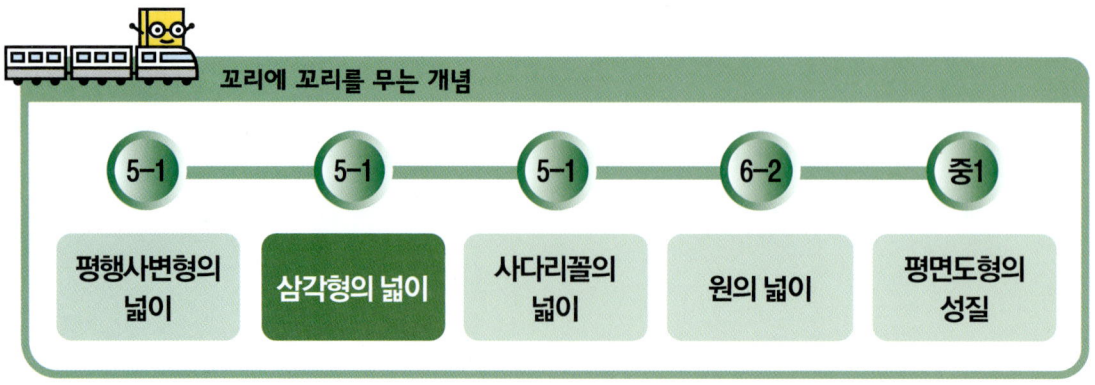

무엇이든 물어보세요

 **아이가 주어진 삼각형과 밑변, 높이가 같은 평행사변형을 만들지 못합니다. 어떻게 지도해야 하나요?**

백문이 불여일견이라고 했습니다. 직접 도형을 잘라 만들어 보면 이해하기 쉽습니다.

먼저 색종이 2장을 겹쳐 잘라 합동인 삼각형 2개를 만듭니다. 그런 다음 한 삼각형 안에 밑변과 높이를 표기합니다. 이제 합동인 두 삼각형을 연결해 평행사변형을 만들어 봅니다. 만들어진 모양이 평행사변형임을 확인한 후에는 삼각형의 넓이에 대해 이야기해 보면 좋겠습니다.

 **아이가 둔각삼각형의 넓이를 구하지 못합니다.**

둔각삼각형의 경우 높이가 삼각형 밖으로 표시되기 때문에 넓이를 어떻게 구해야 할지 모를 수 있습니다. 둔각삼각형의 높이는 꼭짓점에서 밑변의 연장선에 수직으로 그은 선분의 길이입니다. 다양한 둔각삼각형의 넓이를 구해 보도록 지도합니다.

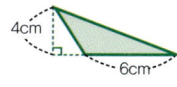 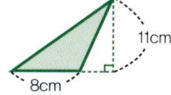 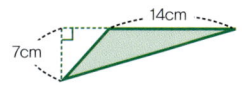

5학년 도형과 측정

다각형의 둘레와 넓이 — 마름모의 넓이

5학년 도형과 측정

> 마름모도 평행사변형이니까 마름모 넓이는 평행사변형 넓이를 구하는 방법과 같죠?

아이는 왜?

마름모도 평행사변형이므로 그 넓이를 구할 때 (밑변) × (높이)로 구하려 할 수 있습니다. 하지만 마름모의 경우, 밑변이나 높이보다는 대각선의 길이가 주어지는 경우가 많습니다. 따라서 대각선의 길이를 이용하여 마름모의 넓이를 구하는 방법을 알아 둘 필요가 있습니다.

30초 해결사

마름모의 넓이 구하는 방법

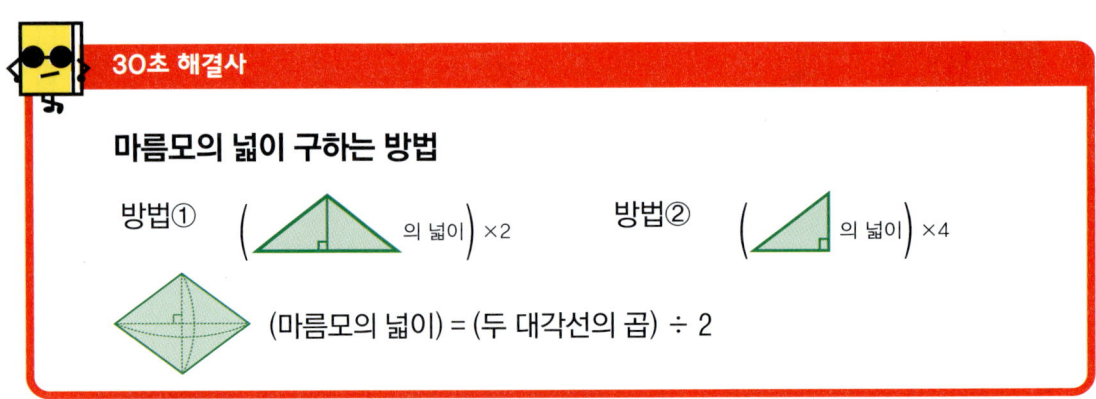

 **그것이 알고 싶다**

마름모는 네 변의 길이가 같은 사각형으로, 두 대각선이 서로 수직으로 만나는 성질이 있습니다. 이를 이용해서 다양한 방법으로 넓이를 구할 수 있습니다. 먼저 마름모를 두 대각선으로 나눕니다.

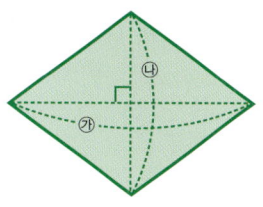

방법① 대각선 ㉮를 기준으로 접는다.

그럼 밑변의 길이가 ㉮, 높이가 ㉯ ÷ 2인 삼각형이 2개 만들어집니다. 따라서 마름모의 넓이는 삼각형 2개의 넓이를 합한 값과 같습니다.

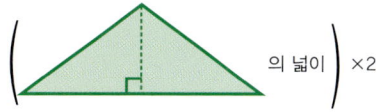

(마름모의 넓이) = (삼각형의 넓이) × 2
             = (밑변의 길이 × 높이 ÷ 2) × 2
             = (밑변의 길이 × 높이)
             = (대각선 ㉮ × 대각선 ㉯ ÷ 2)
             = (두 대각선의 곱) ÷ 2

방법② 대각선 ㉮를 기준으로 접고, 대각선 ㉯를 기준으로 1번 더 접는다.

그럼 밑변의 길이가 ㉮ ÷ 2, 높이가 ㉯ ÷ 2인 삼각형 4개가 만들어집니다. 따라서 마름모의 넓이는 삼각형 4개의 넓이를 합한 값과 같습니다.

> **마름모의 대각선**
> 마름모에서 대각선은 넓이를 구하는 데 중요한 단서가 된다.

(마름모의 넓이) = (삼각형의 넓이) × 4
             = (밑변의 길이 × 높이 ÷ 2) × 4
             = (밑변의 길이 × 높이) × 2
             = (대각선 ㉮ ÷ 2) × (대각선 ㉯ ÷ 2) × 2
             = (두 대각선의 곱) ÷ 2

한 발짝 더!

마름모에 대각선을 긋고 대각선과 평행인 선을 그으면 마름모를 둘러싸는 직사각형을 만들 수 있습니다.

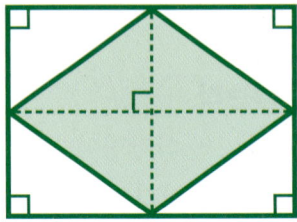

여기서 마름모의 두 대각선의 길이는 각각 직사각형의 가로, 세로의 길이가 됩니다. 또한 마름모의 넓이는 직사각형 넓이의 절반입니다. 따라서 마름모의 넓이는 다음과 같습니다.

(마름모의 넓이) = (직사각형의 넓이) ÷ 2
     = (가로의 길이 × 세로의 길이) ÷ 2
     = (두 대각선의 곱) ÷ 2

마름모의 네 각이 자유롭게 움직일 수 있다면 어떨까요? 무거운 자동차를 들어 올리는 잭(jack)은 마름모의 성질을 이용한 기구입니다. 길어졌다 짧아졌다 하는 장난감 주먹 펀치도 마름모의 성질을 이용한 것입니다.

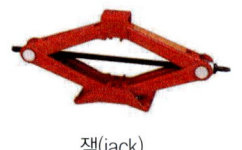

잭(jack)

꼬리에 꼬리를 무는 개념

- 2-1 : 1cm 알기
- 5-1 : 평행사변형, 삼각형의 넓이
- 5-1 : **마름모의 넓이**
- 6-2 : 원의 넓이
- 중1 : 평면도형의 성질

무엇이든 물어보세요

마름모는 평행사변형인데, 평행사변형의 넓이를 구하는 방법으로 마름모의 넓이를 구할 수는 없나요?

마름모 한 변의 길이와 그것을 밑변으로 했을 때의 높이를 알면 구할 수 있습니다. 하지만 마름모의 경우 한 밑변과 높이의 길이가 주어지기보다 주로 대각선의 길이가 주어지기 때문에 이런 경우에는 평행사변형의 넓이를 구하는 방법을 적용할 수 없습니다.

직사각형의 넓이를 이용하여 마름모의 넓이를 구하는 문제를 이해하지 못합니다.

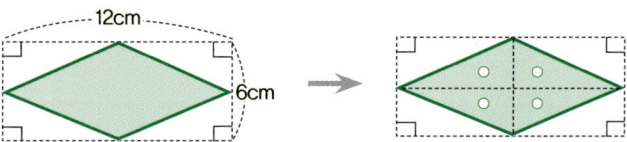

마름모를 대각선으로 자르면 삼각형이 4개 나옵니다. 네 삼각형은 마름모 바깥 부분의 마주보는 삼각형과 각각 합동입니다. 따라서 마름모의 넓이는 직사각형 넓이의 반입니다.

(마름모의 넓이) = (직사각형의 넓이) ÷ 2
                 = (가로 × 세로) ÷ 2
                 = (12 × 6) ÷ 2
                 = 36(cm^2)

| 다각형의 둘레와 넓이 | **사다리꼴의 넓이** |

사다리꼴의 넓이 구하는 것은 왜 이렇게 복잡해요?

아이는 왜?

사다리꼴의 넓이를 구하기 위해서는 이미 알고 있는 삼각형의 넓이나 평행사변형의 넓이를 이용하는데, 이는 사다리꼴을 직사각형으로 바꾸는 것입니다. 이 과정에서 아랫변, 윗변, 높이가 모두 사용되기 때문에 아이들이 어려워합니다.

30초 해결사

사다리꼴의 넓이를 구하는 방법

방법① 삼각형 2개로 나눈다.　　　방법② 사다리꼴 2개를 이어 붙인다.

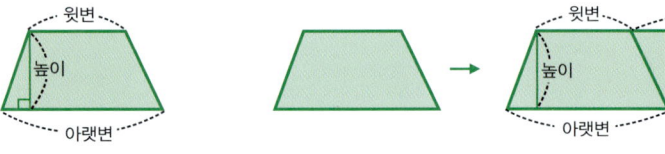

(사다리꼴의 넓이) = (윗변 + 아랫변) × 높이 ÷ 2

그것이 알고 싶다

다른 도형의 넓이와 마찬가지로 사다리꼴의 넓이도 사다리꼴을 자르거나 붙이는 방법으로 구할 수 있습니다. 직접 색종이로 사다리꼴을 만들어 잘라 보고 붙여 보는 활동을 하면 원리를 정확히 알 수 있습니다.

방법① 대각선을 이용해 삼각형 2개가 되도록 자른다.

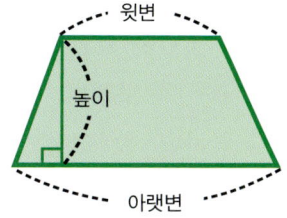

사다리꼴의 대각선을 따라 자르면 아랫변을 밑변으로 갖는 삼각형 1개와 윗변을 밑변으로 하는 삼각형 1개가 만들어집니다. 각 삼각형의 높이는 원래 사다리꼴의 높이와 같습니다. 따라서 두 삼각형의 넓이를 합하면 사다리꼴의 넓이를 구할 수 있습니다.

(사다리꼴의 넓이) = (윗변 × 높이 ÷ 2) + (아랫변 × 높이 ÷ 2)
= (윗변 + 아랫변) × (높이) ÷ 2

방법② 사다리꼴 2개를 이어 붙인다.

하나의 사다리꼴을 거꾸로 돌려 붙이면, 마주 보는 변이 평행이고 길이가 같은 평행사변형이 됩니다.

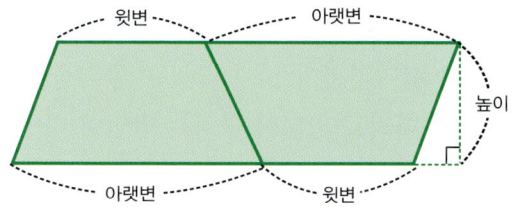

따라서 사다리꼴의 넓이는 평행사변형의 넓이를 2로 나누어 구합니다. 평행사변형 밑변의 길이는 사다리꼴의 (윗변 + 아랫변)과 같고 높이는 사다리꼴의 원래 높이와 같습니다.

(사다리꼴의 넓이) = (평행사변형의 넓이) ÷ 2
= (밑변 × 높이) ÷ 2
= (윗변 + 아랫변) × (높이) ÷ 2

교과서에서는 방법②로 사다리꼴의 넓이 구하는 방법을 설명하고 있습니다.

 **한 발짝 더!**

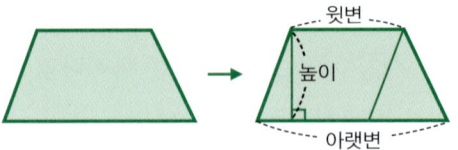

사다리꼴의 넓이를 구하는 방법은 예상 외로 많습니다. 어느 방법이 더 편리한지는 수학을 공부하는 아이들의 판단에 달려 있습니다.

사다리꼴을 한쪽 옆변과 평행한 선으로 잘라 보겠습니다.

그럼 윗변을 밑변으로 하는 평행사변형과 밑변의 길이가 (아랫변 − 윗변)인 삼각형이 만들어집니다. 두 도형의 높이는 사다리꼴의 높이와 같습니다. 따라서 평행사변형과 삼각형의 넓이를 합하면 사다리꼴의 넓이를 구할 수 있습니다.

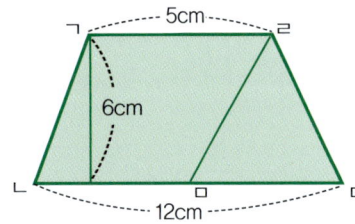

(평행사변형 ㄱㄴㅁㄹ의 넓이) = 5 × 6 = 30(cm^2) − ①
(삼각형 ㄹㅁㄷ의 넓이) = (12 − 5) × 6 × $\frac{1}{2}$ = 21(cm^2) − ②
① + ② = 51(cm^2)

이를 정리하면 다음과 같은 식이 만들어집니다.

(사다리꼴의 넓이) = (평행사변형의 넓이) + (삼각형의 넓이)
　　　　　　　　= (윗변) × (높이) + (아랫변 − 윗변) × (높이) ÷ 2

여기서 이 식을 더 분해하여 사다리꼴의 넓이 구하는 공식을 이끌어내는 것은 초등학교 수준을 벗어납니다. 아이들이 사다리꼴의 넓이 구하는 방법이 다양하다는 것을 경험하는 것으로 충분합니다.

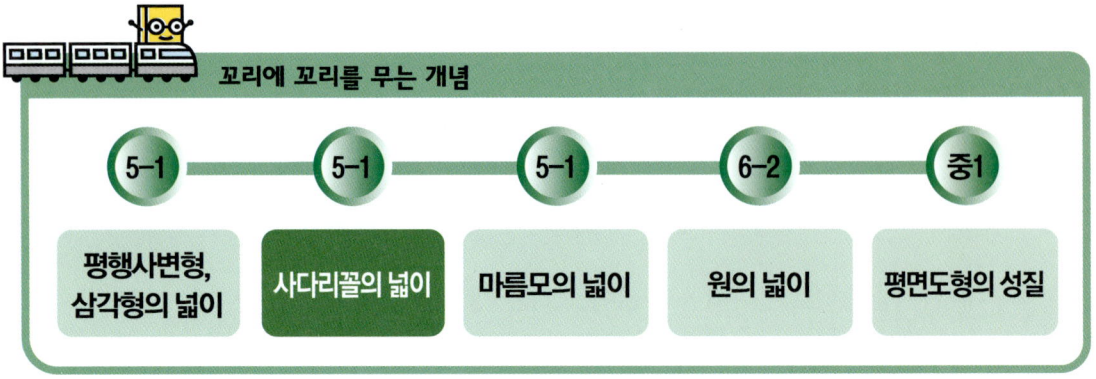

무엇이든 물어보세요

두 밑변의 길이 합이 같고 높이가 같은 사다리꼴은 넓이가 모두 같나요?

네, 같습니다. 사다리꼴의 넓이는 (윗변 + 아랫변) × 높이 ÷ 2이므로 두 밑변의 길이 합이 같으면 (윗변 + 아랫변)의 값이 같고 높이도 같으므로 사다리꼴의 넓이가 같아집니다. 두 밑변의 길이 합이 같고 높이가 같은 사다리꼴은 다음과 같이 여러 가지 모양으로 생각할 수 있습니다.

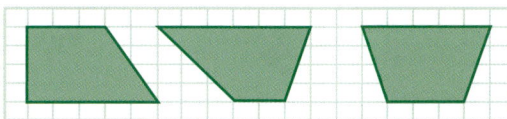

사다리꼴의 넓이를 구할 때 공식을 꼭 사용해야 하나요?

다음의 문제를 풀어 보겠습니다.
"사다리꼴의 넓이가 24cm²일 때 높이를 구하시오."

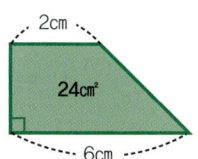

풀이) 공식을 사용하지 않아도 그림을 그려 간단히 해결할 수 있습니다.

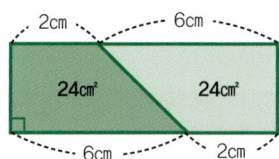

넓이가 48cm²이고 가로가 8cm인 직사각형이므로 세로(높이)는 48 ÷ 8 = 6(cm) 입니다.

| 평균과 가능성 | 평균 |

평균을 구할 때 주어진 자료들 중 가운데 값을 고르면 안 돼요?

5학년 자료와 가능성

 **아이는 왜?**

아이들은 종종 특이한 풀이법을 만들어 냅니다. 상상력이 풍부하기 때문이지요. 평균을 구하는 것도 한 예가 될 수 있습니다. 평균을 모든 값의 가운데 값이라 생각하기도 하고, 계산하지 않고 손쉽게 답을 구하고 싶은 마음에 나열된 수 중 가운데 수를 평균이라고 답하기도 합니다.

 30초 해결사

평균
- 모든 자료의 합을 구한 후 조사한 자료의 개수로 나눈 값이 평균이다.
- 평균은 자료의 특징을 나타내는 여러 가지 대푯값 중 하나이다.

 **그것이 알고 싶다**

　평균은 자료들의 합계를 자료들의 개수로 나눈 값입니다. 일상생활에서도 평균이라는 말을 많이 사용하기 때문에 아이에게 그리 낯선 용어는 아닙니다. 평균의 개념은 아이가 이해하기 쉬운 일상의 예를 통해 익히는 것이 좋습니다.

　예를 들어 아이가 학교에서 일주일 동안 모은 칭찬 스티커의 개수를 표로 나타낸 후 평균이 얼마인지 알아보겠습니다.

요일	월	화	수	목	금
칭찬 스티커 개수	7	5	4	6	3

　이때 평균을 구한다는 것은 하루에 칭찬 스티커를 몇 개 모은 것으로 볼 수 있는지 알아보는 것입니다.

$$(\text{하루에 모은 칭찬 스티커의 개수}) = \frac{7+5+4+6+3}{5} = \frac{25}{5} = 5 \,(\text{개})$$

　아이는 하루에 칭찬 스티커를 5개꼴로 모았습니다. 이것을 평균 5개 모았다고 이야기합니다.

　아이가 평균의 개념을 어려워한다면 종이테이프를 이용하는 방법도 있습니다. 길이가 100cm인 종이테이프를 2개 준비합니다. 꼭 100cm가 아니어도 됩니다. 종이테이프의 길이가 각각 한 학생의 시험 점수라 생각해 봅니다.

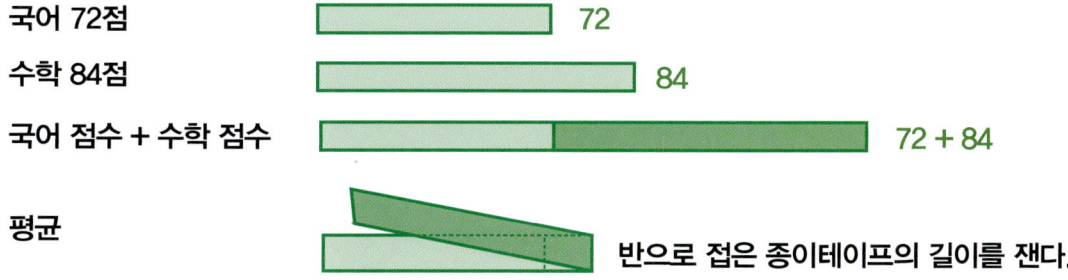

　이 방법을 사용하면 간단히 길이를 재는 것만으로도 평균을 구할 수 있습니다. 자를 이용하여 종이테이프의 길이를 재면 78cm가 됩니다.

한 발짝 더!

통계에서 평균과 같이 어떤 자료에 대한 전체의 경향과 특징을 나타낼 수 있는 값을 대푯값이라고 합니다. 대푯값들 중에 일상생활에서 많이 사용하는 것이 평균이며, 자료의 모든 값들의 성질을 동등하게 반영하고 있다는 점에서 의미 있는 값으로 사용됩니다. 그러나 평균은 자료의 모든 값에 영향을 받기 때문에 간혹 극단적인 자료가 주어진 경우에는 의미가 없을 수 있습니다. 예를 들어 칭찬 스티커를 월요일부터 목요일까지는 1개씩 받고 금요일에는 16개를 받았다면 평균은 $\frac{1+1+1+1+16}{5} = 4$와 같이 나타나지만 매일 평균적으로 4개의 스티커를 받았다고 보는 것은 특징을 적절히 분석했다고 보기 어렵습니다. 따라서 자료

일주일 동안 방문한 블로그 개수

요일	월	화	수	목	금
블로그 개수	5	9	6	7	9

에 따라서는 다른 방법으로 대푯값을 구하는 경우도 있습니다.

위의 표에 나타난 자료를 크기순으로 나열하면 5, 6, 7, 9, 9이며 이때 중앙에 위치한 7을 중앙값이라고 합니다. 그리고 자료들 중 5, 6, 7은 각각 1번씩, 9는 2번 나오므로 가장 빈도수가 높은 9를 최빈값이라고 합니다. 중앙값과 최빈값을 대푯값으로 사용할 수 있습니다. 평균이 극단적인 값 때문에 대푯값으로의 역할을 제대로 하지 못하게 될 때 중앙값이나 최빈값을 평균 대신 사용할 수 있습니다.

평균, 중앙값, 최빈값은 대푯값으로서 비슷한 역할을 하지만, 통계적 처리 방법의 차이로 인해 서로 다른 값이 나오는 경우도 있습니다.

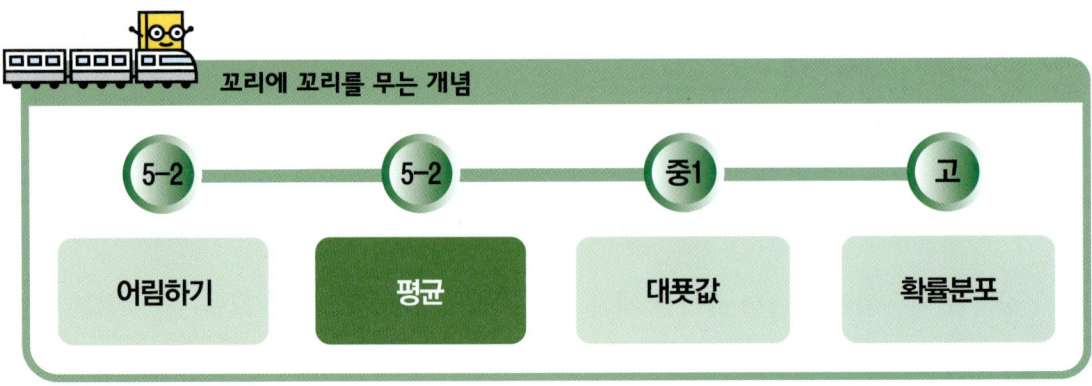

무엇이든 물어보세요

평균을 계산하면 자료에 주어진 값들 중 한 값이 나오나요?

아닐 수 있습니다. 앞의 예에서 방문한 블로그 개수가 5, 9, 6, 7, 9였습니다. 이때 평균은 $\frac{5+9+6+7+9}{5}$ = 7.2로 자료에 없는 값입니다. 방문한 블로그의 개수가 7.2개라는 표현은 적절하지 않지만 통계적인 방법으로 얻은 값이므로, 평균 7.2를 중심으로 다른 값들이 분포되어 있다고 생각할 수 있습니다.

평균은 그 집단을 대표하는 값인가요?

1인당 국민소득은 평균값입니다. 모든 국민의 소득의 합을 인구수로 나눈 값이 1인당 국민소득입니다. 그럼 국민소득이 높은 나라의 국민은 모두 잘 살까요?

당연히 꼭 그렇지는 않습니다. 예를 들어, 인구가 5명인 나라가 있습니다. 이 나라의 국민소득이 10만 달러입니다. 그런데 5명 각각의 소득을 알아보니 4명은 모두 1만 달러이고, 1명만 46만 달러라면 10만 달러는 허황된 값이 됩니다. 4명은 자기 나라 국민소득이 10만 달러라는 것을 전혀 체감할 수 없습니다.

이처럼 평균은 실생활에 많이 활용되고 있지만 그 의미를 제대로 모르고 사용하면 실수를 초래할 수 있습니다.

| 평균과 가능성 | **가능성** |

'가능성'에서는 뭘 배워요?

 **아이는 왜?**

가능성에 대한 이해는 구체적인 경험을 통해 얻어져야 합니다. 그러나 많은 경우 단순한 수학 지식만으로 가능성 문제를 해결하려고 합니다. 실제 많은 아이들이 날씨를 예상할 때, 단순히 비가 오는 경우와 오지 않는 경우로 구분하여 비 올 가능성을 $\frac{1}{2}$이라고 단정 짓거나 비가 오는 경우와 비가 오지 않는 경우의 가능성을 같게 보는 오개념을 갖고 있습니다.

30초 해결사

가능성 학습 단계
- 1~2학년 : 가능성 감각을 개발한다(공평한지 판단한다).
- 3~4학년 : 사건의 가능성을 말로 설명한다.
- 5~6학년 : 가능성 감각을 이용하여 문제를 해결한다.

그것이 알고 싶다

가능성은 초등학교 5학년 수학 교과서에서 처음 배우게 됩니다. 그러나 아이들은 초등학교 이전부터 일상생활에서 가능성 문제를 접하고 있습니다.

신나는 현장학습이나 운동회가 다가오면 아이들은 당일 날씨가 어떨지 궁금해집니다. "비가 오지 않을 것이다." 또는 "비가 올 것이다."로 예상할 수 있지요. 이때 아이들은 나름대로의 기준을 정해 날씨를 예상합니다. 이것이 가능성입니다.

가능성은 일상생활의 경험에서 출발하여 점점 수학적으로 의미 있는 활동으로 발전해야 합니다. 그러나 많은 아이들은 일상생활에서 가능성이 필요한 상황을 별로 발견하지 못합니다. 일상생활과 수학이 동떨어졌다고 생각하는 데 가장 큰 이유가 있습니다. 가능성 감각을 키우는 활동은 일상생활에서 다양한 정보를 수집하고 해석하도록 도와 올바른 의사 결정을 이끕니다. 따라서 가능성은 실제 경험을 통해 터득하는 것이 가장 좋습니다.

가능성 개념을 이해하려면 우선 공평한가부터 따져 봐야 합니다.

가능성이 같은가? 다른가?

엄마와 현수가 보고 싶은 TV 프로그램을 정하려고 한다.

① 가위 바위 보를 하여 엄마가 이기면 엄마가 선택하고, 그렇지 않으면 현수가 정한다.
② 다음과 같은 회전판을 돌려 검은색이 나오면 엄마가 선택하고, 그렇지 않으면 현수가 정한다.

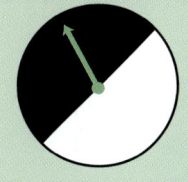

①과 ② 중 어느 방법이 더 공평한가? 그 이유는 무엇인가?

가능성은 확률 이전 단계입니다. 확률처럼 정확한 표현은 사용하지 않지만 아이들은 가급적 수학적 언어를 사용하여 개념을 익히고 문제를 해결해야 합니다.

이를 위해 사건이 일어날 가능성을 $0, \frac{1}{4}, \frac{1}{2}, \frac{3}{4}, 1$의 5단계로 표현합니다. 위의 회전판을 돌리는 활동에서 검은색이 나올 가능성은 $\frac{1}{2}$이고, 검은색 또는 흰색 중 어느 하나가 나올 가능성은 1입니다. 1은 반드시 일어나는 사건입니다.

한 발짝 더!

가능성과 관련하여 자주 쓰이는 문장을 통해 가능성 감각을 기를 수 있습니다. 선분을 2등분이나 4등분 혹은 10등분하여 가능성을 탐구해 봅니다.

다음 각 문장에 해당하는 경우가 어디쯤인지 예상해 본다.
① 그 일은 반드시 일어날 것이다.
② 그 일이 일어날 가능성은 반반이다.
③ 일어나지 않을 것 같다.
④ 거의 일어나지 않을 것이다.
⑤ 절대로 일어날 수 없다.
⑥ 아마도 일어날 것이다.
⑦ 그 일은 대부분 일어난다.

①의 경우는 1에 해당하고, ⑤의 경우는 0에 해당합니다. 다른 항목이 어디에 해당하는지도 짚어 봅니다.

이와 같은 활동을 통해 아이들은 가능성을 경험하게 되고, 나아가 가능성의 개념을 익히게 됩니다.

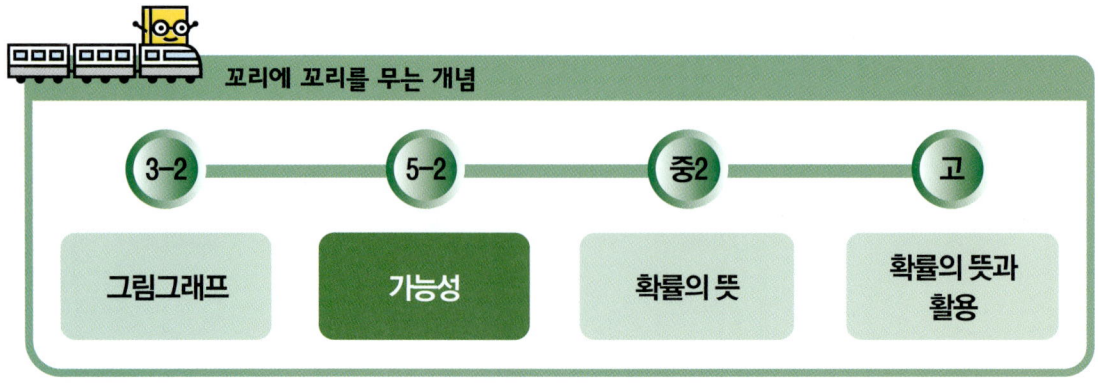

무엇이든 물어보세요

확률과 가능성은 어떻게 다른가요?

　어떤 사건이 일어날 가능성이 확률입니다. 따라서 확률과 가능성은 비슷한 개념이며 가능성을 통해 수학적 감각을 키워 보다 정확히 표현하게 되는 것이 확률입니다. 초등학교에서 가능성을 통해 수학적 감각을 키우는 데 중점을 두면 중학교에서 확률을 배울 때 보다 수월하게 접근할 수 있습니다.

초등학교에서 경우의 수와 확률은 배우지 않나요?

　예전에는 초등학교 수학에서 경우의 수와 확률을 다루었지만 해당 부분이 초등학교에서 배우는 다른 내용과 연결되지 않고 그 부분을 중학교에서 다시 배우기 때문에 중학교로 통합되었습니다. 동시에 확률의 이전 단계인 가능성을 도입하여 확률 감각을 키우고 일상생활에서 가능성을 경험하도록 하였습니다. 확률이 문제 풀이에 중점을 둔 것이라면 가능성은 실생활에서의 수학적 경험에 중점을 둔 것으로 볼 수 있습니다.

6학년에 나오는 수학 용어와 기호

변화와 관계
★ **비와 비율** 비 · 기준량 · 비교하는 양 · 비율 · 백분율 · : · %
★ **비례식과 비례배분** 비례식 · 비례배분

도형과 측정
★ **각기둥과 각뿔** 각기둥 · 각뿔 · 밑면 · 옆면 · 높이
★ **원기둥, 원뿔, 구** 원기둥 · 원뿔 · 구 · 밑면 · 옆면 · 높이 · 모선
★ **직육면체의 부피와 넓이** $1cm^3$ · $1m^3$
★ **원의 넓이** 원주 · 원주율

자료와 가능성
★ **여러 가지 그래프** 띠그래프 · 원그래프

6학년 수학사전

6학년은 초등학교의 마지막 학년인 만큼 이때는 지금까지 배운 내용을 토대로 마무리되는 개념들이 등장하고, 중학교의 기초 개념 또한 등장합니다. 이로 인해 아이들은 학습에 많은 부담을 느낍니다. 아이들이 지금까지 부족했던 부분을 스스로 정리해 나갈 수 있도록 기다려 주어야 하겠습니다.

6학년의 자기 주도 학습 5계명

❶ 분수의 연산은 자연수의 연산 개념으로 이해하면 되는데, 만약 개념적으로 이해되지 않는다면 우선 알고리즘을 사용하여 문제를 해결한 후, 문제의 의미를 다시 한번 생각해 보는 방법을 이용합니다.

❷ 입체도형을 학습할 때 실제 입체도형을 관찰하고 만져 보면서 그 특징을 찾아보는 활동을 하면 나중에 머릿속으로 입체도형을 쉽게 그릴 수 있습니다.

❸ 원주율과 관련된 내용은 아이들에게 아직 이해되지 않을 수 있습니다. 원주율은 비율의 일종이므로 비율을 학습한 후에 다시 한번 원주율에 대해 생각하는 시간을 가져 봅니다.

❹ 학교에서 배우는 수학이 실생활에 사용되는 경우를 가장 잘 확인할 수 있는 부분이 그래프입니다. 생활 속에서 다양한 그래프를 찾아보고, 자신이 알고 있는 그래프 지식을 적용해 봅니다. 내가 알고 있는 수학 지식을 실생활에서 직접 사용할 때 수학은 진정한 힘을 발휘합니다.

❺ 수학은 배우기보다 스스로 이해해 나가는 과목입니다. 지금 이해되지 않는다고 해서 조급해하거나 불안해하는 대신 보다 여유로운 마음을 유지합니다.

6학년은 무엇을 배우나요?

	6학년 1학기	
영역명	주제	공부할 내용
수와 연산	• (자연수)÷(자연수)의 몫을 분수로 나타내기 • (분수)÷(자연수)를 분수의 곱셈으로 나타내기 • (대분수)÷(자연수)의 계산하기 • (소수)÷(자연수) 이해하기 • (소수)÷(자연수) 계산하기 • 몫을 어림하기	1. (자연수)÷(자연수)의 몫을 분수로 나타낸다. 2. (진분수)÷(자연수)의 몫을 분수와 나눗셈의 의미를 통해 구한다. 3. (분수)÷(자연수)를 곱셈식 (분수)×$\frac{1}{(자연수)}$로 나타낼 수 있음을 이해하고 나타낸다. 4. (대분수)÷(자연수)의 계산한다. 5. 분수의 나눗셈을 이용하여 실생활 문제를 해결한다. 6. 자연수의 나눗셈을 이용하여 소수 나눗셈을 계산한다. 7. 각 자리에서 나누어떨어지지 않는 (소수)÷(자연수)를 계산한다. 8. 몫이 1보다 작은 소수인 (소수)÷(자연수)를 계산한다. 9. 소수점 아래 을 내려 계산해야 하는 (소수)÷(자연수)를 계산한다. 10. 몫의 소수 가운데 0이 들어가는 (소수)÷(자연수)를 계산한다. 11. (자연수)÷(자연수)의 몫을 소수로 나타낸다. 12. 몫을 어림하여 소수점의 위치가 바른지 확인한다.
변화와 관계	• 두 수를 비교하기 • 비의 개념을 이해하고, 그 관계를 비로 나타내기 • 비율을 이해하고, 비율을 분수, 소수, 백분율로 나타내기	1. 두 양의 크기를 뺄셈과 나눗셈으로 비교한다. 2. 비의 뜻을 이해하고, 비의 기호를 사용하여 나타낸다. 3. 비율의 뜻을 이해하고, 비율을 분수와 소수로 나타낸다. 4. 백분율의 뜻을 이해하고, 비율을 백분율로 나타낸다. 5. 실생활에서 사용되는 여러 가지 비율을 이해하고, 그와 관련된 문제를 해결한다.

초등학교 수학은 수와 연산, 변화와 관계, 도형과 측정, 자료와 가능성의 네 가지 영역으로 구성되어 있습니다. 그중 6학년에서 다루고 있는 내용을 영역별로 살펴보면 표와 같습니다. 표에서 제시한 주제에 따른 공부할 내용은 학생들이 수업을 통해 배우고 익히는 내용입니다.

6학년 1학기

영역명	주제	공부할 내용
도형과 측정	• 각기둥과 각뿔을 이해하기 • 각기둥과 각뿔의 구성 요소와 성질 이해하기 • 각기둥의 전개도 알고 그리기 • 직육면체의 부피를 비교하기 • 직육면체의 부피 구하기 • m^3 이해하기 • 직육면체의 겉넓이 구하기	1. 각기둥과 각뿔을 이해한다. 2. 각기둥과 각뿔의 여러 가지 구성 요소와 성질을 이해한다. 3. 각기둥의 전개도를 이해하고 여러 가지 방법으로 그린다. 4. 여러 가지 물건을 단위로 하여 직육면체의 부피를 수로 나타내어 비교한다. 5. 부피의 표준 단위인 $1cm^3$를 알고, 주변에서 부피가 $1cm^3$인 물건을 찾는다. 6. 직육면체의 부피 구하는 방법을 이해하고, 직육면체의 부피를 구한다. 7. 부피의 큰 단위인 $1m^3$를 알고, $1m^3$와 $1cm^3$의 관계를 이해한다. 8. 직육면체의 겉넓이를 구하는 여러 가지 방법을 찾고, 겉넓이를 구한다.
자료와 가능성	• 실생활 자료를 그림그래프로 나타내기 • 주어진 자료를 띠그래프와 원그래프로 나타내기 • 그래프를 해석하기	1. 여러 가지 그래프가 실생활에서 쓰이는 예를 알고 각 그래프의 특징을 안다. 2. 그래프를 보고 해석하며, 알 수 있는 사실을 찾아 말한다. 3. 자료를 그림그래프, 띠그래프, 원그래프로 나타낸다. 4. 실생활 자료를 수집, 분류, 정리하여 목적에 맞는 그래프로 나타내고, 해석한다.

6학년 2학기		
영역명	주제	공부할 내용
수와 연산	• (자연수)÷(단위분수) 이해하고 계산하기 • (분수)÷(분수) 이해하고 계산하기 • (자연수)÷(분수) 이해하고 계산하기 • (분수)÷(분수)를 (분수)×(분수)로 나타내기 • (가분수)÷(분수), (대분수)÷(분수) 이해하고 계산하기 • (소수)÷(소수) 이해하고 계산하기 • (자연수)÷(소수) 이해하고 계산하기 • 몫을 반올림하기 • 소수의 나눗셈에서 나누고 남는 양 이해하고 계산하기	1. (자연수)÷(단위분수)의 계산 원리를 이해하고 계산한다. 2. 분모가 같은 (분수)÷(분수)의 계산 원리를 이해하고 계산한다. 3. 분모가 다른 (분수)÷(분수)의 계산 원리를 이해하고 계산한다. 4. (자연수)÷(분수)의 계산 원리를 이해하고 계산한다. 5. (분수)÷(분수)를 (분수)×(분수)로 바꾸어 계산하는 원리를 이해하고 계산한다. 6. (가분수)÷(분수), (대분수)÷(분수)의 계산 원리를 이해하고 계산한다. 7. 소수의 나눗셈에서 나누는 수를 자연수로 바꾸어 계산하는 원리를 이해한다. 8. (소수)÷(소수)의 계산 원리를 알고 계산한다. 9. 소수의 나눗셈에서 결과를 어림한다. 10. 소수의 나눗셈에서 나누고 남는 양을 구한다. 11. 소수의 나눗셈에서 몫이 나누어떨어지지 않거나 복잡할 때 몫을 반올림하여 나타낸다.
변화와 관계	• 비례식을 이해하기 • 비의 성질 이해하기 • 주어진 비를 간단한 자연수의 비로 나타내기 • 비례식의 성질 이해하기 • 비례배분 이해하고 주어진 양을 비례배분하기	1. 비례식을 이해하고 두 비를 비례식으로 나타낸다. 2. 비의 성질을 이해하고 주어진 비를 간단한 자연수의 비로 나타낸다. 3. 비례식의 성질을 이해하고 이를 활용하여 비례식을 푼다. 4. 비례배분을 이해하고 주어진 양을 비례배분한다.

영역명	주제	공부할 내용
도형과 측정	• 쌓은 모양과 쌓기나무의 개수 추측하기 • 쌓기나무로 조건에 맞는 모양 만들기 • 원주와 지름의 관계 이해하기 • 원주율을 이해하기 • 원주와 지름 구하기 • 원의 넓이를 어림하기 • 여러가지 원의 넓이 구하기 • 원기둥, 원뿔, 구 이해하기 • 원기둥의 전개도 이해하고 그리기 • 여러 가지 모양을 만들기	1. 쌓기나무로 쌓은 모양과 위에서 본 모양을 보고, 쌓은 모양과 쌓기나무 개수를 추측한다. 2. 쌓기나무로 쌓은 모양의 위, 앞, 옆에서 본 모양을 표현하고, 이러한 표현을 보고 쌓은 모양과 쌓기나무 개수를 추측한다. 3. 쌓기나무로 쌓은 모양을 위에서 본 모양에 수를 적는 방법으로 표현하고, 이러한 표현을 보고 쌓은 모양과 쌓기나무 개수를 안다. 4. 쌓기나무로 쌓은 모양을 층별로 나타낸 그림으로 표현하고, 이러한 표현을 보고 쌓은 모양과 쌓기나무 개수를 안다. 5. 쌓기나무로 조건에 맞게 모양을 만든다. 6. 원의 지름에 대한 원의 둘레의 비가 원주율임을 이해한다. 7. 원주율을 이해하고 원주와 지름을 구한다. 8. 원에 내접, 외접하는 다각형과 모눈종이를 이용하여 원의 넓이를 어림한다. 9. 원의 넓이 구하는 방법을 이해하고, 여러 가지 원의 넓이를 구한다. 10. 원기둥을 이해하고 원기둥의 구성 요소와 성질을 설명한다. 11. 원기둥의 전개도를 이해하고 올바른 전개도를 그린다. 12. 원뿔을 이해하고 원뿔의 구성 요소와 성질을 설명한다. 13. 구를 이해하고 구의 구성 요소와 성질을 설명한다.

| 분수의 나눗셈 | 분모가 같은 진분수끼리의 나눗셈 |

$\frac{6}{7} \div \frac{2}{7}$가 어떻게 6 ÷ 2가 돼요? 분모는 어떡하고요?

아이는 왜?

$\frac{6}{7} \div \frac{2}{7}$ = 6 ÷ 2입니다. 분모 7은 어떻게 계산된 것일까요? 교과서에 그 이유가 잘 설명되어 있지만 아이들이 1~2번 듣고 문제 풀이에만 치중하면 그 이유를 기억하지 못하게 됩니다.

30초 해결사

$\frac{6}{8} \div \frac{2}{8}$ = 6 ÷ 2

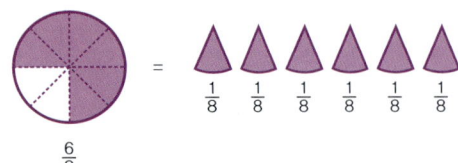

① $\frac{6}{8}$에서 $\frac{2}{8}$를 3번 빼면 0이 된다.
→ $\frac{6}{8} \div \frac{2}{8}$ = 3
② 6에서 2를 3번 빼면 0이 된다.
→ 6 ÷ 2 = 3
①, ②에서 $\frac{6}{8} \div \frac{2}{8}$ = 6 ÷ 2 = 3

그것이 알고 싶다

$\frac{6}{7} \div \frac{2}{7}$는 $6 \div 2$와 같을까요? 언뜻 이해가 안 되는 어려운 질문입니다. 아이들 입장에서도 상당히 난감한 문제입니다. $\frac{6}{7} \div \frac{2}{7} = 6 \div 2$가 맞다면 $\frac{6}{7} = 6$이고, $\frac{2}{7} = 2$일 것 같은 착각이 들기 때문입니다.

□ ÷ △를 이해하는 데는 몇 가지 방법이 있습니다. $\frac{6}{7} \div \frac{2}{7}$의 경우에는 $\frac{6}{7}$을 $\frac{2}{7}$씩 똑같이 덜어내는 나눗셈을 생각해야 합니다.

$\frac{6}{7} - \frac{2}{7} - \frac{2}{7} - \frac{2}{7} = 0$이므로

$\frac{6}{7}$에서 $\frac{2}{7}$를 3번 덜어낼 수 있습니다. 거듭 강조하지만 분수는 단위분수 개념으로 이해해야 합니다. 단위분수로 분수를 셀 수 있다는 인식을 갖는 것이 중요합니다.

$\frac{6}{7}$은 $\frac{1}{7}$이 6개이고, $\frac{2}{7}$는 $\frac{1}{7}$이 2개입니다.

$\frac{1}{7}$ 6개에서 $\frac{1}{7}$을 2개씩 덜어내면 $6 - 2 - 2 - 2 = 0$이므로 3번 덜어낼 수 있습니다.

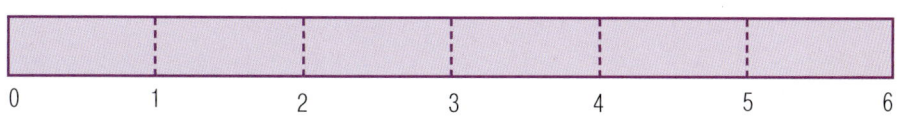

이는 곧 $6 \div 2$로 생각할 수 있습니다.

다시 말해,

$\frac{6}{7} - \frac{2}{7} - \frac{2}{7} - \frac{2}{7} = 0$,

$6 - 2 - 2 - 2 = 0$에서

$\frac{6}{7} \div \frac{2}{7} = 3$이고 $6 \div 2 = 3$이므로,

$\frac{6}{7} \div \frac{2}{7} = 6 \div 2$가 됩니다.

> **분모가 같은 분수의 나눗셈**
>
> $\frac{△}{□} \div \frac{★}{□} = △ \div ★ = \frac{△}{★}$
> 처럼 분모가 같은 분수의 나눗셈은 분자끼리의 나눗셈으로 풀 수 있다.

분모가 같은 분수끼리의 나눗셈을 이해하면 이를 확장시켜 다른 분수의 나눗셈도 해결할 수 있게 됩니다.

> **한 발짝 더!**

분수의 나눗셈에서는 분수의 분모가 같은지 먼저 확인합니다. 분모가 같으면 분자끼리의 나눗셈으로 해결할 수 있습니다. 그럼 분모가 다르면 어떻게 해야 할까요? 통분으로 두 분수의 분모를 같게 만들면 됩니다.

분수셈에서는 단위분수에 대한 이해 정도가 매우 중요합니다. 3학년 때 배운 분수의 개념부터 6학년 때 배우는 분수의 나눗셈까지 모두 단위분수의 기본 개념을 바탕으로 생각해야 합니다. 분수를 취급하는 각각의 상황마다 빠르고 편리하게 해결하는 방법이 있지만 단위분수 개념은 그 모든 상황을 해결해 줄 수 있는 기본 개념입니다.

분수의 나눗셈 학습 과정

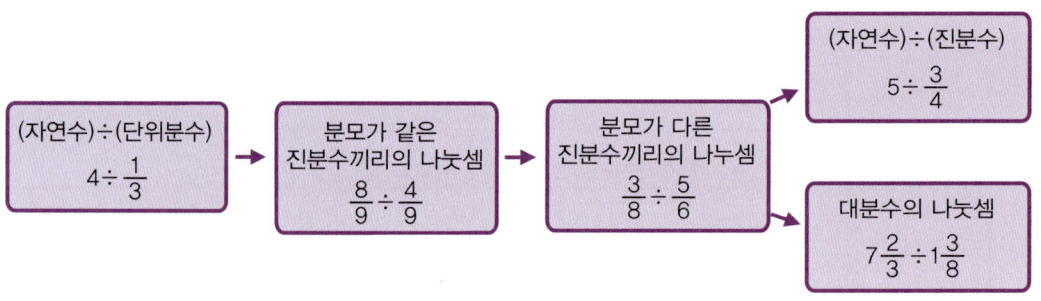

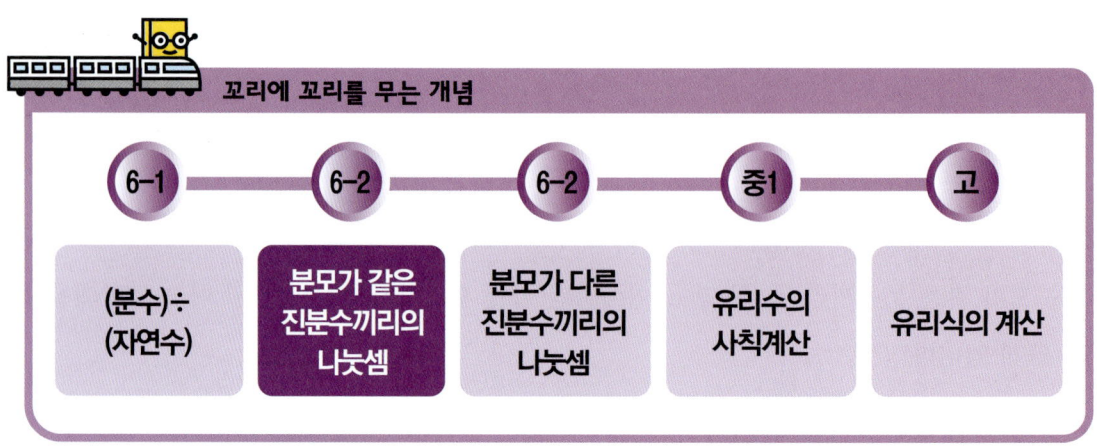

무엇이든 물어보세요

 $\frac{6}{7} \div \frac{2}{7} = 6 \div 2$를 $\frac{6}{7} \div \frac{2}{7} = \frac{6 \div 2}{7 \div 7} = \frac{3}{1} = 3$으로 생각해도 되나요?

네, 가능합니다. 분수의 곱셈을 공식화하면 분모는 분모끼리 곱하고 분자는 분자끼리 곱합니다. 분수의 나눗셈도 같은 방식으로 공식화할 수 있지만 아직 배우고 익히는 단계이므로 수학적 원리를 차근차근 깨치는 것이 더욱 중요합니다. 아직은 단위분수의 개수로 분수의 나눗셈을 이해하는 것이 아이의 입장에서는 보다 의미 있는 것으로 판단됩니다.

 $\frac{6}{7} \div \frac{2}{7} = 6 \div 2 = 3$이고 $\frac{6}{5} \div \frac{2}{5} = 6 \div 2 = 3$이잖아요. 그럼 $\frac{6}{7} \div \frac{2}{7} = \frac{6}{5} \div \frac{2}{5}$라고 할 수 있나요?

$\frac{6}{7} \div \frac{2}{7} = \frac{6}{5} \div \frac{2}{5}$가 참이라고 생각하기는 막상 어렵습니다.
그런데 계산 결과를 따지면
$\frac{6}{7} \div \frac{2}{7} = 6 \div 2 = 3$이고,
$\frac{6}{5} \div \frac{2}{5} = 6 \div 2 = 3$이므로
$\frac{6}{7} \div \frac{2}{7}$와 $\frac{6}{5} \div \frac{2}{5}$는 같은 값입니다.
분수의 나눗셈식을 잘 생각해 보면
$\frac{6}{7} \div \frac{2}{7}$는 $\frac{6}{7}$을 $\frac{2}{7}$로 몇 번 나눌 수 있는지를 구하는 것이고,
$\frac{6}{5} \div \frac{2}{5}$ 역시 $\frac{6}{5}$을 $\frac{2}{5}$로 몇 번 나눌 수 있는지를 구하는 것입니다.
따라서 분수는 다르지만 두 식의 계산 결과는 당연히 같은 값이 됩니다.

| 분수의 나눗셈 | **분모가 다른 진분수끼리의 나눗셈**

나눗셈을 왜 곱셈으로 고쳐 풀어요?

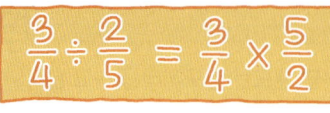

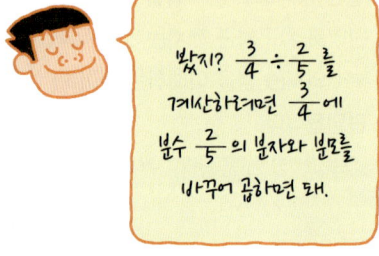

 **아이는 왜?**

6학년쯤 되면 아이들은 분수의 나눗셈이나 곱셈에서 척척박사가 됩니다. 분수의 나눗셈에서는 역수를 이용하고, 분수의 곱셈에서는 분모끼리 분자끼리 곱하면 그만이니까요. 하지만 왜 그래야 하는지 정확히 말할 수 있는 아이들은 별로 없습니다.

 30초 해결사

분수의 나눗셈 원리

① $\dfrac{3}{4} \div \dfrac{2}{5} = \dfrac{15}{20} \div \dfrac{8}{20} = 15 \div 8 = \dfrac{15}{8}$

② $\dfrac{3}{4} \times \dfrac{5}{2} = \dfrac{15}{8}$

① = ②이므로

$\dfrac{3}{4} \div \dfrac{2}{5} = \dfrac{3}{4} \times \dfrac{5}{2}$

그것이 알고 싶다

분수의 나눗셈은 주로 $\frac{3}{4} \div \frac{2}{5} = \frac{3}{4} \times \frac{5}{2}$와 같이 분수의 곱셈을 이용하여 해결합니다. 그런데 $\frac{3}{4} \div \frac{2}{5}$가 정말 $\frac{3}{4} \times \frac{5}{2}$와 같을까요? 같다면 왜 같을까요?

분명 수학 교과서에서 다루는 내용이지만 아이들 입장에서는 복잡하기도 하고 굳이 원리를 알지 못하더라도 큰 불편이 없기 때문에 공식만 암기하고 넘어가기도 합니다. 그러나 이러한 내용은 5학년 이후 꾸준히 다루어지기 때문에 충분히 다루어 볼 필요가 있습니다.

다음 예를 통해 분수의 나눗셈이 어떻게 분수의 곱셈이 되는지 살펴보겠습니다.

역수

분수의 나눗셈을 곱셈으로 고쳐 계산할 때 역수라는 말을 사용한다. 하지만 이 용어는 초등학교에서 사용하지 않는다. $\frac{2}{5}$의 역수는 $\frac{2}{5}$와 곱하여 1이 되는 수이다. $\frac{2}{5} \times \square = 1$에서 $\square = \frac{5}{2}$이므로 $\frac{2}{5}$의 역수는 $\frac{5}{2}$이다.

$\frac{3}{4} \div \frac{2}{5} = \frac{3}{4} \times \frac{5}{2}$

1. 통분하여 두 분수의 분모를 같게 한다.

$\frac{3}{4} \div \frac{2}{5} = \frac{3 \times 5}{4 \times 5} \div \frac{2 \times 4}{5 \times 4}$

분모가 같아지면 분자끼리 나눌 수 있습니다.

2. 나눗셈을 분수로 나타낸다.

$(3 \times 5) \div (2 \times 4) = \frac{3 \times 5}{2 \times 4}$

$3 \div 7 = \frac{3}{7}$이 되는 것처럼 $(3 \times 5) \div (2 \times 4)$도 $\frac{3 \times 5}{2 \times 4}$가 될 수 있습니다.

3. 분수를 처음 분수와 비교하여 두 분수의 곱셈으로 정리한다.

$\frac{3 \times 5}{2 \times 4} = \frac{3 \times 5}{4 \times 2} = \frac{3}{4} \times \frac{5}{2}$

$\frac{3}{4} \div \frac{2}{5} = \frac{3}{4} \times \frac{5}{2}$

아이가 이 과정을 한 단계씩 이해해 나가며 분수의 나눗셈을 분수의 곱셈으로 만들어 푸는 원리를 익히도록 지도합니다.

 **한 발짝 더!**

2와 3을 더한 값은 3과 2를 더한 값과 같습니다.
또, 4와 5를 더한 값은 5와 4를 더한 값과 같습니다.
이처럼 두 수를 더할 때 더하는 순서와 상관없이 두 수의 합은 항상 같습니다.

$2 + 3 = 3 + 2$
$4 + 5 = 5 + 4$

수학자들은 두 수를 □, △라 하여
이러한 내용을 □ + △ = △ + □로 나타냅니다.

분수의 나눗셈도 이러한 방법으로 표시해 볼 수 있습니다.

$$\frac{\blacktriangle}{\star} \div \frac{\blacksquare}{\odot} = \frac{\blacktriangle \times \odot}{\star \times \odot} \div \frac{\blacksquare \times \star}{\odot \times \star}$$
$$= (\blacktriangle \times \odot) \div (\blacksquare \times \star)$$
$$= \frac{\blacktriangle \times \odot}{\blacksquare \times \star} = \frac{\blacktriangle \times \odot}{\star \times \blacksquare} = \frac{\blacktriangle}{\star} \times \frac{\odot}{\blacksquare}$$

중학생이 되면 간단히 문자 a, b, c, d를 써서 $\frac{b}{a} \div \frac{d}{c} = \frac{b}{a} \times \frac{c}{d}$와 같이 나타냅니다.

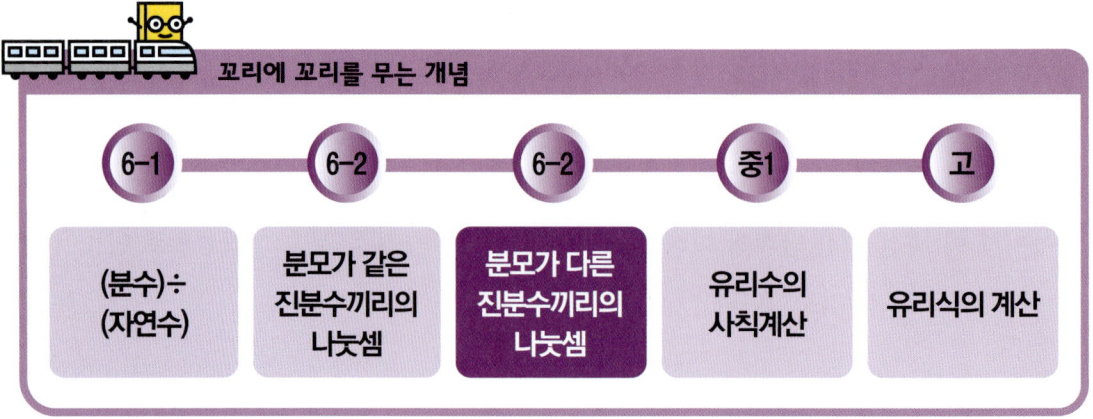

무엇이든 물어보세요

분수의 나눗셈에서 분모는 분모끼리, 분자는 분자끼리 나누어 계산할 수 있나요?

보통 분수의 곱셈에서는 $\frac{b}{a} \times \frac{d}{c} = \frac{b \times d}{a \times c}$ 임을 이용하고, 분수의 나눗셈에서도 $\frac{b}{a} \div \frac{d}{c} = \frac{b \div d}{a \div c}$ 가 성립합니다. $\frac{8}{12} \div \frac{2}{4} = \frac{8 \div 2}{12 \div 4} = \frac{4}{3}$ 입니다. 하지만 이를 공식화하여 풀기보다 분수의 나눗셈 원리에 충실하는 것이 더 좋습니다.

분수의 나눗셈식 $\frac{3}{4} \div \frac{2}{5}$를 분수의 곱셈식으로 고쳐 풀 때 역수를 사용합니다. 이때 역수라는 용어를 사용하여도 되나요?

역수는 중학교에서 처음 배우는 수학 용어입니다. 역수에서 역(逆)은 '거꾸로'를 의미하므로 역수란 '거꾸로 된 수'의 뜻으로 흔히 사용됩니다.

수학에서는 역수를 다음과 같이 약속합니다.

$a \times b = 1$을 만족하는 두 수 a, b가 있을 때, a를 b의 역수, b를 a의 역수라고 합니다. 예를 들어 $3 \times \frac{1}{3} = 1$이므로 3의 역수는 $\frac{1}{3}$이고, $\frac{1}{3}$의 역수는 3이 됩니다.

초등학교에서 역수라는 용어를 사용하는 것은 바람직하지 않습니다. $\frac{3}{4} \div \frac{2}{5}$를 $\frac{3}{4} \times \frac{5}{2}$로 풀 때, 나눗셈기호를 곱셈기호로 바꾸고 역수를 사용한다고 하면 수학 공식을 하나 더 외운 것밖에 되지 않습니다. $\frac{3}{4} \div \frac{2}{5} = \frac{3}{4} \times \frac{5}{2}$가 되는 이유를 생각해야 한다면 '역수'라는 용어는 그다지 중요하지 않습니다. 개념을 이해하는 과정에서 저절로 암기가 되도록 하는 게 좋습니다. 공식을 암기하기 전에 왜 그렇게 되는지 이해하는 것이 중요합니다.

소수의 나눗셈

소수의 나눗셈을 할 때 소수점은 왜 옮겨요?

아이는 왜?

소수의 나눗셈은 자연수의 나눗셈보다 까다롭습니다. 특히 많은 아이들이 소수점 옮기는 규칙을 힘들어합니다. 그래서 2.4 ÷ 0.6을 24 ÷ 6으로 고쳐 푸는 것을 선뜻 이해하지 못합니다.

30초 해결사

소수의 나눗셈은 계산하기 편리하도록 자연수의 나눗셈으로 바꿔 해결한다.

2.4 ÷ 0.6 ➡ 24 ÷ 6

그것이 알고 싶다

나눗셈은 많은 아이들이 어렵게 생각하는 부분입니다. 소수의 나눗셈이라면 더욱 그렇습니다. 나눗셈을 어려워하는 이유는 나눗셈 원리에 대한 이해 없이 암기를 통해 나눗셈 방법을 익히기 때문입니다. 그래서 소수점의 위치를 옮겨 계산할 때 많은 아이들이 소수의 나눗셈에 대한 이해 없이 기계적인 풀이를 합니다.

소수의 나눗셈에서 중요한 것은 소수점의 위치를 옮겨 계산하는 이유를 정확히 이해하는 것입니다. 사실 소수점을 옮기는 이유는 간단합니다. 소수의 나눗셈보다 자연수의 나눗셈이 훨씬 편리하기 때문입니다. 따라서 소수의 나눗셈을 어떻게 자연수의 나눗셈으로 바꾸는지 이해하면 문제는 해결됩니다.

$2.4 \div 0.6$을 계산해 보겠습니다.

소수의 나눗셈을 자연수의 나눗셈으로 나타내기 위해 먼저 소수를 분수로 고치면 $2.4 = \frac{24}{10}$, $0.6 = \frac{6}{10}$입니다.

그럼 여기서

$$2.4 \div 0.6 = \frac{24}{10} \div \frac{6}{10} = \frac{24 \div 6}{10 \div 10}$$
$$= 24 \div 6$$
$$= 4$$

입니다. 다시 말해 $2.4 \div 0.6$과 $24 \div 6$의 몫이 같으므로 두 식은 서로 같은 식입니다.

소수점을 옮겨 필산하면 다음과 같습니다.

$$2.4 \div 0.6 = 24 \div 6 = 4$$

$$0.6 \overline{)2.4} \rightarrow 0.6 \overline{)2.4} \quad \begin{array}{r} 4 \\ \underline{24} \\ 0 \end{array}$$

소수의 나눗셈과 자연수의 나눗셈이 같은 몫을 가지므로 계산하기 편리한 자연수의 나눗셈으로 바꾸어 푸는 것입니다.

한 발짝 더!

나머지가 있는 소수의 나눗셈은 어떻게 해결해야 할까요?

$3.2 \div 0.5$를 세로셈으로 계산해 보겠습니다.

$$0.5 \overline{)3.2} \quad \Rightarrow \quad 0.5 \overline{)\begin{array}{r} 6 \\ 3.2 \\ 3\,0 \\ \hline 0.2 \end{array}}$$

여기서 많은 아이들이 나머지를 어떻게 처리해야 하는지, 나머지의 소수점은 왜 옮겨지지 않는지 매우 의아해하는데, 3.2에서 0.5를 6번 덜어내면 0.2가 남습니다. 결과를 확인하기 위해 검산을 해보면 $0.5 \times 6 + 0.2 = 3.2$가 됩니다. 나눗셈의 결과를 확인하기 위해 반드시 검산식을 씁니다.

$$3.2 - 0.5 - 0.5 - 0.5 - 0.5 - 0.5 - 0.5 = 0.2$$

$$0.5 \times 6 = 3$$

$$(\text{검산}) \; 0.5 \times 6 + 0.2 = 3.2$$

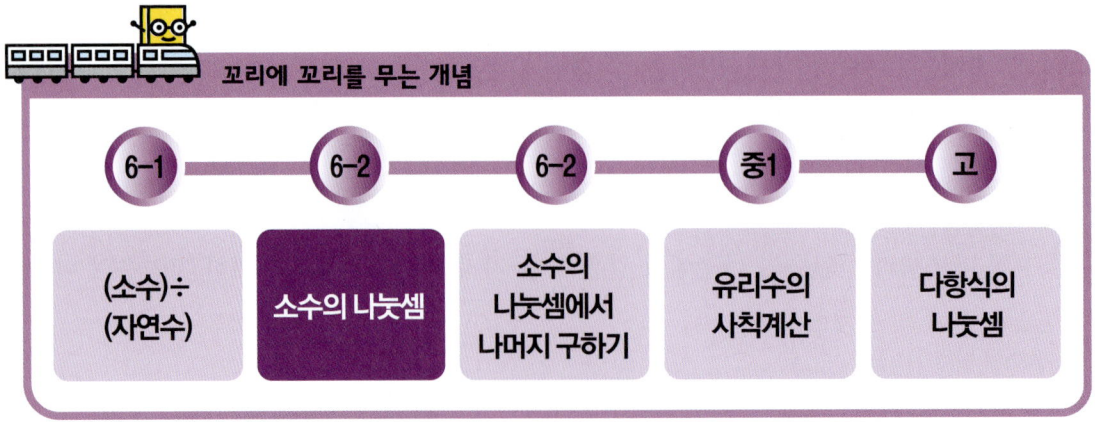

무엇이든 물어보세요

소수를 10배 또는 $\frac{1}{10}$배 할 때 소수점의 위치가 어떻게 달라지는지 잘 모르는데, 어떻게 지도해야 하나요?

주어진 소수를 10배, 100배 또는 $\frac{1}{10}$배, $\frac{1}{100}$배 할 때, 소수를 세로로 놓고 위나 아래로 따져 보면 이해하기 쉽습니다. 이때 가운데 놓인 소수를 기준으로 위로는 10배, 100배 하고, 아래로는 $\frac{1}{10}$배, $\frac{1}{100}$배 하면 소수점의 위치 변화를 한눈에 볼 수 있습니다.

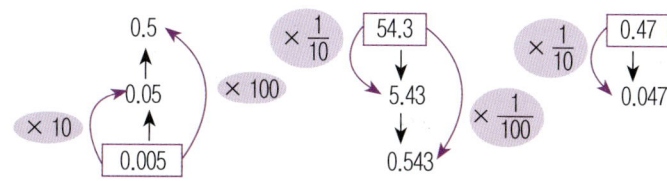

2.36 ÷ 1.2를 풀 때 소수점을 옮겨야 하는데, 어떻게 옮겨지는지 이해하지 못합니다.

(소수) ÷ (소수)는 (소수) ÷ (자연수)의 꼴로 고쳐 풀면 편리합니다.
나누는 수를 자연수로 나타내기 위해 옮긴 소수점의 위치만큼 나누어지는 수의 소수점을 옮기면 됩니다.
1.5 ÷ 0.4에서 0.4를 4로 고치면, 1.5는 15가 됩니다.
2.36 ÷ 1.2에서 1.2를 12로 고치면 2.36은 23.6이 됩니다.

| 소수의 나눗셈 | 소수의 나눗셈에서 나머지 구하기

소수의 나눗셈에서 소수점을 옮겨 계산할 때 나머지의 소수점은 왜 안 옮겨요?

아이는 왜?

1.7 ÷ 0.3을 17 ÷ 3으로 고쳐 계산해도 된다고 배웠는데, 막상 나머지를 구할 때는 소수점을 옮기지 말라고 하니 아이 입장에서는 혼란스러운 것이 당연합니다. 1.7 ÷ 0.3과 17 ÷ 3의 몫은 같지만 나머지는 다르다는 점을 알려줘야 하겠습니다.

30초 해결사

1.7 ÷ 0.3과 17 ÷ 3

구분	1.7 ÷ 0.3	17 ÷ 3
식	1.7 − 0.3 − 0.3 − 0.3 − 0.3 − 0.3 = 0.2	17 − 3 − 3 − 3 − 3 − 3 = 2
몫	5	5
나머지	0.2	2

1.7 ÷ 0.3과 17 ÷ 3의 몫은 같지만 나머지는 다르다.

그것이 알고 싶다

소수의 나눗셈에서 몫과 나머지는 어떻게 구할까요? 나눗셈에 익숙한 아이들도 나머지를 구할 때 어려움을 겪습니다. 이는 나눗셈의 의미를 제대로 이해하지 못한 결과이기도 합니다.

$$1.7 \div 0.3 = \frac{17}{10} \div \frac{3}{10} = 17 \div 3$$

$$1.7 \div 0.3 = \frac{17}{3}, \ 17 \div 3 = \frac{17}{3}$$

1.7 ÷ 0.3과 17 ÷ 3의 몫은 같습니다. 하지만 이 두 식에서 몫을 자연수 부분까지 구할 때 나머지는 달라집니다.

$$1.7 - 0.3 - 0.3 - 0.3 - 0.3 - 0.3 = 0.2$$
$$17 - 3 - 3 - 3 - 3 - 3 = 2$$

1.7에서 0.3을 5번 빼면 나머지는 0.2이고, 17에서 3을 5번 빼면 나머지가 2입니다. 1.7 ÷ 0.3 = 17 ÷ 3이라고 했는데, 왜 나머지가 다를까요? 이것을 확인하려면 문제를 만들어 나눗셈 상황을 이해하면 도움이 됩니다.

먼저 길이가 1.7m인 철사를 0.3m씩 자르는 경우를 생각해 봅니다. 이때 자르고 남은 철사의 길이는 몇 m일까요?

$$1.7 - 0.3 - 0.3 - 0.3 - 0.3 - 0.3 = 0.2$$

1.7m에서 0.3를 5번 빼고 나면 0.2m가 남습니다.

두 번째 상황은 사과 17개를 3개씩 바구니에 담는 경우입니다. 이때는 17에서 3을 5번 빼고 2가 남습니다.

$$17 - 3 - 3 - 3 - 3 - 3 = 2$$

이 두 문제에서 몫은 같지만 나머지가 달라진다는 것을 확인할 수 있습니다. 아이에게 이 점을 분명하게 강조해 주어야 합니다. 아이가 문제를 제대로 이해하고 있는지 확인하려면 아이의 말로 자신의 풀이 과정을 설명하게 하면 됩니다.

한 발짝 더!

1.7 ÷ 0.3을 세로셈으로 풀어 보겠습니다.

$$0.3 \overline{)1.7} \quad \Rightarrow \quad 0.3 \overline{)1.7}$$

- 5 ← 몫
- 1 5 ← 소수점을 생략하여 나타냅니다.
- 0.2 ← 나머지

1.7 ÷ 0.3 = 5 ⋯ 0.2

(검산) 0.3 × 5 + 0.2 = 1.7

이때 알 수 있는 사실은 소수의 나눗셈에서 나누어지는 수와 나누는 수의 소수점은 옮겨지지만 나머지는 처음 나누어지는 수의 소수점 위치를 따른다는 점입니다.

참고로 17 ÷ 3을 세로셈으로 풀어 보겠습니다.

$$3 \overline{)17} \quad \Rightarrow \quad 3 \overline{)17}$$

- 5 ← 몫
- 15
- 2 ← 나머지

17 ÷ 3 = 5 ⋯ 2
(검산) 3 × 5 + 2 = 17

나머지가 있는 소수의 나눗셈은 바둑판처럼 일정한 간격으로 이루어져 있는 격자판에서 연습하면 자릿값을 정확히 맞추는 데 도움이 됩니다.

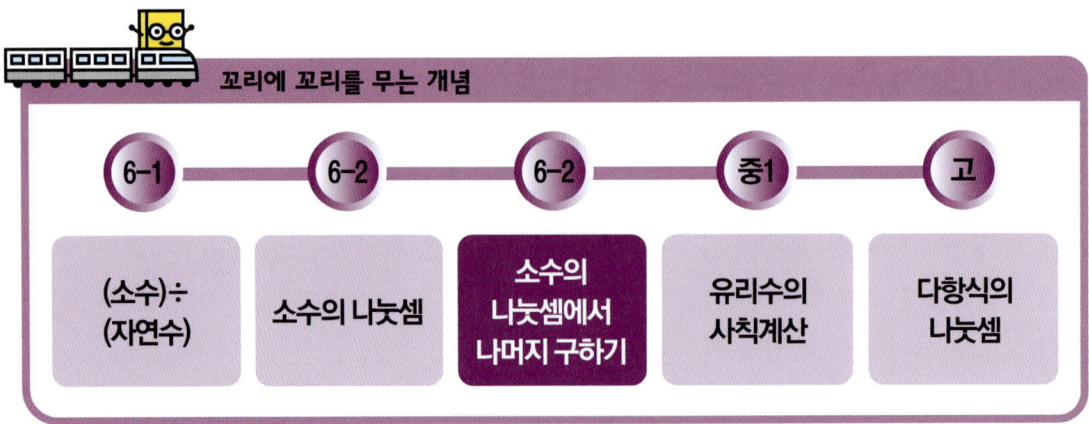

무엇이든 물어보세요

소수의 나눗셈을 똑같이 덜어내는 방법으로 푼다는 것이 무슨 뜻인가요?

25 ÷ 6을 사과 25개를 6개씩 나누어 주는 상황으로 생각해 보겠습니다.

$$25 - 6 - 6 - 6 - 6 = 1$$

즉, 사과 25개를 6개씩 나누면, 4명에게 주고 1개가 남습니다. 이를 식으로 나타내면 25 ÷ 6 = 4⋯1이 됩니다. 이와 같이 푸는 것을 똑같이 덜어내는 나눗셈이라고 합니다.

3.8 ÷ 0.9를 똑같이 덜어내는 방법으로 풀면, 3.8 − 0.9 − 0.9 − 0.9 − 0.9 = 0.2입니다. 즉 3.8에서 0.9를 4번 덜어내고 나머지는 0.2입니다. 따라서 3.8 ÷ 0.9 = 4⋯0.2입니다.

1.9 ÷ 0.3 = 6⋯0.1이고, 19 ÷ 3 = 6⋯1이 됩니다. 나머지가 다른데 어떻게 1.9 ÷ 0.3 = 19 ÷ 3이 되나요?

나눗셈은 몫을 구하는 과정입니다. 1.9 ÷ 0.3과 19 ÷ 3은 모두 $\frac{19}{3}$라는 분수로 고칠 수 있으므로 그 결과가 서로 같습니다. 하지만 나눗셈에 관한 문제는 수식의 결과보다 과정을 따져 봐야 합니다.

1.9cm를 0.3cm로 나누는 상황과 19mm를 3mm로 나누는 상황은 서로 같은 상황입니다. 여기서 cm와 mm라는 단위를 생각하지 않고, 나누는 횟수(몫)를 생각한다면 1.9 ÷ 0.3 = 19 ÷ 3이 됩니다. 나머지 역시 0.3cm와 3mm로 서로 같지만 단위를 생각하지 않을 때는 표현상 차이가 있습니다.

나눗셈의 특성을 잘 이해하고 문제 상황에 맞게 몫과 나머지를 구할 수 있어야 하겠습니다.

비와 비율   **비율**

1 : 2와 2 : 4가 같나요?

 **아이는 왜?**

1 : 2와 2 : 4는 분명 다른 비입니다. 하지만 물과 밀가루의 비율을 얘기하는 상황에서는 같다고 할 수 있습니다. 1 : 2는 $\frac{1}{2}$이고, 2 : 4는 $\frac{2}{4}$인데 약분하면 $\frac{1}{2}$이 됩니다. 비가 달라도 비율은 같을 수 있습니다. 하지만 비와 비율을 구분하지 못한다면 이해할 수 없는 내용입니다.

 30초 해결사

비율 : 기준량에 대한 비교하는 양의 크기

(비율) = $\frac{(비교하는\ 양)}{(기준량)}$

예) 비 2 : 3의 비율은 $\frac{2}{3}$이고, 비 3 : 2의 비율은 $\frac{3}{2}$이다.
비 1 : 2의 비율은 $\frac{1}{2}$이고, 비 2 : 4의 비율은 $\frac{2}{4}$, 약분하면 $\frac{1}{2}$이다.

 그것이 알고 싶다

음식을 맛있게 만들기 위해서는 재료의 비율이 중요합니다. 여기서 비율은 무엇을 뜻할까요? 전체를 이루는 요소 하나하나가 얼마나 조화를 이루고 있는지에 대한 상대적인 정도일 것입니다.

어떤 반의 여학생과 남학생의 비가 2 : 3이라고 하면, 이는 일반적으로 남학생 3명당 여학생이 2명 있다는 말입니다. 그럼 이 반 남학생이 12명이라면 여학생은 몇 명일까요?.

남학생 12명을 3명씩 묶으면 4묶음이 됩니다. 여학생과 남학생의 비가 2 : 3이므로 여학생은 2명씩 4묶음, 곧 8명입니다.

보통 비에서는 뒤에 기준량을 쓰고 앞에 비교하는 양을 씁니다. 이때 기준량에 대한 비교하는 양의 크기를 비율이라고 합니다.

$$(비율) = \frac{(비교하는\ 양)}{(기준량)}$$

여학생과 남학생의 비가 2 : 3이므로 남학생을 기준으로 했을 때 여학생의 비율은 $\frac{2}{3}$가 됩니다. 반대로 여학생이 기준이면 남학생과 여학생의 비가 3 : 2이므로 여학생에 대한 남학생의 비율은 $\frac{3}{2}$입니다. 이제 관점을 전체 학생에게 돌려 보겠습니다. 앞에서 남학생이 12명이면 여학생이 8명이라고 했습니다. 이때 전체 학생은 20명입니다. 그럼 전체 학생 수에 대한 남학생과 여학생의 비율은 각각 어떻게 될까요?

기준이 되는 양이 전체 학생 수이고 비교하는 양이 각각 남학생 수와 여학생 수입니다. 따라서 전체 학생 중 남학생의 비율은 $\frac{12}{20} = \frac{3}{5}$이고, 여학생의 비율은 $\frac{8}{20} = \frac{2}{5}$입니다. 이처럼 대상이 같아도 기준에 따라 비율은 달라질 수 있습니다.

 **한 발짝 더!**

고대 그리스 수학자 피타고라스는 정오각형 별에서 짧은 변과 긴 변의 길이의 비가 약 5 : 8이고, 이때 짧은 변을 1로 하면 약 1 : 1.618이 된다는 사실을 알았습니다. 나아가 피타고라스학파는 정오각형의 각 대각선은 서로를 같은 비로 나누면서 가운데 작은 정오각형을 만든다는 사실을 발견했습니다.

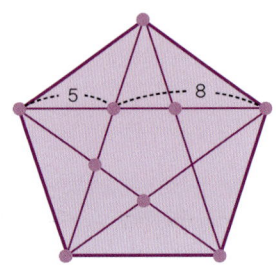

이때의 1 : 1.618을 황금비라 하고, 황금비의 비율을 황금비율이라 합니다.

황금비율은 일상생활에서 흔히 찾아볼 수 있습니다. 사람 몸에서 머리부터 배꼽까지가 1, 배꼽 아래가 1.618입니다. 신용카드는 가로와 세로가 각각 8.6cm와 5.35cm인데, 이 둘의 비율이 황금비율이고, 교과서, 텔레비전 화면 등도 황금비율로 되어 있습니다. 그밖에 고대 건축물에서 황금비율을 많이 찾아볼 수 있는데, 피라미드, 비너스 상, 파르테논신전 등이 황금비율로 되어 있습니다.

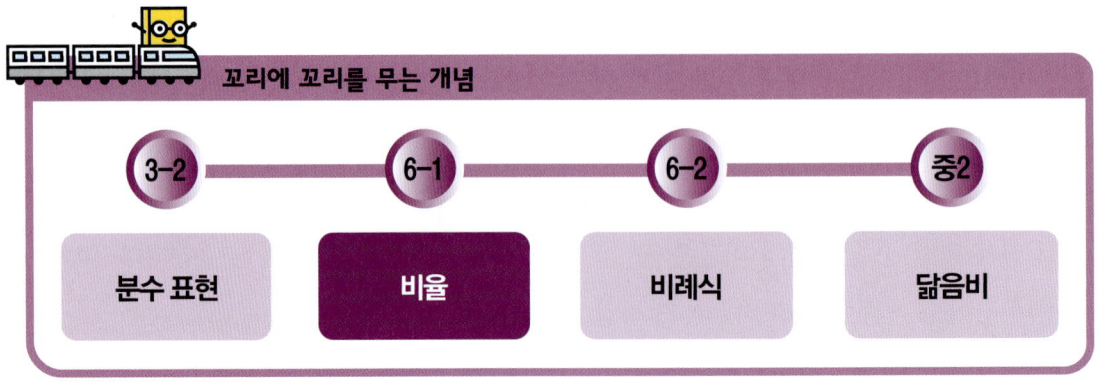

무엇이든 물어보세요

소금과 물의 비가 1 : 3인 소금물과 1 : 4인 소금물 중 어느 소금물이 농도가 더 짙은가요?

언뜻 보면 비의 숫자가 더 큰 1 : 4 소금물이 농도가 짙을 것 같습니다. 하지만 실제로는 그렇지 않습니다. 비율을 구해 보면 쉽게 알 수 있습니다. 소금과 물의 비가 1 : 3인 소금물의 비율은 $\frac{1}{3}$이고, 1 : 4인 소금물의 비율은 $\frac{1}{4}$이므로 소금과 물의 비가 1 : 3인 소금물의 농도가 더 짙습니다.

남학생이 12명, 여학생이 8명일 때, 전체 학생에 대한 남학생의 비율은 $\frac{12}{20}$라고 써야 하나요? 아니면 약분하여 $\frac{3}{5}$이라고 써야 하나요?

(비율) = $\frac{(비교하는 양)}{(기준량)}$ 입니다.

전체 학생이 20명이고, 남학생이 12명이므로

(전체 학생에 대한 남학생은 비율) = $\frac{12}{20}$ 입니다.

이때 $\frac{12}{20}$를 약분하여 $\frac{3}{5}$이라고 쓰는 경우도 있는데, 2가지 모두 맞습니다. $\frac{12}{20}$는 전체 학생 수나 남학생의 수를 알아보기에 편리하고, $\frac{3}{5}$은 분모와 분자의 수가 간단하므로 비율을 알기에 쉽습니다. 각각의 비율은 나름대로 장점이 있으므로 필요에 따라 알맞게 쓰면 되겠습니다.

| 비례식과 비례배분 | **비례식** |

설탕과 물을 1 : 3으로 섞을 때 설탕이 50g이면 물은 얼마만큼 넣어요?

6학년 변화와 관계

 아이는 왜?

비례식의 성질을 배운 이후 이 성질을 이용한 문제를 반복하여 풀다 보면 비와 비율의 개념을 잊을 수 있습니다. 즉 설탕과 물의 양이 1 : 3이라는 말의 의미를 순수하게 이해하지 못하면 이런 상황이 벌어질 수 있습니다.

 30초 해결사

비례식 만들기

1. 비례식을 세운다.

   50 : ☐ = 1 : 3

2. 비례식에서 외항의 곱과 내항의 곱은 같다.

   50 × 3 = ☐ × 1

   ☐ = 150

그것이 알고 싶다

설탕과 물의 양이 1 : 3이면 설탕의 양이 1일 때 물의 양은 3입니다. 순수하게 물의 양이 설탕 양의 3배라는 뜻입니다. 따라서 설탕이 50g이면 물은 설탕의 3배인 150g입니다. 이 문제는 비례식으로도 해결할 수 있습니다.

그런데 비례식에 대해 이야기하기 전에 6학년 1학기 때 배운 비율을 정확히 알 필요가 있습니다.

1 : 3이라는 비에서 ':'를 사이에 두고 앞에 있는 수를 '비교하는 양', 뒤에 있는 수를 '기준량'이라 하고, 이때 (비율) = $\frac{(비교하는 양)}{(기준량)}$ 입니다.

그렇다면 1 : 3의 비율은 $\frac{1}{3}$이 됩니다.

3 : 9라는 비의 비율은 $\frac{3}{9}$이고 이를 약분하면 $\frac{1}{3}$이 됩니다. 이때 비율이 같은 두 비는 등호를 사용하여 나타낼 수 있습니다. 즉 1 : 3 = 3 : 9이고, 이와 같이 비율이 같은 두 비를 등식으로 나타낸 식을 비례식이라고 합니다.

비에서 두 수는 각각 항이라고 불리는데, ':'를 기준으로 앞에 있는 수가 전항, 뒤에 있는 수가 후항입니다.

또한 비례식에서 바깥쪽에 있는 두 항은 외항, 안쪽에 있는 두 항은 내항입니다.

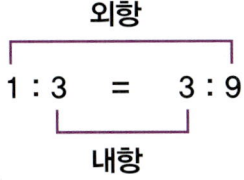

그리고 비례식에서 외항과 내항의 곱은 같습니다. 즉 1 : 3 = 3 : 9에서 1 × 9 = 3 × 3 입니다.

앞서 살펴본 설탕물 문제를 비례식으로 해결해 보겠습니다. (설탕):(물) = 1 : 3이고, 구해야 하는 값인 물의 양을 □라 하면 50 : □ = 1 : 3이라는 비례식이 나옵니다. 이때 외항의 곱과 내항의 곱이 같다는 비례식의 성질에 의해 50 × 3 = □ × 1이라는 식이 만들어집니다. 따라서 □ = 150, 곧 필요한 물의 양은 150g입니다.

 **한 발짝 더!**

비례식을 푸는 방법에는 비례식의 성질을 이용하는 방법 외에 다른 방법이 있습니다.

방법① 비율이 같음을 이용한다.

$50 : \square = 1 : 3$에서 $50 : \square$의 비율과 $1 : 3$의 비율이 같음을 이용하는 것입니다.

$$\frac{50}{\square} = \frac{1}{3}$$
$$\square \times 1 = 50 \times 3$$
$$\square = 150$$

방법② 비의 성질을 이용한다.

비의 전항과 후항에 0이 아닌 같은 수를 곱하거나 나누어도 비의 값은 같습니다. 이를 이용하여 비례식을 풀 수 있습니다.

$50 : \square = 1 : 3$에서 두 비의 전항을 살펴보면, 50은 1의 50배입니다. 따라서 $\square$도 3의 50배가 됩니다.

$$50 : \square = 1 : 3$$

따라서 $\square$는 3의 50배인 150입니다.

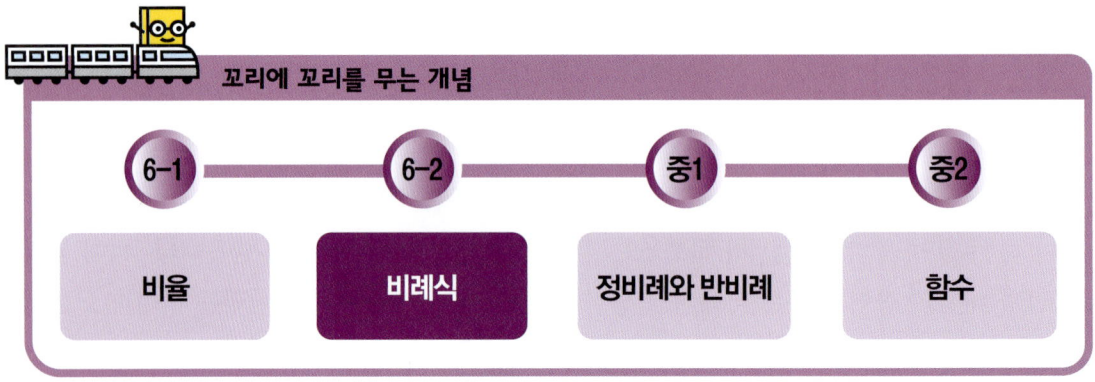

무엇이든 물어보세요

비례식을 풀 수는 있으나 문장을 읽고 비례식을 세우는 데 어려움을 겪습니다.

문장을 보고 무엇이 전항인지 후항인지 정확히 구분하는 것이 중요합니다. "자동차로 5분 동안 8km를 가고 있습니다. 같은 빠르기로 60분 동안 달린다면 몇 km를 갈 수 있을까요?"라는 문제에서 시간을 전항에 두고 후항에 거리를 두면 (시간) : (거리) = 5 : 8이라는 비례식이 나옵니다. 문제에서 구해야 하는 것은 거리(□)이므로 5 : 8 = 60 : □라는 비례식을 만들 수 있습니다.

1 : 3 = $\frac{1}{3}$이라고 써도 되나요?

비와 분수는 서로 닮았습니다.

예를 들어

1 : 3 = 2 : 6 = 3 : 9 = …처럼 전항과 후항에 같은 수를 곱하여도 비의 값은 $\frac{1}{3}$로 같습니다.

또 $\frac{1}{3}$ = $\frac{2}{6}$ = $\frac{3}{9}$ = …처럼 분모와 분자에 같은 수를 곱하여도 분수의 크기는 변하지 않습니다.

이런 의미에서 1 : 3 = $\frac{1}{3}$로 쓰자고 주장하는 의견도 있지만 아직 우리나라에서는 비와 비의 값을 구별하여 쓰고 있습니다.

따라서 1 : 3은 $\frac{1}{3}$과 다르며 1 : 3 = $\frac{1}{3}$이라고 쓰면 안 됩니다.

| 각기둥과 각뿔 | **각기둥** |

밑면은 밑에 있는 면이겠네요?

 **아이는 왜?**

일상용어가 수학에서는 다르게 사용되기도 합니다. 일상에서는 아래쪽에 있는 면을 밑면이라고 하지만 수학에서는 밑면이 조금 다른 의미로 사용됩니다.

 **30초 해결사**

각기둥
윗면과 아랫면이 서로 평행하고 합동인 다각형으로 이루어진 입체도형
- 밑면 : 각기둥에서 서로 합동이면서 평행한 두 면
- 옆면 : 밑면에 수직인 면

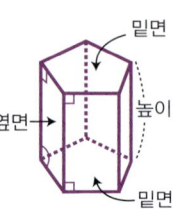

그것이 알고 싶다

입체도형은 구체물이므로 입체도형과 관련된 학습은 구체물로 이루어져야 합니다. 주변의 상자, 주사위, 음료수 캔 등이나 신문, 잡지 등의 사진 자료를 이용하여 자료를 여러 가지 기준으로 분류해 보고 '위아래 면이 합동인 도형'에 대해 이야기해 봅니다.

이런 도형은 우리 생활에 기둥으로 많이 사용되므로 기둥 모양이라고 합니다. 이때 1학년에서 배운 둥근 기둥을 통해 기둥 모양의 특징을 찾아본 후 다음과 같이 약속합니다.

"입체도형 중 위아래 면이 서로 평행하고 합동인 다각형으로 이루어진 도형을 각기둥이라 한다."

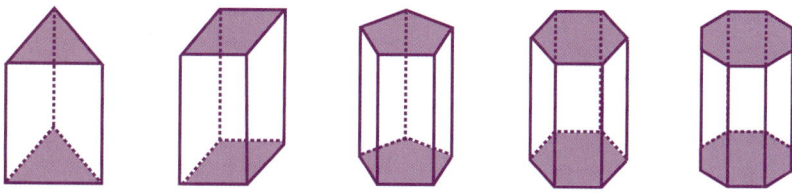

위 그림에서 서로 합동이고 평행인 면을 찾아 색을 칠해 보면 기둥에 따라 색칠된 면이 1쌍 혹은 여러 쌍 생깁니다. 예를 들어, 밑면이 직사각형인 사각기둥에는 합동이면서 평행인 면이 3쌍 있고, 밑면이 정육각형인 육각기둥에는 합동이면서 평행인 직사각형이 3쌍 있습니다. 그런데 여기서 찾아야 할 면은 기둥 모양으로 놓았을 때 합동이면서 평행인 면입니다. 이러한 면은 각기둥에서 공통적으로 위아래에 있는데, 이를 밑면이라고 합니다. 여기서 밑면은 기준이 되는 면으로, 항상 쌍을 이룹니다. 각기둥의 이름 역시 밑면의 모양에 따라 정해집니다. 즉, 밑면의 모양이 삼각형이면 삼각기둥, 사각형이면 사각기둥, 오각형이면 오각기둥입니다.

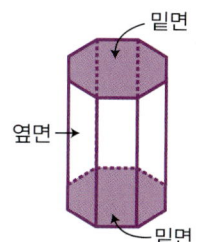

밑면에 수직인 면은 옆면이고, 여러 가지 각기둥에서 옆면은 모두 직사각형입니다.

한 발짝 더!

삼각기둥의 전개도를 그려 봅니다.

먼저 도형 교구나 구체물에 색종이를 붙인 후 모서리를 잘라 펼칩니다. 이때 조각이 떨어지지 않고 모두 붙도록 자르고, 자른 후에는 펼쳐진 모양을 모눈종이에 그립니다.

기둥의 전개도는 흔히 방법①, 방법②와 같이 옆면을 중심으로 모서리를 자른 모양입니다. 방법③과 같이 밑면을 중심에 두고 자르면 복잡해지기 때문입니다. 그리고 세 변의 길이를 알 때 삼각형 그리는 방법을 이용하여 컴퍼스로 삼각형 밑면을 그립니다. (5학년 '합동인 도형 그리기' 참고) 마지막으로 전개도에서 모서리로 만나는 변의 길이가 같은지 확인합니다.

컴퍼스

컴퍼스는 원을 그릴 때도 쓰지만 같은 길이의 선을 그을 때도 사용한다. 모눈 위에 삼각형을 그리는 경우, 칸에 맞춰 그리는 것이 아니라 컴퍼스를 이용해 삼각형을 그리는 연습을 한다.

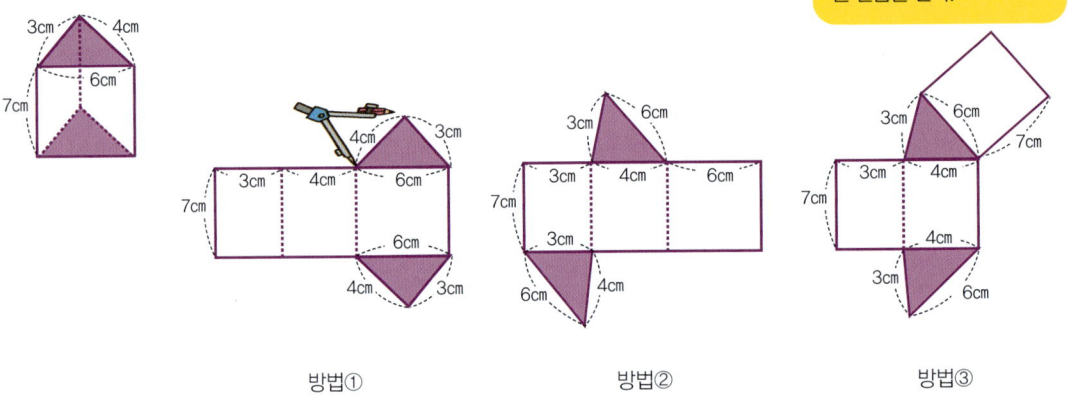

방법① 방법② 방법③

꼬리에 꼬리를 무는 개념

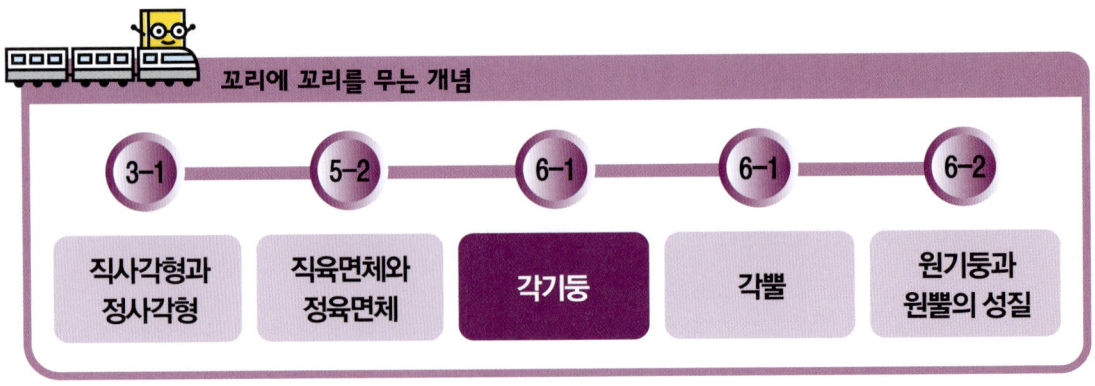

3-1 직사각형과 정사각형 — 5-2 직육면체와 정육면체 — 6-1 **각기둥** — 6-1 각뿔 — 6-2 원기둥과 원뿔의 성질

무엇이든 물어보세요

 각기둥 중 기울어진 도형도 각기둥인가요?

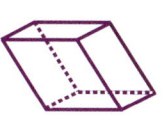 

빗각기둥   직각기둥

   기울어진 도형의 밑면이 합동이면서 평행이면 각기둥입니다. 우리가 배운 각기둥의 옆면은 모두 직사각형이었습니다. 그런데 기울어진 입체도형의 옆면은 평행사변형입니다. 각기둥의 옆면이 밑면에 수직인 직사각형만으로 이루어졌으면 직각기둥, 옆면이 밑면에 수직이 아닌 경우에는 빗각기둥(사각기둥)이라고 합니다. 초등학교 교과서에서는 직각기둥만을 다룹니다.

 **밑면이 정다각형이 아닌 입체도형도 각기둥인가요?**

   교과서에서 다루는 각기둥의 밑면은 일반적으로 정다각형입니다. 그러나 각기둥은 밑면의 모양이 다각형인 도형이므로 정다각형을 포함하는 모든 다

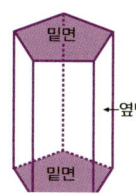 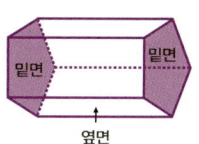

각형을 밑면으로 사용할 수 있습니다. 또한 어떤 아이들은 밑면이 꼭 아래와 위에 있어야 한다고 생각하기도 하는데 각기둥이 넘어졌다고 생각해 보면 이해하기 쉽습니다. 즉, 각기둥은 넘어져도 각기둥입니다. 각기둥을 옆으로 눕혀도 밑면과 옆면은 변하지 않습니다.
   단, 사각기둥은 밑면이 3쌍이므로 옆면이 밑면이 될 수 있습니다.

| 각기둥과 각뿔 | **각뿔**

각뿔의 높이를 재려고 하는데, 옆면의 모서리 길이를 재면 되죠?

아이는 왜?

각기둥의 높이는 두 밑면에 수직인 선분, 즉 옆면의 모서리의 길이입니다. 그래서 각뿔의 높이를 옆면과 옆면이 만나는 비스듬한 모서리의 길이라고 생각하는 경우가 있습니다.

30초 해결사

각뿔
밑면이 다각형이고 옆면이 모두 삼각형인 도형

각뿔의 높이
각뿔의 꼭짓점에서 밑면에 수직으로 그은 선분의 길이

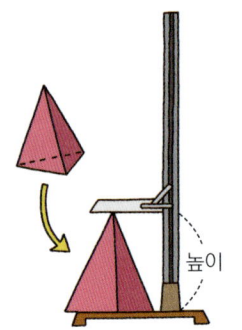

그것이 알고 싶다

각뿔은 입체도형이므로 실제 만질 수 있는 구체물로 경험하면 좋습니다. 주변에서 구체물을 구할 수 없다면 입체도형 교구 세트를 이용하거나 프린터로 입체도형 전개도를 출력하여 직접 만드는 것도 방법이 될 수 있습니다.

입체도형이 준비되었다면 몇 가지 기준으로 입체도형을 분류해 봅니다. 이때 분류 기준은 아이들이 정합니다. 또 부모님이 분류해 놓고 분류 기준을 아이가 맞춰 보는 활동을 하는 것도 좋습니다.

분류 활동을 여러 번 해 본 후 그중 한 분류 기준인 '뿔 모양'에 대해 이야기해 봅니다. 다음과 같은 질문을 통해 이런 도형의 특징 또는 공통점이 무엇인지 찾아봄으로써 관련 성질을 탐구하게 해 주세요.

- **끝이 뾰족하다.**
- **아래쪽이 다각형이다.**
- **옆의 면은 (이등변)삼각형이다.**

뿔에 대해 충분히 탐구하였다면 각뿔의 공통적인 특징을 찾아 다음과 같이 약속합니다.

"밑면이 다각형이고 옆면이 모두 삼각형인 도형을 '각뿔'이라고 한다."

각뿔에서 면과 면이 만나는 선을 모서리, 모서리와 모서리가 만나는 점을 꼭짓점이라고 합니다. 그런데 각뿔에는 모든 삼각형이 모이는 곳이 있습니다. 이 부분은 각뿔의 꼭짓점이라고 합니다. 그리고 각뿔의 꼭짓점과 밑면 사이의 가장 짧은 거리가 높이입니다. 이때 아이들은 옆면과 옆면이 만나는 모서리를 높이와 혼동하는 경우가 많습니다. 높이가 무엇인지 정확하게 알려 주고 아이가 직접 재어 보도록 지도합니다. 우리가 키를 잴 때 사용하는 신장계를 생각하면 도움이 됩니다.

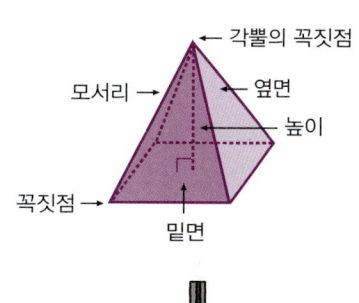

신장계

한 발짝 더!

삼각뿔의 전개도를 그려 봅니다. 클리코, 로콘블록, 지오픽스 등의 도형 교구나 구체물에 색종이를 붙인 후 모서리를 잘라 펼칩니다. 조각이 떨어지지 않고 모두 붙어 있도록 잘라야 합니다. 자른 후에는 펼쳐진 모양을 모눈종이에 그립니다. 구체물을 펼쳐 보는 활동과 펼쳐진 전개도를 각뿔로 만드는 활동을 반복하면 도형을 이해하는 데 많은 도움이 됩니다.

삼각뿔의 전개도 그리기

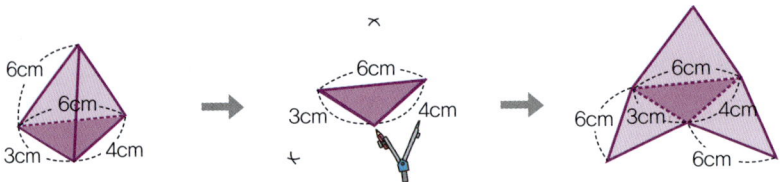

밑면을 기준으로 하는 전개도를 그릴 때는 컴퍼스를 이용합니다. 삼각형의 세 변의 길이를 알 때 삼각형을 그리는 방법으로 밑면(삼각형)을 그리면 됩니다.(5학년 '합동인 삼각형 그리기' 참고)

도형 교구

클리코, 로콘블록, 지오픽스 등의 도형 교구를 이용하면 전개도 학습에 많은 도움이 됩니다.

클리코   로콘블록

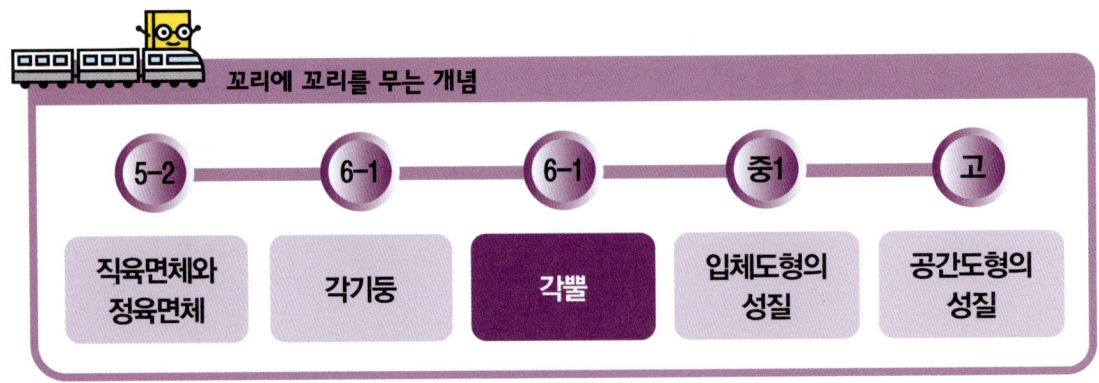

꼬리에 꼬리를 무는 개념

5-2 직육면체와 정육면체 → 6-1 각기둥 → 6-1 각뿔 → 중1 입체도형의 성질 → 고 공간도형의 성질

무엇이든 물어보세요

각뿔의 높이를 재는 활동이 왜 필요한가요?

각뿔의 높이를 재는 활동을 통해 아이들은 높이와 모서리의 길이가 같지 않다는 사실을 알게 됩니다. 즉, 오개념이 형성되는 것을 막을 수 있습니다.

각뿔의 전개도를 그릴 때 꼭짓점을 모눈종이의 점에 맞추어야 하나요?

책이나 문제집에 나오는 전개도 문제에는 모눈이 그려져 있습니다. 아이들이 그리기 쉽게 보조선을 제공해 준다는 의미도 있고, 모눈 1칸을 1cm로 정하여 상대적인 크기를 나타내도록 한다는 의미도 있습니다. 따라서 기준점을 모눈종이의 점에 맞추는 것이 좋습니다. 그런데 모든 꼭짓점을 반드시 모눈종이의 점에 맞추어야 한다고 생각하여 왜곡되게 그리는 경우가 있습니다. 각뿔의 전개도에서 이등변삼각형의 꼭짓점은 모눈의 점에 맞지 않는데도 불구하고 맞추려 하는 경우입니다. 이러한 부분을 주의하여야 하겠습니다.

각뿔의 전개도에서 옆면이 만나는 모서리의 길이는 모두 같나요?

다를 수도 있습니다. 그러나 초등학교에서는 모서리 길이가 같은 경우만 지도합니다. 문제집이나 책을 보면 옆면이 만나는 모서리 길이가 하나만 표시되어 있는데, 이는 나머지 모서리도 길이가 같다는 뜻입니다.

| 공간과 입체 | **쌓기나무의 개수**

쌓기나무의 개수를 쉽게 세는 방법은 없나요?

아이는 왜?

그림으로 제시된 쌓기나무를 세어 보는 문제에서 눈에 보이는 것만 세는 아이들이 많습니다. 보이지 않는 곳에 있는 쌓기나무를 생각하지 못하기 때문입니다.

30초 해결사

쌓기나무 세기

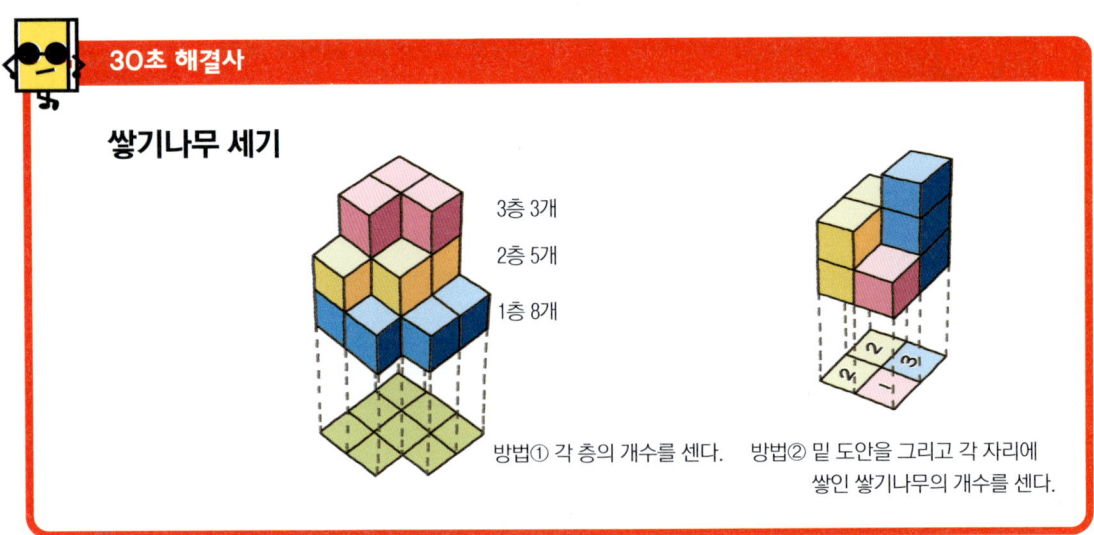

방법① 각 층의 개수를 센다.

방법② 밑 도안을 그리고 각 자리에 쌓인 쌓기나무의 개수를 센다.

그것이 알고 싶다

여러 가지 입체도형 단원의 학습 목표는 생활 속 물건, 건축물을 서로 다른 방향에서 보았을 때 모양을 추측하고 이를 이차원·삼차원 공간에 나타냄으로써 물체의 위치 관계를 파악하는 공간 감각을 기르는 데 있습니다.

먼저 쌓기나무나 블록으로 다양한 모양을 만들어 봅니다. 그리고 "그림과 같이 쌓으려면 쌓기나무가 몇 개 더 필요할까?"와 같은 질문으로 보이지 않는 곳에 쌓기나무가 더 있을 수 있음을 이해시켜 줍니다. 또한 "보이지 않는 쌓기나무를 어떻게 나타내야 쌓기나무의 개수를 알 수 있을까?" 하는 질문으로 아이가 쌓기나무 개수를 정확히 나타내는 방법을 고민해 보게 합니다.

자석 쌓기나무

쌓기나무 교구 중에는 자석이 있어 바닥에서 떨어지게 쌓을 수 있는 것이 있다. 그러나 초등학교에서는 면과 면을 붙여 쌓는 것이 기본 원칙이다. 단, 쌓는 규칙 중 '엇갈려 쌓기'와 '자유롭게 모양 만들기'에서는 면과 면을 붙이지 않는 경우가 있을 수 있다.

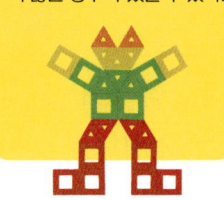

한쪽만 보이는 겨냥도를 통해 뒤에 있는 쌓기나무의 개수를 알기는 어렵습니다. 따라서 쌓기나무를 세는 경우는 쌓기나무가 바닥에서부터 빈틈없이 쌓아 올려진 때라고 약속합니다. 또한 겨냥도에 보이는 모양을 직접 쌓기나무로 쌓아 보면 바닥에서부터 쌓아 올려야 하고 일부는 겨냥도에 보이지 않는다는 것을 알게 됩니다. 그러나 개수를 셀 때는 보이지 않는 쌓기나무도 포함합니다. 쌓기나무를 직접 쌓고 이를 여러 가지 방법으로 세어 보는 활동을 한 후 다음과 같은 여러 가지 체계적인 방법을 학습합니다.

방법① 각 층의 개수를 센다.

그림과 같이 보이는 것과 보이지 않는 것의 개수를 각 층별로 셉니다. 1층에 4개, 2층에 2개, 3층에 1개이므로 4 + 2 + 1 = 7(개)이 됩니다.

방법② 밑 도안을 그리고 각 자리에 쌓인 쌓기나무의 개수를 센다.

①번 자리는 2층까지 있으므로 2개, ②번 자리는 3층까지 있으므로 3개, ③, ④번 자리는 1층이므로 각 1개씩입니다. 따라서 2 + 3 + 1 + 1 = 7(개)이 됩니다.

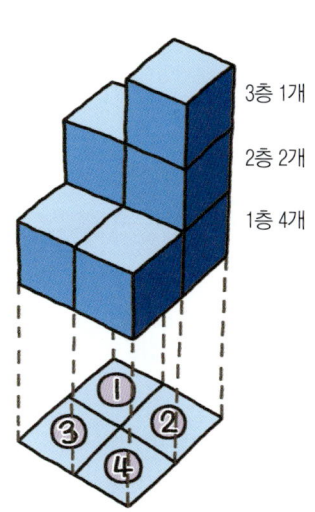

한 발짝 더!

쌓기나무를 이용해 규칙을 찾아보겠습니다. 쌓기나무라는 구체물에서 찾은 규칙을 이용하면 직접 쌓지 않고도 단수에 따른 쌓기나무의 수를 알아낼 수 있습니다. 더 발전시켜 식으로 만들 수도 있지만 초등학교에서는 거기까지 다루지 않습니다.

아래와 같이 쌓기나무를 쌓는다면 6단에는 몇 개의 쌓기나무가 놓일까요?

먼저 각 층의 쌓기나무 개수를 센 후 규칙을 찾습니다.

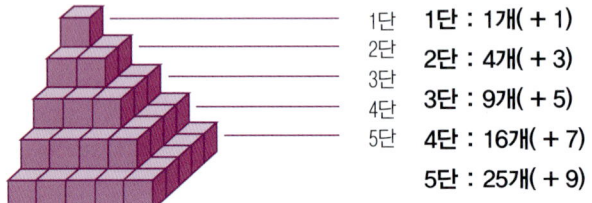

1단 : 1개(+ 1)
2단 : 4개(+ 3)
3단 : 9개(+ 5)
4단 : 16개(+ 7)
5단 : 25개(+ 9)

1단씩 늘어날수록 1, 3, 5, 7, 9……와 같이 홀수로 늘어남을 알 수 있습니다. 따라서 6단에는 쌓기나무가 25 + 11 = 36, 36개 놓입니다.

여기에는 다른 규칙도 존재합니다.

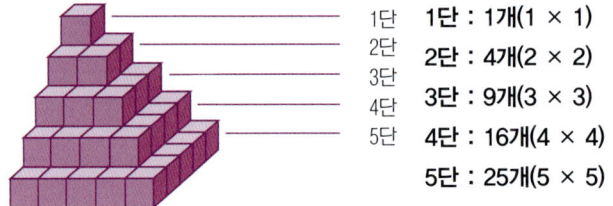

1단 : 1개(1 × 1)
2단 : 4개(2 × 2)
3단 : 9개(3 × 3)
4단 : 16개(4 × 4)
5단 : 25개(5 × 5)

따라서 6단에는 6 × 6 = 36, 36개가 놓이게 됩니다.

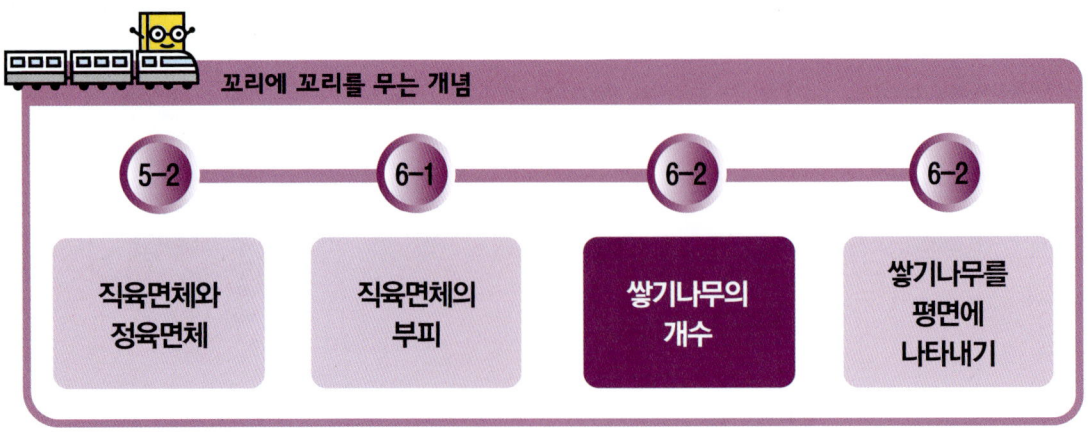

무엇이든 물어보세요

쌓기나무를 돌린 모양은 원래 모양과 다른 것으로 봐야 하나요?

쌓기나무를 돌리거나 뒤집은 것은 같은 모양으로 생각합니다. 하지만 간혹 보는 위치에 따라 같은 모양인데 다른 모양으로 보이거나 다른 모양인데 같은 모양으로 보이기도 합니다. 아래 그림은 모두 같은 모양의 쌓기나무입니다.

 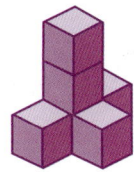 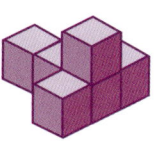

아래 입체도형은 같은 것처럼 보이지만 다른 경우입니다. 도형을 이리저리 뒤집거나 돌려서 같아지는지 꼭 확인해 보아야 합니다. 아무리 비슷해도 같은 모양이 되지 않는다면 그건 당연히 다른 도형입니다.

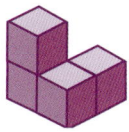 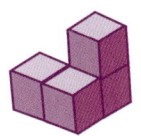

| 공간과 입체 | 쌓기나무를 평면에 나타내기

쌓기나무가 쌓여 있는 모양을 어떻게 나타내나요?

6학년 도형과 측정

 **아이는 왜?**

입체인 쌓기나무는 보는 방향에 따라 다르게 보이기 때문에 평면에 나타내기가 쉽지 않습니다.

30초 해결사

쌓기나무로 쌓은 모양을 평면에 나타내는 방법

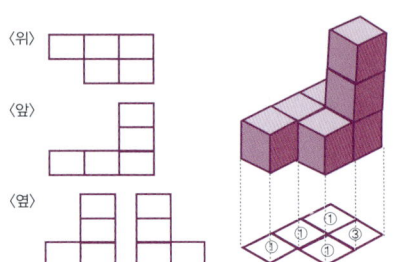

방법① 위, 앞, 옆에서 본 모양을 나타낸다.

방법② 위에서 본 모양에 쌓인 수를 나타낸다.

그것이 알고 싶다

쌓기나무를 그림과 같이 쌓아 놓고 평면으로 나타내는 방법을 생각해 봅니다. 쌓기나무를 실제로 쌓아 보고 어떻게 나타낼지 예측하여 직접 그린 후 확인하는 과정을 반복하는 것이 중요합니다.

방법① 위, 앞, 옆에서 본 모양을 나타낸다.

그림과 같이 쌓기나무를 만든 후 위, 앞, 옆에서 본 모양을 관찰합니다. 이때 기준이 되는 앞의 방향을 명확히 정해 놓습니다. 그리고 위에서 본 모양을 먼저 그립니다. 위에서 본 모양은 1층의 모양과 같습니다. 이제 앞에서 본 모양을 그리는데, 이때 아이들의 의견을 존중하여 본인이 더 좋다고 생각하는 방법을 적용합니다. 한 가지 방법을 소개하자면, 왼쪽(오른쪽)에서부터 1줄씩 몇 층까지 있나 세어 보면서 그리는 것입니다. 마지막으로 옆에서 본 모습도 앞에서 본 모습 그리기와 마찬가지로 왼쪽(오른쪽)에서부터 1줄에 몇 층이 있는지 세어 보면서 그리면 됩니다.

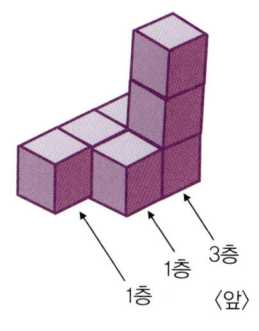

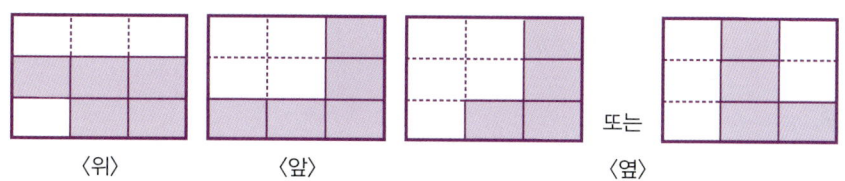

방법② 위에서 본 모양에 쌓인 수를 나타낸다.

먼저 위에서 본 모양을 그립니다. 이는 1층의 모양과 같습니다. 그리고 각 자리에 쌓기나무가 몇 층까지 쌓여 있는지 세어 표시합니다.

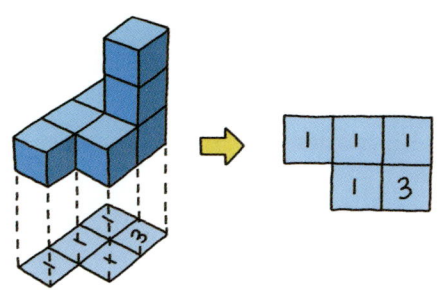

한 발짝 더!

평면에 나타낸 쌓기나무의 모양을 또다른 방법으로 나타내어 봅니다. 예를 들어 위에서 본 모양에 쌓인 수로 나타낸 것을 앞, 옆에서 본 모양으로 그려 봅니다. 이런 활동은 평면에 나타내는 방법의 이해를 도울 수 있으며 공간 감각을 키우는 데도 도움이 됩니다.

다음 문제를 해결해 봅니다.

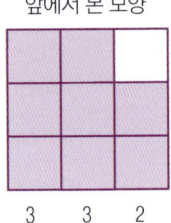

앞에서 본 모양 그리기

1. 앞에서 본 각 줄에서 제일 높은 층수를 찾아 표시합니다.
2. 앞에서 보았을 때 제일 높은 층까지 모눈종이에 그려 줍니다.

옆(오른쪽 또는 왼쪽)에서 본 모양 그리기

1. 옆(오른쪽 또는 왼쪽)에서 본 각 줄에서 제일 높은 층수를 찾아 표시합니다.
2. 옆에서 보았을 때 제일 높은 층까지 모눈종이에 그려 줍니다.

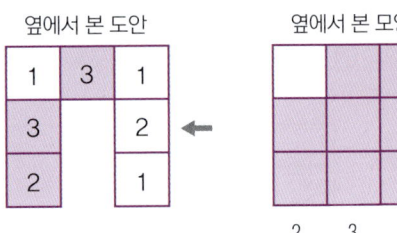

여러 물건들의 위, 앞, 옆에서 본 모양을 직접 그려 보는 활동과 함께 반대로 위에서 그려진 모양만 보고 어떤 물건을 그린 것인지 추측해 보는 활동도 해 봅니다. 도형을 살펴보는 활동은 아이들의 공간에 대한 사고를 확장시키는 데 도움이 됩니다.

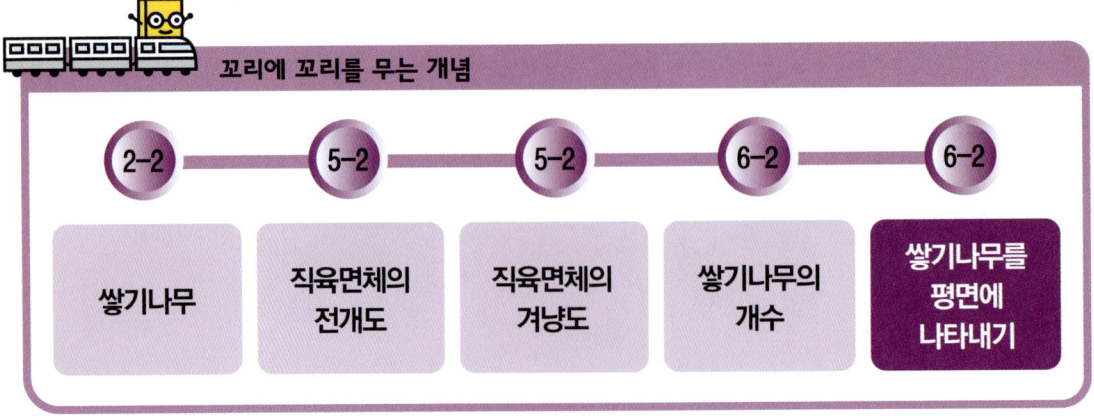

무엇이든 물어보세요

 위, 앞, 옆에서 본 모양에 따라 겨냥도를 그릴 수 있을까요?

교과서에 나오는 겨냥도와 조금 다르지만 다음 순서대로 그리면 쉽게 해결할 수 있습니다.

 → 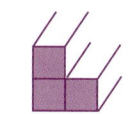 →  →

1. 앞에서 본 모습을 그린다.
2. 보조선을 사선으로 긋는다
3. 옆에서 본 모양이 나오도록 선을 연결하여 그린다.
4. 필요 없는 보조선을 지운다.

 **쌓기나무를 위, 앞, 옆에서 본 모양이 같으면 위, 앞, 옆에서 모두 같은 방법으로 쌓은 것인가요?**

그렇지 않습니다. 쌓기나무로 쌓은 모양을 평면에 나타내는 방법 중 위에서 본 모양에 쌓인 개수를 나타내는 방법은 쌓기나무로 쌓은 모양을 정확하게 나타내지만 위, 앞, 옆에서 본 모양을 나타내는 방법은 정확히 나타내지 못하는 경우도 있습니다. 앞, 옆, 위에서 본 모양이 같도록 쌓기나무를 쌓아 보면 다음의 3가지 경우가 나옵니다(돌려서 같은 모양이면 1가지로 봅니다).

 →

쌓기나무 개수가 많아지면 더욱 많은 방법이 나옵니다.

원기둥, 원뿔, 구   **원기둥과 원뿔의 성질**

원기둥과 원뿔이 헷갈려요.

아이는 왜?

원기둥과 원뿔은 비슷한 점이 많습니다. 동시에 다른 점도 있고요. 구체물과 관련 용어를 정확히 이해하지 않고 대충 공부하면 용어가 헷갈리는 것은 물론 구체물이 없는 상태에서 같은 점과 다른 점을 찾는 데 어려움을 겪게 됩니다.

30초 해결사

원기둥
평행이고 합동인 면이 2개이다.
옆면이 굽은 면이고, 밑면이 원이다.
각과 꼭짓점이 없다.

원뿔
옆면이 굽은 면이다.
밑면이 원이다.
꼭짓점이 1개이다.

그것이 알고 싶다

각기둥, 원기둥, 원뿔의 구체물을 충분히 살펴보고 같은 점과 다른 점을 찾아봅니다. 먼저 각기둥에 대해 공부한 내용을 떠올려 각기둥과 원기둥의 같은 점과 다른 점을 찾습니다.

같은 점

- 밑면이 합동이다.
- 밑면이 평행이다.
- 밑면이 2개이다.
- 기둥 모양이다.

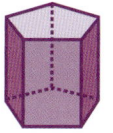

다면체 세트

실제 각기둥, 각뿔, 원기둥, 원뿔 등으로 구성되어 있는 교구. 각 입체도형에 물을 넣을 수 있는 구멍이 있어 입체도형의 부피나 자른 단면을 살펴볼 수 있다.

다른 점

- 밑면의 모양이 다르다. 원기둥은 원, 각기둥은 다각형이다.
- 옆면이 다르다. 원기둥은 굽은 면이고, 각기둥은 사각형이다.
- 원기둥에는 각과 꼭짓점이 없다.

이번에는 원뿔과 원기둥의 같은 점과 다른 점을 찾아봅니다.

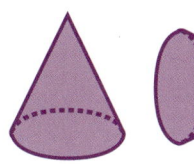

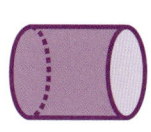

같은 점

- 옆면이 굽은 면이고 밑면이 원 모양이다.

다른 점

- 밑면의 개수가 다르다. 원뿔은 1개이고, 원기둥은 2개이다.
- 원뿔은 꼭짓점이 1개이다.
- 원뿔은 뿔 모양이고, 원기둥은 기둥 모양이다.

한 발짝 더!

원기둥 모양의 통을 잘라 펼치면 전개도를 만들 수 있습니다.

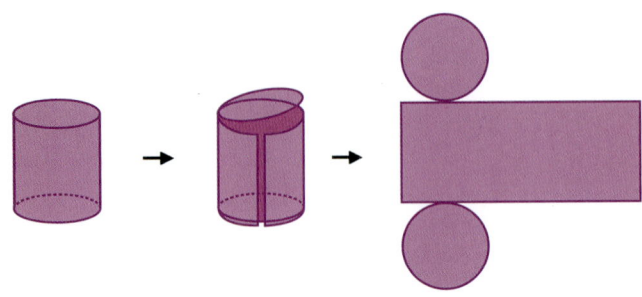

원주와 원의 넓이를 이해하고 있다면 이 전개도를 통해 원기둥의 겉넓이를 구할 수 있습니다. 원기둥의 전개도는 원기둥의 겉넓이를 구하는 데 있어 기본적인 활동이 됩니다.

또한 원뿔 모양 구체물에서 밑면의 지름, 원뿔의 높이, 모선의 길이를 재어 보면 각각의 차이점을 확실히 이해할 수 있습니다.

위 그림에서 밑면인 원의 지름은 6cm, 높이는 4cm, 모선의 길이는 5cm입니다. 높이와 모선의 길이를 같은 것으로 생각하는 경우가 많은데, 이를 통해 높이와 모선의 길이가 다르다는 것을 확실히 알 수 있습니다.

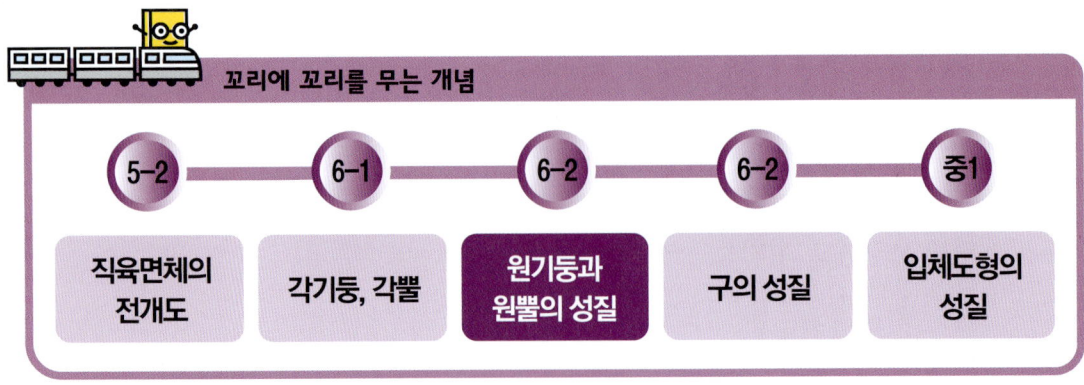

무엇이든 물어보세요

 구는 어떤 성질이 있나요?

구의 표면은 모두 중심에서 똑같은 거리만큼 떨어져 있습니다. 그래서 구는 어느 쪽으로 잘라도 그 단면이 항상 원입니다. 또 구는 같은 부피를 갖는 입체도형 중 최소의 겉넓이를 가집니다. 이런 이유로 자연은 구 모양을 선택하는 경우가 많습니다. 겨울잠을 자는 동물도 공처럼 웅크려 자고, 이글루나 새집도 구 모양입니다. 가장 작은 크기의 겉넓이를 가지기 때문에 열 손실을 최소화하고, 적은 건축 재료로 넓은 공간을 확보할 수 있기 때문입니다.

 반구는 무엇인가요?

사회 시간에 북반구, 남반구라는 말을 들어 보았을 것입니다. 구의 반쪽을 반구라고 합니다.

구를 반구로 나누려면 어떻게 해야 할까요? 구의 중심을 지나는 원으로 잘라야 합니다. 이렇게 구의 중심을 지나는 원을 대원이라고 합니다. 지구본에서 적도가 대표적입니다. 대원은 지구의 두 점을 이동할 때 가장 짧은 거리가 되기 때문에 비행기가 비행하는 경우에 이용됩니다.

직육면체의 부피와 겉넓이   **직육면체의 겉넓이**

상자를 포장하는 데 포장지가 얼마나 필요한지 어떻게 계산해요?

 **아이는 왜?**

특별한 날, 선물을 사서 포장할 때 포장지가 얼마나 필요할지 가늠해 본 경험이 있을 것입니다. 이러한 경우 상자의 겉넓이를 생각하게 됩니다. 하지만 직육면체의 겉넓이 구하는 방법을 배웠다고 해도 실제 상황에 이를 적용하는 것은 아이에게 쉬운 일이 아닙니다.

 **30초 해결사**

포장하려는 상자(직육면체)의 겉넓이를 알면 포장지가 얼마나 필요한지를 알 수 있다. 따라서 상자의 전개도를 이용하여 겉넓이를 구한다.

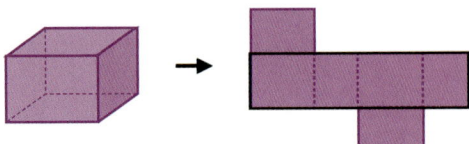

(직육면체의 겉넓이) = (한 밑면의 넓이) × 2 + (옆면의 넓이)

그것이 알고 싶다

겉넓이는 입체도형에 있는 모든 면의 넓이의 합입니다. 따라서 입체도형의 겉넓이를 구하려면 그 입체도형을 이루고 있는 면의 모양과 개수를 알아야 합니다.

직육면체는 직사각형 모양의 면 6개로 이루어져 있습니다.

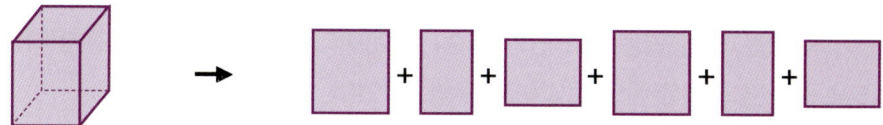

따라서 6개의 직사각형 넓이의 합이 직육면체의 겉넓이입니다. 6개 면의 넓이를 각각 구한 다음 모두 더해 겉넓이를 구합니다.

(직육면체의 겉넓이) = (6개 각 면의 넓이의 합)

그런데 직육면체는 마주 보는 면이 합동인 성질이 있고, 직육면체에는 마주 보는 면이 3쌍 있으므로 크기가 다른 3개 면의 넓이를 구한 다음, 그 합을 2배 하면 직육면체의 겉넓이를 구할 수 있습니다.

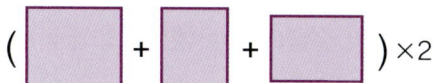

(직육면체의 겉넓이) = (크기가 다른 3개의 직사각형의 넓이의 합) × 2

또한 전개도를 이용해서 구할 수 있습니다. 전개도에서 직육면체의 겉넓이는 넓이가 같은 밑면 2개의 넓이와 옆면의 넓이를 더한 것입니다.

옆면의 넓이
직육면체 옆면의 가로 길이는 밑면의 둘레와 같다. 따라서 (옆면의 넓이) = (밑면의 둘레) × (높이)이다.

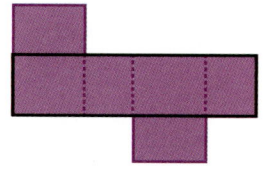

(직육면체의 겉넓이) = (한 밑면의 넓이) × 2 + (옆면의 넓이)

한 발짝 더!

정육면체의 겉넓이는 어떻게 구할 수 있을까요? 직육면체와 마찬가지로 정육면체를 둘러싼 모든 면의 넓이를 구하여 더하면 됩니다. 이때 직육면체의 겉넓이를 구하는 것처럼 여러 가지 방법을 사용할 수 있습니다.

① **정육면체의 모든 면은 합동이고 면의 개수는 6개이다. 한 면의 넓이만 구한 다음, 그 넓이에 6을 곱하면 정육면체의 겉넓이를 구할 수 있다.**
② **정육면체의 전개도를 이용한다. 그러나 이 방법은 합동인 면의 넓이를 이용하는 방법보다 번거롭고 복잡하다.**

따라서 보통 정육면체의 겉넓이는 한 면의 넓이를 구한 다음 그 값에 6배를 하는 방법으로 구합니다.

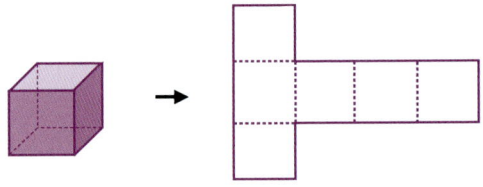

(정육면체의 겉넓이) = (한 면의 넓이) × 6

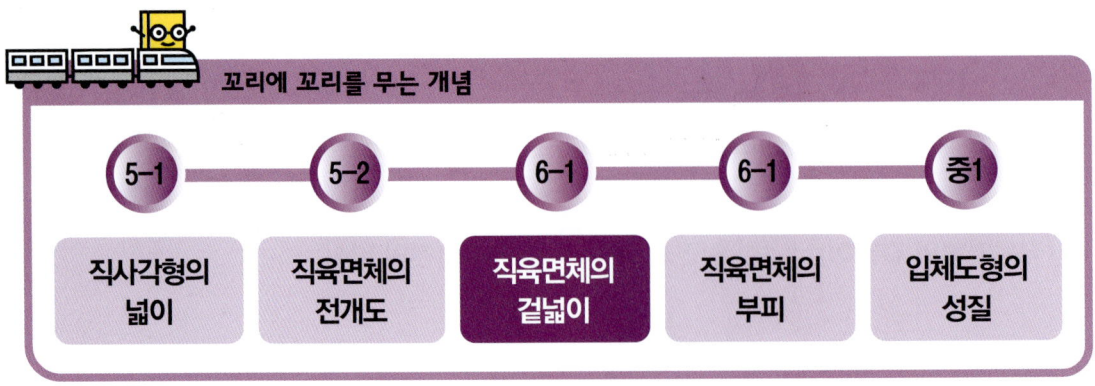

무엇이든 물어보세요

다음 문제를 풀지 못하는데, 어떻게 지도해야 할까요?
"정육면체 모양의 선물을 포장하려 합니다. 넓이가 5400cm²인 포장지를 모두 사용하였다면 정육면체 한 모서리의 길이는 몇 cm일까요?(포장지의 겹치는 부분은 생각하지 않습니다.)"

선물의 모양은 정육면체이고 사용한 포장지의 넓이는 5400cm²입니다. 이때 사용한 포장지의 넓이는 정육면체의 겉넓이와 같습니다. 정육면체의 겉넓이는 (한 면의 넓이) × 6이므로

(선물 한 면의 넓이) = 5400 ÷ 6 = 900(cm²)입니다.

또 선물의 한 면은 정사각형이므로 (선물 한 면의 넓이) = (한 모서리의 길이) × (한 모서리의 길이)이고, 여기서 (한 모서리의 길이) × (한 모서리의 길이) = 900(cm²)입니다.

따라서 선물의 한 모서리의 길이는 30cm입니다.

직육면체의 겉넓이를 구하기 위해 전개도를 생각할 수 있다는 내용을 이해하지 못해요.

직육면체를 정확히 이해하지 못했기 때문입니다. 직접 직육면체를 가지고 직육면체의 구성 요소를 살펴보면 이해하는 데 도움이 됩니다. 직육면체는 직사각형 6개로 둘러싸인 입체도형이고 직육면체에서 마주보는 3쌍의 면은 서로 합동입니다.

전개도의 넓이가 곧 직육면체의 겉넓이라는 것을 확인하였다면 전개도를 다시 직육면체를 만들어 봄으로써 해당 내용을 확인합니다.

직육면체의 부피와 겉넓이 | **직육면체의 부피**

직육면체의 부피는 어떻게 구하나요?

 **아이는 왜?**

직육면체의 부피를 구하는 공식을 외웠다고 해도 수치가 주어지지 않은 직육면체의 부피를 구하기는 쉽지 않습니다. 게다가 밑면인 직사각형의 넓이가 (가로) × (세로)로 계산된다는 것을 잘 모르는 아이도 있습니다. 이런 아이는 부피를 이해하기가 더 어렵습니다.

30초 해결사

쌓기나무의 개수가 곧 직육면체의 부피이다.

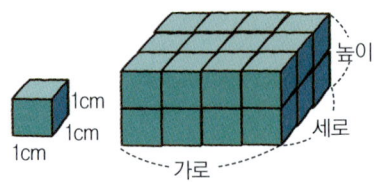

(직육면체의 부피) = (한 밑면의 넓이) × (높이) = (가로) × (세로) × (높이)

그것이 알고 싶다

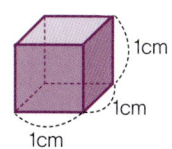

쌓기나무 1개의 부피 : 1cm³

쌓기나무 1개의 부피는 1cm³입니다. 그렇다면 쌓기나무가 위로 4개 놓인 입체도형의 부피는 얼마일까요?

부피가 1cm³인 쌓기나무가 4개이므로 이 도형의 부피는 4cm³입니다.

다시 말해 1cm³ × 4 = 4cm³입니다.

마찬가지로 쌓기나무가 옆으로 5개 놓인 입체도형의 경우,

부피가 1cm³인 쌓기나무가 5개이므로 이 도형의 부피는 5cm³이고,

이를 식으로 나타내면 1cm³ × 5 = 5cm³가 됩니다.

그럼 가로, 세로, 높이가 3cm, 5cm, 6cm인 직육면체의 부피는 얼마일까요? 가로, 세로, 높이가 3cm, 5cm, 1cm인 직육면체를 쌓기나무로 나타내면 오른쪽 그림과 같습니다.

앞서 살펴본 대로 이 직육면체의 부피는 3 × 5 × 1 = 15(cm³)입니다.

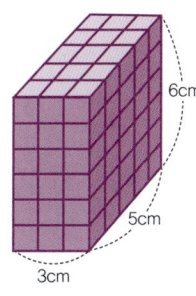 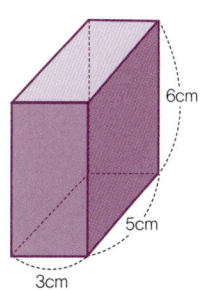

높이가 6cm인 직육면체의 부피는 높이가 1cm인 직육면체 부피의 6배입니다. 높이가 1cm인 직육면체의 부피가 15cm³이므로 높이가 6cm인 직육면체의 부피는 15cm³ × 6 = 90cm³가 됩니다. 이를 정리하면 직육면체의 부피는 다음과 같이 구할 수 있습니다.

(직육면체의 부피) = (한 밑면의 넓이) × (높이)
= (가로) × (세로) × (높이)

 **한 발짝 더!**

부피가 1cm³인 쌓기나무 8개로 만들 수 있는 직육면체는 몇 가지인가?

아이들은 이 문제를 통해 모양이 달라도 부피는 같을 수 있다는 사실을 발견할 수 있습니다.

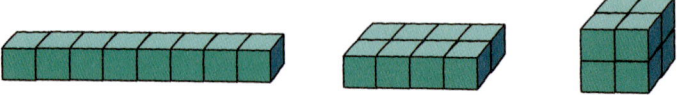

부피가 같은 3가지 직육면체

정육면체는 가로, 세로, 높이의 길이가 모두 같은 입체도형이므로 정육면체의 부피는 직육면체의 부피에 비해 간단히 구할 수 있습니다.

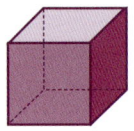

(정육면체의 부피) = (한 모서리의 길이) × (한 모서리의 길이) × (한 모서리의 길이)

예를 들어 한 모서리의 길이가 5cm인 정육면체의 부피는 $5 \times 5 \times 5 = 125(cm^3)$입니다.

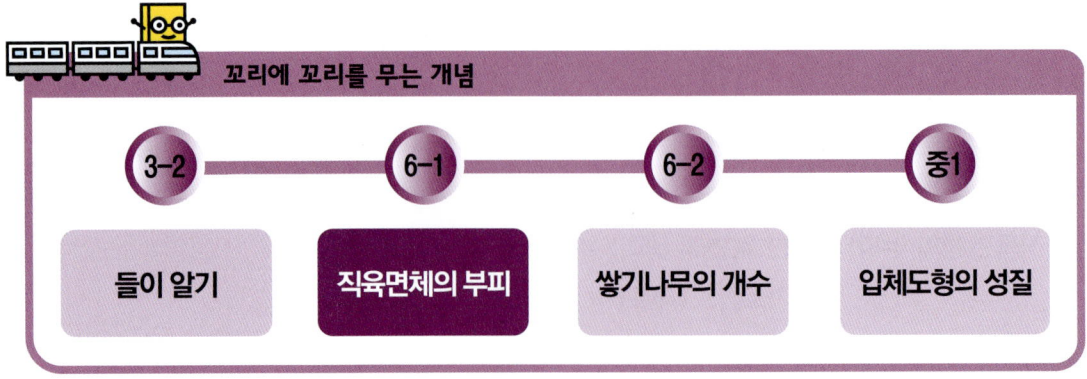

무엇이든 물어보세요

정육면체의 각 모서리의 길이가 2배가 되면 부피도 2배가 되나요?

그렇지 않습니다. 부피는 8배가 됩니다. 한 모서리의 길이가 1cm인 정육면체의 부피는 $1 \times 1 \times 1 = 1(cm^3)$입니다. 그리고 각각의 길이가 2배로 늘어난 정육면체의 부피는 $2 \times 2 \times 2 = 8(cm^3)$입니다.

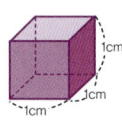 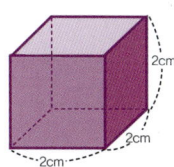

cm^3와 L 사이의 관계를 정확히 알고 싶습니다.

한 모서리의 길이가 1cm인 정육면체의 부피 $1cm^3$를 1mL라고 합니다. 그리고 한 모서리의 길이가 10cm인 정육면체의 부피 $1000cm^3$를 1L라고 합니다. 그러므로 1L = 1000mL입니다.

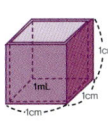 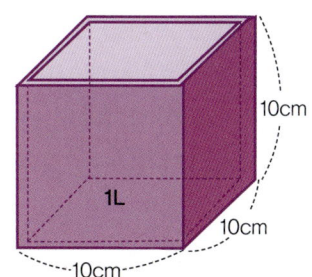

| 원의 넓이 | **원주** |

6학년 도형과 측정

원주와 원주율은 뭐가 달라요?

아이는 왜?

원주와 원주율은 한자어입니다. 아이들 입장에서는 헷갈리기 쉽고 이해하기 어려운 단어입니다. 또한 교과서를 보면 원주를 구하는 식, 원의 넓이를 구하는 식에서 원주와 원주율이 많이 사용되는데, 아이들은 논리적 사고력이 어른만하지 못하기 때문에 공식을 이해하는 데 한계가 있습니다. 이런 이유로 어른은 충분히 설명하였다 해도 아이가 제대로 이해하지 못하는 경우가 발생합니다.

30초 해결사

원주율 = (원주) ÷ (지름)
       = 약 3.14
원주 = (지름) × (원주율)
     = (반지름) × 2 × (원주율)

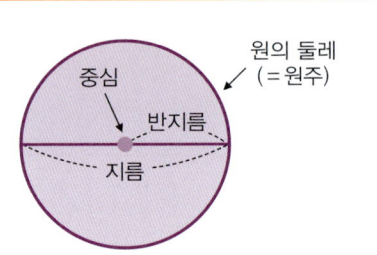

그것이 알고 싶다

원의 둘레인 원주를 어떻게 구할 수 있을까요?

원은 곡선으로 이루어져 있기 때문에 원의 둘레는 자로 잴 수 없습니다. 따라서 실 등으로 원주를 잰 다음 그 실의 길이를 자로 재면 원주를 알 수 있습니다.

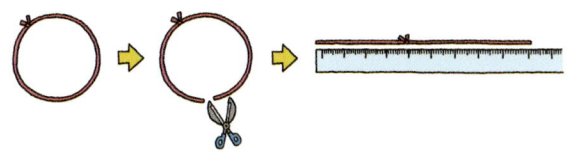

또는 원기둥 모양 물건의 옆면 둘레는 밑면인 원의 둘레, 즉 원주와 같으므로 여기서 줄자를 이용하면 원주를 구할 수 있습니다.

하지만 수학자들은 원주를 구하는 데 불편함을 느껴 쉽게 잴 수 있는 방법을 찾기 시작했습니다. 그리하여 원의 지름이 커지면 원주도 커진다는 사실을 바탕으로 원기둥의 원주를 밑면의 지름의 길이로 나누어 보았습니다.

그랬더니 원주와 원의 지름의 길이 사이에서 일정한 비율이 나왔습니다. 실제로 집에 있는 원기둥 모양 물건의 지름의 길이와 원주를 재어 계산해 보면 원의 크기가 달라도 (원주) ÷ (지름)의 값은 일정하게 약

	풀	음료수 캔
밑면의 원주(cm)	6.28	18.84
밑면의 지름(cm)	2	6
(원주) ÷ (지름)	3.14	3.14

3.14로 나올 것입니다. 이 비율을 원주율이라고 합니다. 실제로 원주율은 3.141592……로, 나누어떨어지지 않기 때문에 소수 셋째 자리에서 반올림한 근삿값인 3.14를 원주율로 사용합니다.

(원주율) = (원주) ÷ (지름)

결국 원의 지름의 길이를 알면 원주를 구할 수 있습니다.

(원주) = (지름) × (원주율) = (반지름) × 2 × (원주율)

수학 공식은 암기할 것이 아니라 이해하면 되는 것입니다. 그리고 무엇보다 중요한 것은 공식을 자신의 말로 설명해 보는 경험입니다.

한 발짝 더!

기원전 2000년경 고대 이집트인들은 모래판 위에서 막대와 끈만으로 원주율을 계산했습니다.

원의 중심에 막대를 꽂고 원의 지름의 길이와 같은 길이의 끈을 여러 개 준비합니다. 그리고 끈을 원의 둘레에 놓으니 3개가 사용되고, 남은 길이는 원의 지름의 $\frac{1}{7}$이었습니다. $3\frac{1}{7}$, 즉 $\frac{22}{7}$는 지금의 원주율과 아주 가까운 값입니다.

그리스의 아르키메데스는 '다각형법'이라는 수학적인 계산을 통해 원주율의 값을 구했습니다. 원의 안쪽과 바깥쪽에 원과 접하는 정다각형의 둘레의 길이를 이용한 것인데, 원주는 안쪽의 정다각형의 둘레의 길이보다는 크고 바깥쪽의 정다각형의 둘레의 길이보다는 작습니다. 정12각형, 정24각형, 정48각형, … 이렇게 변의 개수를 계속 2배씩 늘려 정96각형을 그린 다음 그 둘레의 길이를 재면, 원의 지름의 길이가 1m일 때 안쪽과 바깥쪽에 있는 정96각형의 둘레의 길이는 각각 3.1408……m와 3.1428……m입니다.

원주는 이 두 값 사이에 있는 수인데 지름이 1이면 원주와 원주율이 같은 값이므로 원주율은 3.14……가 됩니다.

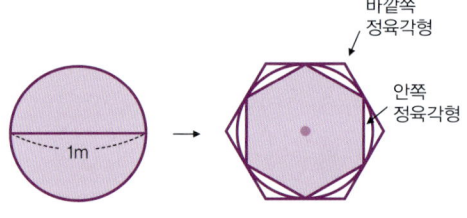

지름의 길이가 1m인 원을 그린다.

원의 안쪽과 바깥쪽에 원과 접하는 정육각형을 그리고 그 둘레를 재어 원주율을 구해 본다.

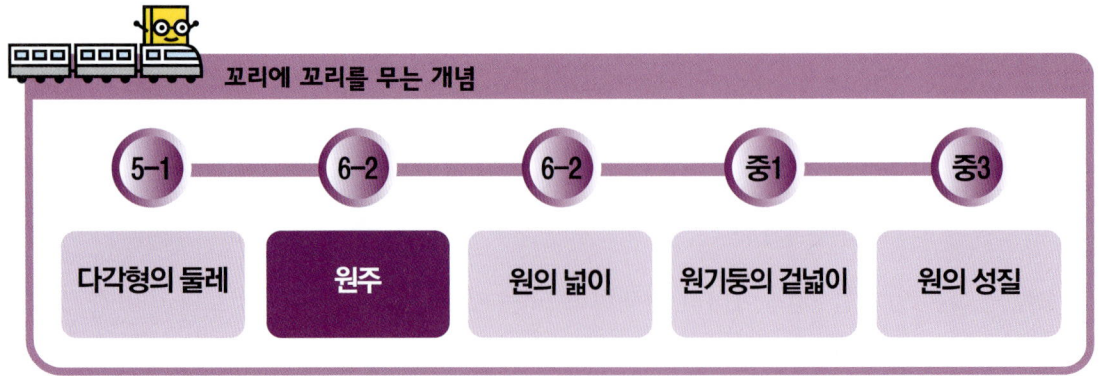

꼬리에 꼬리를 무는 개념

5-1	6-2	6-2	중1	중3
다각형의 둘레	원주	원의 넓이	원기둥의 겉넓이	원의 성질

무엇이든 물어보세요

 원의 반지름이 커지면 원주율이 커지나요?

그렇지 않습니다. 원주율은 약 3.14로 항상 일정합니다. 반지름이 늘어나면 원이 커지므로 늘어나는 것은 원주율이 아니라 원의 둘레, 즉 원주입니다.

 **다음과 같은 문제를 이해하지 못합니다. 어떻게 지도하면 좋을까요?**
"그림과 같은 원 모양 바퀴를 1바퀴 굴렸을 때 굴러간 거리를 구하시오." (원주율 : 3.14)

바퀴가 1바퀴 굴러간 거리는 바퀴의 둘레의 길이, 즉 원주와 같습니다. 따라서 원주를 구하면 굴러간 거리를 알 수 있습니다. 이러한 내용을 이해하기 어렵다면 장난감 자동차에서 바퀴를 떼어 내 잉크를 묻힌 다음 종이 위에 굴려 보면 알기 쉽습니다. 6학년 아이들도 머릿속으로 생각하기보다 구체적 조작 활동을 통해 직접 체험하고 익히는 것이 좋습니다.

바퀴가 1바퀴 굴렀을 때의 거리는 다음과 같습니다.

(바퀴가 1바퀴 굴러간 거리) = (바퀴의 원주)
= (지름) × 3.14
= 10 × 3.14
= 31.4(cm)

| 원의 넓이 | **원의 넓이**

원은 가로, 세로가 없는데 넓이를 어떻게 구해요?

 **아이는 왜?**

다각형의 경우 다각형을 삼각형이나 직사각형으로 나눈 후 삼각형과 직사각형 넓이를 구하는 방법을 응용하여 그 넓이를 구할 수 있습니다. 하지만 원의 넓이는 이와 같이 생각하기가 쉽지 않습니다. 또한 넓이가 비슷해 보이더라도 다각형과 원의 넓이를 비교하는 것은 쉽지 않습니다.

30초 해결사

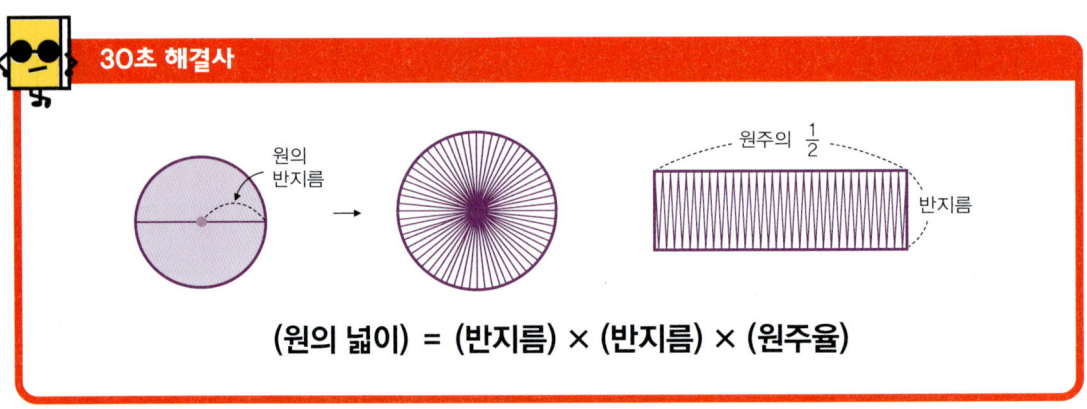

(원의 넓이) = (반지름) × (반지름) × (원주율)

그것이 알고 싶다

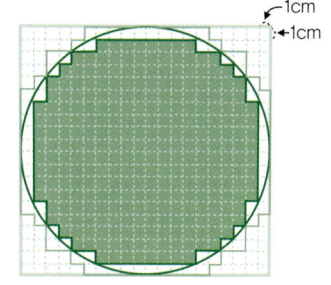

어떤 도형이든 그 넓이를 알아보는 데 있어서는 단위넓이가 기본입니다. 원의 넓이를 어림하기 위해 다음과 같은 단위넓이를 이용할 수 있습니다.

그림에서 원의 넓이는 원 안 단위넓이의 개수보다 크고 원 둘레까지를 포함한 단위넓이의 개수보다는 작습니다.

(원 안의 단위넓이의 개수) < (원의 넓이) < (원 둘레까지를 포함한 단위넓이의 개수)

이때 단위넓이를 줄이면 보다 정확한 원의 넓이를 구할 수 있습니다.

원의 넓이를 구하는 또 다른 방법은 원을 등분하는 것입니다. 예를 들어, 원을 8등분한 다음 등분한 원 조각을 반으로 나눠 아래와 같이 연결하면 평행사변형 모양이 됩니다.

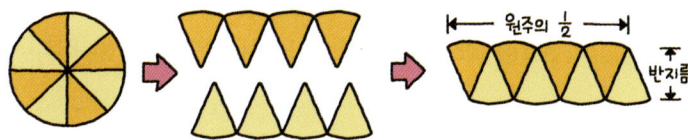

이런 방식으로 원을 한없이 잘게 잘라 이어 붙이면 직사각형 모양에 가까워질 것이라 추측할 수 있습니다. 이때 만들어진 직사각형의 가로는 원주의 $\frac{1}{2}$, 세로는 반지름의 길이가 됩니다.

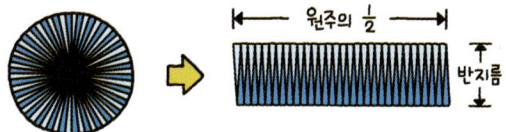

따라서 원의 넓이는 직사각형의 넓이와 같게 되므로 다음과 같이 원의 넓이를 구할 수 있습니다.

(원의 넓이) = (직사각형의 넓이)
            = (가로) × (세로)
            = (원주의 $\frac{1}{2}$) × (반지름)
            = (반지름) × 2 × 3.14 × $\frac{1}{2}$ × (반지름)
            = (반지름) × (반지름) × 3.14

한 발짝 더!

반으로 자른 양파를 이용하여 양파 단면의 넓이(원의 넓이)를 구할 수 있습니다.
양파를 그림과 같이 칼로 잘라 펼치면 다음과 같이 직각삼각형에 가까운 모양이 됩니다.

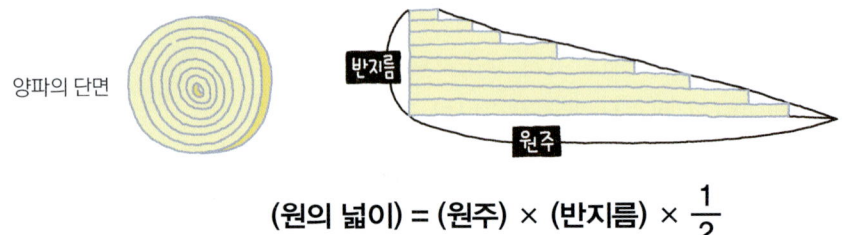

$$(\text{원의 넓이}) = (\text{원주}) \times (\text{반지름}) \times \frac{1}{2}$$

위와 같이 양파를 잘라 만든 직각삼각형의 밑변(원주)과 높이(반지름)의 길이를 재어 직각삼각형의 넓이를 구하면 원의 넓이가 됩니다.

또 다른 방법으로 두루마리 화장지를 잘라 펼치면 삼각형에 가까운 모양이 됩니다. 이때 밑면은 원주가 되고 높이는 두루마리 화장지의 반지름이 됩니다.

이때 (원주) = (지름) × 3.14이므로 다음과 같은 식이 만들어집니다.

$$\begin{aligned}
(\text{원의 넓이}) &= (\text{원주}) \times (\text{반지름}) \times \frac{1}{2} \\
&= (\text{지름}) \times 3.14 \times (\text{반지름}) \times \frac{1}{2} \\
&= 2 \times (\text{반지름}) \times 3.14 \times (\text{반지름}) \times \frac{1}{2} \\
&= (\text{반지름}) \times 2 \times 3.14 \times \frac{1}{2} \times (\text{반지름}) \\
&= (\text{반지름}) \times (\text{반지름}) \times 3.14
\end{aligned}$$

두루마리 화장지의 밑면

두루마리 화장지를 반으로 자른 후 펼친 모양

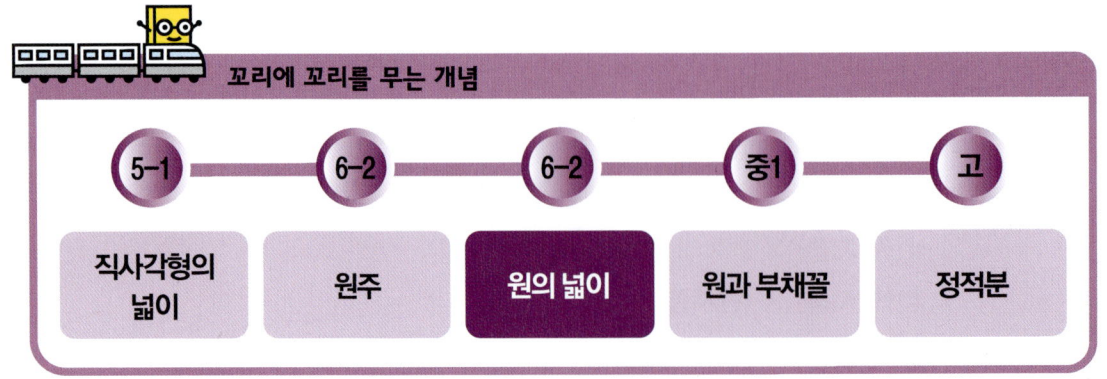

꼬리에 꼬리를 무는 개념

5-1 직사각형의 넓이 — 6-2 원주 — 6-2 원의 넓이 — 중1 원과 부채꼴 — 고 정적분

무엇이든 물어보세요

원의 반지름이 2배 길어지면 원의 넓이도 2배 넓어지나요?

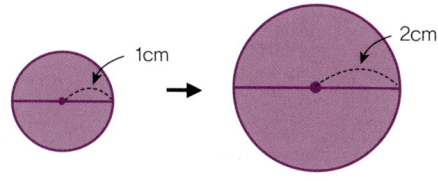

그렇지 않습니다. 원의 넓이는 4배가 됩니다.

원의 넓이는 (반지름) × (반지름) × 3.14입니다.

반지름이 2배 길어지면 2 × (반지름) × 2 × (반지름) × 3.14 = 4 × (반지름) × (반지름) × 3.14가 됩니다. 따라서 원래 원보다 4배 넓어집니다.

그림에서 반지름이 1cm인 원의 넓이는 1 × 1 × 3.14 = 3.14cm², 반지름이 2cm인 원의 넓이는 2 × 2 × 3.14 = 12.56cm²이므로 12.56 ÷ 3.14 = 4, 4배가 넓어졌음을 알 수 있습니다.

색칠한 부분의 넓이를 어떻게 구하나요?

정사각형을 4등분하고 그중 하나의 넓이를 구하여 4배 하면 색칠한 부분의 넓이를 구할 수 있습니다. 4등분한 부분의 넓이는 (정사각형의 넓이) − (원 넓이의 $\frac{1}{4}$)입니다.

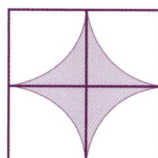 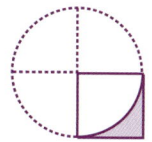

| 여러 가지 그래프 | **띠그래프** |

표에 나타난 수량을 띠그래프에 어떻게 나타내요?

 **아이는 왜?**

비율 그래프인 띠그래프를 정확히 알지 못하면 표에 나타난 수량을 띠그래프에 어떻게 나타내는지 알 수 없습니다.

 **30초 해결사**

띠그래프 : 전체에 대한 각 항목의 비율을 띠 모양으로 나타낸 비율그래프.
주어진 자료의 전체 크기에 대하여 각 항목이 차지하는 백분율을 구한 후 각 항목들이 차지하는 백분율만큼 띠를 나누어 항목의 이름과 백분율의 크기를 쓴다.

예) 생활비의 지출 항목

그것이 알고 싶다

띠그래프는 비율 그래프의 한 종류로 전체에 대한 부분의 비율을 띠 모양으로 나타낸 그래프입니다. 뉴스나 신문에서 종종 볼 수 있는 그래프 중 하나입니다.

생활비의 지출 항목

| 교육비 (30%) | 저축 (25%) | 식품비 (25%) | 기타 (20%) |

'생활비의 지출 항목'에 관한 띠그래프는 전체 생활비를 100%로 봤을 때 교육비, 저축, 식품비, 기타 항목이 차지하는 비율을 나타낸 것입니다. 그래프를 통해 전체의 30%를 차지하는 교육비가 생활비 중 가장 많이 지출되고 있으며 저축과 식품비의 지출이 같다는 사실을 알 수 있습니다. 띠그래프로 각 항목의 구체적인 지출 비용은 알 수 없지만 생활비 중 가장 많이 지출되는 항목이 무엇인지, 지출 비율이 얼마인지 등은 편리하게 알아볼 수 있습니다.

띠그래프 그리기
1. 주어진 자료의 전체 크기에 대하여 각 항목이 차지하는 백분율을 구한다.
2. 각 항목의 백분율의 합계가 100이 되는지 확인한다.
3. 각 항목들이 차지하는 백분율만큼 띠를 나눈다.
4. 항목별로 띠 위에 항목의 이름과 백분율의 크기를 쓴다.

이때 각 항목이 전체에서 차지하는 비율을 구하려면 각 항목의 수량을 자료 전체의 크기로 나눈 다음 100을 곱합니다. 100을 곱하는 것은 띠그래프가 백분율로 나타나기 때문입니다.

$$(각\ 항목의\ 비율,\ \%) = \frac{(각\ 항목의\ 수량)}{(자료\ 전체의\ 수)} \times 100$$

또한 각 항목들이 차지하는 백분율만큼 띠를 나눌 때는 가급적 비율이 큰 항목부터 왼쪽에 차례로 나타냅니다. 이렇게 하면 전체에서 각 항목이 차지하는 비율의 순서를 저절로 알 수 있습니다. 그러나 정해진 순서가 있어 그것이 더 중요한 경우에는 순서대로 나타내는 것이 좋습니다.

 **한 발짝 더!**

보통 띠그래프는 하나씩 그려 사용하지만, 여러 개의 띠그래프를 함께 나타내면 연도별 특정 대상의 변화를 알아보는 데 유용합니다.

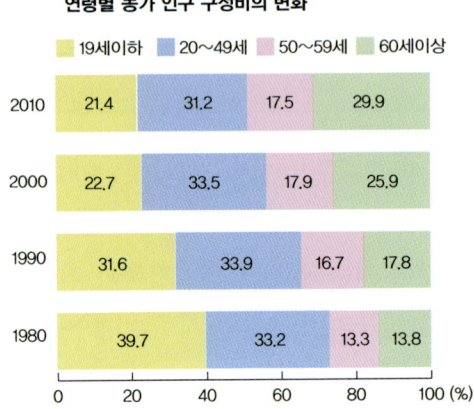

또한 2개 이상의 띠그래프를 나란히 나타내면 각 대상들을 여러 가지 관점에서 비교하고 분석할 수 있습니다.

위의 '연령별 농가 인구 구성비의 변화' 그래프를 통해 어느 연령대가 어떤 인구 변화를 보이는지, 그로 인해 농촌 지역에는 어떤 현상이 나타날지 예상해 볼 수 있습니다. 또 그래프에 나타나지 않은 미래 농촌의 인구 구성비를 예상해 볼 수도 있습니다. 이처럼 여러 개의 띠그래프를 활용하면 다양한 예상 활동이 가능해집니다.

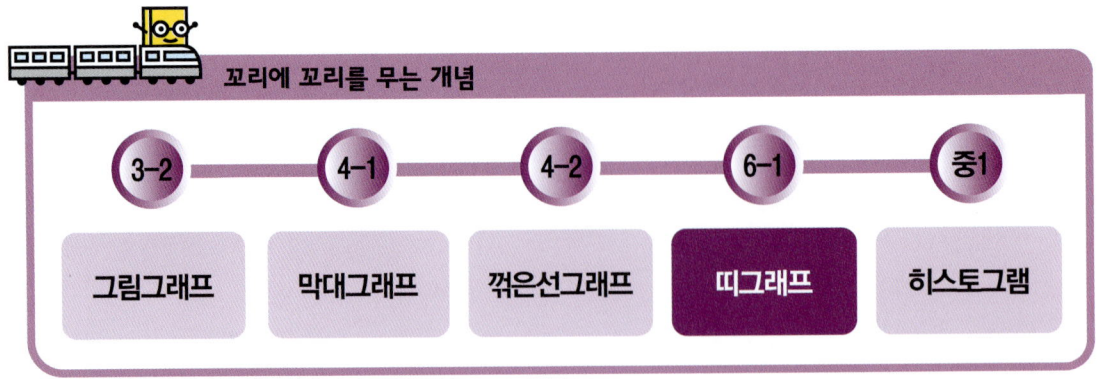

무엇이든 물어보세요

비율 그래프, 막대그래프, 꺾은선그래프를 구분하지 못합니다.

가끔 주어진 그래프가 비율 그래프인지 막대그래프인지 꺾은선그래프인지 구별하기 어려운 경우가 있습니다. 다양한 정보를 하나의 그래프로 나타내려다 보니 여러 그래프가 섞이기 때문입니다. 사실 막대그래프와 꺾은선그래프는 서로 다르지 않습니다. 하나의 자료를 막대그래프나 꺾은선그래프를 통해 항목의 수치, 수량을 그대로 나타냅니다. 하지만 비율 그래프에는 전체에 대한 비율이 나타납니다. 따라서 자료의 수량이 그대로 쓰여 있으면 막대그래프 또는 꺾은선그래프이고, 비율이 쓰여 있으면 비율 그래프입니다.

띠그래프에서 자료의 크기에 상관없이 항목의 순서를 정해도 되나요?

보통 띠그래프에는 비율이 큰 항목부터 나타냅니다. 하지만 계절, 월 등과 같이 순서가 정해져 있는 경우에는 순서대로 나타내는 것이 보기 좋겠지요. 예를 들어, 좋아하는 계절을 조사하여 가을을 좋아하는 사람이 가장 많이 나왔더라도 봄, 여름, 가을, 겨울의 순서로 나타내는 것이 더 좋을 것입니다.

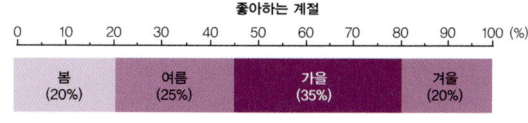

| 여러 가지 그래프 | **원그래프** |

원그래프에 눈금을 어떻게 그려요?

 **아이는 왜?**

원그래프의 경우 그래프 위에 표시하는 눈금 개수에 따라 눈금의 크기가 달라집니다. 특히 눈금 표시가 없는 원에서 아이 스스로 눈금 크기를 정하여 그래프를 그리는 것은 쉬운 일이 아닙니다.

 **30초 해결사**

원그래프

전체에 대한 부분의 비율을 원 모양으로 나타낸 비율 그래프. 일반적으로 한 눈금의 크기를 5%로 정하여 나타내면 편리하다.

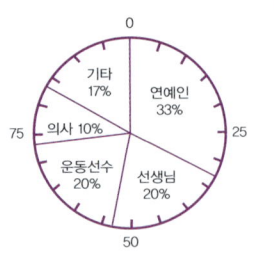

그것이 알고 싶다

원그래프는 전체에 대한 각 부분의 비율을 원 모양으로 나타낸 그래프입니다. 따라서 원그래프 역시 띠그래프와 마찬가지로 전체를 100%로 생각하여 눈금을 나누고 각 부분에 해당하는 비율에 맞게 나타내야 합니다. 일반적으로 한 눈금의 크기를 5%로 정하여 나타내면 편리합니다. '서영이네 학교 학생들의 장래 희망'을 조사한 표를 보고 원그래프를 그려 보겠습니다.

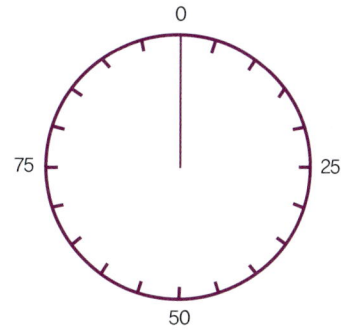

서영이네 학교 학생들의 장래 희망

장래 희망	연예인	선생님	운동선수	의사	기타	계
학생 수(명)	100	60	60	30	50	300

1. 각 항목의 백분율을 구한다.

장래 희망	연예인	선생님	운동선수	의사	기타
비율(%)	$\frac{100}{300} \times 100 ≒ 33$	$\frac{60}{300} \times 100 = 20$	$\frac{60}{300} \times 100 = 20$	$\frac{30}{300} \times 100 = 10$	$\frac{50}{300} \times 100 ≒ 17$

2. 백분율의 합이 100%가 되는지 확인한다.

장래 희망	연예인	선생님	운동선수	의사	기타	계
비율(%)	33	20	20	10	17	100

3. 각 항목들이 차지하는 백분율만큼 원을 나눈다.

4. 항목별로 원 위에 항목의 이름과 백분율의 크기를 쓴다.

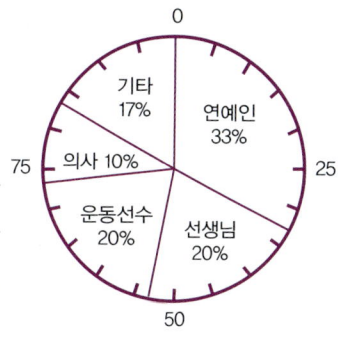

원그래프를 이용하면 전체에 대한 각 항목의 비율을 알 수 있을 뿐 아니라 전체에 대한 각 부분의 비율을 한눈에 비교할 수 있습니다. 가장 높은 비율을 차지하는 항목의 넓이가 가장 넓고, 차지하는 비율의 순서대로 넓이가 작아지기 때문입니다.

한 발짝 더!

원그래프는 다양한 형태로 나타낼 수 있습니다.

항목이 많을 경우에는 원그래프 위에 백분율의 크기만 나타낸 다음, 색으로 항목을 구분하여 옆에 그 항목의 이름을 따로 적는 것이 편리합니다.

다음 원그래프는 특정 항목 내부의 하위 요소를 들여다보는 형태입니다.

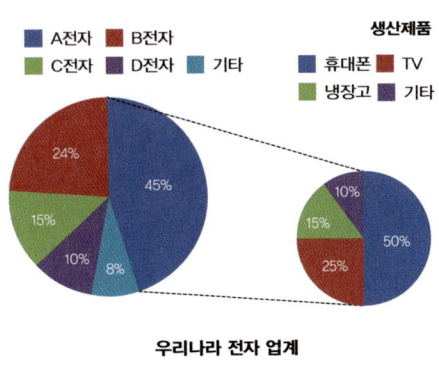

우리나라 전자 업계

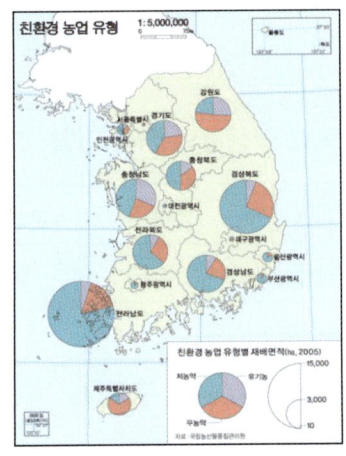

친환경 농업 유형

'친환경 농업 유형'과 같이 여러 개의 원그래프로 나타낸 형태의 그래프는 선거철마다 지역별 정당 지지도를 나타내는 데에도 사용되고 있습니다.

원그래프는 한눈에 알아보기 쉽기 때문에 일상생활에서 정보 제공에 널리 이용되고 있습니다.

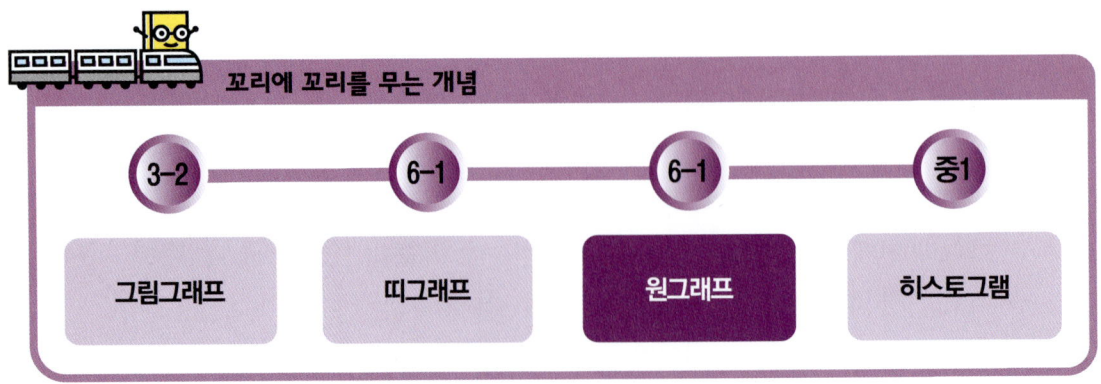

꼬리에 꼬리를 무는 개념

3-2 그림그래프 — 6-1 띠그래프 — 6-1 **원그래프** — 중1 히스토그램

무엇이든 물어보세요

원그래프와 띠그래프의 차이는 무엇인가요?

원그래프와 띠그래프는 둘 다 비율 그래프이지만 원그래프는 띠그래프에 비해 부분과 전체, 부분과 부분의 비율을 한눈에 알아보기가 더 쉽습니다. 또한 낮은 비율도 비교적 쉽게 표현할 수 있습니다. 하지만 띠그래프에 비해 그리기 어렵다는 단점이 있습니다.

띠그래프는 여러 개의 띠그래프를 사용하여 비율의 변화 상황을 나타내는 데 편리합니다.

그렇다 보니 원그래프는 항목별 선호도, 구성 요소 등을 나타내기에 편리하고, 띠그래프는 시간의 흐름에 따른 변화를 알아보는 데 많이 쓰입니다.

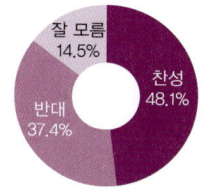
수학여행 실시 여부

연도별 여학생 장래 희망 선호도(%)

원그래프는 꼭 전체를 100%로 해야 하나요?

원그래프는 비율 그래프의 한 종류입니다. 비율은 전체를 100으로 두었을 때, 부분이 차지하는 비율을 나타내는 것이므로 전체는 100%가 되어야 합니다.

따라서 원그래프도 원그래프 위의 눈금의 합이 100이 되도록 그려야 합니다.

2022 개정 초등 수학과 교육과정 일람표

수와 연산

핵심 아이디어	• 사물의 양은 자연수, 분수, 소수 등으로 표현되며, 수는 자연수에서 정수, 유리수, 실수로 확장된다. • 사칙계산은 자연수에 대해 정의되며 정수, 유리수, 실수의 사칙계산으로 확장되고 이때 연산의 성질이 일관되게 성립한다. • 수와 사칙계산은 수학 학습의 기본이 되며, 실생활 문제를 포함한 다양한 문제를 해결하는 데 유용하게 활용된다.		
구분 범주	내용 요소		
	초등학교		
	1~2학년	3~4학년	5~6학년
지식·이해	• 네 자리 이하의 수 • 두 자리 수 범위의 덧셈과 뺄셈 • 한 자리 수의 곱셈	• 다섯 자리 이상의 수 • 분수 • 소수 • 세 자리 수의 덧셈과 뺄셈 • 자연수의 곱셈과 나눗셈 • 분모가 같은 분수의 덧셈과 뺄셈 • 소수의 덧셈과 뺄셈	• 약수와 배수 • 수의 범위와 올림, 버림, 반올림 • 자연수의 혼합 계산 • 분모가 다른 분수의 덧셈과 뺄셈 • 분수의 곱셈과 나눗셈 • 소수의 곱셈과 나눗셈
과정·기능	• 자연수, 분수, 소수 등 수 관련 개념과 원리를 탐구하기 • 수를 세고 읽고 쓰기 • 자연수, 분수, 소수의 크기를 비교하고 그 방법을 설명하기 • 사칙계산의 의미와 계산 원리를 탐구하고 계산하기 • 수 감각과 연산 감각 기르기 • 연산 사이의 관계, 분수와 소수의 관계를 탐구하기 • 수의 범위와 올림, 버림, 반올림한 어림값을 실생활과 연결하기 • 자연수, 분수, 소수, 사칙계산을 실생활 및 타 교과와 연결하여 문제해결하기		
가치·태도	• 자연수, 분수, 소수의 필요성 인식 • 사칙계산, 어림의 유용성 인식 • 분수 표현의 편리함 인식 • 수와 연산 관련 문제해결에서 비판적으로 사고하는 태도		

변화와 관계

핵심 아이디어	• 변화하는 현상에 반복적인 요소로 들어있는 규칙은 수나 식으로 표현될 수 있으며, 규칙을 탐구하는 것은 수학적으로 추측하고 일반화하는 데 기반이 된다. • 동치 관계, 대응 관계, 비례 관계 등은 여러 현상에 들어있는 대상들 사이의 다양한 관계를 기술하고 복잡한 문제를 해결하는 데 유용하게 활용된다. • 수와 그 계산은 문자와 식을 사용하여 일반화되며, 특정한 관계를 만족시키는 미지의 값은 방정식과 부등식을 해결하는 적절한 절차를 거쳐 구해진다. • 한 양이 변함에 따라 다른 양이 하나씩 정해지는 두 양 사이의 대응 관계를 나타내는 함수와 그 그래프는 변화하는 현상 속의 다양한 관계를 수학적으로 표현한다.		
구분 범주	내용 요소		
	초등학교		
	1~2학년	3~4학년	5~6학년
지식·이해	• 규칙	• 규칙 • 동치 관계	• 대응 관계 • 비와 비율 • 비례식과 비례배분
과정·기능	• 물체, 무늬, 수, 계산식의 배열에서 규칙을 탐구하기 • 규칙을 찾아 여러 가지 방법으로 표현하기 • 두 양의 관계를 탐구하고, 등호를 사용하여 나타내기 • 대응 관계를 탐구하고, □, △ 등을 사용하여 식으로 나타내고 설명하기 • 두 양의 관계를 비나 비율로 나타내기 • 비율을 분수, 소수, 백분율로 나타내기 • 비율을 실생활 및 타 교과와 연결하여 문제해결하기 • 비례식을 풀고, 주어진 양을 비례배분하기		
가치·태도	• 규칙, 동치 관계 탐구에 대한 흥미 • 대응 관계, 비 표현의 편리함 인식 • 비와 비율의 유용성 인식 • 변화와 관계 관련 문제해결에서 비판적으로 사고하는 태도		

도형과 측정

핵심 아이디어	• 평면도형과 입체도형은 여러 가지 모양을 범주화한 것이며, 각각의 평면도형과 입체도형은 고유한 성질을 갖는다. • 도형의 성질과 관계를 탐구하고 정당화하는 것은 논리적이고 비판적으로 사고하는 데 기반이 된다. • 측정은 여러 가지 속성의 양을 비교하고 속성에 따른 단위를 이용하여 양을 수치화함으로써 여러 가지 현상을 해석하거나 실생활 문제를 해결하는 데 활용된다.		

구분 범주	내용 요소		
	초등학교		
	1~2학년	3~4학년	5~6학년
지식 · 이해	• 입체도형의 모양 • 평면도형과 그 구성 요소 • 양의 비교 • 시각과 시간(시, 분) • 길이(cm, m)	• 도형의 기초 • 원의 구성 요소 • 여러 가지 삼각형 • 여러 가지 사각형 • 다각형 • 평면도형의 이동 • 시각과 시간(초) • 길이(mm, km) • 들이(L, mL) • 무게(kg, g, t) • 각도(°)	• 합동과 대칭 • 직육면체와 정육면체 • 각기둥과 각뿔 • 원기둥, 원뿔, 구 • 다각형의 둘레와 넓이 • 원주율과 원의 넓이 • 직육면체와 정육면체의 겉넓이와 부피
과정 · 기능	• 여러 가지 사물과 도형을 기준에 따라 분류하기 • 도형의 개념, 구성 요소, 성질 탐구하고 설명하기 • 평면도형이나 입체도형 그리기와 만들기 • 평면도형을 밀기, 뒤집기, 돌리기 한 모양을 추측하고 그리기 • 쌓은 모양 추측하고 쌓기나무의 개수 구하기 • 공간 감각 기르기 • 여러 가지 양을 비교, 측정, 어림하는 방법 탐구하기 • 측정 단위 사이의 관계 탐구하기 • 측정 단위를 사용하여 양을 표현하기 • 실생활 문제 상황에서 길이, 들이, 무게, 시간의 덧셈과 뺄셈하기 • 도형의 둘레, 넓이, 부피 구하는 방법 탐구하기 • 측정을 실생활 및 타 교과와 연결하여 문제해결하기		
가치 · 태도	• 평면도형, 입체도형에 대한 흥미와 관심 • 합동인 도형, 선대칭도형, 점대칭도형의 아름다움 인식 • 표준 단위의 필요성 인식 • 넓이와 부피를 구하는 방법의 편리함 인식 • 도형과 측정 관련 문제해결에서 비판적으로 사고하는 태도		

자료와 가능성

	핵심 아이디어	<ul><li>자료를 수집, 정리, 해석하는 통계는 자료의 특징을 파악하고 두 집단을 비교하며 자료의 관계를 탐구하는 데 활용된다.</li><li>사건이 일어날 가능성을 여러 가지 방법으로 표현하는 것은 불확실성을 이해하는 데 도움이 되며, 가능성을 확률로 수치화하면 불확실성을 수학적으로 다룰 수 있게 된다.</li><li>자료를 이용하여 통계적 문제해결 과정을 실천하고 생활 속의 가능성을 탐구하는 것은 미래를 예측하고 합리적인 의사 결정을 하는 데 기반이 된다.</li></ul>

구분 범주	내용 요소 초등학교		
	1~2학년	3~4학년	5~6학년
지식·이해	• 자료의 분류 • 표 • ○, ×, /를 이용한 그래프	• 그림그래프 • 막대그래프 • 꺾은선그래프	• 평균 • 띠그래프, 원그래프 • 가능성
과정·기능	• 자료를 기준에 따라 분류하고 설명하기 • 탐구 문제를 설정하고 그에 맞는 자료를 수집하기 • 자료를 표나 그래프로 나타내고 해석하기 • 자료의 평균을 구하고 해석하기 • 자료를 수집하고 정리하여 문제해결하기 • 사건이 일어날 가능성을 비교하고 표현하기 • 실생활과 연결하여 사건이 일어날 가능성을 예상하기		
가치·태도	• 표와 그래프의 편리함 인식 • 평균의 유용성 인식 • 자료를 이용한 통계적 문제해결 과정의 가치 인식 • 가능성에 근거하여 판단하는 태도 • 자료와 가능성 관련 문제해결에서 비판적으로 사고하는 태도		

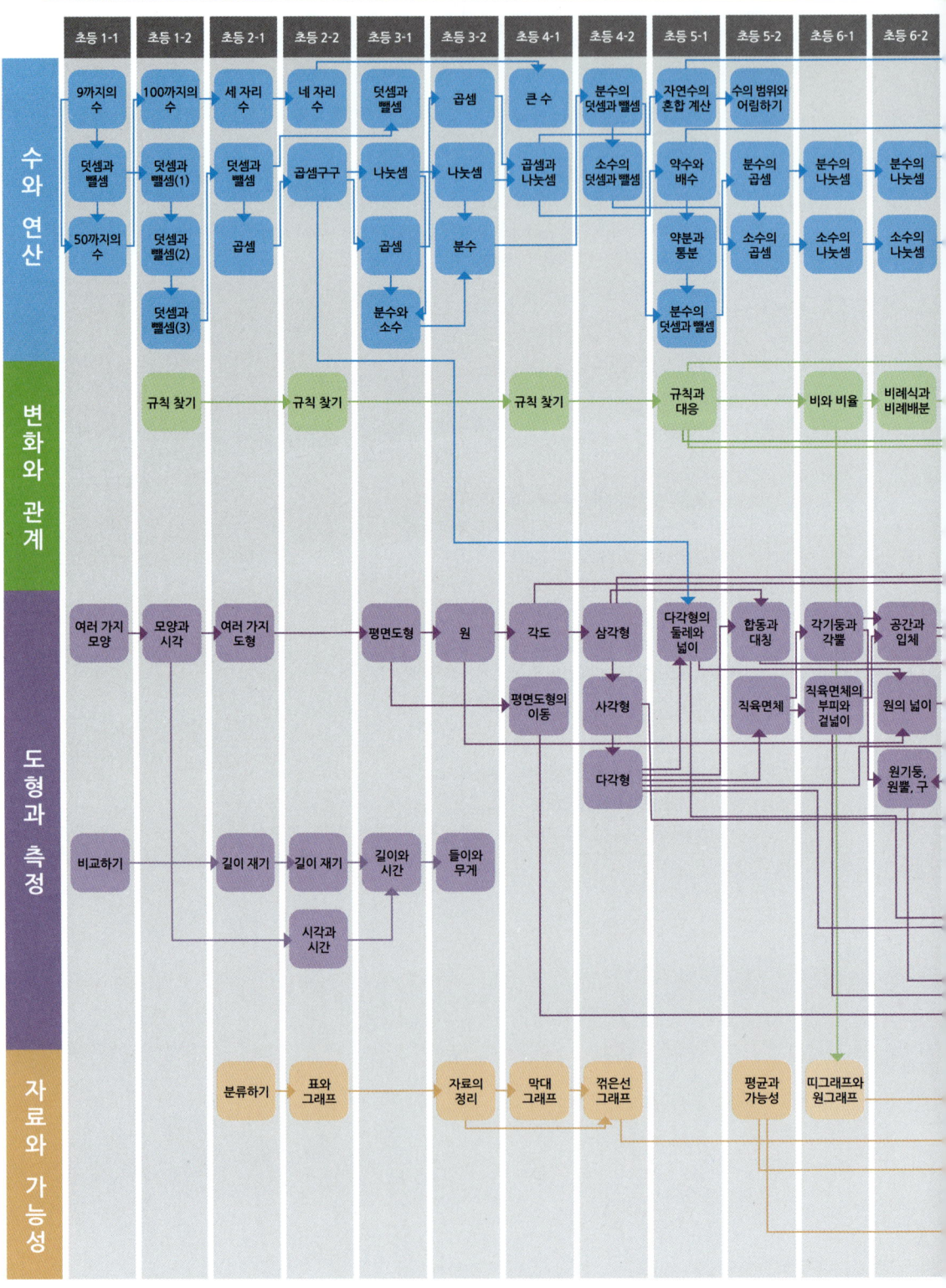

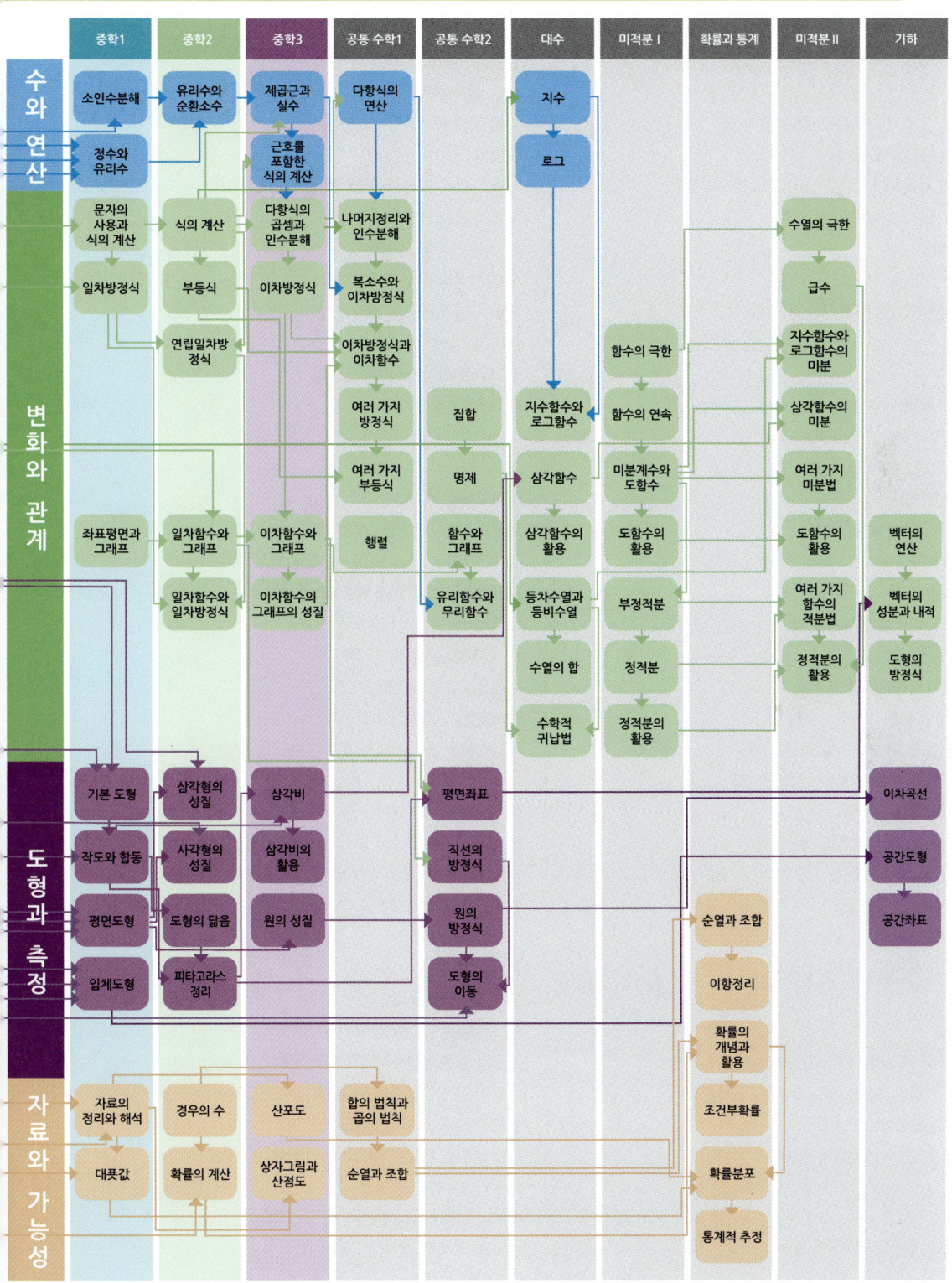

'수학 개념연결 지도'는 비아북 홈페이지에서 더욱 자세히 볼 수 있습니다.(blog.naver.com/viabook/221470199860)

찾아보기

(세 자리 수) × (두 자리 수)(4학년) 308
🟥, 🟦, 🟡 모양(1학년) 62
≈(물결선) 그래프(4학년) 408
□, △, ○ 모양(1학년) 66
□, △를 사용하여 식으로 나타내기(5학년) 510
□를 사용한 식(2학년) 116
1cm(2학년) 136
1m 알기(2학년) 140
1mm 알기(3학년) 254

가
가능성(5학년) 518
가로셈과 세로셈(2학년) 104
가르기와 모으기(1학년) 38
각(3학년) 234
각 그리기(4학년) 344
각기둥(6학년) 544
각도(각의 크기)(4학년) 340
각도의 덧셈과 뺄셈(4학년) 348
각뿔(6학년) 548
같은 크기의 분수(5학년) 438
곱셈구구(2학년) 124
규칙을 정해 무늬 꾸미기(2학년) 172
규칙을 찾아 수로 나타내기(4학년) 388
그림그래프(3학년) 278
기약분수로 나타내려면(5학년) 442
길이 사이의 관계(3학년) 258
길이의 계산(3학년) 262
꺾은선그래프(4학년) 400
꺾은선그래프의 용도(4학년) 404

나
나눗셈에서의 나머지(3학년) 206
나눗셈은 뺄셈(3학년) 198
나눗셈의 표현(3학년) 202
나머지가 있는 나눗셈(4학년) 312

다
다각형과 평면 덮기(4학년) 384

단위넓이(5학년) 490
달력 알기(2학년) 156
덧셈과 뺄셈의 관계(1학년) 50
덧셈의 기초(1학년) 42
도형의 이동(밀기, 뒤집기, 돌리기)(4학년) 360
도형의 합동(5학년) 458
두 수의 크기 비교(1학년) 58
두 자리 수의 덧셈과 뺄셈의 다양한 풀이 방법(2학년) 112
둘레 구하기(5학년) 486
들이 알기(3학년) 270
들이와 무게의 계산(3학년) 274
띠그래프(6학년) 588

마
마름모(4학년) 380
마름모의 넓이(5학년) 502
막대그래프를 그리는 이유(4학년) 392
막대그래프의 가로와 세로(4학년) 396
몇백의 곱, 몇천의 곱(4학년) 304
몇 시 30분 알기(1학년) 78
무게 알기(3학년) 266
무늬 만들기(2학년) 168
무늬에서의 규칙(1학년) 86

바
반복되는 규칙(1학년) 82
받아내림이 2번 있는 세 자리 수의 뺄셈(3학년) 194
받아올림이 있는 덧셈과 받아내림이 있는 뺄셈(2학년) 108
배수(5학년) 426
분류 기준(2학년) 184
분류하기(2학년) 180
분모가 같은 대분수의 덧셈 원리(4학년) 320
분모가 같은 진분수끼리의 나눗셈(6학년) 528
분모가 같은 진분수의 덧셈(4학년) 316
분모가 다른 분수의 덧셈(5학년) 454
분모가 다른 진분수끼리의 나눗셈(6학년) 532
분수와 소수(3학년) 210
분수의 크기 비교(3학년) 214
분수의 크기 비교(5학년) 450

602

분수 표현(3학년) 222
비교하기(1학년) 70
비례식(6학년) 584
비율(6학년) 580
뺄셈의 기초(1학년) 46

사

사다리꼴, 평행사변형(4학년) 376
사다리꼴의 넓이(5학년) 506
삼각형, 사각형, 원(2학년) 148
삼각형의 넓이(5학년) 498
선대칭도형(5학년) 466
선분, 직선, 반직선(3학년) 230
세 수의 계산(2학년) 100
소수의 나눗셈(6학년) 536
소수의 나눗셈에서 나머지 구하기(6학년) 540
소수의 덧셈 원리(4학년) 328
소수의 뺄셈 원리(4학년) 332
소수의 세로셈(4학년) 336
소수의 의미(3학년) 218
수 배열에서의 규칙(2학년) 160
수 배열표에서 규칙 찾기(2학년) 164
수 세기(1학년) 30
수 읽기의 오류(1학년) 54
수 표기법(4학년) 296
수의 종류(1학년) 34
수의 크기 비교(2학년) 120
수의 크기 비교, 자릿값(4학년) 300
수직과 수선(4학년) 368
시각과 시간(2학년) 148
시계 알기(1학년) 74
시계 읽기(2학년) 144
신체를 이용하여 길이 재기(2학년) 132
쌓기나무(2학년) 176
쌓기나무를 평면에 나타내기(6학년) 556
쌓기나무의 개수(6학년) 552

아

약수 구하기(5학년) 430
여러 가지 방법으로 풀기(4학년) 324
예각과 둔각(4학년) 352

예각삼각형, 둔각삼각형(4학년) 356
오전과 오후(2학년) 152
원그래프(6학년) 592
원기둥과 원뿔의 성질(6학년) 560
원의 넓이(6학년) 576
원의 중심과 반지름(3학년) 246
원의 지름(3학년) 250
원주(6학년) 572
이등변삼각형, 정삼각형(4학년) 364

자

자릿값(4학년) 288
자릿값 개념(2학년) 96
점대칭도형(5학년) 470
직각과 직각삼각형(3학년) 238
직사각형과 정사각형(3학년) 242
직육면체와 정육면체(5학년) 474
직육면체의 겉넓이(6학년) 564
직육면체의 겨냥도(5학년) 482
직육면체의 부피(6학년) 568
직육면체의 전개도(5학년) 478
진분수, 가분수, 대분수의 의미(3학년) 226

차

최대공약수와 최소공배수(5학년) 434

카

큰 수 읽기(4학년) 292

타

통분(5학년) 446

파

평균(5학년) 514
평행사변형의 넓이(5학년) 494
평행선(4학년) 372

하

합동인 도형 그리기(5학년) 462
혼합식에서 계산 순서 찾기(1)(5학년) 418
혼합식에서 계산 순서 찾기(2)(5학년) 422

초등수학사전
지은이 | 전국수학교사모임 초등수학사전팀

초판 1쇄 발행일	2015년 8월 28일
개정1판 1쇄 발행일	2017년 4월 24일
개정2판 1쇄 발행일	2018년 5월 31일
개정3판 1쇄 발행일	2019년 3월 4일
개정4판 1쇄 발행일	2024년 1월 12일
개정4판 2쇄 발행일	2025년 7월 21일

발행인 | 한상준
편집 | 김민정, 손지원, 최정휴, 김영범
디자인 | 조경규, 김성인
본문 삽화 | 김석
마케팅 | 이상민, 주영상
관리 | 양은진

발행처 | 비아에듀(ViaEdu Publisher)
출판등록 | 제313-2007-218호(2007년 11월 2일)
주소 | 서울시 마포구 토정로 222 한국출판콘텐츠센터 211호
전화 | 02-334-6123 전자우편 | crm@viabook.kr
홈페이지 | viabook.kr

ⓒ 전국수학교사모임 초등수학사전팀, 2015
ISBN 979-11-89426-29-3 73410

- 비아에듀는 비아북의 교육 전문 브랜드입니다.
- 이 책은 저작권법에 따라 보호받는 저작물이므로 무단 전재와 복제를 금합니다.
- 이 책의 전부 혹은 일부를 이용하려면 저작권자와 비아북의 동의를 받아야 합니다.
- 잘못된 책은 구입처에서 바꿔드립니다.
- KC 마크는 이 제품이 공통안전기준에 적합하였음을 의미합니다. (제조국: 대한민국)
- 책 모서리에 찍히거나 책장에 베이지 않게 조심하세요.

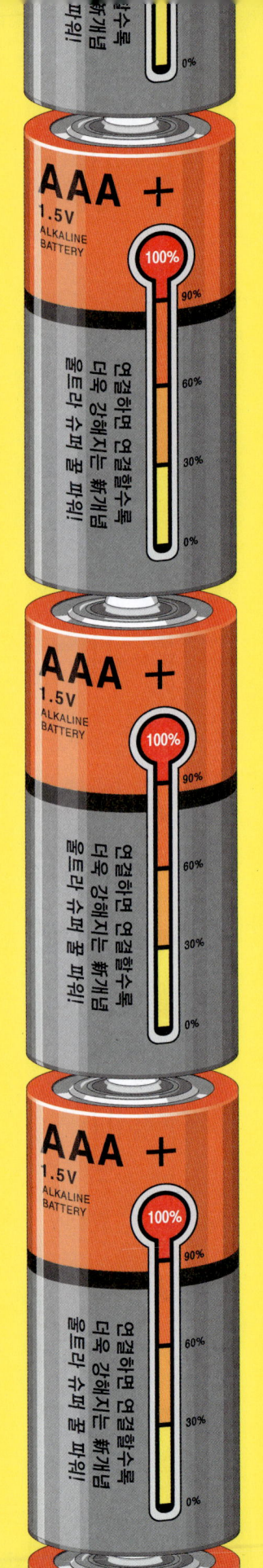